蘇州全書

乙编

苏州大学出版社
古吴轩出版社

紫阳学术发微（外二种）

《苏州全书》编纂出版委员会 编

图书在版编目（CIP）数据

紫阳学术发微 : 外二种 / 唐文治著. -- 苏州 : 苏州大学出版社 : 古吴轩出版社, 2023.12

（苏州全书）

ISBN 978-7-5672-4687-4

Ⅰ. ①紫… Ⅱ. ①唐… Ⅲ. ①朱熹（1130-1200）-哲学思想-研究②王守仁（1472-1528）-哲学思想-研究③理学-研究-中国 Ⅳ. ①B244.75②B248.25

中国国家版本馆CIP数据核字（2023）第239962号

唐文治作品单行本由上海古籍出版社出版并授权《苏州全书》丛书使用

责任编辑 刘　冉
助理编辑 祝文秀
装帧设计 周　晨　李　璇
责任校对 穆宣臻　宋宏宇

书　　名 紫阳学术发微（外二种）
著　　者 唐文治
出版发行 苏州大学出版社
地址：苏州市十梓街1号　电话：0512-67480030
古吴轩出版社
地址：苏州市八达街118号苏州新闻大厦30F　电话：0512-65233679
印　　刷 苏州工业园区美柯乐制版印务有限责任公司
开　　本 718×1000　1/16
印　　张 43
版　　次 2023年12月第1版
印　　次 2023年12月第1次印刷
书　　号 ISBN 978-7-5672-4687-4
定　　价 260.00元

《苏州全书》编纂工程

《苏州全书》编纂出版委员会

前　言

中华文明源远流长，文献典籍浩如烟海。这些世代累积传承的文献典籍，是中华民族生生不息的文脉和根基。苏州作为首批国家历史文化名城，素有“人间天堂”之美誉。自古以来，这里的人民凭借勤劳和才智，创造了极为丰厚的物质财富和精神文化财富，使苏州不仅成为令人向往的“鱼米之乡”，更是实至名归的“文献之邦”，为中华文明的传承和发展作出了重要贡献。

苏州被称为“文献之邦”由来已久，早在南宋时期，就有“吴门文献之邦”的记载。宋代朱熹云：“文，典籍也；献，贤也。”苏州文献之邦的地位，是历代先贤积学修养、劬勤著述的结果。明人归有光《送王汝康会试序》云：“吴为人材渊薮，文字之盛，甲于天下。”朱希周《长洲县重修儒学记》亦云：“吴中素称文献之邦，盖子游之遗风在焉，士之向学，固其所也。”《江苏艺文志·苏州卷》收录自先秦至民国苏州作者一万余人，著述达三万二千余种，均占江苏全省三分之一强。古往今来，苏州曾引来无数文人墨客驻足流连，留下了大量与苏州相关的文献。时至今日，苏州仍有约百万册的古籍留存，入选“国家珍贵古籍名录”的善本已达三百一十九种，位居全国同类城市前列。其中的苏州乡邦文献，历宋元明清，涵经史子集，写本刻本，交相辉映。此外，散见于海内外公私藏家的苏州文献更是不可胜数。它们载录了数千年传统文化的精华，也见证了苏州曾经作为中国文化中心城市的辉煌。

苏州文献之盛得益于崇文重教的社会风尚。春秋时代，常熟人言偃就北上问学，成为孔子唯一的南方弟子。归来之后，言偃讲学授道，文开吴会，道启东南，被后人尊为“南方夫子”。西汉时期，苏州人朱买臣负薪读书，穹窿山中至今留有其“读书台”遗迹。两晋六朝，以“顾陆朱张”为代表的吴郡四姓涌现出大批文士，在不少学科领域都贡献卓著。及至隋唐，苏州大儒辈出，《隋书·儒林传》十四人入传，其中籍贯吴郡者二人；《旧唐书·儒学传》三十四人入正传，其中籍贯吴郡（苏州）者五人，文风之盛可见一斑。北宋时期，范仲淹在家乡苏州首创州学，并延名师胡瑗等人教授生徒，此后县学、书院、社学、义学等不断兴建，苏州文化教育日益发展。故明人徐有贞云：“论者谓吾苏也，郡甲天下之郡，学甲天下之学，人才甲天下之人才，伟哉！”在科举考试方面，苏州以鼎甲萃集为世人瞩目，清初汪琬曾自豪地将状元称为苏州的土产之一，有清一代苏州状元多达二十六位，占全国的近四分之一，由此而被誉为“状元之乡”。近现代以来，苏州在全国较早开办新学，发展现代教育，涌现出顾颉刚、叶圣陶、费孝通等一批大师巨匠。中华人民共和国成立后，社会主义文化教育事业蓬勃发展，苏州英才辈出、人文昌盛，文献著述之富更胜于前。

苏州文献之盛受益于藏书文化的发达。苏州藏书之风举世闻名，千百年来盛行不衰，具有传承历史长、收藏品质高、学术贡献大的特点，无论是卷帙浩繁的图书还是各具特色的藏书楼，以及延绵不绝的藏书传统，都成为中国文化重要的组成部分。据统计，苏州历代藏书家的总数，高居全国城市之首。南朝时期，苏州就出现了藏书家陆澄，藏书多达万余卷。明清两代，苏州藏书鼎盛，绛云楼、汲古阁、传是楼、百宋一廛、艺芸书舍、铁琴铜剑楼、过云楼等藏书楼誉满海内外，汇聚了大量的珍贵文献，对古代典籍的收藏保护厥功至伟，亦于文献校勘、整理裨益甚巨。《旧唐书》自宋至明四百多年间已难以考觅，直至明嘉靖十七年（一五三八），闻人诠在苏州为官，搜讨旧籍，方从吴县王延喆家得《旧唐书》“纪”和“志”部分，从长洲张汴家得《旧唐书》“列传”部分，“遗籍俱出宋时模板，旬月之间，二美璧合”，于是在苏州府学中椠刊，《旧唐书》自此得以汇而成帙，复行于世。清代嘉道年间，苏州黄丕烈和顾广圻均为当时藏书名家，且善校书，“黄跋顾校”在中国文献史上影响深远。

苏州文献之盛也获益于刻书业的繁荣。苏州是我国刻书业的发祥地之一，早在宋代，苏州的刻书业已经发展到了相当高的水平，至今流传的杜甫、李白、韦应物等文学大家的诗文集均以宋代苏州官刻本为祖本。宋元之际，苏州碛砂延圣院还主持刊刻了中国佛教史上著名的《碛砂藏》。明清时期，苏州成为全国的刻书中心，所刻典籍以精善享誉四海，明人胡应麟有言：“凡刻之地有三，吴也、越也、闽也。”他认为“其精，吴为最”，“其直重，吴为最”。又云：“余所见当今刻本，苏常为上，金陵次之，杭又次之。”清人金埴论及刻书，仍以胡氏所言三地为主，则谓“吴门为上，西泠次之，白门为下”。明代私家刻书最多的汲古阁、清代坊间刻书最多的扫叶山房均为苏州人创办，晚清时期颇有影响的江苏官书局也设于苏州。据清人朱彝尊记述，汲古阁主人毛晋“力搜秘册，经史而外，百家九流，下至传奇小说，广为镂版，由是毛氏锓本走天下”。由于书坊众多，苏州还产生了书坊业的行会组织崇德公所。明清时期，苏州刻书数量庞大，品质最优，装帧最为精良，为世所公认，国内其他地区不少刊本也都冠以“姑苏原本”，其传播远及海外。

苏州传世文献既积淀着深厚的历史文化底蕴，又具有穿越时空的永恒魅力。从范仲淹的“先天下之忧而忧，后天下之乐而乐”，到顾炎武的“天下兴亡，匹夫有责”，这种胸怀天下的家国情怀，早已成为中华民族精神的重要组成部分，传世留芳，激励后人。南朝顾野王的《玉篇》、隋唐陆德明的《经典释文》、陆淳的《春秋集传纂例》等均以实证明辨著称，对后世影响深远。明清时期，冯梦龙的《喻世明言》《警世通言》《醒世恒言》，在中国文学史上掀起市民文学的热潮，具有开创之功。吴有性的《温疫论》、叶桂的《温热论》，开温病学研究之先河。苏州文献中蕴含的求真求实的严谨学风、勇开风气之先的创新精神，已经成为一种文化基因，融入了苏州城市的血脉。不少苏州文献仍具有鲜明的现实意义。明代费信的《星槎胜览》，是记载历史上中国和海上丝绸之路相关国家交往的重要文献。郑若曾的《筹海图编》和徐葆光的《中山传信录》，为钓鱼岛及其附属岛屿属于中国固有领土提供了有力证据。魏良辅的《南词引正》，严澂的《松弦馆琴谱》，计成的《园冶》，分别是昆曲、古琴及园林营造的标志性成果，这些艺术形式如今得以名列世界文化遗产，与上述名著的嘉惠滋养密不可分。

维桑与梓，必恭敬止；文献流传，后生之责。苏州先贤向有重视乡邦文献整理保护的传统。方志编修方面，范成大《吴郡志》为方志创体，其后名志迭出，苏州府县志、乡镇志、山水志、寺观志、人物志等数量庞大，构成相对完备的志书系统。地方总集方面，南宋郑虎臣辑《吴都文粹》、明钱谷辑《吴都文粹续集》、清顾沅辑《吴郡文编》先后相继，收罗宏富，皇皇可观。常熟、太仓、昆山、吴江诸邑，周庄、支塘、木渎、甪直、沙溪、平望、盛泽等镇，均有地方总集之编。及至近现代，丁祖荫汇辑《虞山丛刻》《虞阳说苑》，柳亚子等组织“吴江文献保存会”，为搜集乡邦文献不遗余力。江苏省立苏州图书馆于一九三七年二月举行的“吴中文献展览会”规模空前，展品达四千多件，并汇编出版吴中文献丛书。然而，由于时代沧桑，图书保藏不易，苏州乡邦文献中“有目无书”者不在少数。同时，囿于多重因素，苏州尚未开展过整体性、系统性的文献整理编纂工作，许多文献典籍仍处于尘封或散落状态，没有得到应有的保护与利用，不免令人引以为憾。

进入新时代，党和国家大力推动中华优秀传统文化的创造性转化和创新性发展。习近平总书记强调，要让收藏在博物馆里的文物、陈列在广阔大地上的遗产、书写在古籍里的文字都活起来。二〇二二年四月，中共中央办公厅、国务院办公厅印发《关于推进新时代古籍工作的意见》，确定了新时代古籍工作的目标方向和主要任务，其中明确要求“加强传世文献系统性整理出版”。盛世修典，赓续文脉，苏州文献典籍整理编纂正逢其时。二〇二二年七月，中共苏州市委、苏州市人民政府作出编纂《苏州全书》的重大决策，拟通过持续不断努力，全面系统整理苏州传世典籍，着力开拓研究江南历史文化，编纂出版大型文献丛书，同步建设全文数据库及共享平台，将其打造为彰显苏州优秀传统文化精神的新阵地，传承苏州文明的新标识，展示苏州形象的新窗口。

“睹乔木而思故家，考文献而爱旧邦”。编纂出版《苏州全书》，是苏州前所未有的大规模文献整理工程，是不负先贤、泽惠后世的文化盛事。希望藉此系统保存苏州历史记忆，让散落在海内外的苏州文献得到挖掘利用，让珍稀典籍化身千百，成为认识和了解苏州发展变迁的津梁，并使其中蕴含的积极精神得到传承弘扬。

观照历史，明鉴未来。我们沿着来自历史的川流，承荷各方的期待，自应负起使命，砥砺前行，至诚奉献，让文化薪火代代相传，并在守正创新中发扬光大，为推进文化自信自强、丰富中国式现代化文化内涵贡献苏州力量。

《苏州全书》编纂出版委员会

二〇二二年十二月

凡　例

一、《苏州全书》（以下简称“全书”）旨在全面系统收集整理和保护利用苏州地方文献典籍，传播弘扬苏州历史文化，推动中华优秀传统文化传承发展。

二、全书收录文献地域范围依据苏州市现有行政区划，包含苏州市各区及张家港市、常熟市、太仓市、昆山市。

三、全书着重收录历代苏州籍作者的代表性著述，同时适当收录流寓苏州的人物著述，以及其他以苏州为研究对象的专门著述。

四、全书按收录文献内容分甲、乙、丙三编。每编酌分细类，按类编排。

（一）甲编收录一九一一年及以前的著述。一九一二年至一九四九年间具有传统装帧形式的文献，亦收入此编。按经、史、子、集四部分类编排。

（二）乙编收录一九一二年至二〇二一年间的著述。按哲学社会科学、自然科学、综合三类编排。

（三）丙编收录就苏州特定选题而研究编著的原创书籍。按专题研究、文献辑编、书目整理三类编排。

五、全书出版形式分影印、排印两种。甲编书籍全部采用繁体竖排；乙编影印类书籍，字体版式与原书一致；乙编排印类书籍和丙编书籍，均采用简体横排。

六、全书影印文献每种均撰写提要或出版说明一篇，介绍作者生平、文献内容、版本源流、文献价值等情况。影印底本原有批校、题跋、印鉴等，均予保留。底本有漫漶不清或缺页者，酌情予以配补。

七、全书所收文献根据篇幅编排分册，篇幅适中者单独成册，篇幅较大者分为序号相连的若干册，篇幅较小者按类型相近原则数种合编一册。数种文献合编一册以及一种文献分成若干册的，页码均连排。各册按所在各编下属细类及全书编目顺序编排序号。

紫阳学术发微（外二种）

唐文治　著

出版说明

唐文治（1865—1954），字颖侯，号蔚芝，晚号茹经。江苏太仓人。光绪十八年（1892）进士，官至农工商部左侍郎兼署理尚书。光绪三十三年（1907）后弃官从教，历任邮传部上海高等实业学堂、高等商船学堂监督，参与创办私立无锡中学与无锡国学专修馆，为中国近代著名教育家和工学先驱。中华人民共和国成立后，任苏南文化教育学院名誉教授。长于经学，著述宏富，有《茹经堂文集》《十三经提纲》《论语大义》等。

《紫阳学术发微》十二卷，完稿于1930年，为唐文治论述朱子学之作。探讨朱子为学次第、朱子己丑悟道、朱子心性学、朱子论仁善国、朱子经学、朱子政治学、朱子论道释二家学、朱子辨金溪学、朱子辨浙东学、“朱子晚年定论”等议题，后附九位朱子学者评述之文，并有唐文治所撰按语，全面反映了朱子思想体系，是民国间朱子学研究的重要著作。

《阳明学术发微》七卷，完稿于1930年，在于会通朱子学与阳明学，阐发阳明学救世之用。依次论述阳明讲学事迹考，阳明圣学宗传，阳明学四大题，阳明学贯通经学、变化神明，阳明学通于朱子学，王龙溪述阳明学髓。每卷前均有唐文治按语，以明该卷宗旨。除末卷为王龙溪论述阳明学之文外，各卷附王阳明代表性文章，文中或文后，加以唐文治或其他儒者评论性文字，点明文章要义。

《性理救世书》三卷，原名《性理学发微》，为唐文治在无锡国专讲授“性理学大义”课程讲义，完稿于 1935 年。卷一救心大本，是唐文治对于性理学义理结构和社会功能的讨论；卷二学派大同，则为唐文治对宋、元、明、清性理学者思想的阐发，认为各学派异中有同，皆归于孔孟思想；卷三读书大路，是唐文治为后学开具的性理学阅读书目，并对之提要钩玄，表彰大义。唐文治认为“方今世局颇类战国，当以《孟子》心性学救之”，故宣扬读经救国、慈孝仁义，具有明确而深远的文化关怀。

《紫阳学术发微》《阳明学术发微》均初印于 1930 年，《性理救世书》初印于 1937 年。本次出版以上海古籍出版社 2020 年版《唐文治性理学论著集》第二册、第三册为底本，由邓国光辑释，欧阳艳华、何洁莹辑校，改繁体竖排为简体横排。

目　录

紫阳学术发微

紫阳学术发微自序 ········· 008

紫阳学术发微卷一 ········· 014

朱子为学次第发微 ········· 014

夏氏炘《朱子出入于老释者十余年考》 ········· 015

夏氏炘《朱子见延平先生以后学术考》 ········· 017

夏氏炘《朱子丁亥戊子从张南轩先察识后涵养考》 ········· 021

附考：答罗参议、张敬夫书 ········· 023

夏氏炘《朱子己丑以后辨张南轩先察识后涵养考》 ········· 023

夏氏炘《朱子己丑以后更定中和旧说考》 ········· 027

夏氏炘《读朱子答林择之书》 ········· 029

童氏能灵《朱子为学次第考》二条 ········· 031

紫阳学术发微卷二 ········· 034

朱子己丑悟道发微 ········· 034

与张钦夫书 ········· 035

答张敬夫书 ········· 036

答张钦夫书 ········· 037

与湖南诸公论中和第一书 ········· 042

答林择之书 …… 045
答吴晦叔书 …… 045
已发未发说 …… 046
中和旧说序 …… 048
附：朱氏泽沄《读〈中和旧说序〉诸篇》 …… 050
附：唐文治《朱子主敬原于主静说》 …… 052
附：唐文治《读朱子〈已发未发说〉》 …… 054
附：唐文治《朱子已发未发精义本于复卦说》 …… 057
紫阳学术发微卷三 …… 061
朱子心性学发微 …… 061
《中庸》首章注 …… 062
《孟子》“生之谓性”章注 …… 064
《孟子》“牛山之木”章注 …… 065
《孟子》“仁人心”章注 …… 067
《孟子》“钧是人也”章注 …… 068
《孟子》“尽心”章注 …… 069
答陈器之书 …… 071
答游诚之书 …… 073
答蔡季通书 …… 073
答何叔京书 …… 074
答何叔京书 …… 075
答吕子约书 …… 076
答陈明仲书 …… 076
观心说 …… 077
紫阳学术发微卷四 …… 080
朱子论仁善国发微 …… 080
仁说 …… 082

答张敬夫书…………………………………………………………… 084
答陈安卿书…………………………………………………………… 086
答袁机仲书…………………………………………………………… 089
答胡伯逢书…………………………………………………………… 090
玉山讲义……………………………………………………………… 091
附：唐文治《读朱子〈仁说〉诸篇》…………………………… 096
紫阳学术发微卷五…………………………………………………… 101
朱子经学发微………………………………………………………… 101
书临漳所刊《周易》后…………………………………………… 102
易五赞………………………………………………………………… 103
易学启蒙序…………………………………………………………… 104
书临漳所刊《书经》后…………………………………………… 105
诗集传序……………………………………………………………… 107
仪礼经传通解………………………………………………………… 109
家礼序………………………………………………………………… 112
古今家祭礼跋………………………………………………………… 114
大学章句序…………………………………………………………… 115
中庸章句序…………………………………………………………… 117
论孟集义序…………………………………………………………… 119
小学题辞……………………………………………………………… 123
书《近思录》后 ………………………………………………… 124
附：吕氏东莱《近思录》跋…………………………………… 125
紫阳学术发微卷六…………………………………………………… 126
朱子政治学发微……………………………………………………… 126
正君德………………………………………………………………… 127
戊申封事……………………………………………………………… 127
己酉拟上封事………………………………………………………… 130

甲寅行宫便殿奏札二 …… 132
复仇 …… 134
壬午应诏封事 …… 134
用人 …… 137
戊申封事 …… 137
己酉拟上封事 …… 139
与陈丞相书 …… 140
纪纲风俗 …… 141
戊申封事 …… 141
己酉拟上封事 …… 143
恤民通论 …… 144
庚子应诏封事 …… 144
恤民社仓法 …… 145
建宁府崇安县五夫社仓记 …… 145
恤民救荒法 …… 147
与星子诸县议荒政书 …… 147
劝谕救荒 …… 148
紫阳学术发微卷七 …… 152
朱子论道释二家学发微 …… 152
参同契说 …… 153
养生主说 …… 157
观《列子》偶书 …… 159
调息箴 …… 161
答汪尚书第二书 …… 162
答汪尚书第三书 …… 164
答汪尚书第七书 …… 166
读大纪 …… 168

释氏论上 …… 169
释氏论下 …… 171
附：夏氏炘《朱子出入二氏论》 …… 173
紫阳学术发微卷八 …… 175
朱子辨金溪学发微 …… 175
附：陈氏建《朱陆年谱》“鹅湖大会” …… 177
朱子《答陆子静书》 …… 178
又答陆子静书 …… 179
又答陆子静书 …… 180
陆子静《与朱子书》 …… 180
朱子《答陆子静书》 …… 182
陆子静《白鹿洞书院〈论语·喻义喻利章〉讲义》 …… 185
附：夏氏炘《陆文安公、张宣公论》 …… 186
附：夏氏炘《陆文达公学术与文安公不同考》 …… 187
附：夏氏炘《朱子深戒及门不得无礼于金溪说》 …… 189
附：黄氏式三《读陆氏〈象山集〉》 …… 190
附：唐文治《陆象山“先立乎其大”辨》 …… 191
紫阳学术发微卷九 …… 194
朱子辨浙东学发微上 …… 194
夏氏炘《朱子同时浙学考》 …… 195
夏氏炘《朱子借陆学以针砭婺学说》 …… 200
朱子辨浙东学发微下 …… 201
答陈同甫书 …… 202
又答陈同甫书 …… 203
又答陈同甫书 …… 204
附：全氏祖望《陈同甫论》 …… 206
附：唐文治《读陈同甫与朱子论汉唐书》上 …… 207

附：唐文治《读陈同甫与朱子论汉唐书》下 …… 208
紫阳学术发微卷十 …… 210
《朱子晚年定论》发微 …… 210
答黄直卿书 …… 211
答吕子约书 …… 211
答何叔京书 …… 212
答潘叔昌书 …… 213
答吕子约书 …… 214
与周叔谨书 …… 215
答陆象山书 …… 216
答符复仲书 …… 216
答吕子约书 …… 217
答吴茂实书 …… 217
答张敬夫书 …… 218
答吕伯恭书 …… 219
答周纯仁书 …… 219
答林择之书 …… 220
答潘恭叔书 …… 221
答何叔京书 …… 221
又答何叔京书 …… 222
与林择之书 …… 224
答吕子约书 …… 224
答或人书 …… 224
附：唐文治《读朱子晚年定论》 …… 225
附：夏氏炘《与詹小涧茂才论〈朱子晚年全论〉书》 …… 228
紫阳学术发微卷十一 …… 230
九贤朱学通论上 …… 230

陆桴亭先生《儒宗理要·读朱子绪言》…………………… 233
顾亭林先生《日知录·〈朱子晚年定论〉评》…………………… 238
黄梨洲先生《〈象山学案〉案语》…………………… 243
陆稼书先生《三鱼堂集·读朱子〈白鹿洞学规〉》 …………………… 245
陆稼书先生《三鱼堂集·读朱子告郭友仁语》…………………… 246
陆稼书先生《三鱼堂集·答秦定叟书》…………………… 246
紫阳学术发微卷十二…………………… 251
九贤朱学通论下…………………… 251
朱止泉先生《朱子圣学考略提要》…………………… 253
《朱止泉先生文集·朱子未发涵养辨》…………………… 256
又《朱子格物说辨》…………………… 259
章实斋先生《文史通义·朱陆篇》…………………… 262
又《书〈朱陆篇〉后》…………………… 265
唐镜海先生《朱子学案目录序》…………………… 267
陈兰甫先生《东塾读书记·朱子学论》…………………… 271
夏弢甫先生《述朱质疑·与胡琡卿论〈学蔀通辨〉及〈三鱼堂集·答秦定叟书〉书》…………………… 276
又《与胡琡卿论〈白田草堂杂著〉书》…………………… 278
又《与友人论〈孟子字义疏证〉书》…………………… 280

阳明学术发微

阳明学术发微序…………………… 292
阳明学术发微卷一…………………… 295
阳明讲学事迹考…………………… 295
阳明学术发微卷二…………………… 307
阳明圣学宗传…………………… 307
拔本塞源论…………………… 308

良知答问 …… 313
阳明学术发微卷三 …… 321
阳明学四大题 …… 321
一、无善无恶之说与告子迥异，不可误解 …… 321
二、改用《古本大学》，虽与朱子异，实与汉唐诸儒合 …… 324
三、“心即理”与“性即理”浑言，未尝不同 …… 328
四、“知行合一”与朱子“先知后行”之说，义各有当，不必入是出非 …… 334
阳明学术发微卷四 …… 340
阳明学贯通经学、变化神明 …… 340
一、德性之良知 …… 341
二、闻见之良知 …… 343
三、好恶之良知 …… 345
四、事物已往之良知 …… 347
五、临事警觉之良知 …… 348
六、事物未来之良知 …… 350
七、深沈涵养之良知 …… 353
八、历练精密之良知 …… 355
九、学术分类之良知 …… 358
十、良知昏昧之由 …… 360
阳明学术发微卷五 …… 364
阳明学通于朱子学一 …… 364
与辰中诸生书 …… 365
答徐成之书 …… 366
答汪石潭内翰书 …… 367
与王纯甫书 …… 369
又寄希渊书 …… 370

答王天宇书 …… 371
寄李道夫书 …… 372
寄诸弟书 …… 373
答甘泉书 …… 375
答方叔贤书 …… 376
阳明学术发微卷六 …… 378
阳明学通于朱子学二 …… 378
答罗整庵少宰书 …… 378
答董沄萝石书 …… 382
寄邹谦之书 …… 384
答欧阳崇一书 …… 385
阳明学术发微卷七 …… 390
王龙溪述阳明学髓 …… 390
冲元会纪 …… 391
滁阳会语 …… 391
书休宁会约 …… 393
书婺源同志会约 …… 394
天柱山房会语 …… 396
答吴悟斋 …… 397
读先师再报海日翁吉安起兵书序 …… 398
附录：罗念庵《良知辨》 …… 400
附录：罗念庵《龙场阳明祠记》 …… 401

性理救世书

性理救世书自序 …… 407
性理救世书卷一 …… 409
救心大本第一 …… 409

论性理学为正人心化风俗之本 …… 410
论性理学为政治之本 …… 413
论性理学为气节之本 …… 419
论性理学为孝弟慈之本 …… 422
论性理学首严君子小人之辨 …… 425
论古人造字多根于性理 …… 431
论理字本训 …… 444
论理气之分合 …… 446
论理欲之辨别 …… 450
论性情与心之辨别 …… 455
论《宋史·道学传》 …… 457
性理救世书卷二 …… 463
学派大同第二 …… 464
周子《太极图》论 …… 466
周子《通书》论 …… 468
大程子《论性》论 …… 471
读二程子《颜子所好何学论》 …… 475
张子《西铭》论 …… 478
杨龟山、罗豫章、李延平先生学派论 …… 480
朱子学为今时救世之本论 …… 484
朱子、陆子学派异同论 …… 487
张南轩先生学派论 …… 492
吕东莱、薛艮斋、陈止斋、叶水心先生学派论 …… 495
赵仁甫、许鲁斋、吴草庐先生学派论 …… 499
阳明学为今时救国之本论 …… 501
附录：阳明学与陆学异同论 …… 505
附录：阳明学与朱学异同论 …… 507

王龙溪、钱绪山先生学派论 …… 510
王心斋先生格物论 …… 514
高景逸、顾泾阳先生学派论 …… 519
孙夏峰、汤潜庵先生学派论 …… 525
刘蕺山、张杨园、黄梨洲先生学派论 …… 528
陆桴亭、陈确庵、江药园、盛寒溪先生学派论 …… 531
李二曲先生学派论 …… 540
颜习斋、李恕谷先生学派论 …… 542
陆稼书先生学派论 …… 545
李厚庵先生学派论 …… 549
张孝先先生学派论 …… 552
朱止泉、王白田先生学派论 …… 554
唐镜海、罗罗山、倭艮峰、曾涤生、吴竹如先生学派论 …… 559
性理救世书卷三 …… 564
读书大路第三 …… 566
读《伊洛渊源录》记 …… 568
读《考亭渊源录》记 …… 569
读《理学宗传》记 …… 571
读《理学宗传辨正》记 …… 571
读《儒宗理要》记 …… 572
读《正谊堂全书》记 …… 573
读《宋元学案》《明儒学案》记 …… 574
读《宋元学案》再记 …… 577
读《明儒学案》再记 …… 577
读《学统》记 …… 578
读《学案小识》记 …… 579
读《朱子小学》记 …… 580

读《近思录》记 …… 582
读《御纂性理精义》记 …… 584
读《周子全书》记 …… 585
读《二程全书》记 …… 586
读《张子全书》记 …… 587
读《杨龟山先生集》记 …… 588
读《罗豫章先生集》记 …… 589
读《延平答问》记 …… 590
读《朱文公全集》记 …… 591
读《御纂朱子全书》记 …… 592
读《朱程问答》记 …… 593
读《紫阳大指》记 …… 596
读《朱子圣学考略》记 …… 598
读《朱子年谱》记 …… 599
读《述朱质疑》记 …… 600
读《张南轩先生文集》记 …… 601
读《象山先生集》记 …… 602
读《东莱文集》记 …… 603
读《叶水心文集》记 …… 605
读《习学记言》记 …… 605
读《北溪字义》记 …… 607
读《文山先生集》记 …… 608
读《许鲁斋遗书》记 …… 609
读《程氏读书分年日程》记 …… 611
读《读书录》记 …… 613
读《困知记》记 …… 614
读《王文成全书》记 …… 615

附录：魏守谟《阳明学流入日本考略》 …………………… 617
读《罗念庵先生文要》记 …………………… 620
读《龙溪先生集》记 …………………… 621
读《学蔀通辨》《王学质疑》《明辨录》记 …………………… 622
读《圣学宗传》记 …………………… 623
读《高子遗书》记 …………………… 624
读《孙夏峰全书》记 …………………… 625
读《刘子全书》记 …………………… 626
读《陆桴亭先生遗书》记 …………………… 628
读《陈确庵先生遗书》记 …………………… 633
读《二曲集》记 …………………… 635
读《颜李丛书》记 …………………… 637
读《陆稼书先生全书》记 …………………… 639
读《张杨园先生全集》记 …………………… 642
读《汤子遗书》记 …………………… 643
读《榕村全书》记 …………………… 645
读《正谊堂文集》记 …………………… 647
读《理学逢源》记 …………………… 648
读《朱止泉先生文集》记 …………………… 649
读《白田草堂存稿》记 …………………… 651
读《唐确慎公集》记 …………………… 653
读《罗山遗集》记 …………………… 653
读《倭文端公遗书》记 …………………… 655
读《拙修集》记 …………………… 655

紫阳学术发微

整理说明

《紫阳学术发微》十二卷，与《性理学大义》所收《朱子大义》完全不同，乃全新之学术论撰。唐先生《自订年谱》丁卯（一九二七）六十三岁条载："冬，编《紫阳学术发微》，共分十二类，参考书共引用四五十种，此后治朱学者，当可得其门而入矣。"其自信源自集大成式之消化与融摄，而又能自出新意。《朱子大义》八卷以收录朱子论学书信为主，可视之为理解朱子学术之途径，书中较少提供朱子学内容与思想特色之文字，唐先生亦自觉不足。为避免泛泛虚论，于是更切实通盘整理与研究，在编成《性理学大义》与《十三经读本》之后，乃欲全力整理《朱子文集》，在一九二三年先撰《朱文公文集校释序》。唐先生《自订年谱》癸亥（一九二三）五十九岁条载："十月，命诸生编《朱子全集校释》。余尝闻宝应有王白田先生《朱子文集注本》，爰函属宝应刘生翰臣代为访觅，旋得刘生复书，谓'家藏有王白田、朱止泉两先生《朱集》签注，甲子完备，朱墨烂然，惟编纂不易，只可过临'云云。余乃命馆生王蘧常、唐兰、吴其昌、吴宝凌、戴恩溥五人赴宝应刘家分钞，七日而蒇事。回锡后，复命王生蘧常悉心编纂，得十余万言，定名《朱子全集校释》云。诸生之自宝应归也，吴生宝凌赠余朱止泉先生《文集》四册，余细读之，见止泉先生论朱子于己丑岁（一一六九）悟道后，专用力于'涵养须用敬''进学则在致知'二语，因之精义入神。阳明编《晚年定论》固非，然谓朱子胶于万物而不事涵养者亦非也。乃知止泉先生于朱子之学，终身服膺寝馈，更胜于白田。且编有《朱子圣学考略》及《朱子分类文选》二书，尤为精密无伦。旋王生购得《分类文选》示余，刘生又访得《朱子圣学考略》，为之大快。”唐先生此次重大整理工程，其最重要之意义，在发现王守仁所撰《朱子晚年定论》并不符事实，乃误读朱子，于是确定依据朱子学术自身义理脉络，以复原朱子学之真际。

《紫阳学术发微序》于理解唐先生朱子学研究历程、规模、变化三方面，异常重要。序文首先通盘总结过去研究，问题在《朱子文集》原初未编年，导致后学阅读理解上之困难，此乃朱子文献流传过程中之先天不足，种种问题皆由之而起。唐先生概括过去研究之问题，乃是偏于一隅，各造精微，于文字上见成果；但晚清之朱子学，却能知行合一，唐先生谓：“又有殚精私淑、口诵心维、尊德性而道问学、致广大而尽精微者，其惟朱氏止泉之《圣学考略》、秦氏定叟之《紫阳大指》、夏氏弢甫之《述朱质疑》乎？秦氏书较胜于朱、夏。顾文治编辑此书，虽网络群言，然实本此三家以为准则也。”尤其是夏炘《述朱质疑》，唐先生征引尤富。因其书能够摆脱门户与成说，实事求是，从朱子文章中董理其义理脉络，由是唐先生重新思考朱陆异同之实质、王守仁《朱子晚年定论》之究竟、朱子与永嘉事功派之关系、与陈亮辩论王霸之本质，唐先生认为“必平心而考其世、实事而求其是，惟通其道而后能论其道，惟知其心而后能原其心”，如此方免于沉沦于陈腔滥调，精察出“朱子体用本末、格致诚正、修齐治平之本原”，始足以发挥其虽旧常新之永恒与普遍之义理活力，“虽百世常新可也”，此乃重编《紫阳学术发微》之原动力。

唐先生编撰此书，同时亦处理《阳明学术发微》，于程朱、陆王全面考察，不复再单向片面自囿眼界，而开放视野于通观宋、元、明、清以来性理学之整体格局与规模，由于工程浩大，足耗三年时间，至一九三〇年底方才定稿，《自订年谱》庚午（一九三〇）六十六岁条八月载："辑《紫阳学术发微》成。初，于教授《性理大义》中朱子诸篇，不能挈其纲要。后取王白田、朱止泉、秦定叟诸先生书读之，略事分门纂述，粗有成书。本年，购得夏弢甫先生《述朱质疑》，更觉秩然有条理。爰仿其意，编辑是书。后附陆桴亭、顾亭林诸先生之评论。朱子学者得九家，为《九贤朱子学论》，颇足发明朱学源流。书成后，即付印。"所提及之《九贤朱子学论》，为唐先生甚自信之力作，即本书卷十一及十二之《九贤朱学通论》（上、下），乃对清三百年程朱、陆王问题之总结。而于最末述夏炘朱子学，引夏氏评驳戴震《孟子字义疏证》于朱子之误读与主观失实之否定，与唐先生《孟子大义》《礼记大义》之反驳戴震相呼应。是故此书与《朱子大义》，不论宗旨、体例、内容、规模等，均截然不同，尤其是提纲挈领，分类阐述朱子学要义，戛戛独造，皆出于唐先生对学术之忠诚与责任，可视为唐先生圣学之定论。

事实上，唐先生《紫阳学术发微》成书出版之后，并未满足于此，依然不断搜寻前贤著作，过后一年所撰《高忠宪公朱子节要后序》（一九三一），复详细交代其有新发现之喜悦云："辛酉岁（一九二一），文治讲学锡山，初编《朱子大义》。己巳（一九二九）、庚午（一九三〇）之交，复辑《紫阳学术发微》，闻同邑高忠宪公有《朱子节要》一书，访求未得。辛未（一九三一）夏日，孙君飏香[①]来告，同邑孙君荫午[②]藏有《朱子节要》原本，荣君德生将谋付印，属为序言。文治大喜逾望，亟披而读之。凡十四卷，其分类悉依朱子《近思录》而不称'近思'者，忠宪公之谦也。然朱子尝编《伊洛渊源录》，后人续编《考亭渊源录》[③]，则是书名为《朱子近思录》固无不可也。其采择纯粹，致广大，

① 孙飏香，曾任小学校长，一九二七年南洋大学毕业，赴曼彻斯特茂伟电机厂实习，一九三〇年任职杭州、南京、汉口电厂，一九五三年后任上海、北京电力工程师。

② 孙荫午曾中举人，与富商荣德生、杨味云多有交往。

③ 《考亭渊源录》，宋端仪（一四四七—一五〇一）撰，薛应旂（一五〇〇—一五七五）重修。

尽精微，而靡不约之于躬行实践之间。虽后来如童能灵先生①之《朱子为学次弟考》、秦定叟先生之《紫阳大指》②、朱止泉先生之《圣学考》，素称邃密，皆不能逮也。乃恭为之序，以附于后，曰：救世之道，宏纲有三，一曰正人心，二曰立人品，三曰拯人命。舍是三者而求治平，非所敢知也。天地纯驳之气，常与人心之邪正，息息相通。惟能正心，乃能维乾坤之正气。朱子受学延平先生③，得力在'己丑悟道'，探心性之源，得已发未发之奥，其大要见于《答张南轩先生》四书。高忠宪《未发说》与顾泾凡④《论已发未发书》，洞畅厥旨。综其要，不过涵养、省察、扩充三端。涵养者，养未发之中也；扩充者，致已发之和也，而省察介乎未发已发之交。故周子曰：'动而未形有无之间者，几也。'几为动微，必省察乎此，而后能去恶以归于善。夫人未有不治其心而能治身者，亦未有不能管理其心，而能管理天下之事者，此正人心之道也。《孟子》论尚志，必本于气节。……学校之政不修则子弟之教不肃，士林之品日坏则生民之苦日深，惟赖有公平正大、力挽颓风者，矫而正之，此立人品之道也。怐愗之俦，辄诋宋儒为无用。文治谓世界有用之学，莫如孔、孟、程、朱，何也？以其'为生民立命'也。……适值兵灾水灾交迫之会，哀鸿遍野，白骨邱山，耳不忍闻，笔不忍述，当世仁人君子读是书者，其于拯人命一事，当必有大恫于心，而急所先务者矣。然惟人心险诈，人品卑污，而杀机灾祲，乃根据盘伏而益无所底，则三者更有相因之理。居今之世，变今之俗，宜先革其心，改其行。立国根荄，莫要于此。此以为迂而扫除之，世道之所以愈漓，而人纲人纪之所以愈悖也。则惟有提倡朱子之学，宏宣木铎以救

---

① 童能灵（一六八三——一七四五），字龙俦，晚号寒泉。

② 秦云爽，字开地，号定叟，钱塘人。是编成于顺治辛丑（一六六一），专纠正王守仁《朱子晚年定论》。

③ 李侗（一〇八八——一一五八），字愿中，世号延平先生。

④ 顾允成（一五五四——一六〇七），字季时，号泾凡，顾宪成弟，南京教授、礼部主事，东林八君子之一。

之。”此唐先生悲天悯人，身处“苦难时代”之肺腑心声。

唐先生如此费力整理朱子学，提倡朱子学，正为对治时代之集体“心疾”，其非我其谁之担当精神，由衷而生者也。而需要大书特书的，是对朱子客观公正评价问题，其全力批评戴震之误导，表扬章学诚《文史通义》之识见，肯定其为清代学术第一人，目的是在重振朱子学之救世意义，复兴圣学。

本书是唐先生朱子学集大成之作，内容非常丰富，规模庞大，整理殊非易事。谨根据林庆彰教授主编《民国时期哲学思想丛书》第一编第八十八册影印之一九三〇年铅印本为工作底本；朱子文字取校于《四部丛刊初编》影印上海涵芬楼藏明刊《晦庵先生朱文公文集》；其中所大量征引之夏炘《述朱质疑》，则取校于咸丰辛亥（一八五一）刊本；凡文字词句差异处，皆出校注明。

紫阳学术发微自序[1]

文治既编《朱子大义》八卷，比年以来教授学者，复博搜旧藏及见在所得紫阳学各书，繁细不捐，显微毕烛，略得要删之法，爰辑《紫阳学术发微》十有二卷。

序曰：自黄氏勉斋胪述《朱子行状》[2]，朱子文孙在[3]编《晦庵集》一百卷、《续集》五卷、《别集》七卷，厥后研朱子学者代有传人。然为之者鲜得要领，何哉？盖编书之法不外两端：曰编年，曰分类。《朱子集》既无编年（朱子偶有自注年岁，亦不过十数篇），而又仅以文体[4]分类，不以事隶属；矧所著过多，为古来所未尝有；故缀学之士但觉茫无津涯，或转病其乱杂而无章，是岂为朱学者之咎哉？风气未开，而董理之方未得也。

于是有裁割鳞爪，独守偏隅者，如张氏伯大、齐氏充甫所订《朱子读书法》是也。其书于入门适道之序，灿然秩然，且间有为文集所未载者，可贵已。

---

① 序文又载于《茹经堂文集》三编卷五。文字与本书异同处，出校注明。

② 黄榦（一一五二—一二二一），字直卿，号勉斋，闽三山人，淳熙九年（一一八二），朱子以次女妻之，编有《朱子行状》，载本编《性理学大义》之《朱子大义》卷一。

③ “文孙”谓后人。朱子三子朱在（一一六九—一二三九），字叔敬、敬之，号立纪，娶吕祖谦女，任泉州通判，历南康军奉祠，起知信州，建立石井书院。

④ “文体”，《茹经堂文集》作“书疏等”。

有考订事实、钻研成编者，如王氏白田《朱子年谱》、童氏龙俦《朱子为学次第考》是也。王氏兼详出处学术，童氏则注重于论学①，各竭其毕生之精力，俱有专长②。而王氏《朱子论学切要语》与白田《草堂杂著》，提要钩深，与《年谱》并行，江河不废矣③。

有抉择精义，别树一帜者，如张氏孝先所选之《朱子文集》、朱氏止泉之《朱子分类文选》是也，二选皆纯粹而不宜于初学。

有以古文义法作选目标准者，如朱氏竹垞之《朱文公文钞》、周氏大璋之《朱子古文读本》、杜氏庭珠之《朱子文钞》是也。朱氏选本独取有关时事④感奋激烈之作。周、杜二书则皆以南丰为先河，紫阳为后海者也。

有自出己意以区类者，如邱氏琼山之《朱子学的》、龙氏晓崖之《朱子讲学辑要》是也。邱氏稍优于龙氏，而妄拟《论语》，皆芜杂而无用⑤。

有辑拾朱子语以疏释经义者，如陈氏钬《朱子文集纂》是也。其书类《四书大全》，义理亦泛而杂⑥。

有精心评骘而不免门户之见者，如陈氏清澜⑦之《学蔀通辨》、程氏启暾之《闲辟录》⑧、陆氏稼书之《读朱随笔》《三鱼堂集》⑨ 是也。陆氏毕生治朱学，精密无伦，于三家中尤为杰出⑩。然微病其专辟异己，尽有余之言。夫孟子之道本于性善，知言养气，其功岂仅距杨、

---

① “则注重于论学”，《茹经堂文集》作“详于学术”。
② “俱有专长”，《茹经堂文集》后有“未可轩轾”四字。
③ “与《年谱》并行，江河不废矣”，《茹经堂文集》作“固足补《年谱》之阙略矣”。
④ 《茹经堂文集》“时事”后有“出处”二字。
⑤ “而妄拟《论语》，皆芜杂而无用”，《茹经堂文集》作“然其书皆芜陋无所取”。
⑥ 《茹经堂文集》无“有辑拾朱子语”至“义理亦泛而杂”一段文字。
⑦ 陈建（一四九七—一五六七），字廷肇，号清澜，东莞人；嘉靖七年（一五二八）举人，任侯官县教谕，其间与督学潘潢论朱陆异同，作《学蔀通辨》；曾校《十三经注疏》，朝廷颁行天下；迁江西临江府学教授，编《周子全书》《程氏遗书类编》。
⑧ 《茹经堂文集》无“程氏启暾之《闲辟录》”八字。
⑨ 《茹经堂文集》无“《三鱼堂集》”四字。
⑩ 《茹经堂文集》无“于三家中尤为杰出”八字。

墨、告子而已乎？

又有集大成、挈要旨以成书者，如陆氏桴亭①之《儒宗理要》、孙氏夏峰之《理学宗传》、刘氏蕺山之《圣学宗要》②、黄氏梨洲之《晦翁学案》、李氏榕村③之《朱子全书》、朱氏止泉之《宗朱要法》是也。李氏书最繁，刘、朱二家极简，陆、孙、黄三家得其中；然皆注重躬行，不贵徒腾口说，胡可几也④。

又有殚精私淑、口诵心维、尊德性而道问学、致广大而尽精微者，其惟朱氏止泉之《圣学考略》、秦氏定叟之《紫阳大指》⑤、夏氏弢甫⑥之《述朱质疑》乎！秦氏书较逊⑦于朱、夏，顾文治编辑此书，虽网络群言，然实本此三家以为准则也。

此外广论朱学者，宋元而降，有若吴草庐⑧、薛敬轩⑨、罗整庵⑩、

---

① 陆世仪（一六一一—一六七二），晚号桴亭，明亡不仕，唐先生父受祺辑《陆桴亭先生遗书》。

② 刘宗周（一五七八—一六四五），顺治二年（一六四五）杭州陷，绝食殉义，讲学蕺山，学者称蕺山先生。“圣学宗要”，《茹经堂文集》作“圣学宗传”。按：当以“圣学宗要”为是。

③ 李光地（一六四二—一七一八），字晋卿，号榕村，奉敕纂《性理精义》《朱子全书》《周易折中》。

④ 《茹经堂文集》无“胡可几也”四字。

⑤ 秦云爽，字开地，号定叟，钱塘人。是编成于顺治辛丑（一六六一），专纠正王守仁《朱子晚年定论》之非。

⑥ 夏炘（一七八九—一八七一），字心伯，号弢甫；道光五年（一八二五）举人，任吴江、婺源教谕十八年；书斋曰“景紫堂”，以志敬慕朱子之意；成《述朱质疑》十六卷，另《朱子诗集传校勘记》《学礼管释》《三纲制服尊尊述义》《檀弓辨诬》等。曾国藩读《述朱质疑》《檀弓辨诬》，谓古经学巨匠；左宗棠汇其书编为《景紫堂全书》，奏请国史馆立传，入婺源名宦祠、当涂乡贤祠。

⑦ “逊”字，《茹经堂文集》作“胜”。

⑧ 吴澄（一二四九—一三三三），字幼清，号草庐，江西抚州人；朱子四传弟子，咸淳三年（一二六七）作《道统图并叙》，折衷朱陆；著《易纂言》《书纂言》《礼记纂言》《春秋纂言》等；谥文正。

⑨ 薛瑄（一三八九—一四六四），字德温，号敬轩，礼部右侍郎；著《读书录》；谥文清，从祀孔庙。

⑩ 罗钦顺（一四六五—一五四七），字允升，号整庵，江西泰和人，官至南京吏部尚书；时称江右大儒，与王阳明分庭抗礼；谥文庄。

胡敬斋[①]、高景逸[②]诸人。近代有若顾亭林、吕晚村、江慎修、章实斋、唐镜海[③]、倭艮峰[④]、刘虞卿[⑤]、曾涤生、罗罗山、吴竹如[⑥]诸人，虽所见偏全不同，要皆粹然壹出于正。而陈东塾《读书记》之论朱子，不独用考据法述义理，兼采近世新学，傅翼[⑦]而阐扬之。圣贤之道恢恢乎无所不包，岂非然哉？

《礼记·中庸篇》赞仲尼之大曰："万物并育而不相害，道并行而不相悖。"《礼运篇》赞大顺之治曰："深而通，茂而又间，连而不相及，顺而不相害。"造化之行，一阴一阳；宇宙之合，一虚一实；教也者，民之寒暑也；事也者，民之风雨也，在提倡宗风者，斡维之而已矣。

朱子之于象山也，高明沈潜，虚实相济，旧学新知，相观而善，琢磨同在一室，巧力各有千秋，所谓"道并行而不相悖"，"连而不相及"；而彼入主出奴者，呶呶于党同伐异之私，顾不陋哉？明王氏阳明编《朱子晚年定论》，考其年岁，大都在"己丑悟道"以后，故多涵养精微之论，而说者以为颠倒早晚，并宇宙间虚实之理而不能辨，顾不隘[⑧]哉？抑如张氏阳和《朱子摘编》，采自然恬适之文，亦岂可厚非耶？[⑨]

---

① 胡居仁（一四三四—一四八四），字叔心，筑室梅溪山，成化元年（一四六五）白鹿洞书院主事，著《居业录》。

② 高攀龙（一五六二—一六二六），字存之、云从，无锡人，世称"景逸先生"，东林八君子之一，谥忠宪。

③ 唐鉴（一七七八—一八六一），字镜海，号翕泽，湖南善化人，嘉庆十四年（一八〇九）进士，官至太常寺卿，乃当时性理学巨擘，蜚声京门。

④ 倭仁（一八〇四—一八七一），字艮峰，蒙古正红旗人，道光九年（一八二九）进士，官至文华殿大学士，谥文端；讲求宋儒之学，遗书十三卷。

⑤ 刘廷诏，字虞卿，号半村，河南永城人，恪守程朱，著《理学宗传辨正》《读经随笔》《半村制艺》。参唐先生《〈理学宗传辨正〉钞本跋》（一九三九），载《茹经堂文集》四编卷六，收录《唐文治文集》"序跋类"。

⑥ 吴廷栋（一七九三—一八七三），字彦甫，号竹如，安徽霍山人，道光五年（一八二五）进士，官至刑部侍郎。

⑦ "翼"字，《茹经堂文集》作"会"字。

⑧ "隘"字，《茹经堂文集》作"诬"字。

⑨ 《茹经堂文集》无"抑如张氏阳和"至"亦岂可厚非耶"一段文字。

若夫永嘉、永康学派之分支也，朱子对于士龙执后进之礼①，无论矣。如吕子约之襄辑《士礼通解》，气节屹然，亦未尝不钦重其为人，特以其徒喜攻乙籍，恐其心粗而气浮，故常贻书诰诫之；而子约亦留心于存养、克己之方②，是永嘉派固在朱子陶镕之列者也。至于止斋、水心，讲求经制，书札往还，各相师而不相非，和而不同，君子之道，固宜尔也。

东莱既殁，永康之焰遂炽③。龙川天资豪迈，朱子深加器重，力斥其“义利双行，王霸并用”之说，引而进之于道，而龙川始终跅跑④于歧途，且痛诋朱子以为空谈性命，学无实用；不知南宋时若无朱子，则秦桧之徒将接迹于天下，而如文文山、谢叠山、陆秀夫、张世杰诸贤，又乌能闻风兴起、造就其争光日月之节哉？而朱子对于永康派教诲谆谆，苦言不懈，是永康派亦未尝不在朱子达材之列者也。

天之生圣贤豪杰也，必有以拂乱而挫折之，非特其生前为然，即身后之名，亦往往时显而时晦。孔孟且然，遑论余子！朱子立朝之时，排击之者，林栗、韩侂胄、胡紘、沈继祖、余嚞⑤是也。不谓数百年后，好古如毛大可⑥，精博如戴东原，闳通如焦礼堂⑦，亦复挟其胜心⑧，诋毁之不遗余力，且必欲扫除理学而后快⑨。

夫“易简而天下之理得”“穷理尽性以至于命”，孔子之言也。“心之所同然者，理也，义也”，孟子之言也。“不能反躬，天理灭矣”,“礼也者，理之不可易者也”⑩，古礼家之言也。天理外之人情，非人情也。

---

① “士龙执后进之礼”，《茹经堂文集》作“永嘉伯恭为执友”。

② 《茹经堂文集》无“而子约亦留心于存养、克己之方”十三字。

③ 《茹经堂文集》无“至于止斋”至“永康之焰遂炽”一段文字。

④ “跅跑”同“跅弛”，放荡不检之谓。

⑤ 《宋史》载余嚞“乞斩”朱熹。

⑥ 毛奇龄（一六二三—一七一三），字大可，号西河。

⑦ 《茹经堂文集》无“闳通如焦礼堂”六字。

⑧ 《茹经堂文集》无“挟其胜心”四字。

⑨ 《茹经堂文集》“扫除理学而后快”后有“初不知其何心也”七字。

⑩ 《礼记·乐记》文。

若必徇情而灭理，则古圣贤之辞，皆为谬妄矣。“君子一言以为知，一言以为不知”①，苟出其言不善，则人心世道皆因之偏激而失中，驯至于不可收拾②。此章氏实斋、夏氏弢甫辈所为欷歔而太息者也。

文治自弱冠以迄艾耆，窃尝尚论先儒言行，以为必平心而考其世，实事而求其是，惟通其道而后能论其道，惟知其心而后能原其心。故凡论学之中正和平者，必其人之出于忠恕者也；凡论学之叫嚣隳突者，必其人之工于忌克者也。和而不同，同而不和，心术之分，于是可见。而紫阳学术之本原，更有握要以述之者③。昔先圣赞《易》曰：“《易》无思也，无为也，寂然不动，感而遂通天下之故。”“天下同归而殊涂，一致而百虑，天下何思何虑？”此朱子悟未发已发之宗旨也；又曰：“夫《易》开物成务，冒天下之道。”“富有之谓大业，日新之谓盛德。”是朱子体用本末、格致诚正、修齐治平之本原也。圣门家法，道德学问、功业文章，务在一以贯之。汉唐后能实践此诣者，盖朱子一人而已尔。

斯道至大，来者无穷。比闻遐方殊域，且有能为朱子学者，东海西海、南海北海，心理固无不同，此书一出，傥有人引而伸之，斠而正之，移而译之，发扬而光大之，则紫阳氏之绝学，虽百世常新可也。

时在紫阳八百岁周揽揆之辰私淑弟子唐文治谨序④

---

① 《论语·子张》载子贡语。

② 《茹经堂文集》“不可收拾”后有“彼大可之《四书改错》，抵隙吹疵，譬诸井蛙秋虫，自鸣自噤，其猖狂不足道。独惜东原之潜研训诂，远绍郑学，而壹意与昔贤争胜，其议论恣肆，遂至于此”一段文字。

③ 《茹经堂文集》无“故凡论学之中正和平者”至“更有握要以述之者”一段文字。

④ 《茹经堂文集》无“时在紫阳八百岁周揽揆之辰私淑弟子唐文治谨序”二十一字。

紫阳学术发微卷一

朱子为学次第发微

文治按：朱子平生学术，广大精微，钻仰之而不能尽。其有专心研虑、提其要而挈其纲者，厥惟王氏懋竑《朱子年谱》、朱氏泽沄《朱子圣学考》、童氏能灵《朱子为学次第考》、夏氏炘《述朱质疑》四书最为精析。而《述朱质疑》撷取菁华，尤便讲授。兹特辑夏氏书前五卷之最要者，成《朱子为学次第发微》，而附童氏书二条于后，合为一卷。或者病二书详于朱子四十岁以前，而于己丑（一一六九）以后讲学诸书，不免太略。然参考王氏懋竑《朱子论学切要语》、《年谱》附录。秦氏云爽《论朱子涵养本原》，《紫阳大指》卷三。即可得其精微之奥。

抑文治考孔子自言进学次第，详于《论语》"志学章"，子思子则详于《中庸》"衣锦尚絅章"，孟子则详于《浩生不害章》，其自迩登高之序，俱分六级。朱子己丑以后功夫，固不敢拟于孔子，其在《中庸》"不动而敬"与《孟子》"充实光辉"之候，殆无疑也。学者当取本书第三卷"心性学"，与夫《四书章句集注》详细研究之，切己体察，深沉涵养，勉勉循循而不已焉，则所谓精义入神者，庶几其有造乎！呜呼！圣贤岂真不可学哉？

夏氏炘《朱子出入于老释者十余年考》

朱子幼孤，以遗命禀学于籍溪胡公、屏山白水两刘公之门，三先生[①]之学皆不纯，而屏山、籍溪为甚。朱子既与屏山比邻而居，又事籍溪最久，聪明绝世之资，网罗百家之学，一旦得闻所为虚灵元妙之说，遂不直入其阃不止。迨铨选得簿以后，始见延平，复年余而后返，总而计之，盖十一年矣。朱子《答江元适书》所谓“出入于老释者十余年”，盖谓此也。其实此十余年之中，沈思经训，潜心理学，未尝一日不精研吾道；特其齐头并进，二氏亦在所不遗耳。兹考其可见者著于篇。

辅广录：“某年十五六时，在病翁所会一僧。屏山晚号病翁。与之语，其僧只相应和了说，也不说是不是，却与刘说，某已理会得个昭昭灵灵底禅。刘后说与某，某遂疑此僧更有要妙处在，遂去扣问他，见他说得也煞好……”[②]

包扬录：“某旧时亦要无所不学，禅、道、文章、《楚辞》、诗、兵法，事事要学。出入时无数文字，事事有两册。一日忽思之曰：‘且慢，我只一身[③]，如何兼得许多？’自此逐时去了。”[④]

《答汪尚书书》云：“某于释氏之说，盖尝师其人，尊其道，求之亦切至矣，然未能有得。”

《答许顺之书》云：“大抵旧来之以佛老之似，乱孔孟之真，故每有过高之病。”

《答孙敬甫书》云：“少时喜读禅学文字。”

壬申（一一五二）朱子二十三岁。《读道书诗》云：“岩居秉贞操，所慕在元虚。清夜眠斋宇，终朝观道书。忘形气自冲，性达理不余。于道虽未庶，已超名迹拘。至乐在襟怀，山川非所娱。寄语狂驰子，营营竟

---

① 三先生指籍溪胡原仲、屏山刘彦冲、白水刘致中。

② 《朱子语录》辅广所录者。

③ “一身”，《述朱质疑》作“一个浑身”。

④ 《朱子语录》包扬所录者。

焉如。”六首录一首。

又《斋居诵经诗》云：“端居独无事，聊披释氏书。暂释尘累牵，超然与道俱。门掩竹林幽，禽鸟山雨余。了此无为法，身心同晏如。”

癸酉（一一五三）二十四岁。春《诵经诗》云：“坐厌尘累积，脱躧味幽元。静披笈中素，流味东华篇。朝昏一俯仰，岁月如奔川。世纷未云遣，仗此息诸缘。”

炘按：《读道书》《诵经》皆借异学以自遣，亦出入释老之事。自癸酉春后，无是作矣。

郑可学录：“初师屏山、籍溪。籍溪学于文定，又好佛老，以文定之学为论治则可，而道未至，然于佛老亦未有见。屏山少年能为举业，官莆田，接塔下一僧，能入定，数日后乃见了，老归家读儒书，以为与佛合，故作《圣传论》。其后屏山先亡，籍溪在。某自见于道未有所得，乃见延平。”

《年谱》：癸酉夏，始受学于延平李先生之门。……

包扬录：“佛学旧赏参究，后颇疑其不是。及见李先生，闻其言，初亦信未及，亦且背一壁放且理会学问看何如。后年岁间，始觉其非。”

《答江元适书》云：“某自幼记问言语，不能及人。以先君子之余诲，颇知有意于古人为己之学，而未得其处，盖出入于老释者十余年。”

炘按：出入于老释者十余年，此朱子《答江元适书》，乃其铁凭。辅汉卿所录，十五六岁“在病翁所会一僧”云云，则出入释老自十五岁始矣。二十四岁始见延平，又“年岁间始觉其非”，则二十四五矣，所谓“十余年”者是也。朱子见延平，实在二十四岁，而自云“二十四五”者，非真记忆之不清也，实以此两年间，乃师弟授受之大渊源，学问转关之大节目。《年谱》只据二十四计之，故云“泛滥于释老者几十年”；朱子自叙，必兼二十四五言之，故云“出入于老释者十余年”

也。后人纷纷揣度之议，皆可以置之不论矣。①

文治按：朱子泛滥于老释者十余年，乃博览之学耳。度其时，必以圣经贤传为主，而旁通二氏之书，非专沈溺于老释之学也。故一见延平先生之后，即脱除旧习矣。夏氏按语，深得事实。

又按：夏氏《述朱质疑》兼采朱子答江元适、薛士龙、许顺之、何叔京诸书，俱与此篇互相发明，文繁未录，当参考之。又王氏懋竑《朱子答江元适书、薛士龙书考》《辨通鉴》及《学蔀通辨》所载“二十余年”,“二”字之误，其说亦详，当一并参阅。

夏氏炘《朱子见延平先生以后学术考》

延平受学于豫章，豫章受学于龟山，龟山受学于河南。惟其源流，远有端绪。朱子以遗命禀学于建安三先生，自云：“于道未有所得。”及见延平，尽弃异学，纯一不杂矣。自癸酉（一一五三）至壬午（一一六二），十年之间，抠衣负笈，寓止西林者动辄数月，虽求中未发之旨，一间未达，而入道之次第，得于指授者最真。卒至晚年所见益亲，所进益粹，光大师门之业，直轶豫章、龟山而上之，而其本原不可没也。兹辑其可见者著于篇。

《年谱》：朱子学无常师，出入于经传，泛滥于释老者几十年。年二十四，见李延平，洞明道要，顿悟异学之非，尽能掊击其失，繇是专精致诚，剖微穷幽，昼夜不懈，至忘寝食，而道统之传，始有所归矣。

炘按：《年谱》并不取“后年岁间始觉其非”之说，直截了当。以二十四岁为断，可以息群喙矣。然与《答江元适书》所谓“十余年”者，终嫌不合。

又《年谱》：先生常言：“自见李先生，为学始就平实，乃知向日从

① 夏炘《述朱质疑·朱子出入于老释者十余年考》卷一文。

事于释老之非。”又云：“初见李先生，说得无限道理。李先生曰：‘公恁地悬空理会得许多道理，面前事却理会不下。道亦无他元妙，只在日用间著实做工夫处，便自见得。’某后来方晓得他说，故至今不至于无理会耳。”又云：“始见李先生，告之学禅。李先生但曰：‘不是。’再三质问，则曰：‘且看圣贤言语。’某遂将所谓禅权倚阁起，取圣贤书读之。读来读去，日复一日，觉得圣贤言语渐渐有味，却回头看释氏之说，渐渐破绽，罅漏百出。”

以上皆延平辟释氏之说。炘按：“日复一日”,“圣贤言语，渐渐有味”,“释氏之说，渐渐破绽”者，即所谓“后年岁间始觉其非”也。朱子一生屏黜异端，干城吾道，实自见延平始。且始于初见之一二年，故《延平答问》所载，自丁丑（一一五七）至癸未（一一六三），无专辨释氏之书。盖朱子癸酉（一一五三）、甲戌（一一五四）之间，已了然于儒释之辩，而无所惑矣。又《延平行状》云：“异端之学，无所入其心。然一闻其说，则知诐淫邪遁之所以然者。盖辩之于锱铢秒忽之间，而儒释之邪正分。”非朱子得力于延平者深，乌能为是言哉？

《大学或问》云：“间独惟念，昔闻延平李先生之教，以为‘为学之初，且当常存此心，勿为他事所胜，凡遇一事，即当就此事反覆推寻，以究其理，待此一事融释脱落，然后循序少进，而别穷一事。如此既久，积累之多，胸中自当有洒然处，非文字言语之所及也。’……”

《延平行状》：尝语问者曰：“讲学切在深潜缜密，然后气味深长，蹊径不差。若概以理一而不察乎其分之殊，此学者所以流于疑似乱真之说，而不自知也。”

李闳祖录：沈元周问尹和靖：“《伊川易传》何处是切要？”尹云：“‘体用一源，显微无间。’此是最切要处。”后举以问李先生，先生曰：“尹说固好，然须是看得六十四卦三百八十四爻，都有下落，方始说得此语。若学者未曾仔细理会，便与他如此说，岂不误他？”某闻之悚然，自此读书益加详细①。

以上皆延平格物致知、读书穷理之说。炘按：朱子《大学·格致补传》，一宗程子，《或问》中备论吕、谢、杨、尹诸说，以为仅有一二之合，不待七十子丧而大义乖，而独殿以延平之教，以为工夫之渐次，意味之深切，非他说所能及。惟尝用力于此者，为能有以识之，未易以口舌争。然则朱子格致之功，其得于延平者深矣。

文治按：朱子初见延平先生论学，好同而恶异，喜大而恶小。延平先生曰："此但知理之一，而不知分之殊。""理不患其不一，所难者分殊耳。"以上论理一分殊之旨，为延平传授一大关键。朱子毕生穷理之学，所以臻于精密无间者，实基于此，后学切宜注意而体察焉，则庶乎能入道矣。又按：夏氏更有载《论〈西铭〉理一分殊》一条，以文繁不录。

《延平答问》丁丑书云："承喻涵养力处，足见近来好学之笃。《孟子》有夜气之说，更熟玩之，当见涵养用力处也。于涵养处著力，正是学者之要。"

又《戊寅书》云："《孟子》发此夜气之说，于学者极有益，若欲涵养，须于此持守可耳。"

又《己卯书》云："今学者之患，在于未有洒然冰解冻释处。"

又《庚辰书》云："唯存养熟，理道明，习气渐尔销铄，道理油然而生。"

又《与刘平甫书》云："学问之道，不在多言，但默坐澄心，体认天理，若见，虽一毫私欲之发，亦自退听矣。"

又《与刘平甫书》云："大率有疑处，须静坐体究，人伦必明，天理必察，于日用处著力，可见端绪，在勉之耳。"

以上皆延平涵养用力、默坐澄心，期于"洒然冰解冻释"之说。

---

① 此《朱子语录》文。

炘按：延平之学，最重涵养，其默坐澄心者，乃涵养之方；其洒然解释者，乃涵养熟后自然之验。朱子己丑（一一六九）以后，与张敬夫诸书专主先涵养，盖宗延平及程子之说。但朱子之涵养重在"敬"，延平之涵养重在"静"，其旨趣微不同耳。

文治按：李先生主静之学，实本于周子《太极图说》，亦师传也。至云"于日用处著力，可见端绪"，是李先生亦极重察识。要之，太极两仪，本不容偏废也。

又《庚辰书》云："曩时从罗先生学问，先生极好静坐，令静中看喜怒哀乐未发之谓中，未发时作何气象。此意不唯于进学有益，兼亦是养心之要。"朱子庚辰（一一六〇）《题西林院壁》云："巾屦翛然一钵囊，何妨且住赞公房。却嫌宴坐观心处，不奈檐花抵死香。"是用延平静坐看未发气象如何之说。①

《延平行状》：其语《中庸》曰："圣门之传是书，其所以开悟后学，无遗策矣。然所谓喜怒哀乐未发之谓中者，又一篇之指要也。"

又云："初龟山倡道东南，士游其门者甚众。然语其潜思力行，任重诣极，如罗公者，盖一人而已。先生既从之学，讲诵之余，危坐终日，以验夫喜怒哀乐未发之前气象为如何，而求所谓中者。若是者久之，而知天下之大本，真有在乎是也。"

以上延平于静中求喜怒哀乐未发时气象之说。炘按：朱子《中和旧说序》云："余早从延平李先生游，受《中庸》之书，求喜怒哀乐未发之旨，未达而先生殁。"其所以未达之故，非后学所敢妄议。然朱子自己丑更定"中和旧说"后，坚守程子"涵养须用敬，进学在致知"二语，以为后学指南。而杨方庚寅录云："李先生时，说学已有许多意思，只为说'敬'字不甚分明，是以许多时无捉摸处，或者未达之故，其以是与？"②

---

① 谨按：《述朱质疑》此条"又庚辰书云"文之次序，在下二条"延平行状其语""又云初龟山倡道"文之后。

② 夏炘《述朱质疑·朱子出入于老释者十余年考》卷二文。

文治按：《中庸》未发已发之说，乃子思子述《易系辞》之心传，所谓“寂然不动”“感而遂通”者也。延平先生因之传授朱子，实为圣学入门之要，而合夜气说体验之，则更为易显矣。

夏氏炘《朱子丁亥戊子从张南轩先察识后涵养考》

张南轩“先察识，后涵养”之说，受之于胡五峰。五峰之说，本之于谢上蔡。上蔡之说，则原于明道而不得其意者也。朱子“中和旧说”，凡言心者，皆指已发而言，与胡五峰同。则以察识端倪为初下手处，功夫较为直捷，故丁亥（一一六七）至潭州，与南轩同主此说。兹考其较然者著于篇。

丁亥八月，朱子往长沙访张南轩。十一月，偕登南岳，至槠州别归，酬南轩诗二首，其二章云：“昔我抱冰炭，从君识乾坤；始知太极蕴，王白田云：“太极，谓未发也。”① 要眇难名论。谓有岂有迹？谓无复何存？惟应酬酢处，特达见本根。万化自此流，千圣同兹源；旷然远莫御，惕若初不烦。云何学力微，未胜物欲昏；涓涓始欲达，已被黄流吞。岂知一寸胶，救此千丈浑；勉哉共无斁，此语期相敦。”

炘按：“惟应酬酢处，特达见本根。”后朱子所谓南轩之学，皆于闹处承当也。

戊子（一一六八）《与程允夫书》云：“去冬走湖湘，讲论之益不少。然此事须是自做工夫，于日用之间，行住坐卧处体察，方自有见处。然后以此操存，以致其极，方为己物。敬夫所见，超诣卓然，非所可及，如《艮斋铭》便是做工夫底节次。今日相与考证古圣所传门庭，建立此个宗旨，相与守之。”从《朱程答问》本。

炘按：朱子从南轩“先察识，后涵养”之说，此最分明。前诗独详先察识，至于后涵养之意，犹未及也。

---

① 王懋竑《朱子年谱考异》卷一“乾道三年丁亥三十八岁八月”条下云：“《太极诗》云太极，则指未发而言也。”

戊子（一一六八）《与曾裘夫书》云："敬夫为元履作斋铭，曾见之否？漫纳去，其言虽约，然《大学》始终之义具焉，恐可置左右也。"①

附：张南轩《艮斋铭》："艮斋，建安魏元履燕居之室也。在《易》，艮为止，止其所也。栻尝考《大学》始终之序，以知止为始，得其所止为终，而知止则有道矣。《易》与《大学》，其义一也。敬为之铭：'物之感人，其端无穷；人为物诱，欲动乎中。不能反躬，殆灭天理；圣昭厥猷，在知所止。天心粹然，道义俱全；是曰至善，万化之源。人所固存，曷自违之？求之有道，夫何远而。四端之著，我则察之；岂惟虑思，躬以达之。工深力到，大体可明；匪由外铄，如春发生。知既至矣，必由其知；造次克念，战兢自持。动静以时，光明笃实；艮止之妙，于斯为得。'"

炘按："四端之著，我则察之"，即《孟子》"知皆扩而充之"也。与知止之知，浅深判然不同。比而同之，宜朱子不久而即悟其失也。

戊子《答何叔京书》云："但因其良心发现之微，猛省提撕，使心不昧，则是做工夫底本领。本领既得，自然下学而上达矣。若不察于良心发见处，即渺渺茫茫，终无下手处也。钦夫之学，所以超脱自在，见得分明，终是本领是当，非吾辈所及。但详观所论，自可见矣。"

戊子《与石子重书》云："去秋走长沙，敬夫见处，卓然不可及。"又云："'敬'字之说，深契鄙怀。只如《大学》次序亦须如此看，始得非格物致知全不用正心诚意，及其诚意正心却都不用致知格物。但下学处须是密察，见得后便泰然行将去，此有始终之异耳。其实始终是个'敬'字，但'敬'中须有体察功夫，方能行著习察。不然，兀然持敬，又无进步处也。"

炘按："涵养须用敬，进学在致知"，二者虽齐头并进，而涵养实为致知之本。此书就子重言敬，分别以察识为先，用敬夫之说也。又

① 夏炘《述朱质疑·朱子丁亥戊子从张南轩先察识后涵养考》卷三文。

按：以上所列朱子从南轩先察识之说，其可考见者如此。①

附考：答罗参议、张敬夫书

乙酉（一一六五）《答罗参议书》云：书中云："端甫兄弟已祥祭。"延平先生卒于癸未（一一六三）十月，则此为乙酉十月后书也。"钦夫时收安问，警益甚多。大抵衡山之学，只就日用处操存辨察，本末一致，尤易见功。近乃觉知如此，非面未易究也。"

炘按：南轩先察识之说，朱子未往衡湘以前，会问往来，早已论及。朱子守延平涵养本原之教久，不达中和之旨，忽闻此论，喜其尤易见功，则欲从之志，已萌芽于乙酉之冬矣。不曰"辨察操存"而曰"操存辨察"，语尚疑而未决，故云："非面未易究也。"

丙戌（一一六六）《答张敬夫书》云："然则天理本真，随处发见，不少停息者，其体用固如是，而岂物欲之私所能壅遏而梏亡之哉？故虽汩于物欲流荡之中，而其良心萌蘖，亦未尝不因事而发见。学者于此致察而操存之，则庶乎可以贯乎大本，达道之全体而复其初矣。"

炘按：此朱子悟中和之旨，与敬夫第一书也。朱子既以心为已发，性为未发，而未发之性流行于日用之间，"随处发见，不少停息"，学者即于良心萌蘖之初，致察而操存之，以复其初，非用先察识而后涵养之说哉？此说也，乙酉之冬，已有从之之意，而尚未决；至丙戌则用之以说中和，而丁亥（一一六七）至湘湖与敬夫面相质究，而遂决然主之，其次弟可考如此。②

夏氏炘《朱子己丑以后辨张南轩先察识后涵养考》

朱子丙戌（一一六六）中和之说，与南轩往复通书，辨晰详尽，南轩虽以延平默坐澄心为不然，而于朱子之论中和则无不合。及朱子至潭

① 夏炘《述朱质疑·朱子丁亥戊子从张南轩先察识后涵养考·附张南轩艮斋铭》卷三文。

② 夏炘《述朱质疑·朱子丁亥戊子从张南轩先察识后涵养考·附考答罗参议张敬夫书》卷三文。

州，又从南轩“先察识，后涵养”之说，南轩赠诗所谓“遗经得紬绎，心事两绸缪”也。及朱子己丑（一一六九）更定旧说，诒书与南轩论之。南轩亦欣然改从，惟先察识后涵养，执之尚坚。朱子既与南轩细辨，又与当时同主此说者极言之。兹考其可见者著于篇。……

庚寅（一一七〇）《答张敬夫》云：“某幸从游之久，窃睏所存，大抵庄重湛密气象有所未足，以故所发多暴露而少含蓄，此殆涵养本原之功未至而然。以此虑事，吾恐视听之不能审，而思处之不能详也。”又云：“某尝以为内修外攘，譬如直内方外。不直内而求外之方固不可，然亦未有今日直内而明日方外之理。须知自治之心不可一日忘，而复仇之义不可一日缓，乃可语今世之务矣。”

炘按：乾道六年（一一七〇），召敬夫为讲官，以范成大为金祈请使。敬夫见上，言其不便，此书中间本不知曾为上论罢祈请之使否。又书末以涵养比自治，察识方复仇，语亦分明。

庚寅又书云：“未有大本不立，而可以与此者。此古欲平天下者，所以汲汲于正心诚意以立其本也。若徒言正心，而不足以识事物之要，或精核事情，而特昧夫根本之归，则是腐儒迂阔之论，俗士功利之谈，皆不足以论当世之务矣。吾人向来非不知此，却是成己功夫于立本处未甚端的，如不先涵养而务求知见是也。”

炘按：书首云“奏草已得，窃观”，知是庚寅得对后之书。又书中云“吾人向来非不知此，却是成己功夫于立本处未甚端的，如不先涵养而务求知见”云云，可见先察识之说，朱子实与敬夫共之，非独敬夫一人之学也。

己丑《答林择之》云：篇首云“某侍旁如昨，祠官再请”，故知为己丑九月前之书。“近得南轩书，诸说皆相然诺。但先察识后涵养之说，执之尚坚。”

炘按：择之名用中，古田人，丁亥岁（一一六七），朱子招至崇安教子；偕朱子至长沙，同登南岳；十一月，自槠州别南轩，又偕朱子东归，实与闻先察识后涵养之说者。

又《答择之》云："近看南轩文字，大抵都无前面一截功夫。心体通有无，该动静，方无透漏。若必待其发而后察，察而后存，则功夫之所不至多矣。惟涵养于未发之前，则其发处自然中节者多，不中节者少。体察之际，亦易明审，易为著力，与异时无本可据之说，大不同矣。"

又《答择之》云："今且论涵养一节，疑古人直自小学涵养成就，所以大学之道只从格物做起。今人从前无此功夫，但见《大学》以格物为先，便欲只以思虑知识求之，更不于操存处用力。纵使窥测得十分，亦无实地可据。大抵'敬'字是彻上彻下之意，格物致知乃其间节次进步处耳。"

又《答择之》云："义理，人心之固有，苟得其养而无物欲之昏，则自然发见明著，不假别求。格物致知，亦因其明而明之耳。今乃谓不先察识端倪，则涵养个甚底，不亦太急迫乎？"

炘按：以上三书，无年可考。大约亦在己丑（一一六九）、庚寅（一一七〇）之间耳。

《答胡广仲》云："向来之论，谓必先致其知，然后有以用力于此，疑若未安。盖古人由小学而进于大学，其于洒扫、应对、进退之间，持守坚定，涵养纯熟，固已久矣。是以大学之序，特因小学已成之功，而以格物致知为始。今人未尝一日从事于小学，而曰'必先致其知，然后敬有所施'，则未知以何为主而格物以致知也。"

又《答广仲》云："上蔡虽说明道先使学者有所知识，却从敬入。然其记二先生语，却谓未有致知而不在敬者。又自云：'诸君不须别求见处，但敬与穷理，则可以入德矣。'二先生亦言：'根本须先培壅，然后可立趋向。'又言：'庄整齐肃，久之则自然天理明。'五峰虽言'知不先至，则敬不得施'，然又云：'格物之道，必先居敬以持其志。'此言果何谓耶？某窃谓明道所谓先有知识者，只谓知邪正、识趋向耳，未便遽及知至之事也。上蔡、五峰既推之太过，而来喻又谓'知'之一字，便是圣门授受之机，则又因二公之过而又过之。”

又《答广仲》云：“来教所谓‘正要此处识得真妄’，然须是平日有涵养之功，临事方能识得。若茫然都无主宰，事至然后安排，则已缓而不及于事矣。”

炘按：胡广仲名实，文定公二弟安止之子。文定公世家建州之崇安，至文定宦游荆楚，徙家衡岳之下，故遂为楚人。广仲不及事文定，受业于从兄五峰之门，与张南轩为同门友，盖皆受五峰“先察识，后涵养”之说者。朱子所谓湖南诸公，广仲其一也。

《答吴晦叔》云：“《大学》之书，虽以格物致知为用力之始，然非谓初不涵养履践，而直从事于此也；又非谓物未格、知未致，则意可以不诚、心可以不正、身家可以不修且齐也。但以为必知之至，然后所以治己治人者，始有以尽其道耳。”又自注云：“按五峰作《复斋记》，有‘立志居敬，身亲格之’之说，盖深得乎此者。但《知言》所论，于知之浅深，不甚区别，而一以知先行后概之，则有所未安耳。”

炘按：晦叔名翌，世为建阳人；逾冠游学衡山，师事胡先生五峰。五峰没，又与先生之从弟广仲、伯逢门人张敬夫游。其学大要以胡氏为宗，故于“先察识，后涵养”之说，亦持之甚坚也。此又湖南诸公之一人也。

己丑（一一六九）冬《答程允夫》云：别纸据《朱程答问》本是十一月书。“纸尾之意，以为先须有所见，方有下手用功处，则又不然。夫持敬用功处，伊川言之详矣，只云：‘但整齐严肃，则心便一，一则自无非僻之干。’又云：‘但动容貌，整思虑，则自然生敬。只此便是下手用功处，不待先有所见而后能也。’”

炘按：允夫名洵，婺源人，朱子之内弟；未尝为五峰之学，又未尝与南轩相见。前朱子自潭州归，曾寄书与论南轩之学，卓然不可及。允夫至今守其说不变，此时朱子又诒书辨之也。[1]

文治按：先察识之说，《孟子》尝言之曰“物皆然，心为甚”[2]，“凡有四端于我者，知皆扩而充之矣”[3]。此为功夫之浅者言也。先涵养之说，《孟子》亦尝言之曰“苟得其养，无物不长”[4]，“存其心，养其性，所以事天也”[5]，此亦为功夫之浅者言也。若夫《中庸》之“不息则久，久则征”，“肫肫其仁，渊渊其渊”，《孟子》之“君子所性，仁义礼智根于心”[6]，此为涵养功夫之深者言也。朱子与南轩先生为学之始，主先察识而后涵养，本于胡五峰先生之教，盖由浅以及深耳，非误入歧途也。迨朱子己丑（一一六九）悟道后，乃用程子涵养、致知并进之说，而以涵养为本，南轩先生亦无异议；等而上之，功夫日臻邃密，盖非浅学者所能窥矣。王氏懋竑《朱子〈答陈正已书〉考》，所论极精，当参阅之。

夏氏炘《朱子己丑以后更定中和旧说考》

朱子一生之学，大定于己丑以后，岂天欲使之为百世之师、立儒宗之极？故多其途径，俾之纡回曲折，无微不至，而后豁然贯通，遂有以衍濂洛之心传，绍洙泗之道脉哉！夫理莫精于中和，而未发已发，乃中和之界限。旧说以未发属性，已发属心，虽未为大失，而侗侗囫囵，畛限不分，于是乎审端用力之地，必有非所据而据者，是学术之忧也。朱子以潜思力行之久，得遗编精义之传，其论说尚存于《文集》。学者闻其略而未睹其详，兹辑其可见著于编。……

① 夏炘《述朱质疑·朱子己丑以后辨张南轩先察识后涵养考》卷四文。
② 《孟子·梁惠王上》文。
③ 《孟子·公孙丑上》文。
④ 《孟子·告子上》文。
⑤ 《孟子·尽心上》文。
⑥ 《孟子·尽心上》文。

《答林择之》云："昨日书中论'未发'者，看得如何？两日思之，疑旧来所说，于心性之实未有差，而'未发''已发'字，顿放得未甚稳当。疑'未发'只是思虑事物之未接时，于此便可见性之体段，故可谓之中而不可谓之性也。'发而中节'是思虑事物已交之际，皆得其理，故可谓之和而不可谓之心。心则通贯乎已发未发之间，乃大《易》生生流行、一动一静之全体也。旧疑《遗书》所记不审，今以此勘之，无一不合。"

《答吴晦叔》云："夫易，变易也，兼指一动一静、已发未发而言之也。太极者，性情之妙也，乃一动一静、未发已发之理也，故曰'易有太极'，言即其动静阖辟，而皆有是理也。若以'易'字专指已发而言，又是以心为已发之说也。"

《答胡广仲》云："《中庸》体用之说，亦只是句中少曲折耳。盖中者，所以状性之德而形道之体；和者，所以语情之正而显道之用。某前说之失，便以中和为体用，则是犹便以方圜为天地也，近已用此意改定旧说。"

炘按：此三书皆己丑（一一六九）一时之言。……

《易寂感说》云："'易，无思也，无为也，寂然不动，感而遂通天下之故'者，何也？曰：无思虑也，无作为也；其寂然者无时而不感，其感通者无时而不寂也；是乃天命之全体，人心之至正，所谓体用之一原，流行而不息者也。疑若不可以时处分矣，然于其未发也，见其感通之体；于已发也，见其寂然之用，亦各有当而实未尝分焉。故程子曰：'中者，言寂然不动者也。和者，言感而遂通者也。'然中和以性情言者也，寂感以心言者也，中和盖所以为寂感者也。观'言'字、'者'字，可以见其微意矣。"

《程子养观说》云："程子曰：'存养于未发之前则可。'又曰：'善观者却于已发之际观之。'何也？曰：此持敬之功，贯通乎动静之际者也。就程子此章论之，方其未发，必有事焉，是乃所谓静中之知觉，复所以‘见天地之心’也。及其已发，随事观省，是乃所谓动上求静，《艮》之所以‘止其所’也。然则静中之动，非敬其孰能形之？动中之静，非敬其孰能察之？故又曰：‘学者莫若先理会敬，能敬则自知此矣。’”

炘按：此二说发明未发已发，皆同时之作无疑。他如《太极说》《〈乐记〉动静说》《〈中庸〉首章说》，皆所以论中和之旨，学者所宜潜心玩味，兹不具录也。①

文治按：夏氏原文所录，有《中和旧说序》、《已发未发说》、《与湖南诸公》及《张敬夫》诸书，均已采入第二卷，兹不具录。

夏氏炘《读朱子答林择之书》

《大全集》载答林择之书三十二首，皆在戊子（一一六八）以后，盖择之丙戌（一一六六）始见朱子，丁亥（一一六七）馆于朱子之家，秋八月偕朱子至长沙访南轩，其“中和旧说”及先察识后涵养之论，皆与闻之。后朱子更定旧说，辨先察识之非，择之已归古田矣。答书数十首，大抵己丑（一一六九）、庚寅（一一七〇）两年居多，其中有滋后人之疑者，读之乌能默默哉？

“《中庸》《乐记》之言，有疏密之异。《中庸》彻头彻尾说个谨独工夫，即所谓‘敬而无失’‘平日涵养’之意；《乐记》即说到好恶无节处，方说‘不能反躬，天理灭矣’。殊不知未感物时，若无主宰，则亦不能安其静，只此便自昏了天性，不待交物之引然后差也。盖‘中和’二字，皆道之体用，以人言之，则未发已发之谓，但不能慎独，则虽事物未至，固已纷纶胶扰，无复未发之时，既无以致夫所谓中，而其发必乖，又无以致夫所谓和。惟其戒谨恐惧，不敢须臾离，然后中和

---

① 夏炘《述朱质疑·朱子己丑以后更定中和旧说考》卷四文。

可致，而大本达道乃在我矣。”“旧闻李先生论此最详，后来所见不同，遂不复致思。今乃知其为人深切，然恨已不能尽记其曲折矣。”“又如先言慎独，然后及中和，此意亦尝言之。但当时既不领略，后来又不深思，遂成蹉过，辜负此翁耳。”第二十首。

炘按：此书言涵养之义，隐破南轩先察识之说，盖己丑书也。《乐记》言人生之性本静，感于物而后动，不著涵养功夫。《中庸》“戒慎”“隐显”两节，即涵养、用敬之意，故曰“言有疏密”。《章句》“戒慎”节属存养，“隐显”节属省察，此统属慎独，不分两意者，盖用诸老先生之旧说。《中庸或问》诸家之说，皆以戒慎不睹、恐惧不闻，即为谨独之意。此时《章句》尚未成，未尝出以示人也。延平之学最重涵养，朱子后宗胡五峰先察识后涵养之说，故云“所见不同”。兹更定旧说，极知涵养不可居察识之后，故深悔之。但延平之涵养，在默坐澄心，体认天理，而说“敬”字不分明，故未免有病。朱子自更定旧说后，与林择之先后诸书皆极言“敬”字之妙，不敢明斥延平之失，故曰“不能尽记其曲折”，岂朱子之于师传而习之犹有未审乎？

“古人只从幼子常视无诳以上，洒扫应对之间，便是做涵养底功夫，此岂待先识端倪而后加涵养哉？但从此涵养中，渐渐体出这端倪来，则一一便为己物；又只如平常地涵养将去，自然纯熟。今曰‘即日所学，便当察此端倪，而加涵养之功’，似非古人为学之序也。”“盖义理，人心之固有，苟得其养而无物欲之昏，则自然发见明著，不待别求。格物致知，亦因其明而明之耳。今乃谓不先察识端倪，则涵养个甚底，不亦太迫急乎？‘敬’字通贯动静，但未发时则浑然是敬之体，非是知其未发，方下敬底功夫，既发则随事省察，而敬之用行焉。然非体素立，则其用亦无自而施也。”第二十一首。

王氏懋竑曰：“‘从涵养中渐渐体出这端倪来’，陈湛之静中养出端倪，则近之矣。‘苟得其养，而无物欲之昏，则自然发见明著，不待别求’，阳明之致良知亦类是也。此皆朱子未定之论，后来所不用者，乃知后人之创为异说，其实则拾前人之所弃以自珍尔。”

炘按：前书言《中庸》下手功夫便是涵养，此书言《大学》虽首格致，而古人小学已是涵养，皆明涵养不可居后之意，以破南轩之说。“端倪”出《庄子》，萌芽之谓也。先识端倪而后加涵养，张南轩之说，择之亦以为是者也。但端倪不同，有从涵养中出者，有不从涵养中出者。不从涵养中出者，不中节者多，中节者少；从涵养中出者，中节者多，不中节者少。于此体察之，则所发之善，一一皆为己物。又《答择之书》云：“惟涵养于未发之前，则其发处自然中节者多，不中节者少。体察之际，亦易明审，可互相发明。”又复于无事之时，如前涵养，则功夫纯熟矣。语意明白纯精，与白沙、甘泉之养出端倪，静坐久之，然后见吾此心之体，隐然呈露，常若有物者，何翅天渊，而犹以为近耶？“义理，人心之固有，苟得其养，而无物欲之昏，则自然发见明著，不假别求。格物致知，亦因其明而明之耳”，数语即申明前段之意，言涵养为致知之本，而致知者，即从涵养做将去。朱子于不假外求之下，明明云“格物致知，亦因其明而明之”，与“致良知”之目视耳听，安有认不真的道理？是非之心，人皆有之，不假外求，又何翅天渊，而又以为类耶？[①]

童氏能灵《朱子为学次第考》 二条

辛卯岁（一一七一）[②] 朱子《答吕伯恭书》曰阴阳、动静之说，竟未了然，何耶？今以来谕所引者推明之。“夫谓人生而静是也，然其感于物者，则亦岂能终不动乎？今指其未发而谓之中，指其全体而谓之仁，则皆未离乎静者而言之。至于处物之宜谓之义，处得其位谓之正，则皆以感物而动之际为言矣。是安得不有阴阳体用、动静宾主之分乎？故程子曰：‘知义之为用而不外焉者，可以语道矣。世之论义者多外之，不尔，则混然而无别，非知仁义之说者也。’此意极分明矣。且体

① 夏炘《述朱质疑·读朱子答林择之书》卷四文。

② 是岁朱子年四十二。

用之所以名，正以其对待而不相离也。今以静为中正仁义之体，而又为中正仁义之用，不亦矛盾杌陧之甚乎。”

能灵谨按：《文集》中《答吕伯恭书》其首八篇无可考，自论钦夫去国一书以下凡数十篇，皆有事迹及冬春时序可案，以稽其岁月。而钦夫去国事在辛卯之岁（一一七一），此书适在其前，故当系于辛卯也。

又按：朱子议论，早晚皆有次第。其始但泛就体用上说，其次乃就《中庸》未发已发上说，然皆条理未分也。自己丑（一一六九）春间，始分未发已发条理，而犹谓未发不可谓之性，又其次始以性情分动静而别体用，见于《答张钦夫书》矣，然尚未向阴阳上说也。至此书始渐向周子动静阴阳上说，不惟以性情分阴阳，而又以中正仁义分阴阳矣，但其解中正仁义，却与癸巳（一一七三）所解《太极图说》不同。谨录于此，以见其所见之与年俱进也。《答张钦夫性情分动静书》未录。[①]

壬辰（一一七二）冬[②]，朱子《答张钦夫书》曰：“在中之说，来谕说得道性未尝相离，此意极善。但所谓此时盖在乎中者，文意简略，某所未晓。又谓已发之后，中何尝不在里面，此恐亦非文意。盖既言未发时在中，则是对已发时在外矣。但发而中节，即此在中之理，发形于外，如所谓即事即物，无不有个恰好底道理是也。一不中节，则在中之理，虽曰天命之秉彝，而当此之时，亦且漂荡沦胥而不知其所在矣。但能反之，则又未尝不在于此。此程子所以谓‘以道言之则无时而不中，以事言之则有时而中也’，所以又谓‘善观者却于已发之际观之’也。若谓已发之后，中只在里面，则又似向来所说，以未发之中自为一物，与已发者不相涉入，而已发之际，常挟此物以自随也。然此义又有更要子细处，夫此廓然初岂有中外之限，但以未发已发之分，则须如此。亦若操舍、存亡、出入之云耳。”

① 童能灵《子朱子为学次第考》卷二文，载乾隆元年（一七三六）刊《子朱子为学次第考》。
② 是岁朱子年四十三。

能灵谨按：此书谓“发而中节，即此在中之理发形于外”，此愚所据为用即体之现者也。体既现于用中，则方其用时，岂得谓更有浑然之全体？虽已发而仍未发，如所谓常挟以相随者乎？以此言之，则体用之各分一时愈明矣。分之则用即体之现，而用皆所性之实也。体即用之藏，而体亦非洞然无物，即非条理不具者也。但用时各有所主，如愚所谓目之视，则百体之神皆从乎目而不杂出，虽其全体者不相离，而要不害①其为分之殊也。……

又按：《中和旧说序》作于是岁八月，而此书朱子自注壬辰（一一七二）冬。大抵当时特自记其年月者，盖以纪其议论之一进也。如甲申（一一六四）《答李伯谏书》，亦自注年月，而《延平答问》于李先生来书及朱子问之者，皆谨书年月，正以明其为早岁之所闻与其学之所到也，后人往往忽之，则朱子垂教之心遂隐矣，愚是以表而出之焉。②

文治按：《朱子文集》虽未编年，类有数十篇自注与所叙之事迹，学者犹可考见其进学之次序。而如朱、王、童、夏诸先生考订之苦心，亦真不可及矣。

① “害”字原误作“窖”，据《朱子为学次第考》为正。

② 童能灵《子朱子为学次第考》卷二文。

紫阳学术发微卷二

朱子己丑悟道发微

文治按：朱子毕生学问得力，在于居敬穷理，先儒论之详矣，其精义具于问答诸书中，而其要领尤在于《答张敬夫先生》三书，即己丑（一一六九）悟道转关之始末也。盖朱子初时与敬夫先生相切磋，颇信衡山胡五峰先生之学，壹以动时省察为主，故尝谓："人自婴儿以至于老死，虽语默动静之不同，然其大体莫非已发，特其未发者为未尝发耳。"① 后与蔡季通先生问辨时，忽悟其非，以为"于日用之间，欠却本领一段功夫"②，乃紬译李延平先生涵养未发之训，遵奉程子"涵养须是敬，进学则在致知"③ 二语，切实服膺。盖由前之说不免胶于事物，即《通书》所谓"动而无静，静而无动"也；由后之说，心体周流贯彻，即《通书》所谓"动而无动，静而无静"也。

山阴刘蕺山先生以《与张敬夫》三书及《与湖南诸公论中和第一书》辑入《圣学宗要》，其指示学者可谓深切著明矣。黄梨洲先生《宋元学案》采以上四书为"中和说"，盖梨洲系蕺山门人，实原本师说

---

① 《晦庵先生朱文公文集·序·中和旧说序》卷七五文。
② 《朱文公文集·杂著·已发未发说》卷六七文。
③ 朱子编《二程遗书》卷一八文。

也。而陆稼书先生则谓蕺山欲伸己见，而巧于抑朱子之说①。夫蕺山先生评论，诚有过者，然其选择诸书，次第分明，苦心开导，不可谓不善也。兹特录刘氏所载诸书及《已发未发说》诸篇，以见朱子宗圣功夫，自有先后，并无歧趋。并录先儒羽翼朱子之说，俾学道之士知所致力焉。

与张钦夫书② 先生自注云："此书非是，但存之以见论议本末耳。"③ 王云丙戌④。

人自有生，即有知识，事物交来，应接不暇，念念迁革，以至于死，其间初无顷刻停息，举世皆然也。然圣贤之言，则有所谓"未发之中，寂然不动"者，夫岂以日用流行者为"已发"，而指夫暂而休息、不与事接之际为"未发"时耶？

尝试以此求之，则泯然无觉之中，邪暗郁塞，似非虚明应物之体，而几微之际，一有觉焉，则又便为已发，而非寂然之谓。盖愈求而愈不可见。于是退而验之于日用之间，则凡感之而通，触之而觉，盖有浑然全体应物而不穷者，是乃天命流行、生生不已之机。虽一日之间，万起万灭，而其寂然之本体，则未尝不寂然也。所谓"未发"如是而已，夫岂别有一物，限于一时，拘于一处，而可以谓之"中"哉？

然则天理本真，随处发见，不少停息者，其体用固如是，而岂物欲之私所能壅遏而梏亡之哉？故虽汩于物欲流荡之中，而其良心萌蘖，亦未尝不因事而发见。学者于是致察而操存之，则庶乎可以贯乎大本、达道之全体而复其初矣。文治按：此正是初学功夫。孟子告齐宣王权度⑤，亦即此意。不能致察，使梏之反覆，至于夜气不足以存，而陷于禽兽，则谁

① 陆陇其《读朱随笔》卷一文。

② 文并载《性理学大义·朱子大义》卷二，《朱子大义》未收录陆陇其文按语。

③ 《朱文公文集·书·问答·答张钦夫》卷三〇注文。

④ 王懋竑《朱子年谱》卷一上"乾道二年丙戌三十七岁"条下文。

⑤ 《孟子·梁惠王上》文。

之罪哉？

周子曰："五行一阴阳也，阴阳一太极也，太极本无极也。"其论至诚，则曰："静无而动有。"程子曰："未发之前，更如何求？只平日涵养便是。"又曰："善观者欲于已发之际观之。"二先生之说如此，亦足以验大本之无所不在，良心之未尝不发矣。①

刘氏蕺山曰："说得大意已是，猥不是限于一时，拘于一处，但有觉处不可便谓之已发，此觉性原自混然，原自寂然。"②

答张敬夫书③

诲谕"曲折"数条，始皆不能无疑。既而思之，则或疑或信而不能相通。近深思之，乃知只是一处不透，所以触处窒碍，虽或考索强通，终是不该贯，偶却见得所以然者，辄具陈之，以卜是否。

大抵日前所见累书所陈者，只是侊侗地见得个大本达道底影象，便执认以为是了，却于"致中和"一句，全不曾入思议，所以累蒙教告以"求仁"之为急，而自觉殊无立脚下功夫处。盖只见得个直截根源、倾湫倒海底气象，日间但觉大化所驱，如在洪涛巨浪之中，不容少顷停泊。盖其所见一向如是，以故应事接物处，但觉粗厉勇果，增倍于前，而宽裕雍容之气，略无毫发，虽窃病之，而不知其所自来也。而今而后，乃知浩浩大化之中，一家自有一个安宅，正是自家安身立命、主宰知觉处，陆清献云："此条所谓主宰，未尝明指，想必是指心。念台取此以为'中和说二'，而以为指天命之性，则失之矣。后一书又云'天理人欲之判，中节不中节之分，特在乎心之宰与不宰。'可见其指心。"④ 文治按：清献于此处辨析是心不是性，极精。念台先生之说确有未合。所以立大本、行达道之枢要，所

① 《朱文公文集·书·问答·答张钦夫》卷三〇文。
② 《刘子全书·语类·圣学宗要·紫阳朱子中和说》卷五文。
③ 此文并载于《性理学大义·朱子大义》卷二。
④ 陆陇其《读朱随笔》卷一文。

谓"体用一源，显微无间"者，乃在于此。而前此方往方来之说，正是手忙足乱无著身处，道迩求远，乃至于是，亦可笑矣！

《正蒙》可疑处，以熹观之，亦只是一病。如定性则欲其不累于外物，论至静则以识知为客感，语圣人则以为因问而后有知，是皆一病已。复见天地心之说，熹则以为天地以生物为心者也，虽气有阖辟，物有盈虚，而天地之心则亘古亘今，未始有毫厘之间断也。故阳极于外而复生于内，圣人以为于此可以见天地之心焉。盖其复者气也，其所以复者，则有自来矣。向非天地之心生生不息，则阳之极也，一绝而不复续矣，尚何以复生于内而为阖辟之无穷乎？此则所论动之端者，乃一阳之所以动，非徒指夫一阳之已动者而为言也。夜气固未可谓之天地心，然正是气之复处。苟求其故，则亦可以见天地之心矣。[1]

刘氏蕺山曰："这知觉又有个主宰处，正是天命之性，统体大本达道者，端的端的。"[2]

答张钦夫书[3] 王云己丑（一一六九）春。[4]

王氏白田云："此书当是己丑春初悟未发之旨。"[5] 其《与湖南第一书》又在其后，其言与此相出入，而"心体流行""以静为本"等语则删去，其以程子"凡言心者皆指已发"，谓指"赤子之心"，与此不同，然尚是未定之论，至《或问》则直以为未当矣。

文治按：此书兼该动静，剖析精微。读之醰醰有味，吾人用功之要，不外乎是矣。

诸说例蒙印可，而未发之旨，又其枢要。既无异论，何慰如之。然

---

① 《朱文公文集·书·问答·答张敬夫》卷三二文。

② 《刘子全书·语类·圣学宗要·中和说二》卷五文。

③ 此文并载于《性理学大义·朱子大义》卷二，《朱子大义》未录王懋竑、吴廷栋、陆陇其、高攀龙、朱泽沄及唐先生之按语。

④ 王懋竑《朱子年谱考异》卷一"乾道五年己丑四十岁五月"条下文。

⑤ 王懋竑《朱子年谱考异》卷一"五月己丑四十岁"条下文。

比观旧说，却觉无甚纲领，因复体察得见此理须以心为主而论之，则性情之德，中和之妙，皆有条而不紊矣。然人之一身，知觉运用，莫非心之所为，则心者固所以主于身而无动静语默之间者也。

然方其静也，事物未至，思虑未萌，而一性浑然，道义全具，其所谓中，是乃心之所以为体而寂然不动者也。及其动也，事物交至，思虑萌焉，则七情迭用，各有攸主，其所谓和，是乃心之所以为用，感而遂通者也。然性之静也，而不能不动。情之动也，而必有节焉。是则心之所以寂然感通，周流贯彻，而体用未始相离者也。

然人有是心而或不仁，则无以著此心之妙；人虽欲仁而或不敬，则无以致求仁之功。盖心主乎一身，而无动静语默之间。是以君子之于敬，亦无动静语默而不用其力焉。未发之前是敬也，固已主乎存养之实；已发之际是敬也，又常行于省察之间。方其存也，思虑未萌而知觉不昧，是则静中之动，《复》之所以"见天地之心"也。及其察也，事物纷纠而品节不差，是则动中之静，《艮》之所以"不获其身""不见其人"也。王氏白田云："知觉不昧为复，《或问》已言其非，以品节不差为艮，亦与本义不合。"① 吴氏竹如云："后有《答吕子约书》云：'至静之时②，但有能知觉③者，而无所知觉之事。此于《易》卦为纯坤，不为无阳之象。若论《复》卦，则须以有所知觉者④当之，不得合为一说矣。'"⑤ 是后所言为定论。

有以主乎静中之动，是以寂而未尝不感；有以察乎动中之静，是以感而未尝不寂。寂而常感，感而常寂，此心之周流贯彻，而无一息之不仁也。然则君子之所以"致中和而天地位、万物育"⑥ 者，在此而已。

---

① 王懋竑《考异》卷一"乾道三年丁亥三十八岁八月"条下云："此书在己丑初悟已发未发之分，时尚多未定之论，如以静中'知觉不昧'为复，'寂而常感，感而常寂'，以静为本诸论，皆后来所不言。即如仁中为静，义正为动，与《太极图解》正相反，岂可为定论耶。"

② "时"字，《拙修集》作"中"。

③ "能知觉"，《拙修集》作"能知能觉"。

④ 《拙修集》无"者"字。

⑤ 吴廷栋《拙修集·校订〈理学宗传辨正〉按语·书程子养观说后》卷五文。

⑥ 《礼记·中庸》云："致中和，天地位焉，万物育焉。"

盖主于身，而无动静语默之间者，心也；仁则心之道，而敬则心之贞也。此彻上彻下之道，圣学之本统。明乎此，则性情之德，中和之妙，可一言而尽矣。

熹向来之说，固未及此，而来谕曲折，虽多所发明，然于提纲振领处，似亦有未尽。又如所谓“学者先须察识端倪之发，然后可加存养之功”，则熹于此不能无疑。盖发处固当察识，但人自有未发时，此处便合存养，岂可必待发而后察、察而后存耶？且从初不曾存养，便欲随事察识，窃恐浩浩茫茫无下手处，而毫厘之差，千里之谬，将有不可胜言者，此程子所以每言：“孟子才高，学之无可依据。人须是学颜子之学，则入圣人为近，有用力处。”其微意亦可见矣。陆清献云：“此与《答湖南诸公第一书》意同，其为朱子定论无疑。而念台谓此是①朱子‘已见得后，仍用钝根功夫’，则是欲伸己见，而巧于抑朱子之说也。”② 且如洒扫应对进退，此存养之事也，不知学者将先于此而后察之耶？抑将先察识而后存养也？以此观之，则用力之先后，判然可观矣。

来教又谓：“动中涵静，所谓复见天地之心。”亦所未喻。熹前以“复为静中之动”者，盖观卦象便自可见，而伊川先生之意，似亦如此。

来教又谓：“言静则溺于虚无，此固当深虑。”然此二字③，如佛者之论，则诚有此患，若以天理观之，则动之不能无静，犹静之不能无动也；静之不能无养，犹动之不可不察也。但见得一动一静，互为其根；敬义夹持，不容间断之意，则虽下静字，元非死物。

至静之中，盖有动之端焉，是乃所以见天地之心者，而先王之所以至日闭关，盖当此之时，则安静以养乎此尔，固非远事绝物，闭目兀坐，而偏于静之谓。但未接物时，便有敬以主乎其中，则事至物来，善

① “而念台谓此是”原刻脱字，作“念台谓”，据《读朱随笔》文为正。

② 陆陇其《读朱随笔》卷一文。

③ 谓“言静”二字。

端昭著，而所以察之者益精明尔。伊川先生所谓“却于已发之际观之”者，正谓未发则只有存养而已，发则方有可观也。周子言主静，乃就中正仁义而言。以正对中，则中为重；以义配仁，则仁为本尔，非四者之外，别有主静一段事也。王氏白田云：“敬贯动静，而必‘以静为本’。”① 发明最详。至《或问》则言“敬者，圣学所以成始成终”，而“以静为本”，则绝不及，正用南轩以敬为本之说。此前后同异之际，所当深考。

来教又谓熹言“以静为本”，不若遂言“以敬为本”，此固然也。然敬字工夫，通贯动静，而必以静为本，故熹向来辄有是语。今者遂易为敬，虽若完全，然却不见敬之所施有先有后，则亦未得为谛当也。

至如来教所谓“要须察夫动以见静之所存，静以涵动之所本，动静相须，体用不离，而后为无渗漏也。”此数句卓然意语俱到，谨以书之座右，出入观省。然上两句次序，似未甚安。意谓易而置之，乃有可行之实，不审尊意以为如何？②

刘氏蕺山曰：“以心为主，及主敬之说，最为谛当。”③

高忠宪《与顾氏泾凡论已发未发书》曰：“朱子初年之见，认性为未发，心为已发。凡谓之心，则无未发之时，而未发之性存焉，则终未尝发也。故其工夫，亦只在察识端倪，而却于程子所谓‘涵养于未发之前’者有疑，盖全向流行发用④处寻求也。后来却见得浑然全体之在我，存者存此，养者养此，非别有未发者限于一时、拘于一处；然其枢在我，非如向日在万起万灭、方往方来之中立脚矣。后又益见得性情之妙，管摄于心，而动静之功，贯彻于敬。当其未发，仁义礼知之性具焉，此心寂然不动之本体也。及其已发，恻隐、羞恶、辞让、是非之情形焉，此心感而遂通之妙用也。而戒慎恐惧之

① 王懋竑《白田草堂存稿·杂著·张敬夫书》卷七文。

② 《朱文公文集·书·问答·答张钦夫》卷三二文。

③ 《刘子全书·语类·圣学宗要·中和说三》卷五文。

④ “用”字原误作“见”，据《高子遗书》文为正。

功，则周流贯彻于动静之间，而尤必以涵养为省察之本，此所以未发则镜明水止，而喜怒哀乐之发，则无不中节也。凡朱子所见，大抵历三转而始定。”①

朱氏止泉云：“忠宪三转之说，亦极当矣，然有未尽者焉。朱子当延平在时，则②向日用实事上用功，于未发之旨未暇深思。延平殁而反思未发之旨，不能了然。是时朱子已三十五，非初年也。及会南轩，从察识端倪以透未发，有与张钦夫‘人自有生’二书，‘万起万灭，而寂然之体未尝不寂然’云云者，是会南轩时初见也。后有前书所禀一书中云‘取圣贤之书及近世诸老先生遗语读而验之，无一不合’云者，即《中和旧说序》中‘后得胡氏与曾吉父论未发之旨，适与吾意合’者也。此书中已明言‘已发者人心，而未发者皆其性’，仍是心为已发、性为未发之见，与初见虽若不同，而不甚相远。虽不似‘向日在万起万灭、方往方来之中立脚’，而尚在端倪上得枢轴；虽不‘全向流行发用处寻求’，而亦是端倪上得叠定也。至于己丑（一一六九）春与蔡季通讲论，因疑而悟‘心统性情’之妙，觉从前专在察识端倪上用力，缺却涵养一段工夫，词气之间，有躁迫浮露之病，而无雍容暇豫气象，是以有《与湖南诸公书》《答张敬夫诸说例蒙印可书》《已发未发说》，而日用工夫，直是敬贯动静，以涵养未发气象为本。自此后三十年，工夫愈深愈纯矣。忠宪于二转三转，大概平叙，而己丑透悟之由，未曾提掇清白，故特正之焉。”③

① 高攀龙《高子遗书·书·与顾泾凡论已发未发》卷八上文。

② “则”字原作“只”，据朱氏《朱子圣学考略》为正。

③ 朱泽沄《朱子圣学考略·正讹·高宗宪》卷首文。

与湖南诸公论中和第一书①

文治按："湖南诸公无所考，大抵皆为衡山胡五峰先生之学者。夏氏弢甫谓如胡广仲、吴晦叔，皆在湖南诸公之列。"

《中庸》未发已发之义，前此认得此心流行之体，又因程子凡言心者，皆指已发而言，遂目心为已发，性为未发。然观程子之书，多所不合。因复思之，乃知前日之说，非惟心性之名，命之不当，而日用功夫，全无本领。盖所失者，不但文义之间而已。

按：文集遗书诸说，似皆以思虑未萌、事物未至之时，为喜怒哀乐之未发。当此之时，即是此心寂然不动之体，而天命之性当体具焉。以其无过不及，不偏不倚，故谓之中。及其感而遂通天下之故，则喜怒哀乐之性发焉，而心之用可见，以其无不中节，无所乖戾，故谓之和。此则人心之正，而性情之德然也。

然未发之前，不可寻觅；已觉之后，不容安排。但平日庄敬涵养之功至，而无人欲之私以乱之，则其未发也镜明水止，而其发也无不中节矣。此是日用本领工夫，至于随事省察，即物推明，亦必以是为本，而于已发之际观之，则其具于未发之前者，固可默识。故程子②答苏季明，反复论辨，极于详密，而卒之不过以敬为言；又曰："敬而无失，即所以中。"又曰："入道莫如敬，未有致知而不在敬者。"又曰："涵养须是敬，进学则在致知。"盖为此也。

向来讲论思索，直以心为已发；而日用工夫，亦止以察识端倪为最初下手处，以故阙却平日涵养一段工夫，使人心中扰扰，无深潜纯一之味，而其发之言语事为之间，亦常急迫浮露，无复雍容深厚之风。盖所见一差，其害乃至于此，不可以不审也。程子所谓"凡言心者，皆指已发而言"，此乃指赤子之心而言，而所谓凡言心者，则其为说之误，故又自以为未当而复正之，固不可以执其已改之言，而尽疑诸说之误，

① 文并载《性理学大义·朱子大义》卷二，其中唐先生未下按语。

② 此指伊川先生程颐。

又不可遂以为未当，而不究其所指之殊也。不审诸君子以为如何？①

刘氏蕺山曰："毕竟是求之未发之中，归之主静一路，然较濂溪为少落边际，盖朱子最不喜侊侗说道理，故已见得后，仍做钝根工夫。此朱子特参《中庸》奥旨以明道也。第一书先见得天地间一段发育流行之机，无一息之停待，乃天命之本然，而实有所谓②未发者存乎其间，是即已发处窥未发，绝无彼此先后之可言者也。第二书则以前日所见为侊侗，浩浩大化之中，一家自有一个安宅，为立大本、行达道之枢要，是则所谓性也。第三书又以前日所见为未尽，而反求之于心，以性情为一心之蕴，心有动静，而中和之理见焉。故中和只是一理，一处便是仁，疑即向所谓立大本、行达道之枢要。然求仁工夫，只是一敬；心无动静，敬无动静也。最后一书，又以工夫多用在已发者为③未是，而专求之涵养一路，归之未发之中云。合而观之，第一书言道体也，第二书言性体也，第三书合性于心，言工夫也，第四书言工夫之究竟处也。见解一层进一层，工夫一节换一节。孔孟④而后，几曾见小心穷理如朱子者？愚按：朱子之学本之李延平，由罗豫章而杨龟山，而程子而周子。自周子有主静立极之说，传之二程，其后罗、李二先生专教人默坐澄心，看喜怒哀乐未发时作何气象。朱子初从延平游，固尝服膺其说，已而又参以程子主敬之说，觉静字为稍偏，不复理会。迨其晚年，深悔平日用功未免疏于本领，致有辜负此翁之语，固已深信延平立教之无弊，而学人向上一机，必于此而取则矣。《湖南答问》诚不知出于何时。考之原集，

① 《朱文公文集·书·问答·与湖南诸公论中和第一书》卷六四文。
② "实有所谓"原作"有所为"，据《刘子全书》为正。
③ "为"字脱，据《刘子全书》补入。
④ "孔孟"原作"孔子"，据《刘子全书》文为正。

皆载在敬夫次第往复之后，经辗转折证，而后有此定论焉。则朱子平生学力之浅深，固于此窥其一班，而其卒传延平心印，以得与于斯文，又当不出于此书之外无疑矣。夫主静一语，单提直入，惟许濂溪自开门户，而后人往往从依傍而入，其流弊便不可言。幸而得之，亦如短贩然，本薄利奢，叩其中藏可尽也。朱子不轻信师传，必远寻伊洛以折衷之，而后有以要其至，乃所谓善学濂溪者。"①

文治按：刘先生《圣学宗传》录以上四篇而止，陆清献谓其"巧于抑朱子之说"②，固属太苛。然细玩刘先生评语，实有未安者，如以性为知觉、朱子用钝根工夫之类，俱未脱王学藩篱。且朱子自注《与张钦夫先生第一书》云："此书非是，特存之以见议论本末耳。"③ 可见此书即系"中和旧说"，明系未定之论，而刘先生乃云"第一书言道体也，第二书言性体也"，"第四书言工夫之究竟也"，其实皆误。

按：吴竹如先生评定第一书云："阳明谓人无无念时，其见正如此。"④ 吴意盖谓朱子初言心体，与阳明相同。然按高忠宪《未发说》云：见《高子遗书》卷三。"王文成以性体万古常发、万古常不发……此与朱子初年之说相似而实不同。盖朱子初年，以人之情识逐念流转而无未发之时，文成则以心之生

---

① 《刘子全书·语类·圣学宗要·中和说四（节略）》卷五文。

② 陆陇其《读朱随笔》卷一文。

③ 《朱文公文集·书·问答·答张钦夫》卷三〇注文。

④ 按：吴廷栋《拙修集·校订〈理学宗传辨正〉按语》卷五尝载罗罗山（泽南）先生论阳明喜怒哀乐不系于心之说，因门人求静坐屏息念虑而不得之问，而答曰："戒惧之念，无时可息，若戒惧之心稍有不存，不是昏愦，便已流入恶念。自朝至暮、自老至少，更无无念时也。此是慎独工夫，若要无念，即是己不知此，除是昏睡，除是槁木死灰。"又曰："戒惧之念，是活泼泼地，此是天机不息处，所谓'维天之命，於穆不已'，一息便是死。"吴廷栋教学生求动静不息于戒惧之念，与朱子《与张钦夫》第一书所言"凡感之而通，触之而觉，盖有浑然全体应物而不穷者，是乃天命流行、生生不已之机"相通，唐先生本此为说。

机流行不息而无未发之时也。”① 分析较吴说为精。然则刘先生误以朱子之言心体为阳明之言性体矣。至第二书谓：“浩浩大化之中，一家自有一个安宅，正是自家安身立命、主宰知觉处。”盖仍指心之主宰知觉而言，而刘先生以为性体，是误认心为性矣。至第四书即推衍第三书之意，亦未可谓究竟工夫。凡此皆读《圣学宗传》者所不可辨也。

答林择之书

昨日书中论“未发”者，看得如何？两日思之，疑旧来所说，于心性实未有差，而“未发”“已发”字顿放得未甚稳当。疑“未发”只是思虑事物之未接时，于此便可见性之体段，故可谓之中而不可谓之性也。发而中节，是思虑事物已交之际，皆得其理，故可谓之和而不可谓之心。心则通贯乎已发、未发之间，乃大《易》生生流行，一动一静之全体也。旧疑《遗书》所记不审，今以此勘之，无一不合。②

答吴晦叔书

夫易，变易也，兼指一动一静、已发未发而言之也。太极者，性情之妙也，乃一动一静、未发已发之理也，故曰“易有太极”，言即其动静阖辟而皆有是理也。若以“易”字专指已发而言，又是以心为已发之说也。③

文治按：夏氏弢甫谓此二书皆当在己丑（一一六九）时④。以其辨理极为精析，故特录于中和书后。

---

① 高攀龙《高子遗书·经解类·未发说》卷三文。
② 《朱文公文集·书·知旧门人问答》卷四三文。
③ 《朱文公文集·书·知旧门人问答》卷四二文。
④ 夏炘《述朱质疑·朱子己丑以后更定中和旧说考》卷四文。

已发未发说①

王氏白田曰："此己丑春（一一六九）作。……亦有未定之论。"②"以事言之，则有动有静；以心言之，则周流贯彻。其功夫初无间断也，但以静为本耳。"按：程子曰："心，一也。有指体而言者，寂然不动是也；有指用言者，感而遂通是也。"③则心亦有静有动矣。以静为本，亦后来所不言。此与《与湖南诸公第一书》、三十二卷《张敬夫》十八书，皆是己丑春后一时议论也。又曰："'凡言心者，皆指已发而言'，程子自以为未当。"④而此以为指流行心体而言，但与《中庸》不合，犹有回护；至《记论性答稿后》，则直以为未当，此前后所见之有不同也。

《中庸》未发已发之义，前此认得此心流行之体，又因程子"凡言心者，皆指已发"之云，遂目心为已发，而性为未发之中，自以为安矣。比观程子《文集》《遗书》，见其所论，多不符合，因再思之，乃知前日之说，虽于心性之实未始有差；而未发已发命名未当，且于日用之际，欠却本领一段工夫，盖所失者，不但文义之间而已。因条其语而附以己见，告于朋友，愿相与讲焉。恐或未然，当有以正之。

《文集》云："中即道也。"又曰："道无不中，故以中形道。"

又云："'中即性也'，此语极未安。中也者，所以状性之体段，如天圆地方。"

又云："中之为义，自过不及而立名。若只以中为性，则中与性不合。"

又云："性、道不可合一而言。中，止可言体，而不可与性同德。"

---

① 文并载《性理学大义·朱子大义》卷七，其中未录王懋竑按语。
② 王懋竑《朱子年谱考异》卷一"乾道五年己丑四十岁秋七月"条下文。
③ 《河南程氏文集·书启·与吕大临论中书》卷九文。
④ 王懋竑《朱子年谱考异》卷一"乾道五年己丑四十岁秋七月"条下文。

又云："'中者性之德'，此为近之。"又云："不若谓之性中。"

又云："'喜怒哀乐之未发谓之中'，赤子之心，发而未远乎中，若便谓之中，是不识大本也。"

又云："赤子之心，可以谓之和，不可谓之中。"

《遗书》云："只喜怒哀乐不发便是中。"

又云："既思便是已发，喜怒哀乐一般。"

又云："当中之时，耳无闻，目无见，然见闻之理在始得。"

又云："未发之前，谓之静则可，静中须有物始得，这里最是难处。能敬则自知此矣。"

又云："'敬而无失'，便是'喜怒哀乐未发谓之中'也。敬不可谓之中，但'敬而无失'，即所以中也。"

又云："'中者，天下之大本'，天地间亭亭当当、直上直下之理，出则不是，惟'敬而无失'最尽。"

又云："存养于未发之前则可，求中于未发之前则不可。"

又云："未发更怎生求？只平日涵养便是。涵养久则喜怒哀乐发而中节。"

又云："善观者却于已发之际观之。"

右①据此诸说，皆以思虑未萌、事物未至之时，为"喜怒哀乐之未发"。当此之时，即是心体流行，寂然不动之处，而天命之性，体段具焉。以其无过不及，不偏不倚，故谓之中。然已是就心体流行处见，故直谓之性则不可。吕博士论此，大概得之。特以中即是性，赤子之心即是未发，则大失之，故程子正之。解中亦有求中之意，盖答书时未暇辨耳。盖赤子之心，动静无常，非寂然不动之谓，故"不可谓之中"。然无营欲知巧之思，故为"未远乎中"耳。

未发之中，本体自然，不须穷索，但当此之时，敬以持之，使此气

---

① 原书为竖排，故作"右"。

象常存而不失，则自此而发者，其必中节矣。此日用之际，本领工夫，其曰“却于已发之处观之”者，所以察其端倪之动，而致扩充之功也。一不中，则非性之本然，而心之道或几乎息矣，故程子于此，每以“敬而无失”为言。又云：“入道莫如敬，未有能致知而不在敬者。”又曰：“涵养须是敬，进学则在致知。”以事言之，则有动有静；以心言之，则周流贯彻，其工夫初无间断也，但以静为本尔。周子所谓主静者，亦是此意。但言静则偏，故程子又说“敬”。

向来讲论思索，直以心为已发；而所论致知格物，亦以察识端倪为初下手处，以故缺却平日涵养一段工夫。其日用意趣，常偏于动，无复深潜纯一之味，而其发之言语事为之间，亦常躁迫浮露，无古圣贤气象，由所见之偏而然尔。程子所谓：“凡言心者，皆指已发而言。”此却指心体流行而言，非谓事物思虑之交也。然与《中庸》本文不合，故以为未当而复正之，固不可执其已改之言，而尽疑论说之误；又不可遂以为当，而不究其所指之殊也。

周子曰：“无极而太极。”程子又曰：“‘人生而静’以上不容说，才说时便已不是性矣。”盖圣贤论性，无不因心而发。若欲专言之，则是所谓无极而不容言者，亦无体段之可名矣。未审诸君子以为如何？①

中和旧说序②

余蚤从延平先生学，受《中庸》之书，求喜怒哀乐未发之旨，未达而先生没。余窃自悼其不敏，若穷人之无归，闻张钦夫得衡山胡氏学，则往从而问焉。钦夫告余以所闻，余亦未之省也。退而沈思，殆忘寝食，一日，喟然叹曰：“人自婴儿以至老死，虽语默动静之不同，然其大体，莫非已发，特其未发者，为未尝发尔。”自此不复有疑，以为《中庸》之旨，果不外乎此矣。后得胡氏书，有致曾吉父论未发之旨

① 《朱文公文集·杂著·已发未发说》卷六七文。

② 文并载《性理学大义·朱子大义》卷八，其中未录吴廷栋按语。

者，其论又适与余意[①]合，用是益自信；虽程子之言有不合者，亦直以为少作失传而不之信也。然间以语人，则未见有能深领会者。

乾道己丑[②]之春，为友人蔡季通言之，问辨之际，余忽自疑："斯理也，虽吾之所默识，然亦未有不可以告人者。今析之如此其纷纠而难明也，听之如此其冥迷而难喻也，意者乾坤易简之理，人心所同然者，殆不如是。而程子之言，出其门人高弟之手，亦不应一切谬误以至于此。然则予之所自信者，其无乃反自误乎？"则复取程氏书，虚心平气而徐读之，未及数行，冻解冰释，然后知性情之本然，圣贤之微旨，其平正明白乃如此。而前日读之不详，妄生穿穴，凡所辛苦而仅得之者，适足以自误而已。至于推类究极，反求诸身，则又见其为害之大，盖不但名言之失而已也，于是又窃自惧[③]，亟以书报钦夫及尝同为此论者。惟钦夫复书，深以为然，其余则或信或疑，或至于今，累年而未定也。夫忽近求远，厌常喜新，其弊乃至于此，可不戒哉！暇日料检故书，得当时往还书藁一编，辄序其所以，而题之曰《中和旧说》，盖所以深惩前日之病，亦使有志于学者读之，因予之可戒而知所戒也；独恨不得奉而质诸李氏之门。然以先生之所已言者推之，知其所未言者，其或不远矣。[④]

吴氏竹如曰："按：朱子早年虽偶染禅学，而从初即以即物穷理为先，于日用处一意下工夫，所见虽有未精，原未尝误用其功。迨得见延平，遂一归于圣学，直以涵养为重[⑤]，而理会分殊处亦无或稍懈。惟静中验未发之旨，而始终未契于心。故一交南轩，得闻胡氏先察识而后涵养之说，因遂从之，而以察识端倪为用功之要。而所谓'未发者为未尝发'，固仍主程

① "意"字脱，据《朱文公文集》补入。
② 宋孝宗乾道五年（一一六九），朱子四十岁，编成《程氏遗书》。
③ "惧"字原作"惟"。
④ 《朱文公文集·序·中和旧说序》卷七五文。
⑤ "遂一归于圣学，直以涵养为重"，《拙修集》作"遂以涵养为重"。

子性为未发①、心为已发之说，而守之不变也。然于程子未发之旨，未尝一日去于心，亦未尝不日与同志讲论，以求其当。嗣因程子‘敬而无失，即所以中’之语，遂一意在‘敬’字下工夫，乃悟‘中和旧说’之非，而深有会于‘心统性情’一语，是盖一旦豁然贯通之候，而提出‘涵养须用敬，进学则在致知’二语为宗旨。即朱子之言以证朱子之学，自是始终得力一‘敬’字，故曰：‘敬者，圣学所以成始而成终也。’又曰：‘李先生从前已有许多言语，惟于“敬”字未说得分明，许多时无下落。’盖谓不由敬入，无由识得未发之旨也。又曰：‘敬而无失，即所以中。’又自证明由敬悟未发之旨也。又曰：‘既思即是已发。’已说到未发界至十分尽头处，故有《坤》《复》二卦之辨，所谓析②之极其精而不乱也。则前论《复》《艮》二卦之义，而谓‘静中有动，动中有静’，犹是‘中和旧说’之意，至直透未发之旨，则动静合一，立大本而行达道矣。’③

附：朱氏泽沄《读〈中和旧说序〉诸篇》 《与湖南诸公书》《答张敬夫诸说例蒙印可书》《已发未发说》《答陈超宗书》《答陈器之书》《答林德久书》《太极图说注》、陈北溪录“穷究根原来处”。④

予尝读朱子文而佩服之累年矣，求朱子用功先后次第之序，而不得其说。又见象山、阳明皆訾朱子疏于尊德性之功，因求朱子所以尊德性者，而又不得其说。夫朱子尊德性，往往举示来学，而读之累年而不得其说，何也？盖徒诵其文，而不求朱子当日苦心曲折之故，又不发奋思循朱子尊

① “性为未发”四字脱，据《拙修集》文补入。

② “析”字，《拙修集》作“研”。按：《性理大全书》《传习录》引均作“析”。

③ 吴廷栋《拙修集·校订〈理学宗传辨正〉按语·书程子养观说后》卷五文。

④ 《朱止泉先生文集》题下注。

德性之功以自养其德性，无惑乎终日诵读而惘惘无得如此也。

己丑（一一六九）冬十二月自晋州归，日以朱子格言反求身心。及事务纷乘，又随手消散，因自激励奋发。窃念未发之中，即自己德性本体，不涵养未发，何以立德性根本？一日读《中和旧说序》，朱子体会未发之故见于此篇，由此考年岁早晚进德之序，略得梗概，而究难寻其微密处。复玩序文及《与湖南诸公书》《答张敬夫诸说例蒙印可书》《已发未发说》，反复涵泳，知朱子透彻未发之旨，见于此数篇。于是日夜体验，屏去邪杂，收心穷理，依朱子所言力行做去，静中不敢纷驰，动中不敢扰乱，方寸之中，稍有主宰，方信朱子栽培根本之学，如此亲切。向来总未见得，徒说敬说诚，勉强用意，究不解未发之中为何物，功力无所著落，良可叹息，是在庚寅（一一七〇）秋九月也。

如是者又数月，几自信得朱子传心之奥，为不差错。体验之暇，忽自念曰：静中有动，动中有静，自是一定准则。然而动静起伏之交，复艮动止之宜，毕竟有些转换在。有转换则不能一手握定，随时随处，无非大本运用，进道之几，正在此时，不可忽过，以致不得定静。于是取朱子《答陈超宗》《陈器之》《林德久书》《太极图说注》及陈北溪所录“穷究根源来处”数段，反复诵读而玩味之。沉思研极，恍然自觉朱子教人入门下手，原直从未发本体指示，使人有所领会，即就本体紧著主敬工夫，“由情知性”，识义理大概规模，于自己方寸中有此志气，便可做讲习存养功夫，使人有所持循。若不由情知性，依旧是无星之秤，无寸之尺，必堕于空虚，如陆氏之学，任意乖张；不然，必陷于茫昧，如俗儒之学，止①了文义，心理、事理裂为两片，内外体用不能直达，所谓未发，不过料想臆度，终属影响也。

盖朱子“穷究根原来处”之功，以“知性”为要；吾儒学朱子学，亦以“知性”为要。补小学从主敬下手，入大学从志学志道下手，“知性”工夫从本心发端体验本原下手。须反之身心，果见仁、义、礼、智意思情

① “止”字原作“只”，据《朱止泉先生文集》为正。

状，又反到思虑未萌、事物未至时，只有浑浑融融、大正钦明气象，确有据依，绝不是恍惚影响。始觉说虚说空，及疑有四块者，不得谓之“知①性”也；始觉四者非有形象方所可撮可磨，兀坐终日，甚有味②也；始觉未感时便有分别，不待感时方有分别也。

“知性”是体验未发吃紧工夫，必如是方能一手握定，随事运用在我手里，所以立人之道与立天地之道一般，始之终之，俱在“知性”讨消息也。既见得此端绪在是，不可只任窥测，便须实下手做，方为己有。遂从此反到身心，自朝至夜，兢兢业业，端庄持养，如读书穷理、应事接物、嗜好言语，皆归于大正钦明气象，不得一毫浮游动荡，不得一毫穿凿造意，须信得天命我以德性，必于伦常有肫③笃意思，于民物有同患意思，刻刻培养，刻刻平复，刻刻凝定扩充，以保守光大此未发气象。

如是者又数月，渐觉性体时时呈露，只在这里；仁、义、礼、智，浑然在这里，如谷种生生；恻隐、羞恶、辞让、是非，灿然在这里，如谷种萌芽④；视听应酬皆在这里发动，观物考古皆在这里分晓，真有不用转换、一直做去之妙，举从前日诵习而不解者，今方透得，觌面相承，亦窃自幸矣！但不能纯静，犹有杂念，此须工夫接续，非可旦夕期者，是在辛卯（一一七一）冬十一月也。……

得此根本，加以读书集义之功，当必进一境更有一境之益，要在不懈其志，与为终身而已矣。⑤

附：唐文治《朱子主敬原于主静说》

程子曰：“敬而无失，即所以中。”⑥ 语意浑沦，难于著力。朱子发明

---

① “知”字脱，据《朱止泉先生文集》文补入。按：此言“知性”之方，脱“知”字则不辞。
② “味”字原误作“昧”，据《朱止泉先生文集》为正。
③ “肫”字原作“纯”，据《朱止泉先生文集》为正。
④ “如谷种萌芽”五字脱，据《朱止泉先生文集》补入。
⑤ 《朱止泉先生文集·杂著·读〈中和旧说序〉诸篇》卷七文。
⑥ 《二程遗书·元丰己未吕与叔东见二先生语》卷二上文。

之曰："未发之中，本体自然，不须穷索，但①当此之时，敬以持之，使此气象常存而不失，则自此而发者，其必中节矣。"② 此言得圣学入手之要，学者笃信谨守，自能渐进贤关。

然"主敬"乃自古圣贤相传之心学，非自朱子倡之也。《论语》："子路问君子。子曰：'修己以敬。'" 又曰："修己以安人。" 又曰："修己以安百姓。"③ 可见"敬"字工夫，贯彻乎安人、安百姓矣。《左传》："刘子曰：'吾闻之④：民受天地之中以生，所谓命也。'"⑤ 盖即《中庸》所谓天命之性，未发之中也。又曰："是以有动作、礼义、威仪之则，以定命也。" 盖即《中庸》所谓率性之道也、已发之和也。又曰："能者养以之读"之以"者，误。福，不能者败以取祸，是故君子勤礼，小人尽力。勤礼莫如致敬，尽力莫如敦笃。敬在养神，笃在守业。" 养神者即涵养之方。可见朱子之言敬，实本于古训而非倡论也。

若夫"主静"之说，倡自周子，传于二程子及杨、罗、李诸先生，论者谓朱子恐主静流于虚寂，故以"敬"字补之，其实非也。按：《管子·内业篇》云："守礼莫若敬，守敬莫若静。内静外敬，能反其性⑥，性将大定。" 敬与静有相须为用之理，非静何以言敬？周子言"定之以中正仁义而主静"，实该"敬"字工夫，并无虚寂之弊。惟朱子补言敬，更为完备尔。

又按：《大学》八条目不列"主敬"，先儒谓古人于小学中，先有主敬工夫，故可不必再列，其实亦非也。据《古本大学》自首章"知止而后有定"起，至"此谓知之至也"，概言格物致知之义。盖身心、意知、家国、天下，皆物也。曰"定而后能静，静而后能安"，即主敬之功也。"诚意章"引《诗》云"穆穆文王，於缉熙敬止"！亦据《古本大学》。敬止之功，即

---

① "不须穷索，但"五字脱，据《朱文公文集》补入。
② 《文集·杂著·已发未发说》卷六七文。
③ 《论语·宪问》文。
④ "吾闻之"三字脱，据《春秋左传》补入。
⑤ 《春秋左传·成公十三年》文，下引两条同。
⑥ "能反其性"四字脱，据《管子·内业》文补入。

定、静、安、虑也。然则谓小学中有主敬，而大学中不必列入主敬，岂确论哉？特小学主敬，在洒扫、应对、进退之间，而大学主敬，则该定、静、安、虑、得之效，程度有深浅之殊，故工夫亦有精粗疏密之异，于此益可见敬与静之相须而不离矣。

《易传》曰“无思也，无为也，寂然不动”，此专言静也。孟子曰“必有事焉”，此言敬也；曰“而勿正”，此兼言静也①。《曲礼》曰“毋不敬”，此言敬也；曰“俨若思”，此兼言静而安、安而虑也。《中庸》曰“至诚无息”，诚者由敬而进焉者也；曰“文王之德之纯”，纯者由敬而入于诚也。是故惟静乃可以言敬，惟敬乃可以言诚，惟敬与诚乃可以进于纯一以贯之者也。学者惟轻言静，且讳言静，是以浮躁急迫之弊生，吾故特引古训，以发明朱子之学。

附：唐文治《读朱子〈已发未发说〉》

或问：“朱子已发未发之说，有本体，有工夫；有本体中之工夫，有工夫中之本体。功至密矣，可得而析言之欤？”

曰：请先言本体。“上天之载，无声无臭”②，而万象森然毕具。人性之中，至虚至明，而万善皆足于已，所谓“人生而静，天之性”③，浑然太极是也，故吕与叔先生以“赤子之心”形容之。但圣贤之未发与赤子之天真，固迥然不同耳，此本体也。近儒陈兰甫先生谓：“经言喜怒哀乐之未发，非谓思虑未发。”④ 此言最有意味。盖喜怒哀乐，有因本心自然而生者，有感于事物而动者，感于事物则入乎思虑之界矣。若《中庸》之言未发，天命之性也，当以浑然粹然者为主。况情意之与思虑确有不同。情者

---

① 《孟子·公孙丑上》文。

② 《诗·大雅·文王》文。

③ 《礼记·乐记》文。

④ 《东塾读书记·礼记》卷九“朱子《答吕子约书》”条下云：“澧谓白直看子思说，则子思但说喜怒哀乐之未发谓之中，未尝说思未发，未尝说闻见未发也。不喜不怒不哀不乐之时，凡人皆有之，不必说到言外尽头也。《朱子语类》云：‘喜怒哀乐未发之中，未是论圣人，只是泛论众人亦有此，与圣人都一般（卷六十二），此乃白直看子思之说矣。盖发而皆中节，则非常人所能；喜怒哀乐之未发，则常人有之，绝无元妙也。’”

悱恻，属于仁者也；思虑者知识，属于智者也。人心之发，固有出于非喜、非怒、非哀、非乐者，张子曰："合性与知觉，有心之名。"① 是情意界与知识界固未可混而为一，而《孟子》之"养性"与《庄子》之"养知"，见《缮性篇》。其功亦略有不同。此于未发将发之时，当加以体验之功，乃本体中之工夫也。故《中庸》之言四情，与《孟子》之言"四端"不同。四情指未发而言者也，四端指已发而言者也，故曰端；又曰恻隐、羞恶、辞让、是非，皆入乎已发之界者也。《孟子》之言四端，又与《礼运》之言"七情"不同。四端情之初发者也，七情对"十义"而言，情之尽发者也。朱子所谓涵养，当于四情中体验之；所谓省察，当于四端中体验之；所谓扩充，当于七情中体验之。四情之未发，本体也；四端、七情之已发，工夫也；因万事纷乘之会而时时有以收摄之，工夫中之本体也。孔子操心，孟子持志，皆此道也。

或又问曰："然则用功当专在静时乎？抑在动时乎？"

曰：静中有觉，动中有止。张敬夫先生所谓"动以见静之所存，静以涵动之所本，动静相须、体用不离，而必以静为主"。盖自伊川先生作《易传序》有"体用一原，显微无间"之言，朱子笃守之，其注《太极图说》又发明"动静无端，阴阳无始"之义，而涵养未发、省察已发之功，于是益臻精密。试证之诸经以畅其旨。

《大学》之言慎独曰："如恶恶臭，如好好色"，"诚于中，形于外"，此言乎动也；而其下文曰"十目所视，十手所指"，可见至动之中，吾本心有所视、所指者在，即至静之中，吾本心亦有所视、所指者在也。

《中庸》之言慎独曰："莫见乎隐，莫显乎微。"此言乎动也；而其上文曰"君子戒慎乎其所不睹，恐惧乎其所不闻"，可见至动之时，吾本心有可睹、可闻者在，即至静之时，吾本心亦有可睹、可闻者在也。

君子涵养未发，《易·坤》卦所谓"敬以直内"，《复》卦之所以"见天地之心"也；省察已发，《易·坤》卦所谓"义以方外"，《复》卦之所

① 《张横渠先生文集·正蒙一·太和篇第一》卷二文。

以“不远复”也；而其操持于未发已发交关之际，则自有其几焉。

朱子《大学》注曰：“实与不实，盖有他人所不及知而己独知之者，故必谨之于此，以审其几。”① 《中庸》注曰：“幽暗之中，细微之事，迹虽未形而几则已动。”② 周子《通书》曰：“动而未形，有无之间者，几也。”又曰：“几微故幽。”盖于幽微之中，主敬以操持之，此万事之萌柢，圣学之根源也。

昔者帝舜自言所学曰：“敕天之命，惟时惟几。”③ 大禹自言所学曰：“安汝止，惟几惟康。”“天其申命用休。”④ 舜、禹两言“几”，并溯原于天命，此皆敬畏于未发已发之时者也。

孔子《易传》言乾坤之德，于静专动直，静翕动辟，皆兼动静言之；至于言效天法地，则归本乎“成性存存，道义之门”⑤，此涵养于未发之时者也。

《礼记·孔子闲居》告子夏曰“清明在躬，志气如神”，此涵养于未发之时者也。

又曰：“嗜欲将至，有开必先。”此省察于将发之时者也。

曾子引《书》曰“顾諟天之明命”⑥，此涵养于未发之时者也；其引《易传》曰“君子思不出其位”，此省察于已发之时者也。

子思子《中庸》末章引《诗》曰“相在尔室，尚不愧于屋漏”，此涵养于未发之时者也；曰“内省不疚，无恶于志”，此省察于已发之时者也。至其论“至诚无息”曰“不息则久”，此涵养于未发之时者也；又曰“久则征，征则悠远”，此扩充于已发之时者也。

孟子言“存心养性”“万物皆备于我”⑦，此涵养于未发之时者也；言

---

① 朱子《大学章句》注文，又见《朱文公文集·书·知旧门人答问·答周南仲》卷六〇文。
② 朱子《中庸章句》注文，又见《朱文公文集·书·知旧门人答问·答周南仲》卷六〇文。
③ 《尚书·虞书·益稷》文。
④ 《尚书·虞书·益稷》文。
⑤ 《易·系辞传上》文。
⑥ 《礼记·大学》文。
⑦ 《孟子·尽心上》文。

“尽心知性”“反身而诚”“强恕而行”①，此省察扩充于已发之时者也。

然则朱子已发未发之说，虽受自程子，而实远绍乎舜、禹、孔子、曾子、子思子、孟子之学者也。吾尝谓：天下至大至难之学问，无过于管摄吾之心体，未有不能管摄吾之心体而能办天下之大事者。故论朱子之学，不惮反复申明，用以自警其心，亦冀有以正人之心也。

附：唐文治《朱子已发未发精义本于复卦说》

朱子《答张敬夫先生书》谓：“静中之动”为复，“动中之静”为艮。

近吴竹如先生曰：“按：朱子《答吕子约论未发已发书》云：‘至静之中，但有能知能觉者，而无所知所觉之事。此于《易》卦中为纯坤不为无阳之象，若论《复》卦，则须以有所知觉者当之，不得合为一说矣。’又正淳问静中有知觉曰：‘此是坤中不能无阳，到动处却是复，只将十二卦排便是。’味此二条，以静中涵动之理为坤，由静而动之初为复，其理确不可易。至《集》中所载《程子养观说》，及《答南轩先生书》，谓静中涵动之理为复，动中涵静之理为艮，应为未定之论，乃后人每引复艮之说以释《中庸》戒惧、慎独二节者，抑考之未详矣。况艮乃动静各止其所，岂仅于动求静哉？”② 是说也，以朱子《坤》《艮》二卦之论为未定，可谓缜且邃矣！然更有进者。

考《朱止泉先生集》中《坤、复、乾、艮四卦说》云：“《复》卦本义，原以动言；《系辞》以颜子克己为复，程子以过未形而改为复，朱子以失之未远能复于善为复，皆以动之端立言。其言‘思虑未萌而知觉不昧’者，即以复为至静也，其以纯坤与复有别者，所造益深，所见益切，故云：‘才思即是已发。’说到未发界至十分尽头也。尝玩三卦而参以乾焉，此心澄然，一念不动，炯炯惺惺，涵养深潜，四德万理，皆在其中。阳气生意，含蓄敛藏，此是纯坤不为无阳气象。及其端之发也，

① 《孟子·尽心上》文。

② 吴廷栋《拙修集·校订〈理学宗传辨正〉按语·书程子养观说后》卷五文。

虽曰一阳动，而实静中之动，依旧涵养，兢兢保守，此是《复》卦气象。及其应事，发见充周，必思中节，仁义礼智，随处皆是，经纶万变，主宰凝然，此是纯乾不为无阴气象。其既发也，各如其理，各止其所，心体无毫发扰乱，此是《艮》卦气象。全在平日居敬、穷理、集义三者实实用功，使心体光明莹净，超然于气禀物欲之上，乃能历验有此境候。"① 是说也，又因《坤》《复》《艮》三卦推之《乾》卦，尤为精密无间矣。然更有进者。

文治尝沈潜《易》义，窃谓已发未发之旨，若广而求之，则流行于日用事物之间，即普遍于六十四卦之内；若反而求之于心，不若专玩《复》卦，简而易知，约而易行也。孔子之赞《复》，彖曰："'反复其道，七日来复。'天行也。"天行者，君子自强不息，所以贞下而起元也，复见天地之心，即《左氏传》所谓"天地之中"也。人居天之下、地之上，秉天地之中理中气以生，是为天命之性，是故天地之心，即人心未发之中也。

初爻曰："不远复。"一阳之初动也。二爻曰："休复，吉。"休复者，乃《诗》所谓"优游而休"② 之义。先儒以为休美，固属正解，然解作休养，更为紧切。《记》所谓藏焉、息焉之义③，即涵养之旨也。因不远之复而即有以休养之，然后刚浸而长，《孟子》曰"苟得其养，无物不长"④ 也。"二"比于"初"，《象传》曰："以下仁也。"言以休养夫不远之仁也。仁岂远乎哉？"我欲仁，斯仁至矣"⑤，三百八十四爻，《象传》皆不言仁，而独于此爻言仁者，其精义可见也。

君子之道，在贞下起元而已矣。"二"与"五"应。"二"之"休复"，涵养也；"五"之"敦复"，省察也。惟省察，是以无悔，故《象传》曰："中⑥以自考也。"《系辞传》又曰："复以自知。"独者，人所不

① 朱泽沄《朱止泉先生集·杂著·坤复乾艮四卦说》卷七文。
② 《诗·大雅·卷阿》文。
③ 《礼记·学记》文。
④ 《孟子·告子上》文。
⑤ 《论语·述而》文。
⑥ "中"字原误作"终"，据《易·复》卦六五象传文改。

知而已所自知之地也，君子之道，慎独而已矣。

朱子中年，在心体流行处用功，三爻之“频复”也。（或作“颦复”，是别一义。）有粗厉勇果之精神，无宽裕雍容之气象，故其象为“厉”，然志在于求善，故其义为“无咎”。

至己丑（一一六九）岁悟未发之旨，而得涵养致知并进之功，则合“休复”“敦复”为一矣。“休复”“敦复”为一，则进于颜子之“不远复”，而天命之性渐见呈露，复其见天地之心矣。然则《复》卦之义，岂不费而隐哉？然更有进者。

程子《遗书》云：“只喜怒哀乐不发便是中。”① 窃谓“不发”与“未发”不同。未发者，浑然天性，本于自然者也；不发者，强制其心，使之不动者也。若强制其心，则犹是“频复”也，此殆程子未定之说也。

文治又尝因《易》义而推求古圣人之心学。文王彖辞言心而不言性情。如《坎》言：“维心，亨。”然六十四卦之言“元亨”、言“利贞”者，皆性情也。周公爻辞亦言心而不言性情。如《明夷》言：“获明夷之心。”《艮》言：“我心不快。”然三百八十四爻之“寂然不动，感而遂通”者，皆性情也。孔子作《十翼》，乃畅言性、言情、言心，其最精者曰：“圣人以此洗心，退藏于密。”又曰：“穷理尽性以至于命。”此则探心学、性学之本原者也。

《中庸》一书，言性而不言心，然言“致中和”之外，又言“聪明睿知”之五德，又言“肫肫其仁，渊渊其渊”，皆心学也。《孟子》“道性善”②，又畅言心言情，俱于已发处求之，皆心学也。《中庸》《孟子》不言《易》，而无非《易》理也。

朱子言性、言心、言仁、言敬，辨析毫厘，至精至密，皆孔门性学心

① 《二程遗书》卷一八答季明问之文。

② 《孟子·滕文公上》文。

学之真传也。后世学者能知《中庸》之“未发”“已发”，即大《易》“休复”① “敦复”② 之旨，则于所谓“通神明之德”③ “顺性命之理”④ 者，其庶几乎？故曰：复，德之本也⑤，立天下之大本⑥者也。

① 《易·复卦》六二爻辞。
② 《易·复卦》六五爻辞。
③ 《易·系辞传下》文。
④ 《易·说卦》文。
⑤ 《易·系辞传下》文。
⑥ 《礼记·中庸》文。

紫阳学术发微卷三

朱子心性学发微

文治按：孔子作《系辞传》言："圣人以此洗心，退藏于密。""一阴一阳之谓道，继之者善，成之者性。"《说卦传》又言："穷理尽性以至于命。"心性之学，斯为权舆。子思子作《中庸》，阐《易传》之精蕴，《孟子》七篇更大昌其学说。宋周、程诸大儒出，所发明者，不过孔孟心性之学，而后世乃以禅目之，黑白不分，何其陋欤。朱子远绍圣学，更集诸儒之大成，其体验穷究，抉心性之根源，散见于《四书集注》及《文集》中者尤夥。而其指示初学，显明深切者，莫要于《中庸》首章及《孟子》"生之谓性""牛山之木""钧是人也"① 数章注语。(王阳明先生谓朱子《四书集注》乃中年未定之论②，实为大误，先儒辨之甚详。)兹特汇辑一卷，承学之士，要知讲心性之学者，重在深造自得，默会于幽闲静壹之中，庶几德性问学，广大精微，是篇所录，莫非入道体验之功，倘或道听途说，借资谈助，则去道也远矣！若夫故为元妙之论，以为朱子最上乘教法，则更非所敢知也。

---

① 《孟子·告子上》文。

② 《王文成公全书·传习录下·语录三·朱子晚年定论》卷三文。

《中庸》首章注

天命之谓性，率性之谓道，修道之谓教。

命，犹令也。性，即理也。天以阴阳五行化生万物，气以成形，而理亦赋焉，犹命令也。于是人物之生，因各得其所赋之理，以为健顺五常之德，所谓性也。率，循也。道，犹路也。人物各循其性之自然，则其日用事物之间，莫不各有当行之路，是则所谓道也。修，品节之也。性道虽同，而气禀或异，故不能无过不及之差，圣人因人物之所当行者而品节之，以为法于天下，则谓之教，若礼乐刑政之属是也。盖人知己之有性，而不知其出于天；知事之有道，而不知其由于性；知圣人之有教，而不知其因吾之所固有者裁之也。故子思于此，首发明之；而董子所谓道之大原出于天，亦此意也。①文治按：本节注归结到“人知己之有性”，可见以上三“物”字皆衍。

道也者，不可须臾离也，可离非道也。是故君子戒慎乎其所不睹，恐惧乎其所不闻。

道者，日用事物当行之理，皆性之德而具于心，无物不有，无时不然，所以不可须臾离也。若其可离，则岂率性之谓哉？②是以君子之心常存敬畏，虽不见闻，亦不敢忽，所以存天理之本然，而不使离于须臾之顷也。

莫见乎隐，莫显乎微，故君子慎其独也。

隐，暗处也。微，细事也。独者，人所不知而己所独知之地也。言幽暗之中，细微之事，迹虽未形而几则已动，人虽不知而己独知之，则是天下之事，无有著见明显而过于此者。是以君子既常戒惧，而于此尤

---

① 《摛藻堂四库全书荟要》本与此同。《新编诸子集成》本“盖人知己之有性”至“亦此意也”，作“盖人之所以为人，道之所以为道，圣人之所以为教，原其所自，无一不本于天而备于我。学者知之，则其于学知所用力而不能已矣。故子思于此首发明之，读者所宜深体而默识也”。

② 《摛藻堂四库全书荟要》本与此同。《新编诸子集成》本“则岂率性之谓哉”作“则为外物而非道矣”。

加谨焉，所以遏人欲于将萌，而不使其潜滋暗长①于隐微之中，以至离道之远也。

喜怒哀乐之未发，谓之中；发而皆中节，谓之和。中也者，天下之大本也；和也者，天下之达道也。

喜怒哀乐，情也，其未发，则性也。无所偏倚，故谓之中。发皆中节，情之正也，无所乖戾，故谓之和。大本者，天命之性，天下之理皆由此出，道之体也。达道者，循性之谓，天下古今之所共由，道之用也。此言性情之德，以明道不可离之意。

致中和，天地位焉，万物育焉。

致，推而极之也。位者，安其所也。育者，遂其生也。自戒惧而约之，以至于至静之中，无少偏倚，而其守不失，则极其中而天地位矣。自谨独而精之，以至于应物之处，无少差谬，而无适不然，则极其和而万物育矣。盖天地万物本吾一体，吾之心正，则天地之心亦正矣。吾之气顺，则天地之气亦顺矣。故其效验至于如此。此学问之极功，圣人之能事，初非有待于外，而修道之教亦在其中矣。是其一体一用虽有动静之殊，然必其体立而后用有以行，则其实亦非有两事也。故于此合而言之，以结上文之意。

文治按：此章注语，为朱子一生得力处，其最精处有三，其可疑处亦有三。首章注“天以阴阳五行”一段，合理与气言，包括《太极图说》之蕴，其精一也；二节注为涵养，三节注为省察，一则静之本，一则动之几，其精二也；第四节分析性情之妙，与《孟子》中言心性学息息相通，其精三也。首节注衍三“物”字，后儒以为品节物性，无所谓礼、乐、刑、政，此固应行删正；第五节“自戒惧而约之”“自谨独而精之”，分配“天地位”“万物育”，立说未免太拘；至于“吾

① 《摛藻堂四库全书荟要》本与此同。《新编诸子集成》本“潜滋暗长”作“滋长”。

之心正，则天地之心亦正”，“吾之气顺，则天地之气亦顺”，后人亦多疑之。不知此盖本《洪范》皇极而言，所谓“会其有极，归其有极”，本身以作则，益足动人戒惧慎独之心，其说亦极精微。余详《中庸大义》，不赘述。

《孟子》“生之谓性”章注

告子曰：“生之谓性。”

生，指人物之所以知觉运动者而言。告子论性，前后四章，语虽不同，然其大指不外乎此，与近世佛氏所谓作用是性者略相似。

孟子曰：“生之谓性也，犹白之谓白与？”曰：“然。”“白羽之白也，犹白雪之白；白雪之白，犹白玉之白与？”曰：“然。”

白之谓白，犹言凡物之白者，同谓之白，更无差别也。白羽以下，孟子再问而告子曰然，则是谓凡有生者同是一性矣。

“然则犬之性，犹牛之性，牛之性，犹人之性与？”

孟子又言若果如此，则犬牛与人皆有知觉，皆能运动，其性皆无以异矣。于是告子自知其说之非而不能对也。愚按：性者，人之所得于天之理也。生者，人之所得于天之气也。性，形而上者也；气，形而下者也。人物之生，莫不有是性，亦莫不有是气。然以气言之，则知觉运动，人与物若不异也；以理言之，则仁义礼智之禀，岂物之所得而全哉？此人之性所以无不善，而为万物之灵也。告子不知性之为理，而以所谓气者当之，是以杞柳湍水之喻食色无善无不善之说，纵横缪戾，纷纭舛错，而此章之误乃其本根。所以然者，盖徒知知觉运动之蠢然者，人与物同，而不知仁义礼智之粹然者，人与物异也。孟子以是折之，其义精矣。

文治按：此章近儒多以《公孙龙子·白马篇》作比喻，实则白羽所以状清虚，白雪所以状寂灭，而白玉则儒家之比德于玉也。犬与牛之性且不同，而况物与人之性，岂可得而同乎？

吾乡陆桴亭先生谓古经传言性多合理气[1]，宋周、程、张诸大儒亦复如此。朱子论性合理气言者居十之八，分理气言者居十之二，此章分理气而言，近儒多疑之。且谓即以气言，人与物亦岂得从同？不知告子固不知理，并不知气。朱子并未以知气许告子，故曰"以所谓气者当之"，惟谓"知觉运动之蠢然者，人与物同"，确有语病，且谓"性，形而上"，"气，形而下"，与《中庸》首章注不合，要皆未定之论。至"生之谓性"一句，字义并不误，而告子之本意则非。后来程子亦以"生之谓性"作训释，惜朱子本注未以程子"性即气，气即性"[2]之说补入，而以告子与程子语同意异之旨详细阐明，以致戴氏东原抵瑕蹈隙，奋笔诋諆。见《孟子字义疏证》卷中。夫朱子疏漏之处，固不必为之讳，然读书须统观全书大义，亦不可执未定之论，遽加訾毁也。以下数章，均应参考《孟子大义》。

《孟子》"牛山之木"章注

孟子曰："牛山之木尝美矣，以其郊于大国也，斧斤伐之，可以为美乎？是其日夜之所息，雨露之所润，非无萌蘖之生焉，牛羊又从而牧之，是以若彼濯濯也。人见其濯濯也，以为未尝有材焉，此岂山之性也哉？

牛山，齐之东南山也。邑外谓之郊。言牛山之木，前此固尝美矣。今为大国之郊，伐之者众，故失其美耳。息，生长也。日夜之所息，谓气化流行未尝间断，故日夜之间，凡物皆有所生长也。萌，芽也。蘖，芽之旁出者也。濯濯，光洁之貌。材，材木也。言山木虽伐，犹有萌

---

① 陆世仪《思辨录辑要·人道类》卷二六载："又问：'宋儒云："仁者心之德。"又曰："性者心所具之理。"仁与性如何分别？'曰：'性者心所具之理，仁者性所具之理。'曰：'性既是理，如何又具理？'曰：'性兼理气，仁则独以理言也。'"

② 朱子编《二程遗书·端伯传师说》卷一文。

蘖，而牛羊又从而害之，是以至于光洁而无草木也。

"虽存乎人者，岂无仁义之心哉？其所以放其良心者，亦犹斧斤之于木也，旦旦而伐之，可以为美乎？其日夜之所息，平旦之气，其好恶与人相近也者几希，则其旦昼之所为，有梏亡之矣。梏之反覆，则其夜气不足以存，夜气不足以存，则其违禽兽不远矣。人见其禽兽也，而以为未尝有才焉者，是岂人之情也哉？

良心者，本然之善心，即所谓仁义之心也。平旦之气，谓未与物接之时，清明之气也。好恶与人相近，言得①人心之所同然也。几希，不多也。梏，械也。反覆，展转也。言人之良心虽已放失，然其日夜之间，亦必有所生长。故平旦未与物接，其气清明之际，良心犹必有发见者。但其发见至微，而旦昼所为之不善，又已随而梏亡之，如山木既伐，犹有萌蘖，而牛羊又牧之也。昼之所为，既有以害其夜之所息；夜之所息，又不能胜其昼之所为，是以展转相害，至于夜气之生，日以浸薄，而不足以存其仁义之良心，则平旦之气亦不能清，而所好恶遂与人远矣。

"故苟得其养，无物不长；苟失其养，无物不消。

山木人心，其理一也。

"孔子曰：'操则存，舍则亡；出入无时，莫知其乡。'惟心之谓与？"

孔子言心，操之则在此，舍之则失去，其出入无定时，亦无定处如此。孟子引之，以明心之神明不测，得失之易，而保守之难，不可顷刻失其养。学者当无时而不用其力，使神清气定，常如平旦之时，则此心常存，无适而非仁义矣。程子曰："心岂有出入，亦以操舍而言耳。操之之道，敬以直内而已。"愚闻之师曰："人，理义之心未尝无，惟持守之即在尔。若于旦昼之间，不至梏亡，则夜气愈清。夜气清，则平旦未与物接之时，湛然虚明气象，自可见矣。"孟子发此夜气之说，于学

---

① "得"字原作"其"。按：《新编诸子集成》本、《摛藻堂四库全书荟要》本均作"得"，以此为正。

者极有力，宜熟玩而深省之也。

文治按：此章之义，本于《周易》。“平旦之气”，“复，其见天地之心”[①] 也。惟至日以一岁言，平旦则指一日言耳。“得其养而无物不长”，所谓阳息也；“失其养而无物不消”，所谓阴消也。“出入无时，莫知其乡”，所谓“出入无疾”也。“好恶与人相近”，《论语》所谓“性相近”也；“违禽兽不远”，所谓“习相远”也。孟子学说皆出于孔子，惟操心之学，却与持志略异。盖志者，心之所之，故持志者，省察之功，而操心者，涵养之要也。此章与“养气”章皆为入道之方，学者宜日三复而默识之于心。

《孟子》“仁人心”章注

孟子曰：“仁，人心也；义，人路也。

仁者心之德，程子所谓“心如谷种，仁则其生之性”是也。然但谓之仁，则人不知其切于己，故反而名之曰人心，则可以见其为此身酬酢万变之主，而不可须臾失矣。义者行事之宜，谓之人路，则可以见其为出入往来必由之道，而不可须臾舍矣。

“舍其路而弗由，放其心而不知求，哀哉！

“哀哉”二字，最宜详味，令人惕然有深省处。

“人有鸡犬，放则知求之；有放心，而不知求。

程子曰：“心至重，鸡犬至轻。鸡犬放则知求之，心放则不知求，岂爱其至轻而忘其至重哉？弗思而已矣。”愚谓：上兼言仁义，而此下专论求放心者，能求放心，则不违于仁而义在其中矣。

“学问之道无他，求其放心而已矣。”

学问之事，固非一端，然其道则在于求其放心而已。盖能如是则志

---

① 《易·复卦·彖传》文。

气清明，义理昭著，而可以上达，不然则昏昧放逸，虽曰从事于学，而终不能有所发明矣。故程子曰："圣贤千言万语，只是欲人将已放之心约之，使反复人身来，自能寻向上去，下学而上达也。"此乃孟子开示切要之言，程子又发明之，曲尽其指，学者宜服膺而勿失也。

文治按：张氏杨园曰："孟子不轻言哀哉。"惟《自暴自弃章》与此章两言之，极为痛切；又《庄子》言"哀莫大于心死"也。"学问之道"节有二解：或曰因学问以求放心；或曰学问之事，以求放心为要。细玩朱注，当以后说为长。盖天下至大之学问，莫要于管摄此心也。其功奈何？盖以静时言之，则当以深沈涵养为主；以动时言之，则当以收摄提撕为主。求之既熟，自能不失其本心矣。或谓："陈氏定斋《明辨录》有求放心说，力辟陆、王之谬，如以上所言，不几近于空虚乎？"曰：不然。孟子发端言："仁，人心也。"可见求放心即所以求仁，何空虚之有？子夏言博学笃志，切问近思，仁在其中；笃志近思，正求放心之义。

《孟子》"钧是人也"章注

公都子问曰："钧是人也，或为大人，或为小人，何也？"孟子曰："从其大体为大人，从其小体为小人。"

钧，同也。从，随也。大体，心也。小体，耳目之类也。

曰："钧是人也，或从其大体，或从其小体，何也？"曰："耳目之官不思，而蔽于物，物交物，则引之而已矣。心之官则思，思则得之，不思则不得也。此天之所与我者，先立乎其大者，则其小者不能夺也。此为大人而已矣。"

官之为言司也。耳司听，目司视，各有所职，而不能思，是以敝于外物。既不能思而敝于外物，则亦一物而已。又以外物交于此物，其引之而去不难矣。心则能思，而以思为职。凡事物之来，心得其职，则得其理，而物不能敝；失其职，则不得其理，而物来蔽之。此三者，皆天之所以与我者，而心为大。若能有以立之，则事无不思，而耳目之欲不能夺之矣，此所以为大人也①。范浚《心箴》曰："茫茫堪舆，俯仰无垠。人于其间，眇然有身。是身之微，太仓稊米。参为三才，曰惟心耳。往古来今，孰无此心？心为形役，乃兽乃禽。惟口耳目，手足动静。投间抵隙，为厥心病。一心之微，众欲攻之，其与存者，呜呼几希！君子存诚，克念克敬，天君泰然，百体从令。"

文治按：地居天中，天包地外，人在天地之中，而心又在人一身之中。得中理中气，此其所以为大体而最贵也。"心之官则思，思则得之"，乃思得仁义礼智之性，非思空虚之理。此其功候浅者如视思明、听思聪之属；深者如《易传》所谓"寂然不动，感而遂通天下之故"，《洪范》所谓"思曰睿，睿作圣"是也。"天之所与我者"，即《左传》所谓"人受天地之中以生"② 也。"先立乎其大"，即孟子"不动心"之学。人能先立其心，方能自立于世界之内，否则一心窒塞而不通，即一身浮游而无据矣，可不惧哉？宋陆氏象山平生学问，以先立乎大为主，其说有是有非，详《孟子大义》中。范氏《心箴》鞭策本心，乾乾惕若，可与程子四箴并读。

《孟子》"尽心"章注

孟子曰："尽其心者，知其性也。知其性，则知天矣。

心者，人之神明，所以具众理而应万事者也。性则心之所具之理，而天又理之所从以出者也。人有是心，莫非全体，然不穷理，则有所蔽而无以尽乎此心之量。故能极其心之全体而无不尽者，必其能穷夫理而

① 谨按：《摛藻堂四库全书荟要》本及《新编诸子集成》本"此所以为大人也"后有："然'此天'之'此'，旧本多作'比'，而赵注亦以比方释之。今本既多作'此'，而注亦作'此'，乃未详孰是。但作'比'字，于义为短，故且从今本云。"

② 《春秋左传·成公十三年》文。按："人"作"民"字。

无不知者也。既知其理，则其所从出，亦不外是矣。以《大学》之序言之，知性则物格之谓，尽心则知至之谓也。

“存其心，养其性，所以事天也。

存，谓操而不舍；养，谓顺而不害。事，则奉承而不违也。

“夭寿不贰，修身以俟之，所以立命也。”

夭寿，命之短长也。贰，疑也。不贰者，知天之至，修身以俟死，则事天以终身也。立命，谓全其天之所付，不以人为害之。程子曰：“心也、性也、天也，一理也。自理而言谓之天，自禀受而言谓之性，自存诸人而言谓之心。”张子曰：“由太虚，有天之名；由气化，有道之名；合虚与气，有性之名；合性与知觉，有心之名。”愚谓：尽心知性而知天，所以造其理也；存心养性以事天，所以履其事也。不知其理，固不能履其事；然徒造其理而不履其事，则亦无以有诸己矣。知天而不以夭寿贰其心，智之尽也；事天而能修身以俟死，仁之至也。智有不尽，固不知所以为仁；然智而不仁，则亦将流荡不法，而不足以为智矣。

文治按：《易·说卦传》曰：“穷理尽性以至于命。”《孟子》不言《易》，而书中随处无非《易》理。以七篇之义言之，《万章篇》，穷理之学也；《告子篇》，尽性之学也；《尽心篇》，至命之学也。以本章言之，首节知性知天，穷理之学也；次节存心养性，尽性之学也；三节立命，至命之学也。程子曰“进学则在致知”，即知性知天之义；“涵养须用敬”①，即存心养性之义。宋儒穷理居敬并进之说，实权舆于此。若夫命者，有义理之命，有气数之命；义理有定，而气数则随时而变迁，以义理定气数，故曰立命。《易·乾卦·文言传》曰：“先天而天弗违，后天而奉天时。”此之谓立命。盖惟立命然

① 《二程遗书》卷一八文。按：原文“在”前有“则”字，今补入。

后能造命也。人生富贵贫贱、夷狄患难，皆随遇而移，而生死一关，尤为难破。惟朱注言“修身以俟死”，鄙意以为可商。窃谓“修身以俟之”者，言勉勉循循，上达天德，以造于美大圣神之域耳。于此可见人之一生境遇当立命，而学问尤当立命，是为至命之学。

答陈器之书①

性是太极浑然之体，不可以名字言，但其中含具万理，而纲理之大者有四，故命之曰仁义礼智，孔门未尝备言。至孟子而始备言之者，盖孔子之时，性善之理素明，虽不详著其条②，而说自具。至孟子时，异端蜂起，往往以性为不善，孟子惧是理③之不明，而思有以明之，苟但曰浑然全体，则恐其如无星之称④，无寸之尺，终不足以晓天下，于是别而言之，界为四破，而四端之说，于是而立。

盖四端之未发也，虽寂然不动，而其中自有条理，自有间架，不是侊侗都无一物，所以外边才感，中间便应。如赤子入井之事感，则仁之理便应，而恻隐之心于是乎形；如过庙过朝之事感，则礼之理便应，而恭敬之心于是乎形。盖由其中间众理浑具，各各分明，故外边所遇，随感而应，所以四端之发，各有面貌之不同，是以孟子析而为四以示学者，使知浑然全体之中，而粲然有条若此，则性之善可知矣。……故孟子言：“乃若其情，则可以为善矣，乃所谓善也。”是则孟子之言性善，盖⑤亦溯其情而逆知之耳。

仁义礼智，既知得界限分晓；又须知四者之中，仁义是个对立底关

---

① 此文并载于《性理学大义·朱子大义》卷八题《答陈器之问玉山讲义》，唐先生未下按语。按：《朱子文集》原题目有“问玉山讲义”五字。

② “条”乃一体之分枝，下文两言“粲然有条”，皆指枝干分明，是孟子之说四端也。

③ 此“理”指“性善之理”。

④ “称”字，《朱文公文集》作“秤”。

⑤ “盖”字脱，据《朱文公文集》补入。

键。盖仁，仁也，礼则仁之著。义，义也，智则义之藏。犹春夏秋冬，虽为四时，然春夏皆阳之属也，秋冬皆阴之属也，故曰："立天之道曰阴与阳，立地之道曰柔与刚，立人之道曰仁与义。"① 是知天地之道，不两则不能以立。故端虽有四，而立之者则两耳。仁义虽对立而成两，然仁义实贯乎四者之中。盖偏言则一事，专言则包四者。故仁者仁之本体，礼者仁之节文，义者仁之断制，智者仁之分别；犹春夏秋冬虽不同，而同出乎春。春则春之生也，夏则春之长也，秋则春之成也，冬则春之藏也。自四而两，自两而一，则统之有宗，会之有元矣。故曰："五行一阴阳，阴阳一太极。"……

仁包四端，而智居四端之末者，盖冬者藏也，所以始万物而终万物者也。智有藏之义焉，有终始之义焉。如②恻隐、羞恶、辞让③是三者，皆有可为之事，智无事可为，但分别其是非④耳，是以谓之藏也。

又恻隐、羞恶、辞让⑤，皆是一面底道理。而是非则有两面……是终始万物之象。故仁为四端之首，而智则能成始成终，犹元气虽四德之长，然⑥元不生于元而生于贞，盖由⑦天地之化，不翕聚不能发散，理固然也。仁智交际之间，乃万化机轴，此理⑧循环不穷，吻合无间，程子所谓"动静无端，阴阳无始"者，此也。⑨

文治按：此书剖析性情四端，精密无伦，然必须实在体验，方有心得，不可徒事空谈也。仁统四端，智实通四端。仁智交际之间，读《论语·里仁篇》首三章与《孟子》"矢人"章自能会悟。

---

① 《周易·说卦传》说圣人之作《易》将以顺性命之理之三才义。
② "如"字，《朱文公文集》作"则"。
③ "辞让"，《朱文公文集》作"恭敬"。
④ "是非"，《朱文公文集》作"为是为非"。
⑤ "辞让"，《朱文公文集》作"恭敬"。
⑥ "元气虽四德之长，然"脱，据《朱文公文集》补入。
⑦ "盖由"二字脱，据《朱文公文集》补入。
⑧ "此理"二字脱，据《朱文公文集》补入。
⑨ 《朱文公文集·书·知旧门人问答·答陈器之问玉山讲义》卷五八文。

答游诚之书

心体固本静，然亦不能不动，其用固本善，然亦能流而入于不善。夫其动而流于不善者，固不可谓心体之本然，然亦不可不谓之心也，但其诱于物而然耳，故先圣只说：“操则存，存则静，而其动也，无不善矣。舍则亡，于是乎有动而流入于不善者。出入无时，莫知其乡。”出者亡也，入者存也，本无一定之时，亦无一定之处，特系于人之操舍如何耳。只此四句，说得心之体用始终、真妄邪正无所不备，又见得此心不操即舍，不出即入，别无闲处可安顿之意。若如所论，出入有时者为心之正，然则孔子所谓出入无时者，乃心之病矣。不应却以“惟心之谓与”一句，直指而总结之也。①

答蔡季通书②

人之有生，性与气合而已。然即其已合而析言之，则性主于理而无形，气主于形而有质。以其主理而无形，故公而无不善；以其主形而有质，故私而或不善。以其公而善也，故其发皆天理之所行；以其私而或不善也，故其发皆人欲之所作。此舜之戒禹，所以有“人心”“道心”之别，盖自其根本而已然，非谓气之所为有过不及，而后流于人欲也。然但谓之人心，则固未以为悉皆邪恶，但谓之危，则固未以为便致凶咎。但既不主于理，有③主于形，则其流为邪恶，以致凶咎亦不难矣，此其所以为危。非若道心之必善而无恶，有安而无倾，有准的而可凭据也。故必其致精一于此两者之间，使公而无不善者，常为一身万事之主，而私而或不善者不得与焉，则凡所云为，不待择于过与不及之间，而自然无不中矣。凡物剖判之初，且当论其善不善；二者既分之之后，方可论其中不中。“惟精惟一”，所以审其善不善也；“允执厥中”，则无过不及而自得中

① 《朱文公文集·书·知旧门人问答·答游诚之》卷四五文。
② 此文并载于《性理学大义·朱子大义》卷五，唐先生未下按语。
③ “有”字误作“而”，据《朱文公文集》为正。

矣，非精一以求中也。此舜戒禹之本意，而序文述之，固未尝直以形气之发尽为不善，而不容其有清明纯粹之时，如来谕之所疑也。但此所谓清明纯粹者，既属乎形气之偶然，则亦但能不隔乎理而助其发挥耳，不可便认以为道心而欲据之以为精一之地也。如《孟子》虽言夜气，而其所欲存者，乃在乎仁义之心，非直以此夜气为主也；虽言养气，而其所用力，乃在乎“集义”，非直就此气中，择其无过不及者而养之也。来谕主张气字太过，故于此有不察。其他如分别气中过不及处，亦觉有差，但既无与乎道心之微，故有所不暇辨耳。①

文治按：人心道心之说，实出于梅氏伪《书》，盖本于《荀子》所引《道经》，厥后儒者沿袭其说，固不妨于通用矣。此书判析理气，至为精微，可为存心养性之助。

答何叔京书②

蒙示《心说》，甚善。然恐或有所未尽。盖入而存者即是真心，出而亡者亦此真心，为物诱而然耳。今以存亡出入皆为物诱所致，则是所存之外，别有真心，而于孔子之言，乃不及之，何耶？子重③所论，病亦如此。而子约④又欲并其出而亡者，不分真妄，皆为神明不测之妙，二者盖胥失之。熹向答二公，有所未尽，后来答游诚之⑤一段，方稍⑥

① 《朱文公文集·书·知旧门人问答·答蔡季通》卷四四文。

② 此文并载于《性理学大义·朱子大义》卷四，唐先生未下按语；又“不审尊意以为如何”后，并录有“潘君之论”至“幸甚幸甚”一段文字。

③ 石𡼖（一一二八—一一八二），号克斋，临海人，长朱熹三岁；绍兴十五年（一一四五）进士，时年十八；由桂阳主簿转同安县丞，二十三年（一一五三）五月朱子授同安主簿，遂与石氏订交，过从甚密；著《中庸集解》，朱子为作序；卒后朱子刊定为《中庸辑略》而传至今。

④ 吕祖俭，字子约，吕祖谦之弟，自号大愚叟，浙江金华人，《宋史》列入《忠义传》，朱子与交笃。

⑤ 游九言（一一四二—一二〇六），字诚之，号默斋，福建建阳人，与吕祖俭同辈，张栻门人，今存《默斋遗稿》二卷。

⑥ “稍”误作“称”，据《朱文公文集》为正。

稳当。今[①]谨录呈，幸乞指诲。

其实[②]大抵[③]心之体用始终，虽有真妄邪正之分，莫非神明不测之妙。虽皆神明不测之妙，而其真妄邪正又不可以不分耳。不审尊意以为如何？[④]

文治按：王阳明先生《答陆元静》云："照[⑤]心固照，妄心亦照。"[⑥] 与朱子此书意相同，能于静时体验之，性天中自有乐地矣。

答何叔京书

《心说》已喻。但所谓"圣人之心，如明镜止水，天理纯全"者，即是存处。但圣人则不操而常存耳，众人则操而存之。方其存时，亦是如此，但不操则不存耳。存者，道心也；亡者，人心也。心一也，非是实有此二心，各为一物，不相交涉也，但以存亡而异其名耳。方其亡也，固非心之本然；亦不可谓别是一个有存亡出入之心，却待反本还原，别求一个无存亡出入之心来换却。只是此心但不存便亡，不亡便存，中间无空隙处。所以学者必汲汲于[⑦]操存，虽舜、禹之间，亦以精一为戒也。且如世之有治乱、安危，虽尧、舜之圣，亦只是有治安而无危乱耳，岂可谓尧、舜之世，无安危、治乱之可名耶？如此则便是向来胡氏性无善恶之说。请更思之，却以见教。[⑧]

---

① "今"字脱，依《朱文公文集》补入。

② "其实"二字脱，依《朱文公文集》补入。

③ "大抵"，《朱文公文集》作"然"。

④ 《朱文公文集·书·知旧门人问答·答何叔京》卷三九文。按：《朱子大义》未下按语，而此下删除"潘君之论，则异乎所闻矣"一段。

⑤ "照"字误作"真"，依《王文成公全书》文为正。

⑥ 《王文成公全书·传习录中·与陆原静书》卷二文。

⑦ "于"字误作"乎"，依据《朱文公文集》补入。

⑧ 《朱文公文集·书·知旧门人问答·答何叔京》卷四〇文。

答吕子约书

所示心无形体之说，鄙意正谓如此，不谓贤者之偶同也。然所谓寂然之本体，殊未明白之云者，此则未然。盖操之而存，则只此便是本体，不待别求。惟其操之久而且熟，自然安于义理而不妄动，则所谓寂然者，当不待察识而自呈露矣。今乃欲于顷刻之存，而遽加察识以求寂然者，吾恐夫寂然之体①未必可识，而所谓察识者，乃所以速其迁动，而流于纷扰急迫之中也。程夫子所论“才思便是已发，故涵养于未发之前则可，而求中于未发之前则不可”，亦是此意。然心一而已，所谓操存者，亦岂以此一物操彼一物，如斗者之相捽而不相②舍哉！亦曰主一无适，非礼勿动，则中有主而心自存耳。圣贤千言万语，考其发端，要其归宿，不过如此。子约既识其端，不必别生疑虑，但循此用功，久而不息，自当有所至矣。③

答陈明仲书

克己之目不及思，所论大概得之，然有未尽。熹窃谓《洪范》“五事”，以思为主，盖不可见而行乎四者之间也。然操存之渐，必自其可见者而为之法，则切近明白而易以持守，故五事之次，思最在后，而夫子于此，亦偏举“四勿”而不及夫思焉。盖欲学者循其可见易守之法，以养其不可见、不可系之心也。至于久而不懈，则表里如一，而私意无所容矣。程子《四箴》，意正如此，试熟玩之，亦自可见。④

文治按：《论语》“四勿”“九思”，相为表里，何以勿视、勿听、勿言、勿动，皆出于思也。《洪范》“五事”，以思次于貌、言、视、听之后，盖以配五行之土，寄王于四时尔。至于“思曰睿，睿作圣”，则其功夫较“四勿”“九思”为纯熟矣。

---

① “夫寂然之体”原作“寂然者”，依据《朱文公文集》为正。

② “相”字脱，依《朱文公文集》补入。

③ 《朱文公文集·书·问答（一本作知旧门人问答）·答吕子约》卷四七文。

④ 《朱文公文集·书·知旧门人问答》卷四三文。

此书谓孔子“偏举‘四勿’而不及夫思”,“盖欲学者循其可见易守之法，以养其不可见不可系之心”，非由思通而进于无思者乎！

观心说①

或问：“佛者有观心说，然乎？”

曰：“夫心者，人之所以主乎身者也，一而不二者也，为主而不为客者也，命物而不命于物者也。故以心观物，则物之理得。今复有物以反观乎心，则是此心之外，复有一心而能管乎此心也。然则所谓心者，为一耶？为二耶？为主耶？为客耶？为命物者耶？为命于物者耶？此亦不待教而审其言之缪矣！”

或者曰：“若子之言，则圣贤所谓‘精一’，所谓‘操存’，所谓‘尽心知性’‘存心养性’，所谓‘见其参于前而倚于衡’者，皆何谓哉？”

应之曰：“此言之相似而不同，正苗莠朱紫之间，而学者之所当辨者也。

“夫谓‘人心之危’者，人欲之萌也；‘道心之微’者，天理之奥也。心则一也，以正、不正而异其名耳。‘惟精惟一’，则居其正而审其差者也，绌其异而反其同者也。能如是，则‘信执其中’，而无过不及之偏矣。非以道为一心，人为一心，而又有一心以精一之也。

“夫谓‘操而存’者，非以彼操此而存之也；‘舍而亡’者，非以彼舍此而亡之也。心而自操，则亡者存；舍而不操，则存者亡耳。然其操之也，亦曰不使旦昼之所为，得以梏亡其仁义之良心云尔；非块然兀坐，以守其炯然不用之知觉，而谓之操存也。

“若‘尽心’云者，则格物穷理，廓然贯通，而有以极夫心之所具

① 文并载《性理学大义·朱子大义》卷七，唐先生未下按语。

之理也；‘存心’云者，则‘敬以直内，义以方外’，若前所谓精一操存之道也。故尽其心而可以知性知天，以其体之不蔽，而有以究夫理之自然也。存心而可以养性事天，以其体之不失，而有以顺夫理之自然也。文治按：惟本体不蔽而后可以穷理，亦惟穷理而本体愈益清明，二者其功交相进也。是岂以心尽心，以心存心，如两物之相持而不相舍哉？

“若‘参前倚衡’之云者，则为忠信笃敬而发也。盖曰忠信笃敬，不忘乎心，则无所适而不见其在是云尔，亦非有以见夫心之谓也。且身在此而心参于前，身在舆而心倚于衡，是果何理也耶？

“大抵圣人之学，本心以穷理，而顺理以应物，如身使臂，如臂使指；其道夷而通，其居广而安，其理实而行自然。释氏之学，以心求心，以心使心，如口龁口，如目视目；其机危而迫，其途险而塞，其理虚而其势逆。盖其言虽有若相似者，而其实之不同盖如此也。然非夫审思明辨之君子，其亦孰能无惑于斯耶？”①

文治按：近世不明宋儒之学者，概目之为禅，可谓不知分析之学而全无体验矣！善乎陆稼书先生之辟禅也，曰：“明乎心性之辨则知禅矣！……夫人之生也，气聚而成形，而气之精英又聚而为心。是心也，神明不测，变化无方，要之亦气也。其中所具之理则性也。故程子曰：‘性即理也。’邵子曰：‘心者，性之郛郭。’朱子曰：‘灵处是心不是性。是心也者，性之所寓而非即性也；性也者，寓于心而非即心也。’先儒辨之亦至明矣。若夫禅者，则以知觉为性，而以知觉之发动者为心。故彼之所谓性，则吾之所谓心也；彼之所谓心，则吾之所谓意也。其所以灭彝伦，离仁义，张皇诡怪而自放于准绳之外者，皆由不知有性而以知觉当之耳。何则？既以知觉为性，则其所欲保养而勿失者，惟是而已。一切人伦庶物之理，皆足以

---

① 《朱文公文集·杂著》卷六七文。

为我之障，而惟恐其或累，宜其尽举而弃之也。”（以上见《三鱼堂集·学术辨》）[①] 据此知吾儒之与禅宗，毫厘之差，千里之谬，正在于心性之辨。故文治窃以朱子解《中庸》《孟子》心性诸条列于前，证之以问答诸书，而以《观心说》附于后，学者读之，不独悟儒释之分，且可见朱子心性之学与已发未发之说互相贯通，而有以得其体验之实功矣。

---

① 陆陇其《三鱼堂文集·杂著·学术辨中》卷二文。

紫阳学术发微卷四

朱子论仁善国发微

【释】唐先生以“人道教育”一词概括儒家“仁”之大义，焦点在工夫上之推及，以此救治人心之麻木。

文治按：《礼记·礼运篇》孔子言“大道之行”“三代之英”，推及于大同之治，而要其精义实在之归宿，则曰：“圣人能以天下为一家，中国为一人。”人者，天地之心也。所谓天地之心者何？仁而已矣，故曰：“仁者，人也。”人而不仁，何以为人？是以《易传》曰：“立人之道曰仁与义。”仁者，人道教育之根原，岂不大哉！昔孔子答樊迟之问仁曰：“居处恭，执事敬，与人忠。”① 此功夫之彻始彻终者也。答颜渊之问仁曰：“克己复礼为仁。”② 答仲弓之问仁曰：“出门如见大宾，使民如承大祭；己所不欲，勿施于人。”③ 此功夫之究竟也。答子贡之问仁曰：“己欲立而立人，己欲达而达人。”④ 此则由体而推之于用，因是以尽人性、尽物性者也。孟子之言仁曰：“仁，人心也。”⑤ “学问之道

① 《论语·子路》文。
② 《论语·颜渊》文。
③ 《论语·颜渊》文。
④ 《论语·雍也》文。
⑤ 《孟子·告子上》文。

无他，求其放心而已矣。”[①] 又曰：“君子以仁存心。”[②] “仁者爱人。”[③] 此工夫之始事也；又曰：“人皆有不忍人之心。”[④] “人能充无欲害人之心，而仁不可胜用矣。”[⑤] 此则由体而达之于用，“苟能充之，足以保四海”[⑥] 者也。

朱子之言仁，本于《易传》“天地之大德曰生”，而又本于孔孟之家法，曰“求放心”，曰“主敬”，曰“行恕”，以心验而躬行之。盖五常之本，万善之原，皆起于仁。然苟无是三者以植其本，则良心日漓[⑦]，而我之所以欲仁者，终归于放失。此仁道之所以几绝于天下也。世衰道微，争民施夺，机械日深，杀机愈盛；仁人君子，至于目不忍睹，耳不忍闻。读朱子之论仁，曰：“人有不仁，心无不仁。”[⑧] 人为私欲所蔽，虽至不仁，而心中之仁自在，如日为云障，水受泥淤，去之则自复矣。见《语录》。呜呼！何其劝戒之深也！至于《玉山讲义》，谆谆于《孟子》“道性善”一章。盖人性皆善，国性亦无不善。故以五十里之滕，犹可以为善国，由其国性本善也。《书》曰：“若药不瞑眩，厥疾不瘳。”[⑨] 惟若药不对证，则愈饮药而愈瞑眩，必将偏痹不仁以至于亡，而曾莫之悟也，岂不哀哉！吾特发明《仁说》诸篇，深愿天下皆能读朱子之书，而得救国性之良药也。朱子晚年专教人读《孟子》“道性善”及“求放心”两章，屡见于问答书中，盖欲使人收敛安静，返其本心，以善其国性，其意至深远矣。

---

① 《孟子·告子上》文。
② 《孟子·离娄下》文。
③ 《孟子·离娄下》文。
④ 《孟子·公孙丑上》文。
⑤ 《孟子·尽心下》文。
⑥ 《孟子·公孙丑上》文。
⑦ “漓”谓流失。
⑧ 《朱子语类·程子之书》卷九五文。
⑨ 《尚书·说命上》文。

仁　说①

天地，以生物为心者也，而人物之生，又各得夫天地之心以为心者也。故语心之德，虽其总摄贯通，无所不备，然一言以蔽之，则曰仁而已矣。请试详之。

盖天地之心，其德有四，曰元亨利贞，而元无不统；其运行焉，则为春夏秋冬之序，而春生之气无所不通。故人之为心，其德亦有四，曰仁义礼智，而仁无不包；其发用焉，则为爱恭宜别之情，而恻隐之心无所不贯。故论天地之心者，则曰乾元坤元；则四德之体用，不待悉数而足。论人心之妙者，则曰"仁，人心也"，则四德之体用，亦不待遍举而该。盖仁之为道，乃天地生物之心，即物而在。情之未发，而此体已具；情之既发，而其用不穷，诚能体而存之，则众善之源，百行之本，莫不在是。此孔门之教，所以必使学者汲汲于"求仁"也。

其言有曰："克己复礼为仁。"言能克去己私，复乎天理，则此心之体无不在，而此心之用无不行也。

又曰："居处恭，执事敬，与人忠。"则亦所以存此心也。

又曰："事亲孝，事兄弟，及物恕。"则亦所以行此心也。

又曰："求仁得仁。"则以让国而逃，谏伐而饿，为能不失乎此心也。

又曰："杀身成仁。"则以欲甚于生、恶甚于死，为能不害乎此心也。

此心何心也？在天地则坱然生物之心，在人则温然爱人利物之心，包四德而贯四端者也。

或曰："若子之言，则程子所谓'爱情仁性，不可以爱为仁'者，非欤？"

---

① 文并载《性理学大义·朱子大义》卷七，唐先生未下按语。又唐先生于本书附录黄式三《朱子〈仁说〉说》文。

曰："不然。程子之所诃，以爱之发而名仁者也。吾之所论，以爱之理而名仁者也。盖所谓情性者，虽其分域之不同，然其脉络之通，各有攸属者，则曷尝判然离绝而不相管哉？吾方病夫学者诵程子之言而不求其意，遂至于判然离爱而言仁，故特论此，以发明其遗意。而子顾以为异乎程子之说，不亦误哉？"

或曰："程氏之徒，言仁多矣，盖有谓'爱非仁，而以万物与我为一为仁之体'者矣；亦有谓'爱非仁，而以心有知觉释仁之名'者矣。今子之言若是，然则彼皆非欤？"

曰："彼谓'物我为一'者，可以见仁之无不爱矣，而非仁之所以为体之真也。彼谓'心有知觉'者，可以见仁之包乎智矣，而非仁之所以得名之实也。观孔子答子贡博施济众之问，与程子所谓觉不可以训仁者，则可见矣。子尚安得复以此而论仁哉？抑泛言'同体'者，使人含胡昏缓，而无警切之功，其弊或至于认物为己者有之矣。专言'知觉'者，使人张皇迫躁，而无沈潜之味，其弊或至于认欲为理者有之矣。一忘一助，二者盖胥失之。而'知觉'之云者，于圣门所示乐山能守之气象，尤不相似，子尚安得复以此而论仁哉？"因并记其语，作《仁说》。①

文治按：黄薇香先生《朱子〈仁说〉说》云："朱子《仁说》，何以作乎？当时程门高言仁，如谢显道②谓：'孝弟非仁，知此心则知仁。'是陆子静斥有子之支离，谢氏已开其渐。其与吕晋伯③言仁，晋伯思之久未悟，论辨既穷。晋伯乃知其说仁同于说禅。杨中立④教其婿李光祖、陈默堂求仁，光祖自言累请累不合，十八年而论契，而其说入禅；默堂斥以爱

① 《朱文公文集·杂著·仁说》卷六七文。

② 谢良佐（一〇五〇—一一〇三），字显道，寿春上蔡人，学者称上蔡先生；二程门人，与游酢、吕大临、杨时，号程门四先生；朱子甚称道其"敬是常惺惺法"；晚年奉佛。

③ 吕大临长兄吕大忠，字晋伯。

④ 杨时，字中立。

言仁之本于王氏新学，而说亦入禅。朱子虑仁道为禅所幪，学者无以识仁，何由行仁？不得已而作《仁说》也。朱子既斥离爱言仁之弊，直言‘仁者在天则块然生物之心，在人则温然爱人利物之心’，可谓明析矣。今《仁论》诸书迭出，见阮氏《揅经室集》。而学者仍未信，则由仁性爱情之分，仁包四德之说，尚有以幪之也。夫仁者何？圣心视天下如一体而已。人有心有体，心必爱护其体。圣人悯天下之凋残，如手足之痿痹、耳目之聋暗，本其心之不容已，而竭力救之，性与情统之矣。仁合外内以成德，所以孟子辨仁本于性，不言发情之非仁也。昔李泰伯[①]重礼，而云：‘礼之温厚而广爱者曰仁，决断而从宜者曰义，疏达而能谋者曰智，固守而不变者曰信。’朱子申程叔子之仁包四德，而云：‘义则仁之断制也，礼则仁之节文也，智则仁之分别也。’是二说也，在学者融贯之，奈何拘泥之乎？五德一不足，则四者皆有所歉。四德备者，所行之一乃无弊。仁如是，礼亦如是，义信智无不如是。”[②] 按：黄说邃矣！窃谓朱子之功在以爱言仁。人苟无爱情，则于性乎何有？爱者，不忍之本原也，说见末篇。又按：真西山先生尝以朱子与张钦夫先生论仁往复四篇，汇而附于《仁说》之后，以资学者参考。前已选入《朱子大义》，兹不复录。

答张敬夫书[③]

类聚孔孟言仁处，以求夫仁之说，程子为人之意，可谓深切。然专一如此用功，却恐不免长欲速好径之心，滋入耳出口之弊，亦不可不察

① 李觏（一〇〇九—一〇五九），字泰伯，江西南城人；庆历三年（一〇四三）创建盱江书院；皇祐二年（一〇五〇），范仲淹、余靖推荐于朝，试太学助教；嘉祐四年（一〇五九）权同管勾太学。

② 黄式三《儆居遗书·儆居集一·经说五·朱子〈仁说〉说》文。

③ 文并载《性理学大义·朱子大义》卷三，《朱子大义》唐先生未下按语。

也。大抵二先生之前，学者全不知有“仁”字，凡圣贤说仁处，不过只作“爱”字看了。自二先生以来，学者始知理会“仁”字，不敢只作“爱”说，然其流复不免有弊者。盖专务说仁，而于操存涵泳之功，不免有所忽略，故无复优柔厌饫之味、克己复礼之实，不但“其蔽也愚”而已。而又一向离了“爱”字，悬空揣摸，既无真实见处，故其为说，恍惚惊怪，弊病百端，殆反不若全不知有“仁”字，而只作“爱”字看却之为愈也。

熹窃谓：“若实欲求仁，固莫若力行之近。但不学以明之，则有擿埴冥行之患，故其蔽愚。若主敬致知交相为助，则自无此蔽矣。若且欲晓得仁之名义，则又不若且将‘爱’字推求，若见得仁之所以爱，而爱之所以不能尽仁，则仁之名义意思，了然在目矣，初不必求之于恍惚有无之间也。”此虽比之今日高妙之说稍为平易，然《论语》中已不肯如此迫切注解说破，至《孟子》方间有说破处，然亦多是以爱为言，如恻隐之类。殊不类近世学者惊怪恍惚、穷高极远之言也。

今此录所以释《论语》之言，而首章曰“仁其可知”，次章曰“仁之义可得而求”，其后又多所以明仁之义云者，愚窃恐其非圣贤发言之本意也。又如首章虽列二先生之说，而所解实用上蔡之意，正伊川说中间者，所谓“由孝弟可以至仁”而先生非之者，恐当更详究之也。①

> 文治按：黄薇香先生《阮氏〈仁论〉说》云“昔朱子读《中庸》‘仁者，人也’郑君注不能明其义，致书吕公伯恭问‘人耦’之说，吕公不能答，朱子自作《仁说》以明之。《说文》段公注解‘人耦’之义甚详。阮公因而推衍之，作《〈论语〉仁论》《〈孟子〉仁论》，以朱、吕所不能解者，而段、阮二公能申解之。所谓前贤畏后生者，非邪”② 云云。文治窃谓：阮文达《论语》《孟子》论仁，实即本程子“类聚孔孟言

---

① 《朱文公文集·书·问答》卷三一文。

② 黄式三《儆居遗书·儆居集一·经说五·阮氏〈仁论〉说》文。

仁”之说①，惟所论偏于考据为多，似未得由浅入深之法，学者无从下手。窃谓《论语》中如“博学笃志，切问近思”②，“苟志于仁矣，无恶也”③，“我欲仁，斯仁至矣”④，言仁之浅者也；至于“君子无终食之间违仁”⑤，“三月不违仁”⑥，“一日克己复礼，天下归仁”⑦，言仁之深者也。《孟子》论仁，有就学问言者，“求放心”⑧，“强恕而行”⑨，言仁之浅者也；“由仁义行，非行仁义”⑩，言仁之深者也。有就治道言者，“今之诸侯⑪有好仁者”，“仁者无不爱也，急亲贤之为务”⑫，此言仁之浅者也。“既竭心思焉，继之以不忍人之政，而仁覆天下”⑬，言仁之深者也。倘排比用功先后次第，则更可乐而玩，可居而安矣。文治常欲辑述之而未能也。

答陈安卿书

来书云淳尝作⑭《心说》云：“‘维天之命，於穆不已’，所以为生物之主者，天之心也。人受天命而生，因全得夫天之所以生我者，以为一身之主，浑然在中，虚灵知觉，常昭昭而不昧，生生而不可已，是乃所谓人之心。其体则即所谓元、亨、利、贞之道，具而为仁、义、礼、

---

① 《二程遗书·邹德久本》卷二四载程子曰：“义训宜，礼训别，智训知，仁当何训？说者谓训觉训人，皆非也。当合孔孟言仁处，大概研穷之二三岁，得之未晚也。”
② 《论语·子张》文。
③ 《论语·里仁》文。
④ 《论语·述而》文。
⑤ 《论语·里仁》文。
⑥ 《论语·雍也》文。
⑦ 《论语·颜渊》文。
⑧ 《孟子·告子上》文。
⑨ 《孟子·尽心上》文。
⑩ 《孟子·离娄下》文。
⑪ “今之诸侯”，《孟子·离娄上》作“今天下之君”。
⑫ 《孟子·尽心上》文。
⑬ 《孟子·离娄上》文。
⑭ 《朱文公文集》无“来书云淳尝作”六字。

智之性；其用则即所谓春、夏、秋、冬之气，发而为恻隐、羞恶、辞让、是非之情。故体虽具于方寸之间，而其所以为体则实与天地同其大，万理盖无所不备，而无一物出乎是理之外。用虽发乎方寸之间，而其所以为用则实与天地相流通，万事盖无所不贯，而无一理不行乎事之中。此心之所以为妙，贯动静、一显微、彻表里，终始无间者也。人惟拘于阴阳五行所值之不纯，而又重以耳、目、口、鼻、四支之欲为之累，于是此心始梏于形器之小，不能廓然大同无我，而其灵亦无以主于心矣。人之所以欲全体此心而常为一身之主者，必致知之力到，而主敬之功专，使胸中光明莹净，超然于气禀物欲之上，而吾本然之体所与天地同大者，皆有以周遍昭晰，而无一理之不明；本然之用，与天地流通者，皆无所隔绝间断，而无一息之不生。是以方其物之未感也，则此心澄然惺惺，如鉴之虚，如衡之平，盖真对越乎上帝，而万理皆有定于其中矣。及夫物之既感也，则妍媸高下之应，皆因彼之自尔，而是理固周流该贯，莫不各止其所。如'乾道变化，各正性命'，自无分数之差，而亦未尝与之俱往矣。静而天地之体存，一本而万殊；动而天地之用达，万殊而一贯。体常涵用，用不离体，体用浑沦，纯是天理，日常呈露于动静间。夫然后向之所以全得于天者，在我真有以复其本，而维天於穆之命亦与之为不已矣。此人之所以存夫心之大略也。"以上《心说前篇》。

王丞子正云："看得尽有功，但所谓心之体与天地同大，而用与天地流通，必有征验处，更幸见教。"以上引王丞"评语"请益。

淳因复有《后篇》："所谓'体与天地同其大'者，以理言之耳。盖通天地间，惟一实然之理而已，为造化之枢纽，古今人物之所同得。但人为物之灵，极是体而全得之，总会于吾心，即所谓性。虽会在吾之心，为我之性，而与天固未尝间。此心之所谓仁，即天之元；此心之所谓礼，即天之亨；此心之所谓义，即天之利；此心之所谓智，即天之贞；其实一致，非引而譬之也。天道无外，此心之理亦无外；天道无限量，此心之理亦无限量。天道无一物之不体，而万物无一之非天，此心之理亦无一物之不体，而万物无一之非吾心，天下岂有性外之物而不统于吾心，是理之中也哉？但以理言，则为天地公共，不见其切于己，谓之吾心之体，则即理之在我有统属主宰，而其端可寻也。此心所以至灵至妙，凡理之所至，其思随之，无所不至，大极于无际而无不通，细入于无伦而无不贯，前乎上古、后乎万古而无不彻，近在跬步、远在万里而无不同。虽至于位天地、育万物，亦不过充吾心体之本然，而非外为者。此张子所谓'有外之心，不足以合心'者也。所谓'用与天地相流通'者，以是理之流行言之耳。盖是理在天地间流行圆转，无一息之停。凡万物万事小大精粗，无一非天理流行。吾心全得是理，而是理之在吾心，亦本无一息不生生而不与天地相流行。人惟欲净情达，不隔其所流行，然后常与天地流通耳。且如'恻隐'一端，近而发于亲亲之间，亲之所以当亲，是天命流行者然也。吾但与之流行，而不亏其所亲者耳。一或少有亏焉，则天理隔绝于亲亲之间，而不流行矣。次而及于仁民之际，如老者之所以当安，少者之所以当怀，入井者之所以当怵惕，亦皆天命流行者然也。吾但与之流行，而不失其所怀、所安、所怵惕者耳。一或少有失焉，则天理便隔绝于仁民之际，而不流行矣。又远而及于爱物之际，如方长之所以不折，胎之所以不杀，夭之所以不夭，亦皆天命流行者然也。吾但与之流行，而不害其所长、所胎、所夭者耳。一或少有害焉，则天理便隔绝于爱物之际，而不流行矣。凡日用间，四端所应皆然。但一事不到，则天理便隔绝于一事之下；一刻不贯，则天理便隔绝于一刻之中。惟其千条万绪，皆随彼'天则'之自尔，而心为之周流贯匝，无人欲之间焉，然后与元、亨、利、贞，流行乎天地之间者，同一用矣。此程子所以指天地变化草木蕃，以形容恕心充扩得去之气象也。然亦必有是天地同大之体，然后有是天地流通之用；亦必有是天地流通之用，然后有是天地同大之体，则其实又非两截事也。"以上《心说后篇》。

王丞批："此篇后截稍近。"又曰："天命性心，虽不可谓异物，然各有界分，不可诬也。今且当论心体，便一向与性与天滚同说去，何往而不可？若见得脱洒，一言半句亦自可见。更宜涵养体察。淳再思之。'体与天地同大，用与天地流通'，自原头处论，窃恐亦是如此。然一向如此，则又涉于过高，而有不切身之弊；不若且只就此身日用见定，言'浑然在中者为体，感而应者为用'为切实也。又觉圣贤说话如平常，然此二篇辞意，恐皆过当，并望正之。"以上引王丞"评语"请益。

此说甚善，更宽著意思涵养，则愈见精密矣。然又不可一向如此，向无形影处追寻，更宜于日用事物、经书指意、史传得失上做工夫，即精粗表里，融会贯通，而无一理之不尽矣。①

文治按：朱门高弟，天资聪颖，穷理精深者，以安卿先生为最，当在沧洲诸儒之上。其《问仁》《问心说》共有数篇，而此书尤为广大，读之深得《中庸》"肫肫其仁""浩浩其天"气象，一切私欲，自然净尽，而程子、张子之论仁、论心，亦无不融会贯通矣。且其论天理流行与爱物之情，尤与《仁说》为近，故不入"心性学"，而特录于此，借以自加体验焉。

答袁机仲书

前书所论仁义礼智，分属五行四时，此是先儒旧说，未可轻诋。……盖天地之间，一气而已，分阴分阳，便是两物②，故阳为仁而阴为义。然阴阳又各分而为二，故阳之初，为木、为春、为仁；阳之盛，为火、为夏、为礼；阴之初，为金、为秋、为义；阴之极，为水、为冬、为智。盖仁之恻隐方自中出，而礼之恭敬则已尽发于外；义之羞恶方自外

---

① 《朱文公文集·书·知旧门人问答》卷五七文。

② "物"字原作"端"，据《朱文公文集》为正。

入，而智之是非则已全[①]伏于中。故其象类如此，非是假合附会，若能默会于心，便自可见。元、亨、利、贞，其理亦然。《文言》取类，尤为明白，非区区今日之臆说也。五行之中，四者既各有所属。而土居中宫，为四行之地、四时之主；在人则为信，为真实之义，而为四德之地、众善之主也。五声、五色、五臭、五味、五藏、五虫，其分放此。盖天人一物，内外一理，流贯通彻，初无间隔。若不见得，则虽生于天地间，而不知所以为天地之理；虽有人之形貌，而亦不知所以为人之理矣。[②]

文治按：读此篇可见四德运行，周流贯彻，无所间隔。而结处四句，更足鞭策身心。

答胡伯逢书[③]　节录

以名义言之，仁特爱之未发者而已。程子所谓："仁，性也；爱，情也。"又谓："仁，性也；孝弟，用也。"此可见矣。其所谓岂可专以爱为仁者，特谓不可指情为性耳，非谓仁之与爱了无交涉，如天地冠履之不相近也。而或者因此求之太过，便作无限玄妙奇特商量，此所以求之愈切而失之愈远。如或以觉言仁，是以智之端为仁也。或以是言仁，是以义之用为仁也。夫与其外引智之端、义之用而指以为仁之体，则孰若以爱言仁，犹不失为表里之相须，而可以类求也哉！故愚谓欲求仁者，先当大概且识此名义气象之仿佛，与其为之之方，然后就此悫实下功[④]，尊闻行知以践其实，则所知愈深而所存益熟矣。此所谓"知之甚浅而便可行"，又以"知"与"为"为一事者也。[⑤]

文治按：读此篇，尤见以爱言仁之真切。

① "全"字原作"潜"，据《朱文公文集》为正。

② 《朱文公文集·书·问答》卷三八文。

③ 此文为节录，《性理学大义·朱子大义》卷五载全文。

④ "功"字原作"工"，据《朱文公文集》为正。

⑤ 《朱文公文集·书·知旧门人问答》卷四六文。

玉山讲义[1] 按：此篇在甲寅（一一九四），朱子六十五岁。洪本《年谱》云："邑宰司马迈请为诸生讲说，先生辞不获，乃就县庠宾位，因学者所请[2]问而发明道要，闻者兴起，迈刻《讲义》一篇，以传于世。"此乃先生晚年亲切之训，读者其深味之。[3]

先生曰："熹此来得观学校鼎新，又有灵芝之瑞，足见贤宰承流宣化、兴学诲人之美意，不胜慰喜。又承特设讲座，俾为诸君诵说，虽不敢当，然区区所闻，亦不得不为诸君言之。盖闻古之学者为已，今之学者为人，故圣贤教人为学，非是使人缀缉言语，造作文辞，但为科名爵禄之计；须是格物、致知、诚意、正心、修身，而推之以至于齐家、治国，可以平治天下[4]，方是正当学问。诸君肄业于此，朝夕讲明于此，必已深有所得，不然亦须有疑。今日幸得相会，正好商量，彼此之间，皆当有益。"

时有程珙起而请曰："《论语》多是说'仁'，《孟子》却兼说'仁义'，意者夫子说元气，孟子说阴阳。仁恐是体，义恐是用。"

先生曰："孔孟之言，有同有异，固所当讲。然今且当理会何者为仁？何者为义？晓此两字，义理分明，方于自己分上有用力处，然后孔孟之言，有同异处，可得而论。如其不晓自己分上元无工夫，说得虽工，何益于事？且道如何说个'仁义'二字底道理。大凡天之生物，各付一性，性非有物，只是一个道理之在我者耳。故性之所以为体，只是'仁义礼智信'五字，天下道理，不出于此。韩文公云：'人之所以为性者五。'[5] 其说最为得之，却为后世之言性者，多杂佛、老而言，

---

① 此文并载于《性理学大义·朱子大义》卷七；《朱子大义》在"学者尤不可以不戒"句下，尚有"熹又记得昔日曾参见端明汪公"至"则区区之望也"一段文字。

② "请"字，《朱子年谱》作"讲"。

③ 王懋竑《朱子年谱》卷四上"绍熙五年甲寅六十五岁十一月"条下文。

④ 《大学》八目是也。

⑤ 韩愈《原性》。

所以将‘性’字作知觉心意看了，非圣贤所说‘性’字本指也。

“五者之中，所谓‘信’者，是个真实无妄底道理，如仁义礼智，皆真实而无妄者也。故‘信’字更不须说，只仁义礼智四字于中各有分别，不可不辨。盖仁则是个温和慈爱底道理，义则是个断制裁割底道理，礼则是个恭敬撙节底道理，智则是个分别是非底道理。凡此四者，具于人心，乃是性之本体。方其未发，漠然无形象之可见；及其发而为用，则仁者为恻隐，义者为羞恶，礼者为恭敬，智者为是非，随事发见，各有苗脉，不相淆乱，所谓情也。故孟子曰：‘恻隐之心，仁之端也；羞恶之心，义之端也；恭敬①之心，礼之端也；是非之心，智之端也。’谓之端者，犹有物在中而不可见，必因其端绪发见于外，然后可得而寻也。盖一心之中，仁义礼智各有界限，而其性情、体用又自各有分别，须是见得分明，然后就此四者之中，又自见得‘仁义’两字是个大界限，如天地造化，四序流行，而其实不过于一阴一阳而已。

“于此见得分明，然后就此又自见得‘仁’字，是个生底意思，通贯周流于四者之中。仁固仁之本体也，义则仁之断制也，礼则仁之节文也，智则仁之分别也。正如春之生气，贯彻四时，春则生之生也，夏则生之长也，秋则生之收也，冬则生之藏也。故程子谓：‘四德之元，犹五常之仁，偏言则一事，专言则包四者。’正谓此也。孔子只言仁，以其专言者言之也；故但言仁，而仁义礼智皆在其中。孟子兼言义，以其偏言者言之也；然亦不是于孔子所言之外，添入一个‘义’字，但于一理之中分别出来耳。其又兼言礼智，亦是如此。盖礼又是仁之著，智又是义之藏，而仁之一字，未尝不流行乎四者之中也。

“若论体用，亦有两说，盖以仁存于心，而义形于外言之，则曰：‘仁，人心也；义，人路也。’而以仁义相为体用。若以仁对恻隐、义对羞恶而言，则就其一理之中，又以未发、已发相为体用。若认得熟、

---

① 《孟子》原作“辞让”。

看得透，则玲珑穿穴，纵横颠倒，无处不通；而日用之间，行著习察，无不是著工夫处矣。”

珙又请曰：“三代以前，只是说‘中’说‘极’，至孔门答问，说著便是‘仁’，何也?”

先生曰：“说‘中’说‘极’，今人多错会了他文义，今亦未暇一一详说。但至孔门方说仁字，则是列圣相传到此，方渐次说亲切处尔。夫子所以贤于尧舜，于此亦可见其一端也。然‘仁’之一字，须更于自己分上实下工夫始得。若只如此草草说过，无益于事也。”

先生因举《孟子》“道性善，言必称尧舜”一章，而遂言曰：“所谓性者，适固已言之矣。今复以一事譬之。天之生此人，如朝廷之命此官，人之有此性，如官之有此职。朝廷所命之职，无非使之行法治民，岂有不善？天之生此人，无不与之以仁义礼智之理，亦何尝有不善？但欲生此物，必须有气，然后此物有以聚而成质，而气之为物，有清浊、昏明之不同。禀其清明之气，而无物欲之累，则为圣；禀其清明而未纯全，则未免微有物欲之累，而能克以去之，则为贤；禀其昏浊之气，又为物欲之所蔽而不能去，则为愚为不肖；是皆气禀物欲之所为，而性之善未尝不同也。尧舜之生，所受之性亦如是耳。但以其气禀清明，自无物欲之蔽，故为尧舜，初非有所增益于性分之外也。故学者知性善，则知尧舜之圣，非是强为；识得尧舜做处，则便识得性善底规模样子。而凡吾日用之间，所以‘去人欲、复天理’者，皆吾分内当然之事，其势至顺而无难。此孟子所以首为文公言之①，而又称尧舜以实之也。

“但当战国之时，圣学不明，天下之人，但知功利之可求，而不知己性之本善、圣贤之可学。闻是说者，非惟不信，往往亦不复致疑于其间。若文公则虽未能尽信，而已能有所疑矣，是其可与进善之萌芽也。故孟子于其去而复来，迎而谓之曰：‘世子疑吾言乎?’而又告之曰：

① 《孟子·滕文公》载：“滕文公为世子，将之楚，过宋而见孟子。孟子道性善，言必称尧、舜。”

‘夫道一而已矣。’盖古今圣愚，同此一性，则天下固不容有二道，但在笃信力行，则天下之理，虽有至难，犹必可至，况善乃人之所本有而为之不难乎！然或气禀昏愚，而物欲深固，则其势虽顺且易，亦须勇猛著力，痛切加功，然后可以复于其初。故孟子又引《商书》之言曰：‘若药弗瞑眩，厥疾弗瘳。’若但悠悠似做不做，则虽本甚易，而反为至难矣。

“此章之言虽甚简约，然其反复曲折，开晓学者，最为深切。诸君更宜熟读深思，反复玩味，就日用间便著实下工夫始得。《中庸》所谓‘尊德性’者，正谓此也。然圣贤教人，始终本末，循循有序，精粗巨细，无有或遗，故才尊德性，便有个‘道问学’一段事，虽当各自加功，然亦不是判然两事也。

“《中庸》曰：‘大哉圣人之道！洋洋乎发育万物，峻极于天。优优大哉！礼仪三百，威仪三千，待其人而后行。故曰苟不至德，至道不凝焉。是故君子尊德性而道问学，致广大而尽精微，极高明而道中庸。温故而知新，敦厚以崇礼。’

“盖道之为体，其大无外，其小无内，无一物之不在焉。故君子之学，既能尊德性以全其大，便须道问学以尽其小。其曰致广大、极高明、温故而敦厚，则皆尊德性之功也；其曰尽精微、道中庸、知新而崇礼，则皆道问学之事也。学者于此，固当以尊德性为主，然于道问学，亦不可不尽其力，要当使之有以交相滋益，互相发明，则自然该贯通达，而于道体之全，无欠缺处矣。今时学者心量窄狭，不耐持久，故其为学，略有些少影响见闻，便自主张，以为至足，不能遍观博考，反覆参验。其务为简约者，既荡而为异学之空虚；其急于功利者，又溺而为流俗之卑近，此为今日之大弊，学者尤不可以不戒。”①

文治按：王白田先生《〈玉山讲义〉考》云：‘按：果斋李

① 《朱文公文集·杂著》卷七四文。

氏云："晚年始指示本体，令人深思而自得之。'盖指《玉山讲义》及答陈器之、林德久诸书①而言。"② 不知《讲义》之说，因问者言孔孟之言同异，而发明性之所有仁义礼智四者，即《孟子》"非由外铄我，我固有之"③ 之意，"如韩子《原性》'人之所以为性者五，人之所以为情者七'之例，非指示本体，令人深思而自得之谓也"④。故下文云：就日用间便着实下工夫始得；《中庸》所谓尊德性也，然尊德性便有道问学一段事，虽当各自加功，然亦不是判然两事；学者于此固当以尊德性为主，然于道问学亦不可不尽其力。其归宿处只在于此，亦可谓明白而无疑矣。答陈器之、林德久两书，亦只发明前段之意，而于下工夫处却未之及。至吕焘所记，则直以识认得里面物事模样作工夫，且谓敬是第二节事，明与《玉山讲义》相背。此记录之误，不可以不辨也。吴竹如先生亦云："朱子晚年为学者指示本体之语，起自果斋，盖指《玉山讲义》而言。……自果斋已失朱子之意，而晚年定论由朱门有以启之。"⑤ 文治谓：王、吴二家之说，意在杜空虚之弊。然要知吾儒之言本体，与释氏迥不相同。朱子注《大学》"在明明德"句云："其本体之明，有未尝息者。"⑥ 又"补格物传"云："吾心之全体大用无不明。"⑦ 全体即本体，是朱子未尝讳

---

① 《白田草堂存稿》"《玉山讲义》及答陈器之、林德久诸书"作"此数书"。

② 王懋竑《白田草堂存稿·杂著·〈玉山讲义〉考》卷六文。按：果斋指李方子，字公晦，号果斋，福建邵武人，朱子门人，嘉定七年（一二一四）进士。撰《朱子年谱》三卷，其原本不传，明代李默重编为五卷。王懋竑著《朱子年谱》及《考异》，多所订正（陈荣捷《朱子门人》之李方子条）。

③ 《孟子·告子上》文。

④ 王懋竑《白田草堂存稿·杂著·〈玉山讲义〉考》卷六文，"自得之谓也"作"自得之之意"。

⑤ 吴廷栋《拙修集·校订〈理学宗传辨正〉按语·书七月刻古本大学及朱子晚年定论条原注按语后》卷五文。

⑥ 朱子《大学章句》文。

⑦ 朱子《大学章句》传文。

言本体也。学者读《玉山讲义》只须参考答陈器之、林德久二书，至于吕焘所记，乃门人记录之误，尽可无庸研究。章实斋先生谓："后人所以毁朱子者，大半由于《语录》，实则《语录》出于门人之手，多非朱子本意也。"① 其论最为确当。故文治尝谓：讲汉学者当扫支离之习，讲宋学者，亦当扫支离之习。

附：唐文治《读朱子〈仁说〉诸篇》

凡生于天地之间者皆曰命。"天命之谓性"②，命者生也；"生之谓性"③，性者生也。万物芸芸，所欲莫甚于生，所恶莫甚于死，故人于其生也，谓之性命。仁也者，所以自保其性命，而即扩充之以保人之性命者也。故《中庸》曰："仁者，人也。"《说文》曰："仁，相人偶也。"相人偶者，相亲相爱之谓。人能相亲相爱，则人道全，人类于以成；不能相亲相爱，则人道苦，人类于以灭。是故人而能仁，则其心生而可以谓之人；人而不仁，则其心死而不得谓之人。

《周易》，生生之书也，故孔子作《易传》曰："生生之谓易""天地之大德曰生"：论乾之德，则曰大生；论坤之德，则曰广生。盖人生天地之间，不独自全其生，且当有以大人之生，广人之生也，故"君子体仁，足以长人"④ 也。

《尚书》，仁政之书也。《帝典》曰："百姓昭明。"古者因人所生之地，而赐之姓，遂称之为百姓。姓者生也，故《商书·盘庚》称民曰："往哉生生。"又曰："无总于货宝，生生是庸。"圣人好生之德，洽于民心；继之以不忍人之政，而仁覆天下矣。

① 章学诚《文史通义·朱陆》云："夫朱子之授人口实，强半出于《语录》。《语录》出于弟子门人杂记，未必无失初旨也。"本书卷一二《九贤朱学通论（下）》收录此文。

② 《礼记·中庸》文。

③ 《孟子·告子上》文。

④ 《易·乾卦·文言传》文。

周道衰，王迹熄，在上者失其本心，罔知轻重，诛求无厌，方命虐民。但有“以身发财”之不仁人，而无“以财发身”之仁人①。驯至战国，诸侯放恣，干戈相寻，孟子生于其间，慨然叹曰：“天下之生久矣，一治一乱。”② 盖言世有治乱，而生生之理，终不绝于天下也。其论礼乐仁义之实，而总括之曰：“乐则生矣，生则恶可已也。”③ 生者，不容已之性，不容已之情；而必推本于亲亲之仁，以立性命之纲纪，然后推而放诸东西海而准，推而放诸南北海而准。心理之大同，即生理之大同也。

无如天未欲平治天下，生民劫运，方兴未艾。孟子早见及此，痛心砺齿，大声疾呼曰：“天子不仁，不保四海；诸侯不仁，不保社稷。”④ 又曰：“不仁者可与言哉？安其危而利其灾，乐其所以亡者。”⑤ 自是厥后，亡国破家相随属。数十年后，秦始皇出，焚书坑儒，杀人如草芥，此为有天地以来，最不仁之惨祸，人道几绝于天下。由是而三国，而六朝，而五季，阅数百年，未有不大乱者。痛乎！不仁之为害也。

朱子生南宋之时，蒿目时艰，睹有国者积弱日深，势将沦为异域，于是本其恻隐之心，发为大文，曰《仁说》，曰《玉山讲义》。其言谓：“天地以生物为心，而人物之生，因各得夫天地生物之心以为心。”又曰：“在天地则块然生物之心，在人则温然爱人利物之心。”又曰：“性者，真实无妄之理。仁、义、礼、智，皆真实而无妄。”乃于性善之旨，反复申明告戒。呜呼！何其言之仁也！盖朱子之心，犹孟子之心也。无如吾道晦盲，道学悬为厉禁。国必自伐而后人伐之，故其后虽有文文山、谢叠山、陆秀夫之仁人，而卒无救于宋代之灭亡。

此岂天运使然哉？实人心为之也。人而能仁，天下化之，则栽者培之，天亦生成而煦育之；人而不仁，天下化之，则倾者覆之，天即禽狝而草薙之。夫天何所私爱于人哉？且夫宇宙之杀机，不过起于二三人心术之

① 《礼记·大学》：“仁者以财发身，不仁者以身发财。”
② 《孟子·滕文公下》文。
③ 《孟子·离娄上》文。
④ 《孟子·离娄上》文。
⑤ 《孟子·离娄上》文。

坏，其祸遂蔓延及于亿兆；而其所以消弭于无形者，惟学说有以拯之。

仁者，爱情也，亦公理也。韩子曰："博爱之谓仁。"① 而论者乃曰："爱不足以名仁。"朱子之言曰："仁者，爱之理。"离爱不可以言仁。斯言一出，而天下之爱情不泯矣。昔孔子曰："泛爱众，而亲仁。"② 樊迟问仁，答曰："爱人。"作《易传》曰："安土敦乎仁，故能爱。"独非以爱言仁乎？孟子曰："仁者爱人。"③ 仁者无不爱也，独非以爱言仁乎？夫天地之所以不陆沈者，人心中爱情而已矣。

而说者又曰："公不足以名仁。"朱子之言曰："扩然而大公者，仁之所以为体也。"《定性说》见程子注。④ 又曰："人或不公，则于其所当爱者，又有所不爱。惟公则视天地万物皆为一体，而无所不爱。"见《答张敬夫书》。⑤ 斯言一出，而天下之公理不灭矣。昔孔子答子张问仁，曰："恭、宽、信、敏、惠。"⑥ 而于《尧曰篇》，言天下之民归心，终之以宽、信、敏、公，独非以公言仁乎⑦？周子曰："天地公而已矣。"⑧ 独非以公言仁乎？夫世界之所以不销毁者，人心中公理而已矣。是故宋代虽亡，而朱子之学说不亡，千古之人心，亦遂不亡。士君子之于学说不可不慎也。

文治尝于静中平旦清明之时，动中世途荆棘之会，体验所以求仁之方，与所以失仁之故，盖有二关键焉，一曰人己之分，一曰义利之界。孔子："己欲立而立人，己欲达而达人，能近取譬，可谓仁之方也已。"⑨ 生人心理，彼此相同。己欲如是，人亦欲如是。近取譬者，以己譬人，以人譬己也。凡民有血气之性，形骸之隔，即不能无争，争而不已，于是但知有己而不知有人。己欲乐而不顾人之苦，己欲安而不顾人之危，己欲生而

---

① 《朱文公校昌黎先生集·杂著·原道》卷一一文。
② 《论语·学而》文。
③ 《孟子·离娄下》文。
④ 《朱文公文集·杂著·定性说》卷六七文。按："大公"，《朱文公文集》作"太公"。
⑤ 《朱文公文集·书·答张钦夫（又论仁说）》卷三二文。
⑥ 《论语·阳货》文。
⑦ 《论语·尧曰》："宽则得众，信则民任焉，敏则有功，公则说。"
⑧ 《周濂溪先生全集·通书·公第三十七》卷六文。按：《周濂溪先生全集》"天地"后有"至"字。
⑨ 《论语·雍也》文。

不顾人之死。圣人以天下为一家，中国为一人，其视天下皆如吾之身体发肤。夫然，心体生理，流行贯彻而无所间，此仁之通乎人己关者也。

义者，礼之所由起，发而皆中节者也。非义，则无以行仁。三代而下，浇纯散朴，先利后义，不夺不餍，于是机械变诈之心萌焉，穿窬害人之事滋焉，劫夺之端，纷纭而无底止焉。孟子曰："孳孳为善者，舜之徒"，"孳孳为利者，跖之徒"①。圣人以义制之，乃有以范围万民之欲，而使之不过乎法则，此仁之判乎义利关者也。

二关轇轕，利欲薰天，剥肤敲髓，民生辗转沟壑，行将同归于尽。老子曰："乐杀人者，不可以得志于天下。"②《孟子》曰："苟不志于仁，终身忧辱，陷于死亡。"③ 自古以来，未有天下人受害，而少数人可以得利者也，亦未有天下人皆死，而少数人可以独生者也。而不仁者恃其武力，专务杀人以求逞；以齐宣王之昏庸，乃欲以一服八，动天下之兵，后灾立至。《孟子》曰："不仁而得国者，有之矣；不仁而得天下，未之有也。"④此为求武力统一者，破其迷惑也。

然不仁而得国，亦未有享国久长者，何也？以其害吾民而死吾民，上干天地之和也。悲夫！《小雅》之诗曰："苕之华，其叶青青。知我如此，不如无生。"⑤ 夫人民至于自怨其生，则人道将绝，而天下无可办之事矣。唐李华之文曰："苍苍烝民，谁无父母？谁无夫妇？谁无兄弟？生也何恩，杀之何咎？"⑥ 夫人民至于互相杀戮，则人类将灭，而天下无可避之地矣。

呜呼！吾民之颠连困苦，水深火热，呼号宛转，奔走无门，求生不能，求死不得之情状，尚忍言哉？杀人之父，人亦杀其父；杀人之兄，人亦杀其兄。天网恢恢，出尔反尔之情状，尚忍述哉？民今方殆，视天梦

---

① 《孟子·尽心上》文。

② 《道德经·道经·偃武第三十一》文。按：《道德经》"不可"前有"则"字。

③ 《孟子·离娄上》文。

④ 《孟子·尽心下》文。

⑤ 《诗·小雅·苕之华》文。

⑥ 《李遐叔文集》卷四。《吊古战场文》作："苍苍蒸民，谁无父母？提携捧负，畏其不寿。谁无兄弟？如足如手。谁无夫妇？如宾如友。生也何恩，杀之何咎？"

梦，忧心如焚，不觉形诸梦寐，恍焉四邻孺子，俱病将死，其父母抚之，饮泣号哭之声，四达于户外，乃大恸曰："呜呼！死而如是，当日何为而有生乎？"倏焉醒，不禁涕泪之盈枕也，哀哉！

《康诰》曰："如保赤子，唯民其康乂。"孟子曰："赤子匍匐将入井，非赤子之罪也。"[1] 又问梁惠王曰："杀人以梃与刃，有以异乎？"曰："无以异也。""以刃与政，有以异乎？"曰："无以异也。"[2] 夫古人言"保民"，以赤子为喻者，盖以百姓天良未泯，不啻赤子之天真，莫能告语。而乃终日操刃以杀之，行政以杀之，犹以为未足。以近世不仁之器，日新月异，每数千万发，即杀数千万人。吾民饮泣号哭之声，周达于郊野河山之外。终夜以思，良心犹在，宁不大痛？曰："呜呼！死而如是，当日何为而有生乎？"哀哉！

然吾谓天地好生恶杀之心，虽当至否极塞，终有剥而必复之时，而此一阳生生之机，实根于仁人之心理与其学说，故特录朱子《仁说》诸篇，以维人道；兼录陈安卿先生《心说》，欲人之广大其心，与天地万物为一体也。世之治天下者，尊信朱子之学说，当必有取于斯文。

---

① 《孟子·滕文公上》文。
② 《孟子·梁惠王上》文。

紫阳学术发微卷五

朱子经学发微

文治按：汉宋学派，意见纷歧，一则钩稽训诂，一则崇尚义理，各有专长，遂至互分门户。近曾文正谓汉儒之“实事求是”，即宋儒之“即物穷理”，其说最为允当。按汉代大儒，无过郑君；宋代大儒，无过朱子。朱子之于学，靡不登峰造极，而其尤要者，在博通群经。绎其学说，安往而非实事求是哉？郑君说《易》主爻辰，朱子说《易》尚占筮，虽家法不同，而朱子作《易五赞》，于易简中寓精微之旨，不可及也。《书传》口授蔡九峰先生，其疑《古文尚书》之伪，为唐以来学者所未逮，遂开阎百诗、江艮庭、王西庄、孙渊如诸家之先河，读《书》深细至此，厥功岂不伟欤！《诗集传》虽不可与郑笺同日而论，然兴观群怨，所以涵养性情者备矣；孔孟说《诗》，不以文害辞，不以辞害志，仅点缀数虚字，而义理志意自见，朱子真得圣门之家法者也。《仪礼经传通解》虽黄勉斋、杨信斋两先生所续成，而实系朱子之命意，其以《冠义》《昏义》《祭义》《射义》《乡饮酒义》诸篇，作为十七篇[1]之传义，宏见卓识，知类通达，远绍郑君《目录》、刘子政《七略》。学者分类读《礼》，舍此奚由？朱子尝论《仪礼》曰：“读此书，

① “十七篇”指《仪礼》。

乃知汉儒之学，有补于世教者不小。"①《书讨论丧礼奏稿后》云："《礼经》之文，诚有阙略，不无待于后人。向使无郑康成，则此事终未有断决。"② 其虚心审慎推尊先哲也如此。至于《大学》《中庸》，郑《目录》本属之"通论"，朱子特辑录，合《语》《孟》为《四书》，天德、王道、圣功，一以贯之，其于世道人心，岂小补哉！岂小补哉！友人曹君叔彦谓："郑君《三礼》注与朱子《四书》注，同为日月经天、江河行地之书，后世学者所必读。"可谓知言。朱止泉先生曰："朱子圣学，全从《四书》③ 得力，研究④体验，身行心得，无处⑤不到。"⑥又谓其"统《五经》之理⑦，会而归之⑧身心⑨，浑然⑩无间"⑪。文治按：朱子又尝掇群经性理之菁华，辑《小学》《近思录》，示学者躬行实践之方，此二书者，实足继《四书》之后，呜呼！何其大而精也。兹特录朱子传经大纲，并附《小学》《近思录》题辞跋语。学者诚能体之于身，验之于心，既敦品以力行，复通经而致用，庶不负朱子之苦心。而彼断断焉争汉宋学之界者，自当奉前贤为依归，修其人格，斯可矣。

书临漳所刊《周易》后 《文集》淳熙九年壬寅（一一八二），五十三岁作。

右⑫古文《周易》经传十二篇，亡友东莱吕祖谦伯恭父之所定；而

---

① 《朱文公文集·书·问答·答李季章》卷三八文。
② 《朱文公文集·奏札·书奏稿（乞讨论丧服札子）后》卷一四文。"断决"，《朱文公文集》作"决断"。
③ "四书"，《朱子圣学考略》作"《论语》《孟子》"。
④ 《朱子圣学考略》"研究"前有"章章"二字。
⑤ 《朱子圣学考略》"处"前有"一"字。
⑥ 朱泽沄《朱子圣学考略·朱止泉先生朱子圣学考略提要》卷首文。
⑦ "之理"，《朱子圣学考略》作"道理"。
⑧ 《朱子圣学考略》"归之"后有"自己"二字。
⑨ 《朱子圣学考略》"身心"后有"中，自有《易》《诗》《书》《礼》《春秋》道理"等字。
⑩ "然"字，《朱子圣学考略》作"融"。
⑪ 朱泽沄《朱子圣学考略·朱止泉先生朱子圣学考略提要》卷首文。
⑫ 原书为竖排，故作"右"。

《音训》一篇，则其门人金华王莘叟之所笔受也。熹尝以谓《易经》本为卜筮而作，皆因吉凶以示训戒，故其言虽约而所包甚广。夫子作传，亦略举其一端，以见凡例而已。然自诸儒分经合传之后，学者便文取义，往往未及玩心全经，而遽执传之一端以为定说。于是一卦一爻仅为一事，而《易》之为用，反有所局，而无以通天下之故。若是者，熹盖病之，是以三复伯恭父之书而有发焉，非特为其章句之近古而已也。《音训》则妄意其犹或有所遗脱。莘叟盖言书甫毕而恭父没，是则固宜，然亦不敢辄补也，为之别见于篇后云。①

易五赞② 原本共五篇，附《周易本义》后。曰"原象""述旨""明筮""稽类""警学"，今录二首。《年谱》：丁酉（一一七七）四十八岁作。③

述　旨

昔在上古，世质民淳。是非莫别，利害不分。风气既开，乃生圣人。聪明睿知，出类超群。仰观俯察，始画奇偶。教之卜筮，以断可否。作为君师，开凿户牖。民用不迷，以有常守。降及中古，世变风移。淳浇质丧，民伪日滋。穆穆文王，身蒙大难。安土乐天，惟世之患。乃本卦义，系此彖辞。爰及周公，六爻是资。因事设教，丁宁详密。心中必正，乃亨乃吉。语子惟孝，语臣则忠。钩深阐微，如日之中。暨乎末流，淫于术数。偻句成败④，黄裳亦误。大哉孔子，晚好是书。韦编既绝，八索以祛。乃作彖象，十翼之篇。专用义理，发挥经言。居省象辞，动察变占。存亡进退，陟降飞潜。曰毫曰厘，匪差匪

① 《朱文公文集·跋·书临漳所刊四经后·易》卷八二文。

② 此文并载于《性理学大义·朱子大义》卷八《易五赞》，此文节选"原象""述旨""明筮""稽类""警学"五篇中之"述旨""警学"两篇。

③ 王懋竑《朱子年谱》卷二上"丁酉淳熙四年四十八岁冬十月"条下云"《周易本义》成"，又《朱子年谱》卷三上"丙午淳熙十三年五十七岁春三月"条下云"《易学启蒙》成"，唐先生《朱子大义》以为《易五赞》成于五十七岁时。

④ "败"字误作"欺"，依《朱文公文集》为正。

谬。加我数年，庶无大咎。恭惟三古，四圣一心。垂象炳明，千载是临。惟是学者，不本其初。文辞象数，或肆或拘。嗟予小子，既微且陋。钻仰没身，奚测奚究。匪警滋荒，匪识滋漏。维用存疑，敢曰垂后。

警　学

读《易》之法，先正其心。肃容端席，有翼其临。于卦于爻，如筮斯得。假彼象辞，为我仪则。字从其训，句逆其情。事因其理，意适其平。曰否曰臧，如目斯见。曰止曰行，如足斯践。毋宽以略，毋密以穷。毋固而可，毋必而通。平易从容，自表而里。及其贯之，万事一理。理定既实，事来尚虚。用应始有，体该本无。稽实待虚，存体应用。执古御今，由静制动。洁静精微，是之谓易。体之在我，动有常吉。在昔程氏，继周绍孔。奥旨宏纲，星陈极拱。惟斯未启，以俟后人。小子狂简，敢述而申。①

易学启蒙序　《年谱》：丙午（一一八六）五十七岁作。②

圣人观象以画卦，揲蓍以命爻，使天下后世之人，皆有以决嫌疑、定犹豫，而不迷于吉凶悔吝之涂，其功可谓盛矣。然其为卦也，自本而干，自干而枝，其势若有所迫而自不能已；其为蓍也，分合进退，纵横顺逆，亦无往而不相值焉。是岂圣人心思智虑之所得为也哉！特气数之自然，形于法象，见于图书者，有以启于其心而假手焉耳。近世学者类喜谈《易》，而不察于此。其专于文义者，既支离散漫，而无所根著；其涉于象数者，又皆牵合傅会，而或以为出于圣人心思智虑之所为也。若是者，予窃病焉。因与同志，颇辑旧闻，为书四篇，以示初学，使毋疑于其说云。③

---

① 《朱文公文集·赞·易五赞》卷八五文。

② 王懋竑《朱子年谱》卷三上“丙午淳熙十三年五十七岁春三月”条下文。

③ 《朱文公文集·序·易学启蒙序》卷七六文。

文治按：朱子邃精《易》学。其注《易》之书，为目有五：曰《易传》十一卷，曰《易本义》十二卷，曰《易学启蒙》三卷，曰《古易音训》二卷，曰《蓍卦考误》一卷。最后朱子之长孙鉴，又辑有《朱文公易说》二十三卷。考《易传》著录于《宋志》，今已散佚，（见《四库全书提要》）通行者为《本义》《启蒙》二书。《启蒙》阐明邵子数学，后人或假借此书，转相推衍，至于支离轇轕，殊失朱子之意。至《本义》则崇尚占筮，使读《易》者知如何则吉，如何则凶，不啻羲、文、周、孔耳提面命。谨读《五赞》，诚所谓"无有师保，如临父母"[①]者也。友人曹君叔彦云："《易》者，圣人赞化育寡过之书，而其明得失以济民行，则存乎卜筮。"[②]其书在周时不列于乐正四术，而掌于太卜，故朱子以占言《易》，而名其书曰"本义"。《本义》篇次，复孔门十二篇之旧。先儒兴复古学，皆由朱子开之。可谓探本之论。又按《本义》无序文，首列九图，为后人假托，王白田先生辨之甚详，夏弢甫先生析之尤精，学者宜详细参考。

书临漳所刊《书经》后 《文集》淳熙九年壬寅（一一八二）五十三岁作。[③]

世传孔安国《尚书序》，言伏生口传《书》二十八篇，《尧典》《皋陶谟》《禹贡》《甘誓》《汤誓》《盘庚》《高宗肜日》《西伯戡黎》

① 《易·系辞传下》文。

② 曹元弼《周易郑氏注笺释序》云："盖易者，元也。元者，人心之仁也。人心正则天地之心见，而生民之命立，所谓吾心正而天地之心亦正，吾气顺而天地之气亦顺，人人亲其亲长其长而天下平。学易改过迁善，即赞化育之本，欲仁仁至，易知易能，充一念之善，消弥天匝地之患气杀机，而返之元气春生。吾知凡有血气之伦，必皆有乐乎此。"又《复礼堂文集·论十翼》卷二云："易有圣人之道四，而卜筮其一。又诸章屡以易之为书发端，明易者，圣人之大道，而卜筮其一隅，易之为易不明于天下者久，故为之反覆提撕以著明之。"

③ 朱子《书临漳所刊四经后·书》文中云："绍熙庚戌十月壬辰新安朱熹识。"

《微子》《牧誓》《洪范》《金縢》《大诰》《康诰》《酒诰》《梓材》《召诰》《洛诰》《多士》《无逸》《君奭》《多方》《立政》《顾命》《吕刑》《文侯之命》《费誓》《秦誓》。

孔子壁中《书》，增多二十五篇：《大禹谟》《五子之歌》《胤征》《仲虺之诰》《汤诰》《伊训》《太甲上》《太甲中》《太甲下》《咸有一德》《说命上》《说命中》《说命下》《泰誓上》《泰誓中》《泰誓下》《武成》《旅獒》《微子之命》《蔡仲之命》《周官》《君陈》《毕命》《君牙》《冏命》。分伏生《书》中四篇为九篇，又增多五篇，《舜典》《益稷》《盘庚中》《盘庚下》《康王之诰》，并序一篇，合之凡五十九篇。

及安国作传，遂引序以冠其篇首，而定为五十八篇，今世所行公私版本是也。然汉儒以伏生之《书》为今文，而谓安国之《书》为古文；以今考之，则今文多艰涩，而古文反平易。或者以为今文自伏生女子口授晁错时失之，则先秦古书所引之文，皆已如此。或者以为记录之实语难工，而润色之雅词易好，则暗诵者不应偏得所难，而考文者反专得其所易；是皆有不可知者。

至诸序之文，或颇与经不合，如《康诰》《酒诰》《梓材》之类。而安国之序，又绝不类西京文字，亦皆可疑。独诸序之本不先经，则赖安国之序而可见。故今别定此本，一以诸篇本文为经，而复合序篇于后，使览者得见圣经之旧，而不乱乎诸儒之说；又论其所以不可知者如此，使读者姑务沉潜反复乎其所易，而不必穿凿傅会于其所难者云。①

文治按：读《书》难易之论，发自朱子，可谓精密无伦。二十八篇之真宝书，于是乎显。盖梅赜古文之伪，实自朱子发之。又谓《书序》“不类西京文字”，而改附于经文之后，亦卓识也。

---

① 《朱文公文集·跋·书临漳所刊四经后·书》卷八一文。

诗集传序[1]　《年谱》丁酉（一一七七）四十八岁作。[2]

或有问于予曰："诗何为而作也？"予应之曰："人生而静，天之性也；感于物而动，性之欲也。夫既有欲矣，则不能无思；既有思矣，则不能无言；既有言矣，则言之所不能尽，而发于咨嗟咏叹之余者，必有自然之音响节奏[3]而不能已焉。此诗之所以作也。"

曰："然则其所以教者何也？"曰："诗者，人心之感物而形于言之余也。心之所感有邪正，故言之所形有是非。惟圣人在上，则其所感者无不正，而其言皆足以为教。其或感之之杂，而所发不能无可择者，则上之人必思所以自反，而因有以劝惩之，是亦所以为教也。昔周盛时，上自郊庙朝廷，而下达于乡党闾巷，其言粹然无不出于正者。圣人固已协之声律，而用之乡人，用之邦国，以化天下。至于列国之诗，则天子巡狩，亦必陈而观之，以行黜陟之典。降自昭、穆而后，浸以陵夷，至于东迁，而遂废不讲矣。孔子生于其时，既不得位，无以行帝王劝惩黜陟之政，于是特举其籍而讨论之，去其重复，正其纷乱。而其善之不足以为法，恶之不足以为戒者，则亦刊而去之，以从简约，示久远，使夫学者即是而有以考其得失，善者师之，而恶者改焉。是以其政虽不足以行于一时，而其教实被于万世，是则《诗》之所以为教者然也。"

曰："然则国风、雅、颂之体，其不同若是何也？"曰："吾闻之，凡《诗》之所谓风者，多出于里巷歌谣之作，所谓男女相与咏歌，各言其情者也。惟《周南》《召南》，亲被文王之化以成德，而人皆有以得其性情之正，故其发于言者，乐而不过于淫，哀而不及于伤，是以二篇独为风诗之正经。自《邶》而下，则其国之治乱不同，人之贤否亦异，其所感而发者，有邪正、是非之不齐，而所谓先王之风者，于此焉变矣。若夫雅、颂之篇，则皆成周之世，朝廷郊庙乐歌之辞。其语和而

---

① 此文并载于《性理学大义·朱子大义》卷八，未附录夏炘《诗集传跋》及唐先生按语。

② 王懋竑《朱子年谱》卷二上"淳熙四年丁酉四十八岁夏六月"条下文。

③ "奏"字原作"族"，据《朱文公文集》为正。

庄，其义宽而密，其作者往往圣人之徒，固所以为万世法程而不可易者也。至于雅之变者，亦皆一时贤人君子，闵时病俗之所为，而圣人取之。其忠厚恻怛之心，陈善闭邪之意，犹非后世能言之士所能及至。此《诗》之为经，所以人事浃于下，天道备于上，而无一理之不具也。"

曰："然则其学之也，当奈何？"曰："本之二《南》以求其端，参之列国以尽其变，正之于雅以大其规，和之于颂以要其上，此学《诗》之大旨也。于是乎章句以纲之，训诂以纪之，讽咏以昌之，涵濡以体之。察之情性隐微之间，审之言行枢机之始，则修身及家、平均天下之道，其亦不待他求而得之于此矣。"

问者唯唯而退。余时方辑《诗传》①，因悉次是语以冠其篇云。②

夏氏弢甫跋《诗集传》云："《诗》备兴观群怨、事父事君之理，毛公传《诗》，多详训诂，间有名言，不过百中之一二。郑笺一本《小序》，名为宗毛，违异不少，其强经就序纠缠傅会者，殊乏理趣。自朱子《集传》出，或采先儒之说，或自下己意，精微博大，裨益名教，劝惩之功，于是为至矣。宋茂陵在藩邸时，彭龟年为官僚，因讲鲁庄公不能制其母，云：'母不可制，当制其侍御仆从。'上问：'此谁之说？'对曰：'朱某之说。'自是每讲必问朱某之说云何，其感动当时人君之心如此。顾氏炎武《日知录》云：'朱子作《诗传》，至秦《黄鸟》之篇，谓其初特出于戎翟之俗，而无明王贤伯以讨其罪，于是习以为常。则虽以穆公之贤而不免，论其事者亦徒闵三良之不幸，而叹秦之衰。至于王政不纲，诸侯擅命，杀人不忌，至于如此，则莫知其为非也。历代相沿，至先朝英庙，始革千古之弊，而亦朱子《诗传》有以发其天聪。呜呼，仁哉！'观顾氏之言，可谓能阐明《集传》之功效矣。彼鄙儒

① 此《诗传》有取于《诗序》，非今行世之《诗集传》。
② 《朱文公文集·序·易五赞》卷七六文。

小生，动据序说以訾议朱子，乌知大儒明道觉世之功哉！”①

文治按：朱子《诗集传》阐发义理，每以数虚字抑扬反覆，而诗人之意自见，最得孔子、曾子、子思、孟子说《诗》之家法，所谓道性情是也。说详《读〈诗经〉提纲》中。

仪礼经传通解 《年谱》：丙辰（一一九六）六十七岁作。②

《年谱》：“庆元二年丙辰，始修礼书。……其书大要以《仪礼》为本，分章附疏，而以《小戴》诸义各缀其后。其见于他篇及他书可相发明者，或附于经，或附于义。其外如《弟子职》《保傅传》之属，又自别为篇以附其类，其目有《家礼》《乡礼》《学礼》《邦国礼》《王朝礼》《丧礼》《祭礼》、大传、外传，其大体已具者，盖十七八。先是，具奏欲乞修《三礼》……会去国不及上。”③ 其札子稿曰：

臣闻六经之道同归，而礼乐之用为急。遭秦灭学，礼乐先坏，汉、晋以来，诸儒补缉，竟无全书，其颇存者，《三礼》而已。《周官》一书，固为礼之纲领，至其仪法度数，则《仪礼》乃其本经，而《礼记·郊特牲》《冠义》等篇，乃其义说耳。前此犹有“三礼”通礼学究诸科，礼虽不行，而士犹得以诵习而知其说。熙宁以来，王安石变乱旧制，废罢《仪礼》，而独存《礼记》之科，弃经任传，遗本宗末，其失已甚，而博士诸生又不过诵其虚文以供应举。至于其间亦有因仪法度数之实而立文者，则咸幽冥而莫知其源，一有大议，率用耳学臆断而已。若乃乐之为教，则又绝无师授，律尺短长，声音清浊，学士大夫莫有知其说者，而不知其为阙也。故臣顷在山林，尝与一二学者考订其说，欲

① 夏炘《述朱质疑·跋〈诗集传〉（三条）》卷六文。

② 王懋竑《朱子年谱》卷四下“庆元二年丙辰六十七岁”条下文。

③ 王懋竑《朱子年谱》卷四下“庆元二年丙辰六十七岁”条下文。

以《仪礼》为经，而取《礼记》及诸经史杂书所载有及于礼者，皆以附于本经之下，具列注疏诸儒之说，略有端绪。而私家无书检阅，无人钞写，久之未成。会蒙除用，学徒分散，遂不能就。而钟律之制，则士友间亦有得其遗意者，窃欲更加参考，别为一书，以补六艺之阙，而亦未能具也。欲望圣明特诏有司，许臣就秘书省太常寺关借礼乐诸书，自行招致旧日学徒数十人，踏逐空间①官屋数间，与之居处，令其编类……可以兴起废坠，垂之永久，使士知实学，异时可为圣朝制作之助，则斯文幸甚。②

夏氏弢甫《跋〈仪礼经传通解〉》云："当日助编礼书诸儒，可考见者：潘恭叔，《答吕子约书》云："近日潘恭叔讨取整顿。"又详见《答潘恭叔书》。路德章，《答潘恭叔书》："近见路德章，编得两篇，颇有次第。"余正甫，见《答余正甫书》。刘贵溪，《答余正甫书》云："近忽得刘贵溪书，欣然肯为承当。"吕芸阁，赵致道，见《答余正甫书》，又云："吕书甚精，潘、赵互有得失。"黄直卿，详见《答黄直卿书》。吴伯丰，李宝之，《答黄直卿书》："吴伯丰已寄得《祭礼》来，渠职事无暇。只是李宝之编集。"又详见答吴伯丰、李宝之书。吕子约，《答黄直卿书》："《王朝礼》已付子约，托其校定，仍令一面附疏。彼中更有《祭礼》，工夫想亦不多。"又详见《答吕子约书》。刘履之、用之兄弟，《答黄直卿书》："礼书今为履之、用之不来亦不济事，可使报之，就直卿处折衷。"应仁仲，《答仁仲书》："所喻编礼，如此甚佳。"赵恭父，见《答赵恭父书》。杨信斋，见《〈通解续编〉序》。浙中朋友，《答余正甫书》："分付浙中朋友分手为之。"明州诸人、《答黄直卿书》："家乡邦国四类，已付明州诸人，依此编入。"四明、永嘉诸人，《答黄直卿书》："分付四明、永嘉诸人，依式为之。"江右朋友，《答应仁仲书》："觐礼以后，黄婿携至庐陵与江

---

① "间"字，《朱文公文集》作"闲"。
② 《朱文公文集·奏札·乞修三礼札子》卷一四文。

右一二朋友成之。”而卒成朱子之志者，勉斋、信斋两先生，厥功伟矣。”①

又云：“家乡邦国礼凡四十二篇，二十三卷，谓之《经传通解》，《王朝礼》十八篇，十四卷，犹沿旧名，谓之《集传集注》。朱在《目录后记》云：‘《经传通解》者二十三卷。先君晚岁之所亲定，而《大射》《聘》《公食大夫》《诸侯相朝》八篇，按：四篇皆各有义一篇，故称八篇。犹未脱稿。’其曰：‘《集传集注》者，凡十四卷，为《王朝礼》，先君所草创而未暇删改者也。’按《答黄直卿书》云：‘《王朝礼》初欲自为整顿，今无心力看得，已送子约，托其校定，仍令一面附疏。’则《王朝礼》十四卷，吕子约之功居多。又《答廖子晦书》云：‘礼书入疏者，此间已校定《聘礼》以前二当作三。十余篇。’《答应仁仲书》云：‘礼书方了得《聘礼》以前。’似《聘礼》以前，朱子皆曾校定脱稿。敬之此记，亦未十分足据也。”②

文治按：《四库全书提要》云“朱子纂《仪礼经传》③，初名《仪礼集传集注》……为《王朝礼》……盖未成之本……其丧、祭二门，则属诸门人黄榦④。……然榦仅修《丧礼》十五卷……而没⑤……其后杨复修⑥《祭礼》……十四卷……合前《经传通解》及《集传集注》，总六十有六卷。虽编纂不出一手，而端绪相因，规模不异，古礼之梗概节目，亦备于此矣”⑦ 云云。

---

① 夏炘《述朱质疑·跋〈仪礼经传通解〉（六条）》卷七文。

② 夏炘《述朱质疑·跋〈仪礼经传通解〉（六条）》卷七文。

③ 《四库全书总目》“朱子纂《仪礼经传》”作“《仪礼经传通解》，宋朱子撰”。

④ “属诸门人黄榦”，《四库全书总目》作“成于朱子门人黄榦”。

⑤ “而没”，《四库全书总目》作“而榦又殁”。

⑥ “修”前，《四库全书总目》有“重”字。

⑦ 《四库全书总目·经部二十二·礼类四》卷二二文。

按：朱子《文集·答李季章书》云其修礼书："其目有《家礼》、有《乡礼》、有《学礼》、有《邦国礼》、有《王朝礼》、有《丧礼》、有《祭礼》、有大传、有外传，今其大体已具者，盖十七八。因读此书，乃知汉儒之学有补于世教者不小。"① 然则朱子推崇汉儒礼教，可谓至矣。考《年谱》修礼书，在丙辰（一一九六）六十七岁，答李书当在其后也。又朱子修礼书之前，曾拟作《〈仪礼〉附记》，见《文集·答潘恭叔书》；又拟作《〈礼记〉分类》，见《文集·答蔡季通书》。惟二者俱未成书，而《〈礼记〉分类》合于《仪礼》篇次。又与吕伯恭先生一再商榷。盖著作之其难其慎如此。

又按：《朱子语类》云："'礼，时为大。'使圣贤有作②，必不一切从古之礼。疑只是以古礼减杀，从今世俗之礼。令稍有防范节文，不至太简而已……今所集礼书，只是略存古之制度，使后人自去③减杀，求其可行者而已。若必欲一一尽如古人衣服冠屦之纤悉毕④备，其势不能行也⑤。"其论闳通如此，后世之读礼者，务达乎礼之意而不宜泥古也明矣。

家礼序 《为学次第考》："庚寅（一一七〇），四十一岁作。"⑥

凡礼有本有文。自其施于家者言之，则名分之守、爱敬之实，其本也；冠、昏、丧、祭、仪章度数者，其文也。其本者，有家日用之常礼，固不可以一日而不修；其文又皆所以纪纲人道之终始，虽其行之有时，施之有所，然非讲之素明、习之素熟，则其临事之际，亦无以合宜

---

① 《朱文公文集·书·问答·答李季章》卷三八文。

② "作"字，《朱子语类》作"礼"。

③ "去"字原作"为"，据《朱子语类》为正。

④ "毕"字原作"必"，据《朱子语类》为正。

⑤ "不能行也"句，《朱子语类》作"也行不得"。

⑥ 童能灵《子朱子为学次第考》卷二文。

而应节，是不可以一日而不讲且习焉也。三代之际，礼经备矣，然其存于今者，宫庐器服之制、出入起居之节，皆已不宜于世。世之君子虽或酌以古今之变，更为一时之法，然亦或详或略，无所折衷。至或遗其本而务其末，缓于实而急于文，自有志好礼之士，犹或不能举其要，而困于贫窭者尤患其终不能有以及于礼也。某①之愚盖两病焉。是以尝独观古今之籍，因其大体之不可变者，而少加损益于其间，以为一家之书，大抵谨名分、崇爱敬，以为之本。至其施行之际，则又略浮文、敦本实，以窃自附于孔子从先进之遗意。诚愿得与同志之士，熟讲而勉行之，庶几古人所以修身齐家之道、谨终追远之心，犹可以复见，而于国家所以敦化导民之意，亦或有小补云。②

文治按：黄薇香先生《读〈白田草堂集〉》云“王《集》卷二辨《家礼》非朱子所作。……按：朱子丁母祝令人忧，于苫块之中，钞集《家礼》，本未成之书，既而书亡，不能增损订正，未为完书。③《家礼》之序，与朱子平日之文无不吻合，邱琼山谓此序非朱子不能作，可谓知言”④ 云云。按：黄勉斋先生作《朱子行状》云：“所辑《家礼》，世多用之。然其后亦多损益，未暇更定。”⑤ 黄说盖即本此，考核至为精析。今世礼学扫地无余，士君子无所遵守，有能本朱子之意斟酌古今之宜续为家礼者，其有功于世道，实非浅鲜。《易传》言：“变则通，通则久。”盖礼制当随时变通，而礼意则千古不变，通人达士必不以此论为迂也。

① “某”字，《朱文公文集》作“熹”名。
② 《朱文公文集·序·〈家礼〉序》卷七五文。
③ “未为完书”句，《儆居遗书》作“则是书之有惟谬不足，为朱子病”。
④ 黄式三《儆居遗书·儆居集四·子集三·读〈白田草堂集〉》文。
⑤ 黄榦《黄勉斋集·朝奉大夫文华阁待制赠宝谟阁直学士通议大夫谥文朱先生行状》卷八文。

古今家祭礼跋 《年谱》：甲午（一一七四）四十五岁作。[1]

右[2]《古今家祭礼》，熹所纂次，凡十有六篇。盖人之生无不本乎祖者，故报本反始之心，凡有血气者之所不能无也。古之圣王，因其所不能无者，制为典礼，所以致其精神，笃其恩爱，有义有数，本末详焉。遭秦灭学，礼最先坏，由汉以来，诸儒继出，稍稍缀缉，仅存一二。以古今异便，风俗不同，虽有崇儒重道之君、知经好学之士，亦不得尽由古礼，以复于三代之盛。其因时述作，随事讨论，以为一家一国之制者，固未必皆得先王义起之意，然其存于今者，亦无几矣。惜其散脱残落，将遂泯没于无闻。因窃搜辑叙次合为一篇，以便观览，庶其可传于后。然皆无别[3]本可参校，往往阙误不可晓知，虽《通典》《唐书》博士官旧藏版本，亦不足据，则其他固可知已。诸家之书，如荀氏、徐畅、孟冯翊、周元阳、孟诜、徐润、孙日周“周”，答郑书作“用”，疑误。[4] 等仪，有录而未见者，尚多有之。有能采集附益，并得善本通校而广传之，庶几见闻有所兴起，相与损益折衷，共成礼俗，于以上助圣朝敦化导民之意，岂不美哉！[5]

文治按：曾子有言：“慎终追远，民德归厚矣。”[6]《礼记》曰：“万物本乎天，人本乎祖。”人生最大之过，莫如忘本。常读《祭义》一篇，每为之感动凄怆，雒诵往复而不能已。朱子此书，惜不可见；即吾乡陆桴亭先生《家祭礼》，亦系节录本，未能详备。有能踵朱子之意，因近世所宜，辑录成编，志以义起，实厚风俗、正人心之大本也。

---

① 王懋竑《朱子年谱》卷一下“淳熙元年甲午四十五岁夏六月”条下文。
② 原书为竖排，故作“右”。
③ “别”字，《文集》作“杂”。
④ 此为唐先生注。
⑤ 《朱文公文集·跋·跋〈古今家祭礼〉》卷八一文。
⑥ 《论语·学而》文。

大学章句序① 《年谱》：己酉（一一八九）六十岁作。②

《大学》之书，古之大学所以教人之法也。盖自天降生民，则既莫不与之以仁义礼智之性矣。然其气质之禀，或不能齐，是以不能皆有以知其性之所有而全之也。一有聪明睿智能尽其性者出于其间，则天必命之以为亿兆之君师，使之治而教之，以复其性。此伏羲、神农、黄帝、尧、舜所以继天立极，而司徒之职、典乐之官所由设也。

三代之隆，其法浸备。然后王宫、国都以及闾巷，莫不有学。人生八岁，则自王公以下，至于庶人之子弟，皆入小学，而教之以洒扫、应对、进退之节，礼乐、射御、书数之文。及其十有五年，则自天子之元子、众子，以至公、卿、大夫、元士之適子，与凡民之俊秀，皆入大学，而教之以穷理、正心、修己、治人之道。此又学校之教、大小之节所以分也。

夫以学校之设，其广如此，教之之术，其次第节目之详又如此；而其所以为教，则又皆本之人君躬行心得之余，不待求之民生日用彝伦之外，是以当世之人无不学。其学焉者，无不有以知其性分之所固有，职分之所当为，而各俛焉以尽其力，此古昔盛时所以治隆于上，俗美于下，而非后世之所能及也！

及周之衰，贤圣之君不作，学校之政不修，教化陵夷，风俗颓败，时则有若孔子之圣，而不得君师之位，以行其政教，于是独取先王之法，诵而传之，以诏后世。若《曲礼》《少仪》《内则》《弟子职》诸篇，固小学之支流余裔，而此篇者，则因小学之成功，以著大学之明法，外有以极其规模之大，而内有以尽其节目之详者也。三千之徒，盖莫不闻其说，而曾氏之传独得其宗，于是作为传义，以发其意。及孟子没而其传泯焉，则其书虽存而知者鲜矣！

自是以来，俗儒记诵词章之习，其功倍于小学而无用；异端虚无寂

① 此文并载于《性理学大义·朱子大义》卷八，《朱子大义》未录夏炘按语。

② 王懋竑《朱子年谱》卷三下“淳熙十六年己酉六十岁二月”条下文。

灭之教，其高过于大学而无实。其他权谋术数，一切以就功名之说，与夫百家众技之流，所以惑世诬民，充塞仁义者，又纷然杂出乎其间。使其君子不幸而不得闻大道之要，其小人不幸而不得蒙至治之泽。晦盲否塞，反覆沉痼，以及五季之衰，而坏乱极矣！

天运循环，无往不复。宋德隆盛，治教休明。于是河南程氏两夫子出，而有以接乎孟氏之传。实始尊信此篇而表章之；既又为之次其简编，发其归趣，然后古者大学教人之法、圣经贤传之指，粲然复明于世。虽以熹之不敏，亦幸私淑而与有闻焉。顾其为书，犹颇放失，是以忘其固陋，采而辑之，间亦窃附己意，补其阙略，以俟后之君子。极知僭逾，无所逃罪，然于国家化民成俗之意，学者修己治人之方，则未必无小补云。①

夏氏弢甫《跋大学章句》云："朱子所据《大学》旧本，即注疏中之郑本，经文未尝更动，只以末二句一为衍文"此谓知本"句。一属'格物致知补传'，"此谓知之至也"句。所更定者，自所谓'诚其意者'以下传文耳。元董丞相槐以'知止而后有定'两节，缀以'此谓知本'句，冠于'子曰听讼'章之首，而又殿以'此谓知之至也'句，为格物致知传，本《黄氏日钞》。后儒多韪其说，于是乎经文亦有更动矣。按：《烝民》之诗云：'天生烝民，有物有则。'是民生日用饮食，有一物，必有一理。'致知在格物'者，欲推极其知，在每物皆格其理之所以然，所谓'多学而识之'也。'物格而后知至'者，积累之久②，物无不格，即'知无不尽'，所谓'一以贯之'也。洛闽之说合于洙泗如此。若谓一'知本'而即'知之至'，则《论语》之'多闻多见'，孟子之'博学详说'，《中庸》之'学问思辨'，皆不免纡曲繁重，不如易简者之直

① 《朱文公文集·序·大学章句序》卷七六文。
② "久"字，《述朱质疑》作"大"。

超顿悟矣，孔门有是学术乎？自有明以来，欲复古本诸儒，并不仅如董氏之说，其大旨皆以‘知本’为‘知之至’，而其所认为本者，遂有毫厘千里之谬，其弊未易更仆数也。总之，守《章句》之说，则传虽朱子之所补，而教实孔门之所遗，遵朱子，即所以遵孔子也。不守《章句》之说，则文虽《大学》之旧文，而解实后儒之创解，遵古今反所以辟新说也。”①

中庸章句序② 《年谱》：己酉（一一八九）六十岁作。③

《中庸》何为而作也？子思子忧道学之失其传而作也。盖自上古圣神，继天立极，而道统之传有自来矣。其见于经，则“允执厥中”者，尧之所以授舜也；“人心惟危，道心惟微，惟精惟一，允执厥中”者，舜之所以授禹也。尧之一言，至矣尽矣！而舜复益之以三言者，则所以明乎尧之一言，必如是而后可庶几也。

盖尝论之，心之虚灵知觉，一而已矣。而以为有人心、道心之异者，则以其或生于形气之私，或原于性命之正，而所以为知觉者不同，是以或危殆而不安，或微妙而难见耳。然人莫不有是形，故虽上智不能无人心；亦莫不有是性，故虽下愚不能无道心。二者杂于方寸之间，而不知所以治之，则危者愈危，微者愈微，而天理之公，卒无以胜夫人欲之私矣。精则察乎二者之间而不杂也，一则守其本心之正而不离也。从事于斯，无少间断，必使道心常为一身之主，而人心每听命焉，则危者安，微者著，而动静云为，自无过不及之差矣。

夫尧、舜、禹，天下之大圣也；以天下相传，天下之大事也。以天下之大圣，行天下之大事，而其授受之际，丁宁告戒，不过如此，则天下之理，岂有以加于此哉！自是以来，圣圣相承，若成汤、文、武之为

① 夏炘《述朱质疑·跋〈大学章句〉》卷六文。

② 此文并载于《性理学大义·朱子大义》卷八，其中《朱子大义》未录注文，唐先生亦未下按语。

③ 王懋竑《朱子年谱》卷三下“淳熙十六年己酉六十岁二月”条下文。

君，皋陶、伊、傅、周、召之为臣，既皆以此而接夫道统之传。

若吾夫子，则虽不得其位，而所以继往圣、开来学，其功反有贤于尧、舜者。然当是时，见而知之者，惟颜氏、曾氏之传得其宗。及曾氏之再传，而复得夫子之孙子思，则去圣远而异端起矣。子思惧夫愈久而愈失其真也，于是推本尧、舜以来相传之意，质以平日所闻父师之言，更互演绎，作为此书，以诏后之学者。盖其忧之也深，故其言之也切；其虑之也远，故其说之也详。其曰"天命率性"，则道心之谓也；其曰"择善固执"，则精一之谓也；其曰"君子时中"，则执中之谓也。世之相后，千有余年，而其言之不异，如合符节。历选前圣之书，所以提挈纲维、开示蕴奥，未有若是其明且尽者也。

自是而又再传，以得孟氏，为能推明是书，以承先圣之统，及其没而遂失其传焉。则吾道之所寄，不越乎言语文字之间，而异端之说，日新月盛，以至于老、佛之徒出，则弥近理而大乱真矣。

然而尚幸此书之不泯，故程夫子兄弟者出，得有所考，以续夫千载不传之绪；得有所据，以斥夫二家似是之非。盖子思之功于是为大，而微程夫子，则亦莫能因其语而得其心也。惜乎其所以为说者不传，而凡石氏之所辑录，即石子重《集解》。仅出于其门人之所记，《四库全书提要》载："《中庸辑略》二卷，宋石憝编，朱子删定。憝，字子重，号克斋，新昌人。……憝辑是编，断自周子、二程子、张子，而益以吕大临、谢良佐、游酢、杨时、侯仲良、尹焞之说，初名《集解》。乾道癸巳，朱子为作序。……淳熙己酉，朱子作《中庸章句》，重为删定，更名《辑略》……其后《章句》孤行，而是编渐晦矣。"① 是以大义虽明，而微言未析。至其门人所自为说，则虽颇详尽，而多所发明，然倍其师说而淫于老、佛者，亦有之矣。

某自早岁，即尝受读而窃疑之，沈潜反复，盖亦有年。一旦恍然似有以得其要领者，然后乃敢会众说而折其衷，既为定著《章句》一篇，以俟后之君子。而一二同志复取石氏书，删其繁乱，名以《辑略》，且

① 《四库全书总目·经部三十五·四书类一》卷三五文。

记所尝论辨取舍之意，别为《或问》以附其后。然后此书之旨，支分节解，脉络贯通，详略相因，巨细毕举，而凡诸说之同异得失，亦得以曲畅旁通，而各极其趣。虽于道统之传，不敢妄议，然初学之士，或有取焉，则亦庶乎行远升高之一助云尔。①

文治按："四书"注以《大学》《中庸》为尤精，而《中庸》首章注"不睹""不闻"两节，与"喜怒哀乐"两节，更为精密无间。盖朱子固得力于"已发未发""敬义夹持"之学，故于《章句》外复作《〈中庸〉首章说》，举"敬以直内，义以方外"② 之说以发明之，见《文集》卷六十七。所谓"体用一原，显微无间"③，作圣之基，实本于此，学者千万注意。

又按：朱子最重章句、注疏之学，陈兰甫先生表扬之最详，见《东塾读书记》。所以《学》《庸》取名"章句"，《论》《孟》取名"集注"者，盖《学》《庸》摘取《礼记》，又于郑君章句稍有变易，故定名"章句"，《论》《孟》则采取先儒说较多，故定名"集注"也。

论孟集义序④　《年谱》：壬辰（一一七二）四十三岁作。⑤

《论》《孟》之书，学者所以求道之至要，古今为之说者，盖已百有余家。然自秦汉以来，儒者类皆不足以与闻斯道之传，其溺于卑近者，既得其言而不得其意，其骛于高远者，则又支离踳驳，或乃并其言而失之，学者益以病焉。

宋兴百年，河洛之间，有二程先生者出，然后斯道之传有继。其于

① 《朱文公文集·序·〈中庸章句〉序》卷七六文。

② 《易·坤卦·文言传》文。

③ 《河南程氏文集·伊川先生文四·杂著·易传序》卷八文。

④ 此文并载于《性理学大义·朱子大义》卷八《论孟义序》，其中《朱子大义》没有夏炘及唐文治先生按语。

⑤ 王懋竑《朱子年谱》卷一下"乾道八年壬辰四十三岁春正月"条下文。

孔子、孟氏之心，盖异世而同符也，故其所以发明二书之说，言虽近而索之无穷，指虽远而操之有要。使夫读者非徒可以得其言，而又可以得其意；非徒可以得其意，而又可以并其所以进于此者而得之。其所以兴起斯文，开悟后学，可谓至矣。

间尝搜辑条流，以附本章之次，既又取夫学之有同于先生者，若横渠张公、范氏、二吕氏、谢氏、游氏、杨氏、侯氏、尹氏，凡九家之说，以附益之，名曰《论孟精义》，以备观省，而同志之士有欲从事于此者，亦不隐焉。

抑尝论之，《论语》之言，无所不包，而其所以示人者，莫非操存涵养之要；七篇[①]之指无所不究，而其所以示人者，类多体验扩充之端。夫圣贤之分，其不同固如此；而体用一源也，显微无间也[②]，是则非夫先生[③]之学之至，其孰能知之？呜呼！兹其所以奋乎百世绝学之后，而独得夫千载不传之传也与！

若张公[④]之于先生，论其所至，窃意其犹伯夷、伊尹之于孔子；而一时及门之士，考其言行，则又未知其孰可以为孔氏之颜、曾也。今录其言，非敢以为无少异于先生，而悉合乎圣贤之意，亦曰大者既同，则其浅深疏密毫厘之间，正学者所宜尽心耳。至于近岁以来，学于先生之门人者，又或出其书焉，则意其源远末分，醇醨异味，而不敢载矣。

或曰："然则凡说之行于世而不列于此者，皆无取已乎？"曰："不然也。汉魏诸儒正音读、通训诂、考制度、辨名物，其功博矣。学者苟不先涉其流，则亦何以用力于此？而近世二三名家，与夫所谓学于先生之门人者，其考证推说，亦或时有补于文义之间。学者有得于此而后观焉，则亦何适而无得哉？特所以求夫圣贤之意者，则在此而不在彼尔。

---

① 指《孟子》。

② 程颐《易传序》云："至微者理也，至著者象也。体用一源，显微无间。观会通以行其典礼，则辞无所不备。"见本编《性理学大义·二程子大义》卷二。

③ 指程颐。

④ 指张载。

若夫外自托于程氏，而窃其近似之言，以文异端之说者，则诚不可以入于学者之心，然以其荒幻浮夸，足以欺世也，而流俗颇已乡之矣，其为害岂浅浅哉？顾其语言气象之间，则实有不难辨者。学者诚用力于此书而有得焉，则于其言虽欲读之，亦且有所不暇矣。然则是书之作，其率尔之诮，虽不敢辞，至于明圣传之统，成众说之长，折俗流之谬，则窃亦妄意其庶几焉。”①

夏氏弢甫《跋〈论语〉〈孟子〉集注》云：“朱子始作《论语要义》，又作《论语训蒙口义》，序之皆在隆兴初年。《要义序》隆兴元年（一一六三），《训蒙口义序》不著年日，亦相去不远。《要义序》云：‘独取二先生及其门人朋友数家之说，补缉订正，以为一书。’《训蒙序》云：‘余既序次《论语要义》，又以其训诂略而义理详，非启蒙之要，因删录以成此编，本之注疏以通其训诂，参之释文以正其音读，然后会之于诸老先生之说以发其精微。一句之义，系之本句之下；一章之指，列之本章之左。又以平日所闻于师友而得于心思者，间附见一二条焉。’后二书皆不传。炘按：《论孟精义》其体例本之《要义》而加详，《论孟集注》其体例本之《训蒙口义》而屡经修改以成书者也。《要义》取二先生及门人朋友数家之说，今不可得见。《精义》则自二先生而下，横渠张子、成都范祖禹淳夫、荥阳吕希哲原明、蓝田吕大临与叔、上蔡谢良佐显道、建安游酢定夫、延平杨时中立、河东侯仲良师圣、河南尹焞彦明共九家，是本之《要义》而加详也。《集注》训诂多用《注疏》，音读多用《释文》，《孟子》用孙奭《音义》。义理本二程及九家外，又博采数十家益之，师如延平、白水，友如敬夫、叔京，罔不搜集，至于自为之说，则称‘愚按’以别之，

① “乾道壬辰正月元日新安朱熹谨书”句，《紫阳学术发微》删除。《朱文公文集·序·语孟集义序》卷七五文。

所谓会之于诸老先生之说以发其精微，又以平日所闻于师友而得于心思者附见，非与？至于句解节训，章又有总说，无一不与《训蒙口义》之体例相符。然则二书即《精义》《集注》之底本，虽不存无憾也。”①

又云：“朱子成《论语要义》在隆兴癸未（一一六三），年三十四岁，成《论孟精义》，在乾道壬辰（一一七二），年四十三岁，《论孟集注》无序，不知成于何时。《年谱》：丁酉（一一七七）《论孟集注》《或问》成，年四十八岁。按：张元德问曰：‘《论孟或问》乃丁酉本，不知后来修改如何？’《或问》既成于丁酉，则《集注》亦成于丁酉可知。又杨道夫己酉后录云：‘《论语集注》，盖某十年前本，为朋友传去，乡人遂不告而刊，及知觉，则已分裂四出，而不可收矣。其间多所未稳，煞误看读。’由丁酉至己酉（一一八九），与十年前合，是《集注》丁酉成后，即刊行矣；后又刊于南康，《答孙敬甫书》云：‘南康《语》《孟》，是后来所定本，然比读之，尚有合修改处。’又曾祖道丁巳录云：朱子六十八岁。‘某所解《语》《孟》，自三十岁便下工夫，到而今改犹未已。’又三年而朱子卒。王过录，某于《论》《孟》四十余年理会。终其身于训解以诏后学，而后之学者徒以为作文之用，并注之词句未能尽解，卤莽灭裂，其辜负朱子深矣。”②

文治按：朱子之于《论》《孟》，先作《要义》，次作《训蒙口义》，又其次作《精义》，后改名《集义》，最后乃改名《集注》，又别为《或问》，相辅而行。盖朱子自幼学后，读《论》《孟》以至于老，几于终身不离，信乎万世之师法也。篇中汉魏诸儒数句，朱子尊汉儒如此，后学者安得有门户之分

① 夏炘《述朱质疑·跋〈论语〉〈孟子〉集注（三条）》卷六文。

② 夏炘《跋〈论语〉〈孟子〉集注（三条）》卷六文。

哉？余尝谓《四书集注》，不独兼备训诂义理，实吾中国文法最要之书也。以《论语》“学而”篇言之，“有子孝弟”章注“善事父母为孝”数句，明训诂也；下文“此言人能孝弟”云云，明义理也。“巧言令色”章注“巧，好；令，善”，明训诂也；下文“好其言”云云，明义理也。学者沈潜反复乎此，文理自能贯通。从前老师宿儒，以《集注》授童蒙，仍不免失之过高，然亦有深意存焉。后世教师善用之斯可矣。

又按：篇内云：《论语》之言，“莫非操存涵养之要”，七篇之指，“类多体验扩充之端”。文治尝深思之，《论语》亦未尝不言扩充，《孟子》亦未尝不言涵养，然譬如以《论语》论仁诸章，由浅及深，比类而熟玩之，自“仁远乎哉”① “苟志于仁”② 诸章起，至“克己复礼”③ “三月不违仁”④ 章止，则所以涵养者备矣。又以《孟子》论心性诸章，由浅及深，比类而熟玩之，自“物皆然，心为甚”⑤ 起，至“良知良能达之天下”⑥ 章止，则所以扩充者备矣。杨龟山先生《论读书法》曰：“以身体之，以心验之。”⑦ 如此而已。

小学题辞　《年谱》：丁未（一一八七）五十八岁作。⑧

元亨利贞，天道之常；仁义礼智，人性之纲。凡此厥初，无有不善；蔼然四端，随感而见。爱亲敬兄，忠君弟长，是曰秉彝，有顺无强。惟圣性者，浩浩其天；不加毫末，万善足焉。众人蚩蚩，物欲交

① 《论语·述而》文。
② 《论语·里仁》文。
③ 《论语·颜渊》文。
④ 《论语·雍也》文。
⑤ 《孟子·梁惠王上》文。
⑥ 《孟子·尽心上》文。
⑦ 杨时《龟山集·语录三·余杭所闻》卷一二文。
⑧ 王懋竑《朱子年谱》卷三上“淳熙十四年丁未五十八岁三月”条下文。

蔽；乃颓其纲，安此暴弃。惟圣斯则①，建学立师，以培其根，以达其枝。小学之方，洒扫应对，入孝出弟，动罔或悖。行有余力，诵诗读书；咏歌舞蹈，思罔或逾。穷理修身，斯学之大；明命赫然，罔有内外。德崇业广，乃复其初；昔非不足，今岂有余。世远人亡，经残教弛；蒙养弗端，长益浮靡。乡无善俗，世乏良材，利欲纷拏，异言喧豗。幸兹秉彝，极天罔坠；爰辑旧闻，庶觉来裔。嗟嗟小子，敬受此书；匪我言耄，惟圣之谟。②

文治按：洪本《年谱》云"先生既发挥《大学》以开悟学者，又惧其失序无本而不能以有进也，乃辑此书以训蒙士，使培其根以达其支。《内篇》四：曰'立教'，曰'明伦'，曰'敬身'，曰'稽古'。《外篇》二：曰'嘉言'，曰'善行'。虽已进乎大学者，亦得以兼补之于后"③ 云云。然则此书盖立人极之根本也。《文集》有《题〈小学〉书》，应参考。

书《近思录》后④ 《年谱》：乙未（一一七五）四十六岁作。⑤

淳熙乙未之夏，东莱吕伯恭来自东阳，过予寒泉精舍，留止旬日，相与读周子、程子、张子之书。叹其广大闳博，若无津涯，而惧夫初学者不知所入也，因共掇取其关于大体而切于日用者，以为此编，总六百一十二条，分十四卷。盖凡学者所以求端用力处己治人之要，与夫辨异端观圣贤之大略，皆粗见其梗概，以为穷乡晚进，有志于学，而无明师良友以先后之者，诚得此而玩心焉，亦足以得其门而入矣。如此，然后求诸四君子之全书，沈潜反复，优柔厌饫，以致其博而反诸约焉，则其宗庙之美，百官之富，庶乎其有以尽得之。若惮烦劳，安简便，以为取

① "则"字原作"恻"，据《朱文公文集》为正。
② 《朱文公文集·序·小学题辞》卷七六文。
③ 王懋竑《朱子年谱》卷二上"淳熙二年乙未四十六岁夏四月"条下文。
④ 此文并载于《性理学大义·朱子大义》卷八，未附录吕祖谦《近思录跋》，唐先生亦未下按语。
⑤ 王懋竑《朱子年谱》卷三上"淳熙十四年丁未五十八岁三月"条下文。

足于此而可，则非今日所以纂集此书之意也。①

附：吕氏东莱《近思录》跋

《近思录》既成，或疑首卷阴阳变化性命之说，大抵非始学者之事。祖谦②窃尝与闻，次辑之意，后出晚进于义理之本原，虽未容骤语，苟茫然不识其梗概，则亦何所底止，列之篇端，特使之知其名义，有所向望而已。至于余卷所载讲学之方，日用躬行之实，具有科级。循是而进，自卑升高，自近及远，庶几不失纂集之指。若乃厌卑近而骛高远，躐等凌节，流于空虚，迄无所依据，则岂所谓近思者耶？览者宜详之。淳熙三年（一一七六）四月四日东莱吕祖谦谨识。③

文治按：先师王文贞公有言："《小学》《近思录》为近时救世之万金良药。"盖是二书实可继"四书"之后，平易之中有无穷之意味，修己治人之道，不外乎此矣！

又按：朱子著书本孔子"述而不作，信而好古"④之旨，纂述群经外，复有若《资治通鉴纲目》，若《名臣言行录》，若《楚辞集注》《韩文考异》，其于历史考据词章，网罗赅洽，纵横亿万里，上下数千年，未有著书若是之多者，不独为我中国一人已也。盖古人著书，尚拘于简册之刊刻，故成书也难。后世楮墨通行，成书较易，此后人之所以胜于前贤也。以上不过撮举其大凡，若夫考全书目录，则有及门王蘧常瑗仲所著《朱子全书存佚真伪考》，编传经年岁及授受源流，则有及门吴其昌子馨所著《朱子传经史略》，二子之于朱学，皆升堂之士也。

---

① 《朱文公文集·跋·书近思录后》卷八一文。

② "祖谦"，《东莱吕太史文集》作"某"。

③ 吕祖谦《东莱吕太史文集·题跋·题近思录》卷七文，其中没有"淳熙三年四月四日东莱吕祖谦谨识"一句，据《近思录》卷首"后引"校。按：《近思录》"后引"中"谨识"作"谨书"。

④ 《论语·述而》文。

紫阳学术发微卷六

朱子政治学发微

【释】“政治学”乃唐先生学术核心，一九二二年刊出《十三经读本》后，即编《朱子大义》与《政治学大义》，其《政治学大义》之《本论》十三篇，见《唐文治文集》“论说类”，先生此序表扬“气节”，以文天祥立范，以显朱子学精义，为华夏精神支柱。先生分类朱子“政治学”五类，分别是“正君德”“复仇”“用人”“纪纲风俗”“恤民”等五层次，而于“恤民”分“总论”“社仓”“救荒”三端，条理井然，而强调五层皆贯之以“气节”，体用以此具在。

文治按：吾人生于天地之间，讲明气节而已矣。《孟子》曰：“居天下之广居，立天下之正位，行天下之大道。”① 此言乎立身之气节也。又曰：“惟大人为能格君心之非。君仁莫不仁，君义莫不义，君正莫不正。一正君而国定。”② 此言乎立朝之气节也。朱子一生出处，惟以气节为重，读王白田先生所撰《朱子年谱》、夏弢甫先生所撰《朱子难进易退谱》，已大概可见。至于壬午（一一六二）、庚子（一一八〇）、戊申（一一八八）、己酉（一一八九）封事诸篇，浩然正大之气，溢于楮墨之

① 《孟子·滕文公下》文。

② 《孟子·离娄上》文。

表，奚亚于孟氏告君之言？呜呼盛矣！

乃陈同甫告孝宗之言曰："今世之儒者①，自以为得正心诚意之学者，皆风痹不知痛痒之人也。举一世安于君父之仇，方且低头拱手高谈性命之学②，不知何者谓之性命乎？"③ 朱竹垞先生辨之，以为朱子《上孝宗封事》感奋激烈，殆有过于同甫之所云者；彼同甫之书，盖非为朱子言之。呜呼！同甫怀推倒一时豪杰之心，其言固隐为朱子而发，彼其平生之气节，由君子观之，果何如哉？

考文文山先生廷对策问谓："政治之本，在于帝王不息之心。"④ 其说实本于朱子《戊申封事》。厥后谢叠山、陆秀夫诸贤接踵而起，岂非讲学之明效有以致此？然则宋末气节之盛，实皆朱子提倡之功也。

文治辑朱子政治学，凡分五类，曰"正君德"、曰"复仇"、曰"用人"、曰"纪纲风俗"、曰"恤民"，而"恤民"之中，又分"总论""社仓""救荒"三要端。虽简之又简，然后世学者读之，当知修身治人之道，不外乎此，而要之必以"气节"为本。

正 君 德

戊申封事 节录 《年谱》：孝宗淳熙十五年（一一八八），朱子年五十九岁。⑤

天下之事，所当言者不胜其众，顾其序有未及者，臣不暇言，且独以天下之大本与今日之急务，深为陛下言之。盖天下之大本者，陛下之心也。今日之急务，则辅翼太子，选任大臣，振举纲维，变化风俗，爱养民力，修明军政六者是也。臣请昧死而悉陈之，惟陛下之留听焉。臣

① "者"字，《宋史》作"士"。

② "方且低头拱手高谈性命之学"句，《宋史》作"而方低头拱手以谈性命"。

③ 《宋史·儒林六·陈亮列传》卷四三六载陈同甫上书文。

④ 文天祥《御试策一道》原文云："臣闻帝王行道之心，一不息而已矣。尧之兢兢，舜之业业，禹之孜孜，汤之栗栗，文王之不已，武王之无贰，成王之无逸，皆是物也。"载《文山先生文集》卷三"对策"。

⑤ 王懋竑《朱子年谱》卷三下"淳熙十五年戊申五十九岁冬十一月"条下文。

之辄以陛下之心为天下之大本者，何也？天下之事，千变万化，其端无穷，而无一不本于人主之心者，此自然之理也。故人主之心正，则天下之事无一不出于正；人主之心不正，则天下之事无一得由于正。盖不惟其赏之所劝，刑之所威，各随所向，势有不能已者，而其观感之间，风动神速，又有甚焉。是以人主以眇然之身，居深宫之中，其心之邪正，若不可得而窥者，而其符验之著于外者，常若十目所视、十手所指而不可掩。此大舜所以有“惟精惟一”之戒，孔子所以有“克己复礼”之云，皆所以正吾心而为天下万事之本也。此心既正，则视明听聪，周旋中礼，而身无不正。是以所行无过不及而能执其中，虽以天下之大，而无一人不归吾之仁者。

然邪正之验著于外者，莫先于家人而次及于左右，然后有以达于朝廷而及于天下焉。若宫闱之内，端庄齐肃。后妃有《关雎》之德，后宫无盛色之讥，贯鱼顺序，而无一人敢恃恩私以乱典常，纳贿赂而行请谒，此则家之正也。退朝之后，从容燕息，贵戚近臣，携仆奄尹，陪侍左右，各恭其职，而上惮不恶之严，下谨戴盆之戒，无一人敢通内外、窃威福，招权市宠，以紊朝政，此则左右之正也。内自禁省，外彻朝廷，二者之间，洞然无有毫发私邪之间，然后发号施令，群听不疑，进贤退奸，众志咸服。纪纲得以振而无侵挠之患，政事得以修而无阿私之失，此所以朝廷百官、六军万民，无敢不出于正而治道毕也。心一不正，则是数者固无从而得其正；是数者一有不正，而曰心正，则亦安有是理哉？是以古先圣王兢兢业业，持守此心，虽在纷华波动之中，幽独得肆之地，而所以精之、一之、克之、复之，如对神明，如临渊谷，未尝敢有须臾之息。然犹恐其隐微之间，或有差失而不自知也，是以建师保之官以自开明，列谏诤之职以自规正。而凡其饮食酒浆、衣服次舍、器用财贿，与夫宦官宫妾之政，无一不领于冢宰之官，使其左右前后，一动一静，无不制以有司之法，而无纤芥之隙、瞬息之顷，得以隐其毫发之私。盖虽以一人之尊，深居九重之邃，而懔然常若立乎宗庙之中，朝廷之上，此先王之治所以由内及外，自微至著，精粹纯白，无少瑕翳，而其遗风余烈犹可以为后世法程也。

陛下试以是而思之，吾之所以精一、克复而持守其心者，果尝有如此之功乎？所以修身齐家而正其左右者，果尝有如此之效乎？宫省事禁，臣固有不得而知者，然不见其形而视其影，不睹其内而占其外，则爵赏之滥、货赂之流，闾巷窃言，久已不胜其藉藉矣。臣窃以是窥之，则陛下之所以修之家者，恐其未有以及古之圣王也。至于左右便嬖之私，恩遇过当，往者渊、觌、说、抃之徒，势焰薰灼，倾动一时，今已无可言矣。独有前日臣所面奏者，虽蒙圣慈委曲开譬，然臣之愚终窃以为此辈但当使之守门传命，供扫除之役，不当假借崇长，使得逞邪媚、作淫巧于内以荡上心，立门庭、招权势于外以累圣政，而其有才无才、有罪无罪，自不当论，况其有才适所以为奸，有罪而不可复用乎？……

陛下竭生灵之膏血，以奉军旅之费，本非得已，而为军士者，顾乃未尝得一温饱，甚者采薪织屦，掇拾粪壤，以度朝夕；其又甚者，至使妻女盛涂泽、倚市门，以求食也，怨詈谤讟，悖逆绝理，至有不可闻者。一有缓急，不知陛下何所倚仗。是皆为将帅者巧为名色，头会箕敛，阴夺取其粮赐以自封殖，而行货赂于近习，以图进用。彼此既厌足矣，然后时以薄少号为羡余，阴奉燕私之费，以嫁士卒怨怒之毒于陛下。且幸陛下一受其献，则后日虽知其罪，而不得复有所问也。出入禁闼腹心之臣，外交将帅，共为欺蔽，以至于此，岂有一毫爱戴陛下之心哉！而陛下不悟，反宠昵之，以是为吾①之私人，至使宰相不得议其制置之得失，给谏不得论其除授之是非，以此而观之，则陛下所以正其左右，未能及古之圣王又明矣。且私之得名，何为也哉？据己分之所独有，而不得以通乎其外之称也。故自匹夫而言，则以一家为私，而不得以通乎其乡；自乡人而言，则以一乡为私，而不得以通乎其国；自诸侯

① “吾”字，《朱文公文集》作“我”。

而言，则以一国为私，而不得以通乎天下；至于天子，则际天之所覆，极地之所载，莫非己分之所有，而无外之不通矣，又何以私为哉？今以不能胜其一念之邪，而至于有私心；以不能正其家人近习之故，而至于有私人。以私心用私人，则不能无私费，于是内损经费之入，外纳羡余之献，而至于有私财。陛下上为皇天之所子，全付所覆，使其无有私而不公之处，其所以与我者亦不细矣。乃不能充其大，而自为割裂以狭小之，使天下万事之弊，莫不由此而出，是岂不可惜也哉！①

文治按：朱氏止泉谓："《戊申封事》是汉唐、宋明以来告君第一篇文字，其言正君心也。自君心敬畏以检其身……直足继二典、三谟、《仲虺之诰》《旅獒》《召诰》② 之后。"③ 其推崇如此。夫忠告善道，朋友之义且然，而况君乎？事上之道，合则留，不合则去。朱子惟以禄位为轻，故敢于直言极谏。此疏实足为万世法则也。

己酉拟上封事 节录 孝宗淳熙十六年（一一八九），朱子年六十岁。④

所谓讲学以正心者，臣闻天下之事，其本在于一人，而一人之身，其主⑤在于一心。故人主之心一正，则天下之事无有不正；人主之心一邪，则天下之事无有不邪，如表端而影直，源浊而流污，其理有必然者。是以古先哲王欲明其德于天下者，莫不壹以正心为本。然本心之善，其体至微，而利欲之攻，不胜其众。尝试验之，一日之间，声色臭味游衍驰驱，土木之华、货利之殖杂进于前，日新月盛，其间心体湛

---

① 《朱文公文集·封事·戊申封事》卷一一文。

② 《朱子圣学考略》"《召诰》"后有"《天官·冢宰》"之文。

③ 朱泽沄《朱子圣学考略·朱止泉先生朱子圣学考略提要》卷首文。

④ 此二句前有"年谱"两字。按：王懋竑《朱子年谱》及《朱子年谱考异》于朱子六十岁条下，未提拟封事事。唐先生盖因朱子题为《己酉拟上封事》，而"己酉"年为淳熙十六年，是年朱子六十岁而定夺，非《年谱》之说，故今删除"年谱"二字。

⑤ "主"字原作"本"，据《朱文公文集》为正。

然，善端呈露之时，盖绝无而仅有也。苟非讲学之功有以开明其心，而不迷于是非邪正之所在，又必信其理之在我而不可以须臾离焉，则亦何以得此心之正，胜利欲之私，而应事物无穷之变乎！然所谓学，则又有邪正之别焉。味圣贤之言以求义理之当，察古今之变。① ……涉猎记诵而以杂博相高，割裂装缀而以华靡相胜，反之身则无实，措之事则无当者，学之邪也。学之正而心有不正者鲜矣，学之邪而心有不邪者亦鲜矣。故讲学虽所以为正心之要，而学之邪正，其系于所行之得失，而不可不审者又如此。《易》曰："正其本，万事理。差之毫厘，缪以千里。"惟圣明之留意焉，则天下幸甚。②

> 夏氏炘《书〈己酉拟上封事〉后》曰："此封事虽题曰'己酉拟上'，实非己酉（一一八九）所作，盖在戊申（一一八八）之冬矣。何以明之？戊申冬十一月，上封事之后，除主管太乙宫，兼崇政殿说书。《行状》云：'时上有倦勤之意，将为燕翼之谋，先生尝草奏疏十事，欲以为新政之助。会执政有指道学为邪气者，力辞新命，即崇政殿说书之命，《文集》有《辞免崇政殿说书奏状》。除秘阁修撰，仍奉外祠。十六年己酉正月，除秘阁修撰，依旧主管西京崇福官。遂不果上。'孝宗以己酉二月朔内禅，倦勤之意，前一年戊申，中外皆已知之。是年皇太子初决庶务于议事堂。朱子于崇政殿说书命下之后，即草此封事，欲俟光宗新政上之，因道学邪气之论，发于执政，知时未必可为，故辞说书之命，而果除秘阁修撰，仍奉外祠。其时己酉正月，光宗尚未即位也。题曰'己酉'，因光宗己酉二月即位之故，其实封事之拟，实在前一年戊申之冬，《行状》所叙，最为明白。"③

---

① "察古今之变"句后，《朱文公文集》有"以验得失之几，而必反之身以践其实者，学之正也"。

② 《朱文公文集·封事·己酉拟上封事》卷一二文。

③ 夏炘《述朱质疑·书〈己酉拟上封事〉后》卷一一文。

甲寅行宫便殿奏札二[①] 节录 《年谱》：光宗绍熙五年（一一九四），朱子年六十五岁。[②]

为学之道，莫先于穷理。穷理之要，必在于读书。读书之法，莫贵于循序而致精，而致精之本，则又在于居敬而持志，此不易之理也。夫天下之事，莫不有理……有以穷之，则自君臣之大，以至事物之微，莫不知其所以然，与其所当然，而亡纤芥之疑。善则从之，恶则去之，而无毫发之累。此为学所以莫先于穷理也。

至论天下之理，则要妙精微，各有攸当，亘古亘今，不可移易……是其粲然之迹、必然之效，盖莫不具于经训史册之中。欲穷天下之理，而不即是而求之，则是正墙面而立尔，此穷理所以必在乎读书也。

若夫读书，则其不好之者，固怠忽间断而无所成矣，其好之者又不免乎贪多而务广，往往未启其端，而遽已欲探其终；未究乎此，而忽已志在乎彼；是以虽复终日勤劳，不得休息，而意绪匆匆，常若有所奔趋迫逐，而无从容涵泳之乐……孔子所谓"欲速则不达"，孟子所谓"进锐者退速"，正谓此也。诚能鉴此而有以反之，则心潜于一，久而不移，所读之书……自然渐渍浃洽，心与理会，而善之为劝者深，恶之为戒者切矣。此循序致精，所以为读书之法也。

若夫至精之本，则在于心。心之为物，至虚至灵……常为一身之主，以提万事之纲……一不自觉，而驰骛飞扬，以徇物欲于躯壳之外，则一身无主，万事无纲，虽其俯仰顾眄之间，盖已不自觉其身之所在，而况能反覆圣言，参考事物，以求义理至当之归乎？孔子所谓"君子不重则不威，学则不固"，孟子所谓"学问之道无他，求其放心而已矣"，正谓此也。诚能严恭寅畏，常存此心，使其终日俨然，不为物欲

---

① 此文并载于《性理学大义·朱子大义》卷一，其中《朱子大义》未引夏炘语及唐先生未下按语。又此文"为学之道"上，《朱子大义》并载有"臣窃惟皇帝陛下祗膺骏命"至"请遂陈之"；"所以为读书之本也"下，《朱子大义》并载有"此数语者"至"取进止"一段文字。

② 王懋竑《朱子年谱》卷四上"绍熙五年甲寅六十五岁冬十月辛卯"条下文。

之所侵乱，则以之读书，以之观理，将无所往而不通；以之应事，以之接物，将无所处而不当矣。此居敬持志，所以为读书之本也。①

夏氏炘《书〈甲寅行宫便殿奏札二〉后》曰："朱子一生学问，从读书致知入门，中间与张宣公交，又从胡五峰先察识后涵养之说，己丑（一一六九）更定'中和旧说'，一以程子'涵养须用敬，进学在致知'二语为千古不易之则，自后教人，不越斯旨。自潭州召还时，年已六十四矣。《行宫便殿所奏第二札》言：'为学之道，莫先于穷理；穷理之要，必在于读书；读书之法，莫贵于循序而致精；而致精之本，则又在于居敬而持志。'将一生辛苦得力学问，挈领提纲，一一拜献于君父之前。盖读书而不循序致精、居敬持志，则所读之书，卤莽灭裂，不过说②诵典故以为考据之资，采掇华藻以供词章之用。其人则高视阔步，佻达放旷，颜氏之推所谓'读数十卷书，便自高大；陵忽长者，轻慢同列；以学求益，今反自损；不如无学也'。至于习静求心之士，稍知为己，其人亦往往在规矩准绳之中，与居敬持志相似，然糟粕六经，唾洟载籍，欲以躐等超登，而悟性天之奥，将来生心害政，有不可胜言者。又有因习静而致病狂，如傅子渊之徒，并其所守之一二规矩准绳而失之，然后知朱子之学，所以传之万世而无弊也。……又以此札与隆兴元年（一一六三）《垂拱殿第一札》参看，则知朱子晚年论学之语益精矣。"③

文治按：汉唐以后，辄谓帝王之学异于儒者，其实大谬。考《礼记·文王世子》教世子之法，诗书礼乐，干戈羽籥，与夫恭敬温文之道，无一不与凡民之俊秀者相同。而《学记

① 《朱文公文集·奏札·甲寅行宫便殿奏札二》卷一四文。

② "说"字，《述朱质疑》作"记"。

③ 夏炘《述朱质疑·书〈甲寅行宫便殿奏札二〉后》卷一二文。

篇》谓："师也者，所以学为君也。"古者君师之道，合而为一。然则帝王之学，岂与儒者有异？惟其判而为二，此民生之所以日困也。是以朱子本篇末云："此数语者，皆愚臣平生为学艰难辛苦已试之效，窃意圣贤复生，所以教人不过如此。不独布衣韦带之士所当从事，盖虽帝王之学，殆亦无以易之。"①其旨深矣。

复　仇

壬午应诏封事② 节录　《年谱》：高宗绍兴三十二年（一一六二），朱子年三十三岁。③

臣又闻之，为天下国家者，必有一定不易之计。而今日之计，不过乎修政事、攘夷狄而已矣，非隐奥而难知也。然其计所以不时定者，以讲和之说疑之也。夫金虏于我，有不共戴天之仇，则其不可和也，义理明矣。而或者犹为是说者，其意必曰："今本根未固，形势未成，进未有可以恢复中原之策，退未有可以备御冲突之方，不若縻以虚礼，因其来聘，遣使报之，请复土疆。示之以弱，使之优游骄怠，未遽谋我，而我得以其间从容兴补，而大为之备，万一天意悔祸，或诱其衷，则我之所大欲者，将不用一士之命，而可以坐得，何惮而不为哉？"臣窃以为知义理之不可为矣，而犹为之者，必以有利而无害故也。而以臣策之，所谓讲和者，有百害无一利。何苦而必为之？

夫复仇讨贼、自强为善之说，见于经者，不啻详矣。陛下聪明稽古，固不待臣一二言之，请姑陈其利害而陛下择焉。夫议者所谓"本

① 《朱文公文集·奏札·甲寅行宫便殿奏札二》卷一四文。

② 此文并载于《性理学大义·朱子大义》卷一，其中唐先生未下按语。又此文"臣又闻之"上，《朱子大义》并载有"臣恭惟太上皇帝再造区夏"至"则天下幸甚"一段文字；此文"则天下幸甚"下，《朱子大义》并载有"至于四海之利病"至"而成效不可期也"一段文字；

③ 王懋竑《朱子年谱》卷一上"绍兴三十二年壬午三十三岁秋八月"条下文。

根未固，形势未成，进不能攻，退不能守”，何为而然哉？正以有讲和之说故也。此说不罢，则天下之事，无一可成之理，何哉？进无生死一决之计，而退有迁延可已之资，则人之情，虽欲勉强自力于进为，而其气固已涣然离沮而莫之应矣。其守之也必不坚，其发之也必不勇，此非其志之本然，气为势所分，志为气所夺故也。故今日讲和之说不罢，则陛下之励志必浅，大臣之任责必轻，将士之赴功必缓，官人百吏之奉承，必不能悉其心力，以听上之所欲为。然则本根终何时而固，形势终何时而成，恢复又何时而可图，守备又何时而可恃哉？其不可冀明矣。若曰“以虚礼縻之”，则彼虽仁义不足，而凶狡有余。诚有谋我之心，则岂为区区之虚礼而骄？诚有兼我之势，则亦岂为区区之虚礼而辍哉？若曰“示之以弱”，则是披腹心、露情实，而示之以本然之弱，非强而示之弱之谓也，适所以使之窥见我之底蕴，知我之无谋，而益无忌惮耳。纵其不来，我恃此以自安，势分气夺，日复一日，如前所云者，虽复旷日十年，亦将何计之可成哉？则是所以骄敌者，乃所以启敌而自骄；所以缓寇者，乃所以养寇而自缓；为虏计则善矣，而非吾臣子所宜言也。

且彼盗有中原，岁取金币，据全盛之势，以制和与不和之权。少懦则以和要我，而我不敢动；力足则大举深入，而我不及支。盖彼以从容制和，而其操术常行乎和之外，是以利伸否蟠，而进退皆得。而我方且仰首于人，以听和与不和之命，谋国者惟恐失虏人之欢，而不为久远之计。进则失中原事机之会，退则沮忠臣义士之心，盖我以汲汲欲和，而志虑常陷乎和之中，是以跋前疐后，而进退皆失。自宣和、靖康以来，首尾三四十年，虏人专恃此计，中吾腹心。决策制胜，纵横前却，无不如其意者，而我堕其术中，曾不省悟，危国亡师，如出一辙。去岁之事，人谓朝廷其知之矣，而解严未几，虏使复至，彼何惮于我而遽为若是？是又欲以前策得志于我，而我犹不悟也。受而报之，信节未还，而海州之围已急矣。此其包藏反复，岂易可测？而议者犹欲以己试败事之余谋当之，其亦不思也哉！

至于“请复土疆”而冀其万一之得，此又不思之大者。夫土疆我之旧也，虽不幸沦没，而岂可使彼仇仇之虏，得以制其予夺之权哉？顾吾之德之力如何耳。吾有以取之，则彼将不能有，而自归于我；我无以取之，则彼安肯举吾力之所不能取者，而与我哉？且彼能有之而我不能取，则我弱彼强，不较明矣。纵其予我，我亦岂能据而有之？彼有大恩，我有大费，而所得者未必坚也。向者燕、云、三京之事，可以监矣，是岂可不为之寒心也哉？假使万有一而出于必不然之计，彼诚不我欺，而不责其报，我必能自保，而永无他虞，则固善矣。然以堂堂大宋，不能自力，以复祖宗之土宇，顾乃乞丐于仇仇之戎狄，以为国家，臣虽不肖，窃为陛下羞之。

夫前日之遣使报聘，以是为请，既失之矣。及陛下嗣位，天下之望曰庶几乎，而赦书下者，方且禁切诸将，毋得进兵；申遣使介，告谕纂承之意，继修和好之礼，亦若有意于和议之必成，而坐待土疆之自复者。远近传闻，顿失所望。臣愚不能识其何说？而窃叹左右者用计之不详也。古语有之：“疑事无功，疑行无名。”今虏以好来而兵不戢，我所以应之者，常不免出于两涂，而无一定之计，岂非所谓疑事也哉？以此号令，使观听荧惑，离心解体，是乃未攻而已却，未战而已败也。欲以此成恢复之功，亦已难矣！

然失之未远，易以改图。往者不可谏，而来者犹可追也。愿陛下畴咨大臣，总揽群策，鉴失之之由，求应之之术，断以义理之公，参以利害之实，罢黜和议，追还使人，苟未渡淮，犹将可及。自是以往，闭关绝约，任贤使能，立纪纲、厉风俗，使吾修政事、攘夷狄之外，了然无一毫可恃以为迁延中已之资，而不敢怀顷刻自安之意，然后将相军民、远近中外，无不晓然知陛下之志，必于复仇启土，而无玩岁愒日之心，更相激厉，以图事功。数年之外，志定气饱，国富兵强。于是视吾力之强弱，观彼衅之浅深，徐起而图之。中原故地，不为吾有，而将焉往？

此不过少迟数年之久，而理得势全，名正实利，其与讲和请地、苟且侥幸必不可成之虚计，不可同年而语也明矣。惟陛下深留圣意毋忽，则天下幸甚。①

文治按：宋南渡以后，讲和之为害烈矣！读岳武穆、宗忠简集，未尝不为之太息流涕也。朱子父韦斋先生，以不附秦桧和议，致遭贬黜。故朱子平生，专以复仇为旨，读此篇与汪尚书二书，大概可见。乃无识之徒率以讲道学者为懦怯何耶？惟是复仇之要，首在自强。朱子之言修攘也，谓必“敬以直内”，而后能内修政事；必“义以方外”②，而后能外攘夷狄。然则朱子自强之策，固在于本心方寸之间，其非虚憍浮夸之士所能伪托明矣，后世之言外交者，当以此书为金鉴也。

用　　人

戊申封事　节录

至于选任大臣之说，则臣前所谓劳于求贤而贤人不得用者，盖已发其端矣。夫以陛下之聪明，岂不知天下之事，必得刚明公正之人，而后可任也哉？其所以常不得如此之人，而反容鄙夫之窃位者，非有他也，直以一念之间未能撤其私邪之蔽，而燕私之好、便嬖之流，不能尽由于法度。若用刚明公正之人以为辅相，则恐其有以妨吾之事、害吾之人而不得肆。是以选抡之际，常先排摈此等，置之度外，而后取凡疲懦软熟，平日不敢直言正色之人而揣摩之，又于其中得其至庸极陋，决可保其不至于有所妨者，然后举而加之于位。是以除书未出而其物色先定，姓名未显而中外已逆知其决非天下之第一流矣。故以陛下之英明刚断、略不世出，而所取以自辅者，未尝有如汲黯、魏徵之比，顾常反得如秦桧晚年之执政台谏者而用之。彼以人臣窃国柄而畏忠言之悟主以发其奸

---

① 《朱文公文集·封事·壬午应诏封事》卷一一文。

② 《易·坤卦·文言传》文。

也，故专取此流以塞贤路、蔽主心，乃其势之不得已者。陛下尊居宸极，威福自己，亦何赖于此辈，而乃与之共天下之政，以自蔽其聪明，自坏其纲纪，而使天下受其弊哉！夫其所以取之者如此，故其选之不得而精；选之不精，故任之不得而重；任之不重，则彼之所以自任者亦轻。夫以至庸之材当至轻之任，则虽名为大臣，而其实不过供给唯诺，奉行文书，以求不失其窠坐资级，如吏卒之为而已。求其有以辅圣德、修朝政而振纲纪，不待智者而知其必不能也。下此一等，则惟有作奸欺、植党与、纳货赂，以浊乱陛下之朝廷耳。其尤甚者，乃至十有余年而后败露以去，然其列布于后，以希次补者，又已不过此等人矣。盖自其为台谏、为侍从，而其选已如此，其后又择其尤碌碌者而登用之，则亦无怪乎陛下常不得天下之贤材而属任之也。然方用之之初，亦曰"姑欲其无所害于吾之私"而已，夫岂知其所以害夫天下之公者乃至于此哉！陛下试反是心以求之，则庶几乎得之矣。盖不求其可喜，而求其可畏；不求其能适吾意，而求其能辅吾德；不忧其自任之不重，而常恐吾所以①任之者之未重；不为燕私近习一时之计，而为宗社生灵万世无穷之计。陛下诚以此取之，以此任之，而犹曰不得其人，则臣不信也。此今日急务之二也。②

文治按：朱氏止泉云："此篇论③用大臣以刚正为栋梁，以柔媚为蛇蝎，直足继舜典命官、皋陶九德、周公立政、三宅三俊之旨，而忧危惧乱，尤兼家父、凡伯之苦衷矣。"④ 窃谓此段主脑，在"不求其可喜而求其可畏"八句。用人者能奉此以为圭臬，则公私之途立判矣。

---

① "以"字原衍作"以以"，据《朱文公文集》为正。
② 《朱文公文集·封事·戊申封事》卷一一文。
③ "此篇论"，《朱子圣学考略》作"其言"。
④ 朱泽沄《朱子圣学考略·朱止泉先生朱子圣学考略提要》卷首文。

己酉拟上封事

所谓远便嬖以近忠直者，臣闻蓬生麻中，不扶而直；白沙在泥，不染而黑。故贾谊之言曰："习与正人居之，不能无正，犹生长于齐之地不能不齐言也；习与不正人居之，不能无不正，犹生长于楚之地不能不楚言也。"是以古之圣贤欲修身以治人者，必远便嬖以近忠直。盖君子小人，如冰炭之不相容，薰莸之不相入。小人进则君子必退，君子亲则小人必疏，未有可以兼收并蓄而不相害者也。能审乎此以定取舍，则其见闻之益，薰陶之助，所以谨邪僻之防、安义理之习者，自不能已。而其举措刑赏，所以施于外者，必无偏陂之失。一有不审，则不惟其妄行请托、窃弄威权，有以害吾之政事，而其导谀薰染，使人不自知觉而与之俱化，则其害吾之本心正性，又有不可胜言者。然而此辈其类不同，盖有本出下流，不知礼义而稍通文墨者，亦有服儒衣冠，叨窃科第而实全无行检者，是皆国家之大贼，人主之大蜮。苟非心正身修，有以灼见其情状，如臭恶之可恶，则亦何以远之而来忠直之士，望德叶之成乎！诸葛亮有言："亲贤臣、远小人，此先汉之所以与隆也；亲小人、远贤臣，此后汉之所以倾颓也。先帝在时，每与臣论此事，未尝不叹息痛恨于桓灵也。"本朝大儒程颐，在元祐间常进言于朝，以为人主当使一日之中，亲贤士大夫之时多，亲宦官宫妾之时少，则可以涵养气质，薰陶德性，此皆切至之言也。然后主不能用亮之言，故卒以黄皓、陈祇而亡其国。元祐大臣亦不能白用颐说，故绍圣、元符之祸，至今言之，犹可哀痛。前事不远，惟圣明之留意焉，则天下幸甚。①

夏氏炘《书〈己酉拟上封事〉后》曰："封事中……'远便嬖以近忠直'一条，曲写小人情状，劝帝以诸葛武侯'亲贤臣，远小人'之言为戒，其后帝果宠任姜特立、陈源、杨舜卿、林亿年诸人，虽宰臣台谏攻之不能从。封事拟于未即

① 《朱文公文集·封事·己酉拟上封事》卷一一文。

位之先，而弊皆立见于即位之后。然后知圣贤之训，炳若蓍龟矣。"①

文治按：便嬖之为害烈矣！其所以谄我、谀我、求我、诱我者，皆将以戕吾心、贼吾性、杀吾身也。《易·泰卦·象传》曰："君子道长，小人道消。"《否》卦《彖传》曰："小人道长，君子道消。"自古以来，所以乱日多而治日少，而民之憔悴于虐政者，皆由在上者不知君子与小人之辨也，可不痛哉？

与陈丞相书

古之君子有志于天下者，莫不以致天下之贤为急，而其所以急于求贤者，非欲使之缀缉言语、誉道功德，以为一时观听之美而已。盖将以广其见闻之所不及、思虑之所不至，且虑夫处己接物之间或有未尽善者，而将使之有以正之也。是以其求之不得不博，其礼之不得不厚，其待之不得不诚，必使天下之贤，识与不识，莫不乐自致于吾前以补②吾过，然后吾之德业得以无愧乎隐微，而浸极乎光大耳。然彼贤者其明既足以烛事理之微，其守既足以遵圣贤之辙，而其自处必高，其不能同流合污以求誉，自待必厚，而不能陈词饰说以自媒，自信必笃，而不能趋走唯诺以苟容也。是以王公大人，虽有好贤乐善之诚，而未必得闻其姓名，识其面目，尽其心志之底蕴。又况初无此意，而其所取特在乎文字言语之间乎？……盖好士而取之文字言语之间，则道学德行之士，吾不得而闻之矣；求士而取之投书献启之流，则自重有耻之士，吾不得而见之矣。待士而杂之妄庸便佞之伍，则志节慷慨之士，宁有长揖而去耳，而况乎所谓对偶骈俪、谀佞无实，以求悦乎世俗之文，又文字之末流，

① 夏炘《述朱质疑·书〈己酉拟上封事〉后》卷一一文。

② "补"字，《朱文公文集》作"辅"。

非徒有志于高远者，鄙之而不为，若乃文士之有识者，亦未有肯深留意于其间者也。而间①者窃听于下风，似闻明公专欲以此评天下之士。若其果然，则某②窃以为误矣。江右旧多文士，而近岁以来，行谊志节之有闻者，亦彬彬焉。惟明公留意，取其强明正直者以自辅，而又表其惇厚廉退者以厉俗，毋先文艺以后器识，则陈太傅不得专美于前，而天下之士亦庶乎不失望于明公矣。③

纪纲风俗

戊申封事

夫纲纪不振于上，是以风俗颓弊于下，盖其为患之日久矣，而浙中为尤甚。大率习为软美之态，依阿之言，而以不分是非，不辨曲直为得计，下之事上，固不敢少忤其意；上之御下，亦不敢稍咈其情。惟其私意之所在，则千涂万辙，经营计较，必得而后已。甚者以金珠为脯醢，以契券为诗文，宰相可啖则啖宰相，近习可通则通近习，惟得之求，无复廉耻。父诏其子，兄勉其弟，一用此术，而不复知有忠义名节之可贵。其俗已成之后，则虽贤人君子，亦不免习于其说，一有刚毅正直守道循理之士出乎其间，则群讥众排，指为道学之人，而加以矫激之罪，上惑圣聪，下鼓流俗。盖自朝廷之上以及闾里之间，十数年来，以此二字禁锢天下之贤人君子，复如崇、宣之间，所谓元祐学术者，排摈诋辱，必使无所容措其身而后已。呜呼！此岂治世之事，而尚复忍言之哉！

又其甚者，乃敢诵言于众，以为陛下尝谓今日天下幸无变故，虽有伏④节死义之士亦何所用？此言一播，大为识者之忧，而臣有以知其必

① “间”字，《朱文公文集》作“闻”。

② “某”字，《朱文公文集》作“熹”名。

③ 《朱文公文集·书·问答论事·与陈丞相（一本作与龚实之）》卷三七文。

④ “伏”字原作“仗”，据《朱文公文集》为正，下同。

非陛下之言也。夫伏节死义之士，当平居无事之时，诚若无所用者。然古之人君所以必汲汲以求之者，盖以如此之人，临患难而能外死生，则其在平世必能轻爵禄；临患难而能尽忠节，则其在平世必能不诡随。平日无事之时得而用之，则君心正于上，风俗美于下，足以逆折奸萌、潜消祸本，自然不至真有伏节死义之事，非谓必知后日当有变故，而预蓄此人以拟之也。惟其平日自恃安宁，便谓此等人材必无所用，而专取一种无道理、无学识、重爵禄、轻名义之人，以为不务矫激而尊宠之，是以纲纪日坏，风俗日偷，非常之祸伏于冥冥之中，而一旦发于意虑之所不及，平日所用之人，交臂降叛，而无一人可同患难，然后前日摈弃流落之人，始复不幸而著其忠义之节。以天宝之乱观之，其将相贵戚近幸之臣，皆已顿颡贼庭，而起兵讨贼卒至于杀身湛族而不悔，如巡、远、杲卿之流，则远方下邑，人主不识其面目之人也。使明皇早得巡等而用之，岂不能销患于未萌？巡等早见用于明皇，又何至真为伏节死义之举哉！

"殷鉴不远，在夏后之世"，此识者所以深忧于或者之言也。虽以臣知陛下圣学高明，识虑深远，决然不至有此议论。然每念小人敢托圣训以盖其奸，而其为害至于足以深沮天下忠臣义士之气，则亦未尝不痛心疾首，而不敢以识者之虑为过计之忧也。陛下视此风俗为如何？可不反求诸身而亟有以变革之耶？此今日急务之三、四也。①

文治按：此条敷陈时事，尤为痛切。朱氏止泉谓："直②足继《诗》'姻亚膴仕''车马徂向'之刺，而垂涕泣以道之矣。"③

① 《朱文公文集·封事·戊申封事》卷一一文。
② "直"字原作"实"，据《朱子圣学考略》文为正。
③ 朱泽沄《朱子圣学考略·朱止泉先生朱子圣学考略提要》卷首文。

己酉拟上封事

所谓振纲纪以厉风俗者，臣闻四海之广，兆民至众，人各有意，欲行其私。而善为治者，乃能总摄而整齐之，使之各循其理，而莫敢不如吾志之所欲者，则以先有纲纪以持之于上，而后有风俗以驱之于下也。何谓纲纪？辨贤否以定上下之分，核功罪以公赏罚之施也。何谓风俗？使人皆知善之可慕而必为，皆知不善之可羞而必去也。然纲纪之所以振，则以宰执秉持而不敢失，台谏补察而无所私，人主又以其大公至正之心，恭己于上而照临之。是以贤者必上，不肖者必下，有功者必赏，有罪者必刑，而万事之统无所缺也。纲纪既振，则天下之人自将各自矜奋，更相劝勉以去恶而从善，盖不待黜陟刑赏一一加于其身，而礼义之风、廉耻之俗已丕变矣。惟至公之道不行于上，是以宰执、台谏，有不得人，黜陟刑赏多出私意，而天下之俗遂至于靡然不知名节行检之可贵，而唯阿谀软熟、奔竞交结之为务。一有端言正色于其间，则群讥众排，必使无所容于斯世而后已。此其形势，如将倾之屋，轮奂丹雘，虽未觉其有变于外，而材木之心，已皆蠹朽腐烂而不可复支持矣。苟非断自圣志，洒濯其心，而有以大警敕之，使小大之臣各举其职，以明黜陟、以信刑赏，则何以振已颓之纲纪而厉已坏之风俗乎？《管子》曰：“礼义廉耻，是谓四维；四维不张，国乃灭亡。”贾谊尝为汉文诵之，而曰：“使管子而愚人也则可，使管子而少知治体，是岂可不为寒心也哉！”二子之言，明白深切，非虚语者，惟圣明之留意焉，则天下幸甚。①

文治按：此条虽似老生常谈，而实为建国之根本。

---

① 《朱文公文集·封事·己酉拟上封事》卷一二文。

恤民通论

庚子应诏封事[①] 节录 《年谱》：孝宗淳熙七年（一一八〇），朱子年五十一岁。[②]

夫民之不可不恤，不待鲁[③]者而后能知，亦不待明者然后能言也。然欲知其憔悴困穷之实，与其所以致此之由，则臣请以所领之郡推之，然后以次而及其所以施置之方焉。

臣谨按：南康为郡，土地瘠薄，生物不畅，水源干浅，易得枯涸；人民稀少，谷贱农伤，固已为贫国矣。而其赋税偏重，比之他处，或相倍蓰。民间虽复尽力耕种，所收之利，或不足以了纳税赋，须至别作营求，乃可陪贴输官，是以人无固志，生无定业，不肯尽力农桑，以为子孙久远之计。幸遇丰年，则贱粜禾谷，以苟目前之安。一有水旱，则扶老携幼，流移四出，视其田庐，无异逆旅之舍。盖出郊而四望，则荒畴败屋，在处有之。故臣自到任之初，即尝具奏，乞且将星子一县税钱，特赐蠲减；又尝具申提点坑冶司，乞为敷奏，将夏税所折木炭价钱，量减分数。其木炭钱已蒙圣慈曲赐开允，独减税事，漕司相度，方上版曹，若得更蒙圣恩，特依所请，则一方憔悴困穷之民，自此庶几复有更生之望矣。

然以臣计之，郡之接境江饶等州，土田瘠薄类此者，非一郡一县而已也。税赋重大如此者，非一料一色而已也。若不大为经理，深加隐恤，虽复时于其间少有纵舍，如以杯水救一车薪之火，恐亦未能大有所济，而剥肤椎髓之祸，必且愈深愈酷而不可救，元气日耗，根本日伤，一旦不幸而有方数千里之水旱，则其横溃四出，将有不可如何者，未知

① 此文并载于《性理学大义·朱子大义》卷一，其中《朱子大义》唐先生未下按语。此文“夫民之不可不恤”上，《朱子大义》有“臣伏睹三月九日陛下可议臣之奏”至“盖谓此也”一段文字；此文“而不可不恤者然也”下，《朱子大义》有“而臣所谓省赋理军者”至“臣熹昧死再拜谨言”一段文字。

② 王懋竑《朱子年谱》卷二下“淳熙七年庚子五十一岁夏四月”条下文。

③ “鲁”字原作“智”，据《朱文公文集》为正。

陛下何以处此？此臣之所谓民之憔悴困穷，而不可不恤者然也。[1]

文治按：孔子言“节用爱人”[2]，孟子屡言“薄税敛”[3]，《周易》大义，“损上益下”则为益，“损下益上”则为损。故薄赋税一事，实为爱民经国之大本。或谓：“国用不足将奈何?”不知君民一体，“百姓足，君孰与不足?”[4] 且财聚民散，若壹意聚敛，怨谤繁兴，倒戈者将踵起矣。此篇剥肤椎髓之祸数语，可为千古殷鉴。

恤民社仓法

建宁府崇安县五夫社仓记 节录　　《年谱》：辛卯（一一七一）作，朱子年四十二岁。[5]

乾道戊子（一一六八）春夏之交，建人大饥。……知县事诸葛侯廷瑞以书来，属予及乡之耆艾刘如愚[6]，劝豪民发藏粟，下其直以赈之。……俄而盗发浦城……人情大震，藏粟亦且竭……乃请于府。时知府事余公嚞[7]……以粟六百斛来……于是籍民口大小仰食者若干人，以率受粟，民遂得无饥乱以死，无不悦喜。……而浦城之盗，亦以无复随和而就禽。……是冬有年，民愿以粟偿官……将辇载以归有司，而知府事王公淮俾留里中[8]，而上其籍于府。

---

① 《朱文公文集·封事·庚子应诏封事》卷一一文。

② 《论语·学而》文。

③ 《孟子·梁惠王上》文。

④ 《论语·颜渊》文。

⑤ 王懋竑《朱子年谱》卷一下“乾道七年辛卯四十二岁夏五月”条下文。

⑥ “刘如愚”，《朱文公文集》作“左朝奉郎刘侯如愚曰：‘民饥矣。’盍为”。

⑦ “乃请于府。时知府事余公嚞”，《朱文公文集》作“则以书请于县于府，时敷文阁待制信安徐公嚞知府”。

⑧ “而知府事王公淮俾留里中”，《朱文公文集》作“而王公曰：‘岁有凶，穰不可前料，后或艰食，得无复有前日之劳，其留里中’”。

又曰："刘侯与余，既奉王公教留民所偿官粟贮里中①，次年夏，又请于府曰：'山谷细民，无盖藏之积，新陈未接，虽乐岁不免出倍称之息，贷食豪右，而官粟积于无用之地，后将红腐不复可食。愿自今以来，岁一敛散，既以纾民之急，又得易新以藏，俾愿贷者出息什二……不欲者勿强，岁或不幸②小饥则弛半息，大祲则尽蠲之。……请著为例。'……既而……又请曰：'粟分贮民家，于守视出纳不便，请放古法，为社仓以储之。'……经始于七年（一一七一）五月，而成于八月。为仓三，亭一，门墙、守舍，无一不具。……又讲求仓之利病，具为条约……揭之楣间，以视来者。于是仓之庶事，细大有程，可久而不坏矣。"③

夏氏炘曰："古者藏富于民，耕三余一……是以年有凶荒，而民无饿殍。社仓起于隋唐，即《周礼》'县都委积之'之意。宋世已不复存。常平义仓，掌于官吏，有名无实。朱子所居崇安县开耀乡，每岁春夏之交，豪户闭粜牟利，细民或相强夺。朱子尝帅乡人置社仓赈贷，立法详备，民以为便。辛丑（一一八一）奏事延和殿，乞推行之，得旨，诏行社仓于诸郡。其时绍兴府会稽县乡官、嘉兴主簿诸葛修职，即乞官米置仓给贷。台州司户王迪功、衢州龙游县袁承节等，又各出本家米谷置仓。淳熙丙午（一一八六），陆文安公在敕局，编社仓法于广赈恤门，梭山先生仿而置之于青田。他如婺州之金华，建阳之长滩，大阐邵武之光泽，常州之宜兴，南城之吴氏，莫不闻朱子之风而兴起。今近七百年，奉行遍于天下，又或不免滋弊，于是丰备积谷诸名相继而起，而其实皆无能越乎朱子之范

① "又曰：刘侯与余，既奉王公教留民所偿官粟贮里中"，《朱文公文集》作"刘侯与予既奉教"。

② "或不幸"三字脱，据《朱文公文集》补入。

③ 《朱文公文集·记·建宁府崇安县五夫社仓记》卷七七文。

围也。"①

文治按：社仓积谷，法良意美，吾国民生命脉实系乎此。惟职掌者，贵乎得人。近世以来，无论积谷积钱，多为豪强经理者所侵蚀，浸至凶年饥岁，闭而不发，殃百姓而害子孙，可为深痛。有社会之责者，急宜注意。

恤民救荒法

与星子诸县议荒政书 《年谱》：庚子（一一八〇）作，朱子年五十一岁。②

熹为政不德，致此旱灾，虽已究心，多方措置，庶几吾民得以保其生业，而免于饥饿游离之苦。然窃自念智力浅短，不惟精神思虑多所不周，而事体次第亦须由军而县，方能推以及民。若非三县同官，各存至公至诚之心，深念邦本民命③之重，相与协力，岂能有济？今有愚见，恳切布闻，条具如后。

一、逐县知佐，既是同在一县，协力公家，当以至公至诚之心相与。凡百事务，切要通情，子细商量，从长措置，自然政修事举，民受其赐。苟或上忽其下，唯务私己吝权，下慢其上，但知偷安避事，则公家之务何由可济？况今灾数非常，民情危迫，经营措置，当如拯溺救焚之急，不可小有迟缓龃龉，有误民间性命之计。切告深体此意，尽革前弊，庶几事有成功，民受实惠。

一、检放之恩，著在令甲，谨已遵奉施行。今请同官当其任者，少带人从，严切戒约，给与粮米钱物，不得纵容需索搔扰。又须不惮劳苦，逐一亲到地头，不可端坐宽凉去处，止凭乡保撰成文字。又须依公检定分数，切不可将荒作熟，亦不可将熟作荒。其间或有疑似去处，或

① 夏炘《述朱质疑·记朱子外任政绩上》卷一三文。

② 王懋竑《朱子年谱》卷二下"淳熙七年庚子五十一岁秋七月"条下文。

③ "命"字原作"食"，据《朱文公文集》为正。

有用力勤苦之人，宁可分明过加优恤，不可纵令随行胥吏，受其计嘱，别作情弊。

一、劝谕上户，请详本军立去帐式，令乡众依公推举，约定所阴客户、所粜米谷数目，县司略备酒果，延请劝谕，厚其礼意，谕以利害，不可纵令胥吏非理搔扰。上户既是富足之家，必能体悉此意。其间恐有未能致悉之人，亦当再三劝谕，审其虚实，量与增减。如更诈欺抵拒，即具姓名申军切待，别作施行。

一、根括贫民，请详本军所立帐式，行下诸都隅官保正，子细抄札，著实开排。再三叮咛，说谕不得容情作弊，妄供足食之家，漏落无告之人。将来供到，更于本都唤集父老贫民，逐一读示，公共审实。众议平允，即与保明，如有未当，就令改正，将根括隅官保正，重行责罚。

一、将来粜米，亦请一面早与上户及籴米人户，公共商议置场去处，务令公私贫富远近之人，各得其便。大抵官米只于县市出粜，上户米谷即与近便乡村置场出粜，不须般载往来，徒有劳费。如有大段有余不足去处，及将来发粜常平米斛，即具因依申来切待，别行措置。

一、凡郡中行下宽恤事件，各请诚心公共推行。如有未当或未尽事宜，更望子细示谕，当行改正。

右①件如前，各请痛察。如或未蒙听从，尚仍前弊，致此饥民一有狼狈，即当直以公法从事，不容更奉周旋矣。千万至恳至恳！②

劝谕救荒　年岁同上。③

契勘本军营内，久阙雨泽，祈祷未应，田禾已有干损去处，皆由长吏不明，政刑乖错，致此灾殃。永念厥愆，实深悼惧。除已具申朝省及

① 原书为竖排，故作“右”。

② 《朱文公文集·书·时事出处·与星子诸县议荒政书》卷二六文。

③ 王懋竑《朱子年谱》卷二下“淳熙七年庚子五十一岁秋七月”条下文。

诸监司乞行宽恤赈济，及检计军仓两县常平米，见管万数不少，又已多方招邀米船，日近出粜，仍兑借诸色钱往外州循环收籴，准备赈济。……今有预行劝谕将来事件下项：

一、本军日前灾伤人户，多致流移，一离乡土，道路艰辛，往往失所。甚者横有死亡，抛下坟墓，田园屋宇，便无人为主，一向狼藉，至今遗迹尚有存者，询问来历，令人痛心。况今淮南湖北等路，亦不甚熟，舍此往彼，等是饥饿，有何所益？今[1]劝人户各体州县多方救恤之意，仰俟朝廷非常宽大之恩，各宜[2]安心著业，更切祈祷神明，车戽水浆，救取见存些少禾谷，依限陈诉所伤田段顷亩，听候官司减放税租，赈济米斛。不可容易游移，别致后悔。

一、今劝上户有力之家，切须存恤接济本家地客，务令足食，免致流移，将来田土抛荒，公私受弊。

一、今劝上户接济佃火之外，所有余米，即须各发公平广大仁爱之心，莫增价例，莫减升斟，日逐细民告籴，即与应副。则不惟贫民下户获免流移饥饿之患，而上户之所保全，亦自不为不多。其粜米数多之人，官司必当施行保明，申奏推赏。其余措借出放，亦许自依乡例，将来填还。不足，官司当为根究。如有故违不肯粜米之人，即仰下户经县陈诉，从官司究实。

一、今劝贫民下户，既是平日仰给于上户，今当此凶荒，又须赖其救接，亦仰各依本分，凡事循理。遇阙食时，只得上门告籴。或乞赊借生谷举米。如妄行需索，鼓众作闹，至夺钱米，如有似此之人，定当追捉根勘，重行决配远恶州军。其尤重者，又当别作行遣。

一、早禾已多损旱，无可奈何，只得更将旱田多种荞麦及大小麦接济食用。[3]

---

① “今”字原误作“令”，据《朱文公文集》为正。

② “宜”字，《朱文公文集》作“且”。

③ 《朱文公文集·公移·劝谕救荒》卷九九文。

夏氏炘曰："淳熙庚子（一一八〇），南康军旱灾，朱子大修荒政。《年谱》纪其凡活饥民大人一十二万七千六百七口，小儿九万二百七十六口。其设施次第，人争传录以为法。辛丑（一一八一）浙东大旱，较南康尤甚，孝宗专倚朱子以救荒之事。朱子自十二月视事西兴，至明年九月归，所活至不可胜计。浙东户歌朱子之德，孝宗亦以煞究心称之。自古救荒之治，未有过于朱子者也。"①

文治按：居今之世，惟以正人心、救人命两端为急务。欲正人心，宜读朱子心性学；欲救人命，宜读朱子社仓法与救荒策。往者余读程伊川先生与人论赈济事，心窃佩之。盖程子论赈，其要端在放时宜择宽广处所，不令饥民拥挤，而朱子论赈要端，如济溺救焚，不容迟误，二说皆宜书绅服膺者也。而文治更有进者。窃谓放赈要旨，在"救命不救穷"五字，盖我国穷人颇多，势难普及，惟极穷者亦宜速救，盖极穷不救，其后亦必至于废命也。惟统计学亟宜研究，预计吾之财力可放至何时，饥民至何时方可耕种得食，必筹划至得食时始止，庶无饿莩之患。若财力不足，宜速劝捐，或请他善团继之，否则为善不终矣。若夫未放之前，以调查为入手要务，最急者若干户、若干口，次急者若干户、若干口，先给与证据，宁少宽，勿过刻；总以其家有无储食粮为断。临时或放钱、或放米，宜分途散给之；其有老病及饥饿不能行走者，则宜担粥施送；煮粥时必须亲自监视，防司爨者有偷减米粮、并搀和石灰之弊。其饿将死者，灌以粥汤，勿使食粥，盖恐其肠细致毙也。若饥荒略轻之处，宜先分定区域各值一处散放。先期榜示开放日期时刻，切须如程子言，觅宽旷处所，或左进右出，或前进后出，勿使老

① 夏炘《述朱质疑·记朱子外任政绩下·救荒之政》卷一四文。

幼妇女，有拥挤倾跌及落后之虞；且宜于近处派人巡查，勿使流氓匪徒抢夺，则善矣！至朱子所谓“如济溺救焚”之说，即谚云“放赈如救火”是也。往年余尝赈本乡水灾，捐得棉衣二千袭，经海关留难护照，迟到一日，新丰乡冻死一老妪，鹿湖乡冻死一小孩，至今引为大疚。又尝赈湖南兵灾，有某巨绅劝捐得十数万，靳而不放，询之，则曰吾以宽筹缓放为宗旨，迨后稍稍发放，饿死者无数。我辈力薄款少，亦引为大疚。而如某巨绅者，救人而适以造孽矣。于此可见，凡事皆以得人为主，朱子所谓“以至诚至公之心相与”，尤属探本之论。赈友之中，性刚者宜济之以柔，性宽者宜济之以严，则调剂之适得其平。《孟子》曰：“人皆有不忍人之心。”① 感动而激发之首，在良知之学，能致良知，则天下皆善人矣。

又按：近时西国多主以工代赈，其法固善。吾国荒地荒山甚多，尤以移垦开矿为宜，但必须有见成之工程工厂方为适当。若因某方有饥荒，而始谋工程、开工厂，则饥民多饿死，何如放急赈之为善乎！持高论而不究事实，作孽大矣。

① 《孟子·公孙丑上》文。

紫阳学术发微卷七

朱子论道释二家学发微

文治按：朱子初时，尝出入于老释者十余年，夏弢甫先生考之详矣。然文治考朱子晚年，颇参用道家而力辟释氏。其参用道家者，取其为存心养性之助也；其力辟释氏者，以其废人伦而蔑天理也。读本篇所载《参同契说》《调息箴》《与汪尚书》诸篇大概可见，而《释氏论（下篇）》谓“释氏剽窃《庄》《列》之绪余”，尤足资考古者之研究。

夫朱子之所以颇信道家者，盖自有说。先儒谓神农传《连山易》，黄帝传《归藏易》①，而老子为柱下史，实传黄帝之学，其《道德经》曰：“谷神不死，是为玄牝，玄牝之门，是为天地根。”② 即引黄帝之言。文王作《坤》卦彖辞曰“利牝马之贞”，周公作《坤》上六爻辞曰“其血玄黄”，孔子《文言传》赞之曰“天玄而地黄”，盖皆本《归藏易》之义，即所谓“玄牝之门，为天地根”也。孔子观殷礼而得坤乾③，即《归藏易》也。《系辞传》曰：“阖户谓之坤，辟户谓之乾。”

---

① 《周礼·春官·大卜》有“三易”，云：“一曰《连山》，二曰《归藏》，三曰《周易》。”孔疏引汉儒杜子春云：“《连山》伏牺，《归藏》黄帝。”

② 《道德经·道经·成象第六》文。“为”字，《道德经》作“谓”。

③ 《礼记·礼运》载孔子曰：“我欲观夏道，是故之杞，而不足征也，吾得夏时焉。我欲观殷道，是故之宋，而不足征也，吾得坤乾焉。坤乾之义，夏时之等，吾以是观之。”郑玄注“坤乾”云：“殷阴阳之书，存者有《归藏》。”

以坤先乾，亦用《归藏易》之义。是文王、周公、孔子皆通黄帝之学，实即后世道家之学，故朱子取之以为存养之助，实即《易传》“无思无为，寂然不动”之旨。

惟儒家之用，则重在“开物成务，冒天下之道”①；而道家之学，则以为“神大用则竭，形大劳则敝”②，故“欲使人精神专一，动合无形”③，而与天地长久，此则其始同而终异者尔。故班氏《艺文志》谓：“道家者流……秉要执本，清虚自守，卑弱自持……合于尧之‘克让’、《易》之‘嗛嗛’，……此其所长也；及放者为之，则欲绝去礼学，兼弃仁义，曰独任清虚可以为治。”④ 是说也，可谓能探其本矣。朱子其亦有取于斯乎？爰发其微，以质世之君子。

参同契说

按：魏书⑤首言《乾》《坤》《坎》《离》四卦，橐籥之外，其次即言《屯》《蒙》六十卦，以见一日用功之早晚，又次即言纳甲六卦，以见一月用功之进退，又次即言十二辟卦，以分纳甲六卦而两之，盖内以详理月节，而外以兼统岁功。其所取于《易》以为说者，如是而已，初未尝及夫三百八十四爻也。今世所传火候之法，乃以三百八十四爻为一周天之数，以一爻直一日，而爻多日少，则不免去其四卦二十四爻，以俟二十四气之至而渐加焉，已非出于自然吻合之度矣。且当日所用之爻，或阴或阳，初无次第，不知工夫有何分别？又况一日之间，已周三百六十之数，而其一气所加，仅得一爻，多少重轻，不相权准。及此二十四者，进增微渐，退减暴疾，无复往来循环之势。恐亦后人以意为之，未必魏君之本指也。窃意此书大要，在于“坎”“离”二字，若于

① 《易·系辞上传》文。
② 《太史公自序》文。
③ 司马谈《论六家要旨》文。
④ 班固《汉书·艺文志第十》卷三〇文。
⑤ 指魏伯阳《周易参同契》。

此处得其纲领，则功夫之节度，魏君所不言者，自可以意为之。但使不失其早晚之期，进退之节，便可用功，不必一一拘旧说也。故今推得策数一法，似亦齐整，其与爻数之法，虽皆魏君所不言，然此为粗有理也。盖月以十二卦分之，卦得二日有半，各以本卦之爻行本爻之策，自八月《观》卦以后，至正月《泰》卦，阳用少二十八策，阴用老二十四策，自四月《大壮》以后，至七月《否》卦，阳用老三十六策，阴用少三十二策。阳即注意运行，阴即放神冥寂，一爻已足，即一开目舒气以休息之。十二卦周即为一月之功，十二月周即为一岁之运。反覆循环，无有余欠。其数如左[①]方：

震一至五	复一至三半	一阳二十八	阳生
		五阴百二十	
	临三半至五	二阳五十六	
		四阴九十六	
兑六至十	泰六至八半	三阳八十四	
		三阴七十二	
	壮八半至十	四阳百四十四	
		二阴六十四[②]	
乾十一至十五	夬十一至十三半	五阳百八十	
		一阴三十二	
	乾十三半至十五	六阳二百一十六	阳极无阴
巽十六至二十	遘[③]十六至十八半	一阴三十二	
		五阳百八十	阴生
	遁十八半至二十	二阴六十四[④]	
		四阳百四十四	

① 原书为竖排，故作“左”。
② “四”字，《朱文公文集》作“八”。
③ “遘”字，《朱文公文集》作“过”。
④ “四”字，《朱文公文集》作“八”。

艮二十一至二十五	否二十一至二十三半	三阴九十六	
		二阳一百八	
	观二十三半至二十五	四阴九十六	
		二阳五十六	
坤二十六至三十	剥二十六至二十八半	五阴百二十	
		一阳二十八	
	坤二十八半至三十	六阴一百四十四	阴极无阳

此说欲与季通[①]讲之，未及写寄而季通死矣。偶阅旧藁，为之泫然。戊午（一一九八）腊月二[②]十六日。

文治按：季通先生之殁，在朱子六十八岁，而此篇之作，则朱子六十九岁矣。朱子以《参同契》词韵皆古，奥雅难通，因合诸本雠正，为《考异》一卷。元人庐陵黄瑞节刻入《朱子成书》中，原跋空同道士邹欣作，黄氏及《四库全书提要》皆谓“邹欣”二字，朱子之托名。《提要》并举《年谱》载：“庆元三年（一一九七），蔡元定将编管道州，与朱子会，宿寒泉精舍，夜论《参同契》事[③]。《文集》又有《与蔡季通》曰‘《参同契》更无缝隙，亦无心思量……’云云。盖遭逢世难，不得已而托诸神仙，殆与韩愈谪潮州时，邀大颠同游之意相类。”[④] 文治窃谓：《提要》之论，可备一说。然朱子晚年，涵养深沈，未尝不采取《参同契》之说，以为存养之方，故尝谓《参同契》“虽非为明《易》而设，然《易》中无所不有。苟其言自成一家，可推而通，则亦无害于《易》”[⑤]。见《朱子成书》。于此可见朱子之学，广大而无不赅矣。

---

① 蔡元定（一一三五—一一九八），字季通，学者称西山先生，福建建阳人；精纬学、律吕与堪舆，少朱子五岁，乃朱子挚友与姻亲。

② “二”字，《朱文公文集》作“一”。

③ “事”字前，《四库全书总目》有“一”字。

④ 《四库全书总目·子部五十六·道家类》卷一四六文。

⑤ 《朱文公文集·书·问答·答袁机仲》卷三八文。

又按：本文谓“阳即注意运行，阴即放神冥寂”，二语可以橐籥。《易·系辞传》言“天下何思何虑”下，继之曰：“日往则月来，月往则日来，日月相推而明生焉。”此即昼夜不息之序也。又曰：“寒往则暑来，暑往则寒来，寒暑相推而岁成焉。”此即积日月而成岁功也。又曰：“往者屈也，来者伸也。屈伸相感而利生焉。”往屈为阴，即“放神冥寂”也，来伸为阳，即“注意运行”也。又曰“尺蠖之屈”“龙蛇之蛰”，即“放神冥寂”也。又曰“精义入神，利用安身”，即“注意运行”也。

然阴中有阳，阳中有阴，故曰“夫乾，其静也专，其动也直”；“夫坤，其静也翕，其动也辟”。此则阴阳相需为用，动静交相养也。《老子》首章曰：“常无欲以观其妙。”即所谓“放神冥寂”也；“常有欲以观其徼”，即所谓“注意运行”也。《庄子·在宥篇》曰：“吾为女遂于大明之上矣，至彼至阳之原也；为女入于窈冥之门矣，至彼至阴之原也。”此即《人间世篇》所谓“无门无毒”，阴阳相养之义也。惟道家所谓“常无观妙”者，实与儒家“放神冥寂”同，而所谓“常有观徼”者，实与儒家“注意运行”异。盖儒家之注意运行，在处事接物，穷究理要；而道家之“观徼”，则仍是本心冥想之功也。然则吾儒兼取道家之学，何讳言之有？即如《阴符经考异》，元人刻入《朱子成书》，而《年谱》不载，后人亦谓之讳。夫孔子问礼老聃，亦曷尝讳言哉？

又按：古人推算时刻，未有钟表，故本文以策数言之。若以近时钟表推之，每卦值两日半，合六十点钟，每爻正当十点钟也。惟鄙意阴爻阳爻似亦不可过拘。盖人之一生，犹天道之元亨利贞，譬如一日，昼间运行之时多，夜间冥寂之时多，乃自然之理，老子所谓“天法道，道法自然”① 是也。若过于拘泥，则烦而不能行，《易》所谓“频复，厉”②，司马谈所谓“使人拘而多所畏”③ 矣。

养生主说

《庄子》曰：“为善无近名，为恶无近刑，缘督以为经。”督，旧以为中。盖人身有督脉，循脊之中，贯彻上下。见《医书》。故衣背当中之缝，亦谓之督，见《深衣》注。皆中意也。老庄之学，不论义理之当否，而但欲依阿于其间，以为全身避患之计，正程子所谓“闪奸打讹”者，故其意以为为善而近名者，为善之过也；为恶而近刑者，亦为恶之过也。唯能不大为善，不大为恶，而但循中以为常，则可以全身而尽年矣。

然其“为善无近名”者，语或似是而实不然。盖圣贤之道，但教人以力于为善之实，初不教人以求名，亦不教人以逃名也。盖为学而求名者，自非为己之学，盖不足道。若畏名之累己，而不敢尽其为学之力，则其为心亦已不公，而稍入于恶矣。

至谓“为恶无近刑”，则尤悖理。夫君子之恶恶，如恶恶臭，非有所畏而不为也。今乃择其不至于犯刑者而窃为之，至于刑祸之所在，巧其途以避之，而不敢犯，此其计私而害理。又有甚焉，乃欲以其依违苟且之两间，为中之所在而循之，其无忌惮亦益甚矣！

客尝有语余者曰：“昔人以诚为入道之要，恐非易行，不若以中易诚，则人皆可行而无难也。”予应之曰：“诚而中者，君子之中庸也；不诚而中，则小人之无忌惮耳。今世俗苟偷恣睢之论，盖多类此，不可不深察也。”

---

① 《道德经·道经·象元第二十五》文。

② 《易·复卦》六三爻辞。

③ 《史记·太史公自序》卷一三〇文。

或曰："然则《庄子》之意，得无与子莫之执中①者类耶？"曰："不然。子莫执中，但无权耳，盖犹择于义理，而误执此一定之中也。《庄子》之意，则不论义理，专计利害，又非子莫之比矣。盖迹其本心，实无以异乎世俗乡原之所见，而其揣摩精巧，校计深切，则又非世俗乡原之所及，是乃贼德之尤者。所以清谈盛而晋俗衰，盖其势有所必至。而王通犹以为非《老》《庄》之罪②，则吾不能识其何说也。"既作《皇极辨》，因感此意有相似者，谩笔之于其后云。③

文治按：朱子作《调息箴》，取《庄子·在宥篇》"守一处和"之说，而于此篇驳《庄子》，何也？窃意《庄子》所谓"为善无近名，为恶无近刑"二语，盖近程子"善恶皆天理"之说，而更进焉。其意以为战国时人之为善，无有不近名者，其为恶亦无有不近刑者，不如不为善亦不为恶尔。至"缘督以为经","督，旧以为中"二语，朱子解缘督为督脉，"循脊之中，贯彻上下"，可谓精极。盖缘督为经，乃循督脉以守窍，即《人间世篇》所谓"无门无毒，壹宅而寓于不得已"是也。"督，旧为中"，即《老子》所谓"多言数穷，不如守中"④是也。中者何？"玄牝之门，是为天地根"⑤，此乃儒家所谓"喜怒哀乐未发"⑥之中，非事理之中也。朱子以为非"子莫执中"之比，更非世俗乡原之所及，盖误解《庄子》之意矣。

---

① 《孟子·尽心上》载孟子曰："杨子取为我，拔一毛而利天下，不为也。墨子兼爱，摩顶放踵利天下，为之。子莫执中，执中为近之。执中无权，犹执一也。"故朱子下文云"无权"。

② 王通《中说·周公篇》谓："《诗》《书》盛而秦世灭，非仲尼之罪也；虚玄长而晋室乱，非《老》《庄》之罪也；斋戒修而梁国亡，非释迦之罪也。《易》不云乎：'苟非其人，道不虚行。'"

③ 《朱文公文集·杂著·养生主说》卷六七文。

④ 《道德经·道经·虚用第五》文。

⑤ 《道德经·道经·成象第六》文。"为"字，《道德经》作"谓"。

⑥ 《礼记·中庸》文。

观《列子》偶书

向所谓未发者，即《列子》所谓“生之所生者死矣，而生生者未尝终；形之所形者实矣，而形形者未尝有”尔，岂子思《中庸》之旨哉！丙申（一一七六）腊日，因读《列子》书此。又观其言“精神入其门，骨骸反其根，我尚何存”者，即佛书“四大各离，今者妄身当在何处”之所由出也。他若此类甚众，聊记其一二于此，可见剽掠之端云。①

王氏懋竑曰：“朱子尝言‘佛书皆剽掠《庄》《列》之言，以佐其说’②，与此跋同。今自言旧‘未发说’③同于《列子》，则毫厘之间，与禅有近似者。薛书‘驰心空妙之域’，盖指此类。此时已深辟禅，又未识象山，《学蔀通辨》谓其与禅、陆合，殊不其然。而或又谓‘驰心空妙’，统指佛学，则亦误也。”④

童氏能灵曰：“《中和旧说序》所谓‘未尝发’者，实即《列子》‘未尝终’‘未尝有’之说。而彼书所谓‘觉性不动常⑤自寂灭’者，正此旨也。朱子特记之以自识其误，而兼为学者戒焉。此亦可见明季诸人皆掇拾朱子之所弃也。”⑥

夏氏炘曰：“或问：‘朱子中和旧说与释道同乎？’曰：

---

① 《朱文公文集·杂著·观〈列子〉偶书》卷六七文。

② 《朱子语类》卷一二五载朱子云：“道家有《老》《庄》书，却不知看，尽为释氏窃而用之，却去仿效释氏经教之属。譬如巨室子弟，所有珍宝悉为人所盗去，却去收拾人家破瓮破釜。”卷一二六载：“释氏书其初只有《四十二章经》，所言甚鄙俚，后来日添月益，皆是中华文士相助撰集。如晋宋间自立讲师，孰为释迦，孰为阿难，孰为迦叶，各相问难，笔之于书，转相欺诳。大抵多是剽窃《老子》《列子》意思，变换推衍以文其说。”“至晋宋间乃谈义，皆是剽窃《老》《庄》，取《列子》为多。”“今看《圆觉》云：‘四大分散，今者妄，身当在何处？’即是窃《列子》‘骨骸反其根，精神入其门，我尚何存？’”以上皆是朱子批评佛家“剽窃”《老》《庄》《列》三家之论。

③ 指朱子《中和旧说序》。

④ 王懋竑《白田草堂存稿·杂著·朱子答江元适书薛士龙书考》卷七文。

⑤ “常”字原作“尝”，据《子朱子为学次第考》为正。

⑥ 童能灵《子朱子为学次第考》卷二文。

‘绝不同。’又问：‘既绝不同，朱子《观〈列子〉偶书》云：“向所谓未发者，即《列子》所谓：生之所生者死矣，而生生者未尝终，形之所形者实矣，而形形者未尝有，岂子思《中庸》之旨哉！”其言果何谓也？’曰：‘此朱子极言之，谓其与《列子》之言无异，其实言不异，而所指者实大异。何以明之？《列子》所谓生与形，指知觉运动言也。生生、形形，指天地之气言也。朱子未发之性，指理言也。发者方往而未发者方来，与“生生未尝终”之言同；一日之间万起万灭，而寂然之本体，未尝不寂然，与“形形未尝有”之言同。学者不察，则必流入于彼。因观《列子》，遂书以为戒，不可以词害意，遂谓其真与《列子》无异也。不观朱子丙戌（一一六六）之《答罗参议书》乎？其书云：“原来此事与禅家十分相似，所争毫末耳，然此毫末却甚占地位。”其时朱子新悟中和旧说，云十分相似者，即观《列子》之所书也；云所争毫末者，谓一理一气，所争者只此些子耳；云此“毫末甚占地位”者，谓此些子之理，占地位甚多，此地位一失，即《大易》所谓“差之毫厘，缪以千里”也。朱子书不易读，须观其会通，始不昧于疑似。苟因观《列子》数语，遂谓“中和旧说”之同于释、陆，又谓《答薛士龙书》“驰心空妙之域”即指此类，不亦误乎？’”①

文治按：王、童、夏三家之说，愈进而愈精。然《列子》书多后人伪托，先哲已详言之。近姚氏际恒并谓其书言西方圣人直指佛氏，遂疑刘向《列子序》亦系伪造者所假托②，则其书中所言之义理，殆不足深辨也。

---

① 夏炘《述朱质疑·朱子〈中和旧说〉约在乙卯丙戌之间考》卷三文。按：乙卯年（一一三五）朱子方五岁，夏氏题云“乙卯”者疑应作“乙酉”。乙酉年（一一六五）朱子三十五岁，与丙戌年三十六岁时间相前后。

② 姚际恒《古今伪书考·列子》。

调息箴

【释】唐先生详注此箴，乃先生于静坐说之心得。

鼻端有白，我其观之，随时随处，容与猗移。静极而嘘，如春沼鱼，动极而翕，如百虫蛰。氤氲开辟，其妙无穷，孰其尸之，不宰之功。云卧天行，非予敢议，守一处和，千二百岁①。

文治按：人之所以生者，惟在于气。气足则神自裕而精益固，故孟子论养气曰“勿忘勿助”②，董子亦曰“君子甚爱气”③，则气之宝贵可知。《庄子·人间世篇》曰：“无听之以耳而听之以心，无听之以心而听之以气”,“气也者，虚而待物者也”，此数语为养生要旨。凡人于静时或动时，专壹于气，则心不外放，气不外散，自渐沉入丹田之内。老子所谓“虚其心，实其腹”④ 是也。

“息”字从自从心，自者鼻之省文，心与鼻相应谓之息。

“鼻端有白”二句，即《庄子》所谓“虚室生白，吉祥止止”也。虚室，鼻也；白者，气也。

“吉祥止止”者，止而又止，气由粗而入于细，由细而归于无也。“我其观之”，《庄子》所谓“瞻彼阕者”也（均见《人间世篇》）。

“随时随处”二句，《老子》所谓“绵绵若存，用之不勤”⑤ 也。

“静极而嘘”四句，白乐天所谓“动静交相养”⑥，周子

---

① 《朱文公文集·箴·调息箴》卷八五文。
② 《孟子·公孙丑上》文。
③ 《春秋繁露·循天之道》文。
④ 《道德经·道经·安民第三》文。
⑤ 《道德经·道经·成象第六》文。
⑥ 白居易《白氏长庆集·诗赋·动静交相养赋》卷三八文。

所谓“一动一静，互为其根”①，即虚而待物之法也。

“氤氲开辟”四句，乃与天地之气，同其呼吸。《易传》曰：“天下何思何虑？往者屈也，来者伸也，屈伸相感，而利生焉。”《孟子》言性曰：“以利为本……行其所无事。”② 利者，自然也。《老子》曰：“天法道，道法自然。”③ 不宰则纯乎天，而出于自然矣。《老子》又曰：“专气致柔，能婴儿乎?”④ 婴儿之在母胎也，顺母之气以为呼吸，人之生于天下也，顺天之气以为呼吸。不宰之功，自然之极也。

“云卧天行”二句，未知出处⑤。

“守一处和”二句，见《庄子·在宥篇》广成子对黄帝语，虽系寓言，亦养生之要旨，宜熟味而心体之。

答汪尚书第二书⑥　节录　　前书旁注云：癸未（一一六三）六月九日⑦。此书盖一时之作。

别纸示及释氏之说，前日正以疑晦未祛，故请其说。方虞僭越，得罪于左右，不意贬损高明，与之酬酢如此，感戢亡已。熹于释氏之说，盖尝师其人、尊其道，求之亦切至矣，然未能有得。其后以先生君子之教，校夫先后缓急之序，于是暂置其说，而从事于吾学。其始盖未尝一日不往来于心也，以为俟卒究吾说而后求之，未为甚晚耳，非敢遽绌绝

① 《周濂溪先生全集·周子太极图说》卷一文。

② 《孟子·离娄下》文。

③ 《道德经·道经·象元第二十五》文。

④ 《道德经·道经·能为第十》文。《道德经》“能婴儿”后无“乎”字。

⑤ 按：“云卧天行”出鲍照《代升天行》，诗中言升仙之事云：“穷途悔短计，晚志重长生。从师入远岳，结友事仙灵。五图发金记，九籥隐丹经。风餐委松宿，云卧恣天行。冠霞登彩阁，解玉饮椒庭。暂游越万里，少别数千龄。凤台无还驾，箫管有遗声。何时与汝曹，啄腐共吞腥。”

⑥ 此文并载于《性理学大义·朱子大义》卷二，其中未录夏炘之言。此文“要于有定论而已”下，《朱子大义》有“和战之说”至“不审台意以为如何”一段文字。

⑦ 《朱文公文集·书·问答·答汪尚书》卷三〇文下注。“癸未”年为宋孝宗赵眘隆兴元年，朱子三十四岁。

之也。而一二年来，心独有所自安，虽未能即有诸己，然欲复求之外学，以遂其初心，不可得矣。然则前辈于释氏未能忘怀者，其心之所安，盖亦必有如此者，而或甚焉，则岂易以口舌争哉？

窃谓但当益进吾学，以求所安之是非，则彼之所以不安于吾儒之学，而必求诸释氏然后安者，必有可得而言者矣。所安之是非既判，则所谓反易天常，殄灭人类者，论之亦可，不论亦可，固不即此以定取舍也。上蔡所云"止观"之说，恐亦是借彼修行之目，以明吾进学之事。若曰彼之"参请"，犹吾所谓"致知"，彼之"止观"，犹吾所谓"克己"也，以其《语录》考之，其不以"止观"与"克己"同涂共辙明矣。后之好佛者，遂掇去首尾，孤行此句，以为己援。正如孔子言"夷狄之有君，不如诸夏之亡"也，岂真慕夷狄？明道适僧舍，见其方食，而曰"三代威仪，尽在是矣"，岂真欲入丛林耶？胡文定所以取《楞严》《圆觉》，亦恐是谓于其术中犹有可取者，非以为吾儒当取之以资己学也。

孔子曰："攻乎异端，斯害也已。"吕博士谓："君子反经而已矣，经正斯无邪慝。今恶邪说之害正而攻之，则适所以自敝而已。"此言诚有味者。故熹于释学虽所未安，然未尝敢公言诋之。特以讲学所由，有在于是，故前日略扣其端。既蒙垂教，复不敢不尽所怀，恐未中理，乞赐开示，不惮改也，更愿勿以鄙说示人，要于有定论而已①。

夏氏炘《读朱子〈答汪尚书〉第二书》云："《文集》载《答汪尚书书》十一首，此虽第二首，实第一首之别纸也。前书专论经史诸子，此专论释氏，故开首即云："别纸示及释氏之说也。"旁注云：'癸未（一一六三）六月九日。'则朱子未入对之先，自崇安寄至京师者也。书中语特谦抑，疑过其实。考朱子幼年之学，求之最切至者，无如《学》《庸》《语》《孟》、程、蔡

① 《朱文公文集·书·问答·答汪尚书》卷三〇文。

诸书见钱木之、郭友仁诸录。至于禅、道二氏，不过与文章、《楚辞》、诗、兵法，同在无所不好之中，见杨方录。究不如理学诸书之笃。在刘病翁所见一僧，与之语，即用其言以得举，此偶尔之事，朱子原不讳。然观辅汉卿所录，语气抑扬，一则曰'只相应和说了，也不说是不是'，再则曰'见他说得也煞好，便用他意思去胡说'，岂师人尊道之谓乎？至于篇中所云'不敢公言诋之'，王白田遂有词未甚决，与壬辰（一一七二）、癸巳（一一七三）见道益亲，其词益厉不同之疑。不知汪尚书圣锡与吕居仁、张子韶，皆从僧宗杲游，又劝焦援登径山见宗杲，其于释氏之学，真所谓'师其人，尊其道'也。圣锡长朱子十二岁，不惟缔交延平，圣锡请延平至闽帅治讲学，遂卒于闽。兼与韦斋为友，朱子祭胡籍溪、汪尚书文，皆称"先友"，又自称曰"表侄"。十八岁以进士第一人及第，朱子时甫六岁。历官中外已数十年，气节文章，为一时之望。朱子以后生晚学，与之辨论，势不能不委婉曲折，以寓纳约自牖之意，必欲据迹以求之，是刻舟而求剑也。呜呼！朱子初识金溪之时，尚欲集短取长，多方接引，而况齿德爵位俱尊之汪尚书哉！"①

答汪尚书第三书②　节录　　甲申（一一六四）十月二十二日。③

熹兹者累日侍行，得以亲炙。窃惟道德纯备，固非浅陋所能窥测，而于谦虚好问、容受尽言之际，尤窃有感焉。盖推是心以往，将天下之善皆归之，其于任天下之重也，何有？愚恐他日之事，常人所不能任者，阁下终不得而辞也，是以不胜拳拳，每以儒释邪正之辨为说，冀或有助万分，而犹恐其未足于言也，请复陈之，幸垂听焉。

---

① 夏炘《述朱质疑·读朱子〈答汪尚书〉第二书》卷一文。

② 此文并载于《性理学大义·朱子大义》卷二，其中未录夏炘之言。此文"企望之切"下，《朱子大义》存"中国所恃者'德'"至"其理至顺而易哉"一段文字。

③ 《朱文公文集·书·问答·答汪尚书》卷三〇注文。

大抵近世言“道学”者，失于太高；读书讲义，率常以径易超绝、不历阶梯为快；而于其间曲折精微、正好玩索处，例皆忽略厌弃，以为卑近琐屑，不足留情，以故虽或多闻博识之士，其于天下之义理，亦不能无所未尽。盖以多闻博识自为一事，不甚精察其理之所自来，却谓别有向上一著，与此两不相关。此尹和靖所以有“此三事中一事看破，则此患亡矣”之说，可谓切中其病矣。理既未尽，而胸中不能无疑；乃不复反求诸近，顾惑于异端之说，益推而置诸冥漠不可测之域，兀然终日，味无义之语，以俟其廓然而一悟。殊不知物必格而后明，伦必察而后尽。格物只是穷理，物格即是理明，此乃《大学》功夫之始。潜玩积累，各有浅深，非有顿悟险绝处也。近世儒者语此，似亦太高矣。吕舍人书别纸录呈。彼既自谓廓然而一悟者，其于此犹懵然也，则亦何以悟为哉？儒者为此学而自谓有悟者，虽不可谓之懵，然其察之亦必不详者矣。又况俟之而未必可得，徒使人抱不决之疑，志分气馁，虚度岁月而伥伥耳。曷若致一吾宗，循下学上达之序，口讲心思，躬行力究，宁烦毋略，宁下毋高，宁浅毋深，宁拙毋巧，从容潜玩，存久渐明，众理洞然，次第无隐，然后知夫大中至正之极、天理人事之全，无不在是，初无迥然超绝不可及者，而几微之间，毫厘毕察，酬酢之际，体用浑然，虽或使之任至重而处所难，亦沛然行其所无事而已矣！又何疑之不决，而气之不完哉？纵言至此，亦可谓躐等矣。然以阁下之明勉而进之，恐不足以为难也。此其与外学所谓“廓然而一悟”者，虽未知其孰为优劣，然此一而彼二，此实而彼虚，则较然矣。

就使其说有实非吾儒之所及者，是乃所以过乎大中至正之矩，而与不及者亡以异也。穷极幽深，过也。反伦悖理，不及也。盖大本既立，准则自明，此孟子所以知言，而诐淫邪遁接于我者，皆不能逃其鉴也。“生于其心，害于其政，发于其政，害于其事”，可不戒哉？可不惧哉？愚意如此，不识高明以为如何？如其可取，幸少留意焉。

既以自任，又以是为格，非定国之本，则斯言之发，庶不得罪于君子矣。或未中理，亦乞明赐诲喻，将复思而请益焉，固无嫌于听纳之不弘也。孤陋寡闻，企望之切。①

夏氏炘《读〈答汪尚书〉第三书》云："此书旁注云：'甲申（一一六四）十月二十二日。'篇首云：'某兹者累日侍行，得以亲炙。'或九月朱子送张魏公匶至丰城，汪尚书亦自福州送魏公匶，途中相值同行也。前书因圣锡以齿德兼尊之大老，迷于释学，猝然答书，不便径直规谏，故贬抑谦冲，语多从容而不迫，此书又因圣锡'谦虚好问，容受尽言'，见书首数行。故抉摘近世儒者所以入释之由，症痞瘕结，无所不露，所谓不直则道不见也。然后知前书之词未甚决者，非所见未亲之故明矣。篇首又云：'不胜拳拳，每以儒释邪正之辨为说。'王白田反谓其不言释氏，何哉？自'曷若致一吾宗'以下，言入道阶梯，明豁详细，悫实精微，岂驰心空妙，所见未亲者之所能道其只字？学者参互考之，可无惑于诸儒之论矣。"②

答汪尚书第七书 节录 王云在辛卯（一一七一）、壬辰（一一七二）间汪乞祠后。③

伏蒙垂教，以所不及，反覆再四，开发良多。此足以见闲居味道，所造日深，而又谦虚退托，不自贤智如此。区区下怀，尤切欣幸。……

《太极图》《西铭》，近因朋友商榷，尝窃私记其说。见此抄录，欲以请教，未毕而明仲之仆来索书，不欲留之，后便当拜呈也。然顷以示伯恭，渠至今未能无疑。盖学者含糊覆冒之久，一旦遽欲分剖晓析而告语之，宜其不能入也。

又蒙语及前此妄论平易蹉过之言，称许甚过，尤切皇恐。然窃观来意，似以为先有见处，乃能造夫平易，此则又似禅家之说，熹有所不能

---

① 《朱文公文集·书·问答·答汪尚书（甲申十月二十二日）》卷三〇文。

② 夏炘《述朱质疑·读〈答汪尚书〉第三书》卷一文。

③ 王懋竑《朱子年谱》卷一下"乾道八年壬辰四十三岁冬十月"条下文。

无疑也。圣门之教，下学上达，自平易处讲究讨论，积虑潜心，优柔餍饫，久而渐有得焉，则日见其高深远大而不可穷矣。程夫子所谓善学者求言必自近，易于近者，非知言者也，亦谓此耳。今曰此事非言语臆度所及，必先有见，然后有以造夫平易，则是欲先上达而后下学，譬之是犹先察秋毫而后睹山岳，先举万石而后胜匹雏也。

夫道固有非言语臆度所及者，然非颜、曾以上几于化者不能与也。今日为学用力之初，正当学、问、思、辨而力行之，乃可以变化气质而入于道。顾乃先自禁切，不学不思，以坐待其无故忽然而有见，无乃溺心于无用之地，玩岁愒日，而卒不见其成功乎？就使侥幸于恍惚之间，亦与天理人心，叙秩命讨之实，了无交涉，其所自谓有得者，适足为自私自利之质而已。此则释氏之祸，横流稽天而不可遏者，有志之士所以隐忧浩叹，而欲火其书也①。

旧读《明道行状》，记其学行事业，累数千言，而卒道其言不过力排释氏，以为必辟之而后可以入道。后得《吕荣公家传》，则以为尝受学于二程，而所以推尊称美之辞甚盛。考其实，亦诚有以大过人者。然至其卒章而诵其言，则以为佛之道与圣人合，此其师生之间，分背矛盾，一南一北，不审台意平日于此是非之际，何以处之？天之生物，使之一本，此是则彼非，此非则彼是，盖不容并立而两存也。愚昧无知，误蒙诱进，敢竭愚虑，庶几决疑。伏望恕其狂易而终教之，幸甚幸甚。②

夏氏炘《读答汪尚书第七书》云：“此书不知何时所答。篇首云：‘足见闲居味道，所造日深。’则庚寅（一一七〇）以后书也。《续通鉴纲目》乾道六年（一一七〇），罢吏部尚书汪应辰。书中又云‘《太极图》《西铭》，近因朋友商榷，尝窃私记其说。现此钞录，未毕’云云，据《年谱》，乾道八年（一一七

① 韩愈《原道》言火其书。

② 《朱文公文集·书·问答·答汪尚书》卷三〇文。

二)《西铭解义》成，九年（一一七三)《太极图说》《通书解》成，则必在壬辰（一一七二)、癸巳（一一七三）间无疑。圣锡交朱子以后，十余年来，反覆究辨，渐明儒释之分，已逃释而入于儒矣。其先有见处，乃造平易之论，仍未脱释氏窠臼，故朱子箴之曰：‘则又似禅家之说，某不能无疑也。’下极言释氏之祸，比于横流稽天者，乃为汪氏尽抉藩篱，彻其壅蔽，故不嫌言之严厉如此。若谓朱子之见道，至是而益真，岂第三书之所言，犹有未真之见乎?”①

读大纪

宇宙之间，一理而已，天得之而为天，地得之而为地，而凡生于天地之间者，又各得之以为性。其张之为三纲，其纪之为五常，盖皆此理之流行，无所适而不在。若其消息盈虚，循环不已，则自未始有物之前，以至人消物尽之后，终则复始，始复有终，又未尝有顷刻之或停也。儒者于此，既有以得于心之本然矣，则其内外精粗，自不容有纤毫之间，而其所以修己治人、垂世立教者，亦不容其有纤毫造作轻重之私焉。是以因其自然之理，而成自然之功，则有以参天地，赞化育，而幽明巨细，无一物之遗也。

若夫释氏则自其因地之初，而与此理已背驰矣！乃欲其所见之不差，所行之不缪，则岂可得哉？盖其所以为学之本心，正为恶此理之充塞无间，而使己不得一席无理之地以自安，厌此理之流行不息，而使己不得一息无理之时以自肆也。是以叛君亲、弃妻子，入山林、捐躯命，以求其所谓空无寂灭之地而逃焉，其量亦已隘，而其势亦已逆矣。然以其立心之坚苦、用力之精专，亦有以大过人者，故能卒如所欲，而实有见焉。但以其言行求之，则其所见，虽自以为至玄极妙，有不可以思虑

① 夏炘《述朱质疑·读〈答汪尚书〉第七书》卷一文。

言语到者，而于吾之所谓穷天地、亘古今，本然不可易之实理，则反瞢然其一无所睹也。虽自以为直指人心，而实不识心；虽自以为见性成佛，而实不识性。是以殄灭彝伦，堕于禽兽之域，而犹不自知其有罪。盖其实见之差有以陷之，非其心之不然，而故欲为是以惑世而罔人也。至其为说之穷，然后乃有不舍一法之论，则似始有为是遁词，以盖前失之意。然亦其秉彝之善，有终不可得而殄灭者，是以翦伐之余，而犹有此之仅存，又以牵于实见之差，是以有其意而无其理，能言之而卒不能有以践其言也。

凡释氏之所以为释氏者，始终本末，不过如此，盖亦无足言矣。然以其有空寂之说而不累于物欲也，则世之所谓贤者好之矣；以其有玄妙之说而不滞于形器也，则世之所谓智者悦之矣；以其有生死轮回之说而自谓可以不沦于罪苦也，则天下之佣奴、爨婢、黥髡、盗贼，亦匍匐归之矣。此其为说所以张皇辉赫，震耀千古，而为吾徒者，方且蠢蠢①焉鞠躬屏气，为之奔走服役之不暇也。幸而一有间世之杰，乃能不为之屈，而有声罪致讨之心焉。然又不能究其实见之差，而诋以为幻见空说，不能正之以天理全体之大，而偏引交通生育之一说以为主，则既不得其要领矣，而徒欲以戎狄之丑号加之。其于吾徒，又未尝教之以内修自治之实，而徒骄之以中华列圣之可以为重，则吾恐其不唯无以坐收摧陷廓清之功，或乃往遗之禽，而反为吾党之诟也。呜呼！惜哉！②

文治按：此篇精密之至，文气之奔放严厉，虽不及韩子《原道》，而说理之委婉周至，则过于《原道》矣。

释氏论上

或问：“孟子言尽心知性，存心养性，而释氏之学，亦以识心见性为本，其道岂不亦有偶同者耶？”朱子曰：“儒佛之所以不同，正以是

① 此脱一“蠢”，《全宋文》据宋浙本补入。按：“蠢蠢”谓“蠢蠢庶类”，若虫动之貌。

② 《朱文公文集·杂著·读大纪》卷七〇文。

一言耳。”曰：“何也？”曰：“性也者，天之所以命乎人而具乎心者也。情也者，性之所以应乎物而出乎心者也。心也者，人之所以主乎身而以统性情者也。故仁、义、礼、智者，性也，而心之所以为体也；恻隐、羞恶、恭敬、辞让者，情也，而心之所以为用也。盖所谓‘降衷于民，有物有则’者，儒□□□□也，故其所以尽心知性者，以其穷理而极乎心之所□□□之所有者，无不识也。所谓□□养性□□□□已而不失其本□则性□□□□□□□□□是则情之所发，亦无不□□正，而可以应物□□余矣。□□□□□□□□□性不见其分□□别□□□□给之□□□□与□□□□□□□□□□□□□□□□□□□□□善□□□□□□□□□□□□其□指□□□□□□者实，在精神魂魄之聚，而吾儒所谓形而下者耳。至其所以识心者，则必别立一心以识此心；而其所谓见性者，又未尝睹夫民之衷、物之则也。既不睹夫性之本然，则物之所感、情之所发，皆不得其道理，于是概以为己累而尽绝之，虽至于反易天常，殄灭人理而不顾也。然则儒术之所以异其本，岂不在此一言之间乎？”

曰：“释氏之不得为见性，则闻命矣。至于心，则吾曰尽之存之，而彼曰识之，何以不同？而又何以见其别立一心耶？”曰：“心也者，人之所以主于身而统性情者也，一而不二者也，为主而不为客者也，命物而不命于物者也。惟其理有未穷而物或蔽之，故其明有所不照；私有未克而物或累之，故其体有所不存。是以圣人之教，使人穷理以极其量之所包，胜私以去其体之所害。是其所以尽心而存心者，虽其用力有所不同，然皆因其一者以应夫万，因其主者以待夫客，因其命物者以命夫物，而未尝曰反而识乎此心、存乎此心也。若释氏之云识心，则必收视反听，以求识其体于恍惚之中，如人以目视目，以口龁口，虽无可得之理，其势必不能不相尔汝于其间也。此非别立一心而何哉？夫别立一心，则一者二而主者客，□□□□□□□□□□□□□□□分矣，而又块然自守，灭情废事，以自弃君臣父子之间，则心之用亦息矣。夫□□□

□□□□所指以为心性，与其所以从事焉者乃如此，然则不谓之异端邪说而何哉？”

曰：“然则其徒盖有实能恍然若有所睹，而乐之不厌，至于遗外形骸，而死生之变，不足动之者，此又何耶？”曰：“是其心之用既不交于外矣，而其体之分于内者，乃曰相伺①而不舍焉。其志专而切，其机危而迫，是以精神之极，而一旦惘然若有失也。近世所谓看心之法，又其所以至此之捷径，盖皆原于庄周‘承蜩’‘削鐻’之论，而又加巧密焉尔。然昧于天理，而特为是以自私焉。”②

释氏论下

或问：“子之言释氏之术，原于《庄子》‘承蜩’‘削鐻’之论，其有稽乎？”朱子曰：“何独此哉！凡彼言之精者，皆窃取《庄》《列》之说以为之，宋景文公于《唐书》李蔚等传，既言之矣③。盖佛之所生，去中国绝远，其书来者，文字音读，皆累数译而后通。而其所谓禅者，则又出于口耳之传，而无文字之可据，以故人人得窜其说以附益之，而不复有所考验。今其所以或可见者，独赖其割裂装缀之迹，犹有隐然于文字之间，而不可掩者耳。盖凡佛之书，其始来者，如《四十二章》《遗教》《法华》《金刚》《光明》之类，其所言者，不过清虚缘业之论、神通变见之术而已。及其中间，为其学者如惠远、僧肇之流，乃始稍窃《庄》《列》之言以相之，然尚未敢正以为出于佛之口也。及其久而耻于假借，则遂显然篡取其意而文以浮屠之言，如《楞严》所谓自闻，即《庄子》之意，而《员觉》所谓‘四大各离，今者妄身当在何处’，即《列子》所谓‘精神入其门，骨骸反其根，我尚何存者’

---

① “乃曰相伺”，《朱文公文集》作“乃自相同”。

② 《朱文公文集·杂著·释氏论上（建安吴应槱家藏汤东涧跋）》卷八文。

③ 《新唐书·陈三李曹刘传》赞云：“华人之谲诞者，又攘庄周、列御寇之说佐其高，层累架腾，直出其表，以无上不可加为胜，妄相夸胁，而倡其风。于是，自天子逮庶人，皆震动而祠奉之。”

也。凡若此类，不可胜举。然其说皆萃于书首，其玄妙无以继之，然后佛之本真乃见。如结坛诵咒、二十五轮之类，以至于大力金刚、吉盘荼鬼之属，则其粗鄙俗恶之状，校之首章重玄极妙之指，盖水火之不相入矣。至于禅者之言，则其始也，盖亦出于晋宋清谈论议之余习，而稍务反求静养以默证之，或能颇出神怪以炫流俗而已。如一叶五花之谶、只履西归之说，虽未必实有是事，然亦可见当时所尚者，止于如此也。其后传之既久，聪明才智之士，或颇出于其间，而自觉其陋，于是更出己意，益求前人之所不及者以阴佐之，而尽讳其怪幻鄙俚之谈。于是其说一旦超然，真若出乎道德性命之上，而惑之者遂以为果非尧、舜、周、孔之所能及矣。然其虚夸诡谲之情，险巧儇浮之态，展转相高，日以益甚，则又反不若其初清虚静默之说，犹为彼善于此也。以是观之，则凡释氏之本末真伪可知。而其所窃，岂独'承蜩''削鐻'之一言而已哉？

"且又有一说焉，夫佛书本皆胡语，译而通之，则或以数字为中国之一字，或以一字而为中国之数字；而今其所谓'偈'者，句齐字偶，了无余欠；至于所谓'二十八祖传法'之所为者①，则又颇协中国音韵，或用唐诗声律。自其党②之稍黠如惠洪③辈者，则已能知其谬，而强为说以文之。顾服衣冠，通今古，号为士大夫，如杨大年、苏子由者，反不悟而笔之于书也。呜呼！以是推之，则亦不必问其理之是非，而其增加之伪，迹状明白，益无所逃矣。宋公④之论，信而有证，世之惑者，于此其亦可以少悟也哉！"⑤

文治按：此二篇载于《大全·别集》，旁注云："建安吴应

① 唐贞元间禅师慧炬《宝林传》所载《二十八祖传法偈》。

② "党"字，《朱文公文集》作"唐"。

③ 惠洪（一〇七一——一二八），彭德洪之法名，号觉范，江西筠州人，先归禅宗，后还俗，长于诗文。

④ 指宋祁。宋祁（九九八—一〇六一），字子京，湖北安陆人；天圣二年（一〇二四）进士，官至工部尚书、翰林学士承旨；与欧阳修同修《唐书》，后世称《新唐书》。

⑤ 《朱文公文集·杂著·释氏论下》卷八文。

櫆家藏，汤东润跋。”不知所作在何年也。上篇缺字甚多，且其精义已见于《观心说》，下篇叙源流甚详。惟上篇实为下篇根据，故并录之。

附：夏氏炘《朱子出入二氏论》

朱子穷理之学，实得之于性生。其喜读禅学文字，凡出入二氏十余年，与读圣贤书，齐头并进者，虽不免为高明之累，然亦即朱子格物致知之功也。格致之学，自身心性命以至天地之高深、鬼神之幽隐、一草一木之琐细，皆所当格，而况释老之学，溺之者以为空灵元妙，迥出吾儒之上，辟之者以为虚无寂灭，大异吾儒之教。苟不读其书，不究其说，则所谓空灵元妙与夫虚无寂灭者，又乌足以知之？朱子尝说程子“书无所不读……观其平日辨异端，辟邪说，如此之详，是岂不读其书而以耳剽决之耶？”① 又曰：“金溪之学真正是禅。钦夫、伯恭缘不曾看佛书，所以看他不破，只某便识得他。试将《楞严》《圆觉》之类一观，亦可粗见大意。”② 是朱子所以能辨释老之学，正以其曾读释老之书故也。使不读其书而徒深斥其学，近于道听涂说，不惟无以服释老之心，即返之吾心，亦有大不安者，故曰此即朱子格致之功也。后世因此遂谓朱子早年出入禅学，与金溪未会而同，岂所以论朱子哉？

或者曰：“朱子格致之功，不遗二氏之学，既得闻其说矣。前此者亦有征乎？”答之曰：“子不读伊川先生之撰《明道行状》乎？‘先生自十五六岁时，闻汝南周茂叔论道，遂厌科举之学，慨然有求道之志，未知其要，泛滥于诸家，出入于老释者几十年，返求诸六经而后得之。’夫未知其要者，非不得其门也，谓斯道之要奥，未能知至至之也。泛滥出入，乃格至之功，求其心之所安耳。其见濂溪以后，与见延平以后，亦大约相同。然则朱子之自谓‘后年岁间，渐觉其非’者，岂得谓之晚乎？

① 朱子语载《御纂朱子全书》卷五三《道统二·程子》。
② 朱子语载《朱子语类》卷一二四《陆氏》。“金溪之学”，《语录》原作“金溪学问”。

"且亦不独程子为然也，吕与叔撰《张横渠行状》云：'年十八，范文正公劝读《中庸》，先生读其书，虽爱之，犹以为未足，于是又访诸释老之书，累年尽究其说。'是横渠穷理之学，亦不遗释老之说如此。彼程、张者，又何尝有所陷溺哉？且又不独程、张为然也，孔子不尝云'吾尝终日不食，终夜不寝，以思'乎？夫日夜废寝食以思，真不免驰心于空眇之域矣。圣人于异端之学，必身亲其地，足履其庭，实知其无益之弊，其求其心之所安，其用意之微密，岂末学所能测？倘移陈氏'陷溺高明'之说[1]，以疑圣人，其可乎？其不可乎？"朱子《困学诗》云："旧喜安心苦觅心，捐书绝学费追寻，困横此日安无地，始觉从前枉寸阴。"亦与孔子"终日不食，终夜不寝，以思，无益，不如学也"同意。盖朱子曾有一日、二日之间，捐书绝学，讲求安心、觅心之法，后因困横而知其枉寸阴也。《通辨》遂谓禅学近似乱真，能陷溺高明，朱子初犹捐书绝学，驰心二十余年，不亦诬乎？[2]

---

① 陈建《学蔀通辨》卷一云："禅学近似乱真，能陷溺高明，虽朱子初犹捐书绝学，驰心二十余年。"

② 夏炘《述朱质疑·朱子出入二氏论（上、下）》卷一文。

紫阳学术发微卷八

朱子辨金溪学发微

文治按:《礼记·礼运篇》论“大顺”曰:“事大积焉而不苑,并行而不缪……连而不相及也,动而不相害也。”甚矣!度量之大也!《中庸篇》之赞孔子曰:“万物并育而不相害,道并行而不相悖。”甚矣!道体之大也!后世之学孔子者,孰不当以是为法哉!若持门户之见,入主出奴,甚至党同伐异,意气嚣然,恐失圣人之本意矣。

朱陆异同之辨,数百年来,断断不已。如陈清澜《学蔀通辨》、程氏曈启暾《闲辟录》、陆清献《三鱼堂集》、陈定斋《明辨录》、刘虞卿《理学宗传辨正》、吴竹如《拙修集》,皆力攻洛学,以为不得侪于儒者之列。文治始亦颇信其说,迨年稍长,学稍进,窃以为学以救世为主,而救世尤以人心世道为先,其有益于人心世道者,皆圣贤之徒也,何必自隘其门墙哉?若清澜诸先生之言,未免太过矣!

鹅湖之会,陆桴亭先生谓:“朱陆异同,不必更扬其波,但读两家年谱所记,朱子则有谦谨求益之心,象山不无矜高挥斥之意。”[①] 此诚确论。然陆之在白鹿洞书院讲《论语》“义利”章,诸生为之泣下,朱子未尝不心折之。若夫朱子之学重在道问学,陆子之学重在尊德性之

① 陆世仪《思辨录辑要》卷三〇诸儒类(宋至元)。

说，此盖朱子谦抑之辞[①]，见《语录》。岂可各标宗旨？而元吴草庐先生乃据为事实[②]，耳食之士靡然从之，贻误非细。

按：朱子《中庸》注云："尊德性，所以存心而极乎道体之大也；道问学，所以致知而尽乎道体之细也。"[③] 盖非存心无以致知，而存心者，又不可以不致知。是尊德性，即程子所谓"涵养须用敬"也；道问学，即程子所谓"进学则在致知"[④] 也。二者有兼营并进之功，无背道分驰之理。朱子道问学，即所以充其德性；而陆子尊德性，则不过明其昭昭灵灵之体而已。说见文治所撰《读陆象山"先立乎其大"说》。[⑤] 此不可不辨也。

虽然，吾儒尚论古人，析理贵乎精严，而立心归于平恕。曾文正尝谓："君子之言，平则致和，激则召争；词气之轻重，积久则移易世风，党仇讼争而不知所止。"[⑥] 矧方今人士，沈溺于名利之私，利害得丧，情炎于中，营扰不释，甚或穿窬害人，无所不至。苟得陆子"发明本心"之训[⑦]，以怵惕其天良，岂非救世救心之善药欤！语曰："群

---

① 谨按：《朱文公文集·书·问答（一本作知旧门人问答）·答项平父》卷五四，文中提及相类内容曰："大抵子思以来教人之法，惟以尊德性、道问学两事为用力之要。今子静所说，专是尊德性事，而熹平日所论，却是问学上多了，所以为彼学者多持守可观，而看得义理全不子细。又别说一种杜撰道理，遮盖不肯放下，而熹自觉虽于义理上不敢乱说，却于紧要为己为人上，多不得力，今当反身用力，去短集长，庶几不堕一边耳。"此唐先生言朱子谦抑之根据。

② 《宋元学案·草庐学案》载吴澄："为国子监丞，升司业，为学者言：'朱子于道问学之功居多，而陆子以尊德性为主。问学不本于德性，则其蔽必偏于语言训释之末，故学必以德性为本，庶几得之。'议者遂以先生为陆氏之学，非许氏崇信朱子本意，然亦莫知朱陆之为何如也，先生一日谢去。"朱陆异同之论自此始。

③ 朱子《中庸章句》第二十七章注文。

④ 《二程遗书》卷一八文。谨按：原文"在"前有"则"字。

⑤ 唐先生文载于《茹经堂文集》一编卷三，题为《陆象山"先立乎其大"辨》，收录《唐文治文集》"论说类"，并本书本卷。

⑥ 《曾文正公文集·孙芝房侍讲刍论序》卷一文。

⑦ 《宋元学案·槐堂诸儒学案·朱亨道传》载："鹅湖之会，论及教人。元晦（朱子）之意，欲令人泛观博览而后归之约；二陆（陆九龄、九渊兄弟）之意，欲先发明人之本心，而后使之博览。朱以陆之教人为太简，陆以朱之教人为支离，此颇不合。先生（谓陆九渊）更欲与元晦辩，以为尧舜之前，何书可读？复斋（九龄）止之。"此"发明本心"之概括，出自陆氏门人之记述。

言淆乱质诸圣。"[①] 朱陆异同之说，傥能平心而折衷之，要所谓"连而不相及，动而不相害"，"道并行而不相悖"者也，抑岂独论朱陆而已？由是推之，天下之争端皆可以息矣！

又按：金溪陆氏兄弟六人：长九思；次九叙；次九皋，号东斋；次九韶，字子美，号梭山；次九龄，字子寿，号复斋；次九渊，字子静，号存斋，又号象山。世称其兄弟自相师友，和而不同，可谓极一门之盛，而子寿、子静为尤著。黄梨洲先生《宋元学案》载梭山、复斋、象山均称《金溪学案》，分为三卷，而全谢山先生则合《梭山》《复斋学案》为一卷，《象山学案》为一卷云。

附：陈氏建《朱陆年谱》"鹅湖大会"[②]

乙未淳熙二年（一一七五），朱子四十六岁，陆子三十七岁。

五月，吕伯恭约陆子及兄子寿会朱子于鹅湖。论学不合，各赋一诗见志。

陆子寿诗云："孩提知爱长知钦，古圣相传只此心；大抵有基方筑室，未闻无址忽成岑。留情传注翻榛塞，着意精微转陆沉。珍重友朋勤琢切，须知至乐在于今。"

子静和云："墟墓兴哀宗庙钦，斯人千古不磨心；涓流积至沧溟水，卷石崇成太华岑。易简工夫终久大，支离事业竟浮沉。欲知自下升高处，真伪先须辨只今。"

朱子续和云："德义风流夙所钦，别离三载更关心。偶扶藜杖出寒谷，又枉篮舆度远岑。旧学商量加邃密，新知培养转深沈。只愁说到无言处，

① 扬子《法言·吾子》卷二文。谨按：《法言》作"众言淆乱则折诸圣"。

② 陈建《学蔀通辨》卷二"朱陆年谱"条。"鹅湖大会"非陈建原文，乃唐先生拟题。原文未标示作者陈建之名，依本书体例补入。又原文未注明"附"，因此文补充唐先生《朱子辨金溪学发微》有关朱陆异同之辨，故特附录陈建之辨，以明"学派大同"之述学宗旨。故据义例补入"附"目。

不信人间有古今。”①

陈清澜《学蔀通辨》云：“《朱子年谱》谓：‘其后，子寿颇悔其非，而子静终身守其说不变。’是以子寿后五年卒，朱子祭之以文，有道合志同，降心从善之许，而于子静日益冰炭云。”②

文治按：《象山年谱》云：“鹅湖讲道，诚当时盛事③。伯恭盖虑朱与陆④犹有异同，欲令⑤归于一，而定其所适从。”⑥惜乎其未遂也，然《易·睽卦·象传》曰：“君子以同而异。”君子之于学术，所以不苟同者，正以见直道之公，何必曲为附和哉？

朱子《答陆子静书》　王白田先生云：丁未（一一八七）。⑦

程注：误。《陆谱》：丙午（一一八六）。⑧

昨闻尝有丐外之请，而复未遂，今定何如？莫且宿留否？学者后来更得何人？显道得书云尝诣见，不知已到未？子渊去冬相见，气质刚毅，极不易得。但其偏处亦甚害事，虽尝苦口，恐未必以为然。今想到部，必已相见，亦尝痛与砭磨否？道理虽极精微，然初不在耳目见闻之外，是非黑白，即在面前。此而不察，乃欲别求玄妙于意虑之表，亦已误矣。熹衰病日侵，去年灾患亦不少。此数日来，病躯方似略可支吾，然精神耗减，日甚一日，恐终非能久于世者。所幸迩来日用工夫颇觉有力，无复向来“支离”之病，甚恨未得从容面论，未知异时相见，尚复有异同否耳？⑨

---

① 陈建《学蔀通辨·前编中》卷二文。
② 陈建《学蔀通辨·前编中》卷二文。
③ “鹅湖讲道，诚当时盛事”，《象山先生全集》作“鹅湖讲道切诚，当今盛事”。
④ “朱与陆”，《象山先生全集》作“陆与朱议论”。
⑤ “令”字，《象山先生全集》作“会”。
⑥ 《象山先生全集·年谱》卷三六“淳熙二年乙未三十七岁”条下文。
⑦ 王懋竑《朱子年谱》卷三上“淳熙十二年乙巳五十六岁”条下云朱子《答陆子静书》“税驾已久”文作于丁未五月二日，唐先生据以推定作于丁未。丁未，朱子年五十八。
⑧ 《象山先生全集·年谱》卷三六“淳熙十三年丙午四十八岁夏五月”条下文。
⑨ 《朱文公文集·书·陆陈辨答·答陆子静》卷三六文。

文治按：程篁墩《道一编》采此书为“朱陆晚同”，又自注云：“或疑书尾[①]尚持异同之说。然观朱子于此[②]，既自以‘支离’为病，而陆子《与傅子渊书》[③]亦复以‘过高’为忧，则二先生胥会，必无异同可知。惜其未及胥会，而陆已下世矣。”[④]又赵东山亦云：“使其合并于晚岁，则其[⑤]微言精义，必有契焉，而子静则既往矣。抑[⑥]朱子后来德盛仁熟……使子静见之，又当以为何如也？”[⑦]而陈清澜先生则力诋之以为非。按：此书既系丙午（一一八六）所作，则朱子已五十七岁，未可谓为中年矣。虚心谦谨，儒者之常，何必力加诋诃耶？

又答陆子静书 丁未（一一八七）五月二日。[⑧]

税驾已久，诸况想益佳。学徒四来，所以及人者，在此而不在彼矣。来书所谓利欲深痼者，已无可言，区区所忧，却在一种轻为高论，妄生内外精粗之别，以良心日用，分为两截，谓圣贤之言不必尽信，而容貌词气之间不必深察者，此其为说乖戾很愎，将有大为吾道之害者，不待他时末流之弊矣。不审明者亦尝以是为忧乎？此事不比寻常小小文义异同，恨相去远，无由面论，徒增耿耿耳。李子甚不易，知向学，但亦渐觉好高。鄙意且欲其著实看得目前道理事物分明，将来不失将家之

① 《道一编》“书尾”前有“朱子”二字。

② “然观朱子于此”，《道一编》作“以二书味之，朱子”。

③ “而陆子《与傅子渊书》”，《道一编》作“陆子”。按：刘埙《隐居通议》卷三“理学三”载其人云：“傅子渊，南城人也，出入朱陆间，深明理学，为衡州教授。”事迹载《宋元学案·槐堂诸儒学案》云：“傅梦泉，字子渊，号若水，建昌南城人；为人机警敏悟，疏通洞达，学于象山。……象山论及门之士，以先生为第一。登淳熙二年（一一七五）进士，分教衡阳，士人归之者众，太守亦加礼焉。……所著有《石鼓文》。尝讲学曾潭之浒，学者称曾潭先生。”

④ 程敏政辑《道一编·朱子答陆子书》卷五文。

⑤ “晚岁，则其”，《东山存稿》作“暮岁”。

⑥ 《东山存稿》“抑”后有“不知子”三字。

⑦ 赵汸《东山存稿·文·对问江右六君子策》卷二文。

⑧ 《朱文公文集·书·陆陈辩答·答陆子静》卷三六注文。

旧，庶几有用。若便如此谈玄说妙，却恐两无所成，可惜坏却天生气质，却未必如乃翁朴实头，无许多劳攘耳。①

文治按：朱子此书针砭陆子之弊甚切，其语意与《中和第一说》颇相同。恐陆子当时亦正如此用功耳。

又答陆子静书 程注：戊申（一一八八）正月十四日。②

学者病痛，诚如所谕，但亦须自家见得平正深密，方能药人之病。若自不免于一偏，恐医来医去，反能益其病也。所谕与令兄书辞费而理不明，今亦不记当时作何等语，或恐实有此病。承许条析见教，何幸如之！虚心以俟，幸因便见示。如有未安，却得细论，未可便似居士兄遽断来章也。③

文治按："与令兄书"云云，盖即"无极"之辨，录后。

陆子静《与朱子书》④

梭山兄谓："《太极图说》与《通书》不类，疑非周子所为；不然，则是其学未成时所作；不然，则或是传他人之文，后人不辨也。盖《通书·理性命》章言'中焉止矣，二气五行，化生万物，五殊二实，二本则一'，曰中曰一，则太极也，未尝于其上加'无极'字。《动静章》言'五行阴阳，阴阳太极'，亦无'无极'之文。假令《太极图说》是其所传，或少时所作，则作《通书》时，盖已知其说之非矣。"此言殆未可忽也。……尊兄乡与梭山书云："不言无极，则太极同于一物，而不足为万化根本；不言太极，则无极沦于空寂，而不能为万化根本。"

夫太极者，实有是理，圣人从而发明之耳，非以空言立论，使后人

① 《朱文公文集·书·陆陈辨答·答陆子静》卷三六文。
② 见程曈《闲辟录》卷首目录篇章时序。
③ 《朱文公文集·书·陆陈辨答·答陆子静》卷三六文。
④ 此文并载于《周子大义》卷一《诸儒太极论辨·朱子答陆子静书》。

簸弄于颊舌纸笔之间也。其为万化根本固是素定，其足不足，能不能，岂以人言不言之故耶？《易大传》曰："易有太极。"圣人言有，今乃言无，何也？作《大传》时不言无极，太极亦何尝同于一物，而不足为万化根本耶？《洪范》"五，皇极"，列在九畴之中，不言无极，太极亦何尝同于一物，而不足为万化根本耶？太极固自若也。……

后书又谓："无极即是无形，太极即是有理。周先生恐学者错认太极别为一物，故著'无极'二字以明之。"

《易大传》曰"形而上者谓之道"，又曰"一阴一阳之谓道"，一阴一阳已是形而上者，况太极乎？晓文义者举知之矣。自有《大传》，至今几年，未闻有错认太极别为一物者。设有愚谬至此，奚啻不能以三隅反？何足上烦老先生特地于太极上加"无极"二字以晓之乎？且"极"字亦不可以"形"字释之。盖极者，中也，言无极，是犹言无中也，是奚可哉？若惧学者泥于形器而申释之，则宜如《诗》云"上天之载"，而于下赞之曰"无声无臭"可也，岂宜以"无极"字加于太极之上？

朱子发[①]谓："濂溪得《太极图》于穆伯长，伯长之传，出于陈希夷。"其必有考。希夷之学，老氏之学也。"无极"二字，出《老子·知其雄章》，吾圣人之书所无有也。《老子》首章言"无名天地之始，有名万物之母"，而卒同之，此老氏宗旨也。"无极而太极"，即是此旨。老氏学之不正，见理不明，所蔽在此。兄于此学用力之深，为日之久，曾此之不能辨，何也？《通书》"中焉止矣"之言，与此昭然不类，而兄曾不之察，何也？

《太极图说》以"无极"二字冠首，而《通书》终篇，未尝一及"无极"字，二程言论文字至多，亦未尝一及"无极"字，假令其初实有是《图》，观其后来未尝一及"无极"字，可见其学之进而不自以为

① 朱震，字子发，长于《易》，《宋史·儒林》有传。

是也。兄今考订注释，表显尊信，如此其至，恐未得为善祖述者也。①

朱子《答陆子静书》②

来书反复，其于无极、太极之辨详矣。然以熹观之，伏羲作《易》，自一画以下；文王演《易》，自“乾元”以下，皆未尝言“太极”也，而孔子言之。孔子赞《易》，自太极以下，未尝言“无极”也，而周子言之。夫先圣后圣，岂不同条而共贯哉？若于此有以灼然实见太极之真体，则知不言者不为少，而言之者不为多矣，何至若此之纷纷哉？今既不然，则吾之所谓理者，恐其未足以为群言之折衷，又况于人之言有所不尽者，又非一二而已乎？既蒙不鄙而教之，熹亦不敢不尽其愚也。

且夫《大传》之太极者，何也？即两仪、四象、八卦之理，具于三者之先，而蕴于三者之内者也。圣人之意正以其究竟至极，无名可名，故特谓之“太极”，犹曰“举天下之至极，无以加此”云尔，初不以其中而命之也。至如北极之极、屋极之极、皇极之极、民极之极，诸儒虽有解为中者，盖以此物之极常在此物之中，非指“极”字而训之以“中”也。极者，至极而已；以有形者言之，则其四方八面合辏将来，到此筑底更无去处；从此推出，四方八面都无向背，一切停匀，故谓之极耳。后人以其居中而能应四外，故指其处而以中言之，非以其义为可训中也。至于太极，则又初无形象方所之可言，但以此理至极而谓之极耳。今乃以中名之，则是所谓理有未明，而不能尽乎人言之意者一也。

《通书·理性命章》，其首二句言理，次三句言性，次八句言命，故其章内无此三字，而特以三字名其章以表之，则章内之言，固已各有

---

① 陆九渊《象山先生全集·书·与朱元晦（一）》卷二文。

② 此文“来书反复，其于无极、太极之辨详矣”至“此又理有未明，而不能尽乎人言之意者七也”一段文字，并载于《周子大义》卷一《诸儒太极论辨·朱子答陆子静书》。

所属矣。盖其所谓“灵”，所谓“一”者，乃为太极；而所谓“中”者，乃气禀之得中，与刚善刚恶、柔善柔恶者为五性，而属乎五行，初未尝以是为太极也。且曰“中焉止矣”，而又下属于二气五行，化生万物之云，是亦复成何等文字义理乎？今来谕乃指其中者为太极而属之下文，则又理有未明，而不能尽乎人言之意者二也。

若论“无极”二字，乃是周子灼见道体，迥出常情，不顾旁人是非，不计自己得失，勇往直前，说出人不敢说底道理，令后之学者晓得[①]见得太极之妙，不属有无，不落方体。若于此看得破，方见得此老真得千圣以来不传之秘，非但架屋下之屋，叠床上之床而已也。今必以为未然，是又理有未明而不能尽乎人言之意者三也。

至于《大传》既曰“形而上者谓之道”矣，而又曰“一阴一阳之谓道”，此岂真以阴阳为形而上者哉？正所以见一阴一阳虽属形器，然其所以一阴而一阳者，是乃道体之所为也。故语道体之至极，则谓之太极；语太极之流行，则谓之道。虽有二名，初无两体。周子所以谓之“无极”，正以其无方所、无形状，以为在无物之前，而未尝不立于有物之后；以为在阴阳之外，而未尝不行乎阴阳之中；以为通贯全体，无乎不在，则又初无声臭影响之可言也。今乃深诋无极之不然，则是直以太极为有形状、有方所矣；直以阴阳为形而上者，则又昧于道器之分矣。又于“形而上者”之上，复有“况太极乎”之语，则是又以道上别有一物为太极矣。此又理有未明而不能尽乎人言之意者四也。

至熹前书所谓“不言无极，则太极同于一物，而不足为万化根本；不言太极，则无极沦于空寂，而不能为万化根本”，乃是推本周子之意，以为当时若不如此两下说破，则读者错认语意，必有偏见之病，闻人说有即谓之实有，见人说无即以为真无耳。自谓如此说，得周子之意，已是太煞分明，只恐知道者厌其漏泄之过甚，不谓如老兄者，乃犹

---

① “得”字，《朱文公文集》作“然”。

以为未稳而难晓也。谓[①]以熹书上下文意详之，岂谓太极可以人言而为加损者哉？是又理有未明而不能尽乎人言之意者五也。

来书又谓《大传》明言“易有太极”，今乃言无何耶？此尤非所望于高明者，今夏因与人言《易》，其人之论正如此。当时对之不觉失笑，遂至被劾。彼俗儒胶固，随语生解，不足深怪，老兄平日自视为如何，而亦为此言耶？老兄且谓《大传》之所谓“有”，果如两仪、四象、八卦之有定位，天地五行万物之有常形耶？周子之所谓“无”，是果虚空断灭，都无生物之理耶？此又理有未明，而不能尽乎人言之意者六也。

《老子》“复归于无极”,“无极”乃无穷之义，如庄生入无穷之门，以游无极之野云尔，非若周子所言之意也。今乃引之，而谓周子之言实出乎彼，此又理有未明，而不能尽乎人言之意者七也。

高明之学超出方外，固未易以世间言语论量、意见测度。今且以愚见执方论之，则其未合有如前所陈者，亦欲奉报，又恐徒为纷纷，重使世俗观笑。既而思之，若遂不言，则恐学者终无所取正。较是二者，宁可见笑于今人，不可得罪于后世。是以终不获已而竟陈之，不识老兄以为如何？[②]

文治按：无极之辨，朱子答陆子美、子静，共书数通，兹特录一首，然其精义已具备于此。朱子《答程正思书》云“《答子静书》无人写得，闻其已誊本四出久矣。此正不欲暴其短，渠乃自如此，可叹！可叹！然得渠如此，亦甚省力，且得四方学者略知前贤立言本旨，不为无益”[③]云云。所谓“前贤立言本旨”，盖即指《太极图说》而言。

---

① “谓”字，《朱文公文集》作“请”。

② 《朱文公文集·书·辩答·答陆子静》卷三六文。

③ 《朱文公文集·书·问答（一本作知旧门人问答）·答程正思》卷五〇文。

陆子静《白鹿洞书院〈论语·喻义喻利章〉讲义》

“此章以义利判君子、小人，辞旨晓白，然读之者苟不切己观省，亦恐未能有益也。某平日读此不无所感，窃谓学者于此，当辨其志。人之所喻，由其所习，所习由其所志。志乎义，则所习者必在于义，所习在义，斯喻于义矣；志乎利，则所习者必在于利，所习在利，斯喻于利矣。故学者之志，不可不辨也。

“科举取士久矣，名儒巨公皆由此出，今为士者固不能免此。然场屋之得失，顾其技与有司好恶如何耳！非所以为君子小人之辨也。而今世以此相尚，使汩没于此而不能自拔，则终日从事者，虽曰圣贤之书，而要其志之所乡，则有与圣贤而背驰者矣。推而上之，则又惟官资崇卑、禄廪厚薄是计，岂能悉心力于国事民隐，以无负于任使之者哉？从事其间，更历之多，讲习之熟，安得不有所喻？顾恐不在于义耳。

“诚能深思是身，不可使之为小人之归，其于利欲之习，怛焉为之痛心疾首，专志乎义而日勉焉，博学、审问、谨思、明辨而笃行之。由是而进于场屋，其文必皆①道其平日之学、胸中之蕴，而不诡于圣人。由是而仕，必皆共其职，勤其事，心乎国，心乎民，而不为身计，其得不谓之君子乎？秘书先生起废以新斯堂，其意笃矣。凡至斯堂者，必不殊志。愿与诸君勉之，以毋负其志。”

淳熙辛丑（一一八一）春二月，陆兄子静来自金溪，其徒朱克家、陆麟之、周清叟、熊鉴、路谦亨、胥训实从。十日丁亥，熹率寮友诸生与俱至于白鹿洞书院，请得一言以警学者。子静既不鄙而惠许之，至其所以发明敷畅，则又恳到明白，而皆有以切中学者隐微深痼之病，盖听者莫不悚然动心焉。熹犹惧其久而或忘之也，复请子静笔之于简而受藏之。凡我同志，于此反身而深察之，则庶乎其可不迷于入德之方矣。新安朱熹识。②

① “皆”字原作“习”，据《象山先生全集》文为正。

② 《象山先生全集·讲义·白鹿洞书院讲义》卷二三文。

文治按：陆子此篇，可谓万世法戒。科举之说，特为一时之习俗言耳。推之为选举，为征辟，为超擢，其奔走诡遇者，皆嗜利之徒也。天下多嗜利之人，百姓岂有安宁之日？寰宇宁有太平之望耶！《易·临卦》之三爻曰："甘临，无攸利。"窃谓凡甘心于利者，终必无利。读陆子之言，亦有良心发见，而通身汗下者乎？

附：夏氏炘《陆文安公、张宣公论》

陆文安公少朱子九岁，张宣公少朱子三岁，皆以聪明绝世之资，闻道甚早，又得朱子为之友，而成就各不同者何哉？宣公受学于胡五峰，五峰为伊川三传弟子，《知言》一书，五峰所讲授，宣公所奉为准绳者也。朱子于性无善恶、心无已发、仁以用言、心以用尽、不事涵养、先务知识诸论，力辨其非，而宣公一一翻然从之。吕成公称其事师，未尝如世俗学一先生之言，暖暖姝姝，不复更求其进学之力者，可谓真知宣公者矣。观朱子与宣公诸书，一义之合违，一言之同异，必反覆辨证，不遗余力，卒乃同归而一致。然则宣公之为学，其用心也虚，其亲贤也笃，其集益也广，其从善也勇。乾淳诸老之中，学足以肩随建安，而传之后世无弊者，不得不于宣公首屈一指也。若夫陆文安公之学，一门兄弟，自相师友，非有先正名师之指授也。世无朱子则已，即有之，而或道里辽远、华彝隔绝，则亦已矣。乃相望数百里之间，而又有吕成公为之介绍，一会讲于鹅湖，再会讲于白鹿。朱子之德盛礼恭，情深心苦，欲挽注脚"六经"之习，以为干城吾道之功，所以诱掖而接引者，亦不可谓不至矣。当复斋先生之未没也，辙虽歧而限之未深，迹虽偏而转之尚易。迨复斋先生之既没也，王荆公之祠记、曹立之之墓表，无往不开其争愤之端。至于无极太极之辨，各尊所闻，各行所知，而文安公之学，遂于邹鲁、伊洛以外，别树一帜矣。明高忠宪公以无我、有我，论朱与陆曰："学为圣贤，必自无我入。无我而后能虚，虚而后能知过，知过而后能日新，日新而后能光大。有我者反是。”然则文安公之学，所由与宣公大异欤！[①]

附：夏氏炘《陆文达公学术与文安公不同考》

江西二陆并称，后世因鹅湖之会，文达、文安兄弟与朱子论学不合，遂统谓之曰朱陆，不复别文达于文安之外，不知文达之学，晚年有就正之功。文安之学，终身无转移之境也。比而考之，窃取君子之表微焉。……

《朱子年谱》：淳熙二年乙未（一一七五），吕伯恭来自东阳，过先生寒泉精舍。东莱归，送之至信州鹅湖寺，江西陆九龄子寿、弟九渊子静，及清江刘清之子澄皆来会。严松年录象山语云：“吕伯恭为鹅湖之会，先兄复斋谓某曰：‘伯恭约元晦为此集，正为学术异同。我兄弟先自不同，何以望鹅湖之同？’先兄遂与某议论致辨，又令某自说，至晚罢。先兄云：‘子静之说是。’次早某请先兄说，先兄云：‘某无说。夜来思之，子静之说极是。方得一诗云：孩提知爱长知钦，古圣相传只此心。大抵有基方筑室，未闻无址忽成岑。留情传注翻蓁塞，着意精微转陆沉。珍重友朋相切琢，须知至乐在于今。’某云：‘诗甚佳，但第二句微有未安。’先兄云：‘说得恁地？又道未安，便要如何？’某云：‘不妨。’一路起行，某沿途却和此诗。及至鹅湖，伯恭首问先兄别后新功，先兄举诗方四句，元晦顾伯恭曰：‘子寿早已上子静船了。’举诗罢，遂致辨于先兄。某云：‘途中和得家兄此诗云：墟墓生哀宗庙钦，斯人千古不磨心。涓流滴到沧溟水，拳石崇成泰华岑。易简功夫终久大，支离事业竟浮沈。’举诗至此，元晦失色，至‘欲知自下升高处，真伪先须辨只今’，元晦大不怿，于是各休息。异日，二公商量数十折议论来，莫不悉破其说。继日凡致辨，其说随屈。”……王氏懋竑云：“按《象山语录》：子寿与子静学问原[②]有不同，及将会鹅湖，子静再三辨论，而子寿乃以子静之言为是，遂作‘孩提知爱’一诗。子静以为然，故鹅湖之会，子寿举诗四句，朱子曰：‘子寿早已上子静船了。’

---

① 夏炘《述朱质疑·陆文安公、张宣公论》卷八文。

② “原”字，《朱子年谱考异》作“元”。

其时二陆与朱子辨论，皆不合。”①

炘按：春秋重主盟，此会虽陆氏兄弟同来，实文安主之。文达与文安之学，平日本不同，是以文安谓文达曰：“我兄弟先自不同，何以望鹅湖之同?”则其家庭之旨趣可知矣！未会之前，文安先与文达讲论者，盖必求其同，欲文达之从己也。文达知文安之意，故令其先说。又知文安不可屈，故但云“子静之说是”也。次日文安仍恐其不合，故再问之。文达益知其不可屈，故云“子静之说极是”也。“孩提知爱”一诗，即就文安之所说而咏之，以明己之必不异于文安，而文安犹以第二句为未安者，推其意，以为孩提知爱，既长知钦，途人之心皆有之，不必古圣人之相传，故和诗易之云“斯人千古不磨心”，隐以规文达之不足也。后世良知之学，即从鹅湖诗首二句悟入，陆氏兄弟本东莱之友，与朱子不相识，东莱留止寒泉数十日，必为朱子言二陆梗概，并文达与文安不同之处，故朱子一闻其诗，深讶子寿将登于岸之学，竟为子静一苇航之也。不然，朱子何以知之哉！

《象山年谱》：“先生更欲与元晦辨，以为尧舜之前，何书可读。复斋止之。”

炘按：文达之止文安，有深意存焉，非徒为一时辨难之不已也。

《东莱集·与元晦书》云：此书在庚子（一一八〇），张南轩既卒之后。“子寿前日经过，留此二十余日，幡然以鹅湖所见为非，甚欲着实看书讲论，心平气下，相识中甚难得也。”

炘按：文达去年诣铅山，今年过东阳，即此两年之间，仆仆于朱、吕之门，非幡然改悔，求道真切，其何能若是乎?

《朱子文集·答张敬夫书》即《答敬夫前书》。云：“子寿兄弟得书，子静约秋凉来游庐阜，但恐此时已换却主人耳。朱子应诏上封事，孝宗大怒曰：“是以我为亡也。”赵雄力为救解乃已。渠兄弟今日岂易得?但子静似犹有些

---

① 见夏炘《述朱质疑》引王懋竑之文，又见王懋竑《朱子年谱考异》卷二“淳熙六年己亥五十岁春正月”条下文。

旧来意思，闻其门人①说，子寿言‘其虽已转步，而尚未移身，然其势久之亦必自转。’回思鹅湖讲论时，是甚气势②！今何止十去八九耶？”③

炘按：此书专说文安，不说文达，盖文达去年会铅山，已改从朱子之教矣。文安之“虽已转步，而尚未移身”，出自文达之口，则文达劝戒之力居多，惜乎是年九月文达遂卒，而文安仍自守其学以终身也。④

附：夏氏炘《朱子深戒及门不得无礼于金溪说》

昔孔子初见老子，《史记》载其谓孔子之言甚倨，而孔子不以为忤，且有犹龙之叹，非老子之贤过于孔子，孔子之圣果不免于老子之所讥也。其时老子年高而德尊，孔子适周问礼，方以弟子之礼事之，谦恭卑下，乃少事长之礼，当如是耳。朱子一生，拳拳《小学》《少仪》《弟子职》诸篇，采辑綦备，所以守尼山之家法，而为后生小子之虑者，可不谓深乎？

宋乾淳之间，陆文安公以聪明先觉之资，崛起金溪，聚徒讲学，与建安坛坫相望，一时英俊后学之士，鲜有及者。是以朱陆之门，互相切磋。刘淳叟者，学于陆氏而登朱子之堂者也。来相见时，极口以子静之学为大谬，朱子诘之曰：“子静学术，自当付之公论，公不得遽如此说。”又朱子过江西，与文安之兄文达对语，而淳叟不顾而去，独自默坐，朱子曰：“便是某与陆丈言不足听，亦有数年之长，何得如此？”诸葛诚之者，亦游于两先生之门者也，朱子诒之书曰“示喻竞辨之端，三复惘然。愚意欲深劝同志者，兼取两家之长，不得轻相诋议”，“向来讲论之际，见诸贤往往有立我自是之意，无复少长之节，礼逊之容，至今常不满也”。嗟乎！观朱子之所以戒及门者，然后知朱子之于金溪，其心平，其气下，其礼恭，其词逊，既以礼自律，复以礼约束及门之士，其所以救金溪之失者，不徒在论说之异同也。

---

① 陆九渊门人。

② 此指陆九渊之锋芒。

③ 《朱文公文集》卷三四。

④ 夏炘《述朱质疑·陆文达公学术与文安公不同考》卷八文。

后世学朱子之学者，矩矱宣尼，诵法《小学》，躬行实践之余，抑然自下，不敢放言高论，以取僭逾之咎，虽未必遽诣学之精微，而大本固已得矣。彼扬眉瞬目如傅子渊者，宜其丧心而失志①；而朱子之学，所以能传之万世而无弊与？②

文治按：夏氏此文，最为平正。朱子别有《答诸葛诚之书》云“所喻子静不至深讳者，不知所讳何事？又云消融其隙者，不知隙从何生。愚意讲论义理，只是大家商量寻个是处，初无彼此之间，不容更似世俗遮掩回护，爱惜人情，才有异同，便成③嫌隙也”④云云，词意尤极和平亲切，可补夏氏所未录。

附：黄氏式三《读陆氏〈象山集〉》

陆氏象山之学，王阳明宗之，借以树敌于朱子，后儒遂称之曰“陆王”。然而陆氏与王氏有同有异，与朱子有异亦复有同。陆氏以为仁义者人之本心，愚不肖则蔽于物欲而失本心，贤智者则蔽于意见而失本心。人必先立其志，躬行实践，日充其本心之大。此一生论学之旨也。

而其《与赵咏道书》则云：“《大学》致知、格物，《中庸》博学、审问、谨思、明辨，《孟子》始条理者，智之事，固先乎讲明矣。”“未尝学、问、思、辨，而曰吾惟笃行之而已，是冥行者也，是犹射者不习于教法之巧，而徒恃其有力；能至于百步之外，而不计其未尝中也。”讲明有所未至，虽伊尹、伯夷之圣，而孟子顾有所不愿学，拘儒瞽生安可以硁硁之必为，而傲知学之士，其与刘淳叟、包显道、彭子寿书，皆言先知后行，是大纲本同于朱子矣。

惟朱子承伊川之学，致知格物，必尽穷天下之物理。陆氏以为人情物

---

① 傅梦泉，字子渊，号若水，建昌南城人，陆九渊门人。或谓其丧心失志，《宋元学案·槐堂诸儒学案》有辩，知为毁谤之词。

② 夏炘《述朱质疑·朱子深戒及门不得无礼于金溪说》卷八文。

③ “成”字原作“生”，据《朱文公文集》为正。

④ 《朱文公文集·书·问答（一本作“知旧门人问答”）·答诸葛诚之》卷五四文。

理之变，不可胜穷，是以尧舜之智不遍物，学者耻一物之不知，耻非所耻，终身习支离之学，而义利未分，端绪未正，本心汩没，反将置之不耻，意盖深悯乎此，而有异于朱子耳。

若王氏言知行合一，言行先于知，以格物为正物，以致知为致良知，以学、问、思、辨为力行之功，以无善无恶为心之本体，说皆异于陆氏，故其《答席元山书》既称象山之学简易，孟子之后一人；而又嫌其学问思辨、致知格物之说，未免沿袭之累，则王氏直简于陆氏，而不顾其太简邪？

抑尝读朱子《与吕子约书》云："孟子言学问之道，惟在求其放心。今一著文字，不知有己，是无知觉不识痛痒之人，虽读书何益？"《与何叔京书》云："因良心发见之微，猛省提撕，使此心不昧，则本领既立，自然下学而上达。"此其言与《大学》《孟子》注同，岂不与陆氏若合符节乎？而后之为朱子学者，必谓与吕、何书在年四十以前，犹非定论，抑又拘矣！

读先儒书不必泥于时之先后，而只论其说之是非。说果未尽是邪，则当知其非；未尽非耶，则当知其是。朱子平日教学者，详言自明诚，未尝不言自诚明；陆氏平日教学者，详言自诚明，未尝不言自明诚。读朱子书正当以所与吕、何诸书征成其是，读陆氏书亦当以所与赵、刘、包、彭诸书，弥缝其阙。朱子谓学问所以求放心，正欲读书者之辗转归己也。陆氏以宇宙事皆分内事，安得以考订经传为儒者分外事也①？

文治按：陆子救世之志与朱子同。薇香太夫子此篇，为实事之求，平心之论。其意义精密周匝，后学所当奉为圭臬者也。

附：唐文治《陆象山"先立乎其大"辨》②

陆象山说"先立乎其大"，散见于《文集》《语录》者，不可殚举。

---

① 黄式三《儆居遗书·儆居集四·读子集二·读陆氏〈象山集〉》文。

② 此先生在一八八五年于南菁书院求学期间之作，原载《茹经堂文集》一编卷三。

吾①考其说，盖有浅有深，各宜区别。其浅焉者，足以制此心嗜欲之动，与《孟子》祛耳目之欲同；其深焉者，则欲一空其心之所有，并善念而屏绝之，乃与禅家净智妙圆、体自空寂同，而与《孟子》“思则得之”之旨实背。

盖尝论之，人之五性皆具于心，然心之为物，飞扬驰骛，出入无时，一不自持，即逐物欲于躯壳之外，而不能自存。是以《孟子》言“立乎其大”，而先之曰“思则得之，不思则不得”②。夫人心亦岂有不思者哉？彼愚夫愚妇朝夕憧憧，何尝不思？特其所思者皆耳目之欲，故犹之不思耳。夫耳目之欲，无与于心者也，而心反为之役，则愈思愈昏而愈窒。圣人之思曰睿，睿者以“无欲”为先。陆氏曰：“必有大疑大惧，深思痛省，决去世俗之习，如弃秽恶，如避寇仇……乃谓之先立乎其大者。”③ 此诚学者入手之要，而治心之先务也。然究其终，乃与《孟子》异者，《孟子》言“先立其大”，欲人决去世俗之习，而用其思于理义之域，以养其心；象山言“先立其大”，欲人决去世俗之习，而致其心于空荡之乡，并绝其思，此其说之歧乎《孟子》者也。

夫《孟子》之学，得力于养气，而又归本于集义。集义者，察识四端之发，穷究事物之宜，即《大学》所谓“知止”，《中庸》所谓“明善”，《大易》所谓“穷理”，而仁者见之谓之仁，智者见之谓之智。盖吾心之良知，本足以辨善恶之端倪，特不致其体察之功，则不免于认欲作理，而有害于善念，即所念一出于善，而有偏而不中之处，于事亦终至于眊而不行，是以察识、格致之功，由渐而进，则所谓立乎其大者，乃亦由渐而精。《孟子》自言“不动心”，而要之以四十，此非四十以前未能自立其心也，盖以积累之至者言也。而象山乃谓“决去世俗之习”。则此心之灵，自有其仁，自有其智，自有其勇，吾不知所谓仁、智、勇者，其能无所过

① “吾”字，《茹经堂文集》作“蒙”，谦辞。下同。

② 《孟子·告子上》文。

③ 陆九渊《与傅克明》文，载《象山先生全集》卷一五。

乎？且能无不及乎？又能无杂于气质之偏乎？此殆因事物之至，而以知觉笼罩之，非所谓仁也，非所谓智与勇也。夫如是，故专认取夫昭昭灵灵者，以为万象之主，其视事物之理，一切于吾心无与，而其治心也，乃不惟妄念之足为累，即善念亦足为障矣，此岂《孟子》“思则得之”之旨耶？按：詹子南之下楼，忽觉此心中立①，亦象山之“先立其大”也。杨慈湖之夜坐不寐，忽心中洒然，如物脱去②，亦象山之“先立其大”也。故曰《孟子》之“立乎其大”，立此心之义理；象山之“立乎其大”，立此心之精神知觉。

吾故曰：象山所谓“立乎其大”，其浅焉者，固足祛人心妄念之动；其深焉者，则一超而顿悟，直禅氏之秘旨耳。呜呼！学术诚难言矣哉！

文治按：陆子之学，近于禅宗，不必讳饰。朱子别书，谓其从葱岭带来，切中病痛。此书本篇未录。然若以为悖于孔门，恐亦非圣人兼容并包之量也。陆清献有言，“天下有成德之师，有兴起之师。成德之师，切磋琢磨，能造人才于粹精之域；兴起之师，廉顽立懦，能拔人心于陷溺之中”。③ 陆子盖无愧为兴起之师，可以造就豪杰之士。而近儒则谓为程朱之学者多迂拘，为陆王之学者多开拓能办事，抑又失之偏矣。夏、黄两先生之言，非特平心，尤征实事。文治此文为乙酉岁（一八八五）旧作，学识尚浅，姑录之俾后世教育家参考焉。

---

① 《象山语录》载：“詹子南一日下楼，忽觉此心澄滢中立。先生（陆九渊）目逆而视之曰：‘此理已显矣。’”并见载明人陈建《学蔀通辨》卷之四。子南是詹阜民的字，浙江遂安人，累官宗正寺丞，兼驾部郎中，知徽州府。先问学张栻，后师事陆九渊。

② 陈建《学蔀通辨》卷之四《杨慈湖行状》载：“慈湖初在太学循理斋，尝入夜忆先训，默自反观，已觉天地万物通为一体，非吾心外事。至陆先生新第，归来富阳，慈湖留之，夜集双明阁上，数提‘本心’二字，因从容问曰：‘何谓本心？’适平旦，尝听扇讼，陆先生即扬声答曰：‘适断扇讼，见得孰是孰非者，即本心也。’慈湖闻之，忽觉此心澄然清明，亟问，曰：‘止如斯耶？’陆曰：‘更何有也？’慈湖即北面纳拜，终身师事焉，每谓：‘某感陆先生。’由是再答一语：‘更云云，便支离去。’已而沿檄宿山间，观故书犹疑，终夜坐，不能寐。天曈曈欲晓，忽洒然如物脱去，乃益明。后居妣丧，更觉日用应酬，未能无碍沈思，屡日偶一事相提触，亟起，旋草庐中，始大悟变化云为之旨，纵横交错万变，虚明不动如镜中象矣。”唐先生所言杨简师事陆九渊事，俱出《学蔀通辨》，以故详引，以见唐先生学术渊源。

③ 陆陇其《三鱼堂文集·书·上汤潜庵先生书》卷五文。

紫阳学术发微卷九

朱子辨浙东学发微上

文治按：浙东学派，其最著者，曰永嘉，曰永康。黄梨洲先生《宋元学案》载永嘉诸儒，有吕东莱、吕子约、薛艮斋、陈止斋、叶水心诸先生，永康则仅有陈同甫先生。

考浙东两学派，世虽并称，实则迥乎不同。吕成公为朱子执友，与南轩先生同为当代大儒。而程氏曈《闲辟录》，乃以东莱与同甫并称，谓朱子之辟东莱不亚于同甫，可谓谬论。吴竹如先生谓："永嘉之学，朱子所与辨者，乃吕子约辈，非东莱也。"① 其说亦不然。

考朱子《与艮斋书》即薛士龙。语意谦恭，推重颇至，而子约得罪韩侂胄，至于贬死，其气节之高，与蔡季通先生相等夷。朱子平日遗书往还，多进以涵养克己之诣，见于《文集》，亦不可谓非挚友也。盖永嘉学术之棼杂，正由于吕成公兄弟殁后，无人主持，乃稍与永康相近。然以人品、心术论之，止斋、水心皆卓然有以自立，与同甫不可同日而语。

全谢山先生谓"永嘉以经制言事功"，而"永康则专言事功"，"其

① 吴廷栋、杨德亨《拙修集·书·答徐镜希司马书》卷八文。

学更为粗莽”①，且谓“永嘉功利之说，至水心始一洗之”②，洵系确论。而后人谓永嘉学说，掩于朱子，不知朱子以明德为体，性命为用，王道、圣功一以贯之，曷尝非经制之学？况朱子晚年，党锢之祸方兴，士皆讳言道学，尚何势力能掩永嘉哉？耳食之徒，不免道听而涂说矣。

王氏《朱子年谱》，于甲辰岁（一一八四）载辨浙学十数条，于辛亥岁（一一九一）载《与陈君举论学书》，又附《答叶正则书》，至为详审。而夏氏《述朱质疑·朱子同时浙学考》，则分永康、东阳、永嘉、四明为四支派，更为赅博。兹特录夏氏文二篇为上卷，录朱子与陈同甫往来书为下卷，俾后之人得详考焉。

夏氏炘《朱子同时浙学考》

【释】夏氏文载《述朱质疑》卷九；文中分四类列述浙学，其小题前各补入序号，以清眉目。

《年谱》云：“朱子归自浙东，见其士习驰骛于外，每语学者且观《孟子》‘道性善’及‘求放心’两章，务收敛凝定，以致克己求仁之功，而深斥其所学之误。以为舍《六经》《语》《孟》而尊史迁，舍穷理尽性而谈世变，舍治心修身而喜事功，为学者心术之害，极为吕祖俭、潘景愈、孙应时辈言之。”

按：朱子同时学术，有江西之学、湖南之学、浙东之学。江西之学，陆文安登坛主盟，与建安旗鼓相当，莫肯稍下。虽两家门人弟子，往来讲论，如晋楚之从交相见，卒未有能拔赵帜而立汉帜者也。湖南之学，发源于五峰，导流于南轩，如性无善恶、知觉为仁及先务察识诸说，朱子为之疏涤排决，南轩皆降心以相从，而胡广仲、吴晦叔诸君子有切磋之功，而无龃龉之诮，真所谓末乃同归而一致者也。惟浙东或谈

① 黄宗羲《宋元学案·龙川学案》卷五六引全祖望先生之言。

② 黄宗羲《宋元学案·水心学案上》卷五四引全祖望先生之言。

心性、或矜事功，高者入虚无，卑者湛利欲。观《文集》《语类》所论浙中学术，别而出之，约有四家，不仅子约、叔昌诸公已也。今考其可见者著于篇。

一、永康陈同甫之学

陈亮，字同甫，婺州永康人。屡诣阙上书，光宗御极，擢进士第一人，授签书建康府判官厅公事，未至官卒，谥文毅。今传者有《龙川集》。

《本传》：为人才气超迈，喜谈兵，议论风生，下笔数千言立就。尝曰："研穷义理之精微，辨析古今之同异，原心于秒忽，校礼于分寸，以积累为功，以涵养为主，晬面盎背，则于诸儒诚有愧焉。至于堂堂之阵，正正之旗，风雨云雷，交发而并至，龙蛇虎豹，变现而出没，推倒一世之智勇，开拓万古之心胸，自谓差有一日之长。"亮意盖指朱某、吕祖谦等云。

朱子答书云："老兄平时自处于法度之外，不乐闻儒生礼法之论。私窃疑之，愿绌去'义利双行，王霸并用'之说，粹然以醇儒之道自律，则所以为异日发挥事业之地者，亦光大而高明矣。"《语类》云："同父才高气粗。"又曰："同父在利欲胶漆盆中。"

炘按：陈同父为吕成公所重。朱子提举浙东时，同父来谒，其后书问不绝，朱子虽力辨其"义利双行，王霸并用"，及汉唐行事非三纲五常之正，而同父终不能从，是为永康之学。

二、东阳吕子约、潘叔昌之学

吕祖俭，字子约，婺州人，东莱先生之弟也。官至大府丞，以论事得罪韩侂胄，死贬所，《宋史·忠义》有传。所著有《大愚集》，今佚。

朱子答书云："所谓秦汉把持天下，有不由智力者。乃是明招堂上陈同甫所说，不谓子约亦作此见而为此论也。"

又书云："若如此说，则是学问之道，不在于己而在于书，不在于经而在于史，为子思、孟子则孤陋狭劣而不足观，必为司马子长、班固之俦，然后可以造乎高明正大之域也。”

又书云：“同甫后来又两得书，已尽底里答之。来书亦于‘智力’二字，毕竟看不破、放不下。”

又书云：“‘枉尺直寻’，素未尝以此奉疑。但见顷来议论，如山移河决，使学者皆有趋时徇势、驰骛功名之心，令人忧惧。”

《答沈叔晦书》云：“子约为人，固无可疑。但其门庭近日少有变异，而流传已远，为学者心术之害。”

《答刘子澄书》云：“婺州自伯恭死后，百怪都出。至如子约别说出一般差异底话，全然不是孔孟规模。”

炘按：子约为成公之弟，成公与朱子共肩斯道，讲论亲切，子约不应差异至此。其所以差异者，盖动于永康之议论耳。永康纵横驰骤，不可一世，成公在日，便往来于明招讲席之间。及成公既殁，子约为其所动，自以为有用之学，而不知陷入计功谋利之窠臼，而不能拔出。朱子屡致书规之，然子约素切磋于朱子，省身克己，用力甚深。见《答子约书》。是以终能奋发，大节凛然，不可与纵横跅弛之士一例而视之也。

潘景愈，字叔昌，婺州人，居近吕成公，与兄景献，俱以学名。

朱子答书云：“示喻读史曲折，鄙意以为看此等文字，但欲通知古今之变，又以观其所处义理之得失耳。初不必玩味究索，以求变化气质之功也。”

又书云：“六国表议论，乃是衰世一种卑陋之说。吾辈平日讲论圣贤，何为却取此等议论，以为标准？殊不可晓。向答子约一书，亦极言之，正恐赤帜已立，未必以为然耳。”

又书云：“示喻汉唐故事，以两家较优劣则然。然以三代之天吏言之，则其本领，恐不但如此。吾辈正当以圣贤为师，取其是而监其非，不当以彼为准则也。”

《答黄直卿书》云：“婺州一种议论，名宗吕氏而实主同甫。潘家馆客，往往皆此类。”

《答程正思书》云："浙学尤更丑陋，如潘叔昌、吕子约之徒，皆已深陷其中。"

炘按：叔昌所学，其详不可考。以朱子答书观之，大抵与子约相近。是为成公殁后，东阳别派之学。

又按：《年谱·浙学》中又有孙应时。孙字季和，《大全集》中有答书二首，《别集》中有答书八首，细核之，似非子约、叔昌之比。且《别集》第三书云："大抵学者专务持守者，见理多不明；专务讲学者，又无地以为之本。能如贤者兼集众善，不倚一偏者，亦寡矣。"然则季和之学，实见许于朱子，故今不列。

三、永嘉陈君举、叶正则之学

陈傅良，字君举，温州瑞安人。登进士甲科，官至宝谟阁待制。今传者有《春秋后传》《止斋文集》。

《本传》：永嘉郑伯熊、薛季宣，以学行闻，而伯熊于古人经制治法，讨论尤精；傅良皆师事之，而得季宣之学为多。

吕东莱《与君举书》云："自昔所见少差，流弊无穷者，皆高明之士也。"朱子《与叶正则书》云："年来见得此事极分明，乃知曾子竟以鲁得之，而聪明辨博如子贡者，终不得与闻，真有以也。"与东莱答君举之意同。又曰："公私之辨，尤须详察。"

陆象山《与君举书》云："世习靡敝，固无可言。以学自命者，又复锢蔽私见，却针拒砭，厚自党与，假先训，封形似，以自附益，不知其实背驰久矣。"

朱子《答刘公度书》云："君举书殊不可晓，似都不曾见得实理，只是要得博杂；又不肯分明如此说破，欲包罗和会众说，不令相伤。其实都不晓得众说之是非得失，自有合不得处也。叶正则亦是如是。"《语类》云："君举有《周礼类》数篇①，又说汉唐好处，与三代暗合。"

① 明代朱睦㮮《授经图义例》卷二〇归诸"论说"，称陈傅良《周礼说》一卷。按：朱子说其书数篇，称《周礼类》，推测为类说议论之书。

叶适，字正则，温州永嘉人。淳熙五年（一一七八）进士第二人，官至宝文阁学士，谥忠定。今传者有《水心集》。

《本传》：志意慷慨，雅以经济自负。

朱子答书云："来书毫毛钧石之喻，是乃《孟子》所谓寻尺者。此等议论，近世盖多有之，不谓明者亦出此也。"又书云："见士子传诵所著书及答问、书尺，类皆笼罩包藏之语。中间得君举书，亦深以讲究辨切为不然。无他，只是自家不曾见得亲切，故作此见耳。"

黄氏震曰："水心力排庄老，正矣；乃并讥程伊川，则异论也。力主张恢复，正矣；乃反斥张魏公，则大言也。能力诋本朝兵财靡敝天下，以至于弱，正矣；乃欲割两淮、江南、荆湖，弃诸人，以免养兵，独以两浙为守，又欲抑三等户代兵，兹又靡敝削弱之尤者也。"

炘按：止斋、水心两公，为经制之学，虽其公私义利，包罗笼罩，不甚分别，大旨与永康相出入；而其持躬端正，考事详密，立论悫实，终与永康不类，是为永嘉之学。

四、四明杨敬仲、袁洁斋、舒元宾、沈叔晦之学

杨简，字敬仲，慈溪人。乾道五年（一一六九）举进士，授富阳主薄，官至宝文阁学士。今传者有《杨氏易传》《慈湖诗传》《慈湖遗书》。

《慈湖遗书》云："简行年二十有八，居太学，夜返观，忽觉天地内外，森罗万象，幽明变化，有无彼此，通为一体。后因承象山先生'扇讼是非'之答，而又觉澄然清明。"又云："道心发光，如太阳洞照。"

陈氏建曰："朱子尝谓浙江有般学问，是得江西之绪余，只管教人合眼端坐，只觉一个物事，与日头相似，便谓之悟，正是指此。"

朱子《答潘子善书》云："杨敬仲其人简淡诚悫，自可爱敬，而其议论见识，自是一般。又自信已笃，不可复与辨论，亦不必徒为哓哓也。"

袁燮，字和叔，鄞县人。登进士第，官至知温州，进直学士，谥正献。今传者有《洁斋家塾书钞》《洁斋毛诗经筵讲义》《洁斋集》。

《本传》：燮初入太学，陆九龄为学录。同里沈焕、杨简、舒璘皆在学，以道义相切磨。后见九龄之弟九渊，发明本心之旨，乃师事焉。

舒璘，字元质，一字元宾，奉化人。登乾道八年（一一七二）进士，官至通判宜州，谥文靖。今传者有《文靖集》。

《本传》：从陆九渊游，曰："吾惟朝于斯，夕于斯，刻苦磨厉，改过迁善，日有新功，亦可以弗畔矣乎。"

沈焕，字叔晦，定海人。登乾道五年（一一六九）进士，官至通判舒州，追赠直华文阁，谥端宪。

《本传》：试入太学，与临川陆九龄为友，从而学焉。

朱子答书曰："日前务为学而不观书，此固一偏之弊。"又书曰："近年学者求道太迫，立论太高，往往嗜简易而惮精详，乐浑全而畏剖析。以此不本天理之本然。"

《宋史·陆九渊传》：门人杨简、袁燮、舒璘、沈焕，能传其学云。

炘按：杨、袁、舒、沈四先生，虽所造各不同，而皆传金溪之宗旨。朱子谓："浙中朋友，一等底只理会上面道理，又只理会一个空底物事，都无用。"盖指此也。是为四明之学。

夏氏炘《朱子借陆学以针砭婺学说》

婺州自吕成公殁后，大愚、叔昌诸君，震于永康之议论，轻心性，重事功，其弊将枉尺而直寻，且不免利欲之胶漆。始朱子与成公切磋之时，共肩斯道，不意一传而弊至斯极也。淳熙辛丑（一一八一）季冬，朱子除提举浙江常平公事，壬寅（一一八二）哭成公于明招之墓，会同甫于衢婺之间，与浙人往来讲论者一载。癸卯甲辰（一一八三——一一八四）奉祠家居，始辨浙学之谬，而于婺州尤三致意焉。盖大愚乃成公之弟，而叔昌亦及门之佳士也。

初陆文安公①讲学临川，吕成公为之介绍，始与朱子为鹅湖之会。文安之学，在于“收拾精神，自作主宰”，与朱、吕先知后行、由博反约之论不合，然与其癖传耽史，心日外驰，何如收敛凝定，尚能不失其本心也；计功逐名，利日益炽，何如恬澹廉静，尚能不失其素志也。知智力之说不如德性，而后一切把持之念消；知涵养之功可胜浮躁，而后一切奔放之意绝，于是恒借陆学以针砭之。

《答刘子澄书》云：“子静一味是禅，却无许多功利术数，目下收敛得学者身心，不为无益。”

《答陈肤仲书》云：“陆学固有似禅处，然婺州朋友，专事闻见，而于身心，全无功夫，所以每劝学者兼取其长。”

《答吴伯丰书》云：“学不过两种，一则脱略太高，一则专务外驰。其过高者，固为有害，然犹为近本；其外驰者，诡谲狼狈，更不可言。”

《答沈叔晦书》云：“务为学而不观书，此固一偏之论。然近日又有一般学术，废经而治史，略王事而尊霸术，如此读书，则又不若不读之为愈也。”

凡《文集》中，如此类者甚多②，皆不得已而为补偏救弊之计。其词气抑扬宛转之间，亦无难明其意之所在。昧者不察，遂以为朱子晚年之学，实尊信文安，不亦诬乎？③

朱子辨浙东学发微下

文治按：永康学派创自陈同甫，同甫才气超迈，辟易千夫，直欲开拓万古心胸，推倒一时豪杰；乃以言行不谨，三次下狱，厥后又附和光宗，幸获及第，晚节狼藉。究其病痛所在，无非义利双行、王霸杂用之说误之也。

---

① 文安乃陆九渊之谥号。

② 谓朱子肯定陆九渊之言词。

③ 夏炘《述朱质疑·朱子借陆学以针砭婺学说》卷九文。

夫谓义利双行，则是溺志于利矣；谓王霸杂用，则是降志于霸矣。朱子与之反覆辨论，无非欲救其心术之偏，而同甫不悟，惜哉！惜哉！孔子曰："好直不好学，其蔽也绞。好勇不好学，其蔽也乱。好刚不好学，其蔽也狂。"① 同甫于六蔽而得其三，虽得贤友之忠告善道，反覆箴规，卒悍然而不顾。其才其气，皆为傲很刚愎之资，焉得不罹于祸害？呜呼！吾不独为同甫惜，实为天下之人才与风气惜也。譬诸覂驾之马，遇伯乐而不反，《礼记·乐记篇》②："始驾马者反之，车在马前。" 樗栎之材，逢大匠而仍废。自来教育家欲成就英雄者，鲜不引为憾事。

夫圣贤之徒，战战兢兢，如临深而履薄，岂好为是迂阔哉！立其心以为天下之标准，守其身以办天下之大事，固宜如是也。兹特录朱子与同甫辨论书，见天下万世之怀才负气者，必以端谨心术为本。

答陈同甫书③ 王云"甲辰（一一八四）"。④

比忽闻有意外之祸，甚为惊叹。方念未有相为致力处，又闻已遂辨白而归，深以为喜。人生万事，真无所不有也。比日久雨蒸郁，伏维尊候万福。归来想诸况仍旧，然凡百亦宜痛自收敛。此事合说多时，不当至今日，迟顿不及事，固为可罪，然观老兄平时自处于法度之外，不乐闻儒生礼法之论。虽朋友之贤如伯恭者，亦以法度之外相处，不敢进其逆耳之论，每有规讽，必宛转回互，巧为之说，然后敢发平日狂妄。深窃疑之，以为爱老兄者，似不当如此。方欲俟后会从容面罄其说，不意罢逐之遽，不及尽此怀也。今兹之故，虽不知所由，或未必有以召之，然平日之所积，似亦不为无以集众尤而信谗口者矣。老兄高明刚决，非吝于改过者。愿以愚言思之，绌去"义利双行、王霸并用"之说，而从事于"惩忿窒欲、迁善改过"之事，粹然以醇儒之道自律，则岂独

① 《论语·阳货》文。

② 《礼记·学记》文。

③ 此文并载于《性理学大义·朱子大义》卷三，文末删除"悚仄悚仄"四字。

④ 王懋竑《朱子年谱》卷三上"淳熙十二年乙巳五十六岁春二月"条下文。

免于人道之祸，而其所以培壅本根，澄源正本，为异时发挥事业之地者，益光大而高明矣。荷相与之厚，忘其狂率，敢尽布其腹心，虽不足以赎稽缓之罪，然或有补于将来耳，不审高明以为如何？悚仄悚仄。①

又答陈同甫书② 王云同。③

示谕缕缕，殊激懦衷，以老兄之高明俊杰，世间荣悴得失，本无足为动心者，而细读来书，似未免有不平之气。区区窃独妄意此殆平日才太高、气太锐、论太险、迹太露之过，是以困于所长，忽于所短，虽复更历变故，颠沛至此，而犹未知所以反求之端也。

尝谓天理、人欲二字，不必求之于古今王伯之迹，但反之于吾心义利邪正之间。察之愈密，则其见之愈明；持之愈严，则其发之愈勇。《孟子》所谓“浩然之气”者，盖敛然于规矩准绳，不敢走作之中，而其自任以天下之重者，虽贲育莫能夺也，是岂才能血气之所为哉？

老兄视汉高帝、唐太宗之所为，而察其心果出于义耶？出于利耶？出于邪耶？正耶？若高帝则私意分数，犹未甚炽然，已不可谓之无。太宗之心，则吾恐其无一念之不出于人欲也。直以其能假仁借义以行其私，而当时与之争者，才能智术既出其下，又不知有仁义之可借，是以彼善于此而得以成其功耳。若以其能建立国家，传世久远，便谓其得天理之正，此正是以成败论是非，但取其获禽之多，而不羞其诡遇之不出于正也。千五百年之间，正坐如此，所以只是架漏牵补，过了时日，其间虽或不无小康，而尧、舜、三王、周公、孔子所传之道，未尝一日得行于天地之间也。若论道之常存，却又初非人所能预，只是此个自是亘古亘今、常在不灭之物，虽千五百年被人作坏，终殄灭他不得耳！汉唐所谓贤君，何尝有一分气力扶助得他耶？

---

① 《朱文公文集·书·辩答·与陈同甫》卷三六文。

② 文并载《性理学大义·朱子大义》卷三。

③ 王懋竑《朱子年谱》卷三上“淳熙十二年乙巳五十六岁春二月”条下文。即同前书甲辰年(一一八四)。

至于儒者成人之论，专以儒者之学为出于子夏，此恐未可悬断。而子路之问成人，夫子亦就其所及而告之。故曰“亦可以为成人”，则非成人之至矣。为子路、为子夏，此固在学者各取其性之所近。然臧武仲、卞庄子、冉求，中间插一个孟公绰，齐手并脚，又要“文之以礼乐”，亦不是管仲、萧何以下规模也。向见蔡伯恭文，亦疑二公何故相与聚头作如此议论。近见叔昌、子约书①中说话，乃知前此此话已说成了。亦尝因答二公书，力辨其说，然渠来说得不索性，故鄙论之发，亦不能如此书之尽耳。

老兄人物奇伟英特，恐不但今日所未见，向来得失短长，正自不须更挂齿牙，向人分说。但鄙意更欲贤者百尺竿头，进取一步，将来不作三代以下人物，省得气力为汉唐分疏，即更脱洒磊落耳。

李、孔、霍、张，则吾岂敢？然夷吾、景略之事②，亦不敢为同父愿之也。大字甚荷不鄙，但寻常不欲为寺观写文字，不欲破例。此亦拘儒常态，想又发一笑也。寄来纸却为写张公集句《坐右铭》去，或恐万一有助于积累涵养，睟面盎背之功耳。③

又答陈同甫书④ 王云“乙巳（一一八五）”。⑤

示谕缕缕，备悉雅意。然区区鄙见，常窃以为亘古亘今，只是一理⑥，顺之者成，逆之者败，固非古之圣贤所能独然，而后世之所谓英雄豪杰者，亦未有能舍此理而得有所建立成就者也。但古之圣贤，从根本上便有“惟精惟一”工夫，所以能执其中，彻头彻尾，无不尽善。

---

① 叔昌乃潘景愈之字，吕祖谦门人，尝为太学解魁，淳熙十六年（一一八九）进士，官至安庆教授。淳熙二年（一一七五）春，吕祖谦偕潘氏入闽四十余天，与朱子合编《近思录》。子约则是吕祖俭之字，吕祖谦之弟，自号大愚叟。

② “夷吾”谓管仲。“景略”乃王猛（三二五—三七五）之字，王氏乃前秦苻坚立国功臣。

③ 《朱文公文集·书·辨答·答陈同甫》卷三六文。

④ 文并载《性理学大义·朱子大义》卷三。

⑤ 王懋竑《朱子年谱》卷三上“淳熙十二年乙巳五十六岁春二月”条下文。

⑥ “理”字，《朱文公文集》作“体”。

后来所谓英雄，则未尝有此工夫，但在利欲场中，头出头没，其资美者，乃能有所暗合，而随其分数之多少以有所立。然其或中或否，不能尽善，则一而已。来谕所谓“三代做得尽，汉唐做得不尽”者，正谓此也。然但论其尽与不尽，而不论其所以尽与不尽，却将圣人事业去就利欲场中比并较量，见有仿佛相似，便谓圣人样子不过如此，则所谓毫厘之差、千里之谬者，其在此矣。

且如管仲之功，伊吕以下，谁能及之？但其心，乃利欲之心；迹，乃利欲之迹。是以圣人虽称其功，而孟子、董子皆秉法义以裁之，不稍假借，盖圣人之目固大，心固平，然于本根亲切之地，天理人欲之分，则有毫厘必计、丝发不差者。此在后之贤，所以密传谨守，以待后来，惟恐其一旦舍吾道义之正，以徇彼利欲之私也。今不讲此，而遽欲大其目，平其心，以断千古之是非，宜其指铁为金，认贼为子，而不自知其非也。

若夫点铁成金之譬，施之有教无类、迁善改过之事则可，至于古人已往之迹，则其为金为铁，固有定形，而非后人口舌议论所能改易久矣。今乃欲追点功利之铁，以成道义之金，不惟费却闲心力，无补于既往，正恐碍却正知见，有害于方来也。若论汉唐以下便是真金，则固无待于点化，而其实又有大不然者。盖圣人者，金中之金也，学圣人而不至者，金中犹有铁也。汉祖、唐宗用心行事之合理者，铁中之金也。曹操、刘裕之徒，则铁而已矣。夫金中之金，乃天命之固然，非由外铄，淘择不净，犹有可憾。今乃无故必欲弃舍自家光明宝藏，而奔走道路，向铁炉边渣矿中拨取零金，不亦误乎？

帝王本无异道，王通分作两三等，已非知道之言。且其为道，行之则是，今莫之御而不为，乃谓不得已而用两汉之制，此皆卑陋之说，不足援以为据。若果见得不传底绝学，自无此蔽矣。今日许多闲议论，皆原于此学之不明，故乃以为笆篱边物而不之省，其为唤银作铁，亦已甚矣。

来谕又谓："凡所以为此论者，正欲发儒者之所未备，以塞后世英雄之口而夺之气，使知千涂万辙，卒走圣人样子不得。"以愚观之，正恐不须如此费力。但要自家见得道理分明，守得正当，后世到此地者，自然若合符节，不假言传，其不到者，又何足与之争耶！况此等议论，正是推波助澜。纵风止燎，使彼益轻圣贤而愈无忌惮，又何足以闭其口而夺其气乎？①

附：全氏祖望《陈同甫论》

自陈同甫有义利双行、王霸杂用之论，世之为建安之徒者，无不大声排之。吾以为是尚未足以贬同甫。盖如同甫所云："是其学有未醇，而尚不失为汉以后人物。孔明有王佐之才，而学堕于刑名家，要之固汉时一人豪也。"若同甫则当其壮时，原不过为大言以动众，苟用之亦未必有成。迨一掷不中而嗒焉以丧，遂有不克自持之势。嗟夫！同甫当上书时，敝屣一官，且有逾垣以拒曾觌之勇。而其暮年对策，遂阿光宗嫌忌重华之旨，谓不徒以一月四朝为京邑之美观，何其谬也！盖当其累困之余，急求一售，遂不惜诡遇而得之。

吾友长兴王敬所尝语予："以同甫之才气，何至以一大魁为惊喜，至于对弟感泣，相约以命服共见先人于地下，是盖其暮气已见之证。岂有浅衷如此，而力能成事者？"

予应之曰：同甫之将死，自其对策已征之矣，不特此数语也。故即令同甫不死，天子赫然用之，必不能掩其言。同甫论李赞皇之才，以为尚是积谷做米、把缆放船之人，尚有所未满。同甫之失，正坐亟于求舂而不需谷，亟于求涉而不需缆，卒之米固不得，并其船而失之。水心于同甫惜其初之疾呼纳说，以为其自处者有憾，而又谓使其终不一遇，不免有狼疾之叹，可谓微而婉者也。永嘉经制之学，其出入于唐汉之间，大略与同甫等。然止斋进退出处之节，则渺渺不可及矣。即以争过宫言之，同甫不能

① 《朱文公文集·书·辩答·答陈同甫》卷三六文。

无愧心，可谓一龙而一蛇者矣！

吾故曰：论学之疏，不足以贬同甫也，至若反面事二姓之方回，亦深文以诋同甫，谓其登第后以渔色死非命，是则不可信者。同甫虽可贬，然未许出方回之口，况摭流俗人之传闻以周内之哉！①

文治按：篇中“逾垣拒曾觌”语，盖同甫自淳熙中对策后，帝欲官之，同甫笑曰：“吾欲为社稷开百年之基，宁用博一官乎?”曾觌闻欲见焉，同甫耻之，逾垣而逃。又李赞皇，即李德裕，唐之才相，颇任意气，论见《龙川集》②。又方回是否留梦炎字，待考。

附：唐文治《读陈同甫与朱子论汉唐书》上③

天地之间，道有其极，理有其至。学其极，学其至，则虽不造于极至，而亦不失为中人。苟自其下焉者求之，以为能如是，是亦足矣！则虽为中人且不可得，而况其极致者乎？昔者孟子曰：“规矩，方员之至；圣人，人伦之至。……不以舜之所以事尧事君，贼其君者也；不以尧之所以治民治民，贼其民者也。”④ 夫世人宁不知尧舜之不可几及者？果若《孟子》之言，岂天下真皆贼其君、贼其民者耶？盖《孟子》之意，以为法尧舜而不得，则犹不失为汤、武、成、康诸君，苟不法尧舜，则其志日趋于污下，势不至为桀纣不止。

然则宋儒之贬抑汉唐，而以为舍三代无可学者，其本意亦非谓汉唐之果一无可采也，盖其说亦犹《孟子》之意也。自陈同甫不得其意，于是哓哓与朱子辨论，反覆数四，而卒不屈其说。夫吾推朱子之初意，但欲其绌去“义利双行，王霸并用”之说，而冀其从事于“惩忿窒欲，迁善改过”

① 黄宗羲《宋元学案》卷五六附录引全祖望之言。

② 陈亮《龙川集·复何叔厚》卷一九文。

③ 唐先生《读陈同甫与朱子论汉唐书》上下篇，原收录在《茹经堂文集》一编卷三，题《陈同甫与朱子辨论汉唐治法论》上下篇，成于一八八七年。

④ 《孟子·离娄上》文。按：“贼其君者也”，《孟子》作“不敬其君者也”。

之事，本非欲以辨汉唐也。而同甫乃全不顾其心之不纯，专为汉唐分疏，力以明其天理常运，人为不息，而不可以架漏牵补度时之意，于是其说之支离，至于显斥儒者，隐尊诡遇。然吾且不于此而责其谬也，但责其不察先儒立言之意尔。

夫宋儒之必贬抑汉唐，而自谓得三代不传之学，其说固不免于过自期许。然其剖析乎义利之界、理欲之微，使后之人主，有以内纯其心，兢兢业业，而歆然常有所不足，是真圣贤之教也。今同甫乃必欲推崇汉唐，以为虽不及三代而实与三代不异，则是欲使后之人主不以上焉者为法，以下焉者为法也。夫以下焉者为法，则且以仁义为迂阔而无用，而以功利为切要而可图，日朘月削，浸举古昔圣王"不忍人之心"与"不忍人之政"荡灭而无余，此其弊，讵有底耶？

且夫乾坤之不息者，由天理之常存也。天理之常存者，由人心之不死也。是则朱子[①]所云"千五百年之间……架漏牵补过日"[②]者，正欲使人动其戒惧之心，求其不架漏、不牵补，乃仅仅可以架漏牵补也。今若即以架漏为不架漏，以牵补为不牵补，则后之继者并不能架漏、不能牵补矣。同甫又何弗思耶[③]！是故吾申孟子之义，而以折同甫之说。

附：唐文治《读陈同甫与朱子论汉唐书》下

或者曰："如子言，则先儒所谓三代专以天理行，汉唐专以人欲行者，其说无可非与？"曰：此亦不宜专责汉唐之君，亦当就时势而言也。

粤自太极之元，两仪始分，浮沈交错，庶类混成，天下之民，噩噩无为。当是时也，万物熙皞，机巧之智未开，而天地之气亦浑沦和厚而毫无所斫丧，而古之圣人亦遂安坐而理之，以相安于无事；即有战争诛伐之举，亦多出于公义，而无有自为身谋者，是何也？盖以当世之人不知有利，不知有利，故圣王以义处之而有余也；当世之人不纵其欲，不纵其

---

① "朱子"原误作"朱漏"，据《茹经堂文集》为正。

② 《朱文公文集·书·辨答·答陈同甫第六书》卷三六文。

③ "弗思"原误作"子思"，据《茹经堂文集》正。

欲，故圣人以理服之而有余也。

自周道衰，七国分争而策士起，于是利欲之机大炽，变诈之术日开。洎乎秦政焚书，礼法扫地，而天地浑厚之气，于是大夷，而人心亦自此变矣。是故战国并争之会，正天下义转为利、理转为欲之一大关键也。当是之后，爱恶相攻，利害相劫，顺存逆亡，力其先矣。难萃易涣，人心灵矣。故即以尧舜、三代之君处此，虽以道德为治术先，亦必以智勇济之。何者？民心日趋于机巧，若纯用忠厚，则且为其所愚而不自觉。然则汉唐之世固非无仁爱、忠信之主，而其所以不及三代之忠厚者，由时势为之也。

夫时势之变，固非谓但宜霸而不宜王，然以中材处之，则恒出于霸，故后世儒者若不论其时势之不同，而专责汉唐之君不及三代之君之用心之纯，则其论固不免于苛刻。然若即以时势之故，而以三代之君之用心为迂阔而不足学，则适以启天下淫暴虐戾者之借口，而其弊更无所极止。吾独怪同甫论汉唐诸君之不及三代，不就其世变而言，而反就其心术而言，是其意虽在庇汉唐诸君，而实未得乎汉唐诸君之用心，而反欲驳先儒之说，以为三代固以天理行，汉唐亦以天理行，特三代做得尽，汉唐做得不尽。呜呼！是乌知三代之君所以俱以天理行者，乃由乎机巧之未开，汉唐之君所以俱以人欲行者，乃承乎当世之流弊。然而后之人主，苟不就其至者以为法，则亦终无以进于圣贤之道，而挽世运之变也夫！

紫阳学术发微卷十

《朱子晚年定论》发微

文治按：王阳明先生作《朱子晚年定论》，曾于正德乙亥（一五一五）其自序谓龙场悟道后，“精明的确，洞然无复可疑，独于朱子之说有相[①]抵牾，恒疚于心……及官留都，复取朱子之书而检求之，然后知其晚岁固已大悟旧说之非，痛悔极艾，至以为自诳诳人……世之所传《集注》《或问》之类，乃其中年未定之说……而其诸《语类》之属，又其门人挟胜心以附己见。……余慨夫世之学者，徒守朱子中年未定之说，而不复知求其晚岁既悟之论……爰采录而裒集之，以示同志，庶几无疑于吾说，而圣学之明可冀矣”[②] 云云。此书一出，世儒或谓其颠倒年次，援儒入墨，如陈清澜先生《学蔀通辨》、张武承先生《王学质疑》、陆清献公《三鱼堂集》、刘虞卿先生《理学宗传辨正》、吴竹如先生《拙修集》，攻之尤力。

窃以为阳明之论朱子，不考其平生为学次第，举其《集注》《或问》《语类》之说，一埽而空之，仍不免卤莽灭裂之病。然其所引朱子晚年涵养之说在己丑（一一六九）以后者，亦未可遽以为失而概废之也。朱子著作既多，门人裒辑其集，但以文字类聚，不及编年，遂启后学之

① “相”原误作“所”字，据《王文成公全书·朱子晚年定论》文为正。

② 《王文成公全书·语录三·传习录下·朱子晚年定论》卷三文。

争端。后代之编文集者，宜于此注意也。

然文治窃谓：读先儒书，当先辨其是非。其言而是也，虽出于中年，未尝不可以笃信之；其言而非也，虽出于晚年，亦当慎思明辨，知其或有为而发也。《晚年定论》确有中年而误以为晚者，有中年而其言是者，有晚年有为而发者，然亦确有晚年专主于涵养者。兹特逐条附以按语，并引陈、刘、吴诸先儒说而厘订之，加以评论。其有原书所列而本编从略者，学者推类以尽其余可矣。又王白田、朱止泉两先生间有考定年岁，并附注题下，以备参览，更以见晚年之说，非尽诬也。

答黄直卿书

为学直是先要立本，文义却可且与说出正意，令其宽心玩味，未可便令考校同异，研究纤密，恐其意思促迫，难得长进。将来见得大意，略举一二节目，渐次理会，盖未晚也。此是向来定本之误，今幸见得，却烦勇革，不可苟避讥笑，却误人也。①

文治按：此条并无流弊，可信为定论。

答吕子约书

日用工夫，比复何如？文字虽不可废，然涵养本原而察于天理人欲之判，此是日用动静之间，不可顷刻间断底事。若于此处见得分明，自然不到得流入世俗功利权谋里去矣。

熹亦近日方实见得向日“支离”之病，虽与彼中证候不同，然忘己逐物、贪外虚内之失，则一而已。程子说“不得以天下万物挠己，己立后自能了得天下万物”②，今自家一个身心不知安顿去处，而谈王说伯，将经世事业别作一个伎俩商量讲究，不亦误乎？相去远，不得面

① 《朱文公续集》卷一文。

② 程颢语见载《近思录》卷四及《朱子语录》之学二“总论为学之方”第九十二节。

论，书问间终说不尽，临风叹息而已。①

文治按：此为子约对病发药，以其谈王说伯，恐流于功利也。贤者立教，各有所当，观孔门答问之不同，即可得其大意矣。

答何叔京书　王云此书在戊子（一一六八），朱子三十九岁。②

前此僭易拜禀博观之弊，诚不自揆，乃蒙见是，何幸如此！然观来谕，似有未能遽舍之意，何邪？此理甚明，何疑之有？若使道可以多闻博观而得，则世之知道者为不少矣。熹近日因事方有少省发处，如"鸢飞鱼跃"，明道以为与"必有事焉勿正"之意同者，今乃晓然无疑。日用之间，观此流行之体，初无间断处，有下工夫处，乃知日前自诳诳人之罪，盖不可胜赎也。此与守书册、泥言语，全无交涉，幸于日用间察之，知此则知仁矣。③

刘氏虞卿曰："《宗传》谓：'明道此语，晦翁晚年方得无疑，无怪后学未能卒解。'按：'明道此语'及'识仁'一段，道理深奥，非学者所能骤及，故朱子晚年始发其旨，非前此尚有疑也。所以朱子谓明道之言浑沦超迈，学之无可依据，不如伊川语的确精密，耐学者咀嚼，此实不易至论。而明正嘉以后学者，往往借口于明道之言，灭却多少下学工夫，而动语自然，辄寻快活，安得不躐等妄进，自外于圣贤之学，而堕入于虚无一路，以狂妄而自恣乎？"又云："德盛则礼恭。自诳诳人，亦所谓自道。……此是为学者指示本体处，恐其滞于文字中也，而以为痛自悔悟，终与子静合，不亦援儒而入释乎？"④

---

① 《朱文公文集·书·问答》卷四七文。

② 王懋竑《朱子年谱》卷一下"乾道四年戊子三十九岁夏四月"条下文。

③ 《朱文公文集·书·知旧门人问答》卷四〇文。

④ 刘廷诏《理学宗传辨正》卷五文。

夏氏弢甫曰："《年谱》：'乾道四年（一一六八）夏四月，崇安饥。'此书篇首云：'今年不谓饥歉至此。'又云：'及今早稻已熟。'则为戊子秋后之书。'因事方有少省发处'，即县中委以振粜之役也。'如鸢飞鱼跃'，谓因事省发，活泼泼地，不为事所困也。'明道以为与必有事焉而勿正之意同''今乃晓然无疑'者，谓明道之言不我欺也。斯时叔京为上杭丞数行县事，不为守所悦，与朱子书，有志不获伸之语。朱子细询来使，始尽知曲折，故既自道其不为事困之实，而亦因以箴之。'明道以为必有事焉而勿正'，活泼泼地与'鸢飞鱼跃'之意同者，《孟子或问》中曾细言其旨，并以或者谓此语原于禅学则误也。而孰意后之人，又以朱子此书为早同于陆也。呜呼！其亦考之未详矣。又云'日用之间观此流行之体，初无间断处'，仍是'中和旧说'也。'有下工夫处'，谓因事省发，即所云对接事变，不敢废体察。本书中语。从敬夫先察识之说也。'自诳诳人'，指乙酉丙戌（一一六五——一一六六）以前，未达中和之旨言之。凡朱子自谦之语，如此类者不可胜数，而或以为朱子晚年悔过，不亦诬乎？朱子此时才三十九岁耳。"①

文治按：刘说极平实切理，惟以为晚年则误。夏氏说考核精详，最得事实。

答潘叔昌书

示谕"天上无不识字底神仙"，此论甚中一偏之弊，然亦恐只学得识字，却不曾学得上天，即不如且学上天耳。上得天了，却旋学上大②人，亦不妨也。中年以后，气血精神，能有几何不是记故事时节？熹以目昏，不敢著力读书，闲中静坐，收敛身心，颇觉得力；闲起看书，聊

---

① 夏炘《述朱质疑·朱子答何叔京书考》卷三文。

② "大"字原作"天"，据《朱文公文集》为正。

复遮眼，遇有会心处时，一喟然耳。[1]

文治按：朱子所谓"学上天"者，欲其下学而上达天德，非元妙语也。读此书正宜力求下学工夫，至静坐收敛身心，实学者之要。陆清献《三鱼堂集》载朱子告郭友仁语[2]，力辟静坐之非，然朱子静坐传自罗、李[3]，远绍程门，何必讳言静坐乎？《语录》中，言静坐处亦甚多。

答吕子约书

《孟子》言学问之道，惟在求其放心。而程子亦言"心要在腔子里"。今一向耽著文字，令此心全体都奔在册子上，更不知有己，便是个无知觉不识痛痒之人。虽读得书，亦何益于吾事耶？[4]

陈氏清澜曰："按：此书全文，乃有为之言，因人而发者。《道一编》乃节录以证'朱陆晚同'。王阳明因取为《晚年定论》，亦是谩人。全书云：'向来疾证，来书以为劳耗心力所致，而诸朋友书亦云读书过苦使然，不知是读何书？若是圣贤之遗言，无非存心养性之事，决不应反至生病，恐又只是太史公作祟耳！《孟子》言学问之道，至何益于吾事耶？况以子约平日气体不甚壮实，岂可直以耽书之故，遂忘饥渴寒暑？使外邪客气得以乘吾之隙，是岂圣人谨疾孝子守身之意哉？'其全书首尾如此，盖为子约耽书成病而发，而因戒其读史之癖耳，非以读圣贤之书为无益也。今篁墩、阳明删去首尾，欲使学者不知其为有为之言，而概以读书为无益者，不亦诬哉？"[5]

---

① 《朱文公文集·书·知旧门人问答》卷四六文。

② 陆陇其《三鱼堂文集·读朱子告郭友仁语》卷四文，唐先生《紫阳学术发微》卷一一引录此文。

③ 指罗从彦与李侗。

④ 《朱文公文集·书·问答（一本作知旧门人问答）》卷四七文。

⑤ 陈建《学蔀通辨》前编卷中文。

吴氏竹如曰："朱子谦己诲人，每因人立教，应病与药，言岂一端而已哉？此条《答吕子约书》特因其疲敝精神，沈溺于迂史，痛下针砭耳！《宗传》专取此种言语，以为朱子晚年悔悟，为终与子静合之证，何用心之私也？"①

文治按：陈、吴二说均是。然朱子读书法，有"以我观书""以书博我"之别；盖"以我观书"，则胸有主宰，事半功倍，其心逸而不劳；"以书博我"，则劳精敝神，泛滥而无所归宿，直为书所役使矣。故孟子言"博学详说"，又言"存心养性"，二者之功，不可偏废也。

与周叔谨书 王云程注附丁未（一一八七）后。②按：丁未，朱子五十八岁。

应之甚恨未得相见，其为学规模次第如何？近来吕陆门人互相排斥，此由各徇所见之偏，而不能公天下之心以观天下之理，甚觉不满人意。应之盖尝学于两家，不③知其于此看得果如何？因话扣之，因书谕及为幸也。熹近日亦觉向来说话有太支离处，反身以求，正坐自己用功亦未切耳，因此减去文字工夫，觉得闲中气象甚适。每劝学者亦且看《孟子》"道性善""求放心"两章，著实体察收拾为要。其余文字，且大概讽诵涵养，未须大段著力考索也④。

文治按：此书上半段正是辟浙学、赣学之非，悯其局于一偏而不能观天下之理也。下半段正是涵养工夫有得，以讽诵为涵养，乃与道大适，非废书冥悟者所得借口也。至劝学者读《孟子》"道性善""求放心"两章，与《玉山讲义》相合。"求放心"，学道之基也；"道性善"，理会本原，穷理尽性以

① 吴廷栋《拙修集·书〈孟子〉言学问之道条后》卷五文。
② "程注"见于程曈《闲辟录》卷首目录篇章时序。
③ "不"字原误作"未"，据《朱文公文集》为正。
④ 《朱文公文集·书·问答（一本作知旧门人问答）·答周叔谨（叶公谨改姓字）》卷五四文。

至于命也。当确是晚年之论。

答陆象山书 王云丁未（一一八七），程注误。[①]《陆谱》丙午（一一八六）。[②] 按：丙午，朱子五十七岁。

熹衰病日侵，去年灾患亦不少。比来[③]病躯，方似略可支吾，然精神耗减日甚一日，恐终非能久于世者。所幸迩来日用工夫颇觉有力，无复向来支离之病。甚恨未得从容面论，未知异时相见尚复有异同否耳。[④]

刘氏虞卿引《宗传》云："此答象山书，两人同异，到此了然。按：文公向来原不支离，就彼所云亦云，可见公之心如太虚然，亦以冀子静之稍有感悟耳。不意其倔强到底，甘于偏颇也，而乃云'二人同异到此了然'乎？"[⑤]

文治按：朋友之谊，不直则道不见。陆子学术偏颇，朱子何妨直言以规之，而必自认支离乎？若谓朱子"心如太虚"，则信然矣。陈清澜先生辨此书尤力，甚至谓朱陆岂生异死同，意气过于激昂，见《学蔀通辨》前编卷中。岂朱子本意哉？

答符复仲书 王云疑在庚子（一一八〇）后。[⑥] 按：庚子，朱子五十一岁。

闻向道之意甚勤，向所谕义利之间，诚有难择者，但意所疑以为近利者，即便舍去可也。向后见得亲切，却看旧事只有见未尽、舍未尽者，不解有过当也。见陆丈回书，其言明当，且就此持守，自见功效，不须多疑多问，却转迷惑也。[⑦]

---

① "程注"见于程曈《闲辟录》卷首目录，《答陆子静书》作于"淳熙丁未"。
② 《象山先生全集·年谱》卷三六"淳熙十三年丙午四十八岁夏五月"条下文。
③ "比来"，《朱文公文集》作"此数日来"。
④ 《朱文公文集·书·陆陈辩答》卷三六文。
⑤ 刘廷诏《理学宗传辨正》卷五文。
⑥ 王懋竑《朱子年谱》卷二下"淳熙八年辛丑五十二岁二月"条下文。
⑦ 《朱文公文集·书·知旧门人问答》卷五五文。

刘氏虞卿曰："《宗传》云：'二人投契，于此见之。'夫君子不以人废言，可取则取之，固无所容心于其间。至其投契与否，岂后人所能强为撮合哉！"①

文治按：刘说亦太过，未免失圣贤"毋固、毋我"气象。

答吕子约书

日用工夫，不敢以老病而自懈，觉得此心操存舍亡，只在反掌之间。向来诚是太涉支离，盖无本以自立，则事事皆病耳。……又闻讲授亦颇勤劳，此恐或有未便。今日正要清源正本，以察事变之几微，岂一向汩溺于故纸堆中，使精神昏弊、失后忘前，而可以谓之学乎？②

刘氏虞卿曰："《宗传》云：'此与子静立乎其大、求放心有二耶？'按：此为学者指示切要工夫，恐其汩没于书传中也。至孟子、程、朱所谓立乎其大、求放心，与陆氏相去，何啻天渊！"③

文治按：此条刘说"为学者指示切要工夫"，极精。原书云："操存舍亡，在反掌之间。"盖操心之功，用之熟矣。至程朱之学孟子，在于义利之精微，而陆氏之学孟子，涉于精神之恍惚。说详第八卷。

答吴茂实书 王云此书在庚子（一一八〇），朱子五十一岁。④

近来自觉向时工夫，止是讲论文义，以为积集义理，久当自有得力处，却于日用工夫全少点检。诸朋友往往亦只如此做工夫，所以多不得力。今方深省而痛惩之，亦愿与诸同志勉焉，幸老兄遍以告之也。⑤

---

① 刘廷诏《理学宗传辨正》卷五文。

② 《朱文公文集·书·问答（一本作知旧门人问答）·答吕子约（九月十三日）》卷四八文。

③ 刘廷诏《理学宗传辨正》卷五文。

④ 王懋竑《朱子年谱》卷二下"淳熙八年辛丑五十二岁二月"条下文。

⑤ 《朱文公文集·书·知旧门人问答》卷四四文。

文治按：此书注重检点日用工夫，正是涵养与致知并进之意。天下未有无检点心体工夫，而能成学问者；亦未有无检点心体工夫，而能治大事者。

答张敬夫书 王云此书在乙未（一一七五），朱子四十六岁。①

熹穷居如昨，无足言者，但远去师友之益，兀兀度日。读书反己，固不无警省处，终是旁无强辅，因循汩没，寻复失之。近日一种向外走作，心悦之而不能自已者，皆准《止酒》例②，戒而绝之，似觉省事，此前辈所谓"下士晚闻道，聊以拙自修"③ 者。若充扩不已，补复前非，庶其有日。旧读《中庸》"慎独"、《大学》"诚意""毋自欺"处，常苦求之太过，措词烦猥，近日乃觉其非，此正是最切近处，最分明处，乃舍之而谈空于冥漠之间，其亦误矣。方窃以此意痛自检勒，懔然度日，惟恐有怠而失之也。

至于文字之间，亦觉向来病痛不少。盖平日解经，最为守章句者，然亦多是推衍文义，自做一片文字，非惟屋下架屋，说得意味淡薄，且是使人看者将注与经作两项工夫做了，下梢看得支离，至于本旨全不相照。以此方知汉儒可谓善说经者，不过只说训诂，使人以此训诂玩索经文，训诂经文，不相离异，只做一道看了，直是意味深长也。④

文治按：此条平正无弊，上一节言"以拙自修"，正是求放心之法，并非空谈于冥漠之中也。下节因训诂以求道，尤为读经要旨，足救汉学支离破碎之弊。如郑君讲学，近道之处甚多。曾子言"君子所贵乎道者三"⑤，道即礼也，视、听、言、

---

① 王懋竑《朱子年谱》卷二上"淳熙二年乙未四十六岁夏四月偕东莱公至鹅湖"条下文。

② 陶渊明《止酒》诗凡二十句，句句刻意下"止"字，乃示《大学》"知止"之意，此朱子之取义也。

③ 苏轼《贫家净扫地》句。

④ 《朱文公文集·书·问答·答张敬夫（十二月）》卷三一文。

⑤ 《论语·泰伯》文。

动一于礼，而《中庸》“戒惧”、《大学》“诚意”不外是矣。而陈清澜先生乃谓“阳明节录此书，欺弊有三”，竭力诋之，见《学蔀通辨》前编卷中。未免过甚矣。

答吕伯恭书 《年谱》:“三年丙申（一一七六）二月，如婺源，蔡元定从。”① 按：丙申，朱子四十七岁。

道间与季通讲论，因悟向来涵养工夫全少，而讲说又多强探必取、寻流逐末之弊，推类以求，众病非一，而其源皆在此，怳然自失，似有顿进之功。若保此不懈，庶有望于将来，然非如近日诸贤所谓顿悟之机也。向来所闻诲谕诸说之未契者，今日细思，吻合无疑，大抵前日之病，皆是气质躁妄之偏，不曾涵养克治，任意直前之弊耳。②

文治按：此条当在己丑悟未发之旨以后，与季通讲论，“悟向来涵养工夫全少”，正是悟“中和旧说”之非，此《答张敬夫先生诸说例蒙印可书》及《与湖南诸公书》，足相参证。所云“任意直前之弊”，即所谓“应事接物处，但觉粗厉勇果，增培于前，而无宽裕雍容之气”也③。见《答张敬夫先生第二书》。至云“怳然自失，似有顿进之功，若保此不懈，庶有望于将来，然非如近日诸贤所谓顿悟之机”云云，足见朱子四十岁以后得力处，与禅家迥不相同，岂得谓非定论乎？

答周纯仁书 王云此书疑在丁巳（一一九七）。朱子六十八岁。

闲中无事，固宜谨出，然想亦不能一并读得许多，似此专人来往劳费，亦是未能省事随寓而安之病。又如多服燥热药，亦使人血气偏胜，不得和平，不但非所以卫生，亦非所以养心。窃恐更须深自思省，收拾

① 王懋竑《朱子年谱》卷二上“淳熙三年丙申四十七岁春三月”条下文。
② 《朱文公文集·书·问答·答吕伯恭》卷三三文。
③ 《朱文公文集·书·问答·答张敬夫》卷三二文。

身心，渐令向里。令宁静闲退之意胜，而飞扬燥扰之气消，则治心养气，处世接物，自然安稳，一时长进，无复前日内外之患矣。①

文治按：此条警近世少年之弊，尤为亲切。所云“收拾身心，渐令向里，令宁静闲退之意胜，而飞扬燥扰之意消”，正是《孟子》“求放心”，及诸葛武侯“宁静致远”工夫。夫天下岂有心逐于外，气浮于上，而可以修德业成大器者哉？“无内外之患”，即程子所谓“内外两忘”②，体用合一也。

答林择之书 王云此书在庚子（一一八〇）。朱子五十一岁。③

此中见有朋友数人讲学，其间亦难得朴实头负荷得者。因思日前讲论，只是口说，不曾实体于身，故在己在人，都不得力。今方欲与朋友说日用之间，常切点检气习偏处、意欲萌处，与平日所讲相似与不相似，就此痛著工夫，庶几有益。陆子寿兄弟近日议论却肯向讲学上理会，其门人有相访者，气象皆好，但其间亦有旧病。此间学者却是与渠相反，初谓只如此讲学渐涵，自能入德，不谓末流之弊，只成说话。至于人伦日用最切近处，亦都不得毫毛气力，此不可不深惩而痛警也。④

刘氏虞卿曰：“按：子寿、子美皆能降心以从善者也，唯子静甘于自异耳。此条盖欲学者从穷理致知后，更下反躬实践工夫，方为有得也。至虑及末流之弊，文公之情见乎辞矣！而乃云于自悔处，更见学力，何耶？”⑤

文治按：末流之弊，正当分别观之。原书所谓“其间亦有旧病”，此陆氏讲学之弊也。又言“人伦日用最切近处”不得

① 《朱文公文集·书·知旧门人问答》卷六〇文。

② 程明道《河南程氏文集·书·答横渠张子厚先生书》卷二曰：“与其非外而是内，不若内外之两忘也。两忘则澄然无事矣。无事则定，定则明，明则尚何应物之为累哉！”

③ 王懋竑《朱子年谱考异》卷二“淳熙八年辛丑五十二岁二月”条下文。

④ 《朱文公文集·书·知旧门人问答之》卷四三文。

⑤ 刘廷诏《理学宗传辨正》卷五文。

气力，此朱子自咎讲学之弊也。至于“日用之间，常切点检，气习偏处，意欲萌处，与平日所讲相似与不相似，就此痛著工夫，庶几有益”，确系教者与学者心理相通，极当研究之处，圣不自圣，朱子虚心如此，何害其为自悔乎？

答潘恭叔书

学问根本在日用间持敬集义工夫，直是要得念念省察，读书求义，乃其间之一事耳。旧来虽知此意，然于缓急先后之间，终是不觉有倒置处，误人不少，今方自悔耳。①

文治按：此书当在己丑（一一六九）以后。持敬、集义二者并进，即程子所谓“涵养须用敬，进学则在致知”是也。“念念省察”，即《孟子》“心勿忘”之义。

答何叔京书 王云此书在乙酉、丙戌间（一一六五——一一六六），朱子三十七岁②。朱云在己丑（一一六九）前。按：己丑，朱子四十岁。

李先生③教人，大抵令于静中体认大本未发时气象分明，即处事应物自然中节，此乃龟山门下相传指诀。然当时亲炙之时，贪听讲论，又方窃好章句训诂之习，不得尽心于此。至今若存若亡，无一的实见处，实辜负教育之意。每一念此，未尝不愧汗沾衣也④。

刘氏虞卿曰：“按：章句训诂之习，下学事也。静中能体认，即动时自然中节，此岂下学所能易及？故文公于末年始发此论，亦何有于我之意也。后世躐等之徒，无下学工夫，只欲从此入道，未有不流入于偏颇者，而乃云益见晚年有闻，不在

① 《朱文公文集·书·问答（一本作知旧门人问答）》卷五〇文。
② 王懋竑《朱子年谱》卷一上“乾道二年丙戌三十七岁”条下文。
③ 指李侗。
④ 《朱文公文集·书·知旧门人问答》卷四〇文。

章句训诂之习乎？按：以上诸说，皆后人所谓与子静终合者。昔谢子显道历举佛说与吾儒同者，问伊川先生，先生曰：‘恁地同处虽多，只是本领不是，一齐差却。’然则子静之‘先立其大’，与孟子、程、朱同耶？异耶？抑立其所立，非孟子之所谓立耶？其本领果是焉？否耶？此亦①不待辨而白矣。”②

吴氏竹如曰：“按：朱子悟‘中和旧说’之非，一以涵养用敬、进学致知并重，故不复主延平体认未发气象之说，观其《答方宾王书》云：‘《延平行状》中语，乃是当时所闻其用功之次第。今以圣贤之言进修之实验之，亦自是其一时入处，未免更有商量也’等语，是③其明证。故又④曰：‘涵养于未发之前则可，求中于未发之前则不可。’体认即求之意也，此条实朱子未定之论耳。”⑤

文治按：右⑥二条，虞卿先生之说得之，至吴说据《答方宾王书》以驳此条，恐失朱子尊师之意。按：延平先生之殁，朱子方三十三岁。《答方宾王书》当亦在中年，距作行状时不远，其为在此书以前无疑也。若四面把截，几几乎欲并涵养之功而废之矣。

又答何叔京书　王云此书在戊子（一一六八），朱子三十九岁。⑦

向来妄论持敬之说，亦不自记其云何。但因其良心发见之微，猛省提撕，使心不昧，则是做工夫的本领。本领既立，自然下学而上达矣。

---

① “亦”字脱，据《理学宗传辨正》补入。
② 刘廷诏《理学宗传辨正》卷五文。
③ “是”字原作“亦”，据《拙修集》为正。
④ “又”字，《拙修集》作“每引程子语”。
⑤ 吴廷栋《拙修集·书李先生教人条后》卷五文。
⑥ 原书为竖排，故作“右”。
⑦ 王懋竑《朱子年谱》卷一下“乾道四年戊子三十九岁”条下文。

若不察于①良心发见处，即渺渺茫茫恐无下手处也。中间一书，论“必有事焉”之说，却尽有病，殊不蒙辨诘何耶？所谕“多识前言往行，固君子之所急”，熹向来所见亦是如此，近因反求未得个安稳处，却始知此未免支离，如所谓因诸公以求程氏，因程氏以求圣人，是隔几重公案，曷若默会诸心，以立其本，而其言之得失，自不能逃吾之鉴耶！②

陈氏清澜曰：“朱子此书，《道一编》指为朱子晚合象山，王阳明采为《朱子晚年定论》。据《年谱》朱子四十岁丁母祝孺人忧，此书有‘奉亲遣日’之云，则祝无恙时所答，朱子年犹未四十，学方日新未已，与象山犹未相识，若之何得为晚合？得为晚年定论邪？其颠倒诬诳，莫斯为甚。”③

刘氏虞卿曰：“按：此盖恐学者泛滥于学识中，欲其默会于心，由博以反约也。而《宗传》乃云‘直入圣人之室，何劳几重公案’，岂圣人之室恁地易入，而大象之言亦有错耶？”④

吴氏竹如曰：“按：此乃朱子早年初悟‘中和旧说’，故有默会诸心以立其本之论，即《中和旧说序》中所自谓：‘虽程子之言有不合者，亦直以为少作失传而不之信也。’故《宗传》独取之。”⑤

文治按：右⑥三条均确实。盖朱子斯时方在心体流行处用功。陈清澜先生断此书为戊子年（一一六八）所作，白田先生说亦与之相合，但所言意气，不无过甚耳。

---

① “于”字脱，据《朱文公文集》补入。
② 《朱文公文集·书·知旧门人问答》卷四〇文。
③ 陈建《学蔀通辨》前编卷上文。
④ 刘廷诏《理学宗传辨正》卷五文。
⑤ 吴廷栋《拙修集·书多识前言往行条后》卷五文。
⑥ 原书为竖排，故作“右”。

与林择之书 王云此书辛卯（一一七一），朱子四十二岁。①

熹近觉向来乖缪处不可缕数，方惕然思所以自新者，而日用之间，悔吝潜积，又已甚多，朝夕惴惧，不知所以为计。若择之能一来，辅此不逮，幸甚！然讲学之功，比旧却觉稍有寸进，以此知初学得些静中功夫，亦为助不小。②

文治按：《大学》云"静而后能安"，《孟子》云："君子深造之以道，欲其自得之也。"③惟能静而后能有所自得。"初学得静中功夫，为助不小"，此言深有意味，未可忽也。

答吕子约书 王云此书在丁未（一一八七），朱子五十八岁。④

示谕日用工夫如此甚善。然亦且要见得一大头脑分明，便于操舍之间有用力处。如实有一物把住放行在自家手里，不是谩说求其放心，实却茫茫无把捉处也。⑤

文治按：此书之意，殆如《答南轩书》中所谓"浩浩大化之中，一家自有一个安宅"⑥，确系未定之论。况云"实有一物把住放行在自家手里"，其语尤近禅机，恐是朱子初年之论，即系"中和旧说"。白田先生以为丁未岁作，未知何据？

答或人书

"中和"二字，皆道之体用。……旧闻李先生论此最详，后来所见

---

① 按：王懋竑《朱子年谱》卷一下"乾道七年辛卯四十二岁夏五月"条下引《答林择之书》，唐先生或以此文为同期往来之作。

② 《朱文公文集别集·书·林择之》卷六文。

③ 《孟子·离娄下》文。

④ 王懋竑《朱子年谱考异》卷二"淳熙四年丁酉四十八岁夏六月"条下云："而丁未与吕子约书言'诗说久已成书'，则其在丁未以前也。"疑唐先生因而定此篇《答吕子约书》作于丁未年。

⑤ 《朱文公文集·书·问答（一本作知旧门人问答）》卷四八文。

⑥ 《朱文公文集·书·问答》卷三二文。

不同，遂不复致思。今乃知其为人深切，然恨已不能尽记其曲折矣。如云："人固有无所喜怒哀乐之时，然谓之未发则不可，言无主也。"……又如先言"慎独"然后及"中和"，此意[1]亦尝言之。但当时既不领略，后来又不深思，遂成蹉过，孤负此翁耳[2]。按：《朱子大全》载，此书系《答林择之》。

文治按：中和皆道之体用，《中庸》注所谓："大本者，天命之性，天下之理皆由此出，道之体也；达道者，循性之谓，天下古今之所共由，道之用也。"[3] 先言慎独，然后及中和，《中庸》注所谓"迹虽未形而几则已动"[4]，《大学》注所谓"必谨之于此，以审其几"[5] 是也，即观喜怒哀乐未发时气象，亦即所谓先涵养而后察识也。"人固有无所喜怒哀乐之时，然谓之未发则不可"者，尽心不在，则视不见而听不闻，安得谓未发之中乎？此书穷探至精，为朱子学术一大公案。其尊信陆王者，据以为朱陆晚同之证，其尊信朱学者，则或疑李先生之非，而转疑此书为误，不知此书确系晚年定论。"辜负此翁"之说，朱子实出于至诚，不独感情之厚，尤征其晚年向道之殷，令人景佩不已。其疑李先生为非者，固未窥朱子平生之学力，其以朱陆为晚同者，亦不知朱子之涵养，非如陆子之涵养也。辨析精微，正在于此，余故释《晚年定论》而以是终焉。

附：唐文治《读朱子晚年定论》

孟子告万章："尚论古之人，颂其诗，读其书，不知其人，可乎？是

---

① "意"字原脱，据《朱文公文集》补入。

② 《朱文公文集·书·知旧门人问答》卷四三文。

③ 朱子《中庸章句》"中也者，天下之大本也；和也者，天下之达道也"注。

④ 朱子《中庸章句》"故君子慎其独也"注。

⑤ 朱子《大学章句》"故君子必慎其独也"注。

以论其世也。”① 夫学者，必有平心养气之功，而后可以论古人，亦必明实事求是之旨，而后可以论古人之学。王阳明先生辑《朱子晚年定论》，攻之者固多，而信之者亦复不少。然彼信之攻之者，亦尝考朱子平生学问之经历，深造自得之径途，而切实加以体验之功乎？盖昔者朱止泉先生尝统朱子终身进造之节候而论之，谓：

“朱子癸酉（一一五三）前未忘禅学；自癸酉至癸未（一一六三），与延平讲明性情之德，皆在发端处用功；自甲申（一一六四）至己丑（一一六九），深究未发之旨，有会于心统性情、中和、复艮之妙，是时已悟本体矣；自此以往，力以涵养本体为主，即以涵养本体指示及门。故自庚寅（一一七〇）至庚子（一一八〇），觉得讲论文义之功犹多着力，所以有自误误人之悔；又恐学者趋于虚寂，所以有禅家张皇之戒。自庚子至丙午（一一八六），动静合一，是大成时候。此后十余年，乃纯熟地位，而其所以防虚静之弊，示本体之要，皆始终所廑之至意，未有偏重，亦非两事也。”

且谓：“嘉隆后二百年来，攻朱子者固不得朱子②真面目，即宗朱子者亦不得朱子真面目。盖朱子立万世大中至正之学脉，注释经子，即是反求身心，平生尊道工夫，传之后世最著者，如《中和旧说序》……《太极说》……《易寂感说》……《太极西铭注》《答林择之》《陈器之》《李晦叔》《吕子约》《黄商伯》诸篇，并《语类》中切要语，是朱子反求身心紧要处，与注释经子等，其体验未发，尤是统③尊道大本领。无如宗朱子者绝不阐发，且以为讳朱子所悔者必不以为悔，致使朱子未发涵养一段本领工夫不显明于世，非独攻朱子者之咎，抑亦宗朱子者不得辞其责。”④谅哉斯言！

夫宗朱学之所讳言者，本体也。然朱子何尝不言本体乎？《四书》注，晚年之所作也。《大学》首章注云：“其本体之明，有未尝息者，故学者当

① 《孟子·万章下》文。
② “朱子”二字脱，据《朱止泉先生文集》补入。
③ 原刻衍一“合”字，作“统合”，据《朱止泉先生文集》为正。
④ 朱泽沄《朱止泉先生文集·书·与鄞县王尔缉论朱子之学书（壬寅）》卷三文。

因其所发而遂明之。”非言本体乎？《中庸》首章注云：“君子之心，常存敬畏……所以存天理①之本然，而不使离于须臾之顷。”“在下位”节注云：“不明乎善，谓未能察于人心天命之本然，而真知善之所在。”② 夫“人心天命之本然”，非即本体乎？《孟子》“舜居深山章”注云：“圣人之心，至虚至明，浑然之中，万理毕具。一有感触，则其应甚速③，而无所不通。”④ 此正与《易传》“无思无为章”相合，非由本体而行达道乎？朱子于己丑岁（一一六九）悟本体之当涵养，学者正当尽力发明，以见道之本原，而可讳言之乎？惟讳言本体，而心体之窒塞乃愈甚，吾儒探赜索隐、开物成务之功，因以不明于天下。

夫学说之显晦，人心存亡与世运盛衰系焉。往者曾惠敏讥朱学曰：“为陆王之学者，性情超旷，遇事能勇决；为程朱之学者，性情多迂拘，其处事也转不如学陆王者之开展。”嗟乎！君子一言以为智，惠敏之言，其果智乎？然为程朱学者，诚不能开展而勇决也。孔巽轩先生讥朱学者曰：“略窥《语录》，便诩知天，解斥⑤阳明，即称希圣……其说空空，其见小小。”⑥ 嗟乎！君子一言以为不智，巽轩之言，其果不智乎？然为朱学者，诚不免空空而小小也，此心体之不能精微广大，有以致之也。

吾尝谓：自汉唐以来，讲学之大弊有二：曰有我、曰好争。以孔子大圣，穷理尽性，且曰“毋我”，而后世讲学者，辄挟有我之私以凌轹当世，惟我独是，他人皆非。执此心以读书为学，挟此心以处事接物，其心疾已深，其辞气愈倍，积之久焉，于是乎移易世风，相讼相仇而不知所止。《孟子》曰“吾为此惧”⑦，《荀子》曰“有争气者勿与辨”⑧，盖兢兢乎其言之也。夫讲朱子之学者，将以平吾之心，养吾之气，而扫除门户之争

① “天理”原误作“天命”，据《中庸章句》文为正。
② 朱子《中庸章句》第二十章注。
③ “甚速”原误作“神速”，据《孟子集注》文为正。
④ 朱子《孟子集注·尽心上》注。
⑤ “斥”原误作“及”字，据《仪郑堂文》为正。
⑥ 孔广森《仪郑堂文·〈戴氏遗书〉总序》卷一文。
⑦ 《孟子·滕文公下》文。
⑧ 《荀子·劝学》文。

也。今治朱子之学而先怀好胜之心，是已失朱子之志。然则为朱学者，固当以息争为宗旨。而息争之道，又非独为朱学者当然，为陆王之学者当然也。爰揭明斯义，俾天下后世知讲学先务息争，而息争则必自讲学者始。别附夏弢甫先生《与詹茂才论〈晚年全论〉书》，《全论》为李穆堂所作①，与《定论》有不相谋而相感者，俟后学论定之，非持门户之见也。

附：夏氏炘《与詹小涧茂才论〈朱子晚年全论〉书》

临川李穆堂先生为金溪之学，《晚年全论》一书，闻之久矣，昨于邺架见之，即携置行箧中。途间读过半，归来全阅一通。此书不过为《学蔀通辨》报仇，无他意也。

朱陆之学，晚年冰炭之甚，此《通辨》之说，虽百喙亦莫能翻案。乃此书为之说曰："朱子晚年论陆子之学，如冰炭之不相入，而朱子晚年与陆子之学，则符节之相合。"夫学则全同而论则全背，是阴篡其实，阳避其名，此乃反覆变诈之小人，乡党自好者不为，而谓朱子为之乎？

所引朱子之书，凡三百五十余条，但见书中有一"心"字，有一"涵养"字，有一"静坐收敛"等字，便谓之同于陆氏，不顾上下之文理，前后之语气，自来说书者所未有也。朱子诲人，各因其材，惩心性之虚无，则每进以笃实，救口耳之泛滥，则恒示以精微。乃见朱子书中有箴学者溺于记诵语，则曰"此朱子晚年悔支离之说""此朱子晚年咎章句训诂之说"，不复顾其所答何人，所药何病，执是以论，则为之犹贤乎已，孔子真有取于博弈矣。

朱子一生之学，日进无疆，晚年造诣，后学何敢妄拟？然朱子之心则未尝一日自足，望道未见之语，时流露于简牍之间。乃见朱子自谦之言，则曰朱子五十七岁犹云"自误误人"，《答刘子澄书》。六十七岁后始云"晚方自信"，《答周南仲书》。七十岁后始云"至老而后有闻"，《答余景思》。若

① 李绂（一六七三—一七五〇），字巨来，号穆堂，江西临川人，康熙四十八年（一七〇九）进士，官至内阁学士，著《陆子学谱》《阳明学录》《朱子晚年全论》，调和朱陆。

与同时顿悟之学，去若天渊。此凤凰已翔乎九仞，而蟭螟犹窥于蚊睫也，悲夫！

朱子之书，宏博浩瀚，皆学者所当诵习。而尤精者，在《四书章句集注》，时时改定，至老不倦，易箦前犹改《诚意章》，可谓毫发无余憾矣！乃谓朱子之《四书》，晚年尚无定见，亦无定本；又谓朱子《补格致传》背却经文，横生枝节；又谓朱子明知章句之解不可用，而又难于自改；又谓朱子胜心为害，自欺欺人。其信然乎？其否乎？

足下生朱子之乡，为朱子之学，居敬穷理，躬行实践，不宜一刻放过，慎勿为异说之所惑，则幸矣。[1]

---

① 夏炘《述朱质疑·与詹小涧茂才论〈朱子晚年全论〉书》卷一〇文。

紫阳学术发微卷十一

九贤朱学通论上

【释】此两卷乃先生自信有得之作，原题《九贤朱子学论》，见先生《自订年谱》庚午（一九三〇）六十六岁八月条。

文治按：评论紫阳学术者，黄勉斋先生所撰《朱子行状》外，继起者为李氏果斋①，其言曰："先生之道之至……无他，曰主敬以立其本，穷理以致其知，反躬以践其实。而敬者又贯通乎三者之间，所以成始而成终者也。"② 此数语足括紫阳学术之全。厥后若罗氏整庵之《困知记》、程氏曈之《闲辟录》、陈氏清澜之《学蔀通辨》，皆称精核，惟皆偏于辟陆，而程、陈两家之书，颇涉嚣张。

《易·睽卦》之《象传》曰："君子以同而异。"《论语》子张之于子夏，子游之于子夏，持论各有同异。《礼记·檀弓篇》所载圣门弟子，且多互相诘责之语；不直则道不见，理固宜然，孔门且如此，况后贤乎？窃以为朱陆鹅湖之会，倾盖论学，赋诗相酬，各言心得，正宋代

① 李方子字公晦，昭武人，初见朱子，谓曰："观公为人，自是寡过，但宽大中要规矩，和缓中要果决。"遂以果名斋，嘉定七年（一二一四）进士。唐先生所言，指其《朱子年谱》三卷，明代学者取以重编新谱。

② 王懋竑《朱子年谱》卷四下"（庆元）六年庚申……三月……甲子先生卒……冬十一月壬申葬于建阳县"条下引李方子语。

之盛事，儒林之美谈，而论者乃以为党同伐异之具，岂君子成人之美哉？兹编所辑，自明陆桴亭先生始，迄有清夏弢甫先生止，评论朱子学者凡九贤，其中有专论朱学不涉他家者，有调停朱陆者，有笃信朱子排斥陆子者，义均有当。朱子所谓“各尊所闻，各行所知”①，穷理者分别观之，斯可矣。

陆桴亭先生平生学问，专主实用，天文地理、钱谷兵刑、河渠水利，无一不精，其实皆本于朱子学也。晚年由江西督学张能鳞先生聘辑《儒宗理要》六十卷，其《读朱子绪②言》与《思辨录》所载悉合，辑朱子书分格至、诚正、修齐、治平诸类，亦与《思辨录》体例相同。《绪言》所论，掇紫阳之大义，而剖析其精微，且谓“朱陆异同之说，不必更扬其波”，可谓卓识！贤者能识其大，岂非然哉？爰录之为第一。

顾亭林先生居昆山，陆桴亭先生居太仓，相距仅三十六里，而生两大贤，洵间气之所钟也。亭林之言曰“经学即理学，理学即经学”③，后人或非之。夫《孟子》言经正民兴，经者，常道也，岂必以训诂属经学，义理属理学乎？先生既博通古籍，尤笃信程朱，见于《文集》者甚夥。《日知录》中《论朱子晚年定论》，发明罗文庄④之说，特为

① “各尊所闻，各行所知”，语本《曾子》“尊其所闻则高明矣，行其所知则光大矣”（《汉书·董仲舒传》引）。淳熙十五年（一一八八），朱子五十八岁，与陆氏兄弟反复辩论《太极图说》未契，翌年正月朱子答书末云：“曾子三省其身，唯恐谋之不忠，交之不信，传之不习。其智之崇如彼，而礼之卑如此，岂有一毫自满自足强辩取胜之心乎？来书之意，所以见教者甚至，而其末乃有‘若犹有疑’‘不惮下教’之言，熹固不敢当此，然区区鄙见，亦不敢不为老兄倾倒也。不审尊意以为如何？如曰未然，则我日斯迈而月斯征，‘各尊所闻，各行所知’，亦可矣，无复可望于必同也。言及于此，悚息之深，千万幸察。”是朱子之言“各尊所闻，各行所知”乃本曾子语示谦虚而已，非谓割席分途也。

② “绪”字原误作“序”。

③ “经学即理学，理学即经学”非顾氏原文，乃后人概括顾氏《与施愚山书》所云：“愚独以为理学之名，自宋人始有之。古之所谓理学，经学也，非数十年不能通也，故曰：‘君子之于《春秋》，没身而已矣。’今之所谓理学，禅学也，不取之五经而但资之语录，校诸帖括之文而尤易也。”顾氏非否定理学也，乃批评当时谈理学者未认真下功夫，故提出治经之态度以对治之；其于理学与朱子，乃多精辟之论，皆实事求是之论，故唐先生序录其说于本编。

④ 罗钦顺（一四六五—一五四七），字允升，号整庵，谥文庄，江西泰和人，弘治六年（一四九三）进士，官至南京吏部尚书。

透辟，然其意主于“实事求是”[①]，非叫嚣激烈者可比，爰录之为第二。

蕺山门下之有梨洲，犹夏峰门下之有潜庵也。顾梨洲先生辑《学案》，潜庵先生独非之，断之曰“杂而越”，斯言诚然矣！然《学案》以考据法治宋元明学，源流毕贯，派别厘然，使后儒得尽知门径，其功岂浅鲜哉？而其评朱陆，尤为心平气和。《象山学案论》一则，两家学术之精纯，交谊之周挚，都括其中。考据家通贯之学，于斯为美矣！爰录之为第三。

陆稼书先生竭其毕生精力，专治朱子之学，遂成一代大儒。其所著《读朱随笔》，张孝先先生刻入《正谊堂全书》，文治尝分别录入《朱子集》中，惟皆琐碎，非论大旨。汤潜庵先生抚吾苏时，先生上《学术辨》三篇，其意专主于辟陆王。汤先生覆书，微有诤辞；先生语人曰：“汤书乃《孟子》‘反经’章意，某书是《孟子》‘好辩’章意，盖有鉴于明嘉隆后讲学者流弊而云。”然《三鱼堂集》中《答秦定叟书》论朱子进学转关，极为精深；稍有数语失考之处，夏弢甫先生已辨正之。惟其谓：“敬，尚恐有弊，何况专言静！”则文治窃欲更进一解。孔子作《坤》卦《文言传》曰“至静而德方”。其下文曰：“君子敬以直内，义以方外。”可见至静者，即敬以直内也；德方者，即义以方外也；《大学》“定而后能静，静而后能安”，即“缉熙敬止”[②] 之学。盖敬必本于静，静而后能敬。彼躁动之人，心气交驰于外，苟非主静，乌足以敬？若谓“敬尚有弊”，并静而讳[③]言之，则是圣经贤传之言静者皆有流弊，而周子之主静，何以开二程、杨、李之先哉？君子之道，所以为中庸者，惟其不偏而不倚也。然自有先生之论，而后世之诋程朱为禅学者，举无所容其喙矣！爰录之为第四。

---

① 此唐先生学术精神，继承自南菁书院者也。

② 《诗·大雅·文王》文。

③ “讳”字原误作“纬”。

陆桴亭先生《儒宗理要·读朱子绪言》

朱子一生精力专在《集注》，至今家弦户诵，历万世而无斁。后世浅学之士，往往诋其笔力不佳，此真坐井之见也。朱子与人论注释体，不可自作文字；自作文字①则观者贪看文字，并正文之意而忘之。此朱子以大贤以上之资，而能持初学小子之心，故心愈小而功愈大也。试读朱子《文集》，其笔力何如，而可轻为议论耶？②

朱子一生学问，守定"述而不作"一句。当时周有《通书》，张有《西铭》，二程亦多文辞，朱子则专一注释。盖三代以后，《诗》《书》《礼》《乐》散亡已极，孔子不得不以删定为功；汉唐宋以后，经书虽有笺疏，而芜乱尤甚，朱子不得不以注释为功。此卓有定见，非漫学孔子"述而不作"者也。③

读他人文集语录，有当否，有去取；朱子则无一语不当，无一篇可去，盖中正和平之至也。

或以朱子《文集》《语录》为平常者，此真不识朱子者也。朱子妙处正在平常，《中庸》注曰："庸，平常也。"则知朱子平常，正是中庸之理。布帛、菽粟，有何新奇？所以万古不可废者，正在此处。

陆象山少时，读至"宇宙"二字曰："宇宙内事是己分内事。"便见自任的意思。朱子三岁问天之上何物，便见穷理的意思④。

鹅湖之会，朱陆异同之辩，遂成聚讼，不必更扬其波；但读两家《年谱》所记，朱子则有谦谨求益之心，象山不无矜高挥斥之意，此则后来所未道耳。⑤

人言朱子酷好注释，虽《楚辞》亦为集注，似为得已。不知当时党祸方兴，正人君子流离窜逐，死亡载途；朱子忧时特切，因托《楚

---

① "自作文字"脱，据陆世仪《儒宗理要》及《思辨录辑要》补入。

② 陆世仪《思辨录辑要》卷三〇"诸儒类（宋至元）"文。

③ 陆氏前揭书。

④ 陆氏前揭书。

⑤ 陆氏前揭书。

辞》以见意，岂得已哉？学者坐不读书，不能窥见古人微意，未可轻议古人也。①

朱子生平注释四书、五经，曾无晷刻之暇，而又自著《文集》百卷，不知如何有许多精力？然亦是在野时多，在朝时少；读书讲论之时多，居官治事之日少，故成就愈久愈大耳。乃知“仕于外者仅九考，立朝才四十日”，未可为不幸也。②

道学之讥愈盛则愈甚，盖君子小人不并立也。周子之时如草木在甲③，知之者惟二三君子，世固莫得而讥也。二程子徒与渐盛，攻者渐多，至朱子则更盛矣。所以刘三杰、姚愈之徒④，至有“伪党变为逆党”⑤，“窥伺神器，图为不轨”之言；当时方正之士，稍以儒名者⑥，至无所容其身。而朱子日与诸生讲学不休，或劝其谢遣生徒，笑而不答。至今千载而下，朱子俎豆学宫，子孙世受恩泽，而所谓刘、姚之徒者，三尺童子闻名而唾骂之。然则为朱子者何畏？为刘、姚之徒者亦何益哉？⑦

当侂胄禁“伪学”时，朱子从游之士，特立不顾者，屏伏丘壑，依阿巽懦者，更名他师，甚至变易衣冠，狎游市肆，以自别其非党。呜呼！此乃所谓水落石出也，附声逐影之徒，虽多亦何为哉？⑧

宋世有几篇大文字，皆数万言，非有才力人不能作。苏氏父子、王荆公及朱子诸封事是也。东坡文字颇为朱子所贬，荆公遭际神宗力行新法，卒至颠覆而不悟。朱子封事皆切实易行，而竟不得行，可慨也夫！

“正心诚意”四字，上所厌闻，不知有何可厌？或以为不切于时

① 陆氏前揭书。

② 陆氏前揭书。

③ 言初生。

④ 宋宁宗庆元二年（一一九六），朱子六十六岁，韩侂胄徒党刘德秀、姚愈奏劾朱子，控制言路。史称庆元党禁。

⑤ 庆元三年（一一九七），刘三杰入宫奏对，称伪党如今已变逆党。

⑥ “者”字原误作“著”，据陆氏文为正。

⑦ 陆氏前揭书。

⑧ 陆氏前揭书。

事，不知时事非正心诚意如何做得？

程子在经筵，先论坐讲之礼，正其本也。朱子在经筵，一循时例，为之兆也。兆足以行而不行，此光宗之世不同于神宗之世也。①

后人谓宋儒但讲道学，置讨贼复仇于度外，以为腐儒无益国家，此未读朱子诸封事也。不但诸封事，先后奏札，何一非讨贼复仇，为国家计长久，为民生计实用。后人不读书，妄以空疏之论訾讥前贤，簧鼓天下，诚为可恨。

古今制民之产，莫急于经界。横渠、考亭皆以此为要务，即荆公方田法亦此意也。然经界行不得法，最易扰民。推排打量，终不如横渠标竿之说，法简而无弊也。

明道之议贡举，主于竟行古法。朱子《学校贡举私议》，即于今法中斟酌可否，可谓周悉详尽。然分年试士之法，病在太繁，盖国家造士，取其足以致用，无贵穷经也。古人造士之法，简而易，六德六行之外，不过六艺，习之者易晓，而施于世为有用。今人造士之法繁而难，文辞声病，为说多端，习之者难工，而施于世为无补，此大弊也。朱子立法虽胜，然皓首穷经，煞费心力，不如古法之简易，此予以为尚须斟酌也。

学校之法，第一在择师，第二在立法，朱子议中所举吕希哲之言，乃根本至论也。

《井田类说》盖朱子集汉儒、荀氏、何休诸论及班《志》所纪，然而变通之精意不存也。朱子论贡、助、彻法，以为沟洫不同，亦未免泥于汉儒之论。

今人动以文风之盛衰，为人才之盛衰，非定论也。昔商鞅以为人不可多学，为士人废了耕战，此虽无道之言，然朱子取之，以为当今士人千万，不知理会甚事，真所谓游手，此等人一旦得高官，只是害朝廷，

① 陆氏前揭书。

何望其济事。噫！以此观之，真古今一辙也。

“无极而太极”，犹言无所谓太极，而实有一太极，朱子所谓“无形而有理”也。玩一“而”字，便不是离了太极别有无极。陆氏昆仲轻肆辩驳，不但不肯细认“而”字，并不肯细读下文，要之亦以周子为近代人而忽之也。非朱子如此表章，周子之书乌能传至今日？只此便是圣人心事。

朱子论天文，胜于横渠、二程，然尚有未透晓处。

二程论鬼神竟似阴阳，朱子则平实近人，然亦有未至精微处。

朱子论理气，无一语不透，盖深有得于《太极图》也。

“仁”字是《论语》中第一吃紧字。程子尝教人类聚孔孟言仁处，以求夫仁之说，张南轩亦极论之，终不如朱子之博而该，真而切，为得夫“仁”字之全体也。人身配天地，人之心配天地之心，此处得大头脑，则仁不待论而明矣，然亦自《太极图》中贯彻出来。

五经之中，《三礼》尤为用世之书，此一日不可少者。朱子《乞修〈三礼〉札》，切实可行，而当时朝廷何以漫不之省？今《仪礼经传集解》谓非朱子手辑，然大概亦本朱子之意。愚意礼以时为大，当于累代制作之后，益以议论权衡，乃为确当，然非圣人不能也。

蔡季通《律吕书》与《八阵图》俱未能致用，而《八阵》尤为未睹肯綮，观《朱子语录》所载问答，亦似未为许可。

从来庙制，韦元成谓周为七庙，四亲庙、二世室，与太祖庙而七也；刘歆谓周为九庙，三昭、三穆、二世室与太祖之庙而九也。班固以歆说为是。朱子姑两存之。愚谓：元成说是也，《中庸》“周公成文、武之德，追王大王、王季”以成王时言，则周实止二昭二穆，何由有三昭三穆？

朱子《明堂图》仿井田遗意，谓是三间九架屋，随时方位开门。予谓未必然。古今人情不甚相远，决不戾于时俗，岂有隆冬盛寒正北开门，天子群臣向朔风而朝群后者？谓之明堂，决是向明无疑，随所处而异名也。

郊社之礼，以义言之，必应合祭，而古今之儒多主分祭。《朱子语类》亦谓应分祭。但《周礼》自大合乐之外，更不言分祭，则朱子亦非定以分祭为礼也。

《朱子语录》中论冠昏丧祭诸礼，皆浅近切实可行，所谓礼以时为大也。伊川所论便太泥古，如以尸为必当立、影神为必不可用，皆太拘。

朱子集中如《大学》《中庸》《诗集传序》《资治通鉴序》，皆极大文字，不可不读。

只《皇极辨》一篇，便见朱子有功于《书经》不浅。诸儒议论，以皇训大，以极训中，是何等解？

道理中惟《易》学最深，盖穷理尽性之极也。以孔子之圣，尚假年以学《易》，况其他乎？故知读书为学，须要渐次，有得于《四书》，有得于诸经，则《易》理自渐渐通贯，此晚年极步工夫也。今人每好谈《易》，自为渊深，高者仅得其形似耳！《朱子语类》曰：“某才见人说看《易》，便知他错了。”此真知《易》者也。

朱子于五经中，惟《易》最为研穷，《诗》次之，《书》又次之，《礼》与《春秋》未尝属笔。然《仪礼经传集解》虽非全书，亦见一斑矣。又《语类》中论《礼》及《春秋》处，最通达，最正大；故知论《礼》而拘，论《春秋》而凿者，皆朱子所不取也①。

荀、扬、王、韩四子之书并传，其中文中子毕竟是贤儒，其著述多为人所杂乱，互有不同，其中模仿《论语》处，多是后人增入。至精当处，汉唐以来诸儒皆莫能及。朱子亦谓其贤于三子。然续经说以为好名欲速，轻道求售，为稍过矣。

朱子论释氏书，如《读大纪》《观心说》等篇，莫如《释氏论下

① 陆氏前揭书。

篇》更得要领，横渠、二程皆莫及也。①

顾亭林先生《日知录·〈朱子晚年定论〉评》

《宋史·陆九渊传》："初，九渊尝与朱熹会鹅湖，论辩所学，多不合。及熹守南康，九渊访之。熹与至白鹿洞，九渊为讲'君子小人喻义利'一章，听者至有泣下，熹以为切中学者隐微深痼之病，至于'无极而太极'之辩，则贻书往来，论难不置焉。"

王文成原注：守仁。所辑《朱子晚年定论》，今之学者多信之，不知当时罗文庄原注：钦顺。已尝与之书而辩之矣。

其书曰："详《朱子定论》之编，盖以其中岁以前所见未真，及晚年始克有悟，乃于其论学书牍三数十卷之内，摘此三十余条，其意皆主于向里者，以为得于既悟之余，而断其为定论。斯其所择，宜亦精矣。第不知所谓晚年者，断以何年为定？偶考得何叔京氏卒于淳熙乙未（一一七五），时朱子年方四十有六。后二年丁酉（一一七七），而《论孟集注》《或问》始成，今有取于答何书者四通，以为晚年定论，至于《集注》《或问》，则以为中年未定之说，窃恐考之欠详，而立论之太果也。

"又所取《答黄直卿》一书，监本止云'此是向来差误'，别无'定本'二字，今所编增此二字，而序中又变'定'字为'旧'字，却未详'本'字所指。朱子有《答吕东莱》一书，尝及定本之说，然非指《集注》《或问》也。凡此，愚皆不能无疑，顾犹未足深论。

"窃以执事天资绝世，而日新不已，向来恍若有悟之后，自以为证诸《五经》《四子》，沛然若决江河而放诸海，又以为精明的确，洞然无复可疑，某固信其非虚语也。然又以为独于朱子之说有相抵牾，揆之于理，容有是邪？他说固未敢请，尝读《朱子文集》其第三十二卷，皆与张南轩答问书，内第四书亦自以为'其于实体似益精明，因复取

① 张能鳞辑《儒宗理要·朱子》卷一五附《读朱子绪言》文。

凡圣贤之书，以及近世诸老先生之遗语，读而验之，则又无一不合。盖平日所疑而未白者，今皆不待安排，往往自见洒落处'，与执事之所自序者，无一语不相似也。书中发其所见，不为不明。而卷末一书，提纲振领，尤为详尽。窃以为千圣相传之心学，殆无以出此矣，不知何故独不为执事所取？无亦偶然也邪？若以此二书为然，则《论孟集注》《学庸章句》《或问》不容别有一般道理。如其以为未合，则是执事精明之见，决与朱子异矣！凡此三十余条者，不过姑取之以证成高论，而所谓先得我心之所同然者，安知不有毫厘之不同者为祟于其间，以成抵牾之大隙哉！

"又执事于朱子之后，特推草庐吴氏，以为见之尤真，而取其一说以附三十余条之后。窃以草庐晚年所见端的与否，良未易知。盖我儒昭昭之云，释氏亦每言之，毫厘之差，正在于此。即草庐所见，果有合于吾之所谓昭昭者，安知非其四十年间钻研文义之效，殆所谓真积力久而豁然贯通者也。盖虽以明道先生之高明纯粹，又蚤获亲炙于濂溪，以发其吟风弄月之趣，亦必反求诸六经而后得之。但其所禀，邻于生知，闻一以知十，与他人极力于钻研者不同耳，又安得以前日之钻研文义为非，而以堕此窠臼①为悔？夫得鱼忘筌，得兔忘蹄，原注：出《庄子》，"蹄"古"罦"字，通兔罝也。可也，矜鱼兔之获而反追咎筌蹄以为多事，其可乎哉？"

东莞陈建作《学蔀通辨》，取朱子《年谱》《行状》《文集》《语类》及与陆氏兄弟往来书札，逐年编辑而为之辩曰："朱陆早同晚异之实，二家谱、集具载甚明。原注：《黄氏日钞》曰："朱子《答陆子寿书》反复论丧祭之礼，《答陆子美书》辩诘太极、《西铭》至再而止，《答陆子静书》辩诘尤切，条其理有未明而不能尽人言者凡七，终又随条注释，斥其空疏杜撰，且云：'如曰未然，各尊所闻，各行所知可矣。'书亦于此而止。"近世东山赵汸《对

① "窠臼"，《日知录》作"科臼"。

江右六君子策》乃云：‘朱子《答项平父书》有去短集长之言，原注：此特朱子谦己诲人之辞，未尝教人为陆氏之学也。岂鹅湖之论，至是而有合邪？使其合并于晚岁，则其微言精义必有契焉，而子静则既往矣。’此朱陆早异晚同之说所萌芽也。程篁墩原注：敏政。因之乃著《道一编》，分朱陆异同为三节，始焉如冰炭之相反，中焉则疑信之相半，终焉若辅车之相依，朱陆早异晚同之说于是乎成矣。王阳明因之，遂有《朱子晚年定论》之录，专取朱子议论与象山合者，与《道一编》辅车之说，正相唱和矣。凡此皆颠倒早晚，以弥缝陆学而不顾矫诬朱子，诳误后学之深。故今①编年以辩，而二家早晚之实，近世②颠倒之弊，举昭然矣。”③

又曰：“朱子有朱子之定论，象山有象山之定论，不可强同。‘专务虚静，完养精神’，此象山之定论也；‘主敬涵养以立其本，读书穷理以致其知，身体力行以践其实，三者交修并尽’，此朱子之定论也④。乃或专言涵养，或专言穷理，或止言力行，则朱子因人之教，因病之药也。今乃指专言涵养者为定论，以附合于象山，其诬朱子甚矣。”⑤

又曰：“赵东山所云……盖求朱陆生前无可同之实，而没后乃臆料其后会之必同，本欲安排早异晚同，乃至说成生异死同，可笑可笑！原注：按：子静卒后，朱子《与詹元善书》谓“其说颇行于江湖间，损贤者之志，而益愚者之过，不知祸何时而已。”盖已逆知后人宗陆氏者之弊，而东山辈不考此书，强欲附会之以为同，何邪？如此岂不适所以彰朱陆平生之未尝同，适自彰其牵合欺人之弊？奈何近世咸加⑥信之而莫能察也。姚氏曰：“元虞文靖有《送李彦方闽宪》诗，其序云：‘先正鲁国许文正文，实表章程朱之学，以佐至元之治，天下人心风俗之所系，不可诬也。近日晚学小子，不肯细心穷理，妄引陆子

---

① 陈逢《学蔀通辨·提纲》原有“前编”二字。
② “世”字原作“儒”，以陈氏文为正。
③ 陈建《学蔀通辨·提纲》第一条文。
④ 陈氏原文以下有“观于后编、终编可考矣”一句。
⑤ 陈建《学蔀通辨·提纲》第三条文。
⑥ “加”字脱，据陈氏文补入。

静之说以自欺自弃，至欲移易《论语章句》，直斥程朱之说为非，此亦非有见于陶氏者也，特以文其猖狂不学以欺人而已，此在王制之所必不容者也。闽中自中立归，已有道南之叹，仲素、愿中至于元晦，端绪明白，皆在闽中，不能不于彦方之行发之，去一赃吏，治一弊政，不如此一事有以正人心，儒者之能事也。’按：文靖从游吴文正之门，文正之学以象山为宗，而虞公立论如此，则师弟所学亦有不必同者耶？又是时文学修明，谈道讲艺，各有师承。洛闽之教方昌，而好异之士，已复别骛旁驱，则源远而末益分，无惑乎后此歧途之百出也。”① 昔裴延龄掩有为无、指无为有，以欺人主；陆宣公谓其愚弄朝廷，甚于赵高指鹿为马。今篁墩辈分明掩有为无、指无为有，以欺弄后学，岂非吾道中之延龄哉②！”③

又曰：“昔韩绛、吕惠卿代王安石执政，时号绛为传法沙门，惠卿为护法善神。愚谓近日继陆学而兴者，王阳明是传法沙门，程篁墩则护法善神也。”原注：此书于朱陆二家同异，考之极为精详，而世人不知，但知其有《皇明通纪》；又不知《通纪》乃梁文康储之弟亿所作，而托名于清澜也。④

宛平孙承泽谓：“阳明所编，其意欲借朱子以攻朱子。且吾夫子以天纵之圣，不以生知自居，而曰好古敏求，曰多闻多见，曰博文约礼，至老删述不休，犹欲假年学《易》。朱子一生效法孔子，进学必在致知，涵养必在主敬，德性在是，问学在是。如谬以朱子为支离、为晚悔，则是吾夫子所谓好古敏求、多闻多见、博文约礼，皆早年之支离，必如无言、无知、无能，为晚年自悔之定论也。以此观之，则《晚年定论》之刻，真为阳明舞文之书矣。盖自弘治、正德之际，天下之士厌常喜新，风气之变，已有所自来，而文成以绝世之资，倡其新说，鼓动海内。原注：文成与胡端敏世宁，乡试同年。一日谓端敏公曰：“公，人杰也，第少讲学。”端敏答曰：“某何敢望公，但恨公多讲学耳。”嘉靖以后，从王氏

① 此注文据黄汝成《日知录集释》卷一八校。

② 此句陈氏原作：“使遇君子，当如何议罪？”

③ 陈氏《学蔀通辨·前编中》卷二文。

④ 陈氏《学蔀通辨·续编下》卷九文。

而诋朱子者，始接踵于人间，而王尚书原注：世贞。发策谓：‘今之学者偶有所窥，则欲尽发先儒之说而出其上。杨氏曰：“尽发先儒”之“发”，当是“废”字。① 不学，则借一贯之言以文其陋；无行，则逃之性命之乡，以使人不可诘。’此三言者，尽当日之情事矣。故王门高第为泰州、原注：王艮。龙溪原注：王畿。二人。泰州之学，一传而为颜山农，原注：均。再传而为罗近溪、原注：汝芳。赵大洲。原注：贞吉。龙溪之学，一传而为何心隐，原注：本名梁汝元。再传而为李卓吾、原注：贽。陶石篑。原注：望龄。昔范武子论王弼、何晏二人之罪，深于桀纣，以为一世之患轻，历代之害重；自丧之恶小，迷众之罪大。而苏子瞻谓李斯乱天下，至于焚书坑儒，皆出于其师荀卿高谈异论而不顾者也。《困知》之记、《学蔀》之编，固今日中流之砥柱矣。”

《姑苏志》言姚荣国原注：广孝。著书一卷，名曰《道余录》，专诋程朱。原注：《实录》本传言广孝著《道余录》，诋讪先儒，为君子所鄙。少师亡后，其友张洪谓人曰：“少师于我厚，今死矣，无以报之，但每见《道余录》，辄为焚弃。”少师之才不下于文成，而不能行其说者，少师当道德一、风俗同之日，而文成在世衰道微邪说又作之时也。嘉靖二年（一五二三），会试发策，原注：考试官蒋文定冕、石文介珤。谓朱陆之论，终以不合，而今之学者顾欲强而同之，岂乐彼之径便而欲阴诋吾朱子之学与？究其用心，其与何澹、陈贾辈亦岂大相远与？至笔之简册，公私② 诋訾，以求售其私见。礼官举祖宗朝故事，燔其书而禁斥之，得无不可乎！原注：《成祖实录》：永乐二年（一四〇四），鄱阳人朱季友诣阙献所著书，诋毁宋儒。上怒，遣行人押赴饶州，会司府县官杖之，尽焚其所著书。

当日在朝之臣有能持此论者，涓涓不塞，终为江河，有世道之责者，可无履霜坚冰之虑？以一人而易天下，其流风至于百有余年之久者，古有之矣。王夷甫之清谈，王介甫之新说，原注：《宋史》林之奇言：

---

① 此注文据黄汝成《日知录集释》卷一八校。

② “私”字原误作“肆”，据《日知录》为正。

“昔人以王、何清谈之罪甚于桀纣，本朝靖康祸乱，考其端倪，王氏实负王、何之责。”其在于今，则王伯安之良知是也。《孟子》曰：“天下之生久矣。一治一乱。”拨乱世反之正，岂不在于后贤乎！①

文治按：亭林先生之论，与后来陆清献无异，可谓能闲朱子之道者矣。然其词究嫌过激。曾文正云：“君子之言，平则致和，激则召争。辞气之轻重，积久则移易世风，党仇讼争而不知所止。”② 学者读汤文正论学书，与黄梨洲先生学案，可以持其平矣。

黄梨洲先生《〈象山学案〉案语》

宗羲按：先生之学，以尊德性为宗，谓：“先立乎其大，而后天之所以与我者，不为小者所夺③。夫苟本体不明，而徒致功于外索，是无源之水也。”同时紫阳之学，则以道问学为主，谓“格物穷理，乃吾人入圣之阶梯，夫苟信心自是，而惟从事于覃思，是师心之用也”。两家之意见既不同，逮后论《太极图说》，先生之兄梭山谓“不当加‘无极’二字于太极之前，此明背孔子，且并非周子之言”。紫阳谓“孔子不言无极，而周子言之，盖实有见太极之真体。不言者不为少，言之者不为多”。先生为梭山反复致辩，而朱陆之异遂显。继先生与兄复斋会紫阳于鹅湖，复斋倡诗有“留情传注翻榛塞，著意精微转陆沈”之句，先生和诗，亦云：“易简工夫终久大，支离事业竟浮沈。”紫阳以为讥己，不怿，而朱陆之异益甚。梓材按：鹅湖之会在淳熙二年（一一七五），鹿洞之讲在八年（一一八一），已在其后。太极之辩在十五年（一一八八），又在其后。梨洲说未免倒置。于是宗朱者诋陆为狂禅，宗陆者以朱为俗学，两家之学，各成门户，几如冰炭矣。嗟乎！圣道之难明，濂洛之后，正赖两

① 顾炎武《日知录·〈朱子晚年定论〉评》卷一八文。
② 《曾文正公文集·孙芝房侍讲刍论序》卷三文。
③ 出《孟子·告子下》之文。

先生继起，共扶持其废堕，胡乃自相龃龉，以致蔓延今日，犹然借此辨同辨异以为口实，宁非吾道之不幸哉！

虽然，二先生之不苟同，正将以求夫至当之归，以明其道于天下后世，非有嫌隙于其间也。道本大公，各求其是，不敢轻易唯诺以随人，此尹氏所谓"有疑于心，辨之弗明弗措"，岂若后世口耳之学，不复求之心得，而苟焉以自欺，泛然以应人者乎！况考二先生之生平自治，先生之尊德性，何尝不加功于学古笃行；紫阳之道问学，何尝不致力于反身修德。特以示学者之入门各有先后，曰此其所以异耳！

然至晚年，二先生亦俱自悔其偏重。稽先生之祭东莱文，有曰："比年以来，观省加细，追维曩昔粗心浮气，徒致参辰，岂足酬义。"盖自述其过于鹅湖之会也。与诸弟子书尝云："道外无事，事外无道。"而紫阳之亲与先生书，则自云："迩来日用工夫，颇觉有力，无复向来支离之病。"其别《与吕子约书》云："孟子言学问之道，惟在求其放心。而程子亦言'心要在腔子里'。今一向耽著文字，令此心全体都奔在册子上，更不知有己，便是个无知觉不识痛痒之人，虽读得书，亦何益于我事邪！"《与何叔京书》云："但因其良心发现之微，猛省提撕，使此心不昧，则是做工夫底本领。本领既立，自然下学而上达矣。若不见于良心发见处，渺渺茫茫，恐无下手处也。"又谓："多识前言往行，固君子所急，近因反求未得个安稳处，却始知此未免支离。"《与吴伯丰书》自谓："欠却涵养本原工夫。"《与周叔谨书》："某近日亦觉向来说话有太支离处，反身以求，正坐自己用功亦未切耳。因此减去文字工夫，觉得闲中气象甚适，每劝学者亦且看《孟子》'道性善''求放心'两章，著实体察，收拾此心为要。"又《答吕子约》云："觉得此心存亡，只在反掌之间。向来诚是太涉支离，若无本以自立，则事事皆病耳。岂可一向汩溺于故纸堆中，使精神昏蔽，而可谓之学？"又书："年来觉得日前为学不得要领，自身做主不起，反为文字夺却精神，不为小病。每一念之，惕然自惧，且为朋友忧之。若只如此支离，漫无统纪，展转迷惑，无出头处。”观此可见二先生之虚怀从善，始虽有意见之参差，终归于一致而无间，更何烦有余论之纷纷乎？

且夫讲学者所以明道也。道在撙节退让，大公无我，用不得好勇斗狠于其间，以先自居于悖戾。二先生同植纲常，同扶名教，同宗孔孟，即使意见终于不合，亦不过仁者见仁，知者见知，所谓“学焉而得其性之所近”，原无有背于圣人，矧夫晚年又志同道合乎！奈何独不睹二先生之全书，从未究二先生之本末，糠秕眯目，强附高门，浅不自量，妄相诋毁。彼则曰“我以助陆子也”，此则曰“我以助朱子也”，在二先生岂屑有此等庸妄无谓之助己乎！昔先子尝与一友人书：“子自负能助朱子排陆子与？亦曾知朱子之学何如陆子之学何如也？假令当日鹅湖之会，朱陆辩难之时，忽有苍头仆子历阶升堂，捽陆子而殴之曰：‘我以助朱子也。’将谓朱子喜乎？不喜乎？定知朱子必且挞而逐之矣。子之助朱子也，得无类是。”①

陆稼书先生《三鱼堂集·读朱子〈白鹿洞学规〉》

朱子《白鹿洞学规》无诚意、正心之目，而以处②事接物易之，其发明《大学》之意，可谓深切著明矣；盖所谓诚意、正心者，非外事物而为诚正，亦就处事接物之际而诚之正之焉耳。故传释“至善”，而以仁敬孝慈信为目，仁敬孝慈信皆因处事接物而见者也。圣贤千言万语，欲人之心意③范围于义理之中而已，而义理不离事物。明乎《白鹿洞学规》之意，而凡阳儒阴释之学，可不待辨而明。夫子告颜渊“克己复礼”，而以视听言动实之，其即朱子之意也夫？④

---

① 黄宗羲《宋元学案·象山学案》卷五六文。

② “处”字原误作“应”，据《白鹿洞书院学规》及《三鱼堂文集》为正。

③ “意”字原误作“理”，据《三鱼堂文集》为正。

④ 陆陇其《三鱼堂文集·读朱子〈白鹿洞学规〉》卷四文。

陆稼书先生《三鱼堂集·读朱子告郭友仁语》

考《亭渊源录》一条，郭友仁德元。告行，先生曰："人若于日间闲言语省得一两句，闲人客省得一两人也济事。若浑身都在闹场中，如何用工？人若逐日无事……用半日静坐，半日读书，如此一二年，何患不进？"高忠宪纂《朱子节要》，亦载此条。

愚按：德元曾学禅，此语系德元所记，恐失其真。观朱子《答刘淳叟》云："某旧见李先生尝教令静坐，后来看得不然，只是一个敬字，好方无事时敬于自持，及应事时敬于应事，读书时敬于读书，便自然该贯动静，心无时不存。"又《答潘子善》云云，可见朱子未尝教人静坐，况限定半日哉！愚故谓德元所记，恐失其真。几亭陈氏以此二语为朱子教人之法，误矣。

或疑程子见人静坐，便叹其善学，朱子于《复》卦象注曰："安静[①]以养微阳也。"是言初动之时宜静也。于《咸》卦初爻注曰："此卦虽主于感，然六爻皆宜静而不宜动也。"是言方动之时宜静也。于《太极图》注曰："圣人全动静之德，而尝本之于静。"是言未动之先宜静也。程朱何尝不言静？不知程朱固未尝不言静，而未尝限定半日。且其所谓静者，皆是指敬，非如学禅者之静，又恐敬之混入[②]于禅也，而申言之曰："略绰提撕。"夫敬犹恐其有病也，而况专言静乎？[③]

陆稼书先生《三鱼堂集·答秦定叟书》

仆学问疏浅，蒙先生之不弃，远辱惠教，常佩于心，冀一望见有道，开其茅塞。癸亥（一六八三）孟夏，适在武林，咫尺高斋，又匆匆不及造庐一晤，因草具数行，仰质高明，亦不能尽记其所言。而于《紫阳大指》一书中，尚不能无纤毫之疑，不敢自隐也。再承手教，兼

---

① "静"字，《三鱼堂文集》作"坐"。按：朱子《易本义》作"静"。

② "入"字脱，据《三鱼堂文集》补入。

③ 陆陇其《三鱼堂文集·读朱子告郭友仁语》卷四文。

示以答中孚、潜斋、扩庵诸书刻本，反覆庄诵，益叹先生之笃学精进，迥出流俗。如《答扩庵书》谓："周子主静之'静'，朱子看做对待之动静，原自不谬，阳明恐人偏于静，而易为程子'动亦定，静亦定'之'定'，此阳明之误，非朱子之误也。"又《答中孚书》谓："今人但知动中有静，静中有动，为得体用之一原，不知此但知一原耳，未可为体用一原也。先须分明体用，后识一原，然后有下功夫处。"此皆足以破俗儒之惑，有功正学，仆深服膺，不容更赞一辞者也。而于前日所疑，犹有未能尽释然者，敢悉陈之。

来书谓："未发已发，朱子一生精神命脉之系也，知未发已发，则知静存动察。"又谓："今之学者，相率入于困而不学，其源皆起于立教者以本体为功夫，而不分未发已发之误。"此固然矣。然以此论朱子则可，而谓阳明之所以异于朱子者专在此，嘉隆以来人才风俗，所以不如成弘以前者专在此，则恐有未尽者。盖阳明之病，莫大于"无善无恶心之体"一语，而昧于未发已发之界。其末也，既以无善无恶为心之体，则所谓未发，只是无善无恶者之未发；所谓已发，只是无善无恶者之已发。即使悉如朱子静存动察，亦不过存其无善无恶者，察其无善无恶者而已，不待混动静而一之，然后为异于朱子也。朱子"中和旧说"虽属已悔之见，然所谓"心为已发，性为未发"，亦指至善无恶者言，与阳明之无善无恶相楹莛。即使朱子守旧说而不变，仍与阳明不同。所以阳明虽指此为朱子晚年定论，而仍有影响，尚疑朱仲晦之言，职是故耳。此仆所以谓考亭、姚江如黑白之不同。先生《紫阳大指》书中，乃云"无善无恶"一句，是名言之失，而非大义之谬，是仆所深疑而未解也。

来书又云《晚年定论》一书，阳明不无曲成己意，不敢雷同，即其窠臼，此固是矣。然考《紫阳大指》中载《答何叔京》三书，而评之曰"此三书实先生一转关处也"，则犹似未脱阳明之窠臼者。尝合朱子一生学问前后不同之故考之，朱子之学传自延平，延平教人静中观喜怒哀乐未发气象矣，教人反覆推寻，以究斯理矣。朱子四十以前，出入佛老，虽受学延平，尚未能尽尊所闻，是以有“中和旧说”，有《答何叔京》诸书，与延平之学不免矛盾。及延平既没，朱子四十以后，始追忆其言而服膺之。《答林择之书》所谓“辜负此翁”者，则悟“中和旧说”之非，而服膺其未发气象之言，此朱子之转关也。《答薛士龙书》所谓“困而自悔”，始复退而求之于句读文义之间，则是以《答叔京》诸书为悔，而服膺其反覆推寻以究斯理之言，此又朱子之一转关也。是朱子之学，一定于悟未发之中之后，再定于退求之句读文义之后。若夫《答何叔京》三书，则正其四十以前出入佛老之言，于未发已发之界，似若转关，于穷理格物之功，则犹未转关也。先生乃侂偶以为朱子之一转关，窥先生之意，却似以居敬为重，而看穷理一边稍轻，虽不若阳明之徒，尽废穷理，而不免抑此伸彼，故《答李中孚书》遂以《大学补传》为可更，而以阳明之独崇《古本》① 为能绝支离之宿障，为大有功于吾道，亦是看穷理稍轻之故。夫居敬、穷理，如太极之有两仪，不可偏有轻重，故曰“涵养莫如敬，进学则在致知”，未有致知而可不居敬者，亦未有居敬而可不致知者。故朱子平日虽说敬不离口，而于《大学补传》则又谆谆教人穷理，又于《或问》中反覆推明，真无丝毫病痛。朱子所以有功万世者在此，所以异于姚江者在此。此而可更，孰不可更？即曰格物以知本为先，所谓当务之为急，然于格物之中，先其本则可，而如《古本大学》谓“知本即是知之至”则不可，是又仆之所深疑而未解也。

至于先生惓惓居敬主静，可谓深得程朱之旨，而切中俗学之病矣。然敬之所以为敬，静之所以为静，亦有不可不辨者焉。尝观朱子之言“敬”，每云“略绰提撕”，盖惟恐学者下手过重，不免急迫之病，故于延平“观喜怒哀乐未发”一语，虽悔其始之辜负而服膺之，然于“观”

① 指《古本大学》，即《礼记》所收者。

之一字，则到底不敢徇。见于《答刘淳叟》诸书，至《观心说》一篇，极言“观”之病，虽指佛氏而言，而延平之言不能无病，亦在其中，此用力于敬者所不可不知也。又朱子虽云“‘敬’字功夫通贯动静，而必以静为本”，却又云“不必特地将静坐做一件工夫，但看一‘敬’字通贯动静”，又云“明道说静坐可以为学，上蔡亦言多著静不妨，此说终是小偏，才偏便做病”，盖《乐记》之“人生而静”，《太极图》之“主静”，皆是指“敬”而言，无事之时，其心收敛，不他适而已；非欲人谢却事物，专求之寂灭，如佛家之坐禅一般也。高景逸不知此，乃专力于静，甚至坐必七日，名为涵养大本，而不觉人于释氏之寂灭，亦异乎朱子所谓静矣！此用力于静者所不可不知也。先生谆谆示人居敬主静，而未及敬与静当如何用功，是又仆所不能无疑也。

又读先生答人书，谓：“阳明之弊，只在无善无恶。若良知之说，不可谓非孟子性善之旨。”夫阳明之所谓良，即无善无恶，非《孟子》所谓良也。《孟子》之良，以性之所发言，孩提之爱敬是也。阳明之良，以心之昭昭灵灵者言，湛然虚明，任情①自发而已。一有思虑营为，不问其善不善，即谓之知识而非良，是岂可同日语哉！又谓阳明之学，真能为已，而非挟好胜之心者。夫阳明大言无忌，至以孔子为九千镒②，朱子为杨墨③，此而非好胜也，不知如何而后为好胜耶？合先生之论阳明者言之，谓其真能为己矣；良知之说，合于性善之旨矣；崇《古本大学》能绝支离矣；惟“无善无恶”一语不能无弊，又是名言之失而非大义之谬矣；《晚年定论》虽不无曲成已意，而采《答叔京》诸书，又未为尽过矣；所不满者，惟不分未发已发一节耳。又《答李中孚书》云：“此不过朝三暮四、暮四朝三之法，则并未发已发，亦与朱

① “情”字误作“性”，据陆氏《三鱼堂文集》文为正。

② 王守仁以金量比重喻天理，《传习录·薛侃录》载：“人到纯乎天理方是圣，金到足色方是精。然圣人之才力，亦有大小不同，犹金之分两有轻重。尧舜犹万镒，文王、孔子犹九千镒，禹、汤、武王犹七八千镒，伯夷、伊尹犹四五千镒。”

③ 王守仁在《答罗整庵少宰书》（载《传习录·中》）大意比拟朱子于杨墨。

子名异实同矣。"前辈以阳明为指鹿为马者皆非矣。仆极知先生从学术世道起见，与世俗之以私意调停者不同，而扫除未尽，不免涉于调停之迹，恐遗后学之惑，所以不揆愚陋，不敢自匿其所疑，辄以上陈，伏候教示。知先生谅其求正之心，不以指摘为罪也。

嘉靖时，清澜陈氏《学蔀通辨》一书，先生曾细阅之否？近时北方有张武承讳烈，所著《王学质疑》一卷，其言阳明之病亦颇深切著明，惜其已故，仆顷为刊其书，敢并附正，统希垂鉴，不吝赐教幸甚，临楮曷胜翘企。①

文治按：清献之说，终觉主张太过。朱子求句读文义，并非在四十以后，夏弢甫先生已辨之，《大学》古本原系郑康成先生相传旧本，并非阳明变乱经文，文治于《大学大义》中亦详言之。至于学问之道，要在动静交相涵养。恶动求静，固偏矣；若必恶静求动，则必举《易传》所谓"寂然不动"、《大学》所谓"定而后能静，静而后能安"、周子所谓"主静"之说，一切扫除之而后可，亦可谓之不偏乎？清献与秦定叟有二书，其第二首意义相同，兹不备录。

---

① 陆陇其《三鱼堂文集·答秦定叟书》卷五文。

紫阳学术发微卷十二

九贤朱学通论下

文治于四十年前，研究朱子学，涉猎诸家，于宝应仅知有王白田先生而已。后访《朱子文集注》，遣门人王蘧常等赴宝应，始知白田先生外有朱止泉先生，而朱又在王之上。白田先生所著《朱子年谱》与附录，及存稿中杂著，皆以文繁不克录。止泉先生所著，有《朱子圣学考略》《宗朱要法》及编《朱子分类文选》，而《文集》中论朱学者极夥；其尤精者，是《涵养未发辨》《格物辨》[①]，皆洞中窾要；而《圣学考略提要》更能撷菁挈领，囊括无遗。盖止泉先生于朱子之学，不独口诵心维，贯通纯熟，实能力践躬行，循序渐进，以数十年之心得，上契朱子之心传，非讲演文义、稽考年月者所能望尘而及也，爰录之为第五。

章氏实斋学问淹博，通达古今，当为清代第一。盖乾嘉诸老，多研经学，而实斋先生，殚精史学，故于掌故源流，知之特详。且夫为朱陆之学者，岂易言哉！苟为朱学者不能躬行，为陆学者并无心得，皆伪而已矣。孔巽轩作《戴氏遗书序》，讥朱学者曰："略窥《语录》，便诩知天；解斥阳明，即称希圣。信洛党之尽善，疑孟氏之非醇。"[②] 其说至

---

① 涵养未发与格物穷理，二者乃朱子学之核心意识。

② 孔广森《仪郑堂文·〈戴氏遗书〉总序》卷一文。

偏而激，而实斋先生则独断之曰伪朱子、伪陆王，呜呼！何其严而确也。所著《文史通义》，士林攉重，而《朱陆》一篇，目击流弊，断制持平；其《书后》[①] 诋戴氏，虽不免讦以为直，然是非之公，人能知之，而切磋之谊，人不能知。此指教导后学言，非指戴氏言。且圣门立教，文行交修，其所以端人心术，而与人为善者，皆于是在矣！爰录之为第六。

咸丰时人才，讵可及哉！时则有若倭文端、曾文正、吴竹如诸公，所以切磋而成之者，唐镜海先生也。读曾文正《送唐先生南归序》，知诸君子之所以事之者，盖在师友之间，用能才德并进，蔚成中兴之业，而享六十年之太平，非幸致也，皆礼义道德之所薰陶也。文治尝[②]上下古今，窃谓国家之兴替，系乎理学之盛衰，理学盛则国运昌，理学衰则国祚灭，人心世道恒与之为转移。世每迂笑吾言，然吾之本心不能泯，即吾之学识不能易也。先生所撰《学案小识》，为有清一代学术关键，前已著录，别有《朱子学案目录序》，见于《确慎文集》，惜其书不经见，海内有宝藏之者，能公诸天下乎？然节读其序文数则，可见先生之学与朱子之精神，欣合而无间矣！爰录之为第七。

陈兰甫先生，淹贯六经诸子，于学无所不窥，所著《东塾读书记》，厘别家法源流，无门户之见，而壹出以平心静气之论。其中论朱子一卷，尤为精细。如言朱子不独穷极理奥，兼精章句训诂、礼乐制度、天文、历算、地理等学，可谓独到之见。盖以考据法治朱学，实于亭林、梨洲之外，更进一层矣。先生尝自言早年涉猎世学，不知读朱子书，中年以后始读之，以《语类》繁博，择其切要，标识卷端，冀可寻其门径，并与其子宗谊辑《语类日钞》五卷，其序文谓："近时风气不知道学，惟元和[③]顾千里钞《语类》为一编，名曰《遁翁苦口》，然

① 《书后》指章学诚《文史通义·朱陆》篇后附录之《书朱陆篇后》，专门批评戴震。

② 疑脱"考"字。

③ "近时风气不知道学，惟元和"，《〈朱子语类日钞〉序》作"盖道学风气盛时，或依附以沽名，或争辩以求胜，故无取焉。近时风气不复有此，惟元和"，和原作"知"，因改。

闻其名未见其书，盖成书而未刻者。”① 其尊朱子救世道之苦心，溢于言外，洵粤东通儒中第一人也。爰录之为第八。

自孔孟、程朱而外，凡治考据义理之学者，后人必较胜于前人，何也？以其学说之愈精而愈密也。如朱止泉先生《朱子圣学考》，体例较《大全》为胜矣；王白田先生《朱子年谱》，采择较洪本为胜矣；夏弢甫先生《述朱质疑》一书，论朱子毕生之学，精详周至，无义不搜，几几乎叹观止矣！度其为学，必有四五十年之苦功，乃克臻此。其可分类者，已散入本书各卷，而其总论各篇，如辨戴东原谓“孔孟六经、传记群籍，理字不多见”，不知如《大学》之“格物”、《中庸》之“未发”“已发”，《孟子》之“养气”，皆前圣所未言，宋儒之“理气”“体用”诸说亦然，但当论理之质诸往圣者，或合或否，不当论字之见于载籍者，或多或寡。又谓“戴氏论理欲二字，误以贪欲之欲为养欲给求之欲，乃斥程朱为祸于天下，非仁人之所忍言”云云②。呜呼！凡为学说者，岂可因己之不便而遂轻毁先贤哉？先生之言，可为救人心之苦药，而立百世下中流之砥柱矣！爰录之为第九。

朱止泉先生《朱子圣学考略提要》　节录

一、朱子圣学所以远承孔孟，近接周程者，全在体验仁义礼知浑然之性，恻隐、羞恶、辞让、是非灿然之情。孔子所谓“依仁”，孟子所谓“性善”，周子所谓“定之以中正仁义”而主静立极，程伯子所谓“识仁体”，程叔子所谓“五性具焉”，天地所以为天地而生人物，俱是此旨。夫天地只是太极阴阳五行之理，天地生人只是太极健顺五常之德，朱子实见得太极健顺五常之德，是天命我之性。性体无为，浑全在我，发处呈几，著力体验，积累扩充，透到未发气象，皆统会于一心，

---

① 陈澧《朱子语类日钞·序》文。

② 见夏炘《述朱质疑·与友人论〈孟子字义疏证〉书》卷一〇文。

方有归宿。其全体也，只此浑然灿然者，无一毫私欲之自累，无一毫条理之不精，充满分量，无少欠缺也；其大用也，只此浑然灿然者，无一物不措之得其所，无一事不经之适其宜，各有脉络，不稍纷扰也。……其始也，只此浑然灿然者为之始；其终也，只此浑然灿然者为之终。……自始学至易箦，满腔子是太极健顺五常之德，与天地合撰而已，此其所以为孔孟、周程之大宗也夫。

一、朱子圣学全从《大学》《中庸》得力，合下见明、新、止、善，是大人之学之全量，稍亏欠不得。八条目工夫，必自格物入。身心、性情、天地、人物、鬼神，皆物也，自己心性统得一切，故从身心性情格起，渐而通之，修己治人，皆是明德里事。只要著实，逐次用功，充满明德全量，方为完备。其最得力者，在补主敬一条，此朱子四十时有得于亲切要妙之旨。非主敬，则格物以下工夫无主宰，无归宿；是接圣学嫡传，惟其于格物认得来历的确，故于《中庸》天命之性、率性之道、修道之教，从自己心性中历历真切，则戒惧谨独，吃紧精明，然后本来未发气象可复，而发处各有节度，积累涵养，愈造愈深，愈敛愈实，自有不动而敬、不言而信者在这里，方能完全天性。朱子一生是从本来明德，贯极于格物、致知、诚意、正心、修身，以至家国天下。达德达道九经，皆一心统会，非有二物也。朱子体于身，著于书，而圣学之天德王道、全体大用备矣。

一、朱子圣学全从《论语》《孟子》得力，章章研究，体验身行心得，无一处不到，而一贯、克复、如见如承、博文约礼、居处执事数章，尤是孔门"为仁"切要处。体入细密，究极渊源，故于仁统四端、备万善之旨，浑融包涵，通透活络。终身①内外，皆是生意周流；收拾放心，透存养之要，便是"致中"；集义扩充，透爱敬之用，便是"致和"。总是仁义路脉认得真切，所以《论》《孟》精髓发得详明，此为

① "终身"原作"身心"，据《朱子圣学考略》为正。

孔孟大宗，他家莫能与焉。

一、朱子圣学究造化之原，历阴阳之变，顺性命之理，得之于《易》焉。识风土之宜，别贞淫之情，审治乱之故，得之于《诗》焉。观二帝、三王之心传，味皋、益、伊、周之忠悬，玩典、谟、誓、诰之治要，得之于《书》焉。恭敬辞逊以会其身心，尊卑内外以别其分限，随时制宜以定其典章，得之于《礼》焉。君臣治乱以明其是非，恤民重役以行其仁爱，因革制作以详其法度，得之于《春秋》焉。统五经道理，会而归之，自己身心中自有《易》《诗》《书》《礼》《春秋》道理，浑融无间矣。

一、朱子圣学宗五经、四子外，周、程、张子书极深研究，而于《太极》《西铭》尤精详焉。实见得太极是无声无臭之理，生阴阳五行，而人物得是以生，这一点理气来自太极，必居敬主静，然后不亏损了太极。实见乾坤是大父大母之性体，生宗子家相，而圣贤因以全生，这一身来自乾坤，必存养不愧能纯乎孝，然后不辜负了乾坤。所以一生兢兢业业，穷理尽性，于《太极图说》溯《西铭》之来历，即体会自己身心来历；于《西铭》识《太极图说》之实际，即体会自己身心实际也。由是推之，《书》言降衷、恒性、天地万物父母，《易》言太极、两仪、四象、乾元、坤元，《诗》言“天生烝民，物则秉彝”，《礼》言“人生而静，阴阳之会”，皆是《太极图说》《西铭》之宗祖，惟周子、张子会而通之，著此二篇；惟朱子深信此二篇，发经书要旨而潜心焉。此其足目俱到，迥出诸儒者与？

一、议朱子者，皆以朱子泛求事物之理为格物，而本体不虚；不知朱子存心工夫，自三十前便知得心是仁义礼知之性所统会处，夙夜持守，不去于心，但在用处著力；至四十透未发之旨，已悟本体矣。此后屡悔，亦以仁义礼知之性理，见于文字事物者其涂径，通于心思者其几窍，见于躬行者其实地，藏于宥密者其归宿。涂径、几窍相感发，造到实地，又造到归宿，愈收敛愈充实，愈充实愈虚明。如《答徐彦章》

云："所谓纯于善而无间断者，非遂昼度夜思[1]，无一息之暂停；其外物不接、内欲不萌之际，心体湛然，万理皆备，此纯于善而无间断之谓也。"如此分说，真至虚至明境地。若陆王虚则有之，至心体湛然，万理皆备则未也，以其从静入，而不透仁义礼知之性理，故差入禅派耳。

一、朱子四十前，常存此心以格物致知，但在端倪上著力，故认心是已发，性是未发；及四十时，知心统性情，未发之中，性体具焉。此后穷理愈精，惟恐所知不精，害于涵养，故"尊德性、道问学"是相通工夫，《答勉斋》云："此心常明，讲求义理，以栽培之。"即此意也。此朱子吃紧处，读者不可忽略，必自家体验到心上，透得是如此，方为自得。若依象山之说，窃恐心虽定而义理不透，终是半明半暗，岂可哉？

一、朱子居敬，自少时即著力，亦在端倪上用功；至四十时，便觉涵养本体，只是敬以直内，玩《答林择之书》，可见其亲切矣。后又云"敬于读书""敬于应事""敬于接物"，不可顷刻使心在乌何有之乡。又云："有事无事，吾之敬未尝间断。"又云："此心既立，由是格物致知，则所谓'尊德性而道问学'，由是诚意、正心、修身，则所谓'先立乎其大者，小者不能夺'，由是齐家、治国、平天下，则所谓'笃恭而天下平'。"敬者，圣学之所以成始而成终也。朱子从居敬实实持守，步步有行程去处，读《敬斋箴》可见。故以此补小学工夫，立八条目之主宰，圣学之宗，自此定矣。[2]

《朱止泉先生文集·朱子未发涵养辨》

自程子发明平日[3]涵养之旨，传之龟山、豫章、延平以及朱子，而圣学大明。朱子之涵养也，虽受之延平，而其默契乎"心统性情"，贯

---

① "昼度夜思"谓日息夜念。
② 朱泽沄《朱子圣学考略提要》卷首文。
③ "日"字原作"时"，据《朱止泉先生文集》为正。

动静之奥，传之久远无弊者，实发龟山、豫章、延平所未及言，而直上合乎伊川。成书具在，可考而知也。

明正嘉后学者皆讲良知，宗无善无恶之教，以朱子道问学之功居多，群指为章句文义之学；即有遵朱子者，力言格物致知之功，主敬存诚之要，而于未发涵养之故，无一言及之。夫主敬存诚，即所以涵养于未发，以贯通乎已发，实用力者自喻其微。然朱子"未发涵养"一段工夫，原极力用功；后儒为之讳者，其防微杜渐之意，自有所在。特以阳明《晚年定论》一书，取朱子言收放心存养者不分早晚，概指为晚年，以明朱陆合一，定学者纷纭之议。若更言涵养，是羽翼阳明，无以分朱陆之界，故概不置词，俟学者自为寻讨，可谓用意深远矣。然朱子涵养，原与陆、王两家不同，乃有所避忌，不显明指示，不惟无以阐朱子涵养之切要，且益增章句文义之讥，而目为道问学之分途矣。纵有言及者，又似自陈所见，按之朱子涵养切要之序，不甚相合。

予读朱子书，积有年所，明儒集间窥一二，阳明"晚年定论"之舛既驳正之，而朱子涵养切要之序，稍见端绪者，又乌敢不显明其旨，以大别于无善无恶之教？而又岂章句文义之学所得借口哉？朱子从事延平十余年，相见不过三次，后来追叙当年授受之旨，屡见于《答何叔京》、《林择之》及《中和旧说序》，《答林择之》《中和旧说序》在己丑（一一六九）后，提叙于此。其中词旨，井然可见。当见延平时方用力于格物致知之学，延平虽授以未发之旨，而朱子不以为然。十余年而延平没，未达其旨，故与叔京辈叙说，以为"辜负此翁"，及与张南轩往还，以未发之旨再三质证，所以有"人自有生"四书，皆是窃究此旨而未达之时，所谆谆问辨者也。是朱子不以体验未发为然者，在癸未（一一六三）以前。

自甲申（一一六四）至己丑，越六年，其答友朋诸书，无日不以此旨未达为念，而其考程子书及前辈名言，只以心为已发，性为未发，亦只以人生自朝至夜，自少至老，无时不是已发，而未发在其中，因以察识端倪为用功之要，而程子未发之旨，未尝一日去于心，亦未尝一日不与同志者相与辨论也，迨己丑（一一六九）春而恍然矣。

夫延平所云“终日危坐，以验夫喜怒哀乐未发之前气象如何，而求所谓中”者，朱子闻之久，自宜服行之，乃以为不然者，何哉？盖朱子于程子未发之旨，辨之精，有一毫之未当，不敢以为是；思之切，有一毫之未信，不敢以为安。验喜怒哀乐之前气象，而求所谓中者，延平得之豫章，以上承龟山、伊川者也。凡言心者皆指已发而言，程子之言也，与其信程子转相授受之言，不如信程子之言，亲切而有味，是以用功于察识端倪，而不以观心于未发为然。然惟其辨之精，思之切，有一毫之未当未信者，不敢以为是而安，故于季通辨论之余，疑而悔，悔而悟，反覆于程子诸说，而自觉其缺涵养一段工夫也。

朱子悟涵养之旨，自己丑始；悟涵养之旨，无诸贤之流弊，亦自己丑始。集程子诸说，参而求之，会而通之，因疑心指已发之未当而不可信，始悟心兼体用，必敬而无失，乃所以涵养此中，必实致其知，日就光明，而学乃进也。悟心兼体用，而有涵养于未发、贯通乎已发之功，则向来躁迫浮露之病可去，而有宽裕雍容之象矣。悟敬以涵养，又必致知，则绝圣去智，坐禅入定，归于无善无恶之弊有所防，而阳儒阴释之辈无所假借矣。自此以往，涵养之功日深，所见愈精，本领愈亲。如“涵养于未发之前，则中节者多”，湖南诸友无前一截工夫，则有《答林择之》之书；“平日有涵养之功，临事方能识得”，则有《答胡广仲》之书，此尤章章可考者也。

夫以朱子好学之笃，功力之专，自不数年而体立用行，然犹需之十数年者，亦有说焉。答吕伯恭、周叔谨辈，往往从涵养中，自见支离之失而不讳，固所以教友朋，箴来学，而自己之由疏而密，由浅而深，亦层进而有验。盖涵养而略于理者易，涵养而精于理者难；涵养而处事不尽当者易，涵养而事理合一者难；涵养而偏于静者易，涵养而动静合一者难。朱子自四十后，用许多工夫，渐充渐大，渐养渐纯。至丙午（一一八六）《答象山》有“日用得力”之语，至庚戌（一一九〇）有“方理会得恁地”之语，又曰“幸天假之年，许多理道在这里”，所谓涵养于未发而贯已发者，心理浑融无间而归于一矣。要其用功，一遵程子“涵养须用敬，进学在致知”之说，即尊德性而道问学之旨也。朱子涵养之序如此，此直上溯伊川，以接子思子之脉者，原与后世阳儒阴佛，假未发之旨，以实行其不思善不思恶之术者，较若黑白，亦何为有所避忌而不言哉？

或曰：“子言朱子涵养之序详矣！彼援朱入陆者，方为晚同之论以混于一；吾子之言，得毋中其所欲言而赍以粮乎？”曰：不然。彼良知家多言朱子晚年直指本体以示人，今朱子之书具在，如《答度周卿》《晏亚夫》《潘子善》《孙敬甫》诸书，皆六十以后笔，皆以涵养致知为训，曷尝单指本体乎？其言涵养也，莫精于《答吕寺丞》“纯坤不为无阳”，无知觉之事，而有知觉之理；其言进学在致知也，莫精于《答张元德》“横渠成诵之说，最为径捷”。此甲寅（一一九四）、戊午（一一九八）后之言，又何尝不以涵养致知为训？又何尝单指本体，与良知家有一字之同乎？如单指本体，不惟理不能穷，中无所得，即所养者亦无理之虚灵知觉，正朱子所云“一场大脱空”者，亦不俟明者而知之矣。[①]

文治按：此篇与王、夏二家意思相合，惟尚有朱陆门户之见耳。然读此以窥朱子门径，最易得力。

又《朱子格物说辨》

自阳明以朱子格物为析心理为二、为义外，于是明季学者，大都沈溺其中，置朱子书不读。后来宗朱子者力辟其非，按之朱子格物实落处，少所发明。宜乎此以为一，而彼以为二；此以为内，而彼以为外。徒见立说之多，互相攻诋，而于朱子格物之要领实功，未透其所以然，

---

① 朱泽沄《朱止泉先生文集·杂著·朱子未发涵养辨》卷七文。

而宗朱、宗王之两家，卒未能平心而定其一是之极。

近又有调停之说，以为朱王皆有当，而于阳明辟朱子之论，一概不辨，视为非学者切己要务。呜呼！辨论前贤之是非，诚非切己要务也；独指朱子格物为二、为义外，而不辨其非，不独于朱子格物之要领实功，多所未明，即于自家格物之要领实功，未得透彻，茫无下手处，独非切己要务乎？愚窃以为辟阳明可缓，而朱子之学受诬于阳明者，不可不辨。诚于朱子格物之学，得其要领实功，则吾道明，而其畔朱子者自屈矣。

朱子自从事延平，深惩虚无空寂之非，其所考究参详乎事物者，非逐末也，实从自家心地动处体验，以究其不容已之故，即从自家心地接万物处体验，以究其不可易之则，庶乎方寸之间，明乎物理，确有定准。是朱子壬午（一一六二）以前，三见延平，以察识端倪为穷理之要，皆于思虑感动时著力，而所格者，性发之情也。

及延平既没以后，与南轩、择之，往复参究，无非心地工夫。当其执心是已发之说，几以为无可改，始而信，既而疑且悔，后乃恍然悟。是朱子己丑（一一六九）以前，不敢信前贤之言，据为有得，而必详究其至当不易者，正以穷夫未发之体；而所格者，情之性体也。自此后凡讲习讨论之功，酌古参今之学，无非明此性体。久之而众物之表里精粗无不到，即物之统于吾性者无不至，吾心之全体大用无不明，即吾性之涵夫物者无不彻。终朱子之身，总是格物，总是知性，而未发之中，昭明形著，斯学问之极功，内外一致之实验也。

夫朱子格物之学，心理合一，无内非外，无外非内，可谓显明矣。阳明倡为析[①]二、义外之说，以议朱子，吾亦不暇多举。朱子之训，即以《已发未发说》《仁说》《太极注》《西铭注》四篇言之，其云“未发之中，本体自然，不须穷索”者，二乎？义外乎？其云“众善之源，

① “析”字脱，据《朱止泉先生文集》补入。

百行之本，莫不在是”者，二乎？义外乎？其云“天下之故，皆感通于寂然不动之中”者，二乎？义外乎？其云“存则不违其理，没则安而无所愧于天”者，二乎？义外乎？由四篇而细绎之，朱子深明吾性之本体，著之简编，以示后人，皆深切收敛身心性情之要，未见有拘牵文义如后世词章之学也。由四篇而推广之，凡朱子著述纂注，皆身心性情之所发见；应事接物，皆身心性情之所施行，未见有不察之动静微危，而徒托之口说辨论也。

四篇之中，《已发未发说》，朱子所最先穷究者，所谓“事物未至，思虑未萌之时，即是心体流行，寂然不动之处，而天命之性体段具焉”数语，直穷到杂念俱消，性体呈露微渺处矣。所谓“当此之时，敬以持之，使此气象，常存而不失，则自此而发者必中节，此是日用之间本领工夫”数语，直穷到性体呈露，即工夫即本体，教人刻刻保守性命之学，莫切于此矣。所谓“察其端倪之动，致扩充之功。一不中，则非性之本然，而心之道或几乎息”数语，直穷到性体发动，持守益密，不令毫发走作，致亏本体矣。所谓“周流贯彻，工夫初无间断，但以静为本”数语，直穷到主静立极，复其本性全体地位，而《仁说》之包罗，《太极注》之原原本本，《西铭注》之践形成性，已具于心体流行、天性体段之中矣。

夫朱子格物之功，研究凡十余年，不得未发之旨，深探静会，只据“心属已发”一语，后又详玩《遗书》，乃得冻解冰释，其见于《中和旧说序》者甚详，爰著是说，以衷于一是。至今读之，溯其原委，想其苦心，叹服其格物之根于心理笃实，反求不讳；其用功曲折，吐心沥胆，明示学者，一至于此。试思《阳明集》中，如“天泉证道”，有如是之切实的当者乎？如答舒国用、陆原静诸书，未尝不中人深弊，然说来却似自然，太直截，欲寻其端绪，无下手用功处，有如是之委曲，先后可依循者乎？如《传习录》中“要语”，亦有克己切当处，然只是一静便了，有如是之透天命源头、涵盖万理者乎？

学者循朱子之序，由发处用功，体验到未发之中，即仁义礼智之浑然者，原自天地万物一处来，自与天地万物同条共贯，而无彼此之分，夫乃恍然知朱子格物之学，真是心理合一而非二也。心理合一，义生于心，无内无外，无乎不统，而非义外也。朱子之格物知性如此，阳明之说，何其诬哉？

夫《太极》《西铭注》，读者遍天下，而不知其义，以为高远而非初学所及；《仁说》一篇，读者亦日习而不用力；至《已发未发说》，则未有及焉。不知此一篇者，实《大学》《中庸章句》《或问》之根原、格物知性之实地，必熟体之而后深信朱子格物之学，实有向里安顿处，初不令人误用于所不当用也。予以故特宗之，以明阳明之议朱子者，实不知朱子云。①

文治按：此篇合涵养、致知为一事，深得《易传》“敬以直内，义以方外”之旨。所谓“方外”者，实在内而非外也，其立说有与阳明相近处，而其功夫确与阳明异。

章实斋先生《文史通义·朱陆篇》　节录

传言有美疢，亦有药石焉②。陆王之攻朱，足以相成而不足以相病。“伪陆王”之自谓学朱而奉朱，朱学之忧也。

盖性命事功、学问文章，合而为一，朱子之学也。求一贯于多学而识，而③约礼于博文，是本末之兼该也。诸经解义不能无得失，训诂考订不能无疏舛，是何伤于大体哉！且传其学者，如黄、蔡、真、魏，皆通经服古，躬行实践之醇儒，其于朱子有所失，亦不曲从而附会，是亦足以立教矣。

---

① 朱泽沄《朱止泉先生文集·杂著·朱子格物说辨一》卷七文。

② “传”指《左传》。按：《左传·襄公二十三年》载：“季孙之爱我，疾疢也；孟孙之恶我，药石也。美疢不如恶石。夫石犹生我，疢之美，其毒滋多。”一切回护纵容行为皆称“美疢”，足以生忧。

③ “而”字原作“寓”，据《文史通义》文为正。

乃有崇性命而薄事功，弃置一切学问文章，而守一二《章句》《集注》之宗旨，因而斥陆讥王，愤若不共戴天，以谓得朱之传授，是以通贯古今、经纬世宙之朱子，而为村陋无闻、傲狠自是之朱子也。且解义不能无得失，考订不能无疏舛，自获麟绝笔以来，未有免焉者也。今得陆王之伪而自命学朱者，乃曰墨守朱子，虽知有毒，犹不可不食；又曰朱子实兼孔子与颜、曾、孟子之所长。噫！其言之是非，毋庸辨矣。朱子有知，忧当何如耶。……

末流失其本，朱子之流别，以为优于陆王矣！然则承朱氏之俎豆，必无失者乎？曰奚为而无也？今人有薄朱氏之学者，即朱氏之数传而后起者也。其与朱氏为难，学百倍于陆王之末流，思更深于朱门之从学，充其所极，朱子不免先贤之畏后生矣。然究其承学，实自朱子数传之后起也，其人亦不自知也。而世之号为通人达士者，亦几几乎褰裳以从矣！有识者观之，齐人之饮井相捽也①。

性命之说，易入虚无。朱子求一贯于多学而识，寓约礼于博文，其事繁而密，其功实而难，虽朱子之所求，未敢必谓无失也。然沿其学者，一传而为勉斋、九峰，再传而为西山、鹤山、东发、厚斋，三传而为仁山、白云，四传而为潜溪、义乌，五传而为宁人、百诗，则皆服古通经，学求其是，而非专已守残、空言性命之流也。自是以外，文则入于辞章，学则流于博雅，求其宗旨之所在，或有不自知者矣。生乎今世，因闻宁人、百诗之风，上溯古今作述，有以心知其意，此则通经服古之绪，又嗣其音矣。无如其人慧过于识，而气荡乎志，反为朱子诟病焉，则亦忘其所自矣。

夫实学求是与空谈性天，不同科也。考古易差，解经易失，如天象之难以一端尽也。历象之学，后人必胜前人，势使然也。因后人之密而贬羲和，不知即羲和之遗法也。今承朱氏数传之后，所见出于前人，不

① 谓自相残杀。

知即是前人之遗绪；是以后历而贬羲和也，盖其所见能过前人者，慧有余也，抑亦后起之智虑所应尔也，不知即是前人遗蕴者，识不足也。其初意未必遂然，其言足以慑一世之通人达士，而从其井捽者，气所荡也。其后亦遂居之不疑者，志为气所动也。攻陆王者出伪陆王，其学猥陋，不足为陆王病也；贬朱者之即出朱学，其力深沈，不以源流互质、言行交推，世有好学而无真识者，鲜不从风而靡矣。

古人著于竹帛，皆其宣于口耳之言也。言一成而人之观者千百其意焉，故不免于有向而有背。今之黠者则不然，以其所长有以动天下之知者矣，知其所短不可以欺也，则似有不屑焉。徒泽之蛇且以小者神君焉，其遇可以知而不必且为知者，则略其所长，以为未可与言也，而又饰所短以为无所不能也。雷电以神之，鬼神以幽之，键箧以固之，标帜以市之，于是前无古人，而后无来者矣。天下知者少，而不必且为知者之多也；知者一定不易，而不必且为知者之千变无穷也。故以笔信知者，而以舌愚不必深知者，天下由是靡然相从矣。

夫略所短而取其长，遗书具存，强半皆当遵从而不废者也，天下靡然从之，何足忌哉？不知其口舌遗厉，深入似知非知之人心，去取古人，任愊衷而害于道也。语云："其父杀人报仇，其子必且行劫。"其人于朱子，盖已饮水而忘源，及笔之于书，仅有微辞隐见耳，未敢居然斥之也，此其所以不见恶于真知者也；而不必深知者，习闻口舌之间，肆然排诋而无忌惮，以谓是人而有是言，则朱子真不可以不斥也，故趋其风者，未有不以攻朱为能事也，非有恶于朱也，惧其不类于是人，即不得为通人也。

夫朱子之授人口实，强半出于《语录》。《语录》出于弟子门人杂记，未必无失初旨也，然而大旨实与所著之书相表里；则朱子之著于竹帛，即其宣于口耳之言，是表里如一者，古人之学也；即以是义责其人，亦可知其不如朱子远矣，又何争于文字语言之末也哉？①

又《书〈朱陆篇〉后》

戴君学识②，深见古人大体，不愧一代巨儒；而心术未醇，颇为近日学者之患，故余作《朱陆篇》正之。

戴君下世，今十余年，同时有横肆骂詈者，固不足为戴君累。而尊奉太过，至有称谓孟子后之一人，则亦不免为戴所愚。身后恩怨俱平，理宜公论出矣，而至今无人能定戴氏品者，则知德者鲜也。

凡戴君所学，深通训诂，究于名物制度，而得其所以然，将以明道也。时人方贵博雅考订，见其训诂名物，有合时好，以谓戴之绝诣在此。及戴著《论性》《原善》诸篇，于天人理气，实有发前人所未发者，时人则谓空说义理，可以无作，是固不知戴学者矣。

戴见时人之识如此，遂离奇其说曰："余于训诂、声韵、天象、地理四者，如肩舆之隶也。余所明道，则乘舆之大人也。当世号为通人，仅堪与余舆隶通寒温耳。"言虽不为无因，毕竟有伤雅道，然犹激于世无真知己者，因不免于已甚耳，尚未害于义也。其自尊所业，以谓学者不究于此，无由闻道，不知训诂名物，亦一端耳。古人学于文辞，求于义理，不由其说，如韩、欧、程、张诸儒，竟不许以闻道，则亦过矣。然此犹自道所见，欲人惟己是从，于说尚未有欺也。

其于史学义例、古文法度，实无所解，而久游江湖，耻其有所不知，往往强为解事；应人之求，又不安于习，故妄矜独断。如修《汾州府志》，乃谓僧僚不可列之人类，因取旧志名僧入于古迹；又谓修志贵考沿革，其他皆可任意，此则识解渐入庸妄。然不过自欺，尚未有心于欺人也。余尝遇戴君于宁波道署，居停代州冯君廷丞。冯既名家子，夙重戴名，一时冯氏诸昆从，又皆循谨敬学，钦戴君言，若奉神明。戴

① 章学诚《文史通义·内篇三·朱陆》卷三文。

② "识"字原作"问"，据《章氏遗书》为正。

君则故为高论，出入天渊，使人不可测识。人询班马二史优劣，则全袭郑樵讥班之言，以谓己之创见；又有请学古文辞者，则曰："古文可以无学而能。余生平不解为古文辞，后忽欲为之而不知其道，乃取古人之文，反覆思之，忘寝食者数日。一夕忽有所悟，翼日取所欲为文者，振笔而书，不假思索而成，其文即远出《左》《国》《史》《汉》之上。"虽诸冯敬信有素，闻此亦颇疑之。盖其意，初不过闻大兴朱先生辈论为文辞不可有意求工，而实未尝其甘苦；又觉朱先生言平淡无奇，遂恢怪出之，冀耸人听，而不知妄诞至此，则由自欺而至于欺人，心已忍①矣，然未得罪于名教也。

戴君学术，实自朱子道问学而得之，故戒人以凿空言理，其说深探本原，不可易矣。顾以训诂名义偶有出于朱子所不及者，因而丑贬朱子，至斥以悖谬，诋以妄作，且云："自戴氏出而朱子侥幸为世所宗已五百年，其运亦当渐替。"此则谬妄甚矣！戴君笔于书者，其于朱子有所异同，措辞与顾氏宁人、阎氏百诗相似，未敢有所讥刺，固承朱学之家法也。其异于顾、阎诸君，则于朱子间有微辞，亦未敢公然显非之也，而口谈之谬，乃至此极，害义伤教，岂浅鲜哉！

或谓："言出于口而无踪，其身既殁，书又无大抵牾，何为必欲摘之以伤厚道？"不知诵戴遗书而兴起者，尚未有人；听戴口说而加厉者，滔滔未已。至今徽歙之间，自命通经服古之流，不薄朱子则不得为通人，而诽圣排贤，毫无顾忌，流风大可惧也。向在维扬，曾进其说于沈既堂先生曰："戴君立身行己，何如朱子？至于学问文章，互争不释，姑缓定焉可乎？"此言似粗而实精，似浅而实深也。②

文治按：如章先生之言，戴君颇极狂妄，盖未能平心静气读朱子书耳。虽然，世更有不薄孔孟不得为通人者，世道人心至于如此，何怪劫运循环而未有艾？深愿豪杰之士，入迷途而

---

① "忍"字原作"甚"，据《章氏遗书》为正。

② 章学诚《章氏遗书·朱陆（附朱陆篇书后）》卷二文。

急返也，庶几可以救人而救世矣。

唐镜海先生《朱子学案目录序》 节录

明、新、止至善①

《大学》三纲领，一“明明德”而已矣。反诸己曰明，施之民曰新，新亦明也。明新极其致曰至善，止至善亦明也。大学之道，一明而已矣。此明也，通天地，贯古今，彻上彻下，成始成终，而又人人之所同得者也。一人能明明德，千万人皆②能明明德……明德者何？天命之性也。不谓之性而谓之明德，以人之得于天者言之也……天予之明而不求其明，其何以事天乎？

大学者，存心、养性、事天之学也。可以民，可以臣，可以君，可以尧舜天下，可以父母斯民；其功循序而渐进，其效随分而有征。格致加一分，诚正亦加一分，修齐治平亦犹是也。虽然，专恃格致不得也，须有格致之明足以通之，而后诚正修齐治平乃得力耳，是则其功一致也。而必析而分者，各有界限，各有持循，各有险夷，各有难易，毫厘差而千里谬，瞬息乱而万缘纷。明之，必止于至善以是也。明而后可以诚，可以正，可以修齐治平也。诚正修齐治平，皆明中事也。

我朱子言之详矣，而于奏议、封事、奏札中，屡举其全，而曲折陈之，惟恐其君不听，听之而不能行也。恳恳勤勤，竭诚尽忠，一奏不已，至再至三，至五至七，回环委婉，冀有以默感于君心，以安宗社之危，以振朝纲之堕，以除左右之奸，以消仇敌之侮；而无如谗间叠出，终不能行也。

而后世人主，乃往往读此而歆动，惜斯人之不复见也，则未尝不叹当时宋祚之衰，有一忠君爱国扶危拨乱之贤，而置之不用也。吁！其亦朱子之不幸矣！吾因为之欷歔太息而识之。

---

① 此小题略括朱子《大学》三纲领之目。

② “皆”字脱，据《唐确慎公集》补入。

治　平

有知即有好恶，意发之，心存之，身施之，家国天下受之，而治乱出矣。防其乱而图其治，则“公”之一字，万古以之矣。尧、舜、禹、汤、文、武，传心之法，夫子终之曰“公则悦”，盖以此也。

我朱子立朝四十余日，陈善闭邪，责难替否，摘隐微之伏，发倾侧之奸，以明好恶公私之极则，而卒间于左右侍从之谗言。其在外经历数阶，旌淑别慝[①]，进贤惩贪；同监司荐者四人，申尚书省者屡状；而唐仲友之罪不加诛，而潘友恭之举将自代。其于学宫书院，或记或铭，法戒具备；其于经界社仓，或申或劝，利病悉详。祧庙有图，而大禘大祫、七庙九庙，其图无不得其精详；谒学有文，而先圣先师、三贤五贤，其文无不致其诚敬。考古不遗于周汉，举废不间于显幽。其治民也，酌盈剂虚，裒多益寡。审利害之重轻，为之均减；通出纳之赢缩，制其经常。损上益下，则蠲除惟恐其不宽；后乐先忧，则救援惟恐其不至。

虽当时内不过待制修撰，外不过提举提刑，而见诸朝廷者，若是其诚笃；施诸州军者，若是其慈仁，是可为致君泽民之法矣，而惜乎其未大用于世也。吁！传道者之厄于时，大抵然也。

时　事

建炎以来，和之为害，岂不大哉！高宗非不英杰也，其欲复土疆，恢中原；除伪国，翦仇酋；迎二帝，祠陵寝；以还祖宗之故物，以慰亿兆之归心，而卒未之得。孝宗继之，亦高宗之心也。时时见于辞色，而亦举而复弃，行之未及半而遂已。此何故？知及之而未能常明，意及之而未能常诚，心及之而未能常正。遇有以邪间之者则夺其正矣，遇有以诈投之者则夺其诚矣，遇有以暗昧蔽之者则夺其明矣，是岂独和不和之

① “旌淑别慝”，谓表扬善良，剔除邪恶。

事哉？

而和则关于斯时之势事莫大焉。张忠献之扈从也，竭其诚悬，济以经略，因险而之夷，即乱而转治。保关陕所以存中州也，守蜀汉所以奠南服也；移建康所以定天位也，城淮甸所以控江海也；拒四郡所以固扬镇也，绝常使所以严体统也。当时贤者皆窃服其略，而奸者则深忌其能矣。忌其能，恐其败和之局，不得成其奸也；屡欲罪公，而无丝毫可借口，移怒于公之所使定中原者而加害焉。秦桧、沈该、万俟卨诸贼，万世同诛之矣，然而宋之天下不能复兴矣。厥后汤思退、尹穑、龙大渊、曾觌、王朴之徒，守桧之故智，潜斥忠良，明废纲纪。正人如陈正献、刘少傅、张修撰、刘光禄、王中奉、范秘阁诸君子，亦见知于君而未得竟其用，皆诸奸沮之也，即诸奸之簧鼓君心也。是以君心贵明而又明，以至于无不明；诚而又诚，以至于无不诚；正而又正，以至于无不正。……格致诚正之功，存天理、遏人欲之功也。使此心有理无欲，则天下虽大，能逃乎人君之一心哉？

朱子曰："人主所以制天下之事者，本乎一心。而心之所主，又有天理人欲之异。二者一分，而公私邪正之途判矣！盖天理者，此心之本然，循之则其心公而且①正；人欲者，此心之疾疢，循之则其心私而且邪。公而正者逸而日休，私而邪者劳而日拙②。其效至于治乱安危，有大相悬③绝者，而其端特在夫一念之间而已。……人君察于此理，而不敢以一毫私意凿于其间，则其心廓然大公，俨然正，泰然行其所无事，而坐收百官众职之成功。一或反是，则为人欲私意之病，其偏党反侧，黮暗猜嫌，固日扰扰乎方寸之间，而奸伪谗慝，从脞眩瞀，又将有不可

① "且"字原误作"自"，据《朱文公文集》《性理大全书》卷六五"圣学"类所引为正。按：下文"人欲者，此心之疾疢，循之则其心私而且邪"，"且正"与"且邪"互对。

② "公而正者逸而日休，私而邪者劳而日拙"句脱，据《朱文公文集》《性理大全书》补入。

③ 《朱文公文集》《性理大全书》无"悬"字。

胜言者。此亦理①必然者也。”② 至哉言乎！有物必有理，知非理何所致？意非理何所诚？心非理何所正？身非理何所修？故朱子之面对及封奏也，必以格致为先，进之以诚正修，推之以齐治平，而要不外主之以一理而已。而一时之宵小权奸，便辟侧媚，恶其庄严，忌其学术，别之以理学，又指而摘之曰“伪学”，嗟夫殆矣！几有徒党之株连，里门之禁锢，而朱子未尝动于心也；遁世不闷，而任道仍如其常；闭户潜修，而诲人亦尚不倦。《答余占之》曰：“某老衰殊甚，疾病益侵，仇怨交攻，未知所税驾也。今年绝无朋友相过，近日方有至者，只一二辈犹未有害，若多则恐生事矣。”又《答陈方卿》曰：“某碌碌如昨，但年老益衰，己分上事，未有得力处。朋友功夫，亦多间断，方以为忧。而忽此纷纷，遂皆不敢为久留计，未知天意果何如也？”由是观之，可以知吾朱子之遇，可以知吾朱子之学矣！

论　撰

大禹之岣嵝碑，远矣尚矣！比干、延陵季子，其墓碑之祖欤？阅汉魏六朝，而隋而唐，则凡有德、有功、有言者，葬必有碑表铭志，皆一时知名之人为之，昌黎其最著者也。而时人或讥其谀，夫韩子岂谀墓者哉？善善从长，盖有之矣。

吾朱子之守道也，平时于二三益友，及诸从游往来谈论，从未尝以一语假人。故来请铭请志者，或以家冗辞，或以衰病辞，或以时难辞，往往于书答中见之，亦不知凡几矣。然而，道德之尊崇、勋猷之表著、学行之褒嘉、门庭之纪载、幽隐之宣扬，皆有各不容已者焉，则碑铭安得不作？夫朱子固“多闻阙疑，慎言其余”者也，而祭文、墓碑、墓表、墓志、行状至十有余卷。绎其文，无非叙其学，叙其道，叙其德，

---

① “亦理”二字原作“其”字，据《朱文公文集》为正。

② 朱子《延和奏札》之二文，载《朱文公文集》卷二。

叙其何以立朝，叙其何以治外、何以措置地方、何以抚安军民、何以保护疆宇、何以抵拒强寇。其未仕及仕而止于小吏者，在家则书其何以孝、何以弟、何以睦姻、何以任恤；在官则书其何以事上、何以接下、何以教养、何以兴利除害。无一虚词，无一剩语，盖慎之也。故其文皆信而有征，纳之册府，非信史欤？①

陈兰甫先生《东塾读书记·朱子学论》 节录

朱子《论语训蒙口义》序云："本之注疏以通其训诂，参之《释文》以正其音读，然后会之于诸老先生之说，以发其精微。"《与魏仲书》亦云："参以《释文》，正其音读。"《论语要义目录》序云："其文义名物之详，当求之注疏，有不可略者。"《答余正父书》云："今所编礼书内，有古经阙略处，须以注疏补之，不可专任古经而直废传注。"《答张敬夫〈孟子说〉疑义书》云："近看得《周礼》《仪礼》一过，注疏见成，却觉不甚费力也。"《语类》云："祖宗以来，学者但守注疏，其后便论道，如二苏直是要论道，但注疏如何弃得？"卷一百二十九。又云："今世博学之士，不读正当底书，不看正当注疏。"卷五十七。朱子自读注疏，教人读注疏，而深讥不读注疏者如此。昔时讲学者多不读注疏，近时读注疏者，乃反訾朱子，皆未知朱子之学也。

《语类》云："某寻常解经，只要依训诂说字。"卷七十二。又云："先生初令义刚训二三小子，见教曰：'训诂则当依古注。'"卷七。《答黄直卿书》云："近日看得后生，且是教他依本子认得训诂文义分明为急。今人多是躐等妄作，诳误后生，其实都晓不得也。"《答李公晦书》云："先儒训诂，直是不草草。"《答王晋辅书》云："礼书'缩'训为'直'者非一，乃先儒之旧，不可易也。"朱子重训诂之学如此。其《答何叔京书》云："李先生教人，大抵令于静中体认大本，未发时气

① 唐鉴《唐确慎公集·序·朱子学案目录序》卷一文。

象分明，即处事应物，自然中节。当时窃好章句训诂之习，不得尽心于此。”朱子从学于李延平，乃早年事，其时已好章句训诂之学矣。

《语类》云：“而[①]今人多说章句之学为陋，某看见人多因章句看不成，却坏了道理。”卷五十六。澧按：薛艮斋[②]《与朱编修书》云：“汉儒之陋，则有所谓章句家法。”此称朱编修者，朱子尝除枢密院编修也。朱子所云“今人”者，盖即艮斋也。朱子注《大学》《中庸》名曰“章句”，用汉儒名目，以晓当时之以为陋者也。读朱子书者当知之，讲汉学者亦当知之。

《学校贡举私议》云：“其治经必专家法者，天下之理，固不外于人之一心。然圣贤之言，则有渊奥尔雅，而不可以臆断者，其制度名物，行事本末，又非今日之见闻所能及也。故治经者，必因先儒已成之说而推之，借曰未必尽是，亦当究其所以得失之故，而后可以反求诸心而正其谬，此汉之诸儒所以专门名家，各守师说，而不敢轻有变焉者也。”

《语类》云：“汉儒各专一家，看得极子细。今人才看这一件，又要看那一件，下稍都不曾理会得。”卷一百二十一。

《策问》云：“问汉世专门之学，如欧阳、大小夏侯、孔氏《书》，齐、鲁、韩氏《诗》，后氏、戴氏《礼》，董氏《春秋》，梁丘、费氏《易》，今皆亡矣。其仅有存者，又已列于学官，其亦可以无恶于专门矣。而近世议者深斥之，将谓汉世之专门者耶？抑别有谓也？今百工曲艺，莫不有师，至于学者尊其所闻，则斥以为专门而深恶之，不识其何说也？二三子陈之。”

《文集》中考礼之文，如《禘祫议答》《社坛说》《明堂说》《殿屋厦室说》《深衣制度辨》《君臣服议》《跪坐拜说》《周礼太祝九拜辨》，

---

① “而”字脱，据《东塾读书记》补入。

② 薛季宣（一一三四—一一七三），字士龙，号艮斋，永嘉人；自六经之外，历史、天官、地理、兵、刑、农，以至隐书、小说，靡不搜研采获。

《仪礼释宫》，李如圭所作，而入《朱子文集》。林月亭学正以为朱子所商榷而论定者，见《学海堂初集·答问仪礼释宫何人为精确》。皆博考详辩，其长篇至数千言。又有《记乡射疑误》一篇，尤考核精细。朱子深于礼学，于此可见。

《文集》有《壶说》一篇，算《礼记·投壶》之壶之周径甚详，可见朱子知算学。《语类》云："算法甚有用，若时文整篇整卷，要作何用耶？徒然坏了许多士子精神。"卷十四。《答曾无疑书》云："历象之学，自是一家，若欲穷理，亦不可以不讲。"《答李敬子书》云："康节之言，大体固如是。然历家之说，亦须考之，方见其细密处。如《礼记·月令》疏及《晋·天文志》，皆不可不读。"《答蔡季通书》云："近校得《步天歌》，颇不错，其说虽浅而词甚俚，然亦初学之阶梯也。"《答蔡伯静书》云："《步天歌》闻有定本，今就借，校毕，即纳还也。"朱子讲求历算之学如此。《语类》又云："今坐于此，但知地之不动耳。安知天运之于外，而地不随之以转耶？"卷八十六。此则今日西洋人地动之说，朱子亦见及矣。

《答谢成之书》云："天文地理、礼乐制度、军旅刑法，皆是著实有用之事业，无非自己本分内事，其与玩意于空言，以校工拙于篇牍之间者，其损益相万万矣。"

《答余彝孙书》云："大凡礼乐制度，若欲理会，须从头做工夫，不可只如此草草，略说一二。但恐日力未遽及此，不若且专意于其近者为佳耳。"

《答孙季和书》云："读书玩理外，考证又是一种工夫，所得无几，而费力不少，向来偶自好之。"

《语类》云："学者于文为度数，不可存终理会不得之心，须立个大规模，都要理会得；至于其明其暗，则系乎人之才何如耳。"卷七。……"为学须是先立大本，其初甚约，中间一节甚广大，到末稍又约。近日学者多喜从约，而不于博求之。不知不求于博，何以考验其约？如某人好约，今只做得一僧，了得一身。又有专于博上求之，而不反其约，今日考一制度，明日又考一制度，空于用处作工夫，其病又甚于约而不博者。”卷十一。

朱子好考证之学，而又极言考证之病，其持论不偏如此。盖读书玩理与考证，自是两种工夫。朱子立大规模，故能兼之。学者不能兼，则不若专意于其近者也。朱子时为考证之学甚难，今则诸儒考证之书略备，几于见成物事矣。学者取见成之书而观之，不甚费力，不至于困矣。至专意于其近者，则尤为切要之学，而近百年来为考证之学者多，专意于近者反少，则风气之偏也。

南宋时科举之弊，朱子论之者甚多，其言亦极痛切。今略举数条于此。

《衡州石鼓书院记》云：“今日学校科举之教，其害有不可胜言者，不可以为适，然而莫之救也。”

《学校贡举私议》云：“名为治经，而实为经学之贼；号为作文，而实为文字之妖。主司命题，又多为新奇，以求出于举子之所不意，于所当断而反连之，于所当连而反断之，为经学贼中之贼，文字妖中之妖。”又云：“怪妄无稽，适足以败坏学者之心志，是以人材日衰，风俗日薄。”

《语类》云：“今人文字，全无骨气，自是时节所尚如此。只是人不知学，全无本柄；被人引动，尤而效之。如而今作件物事，一个做起，一人学起，有不崇朝而遍天下者。本来合当理会底事，全不理会，直是可惜。”卷一百三十九。“时文之弊已极，日趋于弱，日趋于巧小，将士人这些志气，都消削得尽。莫说以前，只是宣和末年，三舍法才罢，学舍中无限好人才，如胡邦衡之类，是甚么样有气魄！做出那文字，是甚豪壮。当时亦自煞有人。即绍兴渡江之初，亦自有人才，那时士人所做文字极粗，更无委曲柔弱之态，所以亦养得气宇。只看如今是多少衰气！”卷一百九。……“问：‘今日科举之弊，使有可为之时，此法何如？’曰：‘更须兼他科目取人。’”同上。……此亦朱子欲救当时风气之弊。使朱子见今日科举时文，不知更以为何如耳！

朱子之书，近儒最不满者，《通鉴纲目》也。朱子修《纲目》，自云："义例精密，上下千有余年，乱臣贼子，真无所匿其形。"《答刘子澄书》。又云："《通鉴》功夫浩博，甚悔始谋之太锐，今甚费心力，然业已为之，不容中辍。"《与林择之书》。又云："《纲目》竟无心力整顿，得恐为弃井矣。"《答蔡季通书》。又《答潘恭叔书》云："《纲目》亦苦无心力了得。"又云："藏①之巾笥，姑以私便检阅，自备遗忘而已。"《资治通鉴纲目序》。

澧按：司马温公作《通鉴》，自言止欲"使观者自择其善恶得失以为劝戒，非若《春秋》立褒贬之法"。《通鉴》卷六十九。朱子则欲"义例精密"。夫《春秋》二百四十二年，《纲目》一千三百六十二年，视《春秋》年数五倍。朱子虽大贤，而著书褒贬者，乃五倍于孔子之书；且《春秋》始于隐公元年，距孔子生一百七十三年，已谓之所传闻之世，《纲目》终于后周末年，距朱子生一百七十年，所记之事，皆在所传闻之世之前，此其义例必不能精密。故朱子自悔"始谋之太锐"，但云"便检阅"而已。《新唐书·裴光廷传》云："光廷引寿安丞李融、拾遗张琪、著作佐郎司马利宾，直宏文馆撰《续春秋经传》，自战国讫隋。表请天子修经，光廷等作传，书久不就。"此即《纲目》之先声也。然自战国讫隋，已不能就，而况又多唐五代之事乎？后儒推尊太过，遂欲上掩《通鉴》，朱子无此意也。朱子之论《通鉴》曰："伟哉书乎！自汉以来，未始有也。"跋《通鉴纪事本末》。其推尊也至矣！

司马温公《乞令校定资治通鉴所写稽古录札子》云："年祀悠远，载籍浩博，非一日二日所能遍阅而周知，所宜提其纲目，然后可以见治乱存亡之大略也。"然则朱子"纲目"二字，亦出自温公，曷尝欲掩温公乎？朱子跋《司马文正公通鉴纲要真迹》云："右司马文正公手书楚汉间事一卷，疑是《通鉴目录》草稿，然又加以总目，则今本所无，且别有'纲要'之名，

① "藏"字原误作"臧"，据《东塾读书记》为正。

不知又是何书也?”然则朱子之“纲目”，犹司马公“纲要”之意耳。特为书法发明者，以《春秋》为比，遂为后人所不平。而为质实者，又太疏谬，为后人指摘。《陔余丛考》卷十五摘出者甚多。

澧尝谓：刻《纲目》者，当尽删书法、发明、质实之类，使不为《纲目》累，则善矣。《潜丘札记》云：“《纲目》赧王三十六年（前二七九），赵王欲与乐毅谋伐燕，毅泣曰：‘臣畴昔之事昭王，犹今日之事大王也。若复得罪在他国，终身不敢谋赵之奴隶，况子孙乎！’赵王乃止。此段《通鉴》原文所无。尝问诸人，人莫能应。余考之，出《三国志·魏武帝纪》注。然则文公门人，学尽博，择亦精矣。”① 读《纲目》而能知其精博处如阎百诗者，盖鲜矣。

《戊申封事》云：“夫世俗无知，既以道学为不美，则是必欲举世之人俱无道、俱不学，悉如己之所为，而后适于其意耳。”当时之人，以道学为不美，朱子既辩之如此。然其《答林择之书》云：“要须把此事来做一平常事看，朴实头做将去，久之自然见效，不必大惊小怪，起模画样也。且朋友相聚，逐日相见，晤语目击，为益已多，何必如此忉忉，动形纸笔，然后为讲学耶?如此，非惟劳攘无益，且是气象方好，其流风之弊，将有不可胜言者。可试思之，非小故也。”

澧按：后世所讥②假道学，即朱子所谓“大惊小怪，起模画样”者也。近儒又有因明人讲学之弊，谓讲学非天下之福者，然朱子所谓“流风之弊，将有不可胜言”者，亦已逆料之矣，不可以讥朱子也。③

夏弢甫先生《述朱质疑·与胡琡卿论〈学蔀通辨〉及〈三鱼堂集·答秦定叟书〉书》

《通辨》一书，顾亭林《日知录》中极称之，自陆清献公力为表章，遂大显于世。按：此书最精者，在《后编》《续编》之上、中四

① 《东塾读书记》“择亦精矣”后有卷二文。
② “所讥”二字脱，据《东塾读书记》补入。
③ 陈澧《东塾读书记·朱子书》卷二一文。

卷，直入陆学之窔奥，而抉朱学之所以然。《前编》中、下卷，虽是此书眉目，然当时罗文庄《与姚江书》已发其端，《通辨》特因以益致其精。惟《前编》之上卷，窃不满于心，以为清澜陈氏尚为异说所蒙耳。何以言之？

朱子之学凡三转：十五六岁后，颇出入二氏，及见延平而释然，此朱子学之第一转也；受中和未发之旨于延平，未达而延平没，乙酉、丙戌（一一六五——一一六六）之间，自悟“中和旧说”，又从张敬夫“先察识后涵养”之论，此朱子学之第二转也；己丑（一一六九），更定“中和旧说”，并辨敬夫“先察识”之非，一以“涵养用敬，进学致知”二语，为学者指南，此朱子学之第三转也。《通辨》不能一一分别，概谓朱子四十以前出入禅学，与象山未会而同，非大错乎？

朱子二十九岁时，为许顺之作《存斋记》，以“心”字立论，既以《孟子》“存其心”一语名斋，何得抹煞“心”字不说？终以“必有事焉”数句，为存心之道，仍是以《孟子》解《孟子》。《通辨》谓与禅陆合，是并《孟子》而亦禅陆矣！《答汪尚书书》是为齿德兼尊、溺于异学者作引导，故其词特谦抑。《答何叔京》诸书，一则惩叔京博览之病，一则申“中和旧说”之旨。及张敬夫先察识之论，俱与禅陆之学，判若天渊。

自《通辨》谓朱子四十以前，与象山未会而同，于是李临川并有朱子晚年无一不合陆子之论，戴东原遂有老、庄、杨、墨、陆、朱合一之说，未必非《通辨》之言予之以口实也。李氏《晚年全论》，因《通辨》所讥《存斋记》之意，敷衍成书。戴氏《孟子字义疏证》，因《通辨》四十以前与禅陆合之论，遂谓朱子终身之学，无不如是。本朝真能为朱子之学者，首推陆清献公。其《答秦定叟书》分别与何叔京、林择之、薛士龙诸书之次第，较《通辨》为有条理。惟以朱子“四十以前，出入释老”，尚沿《通辨》之说，是其一蔽也。清献又谓：“中和旧说，虽属已悔之见，然谓‘心为已发，性为未发’，亦指至善无恶言，与无善无恶相楹莛”，精确不易。然则“中和旧说”之不同于禅，明矣！何得统谓之“四十以前，出入释老”乎。

仆谓何止“中和旧说”，即十五六至二十四五出入二氏之时，亦不过格物致知，无所不究，二氏亦在所不遗，其实与“易简功夫”，判然各别。比而合之，是缁素之不分矣。

清献又谓朱子之学，“再定于退求之句读文义之后”，窃恐未然。朱子读书研究之功，自少至老，终身从事，并非四十以后，始求之句读文义之间也。且《与薛士龙书》明云：“退而求之于句读文义之间，而亦未有闻也。”《答江元适书》云：“未离乎章句之间，虽时若有会于心，殊未有以自信。”何得专以此为朱子之定论乎？

朱子之定论，在“涵养须用敬，进学在致知”二语，齐头并进，缺一不可，未可谓“再求之于句读文义之间”也。①

又《与胡琡卿论〈白田草堂杂著〉书》

蒙以白田《杂著》为问，王氏深于朱子之学，然细绎之，颇多轇輵不清之处。如知《答江元适书》“出入于释、老者十余年”，《通辨》不当遗而不载，是矣。却又不信《年谱》二十四岁受学于延平之说，必三分辅汉卿之所录，谓庚辰（一一六〇）为受学之始，回头看释氏之书，渐渐破绽，实无左证。不思朱子明明自云“从游十年”，又云“十载笑徒劳”，以庚辰计之，不过三年，与朱子自述既大不合，而《语类》所谓“后年岁间始觉其非”者，亦大相反。凡所谓余者，皆有限之辞。“十余年”者，谓十年之外而又有余也。若云至庚辰才出释学，则自十五岁数起，已十七年，“余”字所该，不应若是之久，而《年谱》所谓顿悟释老之非者，相县至七八年之远，使朱子出入二氏之迹，界限不清，是一大轇輵也。王氏又谓：“朱子悟释老之非，在戊寅（一一五八）

① 夏炘《述朱质疑·与胡琡卿茂才论〈学蔀通辨〉及〈三鱼堂集·答秦定叟书〉书》卷五文。

再见延平后。”比庚辰（一一六〇）又早三年，其无定见如此。初注《文集》，知《答薛士龙书》之“二十余年”,“二”字为羡文，可谓能具只眼矣。却于《杂著》中又改《答薛书》为壬辰（一一七二），《文集》注以为辛卯（一一七一）。以迁就“二”字之不为羡文。不知自癸酉（一一五三）至壬辰，实仅满二十年，无二十余年，况士龙卒于辛卯九月，壬辰何得有书？《通辨》列之庚寅（一一七〇），不为无据。要之此书之羡文，不仅“二十余年”之“二”字，即“先生君子”之“生”字，亦系羡文。朱子十四失怙，可称“先君子之余教，事延平十年”，不得云“先生君子之余教”。答江、薛二书，相为表里，必如王氏之说，则两书纠缠不清，是又一大缪辖也。知伊川“涵养须用敬，进学在致知”二语，为朱子定论，其见卓矣。却又谓己丑（一一六九）仍守旧见，至庚寅以后，始提“敬”字。不知己丑之悟，实悟于程子之言“敬”。前此之游移，实游移于延平之言“敬”字不分明。《答张敬夫书》《与湖南诸公论学书》及《已发未发说》《记程门论学同异》诸篇，皆极言“敬”字之妙，又皆己丑一时之言。必如王氏之说，则“中和旧说”与更定旧说，主脑不清，是又一缪辖也。知延平之求未发，不免少偏，是矣，却又谓朱子悟已发未发之旨，仍用延平涵养之说；后十余年至甲辰（一一八四）《与吕士瞻书》，乃有疑于延平求中之说，谓当以程朱之言为正；至戊申（一一八八）《与方宾王书》，始断然言之，不知悟已发未发之旨，即悟延平之偏。杨方庚寅录所谓言“敬”字不分明也，何待十年后之甲辰哉？朱子己丑《与林择之书》所谓“遂成蹉过，辜负此翁”者，指从张敬夫“先察识”言也。所谓“旧闻李先生论此最详，恨已不能尽记其曲折”者，指静中看未发之中言也。不欲斥言其非，故委婉其词，以为不能尽记其曲折。必如王氏之说，则所谓悟者仍未悟，是又一大缪辖也。

他如以静为本之说，专救湖南之阙处承当，自注及下文甚明，而王氏以为未定之论；《答汪尚书书》专为齿德兼尊、溺于异学之大老作引导，而王氏以为其词未决；《答林择之书》语意无弊，而王氏以为与白沙、姚江之说相似，是皆不免自生轇轕也。足下试取王氏之书，与鄙说细加推勘，不惮反复，幸甚！①

又《与友人论〈孟子字义疏证〉书》

足下盛称《孟子字义疏证》一书，为近今之巨制，窃以为过矣。此书位置甚高，自以为孟子而后，至我朝乾隆年间近二千载，无一人能明孔子之道，宋程子、朱子，皆不免冒宗乱族，贻祸无穷，特作《疏证》一书，由孟子以通孔子之道，不使程朱害事害政之言复行于世。其所以不能已于辨者，与孟子之辟杨墨、韩子之辟佛老，同为不得已之苦心。其信然乎？其否乎？炘非知道者，何足以知《疏证》中之道，请粗陈鄙见之一二，以俟贤者择焉。

《疏证》谓"理"者，条理、分理之谓。孔孟六经以及传记群籍，理字不多见。凡字义，至后世益加密于前，如《诗》《书》中"仁"字，皆亲爱之称，至孔门始以"仁"包"四德"，《孟子》又添说"义"字；《诗》《书》中"圣"字，皆明通之谓，至孔孟始以圣为绝德。他如《大学》之"格物"、《中庸》之"未发""已发"、《孟子》"养浩然之气"，皆前圣所未道。宋儒之"理气""体用"诸说亦然。但当论理之质诸往圣者，或合或否，不当论字之见于载籍者，或多或寡。今人一启口而即曰理，自宋以来，始相习成俗。宋人言理，如有物焉，得于天而具于心，因以心之意见当之。理在事物，处事物而当，合于人心之同然，始谓之理，非得于天而具于心也。天理即存乎人欲之中，非以天理为正，人欲为邪也。程朱就老、庄、释氏所谓真宰真空者，转之以言理，而六经孔孟之道亡云云。②

炘按：理也者，万事万物"当然"之则，《疏证》以自然者为欲，必然者为理，而不肯言当然。夫欲任自然，则无所不至矣。理曰必然，则鲜不以意见当

① 夏炘《述朱质疑·与胡琡卿论〈白田草堂杂著〉书》卷五文。

② 夏炘撮述戴震《孟子字义疏证》卷上"理"十五条之大义。

之者。惟求其当然，则知之明而处之当。孔子所谓“有物必有则”是也，程子亦云“在物为理”。是理也，虽庸夫孺子皆知之。所以人一启口即曰“理”。如天下即有不孝之子，未有敢说子之不当孝者；天下即有不忠之臣，未有敢说臣之不当忠者。故《诗》曰：“天生蒸民，有物有则。”《孟子》曰：“我心之所同然者，谓理也，义也。”岂非得于天而具于心乎？惟畀于天而具于心，是以庸夫孺子皆可以知；其知也，无幽深元远之妙，故曰“易知”；又庸夫孺子皆可以能，其能也，无委曲烦重之迹，故曰“简能”；“易简而天下之理得”，此之谓也。易知，乾也；简能，坤也，非得之于天乎？吾心苟无是理，何由易知而简能？又何以处事而当，合于人心之所同然？《孟子》曰：“君子所性，仁义礼智根于心。”则具之于心亦明矣。

理之在事物者，散著之理也；理之在一心者，体统之理也。必以理属事物而不属之心，是告子外义之学也。天理者，在天为元亨利贞，赋于人则为仁义礼智。《疏证》谓天理为自然之理，取《庄子》“依乎天理”为说，诋程朱则谓与老庄为一，言天理又不肯与《庄子》为二。人欲者，在人为耳目口鼻，接乎物则为声色臭味。欲纵有不必尽邪者，未有理而不正者也。

老释之真宰真空，指虚无寂灭而言，程朱所谓理，指真实无妄而言。朱子曰：“释只说空，老只说无，却不知莫实于理。”判若天渊，而谓转彼以言此，是文致之法也。“如有物焉”，乃老庄之说，老曰：“其中有物。”释云：“有物先天地。”程朱无是言。加于得天，具心之上，张冠李戴，不亦诬乎？

“理”字萌芽于《系辞》《孟子》，而实天下之恒言，民间之传语。程子“性即理”之训，即借民间之恒语以解之，“一启口而即曰理”，岂始自程朱乎？以意见为理，程朱之所深恶，故“格物”之训，“致知”之补传，覼缕①言之，而谓程朱即其人，真辜负先贤之苦心矣！至于条理、分理之谓理，朱子详言之，见《语类》。不过与《疏证》所云，

① 覼缕，委曲之谓。

名虽同而实则异耳。

《疏证》谓“性”者，人与物之血气心知，万类不齐之总名。羽飞毛走、虫蛰土、鱼游水之类，此血气之万有不齐；鸡知晨、牛知耕、燕知戊巳、蚯蚓知雨之类，此心知之万有不齐。性善者，人之血气心知能进于善之谓。耳能辨声，目能辨色，心能辨理义之类。理义可以谓之性，性不可谓之理，目悦色，故色可谓之性，性不可谓之色；耳悦声，故声可谓之性，性不可谓之声；口鼻亦然。心悦理义，故理义可谓之性，性不可谓之理。理义存乎事情，不存乎人之心，色声臭味在物，而接于我之耳目口鼻，非色声臭味具于我之耳目口鼻也。理义在事，而接于我之心知，非理义具于我之心也。不过人之心能通之耳。天命之谓性，谓气禀之不齐，各限于生初。《疏证》“命”字，只作“限”字解。即后儒所谓气质之性也。自程朱创立气质之性名目，而以理当《孟子》所谓善，则自圣人而下，皆不美之质。《孟子》言“人无有不善”者，程子、朱子言人无有不恶，其旨与《荀子》性恶之说合云云。①

炘按：程子“性即理也”之说，发挥孔孟性善之旨，颠扑不破；不知《疏证》何独恶此“理”字？以为性不可以理言也。后人之“理”字，即仁义礼智之谓也，赋于人为仁义礼智，本于天为元亨利贞，《中庸》“天命之谓性”，即孔子“元者，善之长；亨者，嘉之会；利者，义之和；贞者，事之干”也，虽一言性即有气，然此句终属于理。《孟子》之以四端言性，实渊源于此；其云性善，即继善成性、各正性命之谓也。程朱之以理诠性善，与孔孟吻合无间，岂仅“人之血气心知，能进于善之谓”乎？

至于性从心从生，既生之于心，即不离乎气质，所以昏明强②弱，纷纷不齐。告子及荀、杨、韩诸儒，不得其说，是以各为之解。自程、张“论性不论气，不备”之说出，而后拨云雾而见青天，张子“气质

① 夏炘撮述戴震《孟子字义疏证》卷中“性”九条之大意。

② “强”字原误作“张”，据《述朱质疑》为正。

之性，君子有弗性焉”者，即《孟子》“性也，有命焉，君子不谓之性也”。《疏证》独取先儒之不以为性者，而必辗转以申其说，不知已落佛氏之窠臼。达摩答西竺国王作用之说曰：“在目能视，在耳能闻，在手能捉，在足运奔，在鼻臭浥，在口谈论，遍现俱该沙界，收拾在一微尘，识者知是道性，不识唤作精魂。”而反以程朱与荀卿合，不亦诬乎？

《疏证》深以周子无欲之说、程朱理欲之辨为不然，以为饮食男女，人之大欲存焉；圣人治天下，体民之情，达民之欲，而王道备。老庄贵无欲，宋儒祖之以为说，举凡民之饥寒愁怨、饮食男女、常情隐曲之感，咸视为人欲之轻者，一切忍而不顾，其为祸不可胜言云云。①

炘按：欲有根于秉彝者，如欲仁、欲立、欲达之类是也；欲有出于形体者，如目之欲色、耳之欲声、四肢之欲安佚是也；欲有流于偏私者，如“其欲逐逐”“克伐怨欲”之类是也。“无欲故静”，孔安国注《论语》已用之，想亦古之遗言，岂必老庄之所云乎？程朱理欲之辨，安得与“体民之情、达民之欲”② 并论？若必以欲为养欲给求之欲，则“枨也欲”“苟子之不欲”诸语，俱不可解矣。

程朱所著之书，发挥“王道”，纤悉具备，无非“达民之欲、体民之情”。朱子外任九载，漳州之经畍、浙东之荒政，何一非体情达欲善政？而谓自宋儒辨理欲，遂为祸于天下，此似非仁人之所忍言也。

总之，《疏证》一书，专与程朱为仇，知名物制度不足以难程朱也，遂进而难以性命；知道德崇隆不能以毁程朱也，遂进而毁其学术。程朱之学术，莫大于辨理、辨欲、辨气质之当变化；一切皆不便于己，于是扫而空之。以理责我者，以为是乃程朱意见之理也；以欲责我者，以为欲乃人生之所不可无，圣人无无欲之说也；以变化气质绳我者，以

① 夏炘撮述戴震《孟子字义疏证》卷上“《孟子》言养心莫善于寡欲，明乎欲不可无也，寡之而已”条之大义。

② 前揭戴震《孟子字义疏证》卷上文云：“圣人治天下，体民之情，遂民之欲，而王道备。”

为气质即天命之性，主敬存理，皆宋儒之认本来面目也。当时高明之士，如灵皋方氏、惜抱姚氏，未尝不深惜其蔽。今七八十年间，如江都焦氏之作《孟子正义》、定海黄氏之作《论语后案》，已渐用其说矣。吾子又复尊而信之。炘不胜杞人之忧，祈为吾道干城，幸甚！①

① 夏炘《述朱质疑·与友人论〈孟子字义疏证〉书》卷一〇文。

阳明学术发微

整理说明

《阳明学术发微》七卷，成书于一九三〇年，以实事求是之文本解读方式，对王阳明学术提出更深刻之学理思考，超越向来相承之成说，而通透体会孔子、孟子、朱子、王阳明共通之精神，圣道心学，经义性理，一以贯之，本质不异，此所谓集大成。故是书乃唐先生心学标志性成就，充分体现其勇进与担当之学术精神。在此书出版之后，唐先生并不以此自满而自划，依然奋进深探，陆续在讲坛上发挥新见，以培养学子深沉智慧与处事之担当精神，更注意培养做人处世之气节风骨。唐先生曾经两次赴日处理公务，深知日本国性之深受阳明学之影响，故在其门人魏守谟于一九三三年赴日本中央大学学习后，去信要求魏氏深入考察阳明学传入日本之历史与具体作用，魏氏遂完成《阳明学流入日本考略》之考察报告，（载本集《性理救世书》卷三《读王文成全书记》附录。）而唐先生在魏氏文后所下按语，语重心长：

> 余维孔门立教，智勇相济，文武相资。惟文人兼武，故能统摄武人，而无迂缓柔懦之患；惟武人兼文，故能信从文人，而无叫嚣攘夺之风。传曰："有文事者，必有武备。"合之两是，离之两非。朱子当南渡后，慷慨发愤，每上封事，辄以复仇雪耻为言。盖朱子以圣贤而兼英雄之姿，阳明则以英雄而进圣贤之域，其实无二致也。方今孔孟圣教遗经，远讫东西洋，

> 古本宝书，捆载以去，而吾国人转土苴视之，国势弱而人心亡，可哀也已！因读《阳明集》，特附记之。

唐先生强调朱子与阳明殊途同归，皆属圣贤兼英雄，秉承孔门文武兼资之传统，其思想足以醇厚国性，提升国力，挽救人心，端正世道，乃极为珍贵之文化资源。

唐先生经历苦难时代之痛苦洗礼，故能对阳明学大彻大悟，其言说乃亲历体会，而非腾挪成说与虚文，此先生反覆喻示门人学子，所以深盼驱除门户意气之障蔽，直探心学之精髓，果行育德，厚培民性，再造国运，复兴文明。先生《自订年谱》庚午（一九三〇）六十六岁二月载：

> 辑《阳明学术发微》。自明季讲学之风，流弊日甚，于是王学为世所诟病，实则阳明乃贤智之过。其倡"致良知"之说，实足救近世人心。日本服膺王学，国以骎强。余特发明其学，都凡七卷，其中《四大问题》及《阳明学通于经学》二卷，颇为精审，较之二十年以前喜辟阳明，自觉心平而气和矣。

先生门人冯振在《茹经先生自订年谱》介绍云："先生此书共七卷，一，讲学事迹；二，圣学宗传；三，阳明学四大问题；四，良知经学；五、六，通贯朱学；七，龙溪述学髓。荟萃菁英，钩玄提要，实功利派之要药也。"此乃唐先生于王学系统之研究，其于王学如此重视，重构"心学"体系，顽廉懦立，所以因时立教。在《阳明学术发微》中，诠释王学义理，涉及思想体系之学术渊源、思想体统之内外互联等重大学理。如果周照到整个时代之学术生态，了解到日本重视王阳明之事实，则其时已经失明之唐先生，面对日益严重之外侮威胁，奋力完成《阳明学术发微》，其时代意义，实在远出敷陈成说之陈腔滥调。《阳明学术发微》序文自陈：

> 夫今日欲救中国之人心，必自"致良知"始矣。"若药不瞑眩，厥疾不瘳"，善国良药，岂远乎哉？爰取阳明先生

全书，择其尤精要者，辑为《阳明学术发微》，世之读此书者，苟能善其心以善其身，善其身以善其国，庶几其臻于上理与？

先生目击时艰，洞见时代败坏根由，在人心颓靡与道德沦亡，对治良方，必先端正人心；正本清源，阳明“致良知”之教，其作用乃无可置疑。遂痛定思痛，挣脱贬抑王学之思维定势，本公心重新理解与体会，结合自身于《周易》与《孟子》研究之心得，体会其义理精粹，提挈时代之集体良知自觉，从而转移风俗，以实现“救心”大义。迨至七十，身处于国难之时，更深契阳明心学，一九四二年所撰《石刻王阳明先生遗像跋》云：

子贡言圣门“性与天道，不可得闻”，心性之学，孔子仅于晚年论《易》中及之，而孟子道性善，畅言心性之学，岂违圣教哉？盖春秋之世，礼义教化犹存，似鲁国犹秉周礼，士大夫服膺礼教，散见于《左氏传》中甚夥，故“《诗》《书》、执礼”之训，尚多遵行者。至战国时，争地争城，杀人盈野，人道几乎灭息，故孟子大声疾呼，直指良心本心，又直揭良知良能，以警醒当世，盖非如此，不足以振人心也。宋朱子之教，孔子之真传也；宋陆子、明王阳明先生之教，孟子之真传也，此应时施教之法，其救世苦心一也。今日一大战国之世也。其要旨在训练国民之知觉，而知觉非以善良为主，则恐流于机械变诈。孔子曰：“不逆诈，不亿不信。”抑亦先觉者是贤乎？夫逆诈与亿不信非机变之巧乎？孟子论伊尹先知先觉，其本在“非道非义，一介不取与”，故欲训练国民之知觉，必先之以善良、衷之于道义，尚公正清廉，而后其知觉周乎万汇，可以应行而不穷。阳明之训曰：“致吾心之良知于事事物物，正其不正以归于正。”是必先正己之知觉，而后能正人之知觉。拔邪妄之本，塞利欲之源，是今日教民善国之良药也。

世有提倡阳明之学者，圣贤之徒也。①

此先生揭明道统渊源，阳明心学直接继承孔孟，乃圣学真传。

卷一“阳明讲学事迹考”，知人论世之本谊也。卷二“阳明圣学宗传”，录阳明晚年所撰《拔本塞源论》（《答顾东桥书》）及《〈良知答问〉答陆元静（澄）》两封书信，以“圣学宗传”定调阳明学，则孔孟直下之道统正脉在是，即唐先生所云“上理”，直接回归孔门义理坦途，乃无容疑惑轩轾者。王守仁一生追求圣人境界，生死之际，即经历种种生命磨难与考验，体悟“致良知”之为践履自觉，通成圣之德。

唐先生复溯源《易》理，综述良知启动与掩息，阐明正反相生之义，推原《易·系辞传》“一阴一阳之谓道，继之者善也，成之者性也”，先生按语云：

> 吾国民盍急猛省乎！猛省之道，读经而已矣。六经皆启发良知之书也，而《周易》为尤要。（中略）夫世界内生物，不外乎知觉、运动：有运动而无知觉者，禽兽是也；知觉分数少而昏且浊者，凡民、愚民、横民是也；知觉分数多而灵且良者，圣贤是也。阳明良知之学，宜乎千古而常新矣！后之读此书者，能警觉而自修焉，是吾国之幸矣夫！

唐先生措意者在开启民智、保育民心，提升教育等养正心术之道，提升国民道德自律、自觉、自爱，则王守仁良知教，能唤醒全民知觉，进而读经，培养深识智慧。唐先生贞定经义乃王学之根本，讲经义强调“心学”，其沟通经学与王学之识见，一以贯之，在正心诚意。先生《自订年谱》己卯（一九三九）七十五岁条谓：

> 四月，赴大夏大学演讲，余讲王阳明先生“致良知”及“知行合一”之学，可以正心救国，听者至为肃静。

至诚相感，“听者至为肃静”，亡国之痛尽出言表。至一九四八年，唐

① 原载《茹经堂文集》五编卷五，收录入《唐文治文集》“序跋类”。

先生八十四岁，再撰《政治道德论》，苦口婆心云：

> 此余所撰《紫阳学术发微》《阳明学术发微》二书，又《茹经堂五训》及《劝善编》，学者不可不熟读也。①

“责任伦理”，乃由衷而生，故叮咛如此。唐先生之得以完成本书，乃正视向来学界之论撰，既考知学术风会，不为杜撰空论，复得以集学术之大成。先生综述阳明学术渊源流别诸思想史之要义，实深有得于谢无量先生（一八八四——一九六四）于一九一五年出版之《阳明学派》，全书四编，分别为序论、哲学、伦理学、古今学术之评论。本书卷五、六《阳明学通于朱子学》，乃选材自胡泉（一七九七——一八六八）咸丰八年（一八五八）刊出之《王阳明先生书疏证》四卷，胡氏按语均附录于选文之后，以开学子识见。至于日本王学之情况，先生向来垂意；以故学术眼界与视野恢宏，而以考实之方式，阐明王阳明之致良知源出经学，大而化之，开出知行合一之教，其中关目，在“良知”之实在意义。卷四《阳明学贯通经学变化神明》具考“良知”九义，古今无俩，乃唐先生非常特出之贡献。

总括而言，本书实理解中国现代思想与儒学所不可或缺之作。然其成书于苦难时代，流传困难，几近遗失。此次整理，以《茹经堂丛书》一九三〇年初印本为底本，特此谨志。

① 载《茹经堂文集》六编卷一，收录《唐文治文集》“论说类”。

阳明学术发微序[①]

有天地以来，其间万事万物流行变化纷纭繁赜而不可穷者，人心之知觉为之也。知贵灵而忌滞、贵通而忌塞、贵清而忌昏、贵正而忌曲。灵也通也、清也正也，皆所谓良也。积亿万人之知觉，或良或否，成为国性，而国之废兴存亡于是系焉。故殷之元圣曰“先知觉后知，先觉觉后觉”[②]，孔子曰“知至”“知终”[③]、“知几其神”[④]、“知微知彰，知柔知刚”[⑤]，孟子道性善，曰“良知”[⑥]，曰“可以为善国”[⑦]；知觉之为物，放之则弥于六合，卷之则退藏于密。而所以训练其国民，陶淑其国性，以致其良者，伊谁之责哉？

余年十七，始为性理之学，所读者陈清澜《学蔀通辨》、张武承《王学质疑》、陈定斋《明辨录》、陆清献《三鱼堂集》、吴竹如《拙修集》[⑧]，皆与阳明良知之说不合，且呰謷之，而与之为敌者也[⑨]；后读孙

① 此序并载《茹经堂文集》三编卷五；又载上海《大众》第三期，一九四三年，页一六四——一六五；《交通大学演讲录》第五集下卷“理学”。文字稍有出入，异文出校注明。

② 《孟子·万章上》载伊尹之言。

③ 《易·乾卦·文言传》文。

④ 《易·系辞传下》文。

⑤ 《易·系辞传下》文。

⑥ 《孟子·尽心上》文。

⑦ 《孟子·滕文公上》文。

⑧ 此句《演讲录》以“等书”两字省略张武承《王学质疑》以下四部著作。

⑨ “且呰謷之，而与之为敌者也”句脱，据《茹经堂文集》卷五及《讲演录》补入。

夏峰《理学宗传》、刘蕺山《圣学宗传》及汤文正与陆清献论学书，稍稍疑之；又读《曾惠敏日记》谓“程朱之徒处事过于拘谨，陆王之徒颇能通敏于事”。余时存见在心，未敢以为是也。

及年三十七八，两游东瀛，考其立国之本；游其书肆，浏览其书目，则为王学者不下数十百家，其数远过于吾国，为之舌挢而首俯①。又观其击剑之术，血流朱殷，为小技不顾死，侠客之风，屹然山立。然后知彼之所以立国者，乃由游侠而进于道义。阳明致良知之说，其深入于人心者，非偶然也。

迨自强仕以迄艾耆②，阅历世变，则见贪利黩货之流，贿赂公行，争民施夺，万姓冤苦，以哀吁天；于是伦理悖谬，礼义廉耻，扫地无余；而人心之昏惘，更不知所终极③。《孟子》曰：“其所以放其良心者，犹斧斤之于木也，旦昼所为，梏之反覆，则其违禽兽不远。”④ 呜呼！此乃所谓滞也塞也、昏也曲也；抑非独滞也塞也、昏也曲也，而且邪佞也、忍残也，《孟子》所谓机械也、变诈也、穿窬也、害人也，皆知觉不良之尤者也。积亿万人不良之知觉，淆乱其国性，而与灵者通者角，则其国必无幸矣⑤。将有以振拔而训练之，伊谁之责哉？

且夫清澜诸先生所以排斥阳明者，谓其认心为理，气质用事，将偾天下之事也；不知有明嘉隆以后，讲学者不读书，不穷理，猖狂自恣，此乃末流之说，非师法之本然，乌可以因噎废食，而弃吾国性固有之良乎？

夫今日欲救中国之人心，必自“致良知”始矣⑥。“若药不瞑眩，

① 《演讲录》删除“为之舌挢而首俯”句。

② 强仕指四十岁，艾耆指五六十岁。

③ 《演讲录》此句下有“倘得阳明拔本塞源之论以救之，庶几有瘳”句。

④ 《孟子·告子上》文。

⑤ “而与灵者通者角，则其国必无幸矣”句脱，据《演讲录》补入。如此方足文意；盖不如是，则“积亿万人不良之知觉，淆乱其国性”之句意无著落。

⑥ 《茹经堂文集》无“矣”字。

厥疾不瘳"[①]，善国良药，岂远乎哉？爰取阳明先生全书，择其尤精要者，辑为《阳明学术发微》。世之读此书者，苟能善其心以善其身，善其身以善其国，庶几有万一之希冀与[②]？后学唐文治自序。

① 《书·说命》云："若药弗瞑眩，厥疾弗疗。"《孟子·滕文公上》引用云："若药不瞑眩，厥疾不瘳。"按：孔颖达《尚书正义》解释说："服药必瞑眩极，其病乃除。"

② 此句原作"庶几其臻于上理与"，据《茹经堂文集》与《演讲录》改。

阳明学术发微卷一

阳明讲学事迹考

按：朱竹垞先生序《王文成文钞》曰：“伯夷之隘、柳下惠之不恭，孟氏以为君子不由；至论圣人，则以百世之师归之。盖生民以来，未有盛于孔子，其余为清、为任、为和，道之至者，统谓之圣。……唐之韩愈，明圣人之学于举世不讲之时，儒者犹訾之不已，以为守道不笃，致有大颠往来之书。自昔言虚无清静者宗老氏、言神仙者首苌弘，而孔子或问以礼、或问以乐，彼潮州之书果足为韩子玷与？呜呼！大道之不明，释老之言充塞乎天下。幸而有讲圣贤之学者，其门人弟子同异之辨，复纷呶不置，举同室之人，日事争斗，我道无全人，无惑乎异学之日盛矣。文成王先生揭良知之学，投荒裔、御大敌、平大难，文章卓然成一家之言，传所[1]称三不朽者，盖兼有之。……议者或肆诋諆，谓近于禅学。夫弃去人伦事物之常而谓之学者，禅也，使禅之学能发于事业，又何病乎禅也耶？”[2] 朱氏之言，可谓通人之论矣。

方今世道诪张，机械变诈之风，穿窬害人之事，日出不穷。揆厥原因，皆因人心纰谬，良知晦蒙，遂至于此，可胜痛哉！傥有阳明先生者出，天下庶几太平矣。《孟子》曰：“奋乎百世之上，百世之下，闻者

---

① “所”字脱，据《四部丛刊初编》景印上海涵芬楼藏原刊本《曝书亭集》补入。

② 朱彝尊《曝书亭集·王文成公文钞序》卷三六文。

莫不兴起也。”① 爰采取《阳明先生年谱》，参以孙夏峰《理学宗传》诸书，辑为《讲学事迹考》，并加案语，以祛异说，而资则效。深愿后世学者，读之以致良知，并推之以救中国。

文成王守仁，字伯安，号阳明，绍兴余姚人，成化壬辰（一四七二）九月三十日生。父海日公华举进士第一，寓京师；祖竹轩公携先生北上，时十一岁矣。过金山寺，对客赋诗曰：“金山一点大如拳，打破维扬水底天。醉倚妙高台上月，玉箫吹彻洞龙眠。”客大惊异；复命②赋《蔽月山房》，随口应曰：“山近月远月觉小，便道此山大如月。若人有眼大如天，还见山小月更阔。”明年就塾师，问：“何为第一等事？”塾师言：“读书登第耳。”先生意不然曰：“此未为第一事，其为圣贤乎？”

按：先生自幼抱负宏远，其所题诗，辞气阔大，与陆桴亭先生题《百鸟朝凤图诗》同。诗云：“独向高冈择木栖，更无鹓鹭与相齐；一声叫出虞廷日，四海鸱鸮不敢啼。”时年七岁。至其有志于为圣贤，所谓“豪杰之士，虽无文王犹兴”③，百世下皆当兴起矣。

孝宗弘治元年戊申（一四八八），先生十七岁，亲迎诸氏于洪都。合卺日，偶出闲行，过铁柱宫，遇道士，趺坐与语，夜遂忘归。冬归越，过广信，谒娄一斋谅④，谅故游吴聘君康斋门者，为语圣人必可学而至，深契焉⑤。

按：遇道士与语夜遂忘归事，后人颇疑为行怪，然此不过落拓不羁耳。博学笃志，无时或懈，师其意而略其迹可也。

---

① 《孟子·尽心下》文。

② “命”字原误作“名”。

③ 《孟子·尽心上》载孟子曰：“待文王而后兴者，凡民也。若夫豪杰之士，虽无文王犹兴。”

④ 娄谅（一四二二—一四九一），字克贞，号一斋，上饶人。《明儒学案·崇仁学案》载其少有志于圣学，精邃于《三礼》《春秋》。按：娄谅长阳明五十岁，为阳明学术之开导者，其圣人之学建基于《礼》《春秋》，经世治人之学也。阳明拜晤后两年过世。

⑤ 黄宗羲《明儒学案》卷五《崇仁学案》于此下云：“姚江之学，先生为发端也。”谓娄谅之圣学，乃王阳明心学之启蒙。

五年壬子（一四九二），先生年二十一岁，举于乡，入京，遍读晦庵书，习为格物之学。署中多竹，即取竹"一物"格之①，沈思不得，至成疾。遂自委圣贤有分，且随世就辞章之学。明年春，南宫下第，同舍有以为耻者，先生曰："子以不第为耻，吾以不第动心为耻。"

戊午（一四九八）年二十七，自念辞章艺能耳，不足以通至道，求师友于天下，不一遇，心特惶惑，复遵晦翁循序致精之法行之，然"物理吾心，终判为二"，沈郁既久，旧疾复作，遂有遗世入山之意。

按：此条刘氏虞卿斥之云"按：格物之学，自有重轻大小先后次第，观程子格致九条②及朱子诸说可见，今不于其重且大者先之，而第取必于一物以为例，宜其沈思不得而成疾也。且物之理即根于吾之心，安见其判为二物，而反疑于循序致精之说乎？"③云云。然余谓物理、事理本属两事，阳明之所格者，物理也；刘氏之所言者，事理也。阳明格庭前竹子，乃系近世所谓植物学，从前未经发明，是以沈思而不可得，于此亦可见其博学之诚，似未可牵合事理以斥之也。至于"物理吾心，终判为二"，尤见其用功之切实而不含糊。夫内外合一之学，几于精义入神，本非易至，朱子早年亦尝致疑于延平涵养之说矣，何独斥阳明乎？

十二年己未（一四九九），先生年二十八岁，举进士，上疏陈边务八事。辛酉（一五〇一），游九华山，宿化成寺。是时道者蔡蓬头善谈仙，先生以礼请问，蔡曰："尚未。"顷之至后亭，再拜请问，蔡曰："尚未。"问再至三，蔡曰："汝后堂后亭之礼虽隆，终不忘官相。"一笑而别。闻地藏洞有异人，坐卧松毛，不火食，历险访之。异人方熟睡，先生坐旁，抚其足，顷之醒视曰："路险何得至此？"因论最上乘曰："周

① 程颐言"格物"云："今日格一件，明日格一件。"

② 程颐之"格致九条"，分别载朱子《大学或问》卷下；综见朱子《论语集注·读论语孟子法》所辑九条程子语之精神。

③ 刘廷诏《理学宗传辨正》卷一六"附录"按语。

茂叔、程伯淳是儒家两个好秀才。”

壬戌（一五〇二），请告归越，筑室阳明洞中，行导引术。遂先知，久之悟曰：“此簸弄精神，非道也。”又屏去，思遗弃世累，独不能置念于祖母与父。久之，忽悟此念生于孩提，此念可去，是断灭种性矣。

按：此条刘氏虞卿斥之云“按：明道之学，曾泛滥于诸家，出入于释老矣。即朱子初年亦尝误入于释氏，而终有予几陷焉之惧，要皆无意至此也①。未闻先有遗世入山之意，遂至隆礼于蓬头，历险于异人，而身亲其导引之术，以至于先知者，入之深即出之难，故始虽以为非道，而终不免遁入无善无恶之说”② 云云。

余观刘氏之说，深有慨于其言。韩文公与大颠交，留衣物为别，不过交情而已，而后人遂诋文公为信佛，虽周子亦作诗非之。诗云：“昌黎③自谓似④夫子，《原道》深排佛老非；不识大颠何似者，数书珍重更留衣。”⑤ 此真不可解之事。夫刘氏既以程子之出入释老拟阳明矣，何遽谓终身溺于其学？观其不忘祖母与父，深恐断灭种性，可见其天性至诚，即系良知之根本，后人当奉以为法者也，使阳明果沈溺二氏，早已被发入山，不复建功立业矣。若夫无善无恶辨，已见第三卷⑥。

武宗正德二年（一五〇七），丁卯，先生年三十六岁。冬，赴龙场驿，就石穴而处。先生于时困衡动忍，不惟得失荣辱胥已解脱，即生死一念，亦皆拚置。端居澄默，蚤夜参求，忽一夕大悟，寐中若有神启，不觉呼跃，从者皆惊。至此始信圣人之道，吾性自足，向之求理于事物

---

① “也”字脱，据同治十一年（一八七二）求我斋校刊本《理学宗传辨正》补入。
② 刘廷诏《理学宗传辨正》卷一六“附录”按语。
③ “昌黎”，同治正谊堂本《周濂溪集》作“退之”。
④ “似”字，《周濂溪集》作“如”字。
⑤ 张伯行辑《周濂溪集》卷一〇“年谱”载神宗熙宁四年（一〇七一）周敦颐五十五岁作《题大颠堂诗》文。
⑥ 本书第三卷统论阳明学四大问题，第一题论“无善无恶”之问题。

者，一切皆误，时年三十六矣。

> 按：朱子《大学补传》云：“用力之[①]久，而[②]一旦豁然贯通焉[③]，则众物之表里精粗无不到，而吾心之全体大用无不明矣。”阳明之豁然贯通，其即此境乎？凡人学问，得力各有不同，《中庸》云：“不息则久，久则征。”夫子教曾子以一贯，而曾子曰：“唯。”盖真积力久，而后得此悟境。阳明蚤夜参求，亦积思至极而后得之也，而先儒乃疑其为禅机，误矣！

三年戊辰（一五〇八），先生三十七岁，在龙场驿《答毛宪副书》云：“昨承遣人喻以祸福利害，且令勉赴大府请谢，是非道谊深情，决不至此，感激之至，言无所容。但差人至龙场凌侮，此自差人挟势擅威，非大府使之也。龙场诸夷与之争斗，此自诸夷愤愠不平，亦非某使之也。然则大府固未尝辱某，某亦未尝傲大府，何所得罪而遽请谢乎？跪拜之礼，亦小官常分，不足以为辱，然亦不当无故而行之。不当行而行，与当行而不行，其为取辱一也。废逐小臣，所守以待死者，忠信礼义而已；又弃此而不守，祸莫大焉！凡祸福利害之说，某亦尝讲之[④]。君子以忠信为利，礼义为福。苟忠信礼义之不存，虽禄之万钟，爵以侯王之贵，君子犹谓之祸与害；如其忠信礼义之所在，虽剖心碎首，君子利而行之，自以为福也，况于流离窜逐之微乎？某之居此，盖瘴疠蛊毒之与处，魑魅魍魉之与游，日有三死焉。然而居之泰然，未尝以动其中者，诚知生死之有命，不以一朝之患而忘其终身之忧也。大府苟欲加害，而在我诚有以取之，则不可谓无憾；使吾无有以取之而横罹焉，则亦瘴疠而已尔，蛊毒而已尔，魑魅魍魉而已尔，吾岂以是而动吾心哉！”[⑤]

---

① “之”字原作“至”，通行本皆作“之”。

② “而”字脱，据民国施氏醒园本《大学章句》文补入。

③ “焉”字脱，据前揭《大学章句》文补入。

④ “之”字脱。

⑤ 文载《王阳明集》卷二一外集三之书。

按：《易传》云："吉凶者，得失[1]之象也。"万事之吉凶，系乎得失而不系乎祸福。阳明"忠信为利，礼义为福"八字，可谓千古名言。盖惟其动心忍性，得素患难行乎患难之旨，故能独立不惧，贞固不挠。人生当世，气节而已矣！《孟子》曰："贫贱不能移，威武不能屈。"[2] 世有因毫发之小利害，而丧失其所守者矣，其以此书作座右铭可也。

五年庚午（一五一〇），先生年三十九岁，量移庐陵令。过常德，见门人冀元亨辈俱能卓立，先生色喜，因与诸生静坐，使自悟性体，且曰："此非欲坐禅入定，盖因平日为事物纷拏，未知为己[3]，欲以补小学、收放心[4]一段工夫耳。"[5]

按：《大学》之道基于定静，《中庸》之道终于无声臭；孟子之学要于存养，周子之学原于主静；朱子以主敬补小学之缺。阳明此说，实从朱子得来，而上绍曾子、子思、孟、周之传，世乃以坐禅入定目之，何居？

八年癸酉（一五一三），先生年四十二岁，至滁州；日与门人遨游琅琊瀼泉间，环龙潭而坐者常数百人，歌声振山谷，从游之众自滁始。

甲戌（一五一四）五月，至南京。薛尚谦侃、陆原静澄、郭善甫庆来受业，与徐爱辈同聚师门，日夕渍砺不懈。初，先生惩末俗卑污，引接多就高明一路，乃近渐有空虚为放言高论者，深悔之，自是论学只教为省克实功。

按：讲学之盛，环聚者数百人，歌声振山谷，固与鹿洞、

---

① "得失"，《周易·系辞传上》文作"失得"。

② 《孟子·滕文公下》文。

③ 为己之学。

④ "收放心"乃娄谅之工夫论，见《明儒学案·崇仁学案》。

⑤ 王守仁《与辰中诸生书》［己巳（一五〇九）］文。接言道："明道云：'才学便须知有著力处，既学便须知有著力处。'诸友宜于此处著力，方有进步，异时始有得力处也。"载《王文成公全书》卷四之文录一［书一：始正德己巳至庚辰（一五二〇）］。

鹅湖媲美，且上几春风舞雩之乐矣。放言高论之失，阳明已鉴及之，此所谓狂者之过，行不掩言者也。省克实功，乃归本于慎独，后人以隆万后讲学流弊多归过于阳明，岂其然哉？

十三年戊寅（一五一八），先生年四十七岁，征三浰①，以书示薛侃曰："即日已②抵龙南③，明日入巢，四路皆如期④并进，贼有必破之势矣。向在横水，尝寄书仕德云⑤：'破山中贼易，破心中贼难。'区区翦除鼠窃，何足为异？若诸贤扫荡心腹之寇，以收廓清平定之功，此诚⑥大丈夫不世之伟绩也。"⑦

按：戚武毅公继光曰："克一城易，克一私欲难。"⑧ 与阳明学极相类。后世之当大任者，非实下心体定静工夫，决不能为圣贤豪杰也，必以两公为法，则生民之幸矣。

先生燕居则挽强习劳，出兵则跃马先驱；经营出入⑨，不暇宁居，而意思安闲，常若无事。门人数十，相随挥麈谈道，未尝以造次辍也。

戊寅，七月刻《古本大学》及《朱子晚年定论》。八月门人⑩刻《传习录》。九月修濂溪书院，四方求学者日众。

按：程子云："孔明庶几礼乐。"⑪ 阳明挥麈谈道，意思安闲，亦庶几礼乐矣。古人为学，文武兼资，故成周学校教法，教干戈、教羽籥、教诗书，兼营并进。圣门诸大贤，多娴习武艺。考《左传》所载，如有子、子路、冉有、樊迟，皆赳赳

---

① "浰"原误作"俐"。
② "已"字脱。
③ "南"原误作"川"。
④ "皆如期"三字脱。
⑤ "向在横水，尝寄书仕德云"句脱。
⑥ "诚"字脱。
⑦ 文载《王文成公全书》卷之三二附录一年谱一。
⑧ 戚继光《愚愚稿》文。
⑨ "出入"指"出入贼垒"。
⑩ 指薛侃。
⑪ 《河南程氏遗书》程子语。

干城之选，齐鲁清之役①尤详。吾国学校当以之为师资矣。

又按：《传习录》屡经门人刊刻，当以嘉靖丙辰（一五五六）钱德洪所刻者最为精备。至《朱子晚年定论》，阳明自序谓“予自幸说之不缪于朱子，又喜朱子先得我心之同然……辄采录而裒集之”云云。文治详考《朱子全书》，盖阳明所辑录者，泰半在朱子四十岁悟已发未发之旨以后，曾详为疏证，见《紫阳学术发微》②。

十四年己卯（一五一九），先生年四十八岁。六月，奉敕勘处福建叛军。至丰城，闻宸濠变，急走小舸，返吉安；飞章上变，与知府伍文定等，定谋征兵各郡。时宸濠已攻南康九江，进围安庆。我师既集，佥请急救安庆，先生以为非策，不如先举南昌，法所谓“攻其必救”是已。乃誓师樟树，授文定等方略，俱如期至信地。先生亲鼓之，三军竞奋登城，城遂拔。宸濠闻南昌破，悉众归援，佥谓贼众盛，宜坚壁待援；先生曰：“贼进不得逞，还无所归，气已消阻，出奇击惰。”便遂接战于黄家渡，贼兵鼓噪，骄甚，我兵稍却。文定立铳炮间，火燎其须，殊死战，大败之。明日复战，擒濠，江西平。

方先生入南昌时，日坐后堂③，对士友论学；洞开中门，令见前后，报至登堂，遣之。时有言文定焚须，及兵前却状者，众咸失色。先生徐起，命侧席，遣牌斩其前却者，还坐复理前语论学。后闻濠擒，众咸色喜，先生愀然曰：“濠虽擒，第恐伤死者众耳！”亦复论学如常。

按：战事方略，不斗力而斗智，孔子言“临事而惧，好谋而成”。④ 好谋者，斗知觉⑤而已。阳明惟为致良知之学，故能心定神闲，指挥灵警若此。人服其讲学之从容，我独服其知觉

---

① 事载《左传·哀公十一年》春，孔子称此战为“义也”。

② 此示王守仁曲解朱子也。

③ 指都察院后堂。

④ 《论语·述而》文。

⑤ “觉”字原作“谋”。按文理脉络，指“知觉在天下之先”，应以“知觉”为是。

在天下之先。至于痛伤死之众，即怵惕恻隐之心。故凡用兵者不独为我计，当为人计、为民计，不独哀矜我之士卒、我之人民，当哀矜敌之士卒、敌之人民，皆一点良知之发也。

十六年辛巳（一五二一），先生年五十岁，在南昌始揭“良知”之教。牌行金溪县，录陆象山子孙，以象山得孔孟正传，其学久抑未彰，文庙尚缺配享，子孙未沾褒典，乃访各处圣贤子孙事例，一体优崇之。

按：良知即良心也。然余谓陆子揭本心，阳明揭良知，其义稍有不同。盖本心者指仁义礼智而言，而良知则运用乎本心之妙也。故阳明揭良知，必兼致知言；陆子揭本心，必兼先立乎其大言，否则无用功之处矣。直揭本心者，可以破世俗贪利争夺之习；直揭良知者，可以发孩提爱亲敬长之诚。至于开物成务、冒天下之道，则致良知尤为紧切矣。

嘉靖三年（一五二四），甲申，先生年五十三岁。在越。郡守南大吉，先生为会试分考时所录士也，与论学有悟，辟稽山书院，聚八邑彦士及四方之来集者，环坐常三①百余人。海宁董沄以能诗闻于江湖，年六十八，闻先生讲②学，以杖肩其瓢笠诗卷来访，登门长揖上坐。先生异其气貌，礼敬之，与之语连日夜，沄有悟，因纳拜称弟子。

八月之望，月白如洗③，先生集诸弟子设席④于碧霞池之天泉桥上，在侍者百十人，酒半行，命歌诗，诸弟子比音而作，翕然如协金石。少间，能琴者理丝，善箫者吹竹，或投壶聚算，或鼓棹徜徉，远近相答。先生顾而乐之，遂即席赋诗，有“铿然舍瑟春风里，点也虽狂得我情”之句。明日诸生入谢，先生曰：“昔者⑤孔子⑥在陈，何思鲁之狂士？盖

① “三”字原作“数”，据《年谱》为正。
② “讲”字脱。
③ “洗”字《年谱》作“昼”。
④ “设席”二字脱。
⑤ “者”字脱。
⑥ “子”字原作“孟”。

世之学者，没溺于富贵声利之场，如拘如囚而莫之省脱。及闻孔子之教，始知一切俗缘，皆非性体，乃豁然脱落。但见[①]得此意，不加实践以入于精微，则渐有轻灭世故，阔略伦物之病。虽[②]比世之庸庸琐琐者不同，其为未得于道，一也。故孔子在陈，思归以裁之，使入于道耳。诸君讲学，但患未得此意，今幸见此，正好精诣力造，以求至于道，无以一见自足，而终止于狂也。"[③]

十月，南大吉续刻《传习录》，门人立阳明书院于越城。

按：《中庸》引《诗》云"鸢飞戾天，鱼跃于渊"，"言其上下察也"，读之觉此心自有活泼之致。观此条，觉身体、心体与道体同其活泼矣。后人讥阳明为"狂"，余尝谓天下惟性情狂而品行狷者，乃可以成大事。今观阳明训门人之辞，岂非进以中行之道，何尝终于狂乎？《易·蒙卦》之象传曰："君子以果行育德。"言其养之之方也。《临》之象传曰："君子以教思无穷。"言其教之因材而施也。阳明之言曰："世之学者没溺于富贵声利之场，如拘如囚，而莫之省脱。及闻孔子之教，始知一切俗缘皆非性体，乃豁然脱落。"呜呼！后世之言哲学与心理学者，当知根本所在，必当闻孔子之教，庶几乎救当世而淑人心矣！

六年丁亥（一五二七），先生年五十六岁。九月，先生起征思田，发越中。是月初八日[④]，钱德洪、王畿论为学宗旨，畿曰："先生说'无善无恶心之体，有善有恶意之动，知善知恶是良知，为善去恶是格物。'此恐未是究竟语[⑤]。心体既是无善无恶，则意、知、物亦如是；

① "见"字脱。

② "虽"字脱。

③ 《王文成公全书·附录四·年谱三》卷三四载嘉靖三年（一五二四）八月王守仁先生五十三岁语。

④ "是月初八日"句脱。

⑤ "语"字，《年谱》原作"话头"。

若说意有善恶，毕竟心亦未是无善无恶[①]。”德洪曰：“心体原来无善无恶……为善去恶正是复那本体工夫。”因同进请问[②]。先生曰：“正要二子[③]有此一问，二子之见，正好相取，不可相病；汝中须用德洪工夫，德洪须透汝中本体，二子相取为益，吾学更无余念矣。”德洪再请问，先生喜[④]曰：“有只是你自有，良知本体，原来无有，本体只是太虚。太虚之中，日月星辰，风雨露雷[⑤]，阴雾[⑥]饐气，何物不有？而又何一物得为太虚之障？人心本体亦复如是……[⑦]德洪工夫须要如此，便是合得本体工夫。”……是日各有省。

按：无善无恶之说，后人攻讦者最多，已详辨于第三卷中[⑧]。

十月谒孔庙[⑨]，讲《大学》于明伦堂，诸生屏拥，多不得闻。唐尧臣献茶得上堂旁听[⑩]。初，尧臣不信学，比见拥谒，惊曰：“三代后安得有此气象耶！”及闻讲，沛然无疑。至吉安，大会螺川，临别嘱曰：“工夫只是简易真切，愈真切愈简易，愈简易愈真切。”

按：中国学校规模，以三代为最隆。宋以后稍兴复之，阳明讲学之盛如此，能不令人神往于其间耶！且师严道尊，中西皆然。唐尧臣之事，尤可为后世法式矣。若夫易简者，乾坤之精蕴也，故《易传》曰：“易简而天下之理得。”近人动言

① “善无恶”三字脱。
② 其中细节如下：“是日夜分，客始散，先生将入内，闻洪与畿候立庭下，先生复出，使移席天泉桥上，德洪举与畿论辩请问，先生喜曰”云云。此世所谓“天泉桥证道”，故补述此细节。
③ “子”字《年谱》均作“君”，下同。
④ 《年谱》无“喜”字。
⑤ “露雷”原倒，据《年谱》为正。
⑥ “雾”字《年谱》作“霾”。
⑦ 此所删《年谱》之原文云：“太虚无形，一过而化，亦何费纤毫气力？”
⑧ 即“阳明四大题”。
⑨ 在广信府南浦。
⑩ 唐尧臣，字士良，南昌人，嘉靖七年（一五二八）举人，平乱有功，升杭州府同知，官至浙江按察司指挥佥事，助戚继光抗倭寇；三十二年（一五五三）刊行《墨子》，三十六年（一五五七）重刊《传习录》。

“科学方法”，要知科学方法，宜由散而归之于聚，不宜由合而杂之使棼，故讲学之与为政，皆贵握其纲维而归于易简也。良知之在天下人心，必不容磨灭矣。

又按：明末推崇王学者，以漳浦黄石斋、四明施邦曜为最著。施氏尝辑《阳明集要》一书，分理学、经济、文章三类，简明精当。石斋为之序曰“文成出而①明绝学，排俗说，平乱贼，驱鸟兽；大者岁月，小者顷刻，笔致手脱，天地廓然，若仁者之无敌；自伊尹以来，乘昌运，奏显绩，未有盛于文成者也。孟子崎岖战国之间，祖述周孔，旁及夷惠，至于伊尹。祇诵其言曰：‘天之生斯民也，使先知觉后知，使先觉觉后觉也。予，天民之先觉者也，予将以斯道觉斯民也。’变学为觉，实从此始。……宋陆文安原本孟子，别白义利，震悚一时，其立教以易简觉悟为主，亦有耕莘遗意②……善哉！施四明先生之言曰：‘天下病虚，救之以实；天下病实，救之以虚。’晦翁当五季之后，禅喜繁兴，豪杰皆溺于异说，故宗程氏之学，穷理居敬，以使人知所持循。文成当宋人之后，辞章训诂，汩没人心，虽贤者犹安于帖括，故明陆氏之学，易简觉悟，以使人知所返本”③云云。夫黄氏推重文成，至比于伊尹，可为知言矣！而所谓变学为觉、天下④实则救之以虚，与时消息，尤为教育家之名论。《礼记·乐记篇》曰：“教也者，民之寒暑也，教不时则伤世。”今日之人心，其必救之以良知乎！世有能为三不朽者，微斯人，吾谁与归？

七年戊子（一五二八），**先生年五十七岁，十一月卒于南安。**

---

① “而”字脱，据同治求是斋本《黄石斋先生集》补入。
② 伊尹未遇汤时，耕于莘野。凡安贫乐道，隐居求志若伊尹者，谓之“耕莘遗意”。
③ 黄道周《黄石斋先生集·王文成公集序》文。
④ “天下”后疑脱“病”字。

阳明学术发微卷二

阳明圣学宗传

【释】此卷开宗明义，直陈王阳明直接继承孔孟圣学之精神，故曰“圣学宗传”；收录《拔本塞源论》《良知问答》两文，一破一立，皆存立教深意，唐先生自陈：“读阳明《拔本塞源论》，可以破小人喻利之知；读《良知问答》，可以充君子喻义之知。”

按：张子曰：“合性与知觉有心之名。”① 盖知觉者，与五常之德同具于心，而所以妙五常之用者也。《孟子》曰：“人之所不虑而知者，其良知也。”② 此指孩提之知爱知敬而言。阳明之言“致良知”，似与《孟子》稍异。然《孟子》尝言：“先知觉后知，先觉觉后觉。”③ 盖惟致其良知，而后能先知先觉；亦惟先知先觉，而其知觉乃愈良也。知觉之为用大矣！《易传》所谓“寂然不动，感而遂通天下之至神”者也。然而人皆窒塞其良知者，何也？利欲薰心之故也。良知窒而国性灭，国性灭而天下亡矣，岂不哀哉！

《孟子》言“良心”曰：“平旦之气，其好恶与人相近也者几希。”④

---

① 张载《正蒙·太和篇》文。
② 《孟子·尽心上》文。
③ 《孟子·万章上》载伊尹之言。
④ 《孟子·告子上》文。

平旦之气，知觉之最良者也。《孟子》又言“本心”，言“求放心”。陆子静以“直提本心”为宗旨，开阳明之先者也。而阳明之“致良知”，实本《孟子》求放心之学，引而伸之者也。朱子论心性之学，原于《中庸》喜怒哀乐未发之中，与《通书·动静章》、程子《定性书》一脉相传，其功夫大要有三：曰涵养，曰省察，曰扩充。阳明之所以用力于内者，期于全体大用无不明，亦未尝与朱子异也。夫圣贤立教，虽偶有不同，要归于救世而已矣，归于救人心而已矣。

阳明良知之学，以刘蕺山《圣学宗传》采择为最精，爰汇录之，以为研究王学之萌柢。至《拔本塞源论》，警觉当世昏迷，霹雳震空，阴雾消散，真振聩发聋之苦药也，狂热者得之，如饮清凉散矣，特以冠诸篇首焉。

拔本塞源论　《答顾东桥书》末段①

【释】此篇直接圣人之学。唐先生谓此文“霹雳震空”，按语复谓“读此篇，有以救人心于将死”，又谓：“此文上下古今，切中时弊，世道人心，赖以不坠。乾坤不息，天理不亡，则此文之精气，亦终不可磨灭。”王阳明此文，实在是有明以来，绝大手笔，读之者莫不恻然感奋。阳明学说经义，尽见此篇。与《良知答问》并列，则尧、舜、孔、孟精神，贯注而下，是为儒门之心法，圣学之宗传也，足见唐先生之卓识。阳明此文为《答顾东桥书》最后一节之内容，事在嘉靖四年（一五二五），时五十四岁，阳明回答山西按察使顾璘之问难。题中之本及源，乃指人欲私利，与天理仁义相对；拔之塞之，所以复其良知本性。“拔本塞源”见《左传》，程颐以说孟子

---

① 此论为《答顾东桥书》最后一节，谨注明之，以示出处。载《传习录》中卷，又题《答人论学书》，后来复其《答顾东桥书》之原题；因此段文字意义重大，直承孔孟神髓之尧舜之道，故门人取文中之语，别题《拔本塞源论》以传世。按：顾璘（一四七六—一五四五），字华玉，号东桥，南直吴县人；少负才名，弘治九年（一四九六）进士，官至南京刑部尚书；世称东桥先生。本集取校《传习录》文字者，皆据《王文成公全书》本。

精神云：“夫辟邪说以明先王之道，非拔本塞源不能也。”阳明此文，正意在此，其霹雳震空之气魄亦在此。

阳明子答顾璘略曰：“夫圣人之所以为圣者，以其生而知之也。而释《论语》者曰：‘生而知之者，义理耳。若夫礼乐名物、古今事变，亦必待学而后有以验其行事之实。’① 夫礼乐名物之类，果有关于作圣之功也，而圣人亦必待学而后能知焉，则是圣人亦不可以谓之生知矣。谓圣人为生知者，专指义理而言，而不以礼乐名物之类，则是礼乐名物之类，无关于作圣之功矣。圣人之所以谓之生知者，专指义理而不以礼乐名物之类，则是学而知之者，亦惟当学知此义理而已；困而知之者，亦惟当困知此义理而已。今学者之学圣人，于圣人之所能知者，未能学而知之，而顾汲汲焉求知圣人之所不能知者以为学，无乃失其所以希圣之方与？凡此皆就吾子之所惑者而稍为之分释，未及乎拔本塞源之论也。

“夫拔本塞源之论不明于天下，则天下之学圣人者，将日繁日难，斯人沦②于禽兽夷狄③，而犹自以为圣人之学。吾之说虽或暂明于一时，终将冻解于西而冰坚于东，雾释于前而云滃于后，呶呶焉危困以死，而卒无救于天下之分毫也已④。

“夫圣人之心，以天地万物为一体，其视天下之人，无外内远近，凡有血气，皆其昆弟赤子之亲，莫不欲安全而教养之，以遂其万物一体之念。天下之人心，其始亦非有异于圣人也，特其间于有我之私，隔于物欲之蔽，大者以小，通者以塞，人各有心，至有视其父子兄弟如仇仇者。圣人有忧之，是以推其天地万物一体之仁，以教天下，使之皆有以

① 朱子《论语集注·述而》引尹焞云：‘孔子以生知之圣，每云好学者，非惟勉人也，盖生而可知者义理尔；若夫礼乐名物、古今事变，亦必待学而后有以验其实也。’

② “沦”字原作“入”，据明隆庆二年（一五六八）谢廷杰刊本《王文成公全书》为正。

③ “夷狄”二字原作“异类”，据前揭《王文成公全书》为正。

④ “已”字脱，据《王文成公全书》补入。

克其私，去其蔽，以复其心体之同然。其教之大端，则尧、舜、禹之相授受，所谓‘道心惟微，惟精惟一，允执厥中’；而其节目，则舜之命契，所谓‘父子有亲，君臣有义，夫妇有别，长幼有序，朋友有信’五者而已。唐、虞、三代之世，教者惟以此为教，而学者惟以此为学。当是之时，人无异见，家无异习，安此者谓之圣，勉此者谓之贤，而背此者，虽其启明如朱，亦谓之不肖。下至闾井田野，农工商贾之贱，莫不皆有是学，而惟以成其德行为务。何者？无有闻见之杂、记诵之烦、辞章之靡滥、功利之驰逐，而但使之孝其亲，弟其长，信其朋友，以复其心体之同然，是盖性分之所固有，而非有假于外者，则人亦孰不能之乎？

“学校之中，惟以成德为事；而才能之异，或有长于礼乐，长于政教，长于水土播植者，则就其成德，而因使益精其能于学校之中。迨夫举德而任，则使之终身居其职而不易。用之者惟知同心一德，以共安天下之民，视才之称否，而不以崇卑为轻重，劳逸为美恶；效用者亦惟知同心一德，以共安天下之民，苟当其能，则终身处于繁剧而不以为劳，安于卑琐而不以为贱。当是之时，天下之人，熙熙皞皞，皆相视如一家之亲。其才质之下者，则安其农、工、商、贾之分，各勤其业，以相生相养，而无有乎希高慕外之心。其才能之异，若皋、夔、稷、契者，则出而各效其能。若一家之务，或营其衣食，或通其有无，或备其器用，集谋并力，以求遂其仰事俯育[①]之愿，惟恐当其事者之或怠，而重己之累也。故稷勤其稼，而不耻其不知教，视契之善教，即己之善教也；夔司其乐，而不耻于不明礼，视夷之通礼，即己之通礼也。盖[②]其心学纯明，而[③]有以全其万物一体之仁，故其精神流贯，志气通达，而无有乎人己之分、物我之间。譬之一人之身，目视耳听、手持足行，以济一身

① “育”原作“畜”，据《王文成公全书》为正。
② “盖”原作“而”，据《王文成公全书》为正。
③ “而”原作“益”，据《王文成公全书》为正。

之用。目不耻其无聪，而耳之所涉，目必营焉；足不耻其无执，而手之所探，足必前焉。盖其元气充周，血脉条畅，是以痒疴呼吸，感触神应，有不言而喻之妙。此圣人之学所以至易至简，易知易从，学易能而才易成者，正以大端惟在复心体之同然，而知识技能非所与论也。

"三代之衰，王道熄而霸术炽[①]；孔孟既没，圣学晦而邪说横。教者不复以此为教，而学者不复以此为学。霸者之徒，窃取先王之近似者，假之于外以内济其私己之欲，天下靡然而[②]宗之，圣人之道遂以芜塞。相仿相效，日求所以富强之说、倾诈之谋、攻伐之计，一切欺天罔人，苟一时之得，以猎取声利之术，若管、商、苏、张之属者，至不可名数。既其久也，斗争劫夺，不胜其祸，斯人沦于禽兽夷狄[③]，而霸术亦有所不能行矣。

"世之儒者，慨然悲伤，搜猎先圣王之典章法制，而掇拾修补于煨烬之余，盖其为心，良亦欲以挽回先王之道。圣学既远，霸术之传，积渍已深，虽在贤智，皆不免于习染，其所以讲明修饰，以求宣畅光复于世者，仅足[④]以增霸者之藩篱，而圣学之门墙，遂不复可睹。于是乎有训诂之学，而传之以为名；有记诵之学，而言之以为博；有词章之学，而侈之以为丽。若是者纷纷藉藉，群起角立于天下，又不知其几家。万径千蹊，莫知所适，世之学者如入百戏之场，欢谑跳踉[⑤]，骋奇斗巧。献笑争妍者，四面而竞出，前瞻后盼，应接不遑[⑥]；而耳目眩瞀，精神恍惑，日夜遨游淹息其间，如病狂丧心之人，莫自知其家业之所归。时君世主亦皆昏迷颠倒于其说，而终身从事于无用之虚文，莫自知其所谓。间有觉其空疏缪妄，支离牵滞，而卓然自奋，欲以见诸行事之实

---

① "炽"字，《王文成公全书》作"焻"。

② "而"字脱。

③ "夷狄"二字原作"异类"，据《王文成公全书》为正。

④ "足"原作"可"，据《王文成公全书》为正。

⑤ "踉"原作"浪"，据《王文成公全书》为正。

⑥ "遑"原作"暇"，据《王文成公全书》为正。

者，极其所抵，亦不过为富强功利五霸之事业而止。

“圣人之学，日远日晦，而功利之习，愈趋愈下。其间虽尝瞽惑于佛老，而佛老之说，卒亦未能有以胜其功利之心；虽又尝折衷于群儒[①]，而群儒之论，终亦未能有以破其功利之见。盖至于今，功利之毒，沦浃于人之心髓，而习以成性也，几千年矣！相矜以知，相轧以势，相争以利，相高以技能，相取以声誉。其出而仕也，理钱谷者则欲兼夫兵刑，典礼乐者又欲与于铨轴，处郡县则思藩臬之高，居台谏则望宰执之要。故不能其事则不得以兼其官，不通其说则不可[②]以要其誉。记诵之广，适以长其傲也；知识之多，适以行其恶也；闻见之博，适以肆其辨也；词章之富，适以饰其伪也。是以皋、夔、稷、契所不能兼之事，而今之初学小生，皆欲通其说，究其术，其称名僭[③]号，未尝不曰‘吾欲以共成天下之务’，而其诚心实意之所在，以为不如是，则无以济其私而满其欲也。

“呜呼！以若是之积染[④]，以若是之心志，而又讲之以若是之学术，宜其闻吾圣人之教，而视之以为赘疣枘凿，则其以良知为未足，而谓圣人之学为无所用，亦其势有所必至矣！

“呜呼！士生斯世，而[⑤]尚何以求圣人之学乎？尚何以论圣人之学乎？士生斯世而欲以为学者[⑥]，不亦劳苦而繁难乎？不亦拘滞而险艰乎？呜呼！可悲也已！

“所幸天理之在人心，终有所不可泯，而良知之明，万古一日，则其闻吾拔本塞源之论，必有恻然而悲，戚然而痛，愤然而起，沛然若决江河，而有所不可御者矣。非夫豪杰之士无所待而兴者，吾谁与望乎？”[⑦]

---

① “群儒”原作“诸儒”，下同，皆据《王文成公全书》为正。
② “可”原作“得”，据《王文成公全书》为正。
③ “僭”原作“借”，吴光、钱明、董平、姚延福编校《王阳明全集》作“僭”，今据以为正。
④ “染”字原作“习”，据《王文成公全书》为正。
⑤ “而”字脱。
⑥ “者”字脱。
⑦ 文录自《王文成公全书·传习录中·答顾东桥书》。

按：阳明之学，本于陆子。陆子《白鹿洞讲义》义利之辨，精晰无伦，诸生为之泣下。此文上下古今，切中时弊，世道人心，赖以不坠。乾坤不息，天理不亡，则此文之精气，亦终不可磨灭，其功岂在陆子下哉？然自明代以来，三百余年流弊，更莫知所届。深愿读此篇者，憬然激发其良知，有以救人心于将死也，予日望之矣！

良知答问　答陆元静澄

问："下手工夫，觉此心无时宁静。妄心固动也，照心亦动也。心既恒动，则无刻暂停也。"

阳明子曰："是有意于求宁静，是以愈不宁静耳。夫妄心则动也，照心非动也。恒照则恒动恒静，天地之所以恒久而不已也。照心固照也，妄心亦照也。其为物不贰，则其生物不息，有刻暂停则息矣，非至诚无息之学矣。"

刘氏蕺山曰："妄心亦照，非实信得良知，安能如此说？"

问："良知起处。"

阳明子曰："良知者，心之本体，即前所谓恒照者也。心之本体，无起无不起，虽妄念之发，而良知未尝不在，但人不知存，则有时而或放耳；虽昏塞之极，而良知未尝不明，但人不知察，则有时而或蔽耳。虽有时而或放，其体实未尝不在也，存之而已耳；虽有时而或蔽，其体实未尝不明也，察之而已耳。若谓良知亦有起处，则是有时而不在[①]也，非其本体之谓矣。"

刘氏蕺山曰："存养省察，何尝不是宋儒之说，但提领在良知耳。"

问："良知，心之本体，即所谓性善也、未发之中也、寂然不动之

① "不在"后原衍"不明"二字，据《王文成公全书》删。

体也、廓然大公也，何常人皆不能，而必待于学耶？中也、寂也、公也，既已属心之体，则良知是矣。今验之于心，知无不良，而中、寂、大公实未有也。岂良知复超然于体用之外乎？”

阳明子曰：“性无不善，故知无不良，良知即是未发之中，即是廓然大公、寂然不动之本体，人人之所同具者也。但不能不昏蔽于物欲，故须学以去其昏蔽，然于良知之本体，初不能有加损于毫末也。知无不良，而中、寂、大公未能全者，是昏蔽之未尽去，而存之未纯耳。体即良知之体，用即良知之用，宁复有超然于体用之外者乎？”

刘氏蕺山曰：“只为人人承认不过，所以当面错。”

问：“周子曰‘主静’，程子曰‘动亦定、静亦定’，先生曰‘定者心之本体’，是静、定也，决非不睹不闻、无思无为之谓，必常知、常存、常主于理之谓也。夫常知、常存、常主于理，明是动也，已发也，何以为之静？何以谓之本体？岂是静、定也，又有以贯乎心之动静者耶？”

阳明子曰：“理无动者也。‘常知、常存、常主于理’，即‘不睹不闻、无思无为’之谓也。不睹不闻、无思无为，非槁木死灰之谓也，睹、闻、思、为一于理，而未尝有所睹、闻、思、为，即是动而未尝动也。所谓‘动亦定、静亦定，体用一原’者也。”

刘氏蕺山曰：“循理为静，非动静对待之静。”

问：“此心未发之体，其在已发之前乎？其在已发之中而为之主乎？其无前后内外而浑然一体者乎？今谓心之动静者，其主有事无事而言乎？其主寂然感通而言乎？其主循理从欲而言乎？若以循理为静，从欲为动，则于所谓动中有静、静中有动，动极而静、静极而动者不可通矣。若以有事而感通为动，无事而寂然为静，则于所谓动而无动、静而无静者不可通矣。若谓未发在已发之先，静而生动，是至诚有息也，圣人有复也，又不可通①矣。若谓未发在已发之中，则不知未发已发俱当主静乎？抑未发为静，而已发为动乎？抑未发已发俱无动无静乎？俱有动有静乎？幸教。”

阳明子曰：“未发之中即良知也，无前后内外而浑然一体者也。有事无事，可以言动静，而良知无分于有事无事也。寂然感通，可以言动静，而良知无分于寂然感通也。动静者所遇之时，心之本体固无分于动静也。理无动者也，动即为欲。循理则虽酬酢万变，而未尝动也；从欲则虽槁心一念，而未尝静也。动中有静、静中有动，又何疑乎？有事而感通，固可以言动，然而寂然者未尝有增也。无事而寂然，固可以言静，然而感通者未尝有减也。动而无动，静而无静，又何疑乎？无前后内外而浑然一体，则至诚有息之疑，不待解矣。未发在已发之中，而已发之中未尝别有未发者在。已发在未发之中，而未发之中未尝别有已发者存。是未尝无动静，而不可以动静分者也。

“凡观古人言语，在以意逆志而得其大旨，若必拘滞于文义，则‘靡有孑遗’者，是周果无遗民也。周子‘静极而动’之说，苟不善观，亦未免有病。盖其意从‘太极动而生阳，静而生阴’说来。太极生生之理，妙用无息，而常体不易。太极之生生，即阴阳之生生，就其生生之中，指其妙用无息者而谓之动，谓之阳之生，非谓动而后生阳也；就其生生之中，指其常体不易者而谓之静，谓之阴之生，非谓静而后生阴也。若果静而后生阴，动而后生阳，则是阴阳动静截然各自为一物矣。

“阴阳一气也，一气屈伸而为阴阳；动静一理也，一理隐显而为动静。春夏可以为阳为动，而未尝无阴与静也；秋冬可以为阴为静，而未尝无阳与动也。春夏此不息，秋冬此不息，皆可谓之阳、谓之动也；春夏此常体，秋冬此常体，皆可谓之阴、谓之静也。自元会运世，岁月日

① 《王文成公全书》没有“通”字。

时，以至刻秒忽微，莫不皆然，所谓动静无端，阴阳无始，在知道者默而识之，非可以言语穷也。若只牵文泥句，比拟仿像，则所谓‘心从法华转，非是转法华’矣。”

刘氏蕺山曰：“从欲而槁心一念，说不得是静中有动，静中有动，即是静而无静。”

问：“尝试于心，喜怒忧惧之感发也，虽动气之极，而吾心良知一觉，即罔然消阻，或遏于初，或制于中，或悔于后。然则良知常若居优闲无事之地而为之主，于喜怒忧惧若不与焉者，何欤？”

阳明子曰：“知此则知未发之中、寂然不动之体，而有发而中节之和、感而遂通之妙矣。然则良知常若居于优闲无事之地，语尚有病。盖良知虽不滞于喜怒忧惧，而喜怒忧惧亦不外于良知也。”

按：良知所以运用乎喜怒忧惧者也，故有在其先与在其后之时。

问：“夫子昨以良知为照心。窃谓良知，心之本体也。照心，人所用之功，乃戒慎恐惧之心也，犹思也。而遂以戒慎恐惧为良知，何欤？”

阳明子曰：“能戒慎恐惧者，是良知也。”

问：“先生又曰：‘照心非动也’，岂以其循理而谓之静与？‘妄心亦照也’，岂以其良知未尝不在于其中，未尝不明于其中，而视听言动之不过则者皆天理与？且既曰妄心亦照，则在妄心固可谓之照，而在照心亦可谓之妄矣。妄与照何异？今假妄之照以续至诚之无息，窃所未明，幸再启蒙。”

阳明子曰：“照心非动者，以其发于本体明觉之自然，而未尝有所动也。有所动即妄矣。妄心亦照者，以其本体明觉之自然者，未尝不在于其中，但有所动耳。无所动即照矣。无妄无照，非以妄为照、以照为妄也。照心为照，妄心为妄，是犹有妄有照也。有妄有照则犹贰也，贰则息矣；无妄无照则不贰，不贰则不息矣。”

刘氏蕺山曰："因妄不生，故照不立，然但可谓之无妄无照，不可谓之无善无恶。"

问："养生以清心寡欲为要。夫清心寡欲，作圣之功毕矣。然寡欲则心自清，清心非舍弃人事而独居求静之谓也。盖欲使此心纯乎天理，而无一毫人欲之私耳。今欲为此之功，而随人欲生而克之，则病根常在，未免灭于东而生于西。若欲刊剥洗荡于众欲未萌之先，则又无所用其力，徒使此心之不清。且欲未萌而搜剔以求去之，是犹引犬上堂而逐之也，愈不可矣。"

阳明子曰："必欲此心纯乎天理，而无一毫人欲之私，此作圣之功也。必欲此心纯乎天理，而无一毫人欲之私，非防于未萌之先，而克于方萌之际不能也。防于未萌之先，而克于方萌之际，此正《中庸》'戒慎恐惧'，《大学》'致知格物'之功，舍此之外，无别功矣。夫谓灭于东而生于西，引犬上堂而逐之者，是自私自利、将迎意必之为累，而非克治洗荡之为患也。今曰'养生以清心寡欲为要'，只养生二字，便是自私自利、将迎意必之根，有此病根潜伏于中，宜其有'灭于东而生于西，引犬上堂而逐之'之患也。"

问："佛氏于'不思善、不思恶时认本来面目'，与吾儒'随物而格'之功不同，吾若于不思善、不思恶时用致知之功，则已涉于思善矣。欲善恶不思，而心之良知清静自在，惟有寐方醒之时耳。斯正孟子'夜气'之说，但于斯光景不能久，倏忽之际，思虑已生。不知用功久者，其尝①寐初醒而思未起之时否乎？今澄欲求宁静，愈不宁静，欲念无生，则念愈生，如之何而能使此心前念易灭，后念不生，良知独显，而与造物游乎。"

阳明子曰："'不思善、不思恶时认本来面目'，此佛氏为未识本来面目者设此方便。'本来面目'即吾圣门所谓'良知'。今既认得良知

① "尝"字，《王文成公全书》作"常"。

明白，即已不消如此说矣。‘随物而格’是‘致知’之功，即佛氏之‘常惺惺’，亦是常存他本来面目耳。体段工夫，大略相似。但佛氏有个自私自利之心，所以便有不同耳。今欲善恶不思，而心之良知清静自在，此便有自私自利、将迎意必之心，所以有‘不思善、不思恶时，用致知之功，则已涉于思善’之患。《孟子》说夜气，亦只是为失其良心之人，指出个良心萌动处，使他从此培养将去。今已知得良知明白，常用致知之功，即已不消说夜气，却是得兔后不知守兔，而仍去守株，兔将复失之矣。欲求宁静，欲念无生，此正是自私自利、将迎意必之病，是以念愈生而愈不宁静。良知只是一个良知，而善恶自辨，更有何善何恶可思？良知之体本自宁静，今却又添一个求宁静。本是生生，今却又添一个欲无生。非独圣门致知之功不如此，虽佛氏之学亦未如此将迎意必也。只是一念良知，彻头彻尾，无始无终，即是前念不灭，后念不生。今却欲前念易灭而后念不生，是佛氏所谓断灭种性，入于槁木死灰之谓矣。”

刘氏蕺山曰：“观先生前后二则，直是按著人病根骨髓处，不由人不推门入白，而儒佛之辨亦较然。”

问：“《大学》以心有好乐忿懥忧患恐惧为不得其正，而程子亦谓‘圣人情顺万事而无情’。所谓‘有’者，《传习录》中以病疟譬之，极精切矣。若程子之言，则是圣人之情不生于心而生于物也，何谓耶？且事感而情应，则是是非非可以就格。事或未感时，谓之有，则未形也；谓之无，则病根在有无之间，何以致吾知乎？学务无情，累虽轻而出儒入佛矣，可乎？”

阳明子曰：“圣人致知之功，至诚无息；其良知之体，皦如明镜，略无纤翳，妍媸之来，随物见形，而明镜曾无留染，所谓‘情顺万事而无情也’。‘无所住而生其心’，佛氏曾有是言，未为非也。明镜之应物，妍者妍，媸者媸，一照而皆真，即是生其心处。妍者妍，媸者媸，一过而不留，即是无所住处。病疟之喻，诚已见其精切，则此节所问，可以释然。病疟之人，疟虽未发，而病根自在，则亦安可以其疟之未发而遂忘其服药调理之功乎？若必待疟发而后服药调理，则既晚矣！致知之功，无间于有事无事，而岂论于病之已发未发耶？”

刘氏蕺山曰：“疟病全在未发时，真能致知者，功夫只于此时用。自有宋诸儒而后，学者专守紫阳氏家法为入道之方，即江门崛起，直溯濂溪，犹曰：‘吾道有宗主，千秋朱紫阳，说敬不离口，示我入德方。’独阳明子读《大学》至‘格致’一解，谓朱子‘即物穷理’之说为支离，而求端于心。天下无心外之物，即本心以求物理，是为致良知于事事物物之间，而意可得而诚也。遂揭‘致良知’三字专教学者，而《答陆元静》数书，发明《中庸》之理甚奥，则其直接濂雒之传者，其曰‘未发之中即良知’，即‘主静立极’之说也；其曰‘良知无前后内外而浑然一体’，即‘性无内外’之说也；其曰‘能戒慎恐惧者是良知’，即‘敬无动静’之说也；其曰‘自私自利为病根’，即‘识仁’之微旨也。最后病疟一喻，尤属居要语，所云‘服药调理在未发时’者，又即朱子涵养一段工夫之意。朱子他日曰‘涵养须用敬，进学在致知’，至阳明子则合言之耳，孰谓其果立异同于朱子乎？夫诸儒说极、说仁、说静、说敬，本是一条血脉，而学者溺于所闻，犹未免滞于一指而不能相通，或转趋其弊者有之。‘致良知’三字，直将上下千古一齐穿贯。言本体，则只此是极，极不堕于玄虚；只此是仁，仁不驰于博爱。言工夫，则只此是静，静不涉于偏枯；只此是敬，敬不失之把捉，洵乎其为易简直截之宗也。或疑子之学近于禅者，乃儒释之辨，直以自私自利为彼家断案，可为推见至隐。学莫先于义利之辨，于此一差，无往而不异，不必禅也。于此不差，虽谓茂叔为穷禅可也，于子何疑？”①

按：以上各条，皆论良知之最精最深者。窃尝推而言之，凡人之知，若囿于一家一室，则一家一室之知而已；囿于一乡一邑，则一乡一邑之知而已；若推而广之于一国于宇宙，则所知者大矣。为学亦然。若囿于章句文艺，则章句文艺之知而已；囿于形器迹象，则形器迹象之知而已；若推而广之于政治于义理，则所知者深矣。又以时事论之，若囿于二三十年、四五十年之知，则有限之知而已；推而至于数百年数千年之知，则所知者远矣；若囿于一二事十数事之知，则最陋之知而已；若推而广之于数百事数千事，则所知者精矣。大也深也，远也精也，皆本吾心之良知，以审度于方寸秒忽之间者也。

或曰：“庄生有言：‘吾生也有涯，而知也无涯。’② 以有涯逐无涯，不亦殆乎？”曰：不然。余将反庄生之说曰：‘吾生也有涯，而知也亦有涯。’何以言之？盖有良知以范围之，则知为有涯矣。性者，五常之德，而用知觉以运之。凡合于仁义礼智信者，是良知也，吾之所当知也；凡悖于仁义礼智信者，此不良之知也，吾之所不当知也。君子喻于义，义者良知也，当知者也；小人喻于利，利者不良之知也，不当知者也。人惟徇无涯之欲，故以知为无涯，若能致至良之知，知亦何曾无涯？故吾人之知宜大宜深、宜远宜精，若小若浅、若近若粗，则自窒其良知矣。读阳明《拔本塞源论》，可以破小人喻利之知；读《良知问答》，可以充君子喻义之知。

① 《良知答问》载王阳明《王文成公全书·传习录中·答陆原静书》；刘宗周文载《圣学宗要》。
② 《庄子·养生主》文。

阳明学术发微卷三

阳明学四大题

按：阳明良知之学，上卷既述其概要矣。而后儒之所以致疑于阳明者，其说有四大端：一曰无善无恶乃告子之说，即释氏之学；二曰改用《古本大学》，以致知为致良知，背于经传；三曰心即理也，与性即理也不同；四曰知行合一，与朱子说异。

由是四者，聚讼纠纷，不有以解释之，则阳明真旨，终无由而显。夫言岂一端而已，亦各有所当也。苟其言而有补于世也，何害其为异？其言而无补于世也，何必附和之以为同？昔庖牺画八卦，文王作彖辞，周公作爻辞，孔子赞之曰："仁者见之谓之仁，智者见之谓之智。"① 圣人之道，广矣大矣，故曰："道并行而不相悖。"② 兹谨就以上数端，条举原文，及诸家评论之说，详加案语，以祛后人之惑，岂好为辩护哉？窃附于平心之论，而为党同伐异者献其箴规也。

一、无善无恶之说与告子迥异，不可误解

丁亥九月③，阳明先生起征思田，钱德洪、王畿论为学；德洪举先

---

① 《易·系辞传上》文。

② 《礼记·中庸》文。

③ 即嘉靖六年（一五二七），王阳明时年五十六，一年后逝世。

生教言曰："无善无恶心之体，有善有恶意之动，知善知恶是良知，为善去恶是格物。"畿曰："此恐未是究竟语，若说心体既是无善无恶，则意、知、物亦是无善无恶。若说意有善恶，毕竟心体还有善恶在。"是夕坐天泉桥，各举请正。先生曰："二子之见，正好相资，不可各执一边。我这里接人原有二种：利根之人，直从本源上悟入，人心本体，原是明莹无滞，原是个未发之中；利根人一悟本体，即是工夫，人己内外，一齐俱透。其次不免有习心在，本体受累，故教在意念上，实落为善去恶工夫，熟后渣滓尽去，本体亦明净了。王畿之见，是我接利根人底；德洪之见，是我为其次立法底。相取为用①，中人上下皆可以引入于道。"德洪再请问，先生喜曰："有只是你自有，良知本体，原来无有；本体只是太虚。太虚之中，日月星辰，风雨露雷②，阴雾饐气③，何物不有？而又何一物得为太虚之障？人心本体亦复如是……德洪工夫须要如此，便是合得本体工夫。"是日各有省④。

刘氏廩卿曰："按：无善无恶之说，禅机也。其始只是个善恶混，其究乃正是无善无不善。大抵阳明之意，谓有善有恶者人之情，无善无恶者人之性，为善去恶，正以复其无善无恶之本体也。夫《孟子》言性善，征之于情。情之与⑤性，本非二物，体用之分耳。性固无善之形矣，然发而有善之情，则善固性之所固有也。性既无恶之形矣，乃发而有恶之情，则恶亦性之所固有耶？此与善恶混之说奚以异？至论究竟工夫，则为善去恶，以复其无善无恶之本体，而性体光光明明，落得一空，无欲障亦并无理障，此与无善无不善之说又奚以异？诋之

① "用"字原作"资"，据《王文成公全书》为正。
② 二字原误倒。
③ "饐气"原作"噎气"，据《王文成公全书》为正。
④ 唐先生录自《王文成公全书·传习录下·语录三》及《王文成公全书·附录四·年谱三》载嘉靖六年（一五二七）九月阳明先生五十六岁之言。
⑤ "与"原作"于"，据《理学宗传辨正》为正。

为禅，似不为过。”①

黄氏梨洲曰：“《天泉问答》：‘无善无恶者心之体，有善有恶者意之动，知善知恶是良知，为善去恶是格物。’今之解者曰：‘心体无善无恶是性，由是而发之为有善有恶之意，由是而有分别其善恶之知，由是而有为善去恶之格物。’层层自内而之外，一切皆是粗机，则良知已落后著，非不虑之本然，故邓定宇以为权论也。其实无善无恶者，无善念恶念耳，非谓性无善无恶也。下句意之有善有恶，亦是有善念恶念耳，两句只完得动静二字。他日语薛侃曰：‘无善无恶者理之静，有善有恶者气之动。’即此两句也。所谓知善知恶者，非意动于善恶，从而分别之为知，知亦只是诚意中之好恶，好必于善，恶必于恶，无是无非②而不容已者，虚灵不昧之性体也。为善去恶，只是率性而行，自然无善恶之夹杂。先生所谓‘致吾心之良知于事事物物也’。四句本是无病，学者错会，反致③彼以无善无恶言性者，谓无善无恶斯为至善。善一也，而有有善之善，有无善之善，无乃断灭性种乎？彼在发用处求良知者，认已发作未发，教人在致知上著力，是指月者不指天上之月，而指地上④之光，愈求愈远矣。得羲说而存之，而后知先生之无弊也。”⑤

按：天泉一证，后学诧为漏泄天机，甚至比于六祖偈语“本来无一物，何处染尘埃”。此诚禅机矣，得梨洲之说以正之，始知所谓“无善无恶心之体”，乃言无善念恶念耳。夫《易传》言：“天下何思何虑。”⑥ 又曰：“易，无思也，无为

① 刘廷诏《理学宗传辨正》卷一六“附录”按语。
② “无是无非”，沈善洪主编《黄宗羲全集》作“孰是孰非”。
③ “反致”，《黄宗羲全集》作“文致”。
④ “上”原作“下”，据《明儒学案》为正。
⑤ 黄宗羲《明儒学案》卷一〇《姚江学案》文。
⑥ 《易·系辞传下》文。

也，寂然不动。”① 易者，心体也；无思无为，岂非无善念恶念乎？《中庸》言喜怒哀乐未发之中，始于天命之性，终于“上天之载，无声无臭”，圣门曷尝讳言“无”哉？周子言“无极而太极”②，无极之尊，又言“动而无动，静而无静”③；程子言“天地之常，以其心普万物而无心；圣人之常，以其情顺万事而无情”④，周程二子，亦未尝讳言无也。明乎此，则知阳明所谓“无善无恶”，与告子所谓“性无善无不善”，固绝不相侔矣。至于接利根人、钝根人之说，未始非因材施教之法，圣门固有语上语下之别矣，何必因此而诋之哉？

又按：天泉证道，《王龙溪集》记载较详，然其大要亦不外此。王门相传“无善无恶”作为口诀⑤，如《明儒学案》载周海门《九解》中释“四无教”，词旨元虚，诚不免有葱岭带来之意矣。

二、改用《古本大学》，虽与朱子异，实与汉唐诸儒合

【释】此条收录王阳明《大学问》文之第六项（最后一项）与门人问答，钱德洪序文详其事⑥。文中所涉及者乃嘉靖六年（一五二七）

① 《易·系辞传上》文。

② 周敦颐《太极图说》文。

③ 周敦颐《通书·动静》文。

④ 程颢《答横渠先生定性书》文。

⑤ “王门相传无善无恶作为口诀”句，《演讲录》作：“相传钱绪山之说为四句教，王龙溪之说为四无教，迨阳明先生殁后，四无教盛行，学者侈谈无善无恶，流弊滋甚。”

⑥ 因王阳明《大学问》意义重大，谨附录钱德洪序文，以备参考：“德洪曰：《大学问》者，师门之教典也。学者初及门，必先以此意授，使人闻言之下，即得此心之知，无出于民彝物则之中，致知之功，不外乎修齐治平之内。学者果能实地用功，一番听受，一番亲切。师常曰：‘吾此意思有能直下承当，只此修为，直造圣域；参之经典，无不吻合；不必求之多闻多识之中也。’门人有请录成书者。曰：‘此须诸君口口相传，若笔之于书，使人作一文字看过，无益矣。’嘉靖丁亥（一五二七）八月，师起征思田，将发，门人复请。师许之。录既成，以书贻洪曰：‘《大学或问》数条，非不愿共学之士尽闻斯义，顾恐借寇兵而赍盗粮，是以未欲轻出。’盖当时尚有持异说以混正学者，师故云然。……《大学》之教，自孟氏而后不得其传者，几千年矣！赖良知之明，千载一日，复大明于今日。”

八月出征前之事，王阳明时年五十六，一年后逝世。已经早在正德十三年（一五一八）七月，在赣州讲学时，王阳明即刊刻《古本大学》及《朱子晚年定论》，距写作此文相隔已九年。

或问曰："古之欲明明德于天下者，以至于先修其身，以吾子明德亲民之说通之，亦既可得而知矣。敢问欲修其身，以至于致知在格物，其工夫次第，又何如其用力欤？"

曰：此正详言明德、亲民、止至善之功也。盖身、心、意、知、物者，是其工夫所用之条理，虽亦各有其所，而其实只是一物。格、致、诚、正、修者，是其条理所用之工夫，虽亦皆有其名，而其实只是一事。

何谓身？心之形体运用之谓也。何谓心？身之灵明主宰之谓也。何谓修身？为善而去恶之谓也。吾身自能为善而去恶乎？必其灵明主宰者欲为善而去恶，然后其形体运用者始能为善而去恶也。故欲修其身者，必在于先正其心也。然心之本体则性也，性无不善，则心之本体，本无不正也，何从而用其正之之功乎？盖心之本体本无不正，自其意念发动而后有不正。故欲正其心者，必就其意念之所发而正之。凡其发一念而善也，好之真如好好色；发一念而恶也，恶之真如恶恶臭；则意无不诚而心可正矣。

然意之所发，有善有恶，不有以明其善恶之分，亦将真妄错杂，虽欲诚之，不可得而诚矣。故欲诚其意者，必在于致知焉。致者，至也，如云"丧致乎哀"之"致"。《易》言"知至至之"，知至者，知也；至之者，致也。致知云者，非若后儒所谓充广其知识之谓也，致吾心之良知焉耳。良知者，《孟子》所谓"是非之心，人皆有之"者也。是非之心，不待虑而知，不待学而能，是故谓之良知，是乃天命之性，吾心之本体，自然灵昭明觉者也。

凡意念之发，吾心之良知，无有不自知者。其善欤？惟吾心之良知自知之；其不善欤？亦惟吾心之良知自知之，是皆无所与于他人者也。故虽小人之为不善，既已无所不至，然其见君子，则必厌然掩其不善而著其善者，是亦可以见其良知之有不容于自昧者也。今欲别善恶以诚其意，惟在致其良知之所知焉尔。何则？意念之发，吾心之良知既知其为善矣，使其不能诚有以好之，而复背而去之，则是以善为恶，而自昧其知善之良知矣。意念之所发，吾之良知既知其为不善矣，使其不能诚有以恶之，而复蹈而为之，则是以恶为善，而自昧其知恶之良知矣。若是，则虽曰知之，犹不知也，意其可得而诚乎？

今于良知所知之善恶者，无不诚好而诚恶之，则不自欺其良知而意可诚也已。然欲致其良知，亦岂影响仿佛而悬空无实之谓乎？是必实有其事矣。故致知必在于格物。

物者，事也。凡意之所发，必有其事，意所在之事谓之物。格者，正也，正其不正，以归于正之谓也。正其不正者，去恶之谓也；归于正者，为善之谓也，夫是之谓格；《书》言“格于上下”“格于文祖”“格其非心”,“格物”之“格”，实兼其义也。良知所知之善，虽诚欲好之矣，苟不即其意之所在之物而实有以为之，则是物有未格，而好之之意犹为未诚也。良知所知之恶，虽诚欲恶之矣，苟不即其意之所在之物而实有以去之，则是物有未格，而恶之之意犹为未诚也。今焉于其良知所知之善者，即其意之所在之物而实为之，无有乎不尽；于其良知所知之恶者，即其意之所在之物而实去之，无有乎不尽，然后物无不格，而吾良知之所知者，无有亏缺障蔽，而得以极其至矣。夫然后吾心快然，无复余憾而自谦①矣！夫然后意之所发者，始无自欺而可以谓之诚矣！故曰：“物格而后知至，知至而后意诚，意诚而后心正，心正而后身修。”盖其工夫条理，虽有先后次序之可言，而其体之惟一，实无先后次序之可分。其条理工夫，虽无先后次序之可分，而其用之惟精，固有纤毫不可

① “谦”原作“慊”，据《王文成公全书》为正。

得而缺焉者。此格致诚正之说，所以阐尧舜之正传，而为孔氏之心印也。①

施氏邦曜曰："《大学》除却'格物'二字，更无下手处，必实体之乃见。盖自天开地辟，上天下地皆物也，即求道之身亦物也。共此无妄之理，即所谓道之大原也。如上下高深同归阒寂，又何从问道？若要寻到天地之先，便是老庄虚无学问，是物正此道之显然可见者，大《易》所谓'形而上者谓之道，形而下者谓之器'者是也。舍器更无所谓道，是物即吾之性也、命也，《孟子》所谓'万物皆备于我'者也。人只是知诱物化，不能反身而诚，又不能强恕而行，只认躯壳为身，认外物为物，物与我始判然为两，究竟此身只成万物中之一物，又安能致知、诚意、正心、修身、齐家、治国、平天下，以尽大学之道？故道要诸诚意，而工夫尽之致知。格物所谓格者，不从物上求也，要在博学、审问、慎思、明辨、笃行以求明此善。善即诚也，物之所以为物者也。明善即是知止，知止即是能得。如此领会，万物皆归于舍矣，故《中庸》云'诚者物之终始'，君子诚之为贵，自然成己成物，举而措之，无不宜之也。格物原是一了百当工夫，故朱子训格曰至，极当。凡属遥想臆说，即拟议甚高，不得云至。所谓至者，犹云身造其境，原兼知行、该动静而言，即先生所举大《易》'知至至之'谓也。至其所至，是盛德大业之本也，此外更无精义入神之功也。人惟认朱子至字浅了，便谓逐一物格一物，此是末学支离之习，晦翁原无此解，得先生一番②阐明，有以发朱子未尽之意矣。"③

---

① 王阳明《王文成公全书·续编一·大学问》文。

② "一番"二字脱，据乾隆丁未（一七八七）重刊济美堂藏板《阳明先生集要》补入。

③ 施邦曜评辑《阳明先生集要·理学篇·大学问》文。按：《阳明先生集要》"未尽之意"后无"矣"字。

按：《大学》八条目以修身为本，而修身又以诚意为本，盖意之诚伪，人心生死之关也。人惟不能诚其意，是以好恶颠倒，拂人之性，身不能修，而家国天下于以乱。故本经首章之“此谓知本”，指修身为本而言；次章之“大畏民志，此谓知本”，指诚意为本而言，经意本极明显，而格物之物，即物有本末之物。身、心、意、知、家、国、天下，皆物也，汉唐诸儒，皆主此说。郑君注“致知”云：“知，谓知善恶吉凶之所终始。”注“格物”云：“格，来也。物，犹事也。其知于善深则来善物，其知于恶深则来恶物，事缘言人所好来也。”阳明先生以致知为致良知，深得圣经诚意为本之旨，而与郑注意亦隐相符合，惟与朱子《补传》异耳。然朱子《补传》云：“人心之灵，莫不有知，而天下之物，莫不有理。惟于理有未穷，故其知有不尽。”固未尝以心与理判而为二也；又云：“至于用力之久，而一旦豁然贯通焉，则众物之表里精粗无不到，而吾心之全体大用无不明。”则更以心与物合而为一矣。郑君、朱子、阳明，同是羽翼经意，同一觉世苦心，何以纷纷然起门户之争乎？《古本大学说》，并见于本书卷六《答罗整庵先生书》，宜参考。

三、“心即理”与“性即理”浑言，未尝不同

先生《答顾东桥书》曰：“朱子所谓格物云者……是以吾心而求理于事事物物之中……如求孝之理于其亲之谓也。求孝之理……果在于吾之心邪？抑果①在于亲之身邪？假而②果在于亲之③身，则④亲没之后，

① “果”字脱，据《王文成公全书》补入。
② “而”字脱，据《王文成公全书》补入。
③ “之”字脱，据《王文成公全书》补入。
④ “则”字原作“而”，据《王文成公全书》为正。

吾心遂无孝之理与？见孺子之入井，必有恻隐之理①；是恻隐之理，果在于②孺子之身与？抑在于③吾心之良知与？……是可以知④析心与理为二之非矣。”⑤

高氏景逸曰：“臣之事君以忠也，夫人知之而非知之至也。……子之事亲而当孝也，夫人知之而非知之至也。……人伦之至，天理之极⑥，格物而至于物，则物理尽者也⑦，所谓因其已知之理，而益穷之以求至乎其极也。今人⑧乍见孺子将⑨入井，皆有怵惕恻隐之心，此何心也？仁也。格物者知皆扩而充之，达之于其所忍，无不见吾不忍之真心焉。一箪食一豆羹，生死随之⑩，行道不受呼尔，乞人不屑蹴尔，此何心也？义也。格物者知皆扩而充之，达之于其所为。……故其心之⑪神明，表里精融，通达无间，更无一毫人欲之私，得藏于隐微之地。……吾所闻于程朱格物致知之说，大略如此⑫，未闻其格孝于亲之身，格忠于君之身，格恻隐于孺子，格不受不屑于行道乞人也。”⑬

又曰：“凡人之学，谓之曰务外遗内，谓之曰玩物丧志者，以其不反而求诸理也。求诸理，又岂有内外之可言哉？在

---

① “理”字原作“心”，据《王文成公全书》为正。
② “于”字脱，据《王文成公全书》补入。
③ “于”字脱，据《王文成公全书》补入。
④ “知”字原作“见”，据《王文成公全书》为正。
⑤ 王阳明《王文成公全书·传习录中·答顾东桥书》文。
⑥ “天理之极”，《四库全书》本《高子遗书》作“止之则也，此为”。
⑦ “者也”二字脱，据《高子遗书》补入。
⑧ “今人”二字脱，据《高子遗书》补入。
⑨ “将”字脱，据《高子遗书》补入。
⑩ “无不见吾不忍之真心焉。一箪食一豆羹，生死随之”，原漏误成“箪食豆羹”四字，谨据《高子遗书》为正。
⑪ “之”字脱。
⑫ “大略”二字脱。
⑬ 高攀龙《高子遗书》卷三《阳明说辨一》文。

心之理，在物之理，一也。天下无性外之物，无心外之理，犹之器受日光，在彼在此，日则一也，不能析之而为二，岂待合之而始一也？阳明亦曰：‘理无内外，性无内外，故学无内外。讲习讨论，未尝非内，反观内省，未尝遗外也。’诚是也，则奈何驳朱子曰以吾求理于事物之中，为析心与理为二也。”①

按：《中庸》曰“合外内之道”，此言也，可以断王、高二家之说矣。忠宪以阳明为理在内，而阳明之学固非以理为尽在内也。阳明以朱子为理在外，而朱子之学固非以理为尽在外也。特一则由内而达之于外，一则由外而敛之于内尔，其谓天下无性外之物，无心外之理，则一也。观忠宪第二说，益足证心与理之非二矣。

又考陆清献《学术辨》曰：“以理为内②，而欲以心笼罩之者，阳明之学也；以理为外③，而欲以心笼罩之者，高、顾之学也。”盖皆有不满之意。然余谓以心笼罩，亦无弊病。《易·系辞传》曰“夫易何为者也？夫易，开物成务，冒天下之道”者也。易者心学也，冒者笼罩之谓也；然则以心笼罩涵盖天下之道，可以开物而成务矣，何必分心与理为二乎？先儒曰：“群言淆乱折诸圣。”④

徐爱问：“‘知止而后有定’，朱子以为‘事事物物，皆有定理’，似与先生之说相戾。”

先生曰：“于事事物物上求至善⑤，却⑥是义外也。至善是心之本

---

① 高攀龙《高子遗书》卷三《阳明说辨三》文。

② “内”字，《四库全书》本《三鱼堂文集》作“外”。按：应作“内”。

③ “外”字，《三鱼堂文集》作“内”。

④ 扬雄《法言·吾子》文。

⑤ “至善”二字原作“定理”，据《王文成公全书》为正。按：下文云“至善是心之本体”，故作“至善”为是。

⑥ “却”字脱，据《王文成公全书》补入。

体，只是‘明明德’到‘至精至一’处便是，然亦未尝离却①事物。”又曰：“心即理也，天下又②有心外之事、心外之理乎？”③

张氏武承曰：“事事物物皆有定理，所谓有物必有则。如阳明说，宜云有心必有则，岂诗人、孔子亦义外欤？天下无心外之事，故求诸事，正所以尽此心；无心外之理，故求诸理，正所以尽此心。今直求诸心，而欲事理之无不尽，虽大贤不能也。心能知觉，发于欲为人心，发于理为道心，故贵乎择之精焉、守之一焉，未闻心之即理也。程子曰‘性即理也’是矣。理义悦我心，犹刍豢悦我口，若曰：‘心即理’，是口即刍豢也，目即色也，耳即声也。”④

按：《孟子》言“理义悦我心，犹刍豢悦我口”⑤，又言“君子以仁存心”⑥，是心非即理义，非即仁，固矣。然须知心兼具理气者也，若非心则理何所寓？心即理也之说，不过语意稍伤快耳，故自其深者而言之，孔子“从心所欲不逾矩”⑦，是心即矩也。颜子其心“三月不违仁”⑧，是心即仁也。即矩、即仁、即理也，此非一蹴可几者也。自其浅者而言之，孟子曰：“是非之心，人皆有之。”⑨是非之心，即判断之理，是心即理也，此则尽人同具者也。夫谓心即理，不免于气质用事，故必致其良知，自能变化其气质，则此语何尝有弊？若判心与理为二，则理堕于玄虚，此戴东原、焦礼堂之徒，所以显肆其

---

① “却”字脱。
② “又”字脱。
③ 《王文成公全书·传习录上·语录一》文。
④ 张烈《王学质疑》卷一“心即理也”按语。
⑤ 《孟子·告子上》文。
⑥ 《孟子·离娄下》文。
⑦ 《论语·为政》文。
⑧ 《论语·雍也》文。
⑨ 《孟子·告子上》文。

攻讦，而以理为不足据也。

徐爱又问："事父事君，交友治民①，其间②有许多理在，恐亦③不可不察。"

先生叹④曰："此说之蔽久矣！……今姑就所问者言之，且⑤如事父不成，去父上求个孝的理；事君不成，去君上求个忠的理；交友治民不成，去友上民上求个信与仁的理，都只在此心。心即理也。此心无私欲之蔽，即是天理。……以此纯乎天理之心，发之事父便是孝，发之事君便是忠，发之交友治民便是信与仁。只在此心，去人欲、存天理上用功便是。"

徐爱又问："……如事父一事，其间温凊⑥定省之类，有许多节目，不知亦须讲求否？"

先生曰："如何不讲求？……就如讲求冬温……只是要尽此心之孝，恐怕⑦有一毫人欲间杂；讲求夏凊，只是要尽此心之孝，恐有一毫人欲间杂。只是讲求得此心……纯是天理……《礼记》言：'孝子之有深爱者必有和气，有和气者必有愉色，有愉色者必有婉容。'⑧ 须是有个深爱作根，便自然如此。"⑨

张氏武承曰："此心何以遽无私欲之蔽？何以遽能纯乎天理？欲人去欲而不许即事即物以辨验所谓欲者，欲人存理而不许即事即物以研究所谓理者，第曰去人欲而已，存天理而已，愚知其难也。孝之理不在父，忠之理不在君。然惟有父⑩而后

① 《传习录上》原文作："如事父之孝，事君之忠，交友之信，治民之仁。"
② "其间"二字脱。
③ "亦"字脱。
④ "叹"字脱。
⑤ "且"字脱。
⑥ "凊"字诸本误刻作"清"，准《礼记》文为正。
⑦ "怕"字脱。
⑧ 《礼记·祭义》文。
⑨ 《王文成公全书·传习录上·语录一》徐爱问至善条。
⑩ "有父"，同治正谊堂本《王学质疑》作"吾生必有父"。

此心知孝，有君[1]而后此心知忠。且惟其为父故孝以事之，若他人则不得以孝施矣。惟其为君故忠以事之，若他人则不得以忠名矣。所当忠所当孝者在君父，而知忠知孝者即在吾心，此所谓无心外之事、无心外之理也。求之父、求之君，即所以求此心，所谓合内外之道也。今必曰求之心，不求之君父，则君父为外矣，又有心外之事、心外之理矣。”[2]

按：此条与《答顾东桥书》[3] 其意大同小异，张氏之说，固若持之成理，然解字有浑言、析言之别。孔子曰：“人者，天地之心也。”[4] 孟子曰：“心之所同然者何也？谓理也义也。”[5] 天地之心，非即义理之性乎？《大学》一书，言心而罕言性，而朱子解“明德”曰：“人之所得乎天，而虚灵不昧，以具众理而应万事者也。但为气禀所拘，物[6]欲所蔽，则有时而昏；然其本体之明，则有未尝息者。”[7] 然则明德非即心乎？《中庸》一书言性而不言心，而朱子注“道也者”节云：“道者，日用事物当行之理，皆性之德而具于心。”[8] 至注“明善诚身”节云：“不明乎善，谓未能察于人心天命之本然，而真知至善之所在。”[9] 然则人心与天命之性，非合而为一者乎？程子答张子《定性书》皆言定心之法，故朱子解之曰：“此性字是个心字意。”[10] 黄氏勉斋亦谓：“定性字当作定心看。”[11]

---

① “有君”，《王学质疑》作“吾生必有君”。

② 张烈《王学质疑》卷一“心即理也”按语。

③ 即卷二所录《拔本塞源论》。

④ 《礼记·礼运》文。

⑤ 《孟子·告子上》文。

⑥ “物”，《新编诸子集成》本《四书章句集注》作“人”。

⑦ 朱子《大学章句》文。

⑧ 朱子《中庸章句》文。

⑨ 朱子《中庸章句》文。

⑩ 《朱子语类·程子之书》卷九五文。

⑪ 《近思录集释·为学》江永《集注》引黄氏文。

此皆浑言之例。若必以析言之例驳之，岂程子、朱子亦认心为性乎？故曰读书穷理宜会其通，张氏所谓合外内之道，阳明之意，实亦如此。若必事事求之于外，则如公都子所谓："冬日则饮汤，夏日则饮水。"① 岂饮食亦在外乎？不免拘泥之甚矣！

至张氏又②谓："有君而后知忠，他人不得以忠名。"③ 尤为不合。圣经所载主忠信忠恕、为人谋而不忠，皆指普通人言，未尝专属之君。盖惟此心纯乎天理，故能大公无私，而其中之厚薄等差，亦由是非之心以判别之也。《孟子》曰："仁之于父子，义之于君臣。"然父子君臣之性质，万有不齐，父则有如瞽瞍者，君则有如桀纣者，如何事之而得其宜？则当于父上求孝之理、君上求忠之理矣。惟求其理，必以一心之至诚通贯之。至诚者，良知也④。

四、"知行合一"与朱子"先知后行"之说，义各有当，不必入是出非

先生《答顾东桥书》曰："人必有欲食之心，然后知食。欲食之心即是意⑤，即是⑥行之始。食味之美恶，必待入口而后知，岂有不待入口，而已先知食味之美恶耶？有欲行之心，然后知路，欲行之心即是意⑦，即是⑧行之始⑨，路歧之险易，必待身亲履历而后知。岂有不待

---

① 《孟子·告子上》。
② "张氏又"三字脱。
③ 唐先生概括张烈之说，张氏《王学质疑》卷一"心即理也"云："吾生必有君而后此心知忠，且惟其为父，故孝以事之，若他人则不得以孝施矣。惟其为君，故忠以事之，若他人则不得以忠名矣。"
④ 自"孟子曰仁之于父子"至此，据唐先生《演讲录》补入。
⑤ 句中脱"是"字，句末衍"意"字。
⑥ "是"字脱。
⑦ 句中脱"是"字，句末衍"意"字。
⑧ "是"字脱。
⑨ 此句末衍"矣"字。

亲历，而已先知路歧之险易耶？”

张氏武承曰：“按：此义皆有两端。必先审明义理，然后可措之行，先知后行，此正说也。然所明之义理，必躬行阅历，后愈觉其真，先行后知，亦一说也。必执后一说废前一说，则偏诐不通，费词多辩，惟新奇可喜，而于实学远矣。欲食即知食也，以欲为行，可乎？以欲为行，则凡事第欲之而已，何必实事？且食味美恶，入口后知，固也。若不先辨明若者养人、若者害人，一一待入口而后知，若神农尝百草然，则一日而遇数十毒，身之死已久矣。赤子匍匐，遇虫亦食，遇秽亦食，将亦以为是不学不虑之良知耶？保母指而示之，然后知其不可食。行之必先知，知之必需格物明矣。路歧险易，亲历乃知，固已。若不先考明程途几何，由某至某用舟，由某至某用马，伥伥前行，待亲历而后知，则适燕而南其辕，适齐而西其辙，临时始知用舟而舟不具，及途始知用马而马不得，陷荆棘，没泥淖，至是而后知之，知之已无及矣。愚谓其偏诐不通者此也。”①

按：张氏所谓先知后行、先行后知，极是。然统其先后而言之，即所谓知行合一也。合一者，统乎知行之始，即贯乎知行之终，指全体而言，而非以偏端言也。至其驳“欲食之心，然后知食”云云，其说甚辩，然阳明本意恐不如此。盖阳明所谓欲食之心即意，意即行之始；欲行之心即意，意即行之始。此盖教人诚意功夫，所谓诚于中形于外，有因即有果，故皆曰“意即行之始”，非谓意即行也。若既有致良知功夫，如《中庸》之“事前定则不困，道前定则不穷”，何至一日而遇数十毒、适燕而南其辕乎？故知阳明立教本意，在兢兢于慎独

① 张烈《王学质疑》卷三“知行合一”按语。

之功，欲善即可为善，欲恶即堕于恶，指视其严，知此而后能不妄行，心几事几，互相应而隐相贯者也，故曰合一。

顾东桥又谓："行即是知，恐专求本心遂遗物理，必有暗而不达处。"

先生答书曰："知之真切笃实处即是行，行之明觉精察处即是知。知行工夫本不可离，只为后世学者分作两截用功，失却知行本体，故有合一并进之说。真知即所以为行，不行不足谓之知。……专求本心，遂遗物理，此盖失其本心者也。夫物理不外于吾心，外吾心而求物理，无物理矣。遗物理而求吾心，吾心又何物耶？"①

张氏武承曰："若是则止曰'行'可矣，或止曰'知'可矣，古人何兼设此二字乎？兼设二字，必确是两事，不可紊淆，此《易》之对待也；惟其为两，必自相生，此《易》之流行也。今单执其相生者，深斥其两立者，巧为之说曰'知之笃实即行，行之精察即知'，此尖新讲章、小巧时文②耳。尖新小巧③，由人心之浇薄，以是讲学可乎？"④

按：大《易》之义，曰"知至"，曰"知终"⑤，曰"知几"⑥，曰"知险""知阻"⑦，而必济之以"'终日乾乾'，与时偕行"⑧，是即随知随行，知行合一也。程子之论学曰："涵养须用敬，进学则在致知。"⑨ 致知者知之事，则涵养亦行之事也。程子又曰："敬义夹持，直⑩上达天德。"斯言也，盖亦

---

① 节录自《王文成公全书·传习录中·答顾东桥书》文。
② "小巧时文"四字脱，据《王学质疑》补入。
③ "小巧"二字脱，据《王学质疑》补入。
④ 张烈《王学质疑》卷三"知行合一"按语。
⑤《易·乾·文言传》文。
⑥《易·系辞下传》文。
⑦《易·系辞下传》文。
⑧《易·乾·文言传》文。
⑨ 朱子编《二程遗书》卷一八文。
⑩ "直"字脱，据《四库全书》本《二程遗书》卷五文补入。

本于《易》。《坤》卦《文言传》曰“敬以直内，义以方外”，敬义，知之事也，而直内方外，则皆行之事也，故圣传又曰：“不习①无不利，则不疑其所行。”不疑者，知之精切笃实也。是知行合一之说，固创自孔子，而非创自阳明矣。盖行固有在于知之先者，亦有在于知之后者，张氏谓古人何以兼设知行二字，抑何以辞害意之甚也！

顾东桥又谓：“人之心体本无不明，而气拘物蔽，鲜有不昏，非学问思辨以明之…… 则任情恣意，害有不可胜言者。”

先生答书曰：“……夫②问思辨行，皆所以为学，未有学而不行者也。……尽天下之学，无有不行而可以言学者，则学之始固已即是行矣。……盖③学之不能无疑则有问，问即学也，即行也；又不能无疑则有思，思即学也，即行也；又不能无疑则有辨，辨即学也，即行也。辨既明矣，思既慎矣，问既审矣，学既能矣，又从而不息其功焉，斯谓之笃行，非谓学问思辨之后而始措之于行也。是故以求能其事而言谓之学，以求解其惑而言谓之问，以求通其说而言谓之思，以求精其察而言谓之辨，以求履其实而言谓之行。盖析其功而言则有五，合其事而言则一而已。此区区心理合一之体，知行并进之功，所以异于后世之说者，正在于是。”④

张氏武承曰：“若是则《中庸》列此五句，亦支离多事矣。又谓择善即固执工夫，惟精即惟一工夫，博文即约礼工夫，诸若此类，古圣⑤人皆成赘语矣，不若王子言言句句，止提致良知也。止提致良知，则以此三字驱使经书，皆在包罗统

---

① “习”原误作“疾”，据《易传》为正。
② “夫”字脱。
③ “盖”字脱。
④ 节录自《王文成公全书·传习录中·答顾东桥书》文。
⑤ “圣”字脱，据《王学质疑》补入。

括之内，真所谓六经皆我注脚，何止朱子①格物九条乎？但未免为尖新时文之祖，率天下为无忌惮耳。'有不善未尝不知，知之未尝复行'，知行先后也；'知之匪艰，行之维艰'，既知又须行也。故谓知行为二，晓然易见而实是也，谓知即行、行即知，费分疏费笔舌而实非也。"②

按:《中庸》准《周易》而作，故常以知行并言，如曰知人知天，即曰"天下之达道五，所以行之者三"；曰生知、学知、困知，即曰安行、利行、勉行；又曰"不明乎善，不诚其身"，"择善而固执之"，"诚则明矣，明则诚矣"，是知行未尝不合一也。阳明以学问思辨为行，语意固失之快，然有当析言之者，如学之训觉，属于知也；又训效，属于行也。思在内，思其所行也；问辨在外，则更属知行合一矣。"有不善未尝不知，知之未尝复行"③，更为知行合一之证。有不善未尝不知，由行而知也；知之未尝复行，由知而不行也。颜子之非礼勿视听言动，惟知其非礼，是以勿视听言动，然则知其是礼，即视、即听、即言、即动矣，非所谓知行合一乎？

昔朱子言致知力行，多言随知随行；而云小学先行后知，大学先知后行，朱子之意，盖亦统知行先后而言之也。陈氏北溪深得朱子之师法者也，其言曰致知力行，如"目视足履，动辄相应"④，非截然判先后为二事。阳明之言与陈氏合，亦未尝与朱子相悖也。要而言之，知而不行，是谓虚知；行而不知，是谓冥行。阳明盖有鉴于天下多虚知冥行之人，故为知行合一之说以救之，后世之学问家、政治家当深味乎其言。

---

① "朱子"应作"程子"。

② 张烈《王学质疑》卷三"知行合一"按语。

③ 《易·系辞下传》文。

④ 陈淳《北溪字义·严陵讲义·用功节目》文。

又按：高氏景逸谓“凡人之言合者，必二物也。本离而合之之谓合，本合则不容言合也。……知行未尝不合一，而圣人不必以合一言也。故有时对而言之，则知及仁守是也；有时互而言之，则智愚贤不肖之过不及，而道之不行不明是也；有时对而互言之，则‘知至至之，知终终之’是也；有时偏而言之，则夫子叹知德之鲜，孟子重始条理之智，傅说‘知之非艰[①]，行之维艰’是也；有时分而言之，则知及而不能守，‘有不知而作’者是也。吾[②]故曰圣人不必合一言之也。而知行未尝不合，惟其未尝不合，故专言知而行在，专言行而知亦在”[③] 云云。

按：忠宪说最为明通，其意盖斥阳明之非，然其谓专言知而行在，专言行而知亦在，非知行合一乎？文治考《易传》言：“知崇礼卑，崇效天，卑法地。”[④] 窃谓知属于天，气者也，行属于地，质者也。天包乎地，天与地不能相离，气与质亦不能相离，则知与行自然合一。阳明立教，固有精义，又何疑乎？

按：知行合一之说可以救国，因从前积弊，往往知而不行，浸成国民怠惰迟缓之习，必当以阳明学说矫之。余于己卯年（一九三九）春已经讲过，印入《演讲》第二集中。兹再畅发阳明先生宗旨，期于振作国民精神，务望学者注意[⑤]。

---

① “知之非艰”，《高子遗书》作“非知之艰”，据《尚书·说命中》文为正。

② “吾”字脱。

③ 高攀龙《高子遗书》卷三《阳明说辨一》文。

④ 《易·系辞上传》文。

⑤ 此段按语，乃据唐先生《演讲录》补入。文中唐先生所言之文，乃指《交通大学演讲录》第二集上卷“经学心学类”之第八期《论阳明学为今时救国之本》，已经收录在《性理救世书》卷二中，题为《阳明学为今时救国之本论》。

阳明学术发微卷四

阳明学贯通经学、变化神明

按：阳明在龙场悟道后，尝作《五经臆说》四十六卷，其自序云："龙场居南夷万山中，书卷不可携，日坐石穴，默记旧所读书而录之，意有所得，辄为之训释。期有七月而五经之旨略遍，名之曰《臆说》。盖不必尽合于先贤，聊写其胸臆之见，而因以娱情养性焉耳。"① 盖阳明自三十七岁悟良知之旨，始作《五经臆说》，以为娱情养性之资，故其后又作《稽山书院尊经阁记》曰："经，常道也。其在于天谓之命，其赋于人谓之性，其主于身谓之心。心也，性也，命也，一也。……故六经者非他，吾心之常道也。"② 然则阳明之于经学，固以吾心之良知一以贯之矣。惜《五经臆说》其书无传，余窃不自揆，常欲以良知觉牖生民，尝以群经所言"内心""外心"之知，分类次第，而以阳明说比附诠释之，别为一篇。

① 载《阳明先生文集·外集》卷六。

② 《王阳明全集》卷七"文录"四；《稽山书院尊经阁记》成于嘉靖四年乙酉（一五二五）四月；是年十一月，因平定宸濠之乱而擢南京兵部尚书，封新建伯。按：阳明文云："呜呼！六经之学，其不明于世，非一朝一夕之故矣。尚功利，崇邪说，是谓'乱经'；习训诂，传记诵，没溺于浅闻小见，以涂天下之耳目，是谓'侮经'；侈淫辞，竞诡辩，饰奸心盗行，逐世垄断，而犹自以为通经，是谓'贼经'。若是者，是并其所谓记籍者而割裂弃毁之矣，宁复之所以为尊经也乎？"按：阳明尊经，乃药治乱、侮、贼经之弊，乃从治经心术起义，以"吾心之常道"总持经学宗旨。

或曰："昔程子尝言有德性之知，有闻见之知，而王龙溪则谓阳明之言良知，德性之知也①，奈何以闻见之知杂之乎？"余曰：不然。阳明《答欧阳崇一书》曰："良知不由见闻而有，而见闻莫非良知之用，故良知不滞于见闻，而亦不离于见闻。"按：此即朱子"所谓太极不离乎阴阳，亦不杂乎阴阳"② 之意。然则阳明良知之学，何尝遗弃见闻哉？惟学者外见闻而言良知，此后儒所以诋之为禅也。况良知之为用，穷天地，亘古今，兼本末，赅始终，岂拘墟一端而已？

余之分类也凡十，一曰德性之良知，二曰闻见之良知，三曰好恶之良知，四曰事物已往之良知，五曰临事警觉之良知，六曰事物未来之良知，七曰深沈涵养之良知，八曰历练精密之良知，九曰为学知类之良知，而良知昏昧之由，则列于第十则，以为警醒人心之铎。当世研究经学者，傥能心知其意而通以虚救实之方乎？

一、德性之良知

《周易·系辞传》曰："乾知太始，坤作成物。乾以易知，坤以简能。易则易知，简则易从。""易简而天下之理得矣。"

《中庸》曰："思事亲不可以不知人，思知人不可以不知天。"又曰："或生而知之，或学而知之，或困而知之，及其知之，一也。"又曰："质诸鬼神而无疑，知天也；百世以俟圣人而不惑，知人也。"

《孟子·尽心篇》曰："尽其心者，知其性也，知其性则知天矣。"又曰："人之所不学而能者，其良能也；所不虑而知者，其良知也。孩提之童，无不知爱其亲者③，及其长也，无不知敬其兄也。"

阳明曰："吾'良知'二字，自龙场以后，便已不出此意，只是点此二字不出，与学者言，费却多少辞说。今幸点出此意，真是直截。学

① 王畿《答吴悟斋》云："心之知一也，根于良则为德性之知。"

② 黎靖德编《朱子语类》卷四"性理一"载朱子引《太极解》文。

③ "者"字原作"也"，据《孟子·尽心上》为正。

者闻之，亦省却多少求索。一语之下，洞见全体，学问头脑，至此已是说得十分下落，但恐学者不肯实去用力耳。”①

又曰：“某于‘良知’之说，从百死千难中得来，非是容易见得到此，此本是学者究竟话头……不得已与人一口说尽。但恐学者得之容易，只把做一种光景玩弄，辜负此知耳。”②

又曰：“某近来却见得‘良知’两字日益真切简易，朝夕与朋辈讲习，只是发挥此两字不出。缘此两字，人人所自有，故虽至愚下品，一提便省觉。若致其极，虽圣人天地不能无憾。故说此两字，穷劫不能尽，世儒尚有致疑于此，谓未足以尽道者，只是未尝实见得耳。”③

又曰：“‘良知’是造化精灵……生天生地，成鬼成帝，皆从此出，真是与物无对。人若复得他完完全全，无少亏欠，自不觉手舞足蹈，不知天地间更有何乐可代？”④

又曰：“‘良知’原是精精明明。如欲孝亲，生知安行者，只是依此良知实落尽孝而已；学知利行者，只是时时省觉，务要依此良知尽孝而已；至于困知勉行者，蔽锢已深，虽要依此良知去孝，又为私欲所阻，是以不能，必须加人一己百、人十己千之功，方能依此良知以尽其孝。”⑤

又曰：“明道云：‘只穷理，便尽性至命。’……夫学问思辨笃行之功，虽其困勉至于人一己百，而扩充之极，至于尽性知天，亦不过致吾心之良知而已。良知之外，岂复有加于豪末乎？”⑥

按：良知者，天地中和之气也。《易传》曰“乾以易知”，良知禀天气而生者也，“易知”“简能”，即良知良能也，未有

---

① 出钱德洪《刻文录叙说》文中所述阳明先生之言。

② 《王文成公全书》卷首载钱德洪《刻文录叙说》记述阳明先生之言。

③ 《王文成公全书·文录三·寄邹谦之（三）》嘉靖五年丙戌（一五二六）文。

④ 《王文成公全书·传习录下·语录三》文。

⑤ 《王文成公全书·传习录下·语录三》文。

⑥ 《王文成公全书·传习录中·答顾东桥书》文。

不易简而得天下之理者也。东海有圣人出焉，此心同此理同也；西海有圣人出焉，此心同此理同也。惟其心同，故其所禀之知同；惟其理同，故其所禀之良知同，彻上下贯中外者也，故阳明曰“良知是造化精灵”。《中庸》之“知人”“知天”，皆本于事亲，《孟子》所谓“智之实，知斯二者弗去”是也①。知人知天，皆由孩提之良知扩而充之，质诸鬼神而无疑，为往圣继绝学也，百世以俟圣人而不惑，为后世开太平也。无论生知、学知、困知，皆可以达之天下者也。世之人同生于天地之内，奈何自昧其良知耶？

二、闻见之良知

《周易·文言传》曰：“知至至之，可与几也。知终终之，可与存义也。”

《论语》子曰：“我②非生而知之者，好古，敏以求之者也。”又曰：“盖有不知而作之者，我无是也。多闻，择其善者而从之，多见而识之，知之次也。”

《大学》曰：“欲诚其意者，先致其知，致知在格物。物格而后知至，知至而后意诚。”

阳明曰：“《易》言‘知至至之’。知至者，知也。至之者，致也。致知云③者，非若后儒所谓充广其知识之谓也，致吾心之良知焉耳。”④

又曰：“圣人亦是学知，众人亦是生知。”问曰：“何如？”曰：“这良知人人皆有，圣人只是保全无些障蔽，兢兢业业，亹亹翼翼，自然不息，便也是学。只是生的分数多，所以谓之生知安行，众人自孩提之童，莫不完具此知，只是障蔽多，然本体之知，自难泯息。虽学问克

① 《孟子·离娄上》文。

② “我”原作“吾”，据《论语·述而》为正。

③ “云”字原作“之”，据《全书》为正。

④ 《王文成公全书·续编一·大学问》文。

治，也只凭他，只是学的分数多，所以谓之学知利行。”①

又曰：“夫子尝曰：‘盖有不知而作之者，我无是也。’是犹《孟子》‘是非之心，人皆有之’之义也。此言正所以明德性之良知，非由于闻见耳。若曰：‘多闻，择其善者而从之，多见而识之。’则是专求诸见闻之末，而已落在第二义矣。故曰：‘知之次也。’夫以见闻之知为次，则所谓知之上者，果安所指乎？是可以窥圣门致知用力之地矣。……《易》曰：‘君子多识前言往行，以畜其德。’夫以畜其德为心，则凡多识前言往行者，孰非畜德之事？此正知行合一之功矣。好古敏求者，好古人之学，而敏求此心之理耳。心即理也，学者学此心也，求者求此心也。”②

又曰：“良知者，《孟子》所谓‘是非之心人皆有之’者也。是非之心，不待虑而知，不待学而能，是故谓之良知，是乃天命之性，吾心之本体自然灵昭明觉者也。凡意念之发，吾心之良知，无有不自知者，其善欤惟吾心之良知自知之，其不善欤亦惟吾心之良知自知之，是皆无所与于他人者也。故虽小人之为不善，即已无所不至，然其见君子，则必厌然掩其不善而著其善者，是亦可以见其良知之有不容于自昧者也。”③

又曰：“孔子云：‘吾有知乎哉？无知也。’良知之外，别无知矣。故致良知是学问大头脑，是圣门教人第一义。今云专求之见闻之末，则是失却头脑，而已落在第二义矣。……大抵学问工夫，只要主意头脑是当。若主意头脑专以致良知为事，则凡多闻多见，莫非致良知之功。盖日用之间，见闻酬酢，虽千头万绪，莫非良知之发用流行，除却见闻酬酢，亦无良知可致矣。”④

---

① 《王文成公全书·传习录下·语录三》文。
② 《王文成公全书·传习录中·答顾东桥书》文。
③ 《王文成公全书·续编一·大学问》文。
④ 《王文成公全书·传习录中·答欧阳崇一》文。

按：良知虽不因闻见而有，而闻见多则良知益精，《孟子》论尧、舜、禹、汤相传道统，以为有见而知之者，有闻而知之者，所谓见知闻知，岂非因心理之相同，而良知之默契乎？孔子之闻知，即因好古敏求而得之者也。阳明解《吾有知乎章》及《不知而作章》，不及朱注之妥善，而其解《大学》致知为致良知，与诚意工夫合成一篇，却与郑君注意相合。要之，天命之性，万物皆备于我，天下事物，皆我良知所固有；多闻多见，莫非致良知之功，故《孟子》言深造之以道，欲其自得，亦必见博学详说也。近人谓西儒之学偏于外，中国之学偏于内，实则吾国圣贤之学，必合内外之道，故能时措之宜，彼滞于章句及流于空虚者，皆非开物成务之道也。

三、好恶之良知

《大学》曰："好而知其恶，恶而知其美者，天下鲜矣！故谚有之曰：'人莫知其子之恶，莫知其苗之硕。'"

《礼记·乐记》曰："人生而静，天之性也。感于物而动，性之欲也。物至知知，然后好恶形焉。好恶无节于内，知诱于外，不能反躬，天理灭矣。"

阳明曰："欲别善恶以诚其意，惟在致其良知之所知焉尔。何则？意念之发，吾心之良知既知其为善矣，使其不能诚有以好之，而复背而去之，则是以善为恶，而自昧其知善之良知矣。意念之所发，吾之良知既知其为不善矣，使其不能诚有以恶之，而覆①蹈而为之，则是以恶为善，而自昧其知恶之良知矣。若是则虽曰知之，犹不知也，意其可得而诚乎？今于良知所知之善恶者，无不诚好而诚恶之，则不自欺其良知而意可诚也已。"②

① "覆"原作"复"，据《全书》为正。

② 《王文成公全书·续编一·大学问》文。

又曰："天理在人心，亘古亘今，无有终始，天理即是良知。"①
又曰："天理之在人心，终有所不可泯，而良知之明，万古一日。"②

按：是非好恶者，治天下之大关键也。是非正，则好恶公而人心定，而天下治；是非昧，则好恶私而人心乖，而天下乱，而人化为物。呜呼！可不惧哉！是以《大学》一书，专以好恶为主，自"如恶恶臭，如好好色"始，而终言之曰："好人之所恶，恶人之所好，是谓拂人之性。"拂人之性者，自灭其良知，而即拂人之良知也，故曰："民之所好好之，民之所恶恶之，此之谓民之父母。"而《孟子》言选举之法谓："国人皆曰贤……然后用之……国人皆曰不可……然后去之……如此，然后可以为民父母。"孟子之学说，即曾子之学说也。"好而知其恶，恶而知其美"，此知之发于良者也；"莫知其子之恶，莫知其苗之硕"，此良知之无复存者也。"物至知知，然后好恶形焉"，此知之发于良者也；"好恶无节于内，知诱于外"，此声色货利之知，知之流于不良者也。《洪范》箕子之论政治曰："无有作好，遵王之道，无有作恶，遵王之路。"作好作恶，则徇私蔑理，天下之所以不能出于大公，而不能进于大同也。

夫善恶不明，则天下无是非；是非不明，则天下无人心；人心亡而天下亦亡矣。千古末世之祸，莫不如此可哀也。阳明曰："天理之在人心，终有所不可泯，而良知之明，万古一日。"③ 善哉言乎！盖吾人好恶之公私，天下之治乱系焉。呜呼！可不惧哉！人可自昧其好恶之良知耶？

---

① 《王文成公全书·传习录下·语录三》文。
② 《王文成公全书·传习录中·答顾东桥书》文。
③ 《王文成公全书·传习录中·答顾东桥书》文。

四、事物已往之良知

《周易·系辞传》子曰："颜氏之子，其殆庶几乎！有不善未尝不知，知之未尝复行也。《易》曰：'不远复，无祇悔，元吉。'"

《孟子》曰："凡有四端于我者，知皆扩而充之矣。若火之始然，泉之始达。苟能充之，足以保四海；苟不充之，不足以事父母。"

《礼记·学记》曰："学然后知不足，教然后知困。知不足然后能自反也，知困然后能自强也。"

阳明曰："事物之来，但尽吾心之良知以应之，所谓'忠恕违道不远'矣。凡处得有善有未善，及有困顿失次之患者，皆是牵于毁誉得丧，不能实致其良知耳。若能实致其良知，然后见得平日所谓善者，未必是善，所谓未善者，却恐正是牵于毁誉得丧，自贼其良知者也。"①

又曰："尝试于心②，喜怒忧惧之感发也，虽动气之极，而吾心良知一觉，即罔然消阻，或遏于初，或制于中，或悔于后。"③

按：《易·复卦》彖传曰："复，其见天地之心乎。"天地之心，人生之良知也，故致良知之学，贵于不远复。颜子"有不善未尝不知，知之未尝复行"，所谓知行合一也，故"不迁怒，不贰过"④，皆复以自知也。虽然，此自其消极者而言之也；若就其积极者言之，则有善而复行之可知矣，故本心良知，莫善于复。

孟子告齐宣王曰："权然后知轻重，度然后知长短，物皆然，心为甚。"⑤ 齐宣不忍一牛之心，良知也；反而求之，不得于心，良知泯昧矣。孟子言之，于心有戚戚焉，是即良知之

---

① 《王文成公全书·传习录中·启问道通书》文。谨按："启问道通书"句，邓艾民注《传习录注疏》作"答周道通书"。

② "心"字脱，据《王文成公全书》补入。

③ 《王文成公全书·传习录中·答陆原静书》文。

④ 《论语·雍也》文。

⑤ 《孟子·梁惠王上》文。

复也。由是而知轻重、知长短，皆良知之扩充也。“今人乍见孺子将入于井，皆有怵惕恻隐之心”①，此心也，如电光石火，不久消灭；故“凡有四端于我者，知皆扩而充之”，此知即良知也。

阳明曰：“或遏于初，或制于中，或悔于后。”② 即所谓未来、现在、已往三者是也。而已往之后悔，即不远复之良知，故曰“无祇悔”。至于《学记》所言“知不足”“知困”，乃教育之良知，故曰：“学者有四③失，教者必知之……知其心然后能救其失。”虽然，教者岂徒知学者之心哉？要在自省其良知，然后能救天下之学者，而救天下之人心。

五、临事警觉之良知

《周易·文言传》曰：“亢之为言也，知进而不知退，知存而不知亡，知得而不知丧，其唯圣人乎？知进退存亡而不失其正者，其唯圣人乎？”又《系辞传》曰：“显道神德行，是故可与酬酢，可与祐神矣。子曰：知变化之道者，其知神之所为乎？”

《论语》子曰：“不逆诈，不亿不信，抑亦先觉者，是贤乎？”④

《孟子》述伊尹之言曰：“天之生斯民也，使先知觉后知，使先觉觉后觉也。予，天民之先觉者也，予将以斯道觉斯民也。非予觉之，而谁也？”⑤

阳明曰：“人孰无良知乎⑥？独有不能致之耳⑦。自圣人以至于愚

---

① 《孟子·公孙丑上》文。

② 按：此乃《传习录中·答陆原静书》中陆澄（字原静）致阳明问学书之语，非阳明语。

③ “四”字脱，据《礼记·学记》文补入。按：“四失”，《学记》谓：“人之学也，或失则多，或失则寡，或失则易，或失则止。此四者，心之莫同也。”

④ 《论语·宪问》文。

⑤ 《孟子·万章下》文。

⑥ “乎”字脱，据《王文成公全书》补入。

⑦ “耳”字原作“乎”，据《王文成公全书》为正。

人，自一人之心以达于四海之远，自千古之前以至于万代之后，无有不同。是良知也者，是所谓‘天下之大本’也；致是良知而行，则所谓‘天下之达道’也。天地以位，万物以育，将富贵、贫贱、患难、夷狄，无所入而弗自得也已。”①

又曰：“若时时刻刻就自心上集义，则良知之体，洞然明白，自然是是非非，纤毫莫遁。”②

又曰：“君子之酬酢万变，当行则行，当止则止，当生则生，当死则死，斟酌调停，无非是致其良知，以求自慊而已。”③

又曰：“不逆不亿而先觉，此孔子因当时人专以逆诈、亿不信为心，而自陷于诈与不信，又有不逆不亿者，然不知致良知之功，而往往又为人所欺诈，故有是言，非教人以是存心，而专欲先觉人之诈与不信也。以是存心，即是后世猜忌险薄者之事，而只此一念，已不可与入尧舜之道矣。不逆不亿而为人所欺者，尚亦不失为善，但不如能致其良知，而自然先觉者之尤为贤耳。”④

按：人生欲葆其良知，惟以谨出处、进退、取与为命根，是数者皆临事之警觉，阳明所谓当行则行，当止则止，当生则生，当死则死是也。若私欲锢蔽，而于此数者一堕落焉，则偏念之非，百身莫赎，永无自拔之日矣。世人之知觉所以迟钝窒碍者，私心枉曲之为害也，《孟子》谓：“所恶于智者，为其凿也。”⑤若能致其良知，则其心虚，虚则明，明则自然灵警矣。

“知变化之道”，非变诈也，其本在“显道神德行”。道

① 《王文成公全书·文录五·书朱守乾卷》嘉靖四年乙酉（一五二五）文。

② 《王文成公全书·传习录中·答聂文蔚（二）》文。

③ 《王文成公全书·传习录中·答欧阳崇一》文。

④ 《王文成公全书·传习录中·答欧阳崇一》文。

⑤ 《孟子·离娄下》文。按：唐先生在《孟子大义》（即《孟子新读本》）释“凿”两层之义云：“《荀子》曰：‘人之性恶，其善者伪也。’以自然之性，而谓必矫揉造作以成之，所谓凿也。告子曰：‘性无善无不善也。’以万物皆备之性，而求之于杳冥昏默之中，亦所谓凿也。”

也，德行也，即良知也。显也，神也，即致良知也。夫然后知进退存亡而不失其正，而可与酬酢，可与祐神，阳明所谓“富贵、贫贱、患难、夷狄，无所入而弗自得”者是也。是以《孟子》论伊尹之先知先觉，其上文则曰：“非其义也，非其道也，一介不以与人，一介不以取诸人。”其下文则曰：“吾未闻枉己而正人者也，况辱己以正天下者乎？”① 后世之士，知进而不知退，知得而不知丧，取与之不谨，自灭其良知，则自辱其身甚矣，而可以正天下乎？而犹望其为先知先觉者乎？若夫逆诈亿不信之心，即诈不信之心也。

孔子之言先觉，虽与伊尹稍异，然自古先知先觉之人，未有不临事警觉者，无他，良知之昭明，充塞乎宇宙也。是故吾辈讲学，于古代当法伊尹、孔子，于近世当法阳明。

六、事物未来之良知

《周易·系辞传》曰：“神以知来，知以藏往。”又曰：“夫乾，天下之至健也，德行恒易以知险；夫坤，天下之至顺也，德行恒简以知阻。”

《论语》：“子曰：殷因于夏礼，所损益可知也；周因于殷礼，所损益可知也；其或继周者，虽百世可知也。”② 又：“子谓子贡曰：‘女与回也孰愈？’对曰：‘赐也何敢望回？回也闻一以知十，赐也闻一以知二。’”③

《中庸》曰：“至诚之道，可以前知……祸福将至，善必先知之，不善必先知之，故至诚如神。”

阳明曰：“良知之于节目时变，犹规矩尺度之于方圆长短也；节目

① 《孟子·万章上》文。
② 《论语·为政》文。
③ 《论语·公冶长》文。

时变之不可预定，犹方圆长短之不可胜穷也。故规矩诚立，则不可欺以方圆，而天下之方圆不可胜用矣；尺度诚陈，则不可欺以长短，而天下之长短不可胜用矣。良知诚致，则不可欺以节目时变，而天下之节目时变不可胜应矣。毫厘千里之谬，不于吾心良知一念之微而察之，亦将何所用其学乎？是不以规矩而欲定天下之方圆，不以尺度而欲尽天下之长短，吾见其乖张谬戾，日劳而无成也已。”①

又曰：“良知之在人心，亘万古，塞宇宙，而无不同；‘不虑而知’，恒易以知险；‘不学而能’，恒简以知阻；‘先天而天不违’，天且不违，‘而况于人乎？况于鬼神乎？’”②

又曰：“君子学以为己，未尝虞人之欺己也，恒不自欺其良知而已；未尝虞人之不信己也，恒自信其良知而已。……是故不欺则良知无所伪而诚，诚则明矣；自信则良知无所惑而明，明则诚矣。明诚相生，是故良知常觉常照。常觉常照，则如明镜之悬，而物之来者，自不能遁其妍媸矣。……是谓‘易以知险，简以知阻’，子思所谓‘至诚如神，可以前知’者也。然子思谓‘如神’，谓‘可以前知’，犹二而言之，是盖推言思诚者之功效，是犹为不能先觉者说也。若就至诚而言，则至诚之妙用，即谓之神，不必言‘如神’；至诚则‘无知而无不知’，不必言‘可以前知’矣。”③

按：自古圣贤，不矜言气数之前知，而惟凭义理之先觉。世儒谓陆王之学，于吉凶祸福，皆能前知，因有三教合一之说，其实乃傅会之词也。考经书之言前知者，大率有四：

《易》言“无有远近幽深，遂知来物”④，此因占筮而知来也。

---

① 《王文成公全书·传习录中·答顾东桥书》文。
② 《王文成公全书·传习录中·答欧阳崇一》文。
③ 《王文成公全书·传习录中·答欧阳崇一》文。
④ 《易·系辞传上》文。

《论语》言“百世可知”①，此因人心风俗而知来也。

又言“告往知来”②，“闻一知十”③，此因学问阅历而知来也。

《中庸》言至诚前知，“善必先知之，不善必先知之”，此因义理推测而知来也。即如《左传》刘子之论成子，宁喜之论阳处父，子贡之论邹君，皆据义理而为测验之词。

以上诸经，言未来之知，皆凭义理而言。阳明言良知之于节目时变，犹规矩尺度之于方圆长短；又言知险知阻，皆本于良知，亦凭义理而言，无不归于切实，岂有矜异炫怪之事？惟《中庸》“至诚如神”，朱注解为“鬼神”，阳明以为“至诚，无知而无不知，不必言可以前知”④，二说皆非。窃谓《中庸》所谓“如神”，言如天道之神化耳。《易传》言“观天之神道，而四时不忒，圣人以神道设教而天下服”，盖谓“设教”者，风行地上，如天道之神化，《孟子》所谓“过化存神”⑤是也。后儒误解神道设教，以为鬼神，遂疑孔子等于宗教之迷信，可谓不通经学者矣。阳明以为诚、神合而为一，其论太高，亦启学者之疑。

夫圣贤所以知来者，盖运一心之良知，筹画于事前，神应于临时，子思所谓：“凡事豫则立……言前定则不跲，事前定则不困，行前定则不疚，道前定则不穷。”⑥此皆思诚之功，可以前知之根本，而实即致良知之学也。万事皆有秩序，良知明而秩序定，千里之外应之矣，此非可与卤莽灭裂者道也。

---

① 《论语·为政》文。

② 《论语·学而》文。

③ 《论语·公冶长》文。

④ 《王文成公全书·传习录中·答欧阳崇一》文。

⑤ 《孟子·尽心上》文。

⑥ 《礼记·中庸》文。

七、深沈涵养之良知

《周易·系辞传》曰："范围天地之化而不过，曲成万物而不遗，通乎昼夜之道而知，故神无方而易无体。"

《大学》曰："知止而后有定。"

《中庸》曰："肫肫其仁，渊渊其渊，浩浩其天，苟不固聪明圣知达天德者，其孰能知之?"又曰："知远之近，知风之自，知微之显，可与入德矣。"

阳明曰："良知在夜气发的方是本体，以其无物欲之杂也。学者要使事物纷扰之时，常如夜气一般，就是'通乎昼夜之道而知'。"①

又曰："人惟不知至善之在吾心，而求之于其外，以为事事物物皆有定理也，而求至善于事事物物之中，是以支离决裂，错杂纷纭，而莫知有一定之向。今焉②既知至善之在吾心，而不假于外求，则志有定向，而无支离决裂错杂纷纭之患矣。"③

又曰："纷杂思虑，亦强禁绝不得，只就思虑萌动处省察克治，到天理精密后，有个物各付物的意思，自然精专，无纷杂之念，《大学》所谓'知止而后有定'也。"④

又曰："人心是天渊，心之本体，无所不该，原是一个天，只为私欲障碍，则天之本体失了。心之理无穷尽，原是一个渊，只为私欲窒塞，则渊之本体失了。如今念念致良知，将此障碍窒塞一齐去尽，则本体已复，便是天渊了。"乃指天以示之曰："比如面前，天是昭昭之天，四外天也⑤是昭昭之天。……不可道眼前天是昭昭之天，外面又不是昭昭之天也。于此便见一节之知即全体之知，全体之知即一节之知，总是

---

① 《王文成公全书·传习录下·语录三》文。

② "焉"字脱，据《王文成公全书》补入。

③ 《王文成公全书·续编一·大学问》文。

④ 《王文成公全书·续编一·与滁阳诸生并问答语》。

⑤ 《王文成公全书》"也"后有"只"字。

一个本体。"①

又曰："不睹不闻是良知本体，戒慎恐惧是致良知的②功夫。学者时时刻刻常睹其所不睹，常闻其所不闻，功夫方有个实落处。久久成熟后，则不须著力，不待防检，而真性自不息矣，岂以在外者之闻见为累哉？"③

按：《庄子》之言养知，最为微妙，其《缮性篇》曰："古之治道者，以恬养知；生而无以知为也，谓之以知养恬。知与恬交相养，而和理出其性。"夫知与恬交相养者，心与舌相应，与口相守，此道家之养知，归于清处无为者也。若吾儒之养知，将以范围天地之化，曲成万物，其功要在于慎独。独者人所不知而己独知之地，乃良知之萌芽也。

钱绪山得王学之真传者也，其会语曰："致知之功，从不睹不闻而入。但才说不睹不闻，即著不睹不闻之见矣。今只念念在良知上精察，使是是非非无容毫发欺蔽。"④ 又曰："心之本体，纯粹无杂，至善也。良知者，至善之著察也，良知即至善也。心无体，以知为体，无知即无心也。知无体，以感应之是非为体，无是非即无知也。意也者，以言乎其感应也；物也者，以言乎其感应之事也，而知则主宰乎事物是非之则也。意有动静，此知之体不因意之动静有明暗也。物有去来，此知之体不因物之去来为有无也。性体流行，自然无息，通昼夜之道而知也。"⑤ 以上钱氏所言，皆慎独之学，亦即涵养良知之功也。

《孟子》之论良心曰："平旦之气，好恶与人相近也者几希。……苟得其养，无物不长。"此养良知之功较浅者也。

---

① 《王文成公全书·传习录下·语录三》文。

② "的"字脱，据《王文成公全书》补入。

③ 《王文成公全书·传习录下·语录三》文。

④ 黄宗羲《明儒学案》卷一一《浙中王门学案一》载钱德洪语。

⑤ 前揭书载钱德洪语。

《中庸》引《诗》云"'鸢飞戾天，鱼跃于渊'，言其上下察也。"察乎上而为天，察乎下而为渊，此"夫妇之愚可以与知者也，及其至，而圣人有所不知"，此《易传》所谓"过此以往，未之或知"也，此养良知之功最深者也。

"渊渊其渊"，即跃渊之渊也；"浩浩其天"，即戾天之天也。然而一节之知与全体之知有别矣，"苟不固聪明圣知达天德者，其孰能知之?"此全体之良知，其功最深者也。

"知远之近"三者，本于"暗然日章"，此养良知之功较浅者也。至于"内省不疚""不愧屋漏"，极乎"上天之载，无声无臭"，此"圣而不可知之之谓神"，养良知之功最深者也。

圣贤之养知如此，若夫豪杰之士，智深勇沈，盖亦有涵养之方矣。《孟子》以管夷吾、孙叔敖、百里奚与舜、说①诸人并列，谓其苦心志，劳筋骨，"动心忍性，曾益其所不能"，而断之曰："然后知生于忧患，而死于安乐。"② 此知也，良知之猛省者也。

惟圣贤之良知本于涵养者多，豪杰之良知由于激发者多，然而智极其深，勇极其沈，亦非出于涵养不可。近世曾文正有言："知人之所不知者谓之英，能人之所不能者谓之雄。"③ 吾国民其亟勉之。

八、历练精密之良知

《周易·系辞传》曰："知几其神乎！君子上交不谄，下交不渎，

① "说"谓傅说。

② 《孟子·告子下》文。按："死于安乐"前之"而"字脱，据《孟子》文补入。

③ 《曾文正公手书日记》卷二四《覆郭筠仙中丞书》云："今日能知人、能晓事，则为君子；明日不知人、不晓事，则为小人。"又曾国藩在《致陈源兗书》中提出过类似意见云："三达德之首曰智。智即明也。古来豪杰，动称英雄。英即明也。明有二端：人见其近，吾见其远，曰高明；人见其粗，吾见其细，曰精明。……高明由于天分，精明由于学问。"

其知几乎？几者动之微，吉之先见者也。……君子知微知彰，知柔知刚，万夫之望。”

《论语》子曰：“不知命，无以为君子也。不知礼，无以立也。不知言，无以知人也。”

《孟子》曰：“我知言……诐辞知其所蔽，淫辞知其所陷，邪辞知其所离，遁辞知其所穷。”

阳明曰：“吾昔居滁时，见诸生多务知解，口耳异同，无益于得，姑教之静坐。一时窥见光景，颇收近效。久之渐有喜静厌动，流入枯槁之病；或务为玄解妙觉，动人听闻；故迩来只说‘致良知’。良知明白，随尔去静处体悟也好，随尔去事上磨练也好，良知本体，原是无动无静的，此便是学问头脑。我这个话头，自滁州到今，亦较过几番，只是‘致良知’三字无病。医经折肱，方能察人病理。”①

又曰：“良知只是一个随他发见流行处，当下具足，更无去来，不须假借。然其发见流行处，却自有轻重厚薄，毫发不容增减者，所谓天然自有之中也。”②

又曰：“我辈致知，只是各随分限所及。今日良知见在如此，只随今日所知，扩充到底；明日良知又③有开悟，便从明日所知扩充到底，如此方是精一功夫。”④

又曰：“人须在事上磨练做功夫。……若只好静，遇事便乱，终无长进，那静时功夫亦差似收敛，而实放溺也。”⑤

按：如阳明所言，其功岂偏于静哉？惟其动静交相历练，良知乃益光明尔。自古良知之精密者，宜法舜与孔子。舜之所以称大智者，惟在好问好察迩言，故《孟子》之赞舜曰：“明

---

① 《王文成公全书·传习录下·语录三》文。
② 《王文成公全书·传习录中·答聂文蔚（二）》文。
③ “又”字原作“亦”，据《王文成公全书》为正。
④ 《王文成公全书·传习录下·语录三》文。
⑤ 《王文成公全书·传习录下·语录三》文。

于庶物，察于人伦。"[①] 惟其明察之极，故其良知精一，而能允执其中。禹之戒舜曰："安汝止，惟几惟康。"[②] 而舜之自述所学，则曰："敕天之命，惟时惟几。"[③] 几者，良知之蕴。知几者，知天命之本然。心几与时几、事几相应，故庶物人伦莫能隐其情，而处之各得其所，此良知之最精密者也。善学者惟在不谄不渎，不谄不渎即进于知命之学，而事理之微彰，人心之刚柔，亦纤毫必察矣。世之人汩没其良知者，谄渎之心盛，而势利之见，日有以蔽之也。

孔子自"不惑""知天命"以至"耳顺""从心"，无非良知之运用，愈精愈密。《论语》二十篇，以知命、知礼、知言、知人作结[④]，其教学者致知之功至矣。知命者，即五十以学《易》而知天命也，《屯》卦所谓"君子几"者是也。知礼者，天叙天秩之等，"天聪明"，即本心良知之聪明也，而孔子自言所得，又曰："视其所以，观其所由，察其所安。"[⑤] 视也、观也、察也，皆良知之历练精密，所以知言而知人也。孟子传其学，故曰"我知言"，辩诐淫邪遁之辞，而知生心害政之弊，此良知之妙用，所以冠诸子也。

阳明喻良知："医经折肱，方能察人病理。"又谓良知："发见流行处，却自有轻重厚薄，毫发不容增减者[⑥]，所谓天然自有之中。"其精一功夫，实大舜、孔、孟之所传也。然吾人与世周旋之际，尤以知人为难。先大夫著《处世须知》一

---

① 《孟子·离娄下》文。

② 《书·虞书·益稷》文。

③ 《书·虞书·益稷》文。

④ 《论语》末章载孔子说"四知"曰："不知命，无以为君子也；不知礼，无以立也；不知言，无以知人也。"

⑤ 《论语·为政》文。

⑥ "者"字脱，据《传习录中》补入。

篇，引张杨园先生《训子语》谓："知人，则能亲贤远不肖，而身安家可保。不知人，则贤否倒置，亲疏乖反，而身危家亦败，不易之理也。"世谓知人之明不可学，予谓虽不能学，实则不可不学，然则致良知之功，其可忽乎哉？

九、学术分类之良知

《论语》子曰："由，诲女知之乎？知之为知之，不知为不知，是知也。"

《大学》曰："物有本末，事有终始，知所先后，则近道矣。"又曰："其本乱而末治者否矣，其所厚者薄，而其所薄者厚，未之有也。此谓知本，此谓知之至也。"据《古本大学》。

《孟子》曰："指不若人，则知恶之；心不若人，则不知恶，此之谓不知类也。"

《礼记·学记篇》曰："九年知类通达，强立而不反，谓之大成。"

阳明曰："君子之学也①，于酬酢变化、语默动静之间，而求尽其条理节目焉，非他也，求尽吾心之天理焉耳矣。于升降周旋、隆杀厚薄之间，而求尽其条理节目焉，非他也，求尽吾心之天理焉耳矣。求尽其条理节目焉者，博文也；求尽吾心之天理焉者，约礼也。文散于事而万殊者也，故曰博；礼根于心而一本者也，故曰约。"②

又曰："圣人何能拘得死格？大要出于良知同，便各为说，何害？且如一园竹，只要同此枝节，便是大同，若拘定枝枝节节，都要高下大小一样，便非造化妙手矣。汝辈只要去培养良知，良知同更不妨有异处。汝辈若不肯用功，连笋也不曾抽得，何处去论枝节？"③

按：阳明第一说，博文分类之学也，约礼知本之学也，由

① "也"字脱，据《王文成公全书》补入。
② 《王文成公全书·文录四·博约说》嘉靖四年乙酉（一五二五）文。
③ 《王文成公全书·传习录下·语录三》文。

万殊之分类而归于一本也。其第二说，则本于《孟子》养身养心之义。吾尝即其意而推之：

有民物中之分类。《孟子》所谓“亲亲而仁民，仁民而爱物”，“知者无不知也，当务之谓急”，“尧舜之知而不遍物，急先务也”①，此先后缓急之分类也。

有身心中之分类。《孟子》所谓“人有鸡犬放，则知求之；有放心，而不知求”，又曰“拱把之桐梓，人苟欲生之，皆知所以养之者。至于身，而不知所以养之者，岂爱身不若桐梓哉！弗思甚也”②。此轻重之分类也。

有事理中之分类。《大学》所谓本末、终始、厚薄是也。世之人不能知本，乃至薄其所厚，而转欲厚其所薄，本末倒置，于是发于其事，害于其政，可哀也。

有学问中之分类。孔子所谓“知之为知之，不知为不知”③，《学记》所谓“知类通达”是也。余尝谓吾国十三经，分类之书也，礼经中之条理节目，其大者也，如《尔雅》之释诂、释言、释亲、释山、释水、释草木、释鸟兽皆是也。孔子曰：“《尔雅》以观于古，足以辩言矣。”④辩言者，分类也；孟子所谓“万物皆备于我”⑤也。二十四史，分类之书也，为吏治、为财政、为礼、为乐、为兵、为刑、为外交，皆分类之法也。诸子百家，分类之书也，为儒家、为道家、为墨家、为名家、为法家、阴阳家，亦分类之法也。知此而后谓之通达。

---

① 《孟子·尽心上》文。
② 《孟子·告子上》文。
③ 《论语·为政》文。
④ 《大戴礼记·小辨》文。
⑤ 《孟子·尽心上》文。

综以上所言，以身心中之知类为尤要①，故曰："学问之道无他，求其放心而已矣。"② 惟求放心，乃能致良知；惟致良知，乃能知类。

十、良知昏昧之由

《周易·系辞传》曰："一阴一阳之谓道，继之者善也，成之者性也。仁者见之谓之仁，知者见之谓之知。百姓日用而不知，故君子之道鲜矣。"

《论语》子曰："民可使由之，不可使知之。"

《中庸》子曰："道之不行也，我知之矣！知者过之，愚者不及也。道之不明也，我知之矣！贤者过之，不肖者不及也。人莫不饮食也，鲜能知味也。"

《孟子》曰："行之而不著焉，习矣而不察焉，终身由之而不知其道者，众也。"

然于良知之本体，初不能有加损于毫末也。

阳明曰："良知本体，不能毫末加损；心之体用，不能超乎良知体用之外。"③ 故曰："人④不能不昏蔽于物欲。故须学以去其昏蔽，然于良知之本体，初不能有加损于毫末也。知无不良，而中寂大公未能全者，是昏蔽之未尽去，而存之未纯耳。体即良知之体，用即良知之用，宁复有超然于体用之外者乎？"⑤ 又曰："良知即是天植灵根，自生生不息，但著了私累，把此根戕贼蔽塞，不得发生耳。"⑥

按：仁者见仁，知者见知，即承"继善成性"而言。见

① 唐先生意谓以"身心知类"驾驭学问。

② 《孟子·告子上》文。

③ 此四句乃唐先生概括下所征引《传习录》一段文字之主意。

④ "人"字非原文，乃唐先生征引补入以足成完整语意。

⑤ 《王文成公全书·传习录中·答陆原静书》文。

⑥ 《王文成公全书·传习录下·语录三》文。

者，觉性也，日用不知，蔽其知觉之性也。“不道之行”“不明”，朱注以为“智者知之过，既以道为不足行”。又不求所以行①，“贤者行之过，既以道为不足知……又不求所以知”②。《中庸》本经之意，岂非言知行当合一乎？知味者，良知也；能知味者，良能也；“鲜能知味”，不能知道之味，此昏昧之由也。余往年见某国人著一书，痛诋“民可使由之”二句，以为愚民之术③，不知其意何居？而吾国人误信之，呜呼！可痛也。

按:《论语》言可不可之例，皆作能不能解，如“可得而闻”“不可得而闻”④，“可以语上”“不可以语下”⑤，皆作能不能解。“民可使由之，不可使知之”，此孔子惜民智之不能开，而思有以启导之，岂愚民之道哉?《孟子》言“终身由之而不知其道”⑥，正与“日用不知”⑦“不可使知”之义相合，皆为良知昏昧者戒也。

余尝谓《孟子》“良知良能”章与“行之不著”章，皆当合下二章参看。“良知良能”下章言:“舜居深山之中……所以异于深山之野人者几希。及其闻一善言，见一善行，若决江河，沛然莫之能御。”⑧善言善行，野人各有良知也；沛然莫能御，以人之良知感觉己之良知也。所谓取人为善，与人为善，皆良知之运用，乃人生最要之务，良知之所以达于天下也。

---

① 朱子《大学章句》无“又不求所以行”句，唐先生据语意补入此句。

② 朱熹《大学章句》文。

③ 江户时代荻生徂徕（一六六六—一七二八）之《论语征》之尊君愚民观，清末章太炎以之批评清廷崇儒乃愚民之阴谋。唐先生生处其时，故感慨甚深。

④《论语·公冶长》文。

⑤《论语·雍也》文。谨按:“不可以语下”句，《论语》作“不可以语上”。

⑥《孟子·尽心上》文。

⑦《易·系辞上传》文。

⑧《孟子·尽心上》文。

“行之不著”下章即曰：“人不可以无耻。”“耻之于人大矣。为机变之巧者，无所用耻焉。”① 惟为机变之巧，则色厉内荏，穿窬害人，无所不至，而廉耻扫地矣。然则不知其道者，正由于叔季之世，竞尚机变之巧，故人心迷谬至此，乃良知昏昧之由也。阳明所为：“良知即②是天植灵根……但著了③私累，把此根戕贼蔽塞，不得发生。”呜呼！戕贼灵根，非由于无耻乎？此《中庸》言知仁勇所以归于知耻。知耻者，良知也。廉耻之心生，则私累去，灵根见矣！

抑更有进者。《论语·为政篇》言“温故而知新”，《中庸》言“尊德性，道问学”，亦推及于知新。“新知”皆良知也。《孟子》言庠序学校，力行之可以新国④；“人伦明于上”，明明德也；“小民亲于下”，亲民也；良知，至善也；“知止而后有定”，致其至善之良知也。故《孟子》告滕文公性善，而曰：“犹可以为善国。”⑤ 欲文公之善其国性也，此即“继善成性”之本原也。“鸡鸣而起，孳孳为善者，舜之徒；孳孳为利者，跖之徒。欲知舜与跖之分，无他，利与善之间”⑥，此欲知之心，亦良知也。然则欲善国性以新其国，舍良知奚由？吾国民盍急猛省乎？猛省之道，读经而已矣。

六经皆启发良知之书也，而《周易》为尤要，六十四卦三百八十四爻，天地设位，圣人成能，莫非良知之流行，故曰：“神也者，妙万物而为言者也。”⑦ 夫世界内生物，不外乎知觉运动。有运动而无知觉者，禽兽是也；知觉分数少而昏且

① 《孟子·尽心上》文。
② “即”字脱，据《传习录下》文补入。
③ “了”字脱，据《传习录下》文补入。
④ 《孟子·滕文公上》文。
⑤ 《孟子·滕文公上》文。
⑥ 《孟子·尽心上》文。
⑦ 《易·说卦传》文。

浊者，凡民、愚民、横民是也；知觉分数多而灵且良者，圣贤是也。阳明良知之学，宜乎千古而常新矣！后之读此书者，能警觉而自修焉，是吾国之幸矣夫！

阳明学术发微卷五

阳明学通于朱子学一

按：陆王之学，世儒并称。阳明学出于陆子，夫人而知之，近谢氏无量所著《阳明学派》一书，内有阳明与象山关系，及程朱与陆王诸条[①]，考核精详，深为可佩。盖朱子自己丑（一一六九）四十岁悟未发之旨以后，从事涵养，深潜纯粹，论其“体用一原，显微无间”[②] 之功，实与子静未尝不合。而后儒之所以訾议阳明者，以其诋毁朱子也。汤文正尊崇王学，其《答陆清献书》亦曰：“阳明之诋[③]朱子，阳明之大罪[④]过也，于朱子[⑤]何伤?”[⑥] 然余考朱王二家之学，实有殊途而同归者，往年已于《朱子晚年定论发微》中阐明之[⑦]。

---

① 谢无量（一八八四—一九六四），四川乐至人，曾在上海南洋公学就读，与孙中山先生善。其《阳明学派》一九一五年初版，全书四编，分别为序论、哲学、伦理学、古今学术之评论。前者在第一编第二章，后者在第四编第四章。

② 程颐《程氏易传序》云：“至微者理也，至著者象也，体用一原，显微无间。”程氏门人尹焞称美说“莫太泄露天机否”。唯朱子则云：“尹说固好。然须是看得六十四卦三百八十四爻都有下落，方始说得此话。若学者未曾仔细理会，便与他如此说，岂不误他?”强调学不躐等。

③ “诋”字原作“毁”，据康熙四十二年（一七〇三）爱日堂藏板《汤子遗书》为正。

④ “大罪”二字脱，据《汤子遗书》补入。

⑤ “于朱子”后衍“乎”字，据《汤子遗书》为正。

⑥ 汤斌《汤子遗书·答陆稼书书》卷五文。

⑦ 唐先生《朱子晚年定论发微》收在《紫阳学术发微》卷一〇。

后得高邮胡氏泉白水[①]所著《阳明先生书疏证》，于朱陆两家之学，尽力沟通，其苦心孤诣，博考周稽，与阳明编《朱子晚年定论》之意正复相同；其《自序》谓："以阳明之学拟诸象山，尚属影响。以阳明之学准诸朱子，确有依凭。……惟朱子精微之语，自阳明体察之以成其良知之学；惟朱子广博之语，自阳明会通之以归于致良知之效。"是说也虽不免附会，然实有独得之处。胡氏又谓："陆平湖论阳明之言曰：'其人则是，其学则非。'拟改其言曰：'其学则是，其词则非。'故凡阳明书中所谓'本来面目''正法眼藏''无所住而生其心'等语，旁涉佛书，借以发明者，概不引证附和"云云。是其别阳明与禅，界限分明，爰精采其书，厘为二卷，以为朱王二家殊途同归之证。至于阳明至友如罗整庵、湛甘泉，高第如董萝石、邹谦之、欧阳崇德问答诸书，悉采录之，用以发明致良知之真传云。

与辰中诸生书

"学要鞭辟近里着己""君子之道，暗然而日章""为名与为利，虽清浊不同，然其利心则一""谦受益""不求异于人，而求同于理"，此数语宜书之壁间，常目在之。举业不患妨功，惟患夺志。只如前日所约，循循为之，亦自两无相碍，所谓知得洒扫应对，便是精义入神也。[②]

泉[③]按：王塘南云："天地之生无不贯，故草木鸟兽，一尘一毛，莫不受气而呈形。圣人之生理无不贯，故人伦庶物，一瞬一息，莫不中节而尽分。是以圣门教人，大闲不逾，细行

① 胡泉（一七九七—一八六八），字白水，高邮人，道光三十年（一八五〇）举人，专研阳明学，生平详刘恭冕《清故萧县学教谕诏举孝廉方正胡君墓志》。遗著《胡白水著书》四种十一卷，涵《王阳明先生书疏证》四卷、《王阳明先生经说指余》一卷、《王阳明先生经说弟子记》四卷、《大学古本荟参》一卷、《续编》一卷，咸丰八年（一八五八）刊印。唐先生本两卷均选采自《王阳明先生书疏证》，并采录其按语。

② 《王文成公全书·文录一·与辰中诸生》正德四年己巳（一五〇九）文。

③ 胡泉，下同。

必谨，非矫饰也，实以全吾生理，是尽性之极功也，故曰'洒扫应对，便是形而上'者。"塘南此语，足以发明阳明先生《与辰中诸生书》所谓"知得洒扫应对，便是精义入神"之旨。

愚谓：洒扫应对，是童子的致良知；精义入神，是成人的致良知。知得洒扫应对，便是精义入神，是圣人彻上彻下的良知。

又按："举业不患妨功，惟患夺志。"此朱子语，阳明先生袭之。书中所谓"暗然而日章""谦而受益"者，正恐溺于词章之学，而自昧其致良知之术也。

答徐成之书

先儒所谓志道恳切，固是诚意；然急迫求之，则反为私己，不可不察也。日用间何莫非天理流行？但此心常存而不放，则义理自熟，《孟子》所谓"勿忘勿助，深造自得"者矣。学问之功何可缓，但恐着意把持振作，纵复有得，居之恐不能安耳。①

泉按：唐凝庵云："《孟子》曰：'君子深造之以道，欲其自得之也。'其教也，曰劳之来之、匡之直之、辅之翼之，皆所以使之自得耳。为学为教，舍自得别无入路。欲自得，舍悟别无得路。"又云："遵道而行，即是君子深造之以道，不至于自得，即所谓半涂而废也。然自得亦难言矣。深造以道可以力为，自得不可以力为也。即有明师，亦惟为劳来、匡直、辅翼以使之而已，不能必之也。有言下即得者，有俟之数年而得者，有终身不得者，有无心于感触而得者，有有心于参求而得者，有有心无心俱不得者，及其得之也，师不能必其时必其

① 《王文成公全书·文录一·答徐成之》正德六年辛未（一五一一）文。

事，己亦不能必其时必其事也。学者须是办必得之志……则无不得者矣。”

愚谓：自得即良知之得，深造以道，即致良知之道，何忘之有？何助之有？所以阳明先生此篇书以深造自得，兼着勿忘勿助为说，其曰：“志道恳切，固是诚意，急迫求之，反为私己。”亦从《集注》语拾来。

又按：朱子曰：“程子所谓‘活泼泼地’者何也？曰：此所以形容天理流行，自然之妙也。盖无所事而忘，则人欲之私作，正焉而助之长，则其用心之过，亦不免于人欲之私也。故必绝是二者之累，而后天理自然之妙，得以流行发见于日用之间，若鸢之飞而戾于天也，鱼之跃而出于渊也。”

愚谓：阳明先生此篇书“深造自得”，兼著“勿忘勿助”说，正有味于朱子此一段说话。

答汪石潭内翰书

夫喜怒哀乐，情也，既曰不可谓未发矣。喜怒哀乐之未发，则是指其本体而言性也，斯言自子思，非程子而始有，执事既不以为然，则当自子思《中庸》始矣。喜怒哀乐之与思与知觉，皆心之所发。心统性情，性，心体也；情，心用也。程子云：“心，一也，有指体而言者，寂然不动是也；有指用而言者，感而遂通是也。”斯言既无以加矣，执事姑求之体用之说。夫体用一源也，知体之所以为用，则知用之所以为体者矣。虽然，体微而难知也，用显而易见也，执事之云，不亦宜乎？

夫谓自朝至暮，未尝有寂然不动之时者，是见其用而不得其所谓体也。君子之于学也，因用以求其体。凡程子所谓既思即是已发，既有知觉即是动者，皆为求中于喜怒哀乐未发之时者言也，非谓其无未发者也。朱子于未发之说，其始亦尝疑之，今其集中所与南轩论难辨析者，盖往复数十而后决其说，则今之《中庸注疏》是也，其于此亦非苟矣。

独其所谓“自戒惧而约之，以至于至静之中；自谨独而精之，以至于应物之处”者，亦若过于剖析，而后之读者遂以分为两节，而疑其别有寂然不动静而存养之时，不知常存戒慎恐惧之心，则其工夫未始有一息之间，非必自其不睹不闻而存养也。吾兄且于动处加功，勿使间断，动无不和，即静无不中，而所谓寂然不动之体，当自知之矣。未至而揣度①之，终不免于对塔说相轮耳。然朱子但有知觉者在，而未有知觉之说，则亦未莹。吾兄疑之，盖亦有见，但其所以疑之者，则有因噎废食之过，不可以不审也。②

泉按：朱子己丑（一一六九）以前目心为已发，性为未发。己丑一悟，再阅程氏书，而心统性情之旨神明契合，第三十二卷末一书所谓“察夫静以涵动之所本，动以见静之所存”，二语极妙。若阳明先生《答汪石潭书》谓：“心统性情，性心体也，情心用也”，“知体之所以为用，则知用之所以为体”。玩此数语，固与《中庸注疏》相符。

又按：王石渠云：“中和乃人性情之德，虽有动静之殊，初非二物。戒惧谨独，皆是不敢忽之意，岂有彼此？如何自戒惧而约之止能致中？自谨独而精之止能致和？如何致中独能位天地，致和独能育万物？恐非子思之意。”③石渠此段语，两个止能，两个独能，殊属添设，究非朱子之意。朱注剖析戒惧谨独后，而申之曰：“其实亦非有两事。”阳明先生从此处理会过来，与《汪石潭书》其所谓“‘自戒惧而约之，以至于至静之中；自谨独而精之，以至于应物之处’，亦若过于剖判，而后之读者遂以为两节，而疑其别有寂然不动静而存养之时”云云，此惟恐有以误读者，而非有所戾于朱子。石渠意见，当

① “度”字原作“摩”，据《王文成公全书》为正。

② 《王文成公全书·文录一·答汪石潭内翰》正德六年辛未（一五一一）文。

③ 王恕之语载《明儒学案·三原学案》。

为阳明所斥。

愚谓《中庸》之戒惧谨独，即阳明之所谓致良知也。

与王纯甫书

某平日亦每有傲视行辈、轻忽世故之心，后虽稍知惩创，亦惟支持抵塞于外而已。及谪贵州三年，百难备尝，然后能有所见，始信孟氏“生于忧患”之言，非欺我也。尝以为“君子素其位而行，不愿乎其外。素富贵行乎富贵，素贫贱行乎贫贱，素患难行乎患难”，故“无入而不自得”。后之君子亦当素其位而学，不愿乎其外，素富贵学处乎富贵，素贫贱、患难学处乎贫贱、患难，则亦可以无入而不自得。向尝为纯甫言之，纯甫深以为然，不审迩来用力却如何耳。①

泉按:《阳明先生年谱》三十七岁谪龙场驿，忽中夜大悟格物致知之旨，即与王纯甫此篇有所谓平日虽知惩创，亦惟支持抵塞于外；及谪贵州，百难备尝，然后能有所见是也。陆桴亭云:“舜光舜光，姓许氏。多疾，且有气滞之癖，盖以居乡无贤师良友之乐故也。予时方阅《阳明集》，舜光问予:‘何谓致良知?’予谓:‘阳明之学，是居患难时有得，今吾甥居乡无伴，便忽忽不乐，他日何以处夷②狄患难耶?大抵心地须要活泼，随时随地可做工夫，不可拘执己见。’”桴亭此语，深信阳明龙场一悟，亦犹阳明深信《孟子》“生于忧患”之不我欺也。

《尤西川纪闻》近斋说:“阳明在南都时，有私怨阳明者，诬奏极其丑诋。始见颇怒，旋自省曰:‘此不得放过。’掩卷自反，俟其心平气和；再展看，又怒，又掩卷自反；久之，真如飘风浮霭，略无芥蒂。自后虽有大毁谤，大利害，皆不为

---

① 《王文成公全书·文录一·与王纯甫》正德七年壬申（一五一二）文。

② “夷”字原作“彝”，据陆世仪《思辨录辑要》卷九为正。

动。尝告学者曰：'君子之学，务求在己而已。毁誉荣辱之来，非惟不以动其心，且资之以为切磋砥砺之地，故君子无入而不自得，正以无入而非学也。'"① 近斋此说，尤足发明阳明先生与王纯甫此篇书之旨矣。朱子曰："人若着些利害，便不免开口告人，却与不学之人何异？向见李先生说：'若大段排遣不去，只思古人所遭患难有大不可堪者，持以自比，则亦可以稍安矣。'始者甚卑其说，以为何至如此。后来临事却觉有得力处，不可忽也。"又曰："患难之际，正当有以自处，不至大段为彼所动，乃见学力。"

愚谓阳明先生《与王纯甫书》将"素其位而行"的"行"字易个"学"字，颇具精义，实从朱子"与不学之人何异"云云、"乃见学力"云云体验出来。夫素其位而学，只是各随所值而学，今日富贵，则随今日良知扩充到底；明日贫贱患难，则随明日良知扩充到底。且良知只是一个，扩充处富贵贫贱的良知，即是扩充处贫贱患难的良知；扩充处贫贱患难的良知，即是扩充处富贵的良知，阳明所悟格物致知之旨在此。

又寄希渊书

学问之道无他，求其放心而已。盖一言而足，至其工夫节目，则愈讲而愈无穷者。孔子犹曰："学之不讲，是吾忧也。"今世无志于学者无足言，幸有一二笃志之士，又为无师友之讲明，认气作理，冥悍自信，终身勤苦，而卒无所得，斯诚可哀矣。②

泉按：刘念台云："程子曰：'心要在腔子里。'此本《孟子》求放心而言。然则人心果时放外耶？即放外，果在何处？因读《孟子》上文云：'仁，人心也。'乃知心有不仁时，便

① 朱得之（号近斋）语载《明儒学案·南中王门学案》。

② 《王文成公全书·文录一·寄希渊（三）》正德七年壬申（一五一二）文。

是放，所谓‘旷安宅而不居’也，故阳明先生曰：‘程子所谓腔子，亦即是天理。’至哉言乎!”①

愚谓：“程子所谓腔子，亦即是天理”，亦即是良知，阳明先生《与希渊书》谓：“学问之道无他，求其放心而已矣。”盖一言而足以见良知在腔子里，求其放心，亦即是致其良知而已矣。

又按：朱子曰：“大抵此学以尊德性、求放心为本，而讲圣贤亲切之训以开明之，此为切要之务。”② 阳明先生从朱子此段语理会过来，故《寄希渊书》以“求放心”为本，而引孔子“学之不讲，是吾忧也”二语，以明工夫节目，则愈讲而愈无穷者，说与朱子合。

答王天宇书

区区未尝有诚身格物之说，岂出于希颜③耶？鄙意但谓“君子之学以诚意为主；格物致知者，诚意之功也，犹饥者以求饱为事，饮食者求饱之事也。”希颜颇悉鄙意，不应有此，或恐一时言之未莹耳，幸更细讲之。附来书。来书云：“诚身以格物，乍读不能无疑，既而细询之，希颜始悉其说。”④

泉按：王龙溪云：“文公分致知格物为先知，诚意正心为后行，故有游骑无归之虑；必须敬以成始，涵养本原，始于身心有所关涉。若知物生于意，格物正是诚意工夫，诚即是敬，一了百了，不待合之于敬而后为全经也。”龙溪笃信阳明《大学古本序》，故有此一段语，此一段语足以发明阳明先生《答

① 刘宗周《求放心说》文，载《明儒学案·蕺山学案》。

② 朱子《答吕子约》文。

③ 蔡希渊，字希颜，号我斋，绍兴山阴人；正德十二年（一五一七）进士，官至四川提学佥事。阳明门人。

④ 《王文成公全书·文录一·答天宇书（二）》正德九年甲戌（一五一四）文。

王天宇书》谓“君子之学以诚意为主”之旨。书中又谓：“格物者，诚意之功也，犹饥者以求饱为事，饮食者求饱之事”，龙溪、希颜皆悉阳明先生意，而天宇来书“诚身以格物”云云，不知阳明先生意者也。

陈明水云：“诚意之学，却在意上用不得工夫，直须良知全体洞彻，普照旁烛，无纤毫翳障，即百虑万几，皆从此出，方是知几其神，乃所谓诚其意也。若俟意之不善，倚一念之觉，即已非诚意，落第二义矣。却似正心，别是上面一层工夫，故窃谓炳于几先，方是诚意之学。先师陈明水系阳明弟子，此先师即指阳明。云：‘致知者，诚意之本也。’若谓诚意之功，则非矣。格物却是诚意之功，故曰‘致知在格物’。夫知之所以不致者，物未格耳。物虽意之所在，然不化则物矣；诚能万感俱化，胸中无一物矣。夫然后本体扩然，与天地同体，即意无不诚矣。”① 玩明水此段语，见阳明虽讲良知，何尝略格物？格物所以诚意，诚意即所以诚身也；天宇来书若云“格物以诚身”，则是矣。

又按：阳明先生此篇书谓：“君子之学，以诚意为主。”与《大学·诚意章》朱注“诚意者自修之首”语意相合。

愚谓：阳明讲良知，朱子讲格物，为善去恶，总不越“慎独”一关，则阳明之所谓诚意，岂有殊于朱子之所谓诚意哉？

寄李道夫书

此学不讲久矣。鄙人之见，自谓于此颇有发明。而闻者往往诋以为异，独执事倾心相信，确然不疑，其为喜慰，何啻空谷之足音！别后时闻士夫传说，近又徐曰仁自西江还，益得备闻执事任道之勇、执德之

① 文见陈九川《明水论学书》，载《明儒学案·江右王门学案》。按：陈九川（一四九三——一五六二），字惟濬，号明水，江西临川人，正德九年（一五一四）进士，阳明门人。

坚，令人起跃奋迅。“士不可以不弘毅，任重而道远”，诚得弘毅如执事者二三人，自足以为天下倡。彼依阿偻儞之徒，虽多亦奚以为哉？幸甚幸甚！①

泉按：阳明先生“弘毅说”已见于《答王虎谷书》，“弘非有所扩而大之，毅非有所作而强之”，所谓良知也；而《寄李道夫书》则谓：“士不可以不弘毅，任重而道远。诚得弘毅如执事者二三人，自足以为天下倡。”盖望其倡致良知之学，专有赖于弘毅也。朱子曰：“明足以察其微，刚足以任其重，弘足以致其广，毅足以极其常。”

愚谓：阳明从此数语理会过来，备闻道夫任道之勇，执德之坚，此所以起跃奋迅也。

寄诸弟书

屡得弟辈书，皆有悔悟奋发之意，喜慰无尽。但不知弟辈果出于诚心乎？亦谩为之说云尔。本心之明，皎如白日，无有有过而不自知者，但患不能改耳。一念改过，当时即得本心。

人孰无过？改之为贵。蘧伯玉，大贤也，惟曰“欲寡其过而未能”；成、汤、孔子，大圣也，亦惟曰“改过不吝，可以无大过”而已。人皆曰：“人非尧舜，安能无过？”此亦相沿之说，未足以知尧舜之心。若尧舜之心而自以为无过，即非所以为圣人矣。其相授受之言曰：“人心惟危，道心惟微，惟精惟一，允执厥中。”② 彼其自以为人心之惟危也，则其心亦与人同耳。危即过也，惟其兢兢业业，尝加“精一”之功，是以能“允执厥中”而免于过。古之圣贤时时自见己过而改之，是以能无过，非其心果与人异也。

“戒慎不睹，恐惧不闻”者，时时自见己过之功。吾近来实见此学

① 《王文成公全书·文录一·寄李道夫》正德十年乙亥（一五一五）文。

② 《尚书·大禹谟》文。

有用力处，但为平日习染深痼，克治欠勇，故切切预为弟辈言之，毋使亦如吾之习染既深，而后克治之难也。人方少时，精神意气既足鼓舞，而身家之累，尚未切心，故用力颇易。迨其渐长，世累日深，而精神意气亦日渐以减，然能汲汲奋志于学，则犹尚可有为。至于四十五十，即如下山之日，渐以微灭，不复可挽矣。故孔子云："四十五十而无闻焉，斯亦不足畏也已。"又曰："及其老也，血气既衰，戒之在得。"吾亦近来实见此病，故亦切切预为弟辈言之。宜及时勉力，毋使过时而徒悔也。①

泉按：黄勉斋云："人心道心，非是两个心，但看所发如何。就人身上发者，谓之人心，耳欲声、目欲色、口欲味、鼻欲臭、四肢欲安佚之类是也。就义理上发者，谓之道心，耳目口鼻四肢之欲发者，皆中节之类是也。人心者，人所不能无，但发而易流于纵，则人欲肆而天理灭矣，故名之曰危。道心者，亦人所不能无，但发之常微而不著，则难见矣，故名之曰微。或问：'程子曰人心人欲也，恐未便是人欲。'② 朱子曰：'人欲未便是不好，谓之危者，危险欲堕未堕之间。若无道心以御之，则一向入于邪恶，又不止于危也。'③"若阳明先生《寄诸弟书》谓"危即过也"，似失"危"字本义，然《书》中切言改过，引蘧伯玉、成汤、孔子、尧、舜以为的。盖古圣贤有自见己过之处，是以有自见己过之功，阳明之所谓"危即过也"者，意盖指此。朱子曰："某以童子侍屏山先生疾，一日请问平昔入道次第，先生欣然告曰：'吾于《易》得入德之门焉，所谓不远复者，吾之三字之符也。'"阳明从此数语理会过来，故《寄诸弟书》云云，可为"不远复"三字符注

① 《王文成公全书·文录一·寄诸弟》正德十三年戊寅（一五一八）文。
② 《朱子语录》载程颐回答《尚书》"人心惟危"句之问。
③ 《朱子语类》卷七八《尚书》一之《大禹谟》文。

释，《书》中谓“一念改过，当时即得本心”，又谓“本心之明，皎如白日”。

愚谓：“本心”二字出于《孟子》，即所谓良知也。阳明以本心示弟辈，非即朱子所谓“圣贤千言万语，只要人不失其本心之旨”乎？

答甘泉书

此心同，此理同，苟知用力于此，虽百虑殊途，同①归一致。不然，虽字字而证，句句而求，其始也毫厘，其末也千里。老兄造诣之深，涵养之久，仆何敢望？至其向往直前，以求必得乎此之志，则有不约而契、不求而合者。其间所见，时或不能无小异。然吾兄既不屑屑于仆，而仆亦不以汲汲于兄者，正以志向既同，如两人同适京都，虽所由之途间有迂直，知其异日之归终同耳。向在龙江舟次，亦尝进其《大学》旧本及格物诸说，兄时未以为然，而仆亦遂置不复强聒者，知兄之不久自当释然于此也。乃今果获所愿，喜跃何可言？昆仑之源，有时而伏流，终必达于海也。②

泉按：阳明宗旨致良知，甘泉宗旨随处体认天理，分主教事。其时学者遂以王、湛之学各立门户，而阳明先生《答甘泉书》谓：“此心同此理同，苟知用力于此，虽百虑殊途，终归一致。”阳明此语，有可拟议而得者。天理即良知也，体认即致也，下手处不无小异，而究何异乎尔？此所谓“如两人同适京都，虽所由之途，间有迂直，知异日之归终同耳”。

又按：书中“迂直”二字，迂指随处体认天理而言，直指致良知而言。

愚谓：工夫间有迂直，天理良知绝无彼此也，即朱子所谓

① “同”字原作“终”，据《王文成公全书》为正。

② 《王文成公全书·文录一·答甘泉》正德十四年己卯（一五一九）文。

"虚灵不昧者"是。

又按：阳明复《大学》旧本及格物诸说，甘泉何尝释然于此，而《答阳明书》云："仆之鄙说，似有可采者五：训格物为至其理，始虽自得，然稽之程子之书，为先得同然，一也；考之章首'止至善'即此也，上文知止能得，为知行并进至理工夫，二也；考之古本，下文以修身申格致，为于学者极有力，三也；《大学》曰'致知在格物'，程子则曰'致知在所养，养知在寡欲'，以涵养寡欲训格物，正合古本以修身申格物之旨为无疑，四也；以格物兼知行，其于自古圣训，学问思辨，笃行也，精一也，博约也，学古好古信古也，修德讲学也，默识学不厌也，尊德性道问学也，始终条理也，知言养气也，千圣千贤之教为不谬，五也。"夫甘泉此段语，讲《大学》旧本，则不信朱子改本可知。而阳明书谓："向龙江舟次，亦尝进其《大学》旧本及格物诸说，兄时未以为然，而仆亦遂置不复强聒者，知兄之不久自当释然于此也。乃今果获所愿，喜跃何可言！"疑是指甘泉书此段语而言。

愚谓：殊途同归，百虑一致，不惟阳明与甘泉为然，即阳明与朱子亦有必然者，《大学》旧本与《大学》改本，神而明之，其义类岂不可相投耶？

答方叔贤书

其论象山处，举《孟子》"放心"数条，而甘泉以为未足，复举"东西南北海有圣人出，此心此理同"，及"宇宙内事皆己分内事"数语。甘泉所举，诚得其大，然吾独爱西樵子①之近而切也。见其大者，则其功不得不近而切，然非实加切近之功，则所谓大者，亦虚见而已

① 西樵子即方献夫（一四八五—一五四四），字叔贤，与阳明论学，悦之，遂请为弟子，读书西樵山中者十年。

耳。自《孟子》道性善，心性之原，世儒往往能言，然其学卒入于支离外索而不自觉者，正以其功之未切耳。此吾所以独有喜于西樵之言，固今时对症之药也。①

泉按：西樵子论象山处举《孟子》放心数条，而甘泉以为未足，阳明先生独爱其近而切，非其于《孟子》性善之旨近而切乎？非即其于阳明良知之旨近而切乎？朱子曰："大抵此学以尊德性、求放心为本，而讲圣贤亲切之训以开明之，此为切要之务。若通古今，考世变，则亦随力所至，推广增益以为补助耳。不当以彼为重，而反轻凝定收敛之实，少圣贤亲切之训也。若如此说，则是学问之道不在于已而在于书，不在于经而在于史，为子思、孟子则孤陋狭劣而不足观，必为司马迁、班固、范晔、陈寿之徒，然后可以造于高明正大、简易明白之域也。"

愚谓：朱子此语，正帖服象山处，阳明先生从此段语理会过来，故《答方叔贤书》说与朱子合。

① 《王文成公全书·文录一·答方叔贤》正德十四年己卯（一五一九）文。

阳明学术发微卷六

阳明学通于朱子学二

答罗整庵少宰书

【释】此阳明释“格物”之物为心意之物，在我意念中者也。

夫“德之不修，学之不讲”，孔子以为忧。而世之学者稍能传习训诂，即皆自以为知学，不复有所谓讲学之求，可悲矣！夫道必体而后见，非已见道而后加体道之功也；道必学而后明，非外讲学而复有所谓明道之事也。然世之论学者有二：有讲之以身心者，有讲之以口耳者。讲之以口耳，揣摩测度，求之影响者也；讲之以身心，行著习察，实有诸己者也。知此则知孔门之学矣。

来教谓：“某《大学》古本之复，以人之为学但当求之于内，而程朱格物之说，不免求之于外，遂去朱子之分章，而削其所补之传。”

非敢然也。学岂有内外乎？《大学》古本乃孔门相传旧本耳，朱子疑其有所脱误，而改正补缉之。在某则谓其本无脱误，悉从其旧而已矣。失在于过信孔子则有之，非故去朱子之分章而削其传也。夫学贵得之心，求之于心而非也，虽其言之出于孔子，不敢以为是也，而况其未及孔子者乎？求之于心而是也，虽其言之出于庸常，不敢以为非也，而况其出于孔子者乎？且旧本之传数千载矣，今读其文辞，既明白而可通；论其工夫，又易简而可入，亦何所案据而断其此段之必在于彼，彼段之必在于此，与此之如何而缺，彼之如何而补①，而遂改正补缉之？无乃重于背朱而轻于叛孔已乎？

来教谓："如必以学不资于外求，但当反观内省以为务，则正心诚意四字，亦何不尽之有？何必于入门之际，便困以格物一段工夫也？"

诚然诚然。若语其要，则修身二字亦足矣，何必又言正心？正心二字亦足矣，何必又言诚意？诚意二字亦足矣，何必又言致知？又言格物？惟其工夫之详密，而要之只是一事，此所以为精一之学，此正不可不思者也。夫理无内外，性无内外，故学无内外。讲习讨论，未尝非内也；反观内省，未尝遗外也。夫谓学必资于外求，是以己性为有外也，是义外也，用智者也；谓反观内省为求之于内，是以己性为有内也，是有我也，自私者也；是皆不知性之无内外也。故曰："精义入神，以致用也；利用安身，以崇德也。"② "性之德也，合内外之道也。"③ 此可以知格物之学矣。

格物者，《大学》之实下手处，彻首彻尾，自始学至圣人，只此工夫而已，非但入门之际有此一段也。夫正心诚意、致知格物，皆所以修身，而格物者，其所④用力，日⑤可见之地。故格物者，格其心之物也，格其意之物也，格其知之物也。正心者，正其物之心也。诚意者，诚其物之意也。致知者，致其物之知也。此岂有内外彼此之分哉？理一而已。

以其理之凝聚而言则谓之性，以其凝聚之主宰而言则谓之心，以其主宰之发动而言则谓之意，以其发动之明觉而言则谓之知，以其明觉之

① "补"原作"误"，据《王文成公全书》为正。
② 《周易·系辞下》文。
③ 《礼记·中庸》文。
④ 原作"所以"，"以"字衍，据《王文成公全书》为正。
⑤ "日"字原作"实"，据《王文成公全书》为正。

感应而言则谓之物。故就物而言谓之格，就知而言谓之致，就意而言谓之诚，就心而言谓之正。正者正此也，诚者诚此也，致者致此也，格者格此也，皆所谓穷理以尽性也。

天下无性外之理，无性外之物。学之不明，皆由世之儒者认理为外，认物为外，而不知义外之说，孟子盖尝辟之，乃至袭陷其内而不觉，岂非亦有似是而难明者欤？不可以不察也。

凡执事所以致疑于格物之说者，必谓其是内而非外也，必谓其专事于反观内省之为，而遗弃其讲习讨论之功也；必谓其一意于纲领本原之约，而脱略于枝条节目之详也；必谓其沈溺于枯槁虚寂之偏，而不尽于物理人事之变也。审如是，岂但获罪于圣门、获罪于朱子，是邪说诬民，叛道乱正，人得而诛之也，而况于执事之正直哉？审如是，世之稍明训诂，闻先哲之绪论者，皆知其非也，而况执事之高明哉！况某之所谓格物，其于朱子九条《大学或问》朱子纪程子格物九条。之说，皆包罗统括于其中。但为之有要，作用不同，正所谓毫厘之差耳。然毫厘之差而千里之谬，实起于此。①

泉按：陆稼书《大学问答》："或问：《大学》依古本及董、蔡诸儒改本，则'此谓知本，此谓知之至也'，并非衍文缺文，盖谓知本即是知至，乃尧舜不遍物之意，岂不明白而直截乎？曰：圣贤之学，本末兼该，虽有先后之序，而非可偏废也。如谓知本即是知之至，则是一本之外，更别无学，以纲领言之，但当知有明德而不必复讲新民之方也；以条目言之，但当知有诚、正、修，而不必复讲齐、治、平之道也，可乎？故谓本之当先务则可，谓知本而不必更求末则不可。尧舜之不遍物，是言治天下当以亲贤为急，乃是论缓急，非论本末，岂《大学》知本之谓乎？朱子所以将此二句断作衍文缺文，此是

① 《王文成公全书·传习录中·答罗整庵少宰书》文。

不易之论。董、蔡诸儒复将此二句强作‘不遍物’之解，未免稍偏，然其所论为本者犹未差。若阳明之复古本，则不过欲借‘知本’二字，自伸其良知之说，其所认为本者，又非董、蔡之所谓本矣。自阳明而后，专以知本为格物者，皆不可究诘。此二句关系学脉非浅，顾泾阳之学于明季诸儒中为近正，然作《大学通考》，亦谓此二句非阙文衍文，吾不敢附会。”

稼书此一段语，与阳明先生《答罗整庵书》“《大学》古本，乃孔门相传旧本耳”，“今读其文辞，既明白而可通；论其功夫，又易简而可入，亦何所案据而断其此段之必在于彼，彼段之必在于此，与此之如何而缺，彼之如何而误，而遂改正补缉之”云云，正相抵牾。愚谓：阳明信《古本大学》，稼书信今本《大学》，各有心得。而阳明欲借“知本”二字以自伸其良知之说，未始非欲致吾之良知，在即物而穷其理也。稼书以为本当先务则可，谓知本而不必更求末则不可，非所以例阳明之致良知矣。

又按：陆稼书《大学问答》：“或问：‘王心斋《语录》云：“格物者，格其‘物有本末’之物；致知者，致其‘知所先后’之知。”其说如何？’曰：家、国、天下皆物也，身、心、意亦物也，格物之本则于身、心、意，求明德之事；格物之末则于家、国、天下，求新民之事；谓格物之物，即物有本末之物，固无不可。顾程子有云：‘求之性情固切于身，然一草一木亦皆有理，不可不察。’此最说得周密，不教人泛求之天下之物，亦不教人尽却天下之物，一草一木，非必一一察之，然亦当触目而识其理，安得拘定？且即以格物之物，专就身、心、意、家、国、天下言之，与物有本末之物，亦有纲领条目之分，亦不得混而一之也。至于知所先后，知字尚浅，在知行之前，又何得扯入致知内？”稼书此一段语，有与阳明书中格其心之物、格其意之物、格其知之物、正其物之心、诚其物之意、致其物之知，语意相投者。至心斋体认良知，以知所先后之知属良知，无当于稼书之意，有当于阳明之意。愚谓：以知所先后之知属良知，当是一义；讲良知者自成一说。调停《古本大学》，却非畔朱可比。

又按：胡正甫云："'东越训格物曰："正其不正，以归于正。"初学猝难了也。'曰：'致知在格物者，盖言古人之致其良知，虽曰循吾觉性，无感不应，而犹惧其泛也，则恒在于通物之本末，而无以末先其本。夫是则知本即格物，而致知之功不杂施矣。其下文曰："此谓知本，此谓知之至也。"更不添一物字，则格物之为知本明矣。夫子曰"反求诸其身"，孟子曰"反求诸己"，又曰"万物皆备""反身而诚"，皆格物疏义也。括而言之，知本而已。夫致知非遗本也，而求其端，用力孜孜，反顾尤在于本，而后能不泛也。'曰：'格物则然，穷理何居？'曰：'穷之义，尽也，极也，非谓穷索也。穷理者，即极夫天理之谓也，诚极夫天理，则人欲灭矣。'"玩正甫此语，足以发明阳明先生复《古本大学》之旨，更足以发明阳明书中所谓："正者正此，诚者诚此，致者致此，格者格此，皆所谓穷理以尽性之旨。"愚谓：理一而已。"正者正此，诚者诚此，致者致此，格者格此"，阳明此学，朱子此学，孔门此学也，整庵又何疑焉？

答董沄萝石书 三则

此皆未免有外重内轻之患。若平日能"集义"，则浩然之气至大至刚①，充塞天地，自然富贵不能淫，贫贱不能移，威武不能屈；自然能

① "刚"字，《王文成公全书》作"公"。按：此用《孟子》言浩然之气语，作"刚"为是。

知人之言，而凡诐淫邪遁之词，皆无所施于前矣，况肯自以为慚乎？“集义”只是致良知。心得其宜为义，致良知则心得其宜矣。附来书。来书云：“问某赋性平直守分，每遇能言之士，则以己之迟钝为慚，恐是根器弱甚。”

泉按：阳明先生“集义”之说，屡见于书，意必有所牵连，词必所有贯串，若《答董萝石书》，就《孟子》“养气章”约其词旨，为增壮志而释慚心，并未另参一解。谓：“集义只是致良知，心得其宜为义，致良知则心得其宜。”示以下手工夫，直截明白。朱子答陈同甫曰：“《孟子》所谓浩然之气者，盖敛然于规矩准绳、不敢走作之中，而其自任以天下之重者，虽贲育莫能夺也。”陆稼书按云：“此数语说尽养气一章大旨。”愚谓：朱子、阳明两书具在，萝石合而观之，会而通之，学阳明以学朱子，学朱子以学《孟子》，亦只致其良知而已矣。

知得自以为得之非宜，只此便是良知矣。民之秉彝也，故好是懿德，又多着一分意思不得。多着一分意思，便是私矣。

泉按：董萝石以诗、袜赠饿死者，胸次帖帖然，自以为得，恐亦不宜。而阳明先生答书，即谓“知得自以为得之非宜，只此便是良知”矣。引“民之秉彝，好事懿德”二语，以见良知之多着一分意思不得，萝石宜由此有悟于良知。明道云：“既得后须放开。”上蔡亦云：“学者须是胸怀摆脱得开始得。”朱子曰明道之语，亦是上蔡所记，或恐“须”字是“必”字之意，言既得则自有此验，不但如此拘拘耳，非谓须要放开也。若阳明先生答萝石所谓：“自以为得者，已着了意思。”岂朱子之所谓既得，则自有此验乎？故以为非宜，故以为“知得自以为得之非宜，只此便是良知”也。

又按：朱子曰：“‘洒落’二字是黄太史语，后来李延平先生拈出，亦是且要学者识个深造自得底气象，以自考其所得之浅深，不谓一在传后①而其弊乃至于此。”愚谓：其弊乃至于此者，直是自以为得之弊耳，阳明先生从朱子此段语理会过来，故以为非宜，并以为知得非宜为良知，则不自以为得底气象，亦从可想见矣。

录善人以自勉，此亦多闻多见而识，乃是致良知之功，此等人只是欠学问，恐不能到头如此，吾辈中亦未易得也。②

泉按：陆稼书《读朱随笔》：“答子静云：‘迩来日用工夫颇觉有力，无复向来支离之病。’此朱子自言其日用得力，非言其顿悟得力也，其篇首固云道理虽极精微，然初不在耳目见闻之外。”玩稼书此段语，则知阳明先生《答董罗石书》以“多闻多见而识”为致良知，此正朱子之学也。夫朱子答陆子静此书，阳明指为“晚年定论”。苟于闻见上致良知能到头如此，当如朱子“颇觉有力，无复向来支离之病”云尔也。然而阳明恐此等人不能到头如此者，以其多闻多见与良知尚或合或离也。

寄邹谦之书

比遭家多难，工夫极费力，因见得良知两字，比旧愈加亲切，真所谓大本达道，舍此更无学问可讲矣。③

泉按：朱子《答张敬夫》曰：“日前所见累书所陈者，只是优侗地见得个‘大本达道’底影像，便执认以为是了。……盖只见得个直截根源、倾湫倒海底气象，日间但觉为大化所驱，如在洪涛巨浪之中，不容少顷停泊。盖其所见一向如是，以故应事接物处，但觉粗厉勇果增倍于前，而宽裕雍容之气，略无

① “一在传后”，同治求我斋本《朱熹文集》作“不一再传”。
② 《王文成公全书·文录二·答董沄萝石书》嘉靖四年乙酉（一五二五）文。
③ 《王文成公全书·文录三·寄邹谦之》嘉靖五年丙戌（一五二六）文。

毫发。虽窃病之，而不知其所自来也。而今而后，乃知浩浩大化之中，一家自有一个安宅，正是自家安身立命、主宰知觉处，所以立大本、行达道之枢要。所谓体用一源，显微无间者，乃在于此。”此朱子自道其所得力也。“大本达道”，朱注：“大本者，天命之性，天下之理皆由此出，道之体也。达道者，循性之谓，天下古今之所共由，道之用也。”其所以示人者，至明且切。阳明先生从朱子所自道者，与其所以示人者理会过来，故《寄邹谦之书》以为“见得良知两字，比旧愈加亲切，真舍此大本达道，更无学问可讲矣”。愚谓：大本待致，达道待致，致中和，即所谓致良知也。

答欧阳崇一书　三则

良知不由见闻而有，而见闻莫非良知之用。故良知不滞于见闻，而亦不离于见闻。孔子云：“吾有知乎哉？无知也。”良知之外，别无知矣。故致良知是学问大头脑，是圣门教人第一义。今云专求之见闻之末，则是失却头脑，而已落在第二义矣。近时同志中，盖已莫不知有致良知之说，然言其①工夫尚多鹘突者，正是欠此一问。

大抵学问工夫，只要主意头脑是当。若主意头脑专以致良知为事，则凡多闻、多见，莫非致良知之功。盖日用之间，见闻酬酢，虽千头万绪，莫非良知之发用流行。除却见闻酬酢，亦无良知可致矣。故只是一事。若曰致其良知而求之见闻，则语意之间未免为二。此与专求之见闻之末者虽稍不同，其为未得精一之旨，则一而已。“多闻，择其善者而从之，多见而识之。”既云择，又云识，其良知亦未尝不行于其间。但其立意乃专在多闻多见上去择识，则已失却头脑矣。崇一于此等处见得当已分晓，今日之问，正为发明此学，于同志中极有益。但语意未莹，

① “言其”二字误作“其间”，据《王文成公全书》为正。

则毫厘千里，亦不容不精察之也。

附来书。来书云："师云：'德性之良知，非由于闻见，若曰多闻，择其善者而从之，多见而识之，则是专求之见闻之末，而已落在第二义。'窃意良知虽不由见闻而有，然学者之知，未尝①不由②见闻而发。滞于见闻固非，而见闻亦良知之用也。今曰'落在第二义'，恐为专以见闻为学者而言，若致其良知而求知③见闻，似亦知行合一之功矣。如何？"

泉按：阳明言"无善无恶者心之体"，东林多以此为议论。杨晋庵云："近乃会得无善无恶之说，盖指心体而言，非谓性中一无所有也。夫人心寂然不动之时，一念未起，固无所谓恶，亦何所谓善哉？夫子曰：'吾有知乎哉？无知也。'夫知且无矣，何处觅善恶？譬如鉴本至明，而未临于照，有何妍媸？故其原文曰：'无善无恶者心之体。'非言性之体也，今谓其说与告子同，将毋错会其旨欤？"

晋庵此语，足以发明阳明先生《答欧阳崇一书》解《无知章》之旨。夫阳明解《无知章》空空二字，在孔子身上说，即无知之义。无知是良知之外别无知之义，与《集注》不同。

然朱子《答江元适》曰："诗人之称文王，虽曰'不识不知'，然必继之曰'顺帝之则'；孔门之称夫子，虽曰'毋意毋我'，然后之得其传者语之，必曰：'绝四之外，必有事焉。'盖体用相循，无所偏滞，理固然也。"今观阳明书中谓："良知不滞于见闻，而亦不离于见闻"，"良知之外，别无知矣"，虽与《集注》不同，实乞灵于朱子《答江元适》此一段语。

"思曰睿，睿作圣"，"心之官则思，思则得之"，思其可少乎？沈空守寂，与安排思索，正是自私用智，其为丧失良知，一也。良知是天理

① "尝"原作"常"，据《王文成公全书》为正。
② "由"原作"因"，据《王文成公全书》为正。
③ "知"原作"之"，据《王文成公全书》为正。

之昭明灵觉处。故良知即是天理，思是良知之发用。若是良知发用之思，则所思莫非天理矣。良知发用之思，自然明白简易，良知亦自能知得。若是私意安排之思，自是纷纭劳扰，良知亦自会分别得。

泉按：朱子曰："李先生说：'人心中大段恶念，却易制伏，只是那不大段计利害，乍往乍来底念虑，继续不断，难为驱除，今看来是如此。'"朱子此语与阳明先生《答欧阳崇一书》"'思曰睿，睿作圣'，'心之官则思，思则得之'，思其可少乎"数语衡之，言若人殊，而其理则一。故阳明书即谓"沈空守寂，与安排思索，正是自私用知，其为丧失良知，一也"，即谓"良知即是天理，思是良知之发用；若是良知发用之思，则所思莫非天理矣"。愚谓："所思莫非天理"，却是曰睿作圣之思，自无安排思索之举，便见驱除"那不大段计利害，乍往乍来的念虑"，只在良知上做工夫而已。

又按："问：'不紧要的思虑，不知何以制之？'朱子曰：'只觉得不当思虑的，便莫要思，久久纯熟，自然无此等思虑矣。'"阳明先生从朱子此语理会过来，故《答欧阳崇一书》谓："良知发用之思，自然明白简易，良知亦自能知得。若是私意安排之思，自是纷纭劳扰，良知亦自会分别得。"愚谓：朱子所谓"觉得不当思虑的"，是良知也；朱子所谓"便莫要思"，是致良知也。

不逆不亿而先觉，此孔子因当时人专以逆诈、亿不信为心，而自陷于诈与不信。又有不逆不亿者，然不知致良知之功，而往往又为人所欺诈，故有是言。非教人以是存心，而专欲先觉人之诈与不信也。以是存心，即是后世猜忌险薄者之事。而只此一念，已不可与入尧舜之道矣。不逆不亿而为人所欺者，尚亦不失为善，但不如能致其良知，而自然先觉者之尤为贤耳。崇一谓"其惟良知莹彻"者，盖已得其旨矣。然亦颖悟所及，恐未实际也。盖良知之在人心，亘万古，塞宇宙而无不同。

“不虑而知，恒易以知险；不学而能，恒简以知阻”；“先天而天不违，天且不违，而况于人乎？况于鬼神乎？”夫谓背觉合诈者，是虽不逆人，而或未能无自欺也；虽不亿人，而或未能果自信也。是或尝有求先觉之心，而未能常自觉也。尝有求先觉之心，即已流于逆亿，而足以自蔽其良知矣，此背觉合诈之所以未免也。

君子学以为己，未尝虞人之欺己也，恒不自欺其良知而已；未尝虞人之不信己也，恒自信其良知而已；未尝求先觉人之诈与不信也，恒务自觉其良知而已。是故不欺则良知无所伪而诚，诚则明矣；自信则良知无所惑而明，明则诚矣。明诚相生，是故良知常觉常照。常觉常照，则如明镜之悬，而物之来者，自不能遁其妍媸矣。何者？不欺而诚，则无所容其欺，苟有欺焉而觉矣；自信而明①，则无所容其不信，苟不信焉而觉矣。是谓易以知险，简以知阻，子思所谓“至诚如神，可以前知”者也。然子思谓“如神”，谓“可以前知”，犹二而言之，是盖推言思诚者之功效，是犹为不能先觉者说也。若就至诚而言，则至诚之妙用，即谓之神，不必言如神。至诚则“无知而无不知”，不必言“可以前知”矣。

附来书。来书有云：“人情机诈百出，御之以不疑，往往为所欺。觉则自入于逆亿。夫逆诈即诈也，亿不信即非信也，为人欺又非觉也。不逆不亿而常先觉，其惟良知莹彻乎？然而出入毫忽之间，背觉合诈者多矣。”②

泉按：顾泾凡云：“逆诈亿不信五字，入人膏肓，所谓杀机也。亿逆得中，自家心肠亦与那人一般；亿逆得不中，那人的心肠胜自己多矣。”泾凡此语，足以发明阳明先生《答欧阳崇一书》所谓“以是存心，即是后世猜忌险薄者之事，而只此一念，已不可与入尧舜之道”之旨。夫《不逆章集注》“未有诚而不明者”，此一句已括不逆、不亿、先觉之义；而阳明

① “明”原作“诚”，据《王文成公全书》为正。

② 《王文成公全书·传习录中·答欧阳崇一》文。

书中谓“不欺则良知无所伪而诚，诚则明矣；自信则良知无所惑而明，明则诚矣。明诚相生，是故良知常觉常照。常觉常照，则如明镜之悬，而物之来者自不能遁其妍媸矣”。此数语从《集注》体会出来。

杨复所①《证学编》：“问：‘抑亦先觉？’曰：‘即伊尹所谓先觉也，人人有之。至虚至灵，谓之先觉，又谓之良知。逆亿者，情识之私，习而有者也；不逆不亿，则良知自然流行，而先觉矣。子贡之亿则屡中，不能先觉；而孔子之每事问，乃先觉也。’”复所此编，以良知主意诠发不逆不亿先觉之义，而先觉之义彻。阳明书以诚则明、明则诚诠发不逆不亿先觉之义，而先觉之义彻，良知之义亦彻。复所不依傍《集注》，阳明依傍《集注》，学者于此亦可会其源流矣。

朱子《答廖子晦》曰：“智主含藏分别，有知觉而无运用，冬之象也。”陆稼书《读朱随笔》按云：“有运用前之知觉，有运用后之知觉，如冬之在秋后春前也。”愚即稼书此按详之，有运用前之良知，有运用后之良知；有运用前之先觉，有运用后之先觉；取以按阳明书后，亦合书中云云指意也。

① 杨起元（一五四七—一五九九），字贞复，号复所，广东惠州人，万历五年（一五七七）进士，官至北京吏部右侍郎兼侍读学士，卒谥文懿。

阳明学术发微卷七

王龙溪述阳明学髓①

按：李二曲《体用全学篇》论《阳明集》云："象山虽云单传直指，然于本体犹引而不发，至先生始拈致良知三字，以泄千载不传之秘，一言之下，令人洞彻本面，愚夫愚妇，咸可循之以入道，此万世功也。"② 又论《龙溪集》云"发明良知之蕴，宏畅精透，阐发无余，可谓前无往古，后无来今，后有作者，不可尚矣。然读之亦须挈其要"云云。盖龙溪为阳明座下大弟子，所传实得正宗，且其享寿尤高，故传说尤夥，顾先儒谓其机锋太露，罗念庵常忠告之，然王、罗俱系心宗，无所用其轩轾也。海盐执友张君菊生③假余《龙溪集》二十卷，意极可感。爰本二曲之意，择其论阳明学髓之最精者，辑为一卷，以示来学。《天泉证道》一篇已见第二卷，不复赘。并附罗念庵论良知文二篇于后，见王罗二家固无异旨，而良知之学千古常新云。

---

① 王畿（一四九八—一五八三），字汝中，号龙溪，绍兴山阴人。嘉靖二年（一五二三）始受业王守仁；七年（一五二八）奔守仁丧，经纪葬事，持心丧三年；十一年（一五三二）与同门钱德洪成进士，授郎中，称病归而讲学终身，学者称"龙溪先生"。

② 李颙《二曲集·体用全学》卷七文。

③ 张元济（一八六七—一九五九），字筱斋，号菊生，浙江海盐人。与唐先生同在光绪十八年（一八九二）成进士，曾任总理各国事务衙门章京；二十七年（一九〇一）创办商务印书馆。

冲元会纪

先生曰："自先师提出本体工夫，人人皆能谈①本体说工夫。其实本体工夫须有辨，自圣人分上说，只此知便是本体，便是工夫，便是致；自学者分上说，须用致知的工夫以复其本体，博学、审问、慎思、明辨、笃行，五者废其一，非致也。世之议者或以致良知为落空，其亦未之思耳。先师尝谓人曰：'戒慎恐惧是本体，不睹不闻是工夫。'戒慎恐惧若非本体，于本体上便生障碍；不睹不闻若非工夫，于一切处尽成支离。盖工夫不离本体，本体即是工夫，非有二也。"②

滁阳会语

予赴南谯，取道滁阳，拜瞻先师新祠于紫微泉上。太仆巾石吕子以滁为先师讲学名区，相期同志与其隽士数十人，大会祠下。诸君谬不予鄙，谓晚有所闻，各以所得相质，以求印正。余德不类，何足以辱诸君之教？而先师平生所学之次第，则尝闻之矣，请为诸君诵之，而自取正焉。

先师之学，凡三变而始入于悟，再变而所得始化而纯。其少禀英毅凌迈，超侠不羁，于学无所不窥，尝泛滥于词章，驰骋于孙吴。虽其志在经世，亦才有所纵也。及为晦翁格物穷理之学，几至于殒，时苦其烦且难，自叹以为若于圣学无缘，乃始究心于老佛之学。筑③洞天精庐，日夕勤修，炼习伏藏，洞悉机要。其于彼家所谓见性抱一之旨，非惟通其义，盖已得其髓矣。自谓尝于静中内照形躯，如水晶宫，忘己忘物，忘天忘地，与空虚同体，光耀神奇，恍惚变幻，似欲言而忘其所以言，乃真境象也。

及至居夷处困，动忍之余，恍然神悟，不离伦物感应，而是是非

① "谈"原作"说"，据《龙溪王先生全集》为正。
② 王畿《龙溪王先生全集·语录·冲元会纪》文。
③ "筑"字，《龙溪王先生全集》作"缘"。

非，天则自见。征诸四子六经，殊言而同旨，始叹圣人之学，坦如大路，而后之儒者，妄开径窦，纡曲外驰，反出二氏之下，宜乎高明之士厌此而趋彼也。自此之后，尽去枝叶，一意本原，以默坐澄心为学的，亦复以此立教。于《传习录》中所谓："如鸡覆卵，如龙养珠……精神意思，凝聚融结，不复知有其他。颜子不迁怒不贰过，有未发之中，始能有发而中节之和，道德言动，大率以收敛为主，发散是不得已。"种种论说，皆其统体耳。一时学者闻之翕然，多有所兴起。然卑者或苦于未悟，高明者乐其顿便，而忘积累，渐有喜静厌动、玩弄疏脱之弊。先师亦稍觉其教之有偏，故自滁留以后，乃为动静合一、工夫本体之说以救之；而入者为主，未免加减回护，亦时使然也。

自江右以后，则专提"致良知"三字，默不假坐，心不待澄，不习不虑，盎然出之，自有天则，乃是孔门易简直截根原。盖良知即是未发之中，此知之前，更无未发；良知即是中节之和，此知之后，更无已发。此知自能收敛，不须更主于收敛；此知自能发散，不须更期于发散。收敛者，感之体，静而动也；发散者，寂之用，动而静也。知之真切笃实处即是行，真切是本体，笃实是工夫，知之外更无行；行之明觉精察处即是知，明觉是本体，精察是工夫，行之外更无知。故曰：致知存乎心，悟致知焉尽矣。

逮居越以后，所操益熟，所得益化，信而从者益众，时时知是知非，时时无是无非，开口即得本心，更无假借凑泊，如赤日丽空，而万象自照，如元气运于四时，而万化自行，亦莫知其所以然也。……晚年造履，益就融释，即一为万，即万为一，无一无万，而一亦忘矣。

先师平生经世事业，震耀天地，世以为不可及。要之，学成而才自广，机忘而用自神，亦非两事也。先师自谓"良知"二字，自吾从万死一生中体悟出来，多少积累在，但恐学者见太容易，不肯实致其良知，反把黄金作顽铁用耳。先师在留都时，会有人传谤书，见之不觉心动，移时始化，因谓终是名根消煞未尽，譬之浊水澄清，终有浊在。余尝请问平藩事，先师云："在当时只合如此做，觉来尚有微动于气所在。使今日处之，更自不同。"夫良知之学，先师所自悟。……吾人得于所见所闻，未免各以性之所近为学，又无先师许大炉冶，陶铸销镕，以归于一，虽于良知宗旨，不敢有违，而拟议卜度，搀和补凑，不免纷成异说。……而其最近似者，不知良知本来易简，徒泥其所晦之迹，而未究其所悟之真，哄然指以为禅。同异毫厘之间，自有真血脉络，明者当自得之，非可以口舌争也。

诸君今日所悟之虚实与所得之浅深，质诸先师终身经历次第，其合与否？所谓如人饮水，冷暖自知，以此求之，沛然有余师矣。[①]

按：此篇包括一部年谱，有志于阳明之学者，宜熟玩也。

书休宁会约

吾人为学，所大患者，在于包裹心深，担当力弱。若夫此学之脉络[②]本来易简，有志者一言可以立决，正不必以为患也。昔吾阳明先师讲学山中，时一人资性警敏，与之语，易于领略；因其请，引以入见，先师漫然视之，屡问而多不答，吾惑焉。一人平时作事过当，不顾人非毁，见恶于乡党；因其悔请，亦引以入见，先师与之语，竟日忘倦，若有意于斯人者，吾惑焉。间以请问，先师曰："某也资虽警捷，世情机心，不肯放舍，使不闻学，犹有败露悔改之时。若又使之有闻，见解愈多，趋避愈巧，覆藏愈密，一切圆融智虑，适足增其包藏而益其机变，为恶将不可复悛矣[③]。某也作事能不顾人非毁，原是有力量之人，特其狂心偶炽，一时销歇不下，所患不能悔耳。今即知悔而来，得其转头，移此力量为善，何事不办[④]？予所以与其进也。"后二人皆如所料。乃

① 王畿《龙溪王先生全集·语录·滁阳会语》文。

② "脉络"，《龙溪王先生全集》作"脉路"。

③ 谓此警敏人甚世故，包裹心深也。

④ 谓此过当者之担当力强也。

知先师教法，如秦越人视疾①，洞见五脏，真神医也。

不肖千里远来，求助于四方，承诸君不鄙，相会数日。中间豪杰之士能不包裹、能担当世界者，不敢谓尽无人。试平心各各自反，如前之说，亦或有一二似之否乎？不可不深以为戒也。予之为此言，心亦良苦。追忆曩相会时，复八九年矣，今所进益复何如？若不及时发愤，以图远业，窃恐后之视今犹夫昔也。若夫此学之易简，本心之灵，不容自昧，一念自反，未有不自得者。惟诸君立真志，修实行，本诸一念之微，各安分限，以渐而入，譬之源泉之赴海，终有到时。在诸君勉之而已矣！②

书婺源同志会约

或者曰："婺源为紫阳阙里，今日之论，不免于③有异同，盍讳诸？"

予曰："噫！鄙哉！是何待晦翁之薄，而视吾道之不广也？夫道，天下之公道；学，天下之公学，公言之而已。今日之论，不能免于异同者，乃其入门下手之稍殊，至于此志之必为圣人，则固未尝有异也。盖非同异不足以尽其变，非析异以归于同则无以会其全。道固如是，学固如是也。使千圣同堂而坐，其言论风旨，亦不能以尽合；譬之五味相济，各适其宜而止；若以水济水，孰从而和之哉？

"今所论不同之大者，莫过于《大学》之先知后行，《中庸》之存养省察。晦翁以格致诚正分知行为先后，先师则以《大学》之要，惟在诚意，致知格物者，诚意之功，知行一也。既分知行为先后，故须用敬以成其始终。先师则以诚即是敬，既诚矣，而复敬以成之，不几于赘已乎？孔门括《大学》一书为《中庸》首章，戒惧慎独者，是格致以诚意之功；未发之中与发而中节之和，是正心修身之事；中和位育，则

① "秦越人"乃扁鹊；《史记·扁鹊传》载扁鹊姓秦氏，名越人。

② 王畿《龙溪王先生全集·语录·书休宁会约》文。

③ "于"字脱，据《龙溪王先生全集》补入。

齐家、治国、平天下之事也。若分知行为先后，《中庸》首言慎独，是有行而无知也；后分尊德性、道问学为存心、致知，是有知而无行也。一人之言，自相矛盾，其可乎哉？晦翁既分存养省察，故以不睹不闻为己所不知，独为人所不知，而以中和分位育。夫既己所不知矣，戒慎恐惧，孰从而知之？既分中和位育矣，天地万物，孰从而二之①？此不待知者而辨也。先师则以不睹不闻为道体，戒慎恐惧为修道之功。不睹不闻即是隐微，即所谓独。存省一事，中和一道，位育一原，皆非有二也。晦翁随处分而为二，先师随处合而为一，此其大较也。

"至于《大学》致知、《中庸》未发之中，此古今学术尤有关系，不容不辨者也。夫良知之与知识，争若毫厘，究实千里。同一知也，良知者，不由学虑而得，德性之知，求诸己也；知识者，由学虑而得，闻见之知，资诸外也。未发之中是千古圣学之的。中为性体，戒惧者，修道复性之功也。故曰：戒慎恐惧而中和出焉……良知即是未发之中，譬如北辰之奠垣，七政由之以效灵，四时由之以成岁，运乎周天，无一息之停，而实未尝一息离乎本垣，故谓之未发也。千圣舍此，更无脉络②可循，古今学术之同异，尤不容不辨者也。

"然此特晦翁早年未定之见耳。逮其晚年超然有得，深悔平时所学，虚内逐外，至谓'诳己诳人'，谓'延平先生尝令体认未发以前气象，此是本领功夫，当时贪着训诂，未暇究察，辜负此翁耳'。其语象山有云：'所喜迩来功夫颇觉省力，无复向来支离之病。'其语门人有云：'向来全体精神用在故册子上，究竟一无实处，只管谈王说霸，别做一项伎俩商量。'诸凡类此者，所谓'晚年定论'，载在《全书》，可考见也。

"学者蔽于举业，无暇讨求全书，徒泥早年未定之见，揣摸依仿，瑕瑜互相掩覆，使不得为完璧，其薄待晦翁亦甚矣！夫晦翁平生之志，

① "之"原作"也"，据《龙溪王先生全集》为正。

② "脉络"，《龙溪王先生全集》作"脉路"。

在必为圣人，而其制行之高，如太山乔岳，一毫世情功利不足以动乎其中，故其学之足以信今而传后，亦以此也。吾人未有必为之志，未免杂于故习，行不足以孚于人，而哓哓然于分合异同之迹，譬之隋和之宝，不幸缀于窭人垢衣之内，人孰从而信之？

“虽然，此犹泥于迹也。今日之学，惟以发明圣修为事，不必问其出于晦翁、出于先师，求诸其心之安而信焉，可也。学者不因其人之窭，而并疑其宝之非真，斯善学也已。”①

按：此篇以《大学》《中庸》首章，分析朱王二家异同，极为明显。要之，朱学善精析，王学喜笼统，所谓道并行而不相悖，在善学者视其性之所近而已矣。

天柱②山房会语　与张阳和③、裘子充问答

阳和张子自谓：“功名一念，已能忘机不动心。”先生曰：“何言之易易也？”昔有乡老讥先师曰：“阳明先生虽与世间讲道学，其实也只是功名之士。”先师闻之，谓诸友曰：“你道这老者是讥我，是称我？”诸友笑曰：“此直东家丘耳，何与于讥称？”师曰：“不然。昔人论士之所志，大约有三：道德、功名、富贵。圣学不明，道德之风邈矣。志于功名者，富贵始不足以动其心。我今与④世间讲学，固以道德设教，是与人同善不容已之心，我亦未能实有诸己。一念不谨，还有流入富贵时候。赖天之灵，一念自反，觉得早，反得力，未至堕落耳。世衰道丧，功利之毒浃于人之心髓，士鲜以豪杰自命。以世界论之，是千百年习染。以人身论之，是一生干当。古今人所见不同，大抵名浮而实下。古之所谓功名，今之道德；古之所谓富贵，今之功名。若今之所谓富贵，狗偷鼠窃，竞竞刀锥之利，比于乞墦穿窬，有仪、秦所耻而不屑为者。

① 王畿《龙溪王先生全集·语录·书婺源同志会约》文。
② “柱”原作“桂”，据《龙溪王先生全集》为正。
③ 谨按：《龙溪王先生全集》“张阳和”后有“周继实”之名。因唐先生未录周氏语，故删之。
④ “与”原作“于”，据《龙溪王先生全集》为正。

其视一怒安居之气象，何如也？吾子看得功名题目太浅，所以如此自信；若观其深，必如百里奚之不入爵禄于心，王曾之不事温饱，始足以当功名。达如伊傅①，穷如孔孟，立本知化，经纶而无所倚，始足以当道德也。”……

子充曰：“阳明夫子居丧，有时客未至恸哭，有时客至不哭。阳和终以不哭为疑，敢请。”先生曰：“凶事无诏，哀哭贵于由衷，不以客至不至为加减也。昔人奔丧，见城郭而哭，见室庐而哭，自是哀心不容已。今人不论哀与不哀，见城郭、室庐而哭，是乃循守格套，非由衷也。客至而哭，客不至而不哭，尤为作伪。世人作伪得惯，连父母之丧，亦用此术以为守礼，可叹也已！毁不灭性，哀亦是和。悟得时，即此是学。”②

按：首段当与《拔本塞源论》同读，可以砥砺德行，增长志气。此段当与《礼记·檀弓篇》同读，哀至则哭，何常之有？良知非由外铄我也。

答吴悟斋

何谓知行合一？有本体，有工夫，圣人之学，不失其本心而已。心之良知谓之知，心之良能谓之行。《孟子》只言知爱知敬，不言能爱能敬，知能处即是知，能知处即是能，知行本体，原是合一者也。知之真切笃实处谓之行，行之明觉精察处谓之知，知行功夫本不可离，只因后世学者分作两截用功，故有合一之说。知非笃实，是谓虚妄，非本心之知矣；行非精察，是谓昏冥，非本心之行矣。……

夫知行合一，发于先师而非始于先师。《中庸》曰：“道之不行，知者过之，愚者不及也；道之不明，贤者过之，不肖者不及也。”此便是孔门知行合一真指诀。孟氏曰“智譬则巧，圣譬则力”，智与圣，知

---

① 指伊尹与傅说。

② 王畿《龙溪王先生全集·语录·天柱山房会语》文。

行之谓也。巧者，力之巧；力者，巧之力。引弓发矢，巧力俱到。巧有余而力不足，力有余而巧不足，皆不足以言中，此合一之说也。先师曰："致良知，良知是知行之本体，致是知行之功夫，格物正所以致之也。"

先师一生教人吃紧处，只有"在格物"三字；吾人一生学道切要处，亦只有"在格物"三字。……若以良知本体属知，以致知功夫属行；知之体圆①，易于流动而不居，格则有矩存焉。格物者，行其所知也。谓今之论学者只在知上发明，未曾在行上发明，则是能知而不能行，知行分而为二。……而谓鄙人之说缠绕，反成穿凿，亦无怪其然也。②

按：此篇当与第二卷"知行合一"节并读。《中庸》"道之不行"章，朱注以知行交互说，是亦以知行为合一矣。《孟子》言："智之实，知斯二者弗去是也。"③弗去即行，尤为知行合一之明证。

读先师再报海日翁吉安起兵书序

伏读吾师《吉安起兵再报海日翁手书》，至情溢发，大义激昂，虽仓卒遇变，而虑患周悉，料敌从容，条画措置，终始不爽，逆数将来，历历若道其已然者，所为良工苦心，非天下之至神，何以与此？而世之忌者，犹若未免于纷纷之议，亦独何哉？

夫宸濠逆谋已成，内外协应，虐焰之炽，熏灼上下，人皆谓其大事已定，无复敢撄其锋者。师之回舟吉安，倡义起兵也，人皆以为愚，或疑其诈。时邹谦之在军中，见人情汹汹，入请于师。师正色曰："此义无所逃于天地之间。使天下尽从宁王，我一人决亦如此做。人人有个良

① "圆"原作"员"，据《龙溪王先生全集》为正。
② 王畿《龙溪王先生全集·书·答吴悟斋》文。
③ 《孟子·离娄上》文。

知，岂无一人相应而起者？若夫成败利钝，非所计也。”宸濠始事，张乐高会，诇探往来，且畏师之捣其虚，浃旬始出。人徒见其出城之迟，不知多方设疑用间，有以贰而挠之也。宸濠出攻安庆，师既破省城，以三策筹之：上策直趋北都，中策取南都，下策回兵返救。或问：“计将安出？”师曰：“必出下策，驽马恋栈豆，知不能舍也。”及宸濠回兵，议者皆谓归师勿遏，须坚守以待援。师曰：“不然，宸濠气焰虽盛，徒恃焚劫之惨，未逢大敌，所以鼓动煽惑其下，亦全恃封爵之赏。今未出①旬日辄返，众心沮丧，譬之卵鸟破巢，其气已堕。坚守待援，适以自困。若先出锐卒，乘其惰归而击之，一挫其锋，众将不战自溃矣。”已而果然。人徒知其成擒之易，不知谋定而动，先有以夺其心也。师即献俘，闭门待命。

一日，召诸生入讲曰：“我自用兵以来，致知格物之功，愈觉精透。”众谓兵革浩穰，日给不暇，或以为迂。师曰：“致知在于格物，正是对境应感，实用力处。平时执持怠缓，无甚查考，及其军旅酬酢，呼吸存亡，宗社安危，所系全体精神，只从一念入微处，自照自察，一些着不得防检，一毫容不得放纵，勿欺②勿忘；触机神应，是乃良知妙用，以顺万物之自然，而我无与焉。

“夫人心本神，本自变动周流，本能开物成务，所以蔽累之者，只是利害毁誉两端。世人利害，不过一家得丧尔已；毁誉，不过一身荣辱尔已。今之利害毁誉两端，乃是灭三族，助逆谋反，系天下安危，只如人疑我与宁王同谋，机少不密，若有一毫激作之心，此身已成齑粉，何待今日？动少不慎，若有一毫假借之心，万事已成瓦裂，何有今日？此等苦心，只好自知；譬之真金之遇烈焰，愈煅炼，愈发光辉。此处致得，方是真知；此处格得，方是真物；非见解意识所能及也。……夫死天下事易，成天下事难；成天下事易，能不有其功难；不有其功易，能

① “未出”原作“出未”，据《龙溪王先生全集》为正。

② “欺”原作“助”，据《龙溪王先生全集》为正。

忘其功难；此千古圣学真血脉络。”① 吾师一生任道之苦心也。

畿既读是书，并述所闻，缀诸卷端，归之嗣子正亿②，服膺以为大训。是岂惟足以祛纷纷之议，千古经纶之实学，亦可以窥其微矣。继述之大，莫善于此，嗣子其图之。③

按：此篇以阳明毕生功业，统归于致良知之学，尤为精当不磨。世之人所以不能成大业者，以其无性体心体功夫，私欲锢蔽，卒至于身败名裂，岂不惜哉！

又按：孙夏峰先生《语录》载“阳明在赣，诸寇平捷，上设酒，劳诸生曰：‘以此相报。’诸生瞿然。阳明曰：‘自吾大征及登堂赏罚，直至与诸生相对并较，无少增损，此即诸生之助。’尹吉甫中兴，归而饮御，乃在张仲孝友，亦此意”④ 云云。盖阳明建功立业，所性分定，固本于良知之学，而师生之谊，亲切如此，尤可爱慕。近世罗忠节公行兵，所用将士如李忠武公昆弟，皆其门徒，须知学校中师生皆当如此，庶可备干城之选也。

附录：罗念庵《良知辨》

余问于龙溪子曰：“吾记熙光楼若何？”曰：“将以救病，非言学也。”曰：“何？”曰：“良知者，感触神应，愚夫愚妇与圣人一也。奚以寂，奚以收摄为？”余不答，已⑤而腹饥索食，龙溪子曰：“是须寂否？须收摄否？”余曰：“若是则安取于学？饔飧与礼食，固无辨乎。”

他日，龙溪子曰：“良知本寂，无取乎归寂。归寂者，心⑥槁矣。良知

① “脉络”，《龙溪王先生全集》作“脉路”。

② 王正亿（一五二六—一五七七），小名正聪，字仲时，号龙阳，王阳明长子，世袭新建伯。

③ 王畿《龙溪王先生全集·序·读先师再报海日翁吉安起兵书序》文。

④ 孙奇逢《夏锋先生集·语录》文。

⑤ “已”原作“也”，据哈佛燕京图书馆藏本《念庵罗先生文集》为正。

⑥ “心”原作“必”，据《念庵罗先生文集》为正。

本神应，无取乎照应。照应者，义袭矣。吾人不能神应，不可持以病良知，良知未尝增损也。”余曰：“吾人尝寂乎?”曰：“不能。”曰：“不能，则收摄以归寂，于子何病?吾人不能神应，谓良知有蔽，可乎?”曰：“然。”曰：“然则去蔽则良知明，谓圣愚有辨，奚不可?求则得，舍则失，不有存亡乎?养则长，失则消，不有增损乎?拟而言，议而动，不有照应乎?是故不可①泯者，理之常也，是谓性；不易定者，气之动也，是谓欲；不敢忘者，志之凝、命之主②也，是谓学。任性而不知辨欲，失之罔；谈学而不本之真性，失之凿；言③性而不务力学，失之荡。吾惧言之近于荡也。”龙溪子曰：“如④子之言，固未足以病良知也。”⑤

附录：罗念庵《龙场阳明祠记》 节录

余尝考龙场之事，于先生之学有大辨焉。夫所谓良知云者，本之孩童固有而不假于学虑，虽匹夫匹妇之愚，固与圣人无异也。乃先生自叙，则谓困于龙场三年而后得之，固有甚不易者，则又何哉?

今夫发育之功，天地之所固有也，然天地不常有其功。一气之敛闭而成冬，风露之撼薄，霜霰之严凝，陨获摧败，生意萧然，其可谓寂寞而枯槁矣！郁极而轧，雷霆奋焉，百蛰启，群卉茁，氤氲动荡于宇宙之间者，则向之风霰为之也。是故藏不深则化不速，蓄不固则致不远，屈伸剥复之际，天地且不能违，而况人乎?

先生以豪杰之才，迈往之志，振迅雄伟，脱屣于故常，于是一变而为文章，再变而为气节。当其倡言于逆瑾蛊政之时，挞之朝而不悔，其忧思恳款，意气激烈，议论铿訇，真足以凌驾一时而托名后世，岂不快哉！

及其摈斥流离于万里绝域，荒烟深箐，狸鼯豺虎之区，形影孑立，朝夕惴惴，既无一可骋者，而且疾病之与居，瘴疠之与亲。情迫于中，忘之

① “可”原作“容”，据《念庵罗先生文集》为正。
② “主”字原作“立”，据《念庵罗先生文集》为正。
③ “言”字原作“见”，据《念庵罗先生文集》为正。
④ “如”字原作“若”，据《念庵罗先生文集》为正。
⑤ 罗洪先《念庵罗先生文集·辨·良知辨》文。

有不能；势限于外，去之有不可。辗转烦瞀，以成动忍之益。盖吾之一身已非吾有，而又何有于吾身之外？至于是而后如大梦之醒，强者柔，浮者实，凡平日之所挟以自快者，不惟不可以常恃，而实足以增吾之机械，盗吾之聪明，其块然而生，块然而死，与吾独存而未始加损者，则固有之良知也。然则先生之学，出之而愈长，晦之而愈光，鼓舞天下之人，至于今日不怠者，非雷霆之震？前日之龙场，其风霰也哉？

嗟乎！今之言良知者，莫不曰"固有"；问其致知之功，亦莫不曰"任其固有"焉耳，亦尝于枯槁寂寞而求之矣乎①？所谓盗聪明、增机械者，亦尝有辨于中否乎？夫良知之处寂无，不啻风霰之敛其形；其速发而善应，不啻雷霆之鼓其机；而人之忧愉恐喜、咈顺拘肆之态，磊礧出没于胸中，日不知其凡几，又不啻一龙场也。然未有知之而动忍者，彼其根株蔓引之潜滋，而勉强格禁于既发，此虽困顿扼抑之极，将亦何益于进退也②？

生于忧患，死于安乐，岂亦有待其人乎？盖忧悔吝而后可以言补过，齐夭寿而后可以言修身。大受而不惧者，内无所系者也；苦难而不入者，近有所安者也。龙场固传舍也，先生遇之，一以为风霰，一以为雷霆。非先生其人，荒烟深箐，狸鼯豺虎故区而已矣，谁为过之？谁为祠之？世之势位，加于龙场何限？考其所至，犹传舍然，而人之遇之者，亦如逆旅之过目。吾又未尝不有感于贤愚相远，而叹先生厚自贻也③。

按：念庵此二篇以明七子之文思，发致良知之精蕴，震醒人心不少，亟录之以资激厉，庶几荡涤天下之邪秽乎！

---

① "乎"字脱，据《念庵罗先生文集》补入。

② 《念庵罗先生文集》无"也"字。

③ 《念庵罗先生文集·记·龙场阳明祠记》文。

性理救世书

整理说明

《性理救世书》三卷原名《性理学发微》，一九三五年完稿，一九三七年刊出，是唐先生性理学集大成之作。先生《自订年谱》甲戌（一九三四）七十岁七月下载：“本学期，余讲授《性理大义》，于周子《太极图说》《通书》、张子《西铭》、程子《论性篇》及明儒王龙溪、钱绪山、王心斋诸先生学派，皆有详论，拟编为《性理学发微》。”说明先生在一九三四年萌发撰写是书之意，于是坐言起行，立刻拟定规模，系统综述其主张。

经过一年之综合整理而成书，先生并在《自订年谱》乙亥（一九三五）七十一岁条五月杪交代其书结构与宗旨云：“宗侄星海来谈，有志研究余学说。余告以方今世局颇类战国，当以《孟子》心性学救之。余《性理学发微》已将告成，即以稿本示之。星海欣然，愿任印费。余乃详细整理，厘为三卷。一曰‘理学大原’，言性理为政治之本，当严君子小人之辨；二曰‘学派大同’，自宋周濂溪始，至清曾涤生止，详论学派源流，实事求是，反诸躬行，不存门户之见；三曰‘读书大路’，先总集，次专集，为读书记凡六十二篇。助余缮写者，高君涵叔、陆生修祜、沈生讱，流汗霡霂，不稍休息。书成，交星海陆续付印。校勘者钱生君白、洪生长佳。总其成者冯生振。此书一出，期有裨于人心世道云。”是书大概与作意，先生已经说明，关键在“救国”，此决非儿戏事，处于国家存亡之际，对时代认识非常深刻之唐先生，已经预感到大难将至。此忧世情怀，转化与寄托于复苏学术生机之期盼与奋斗，与先生其他述作，均一以贯之，无不涌出此股极度强大之救国热情。此《性理学发微》之原书名，至刊出时最后改定为《性理救世书》之由。唯此时已时局倥偬，国命如缕，先生种种著述，于非常艰难之情况下刊出，实在万幸。至碍于客观环境与时局等种种因素，其未能大行于世而发挥作用，以至于今，知之者尚渺，何况传习，实亦可以理解者。

今之整理，乃据一九三七年初印本为底本，其中文章出处或文句上种种印刷问题，皆出校注明。在此书出版后，先生于抗战时期依然讲学不绝，其在战时于沪上讲演文稿传至今日，而有所更新补充者，俱为补入本书相关章节之中，皆下注文说明，以见先生一生奋进不息、与时并进之治学精神。须要指出者，唐先生于本书六处征引与商略黄式三《儆居集》之论述，有意保存师门道统之精神，此唐先生海涵地负而不忘本之节操，实事求是而非空拾前人牙慧之正学精神。至于其深邃学术识见，具见行文之间。此崇高人格、学品、智慧，俱现本书之中，读者于此宜垂意焉。

性理救世书自序

凡民之生也，惛惛然，昧昧然，惟赖圣贤之士有以发其蒙而去其蔽。孔子系《易传》论“继善成性”，慨然曰：“百姓日用而不知，君子之道鲜矣。”① 孟子作七篇，论“尽心知性”，慨然曰：“行之而不著焉，习矣而不察焉，终身由之而不知其道者众也。”② 盖人生宇宙间最苦之事，惟不知有道，不知有学，且绝不知有“性理”尔。“天地之大德曰生”③，性者，生理也，故人莫不好生而恶杀。迨性理灭息，则人且好杀而恶生④。

呜呼！今之世何世乎？杀人如草芥，民命等于鸿毛，老弱转乎沟壑，冻饿自经⑤之状，愁叹哭泣之声，目时有所见，耳时有所闻。“先王有不忍人之心，斯有不忍人之政”⑥，倘非以性理学挽救之，则乖戾之气，上干天和，劫运更靡所底止？《康诰》曰：“如保赤子。”斯民皆赤子也。赤子日溺焚于水火之中，父母之心将何以堪？故今日吾辈所负责任，惟有正人心、拯民命两端，非徒以善吾国，亦将以救世界⑦。

---

① 《易·系辞上》文。
② 《孟子·尽心上》孟子语。
③ 《易·系辞下》文。
④ 开宗明义，阐明“性理”之要义大用。
⑤ 自杀也。
⑥ 《孟子·公孙丑上》孟子语。
⑦ 天下在怀，乃圣人气象。性理之学，所以从根本处转化残暴，而立人极。

《洪范》陈大同之谋，在无作好恶、无作福威①。《礼运》论大同之治，在治七情，修十义，大法小廉，俾民咸若其性。约言之，性理学而已矣。性理学之大用，仁政而已矣②。

余窃不自揆，恒欲以此提倡天下，爰论理学救心大本，以提其纲，并列学派及读理学书记，以发其扃③。政治家读此书，可以正天叙天秩；儒家读此书，可以立人纪人纲；农工商兵家读此书，可以讲信修睦，尚慈让，去争夺，而会归有极④。《诗》曰："听用我谋，庶无大悔。天方艰难，曰丧厥国。"⑤ 又曰："昔我先正，其言明且清。国家以平，都邑以宁。"⑥ 昔周之盛也，先正莫如召康公，哀小民之吁天，节性敬德，日辟国百里。迨其衰也，诵《召旻》之诗："我相此邦，无不溃止。"⑦ 日蹙国百里矣。悲夫悲夫！世有贤人君子，得吾说而口诵之，心维之，躬行而实践之，庶几挽世界之杀运，弭丧乱于未形，尚何有残生伤性，歧路亡羊之惑与？

太仓唐文治蔚芝自序于无锡国学专修学校

乙亥（一九三五）夏纂

---

① 此人君所必守者。唐先生于《洪范大义》申明"臣无有作福作威"之臣，乃专指人君代天行道者。

② 性理学乃圣王之学也。

③ 发其扃，谓开启关纽。

④ 敞开性理学大门，凡为人类，皆受其惠也。

⑤ 《诗·大雅·仰》句。

⑥ 佚诗，见引《礼记·缁衣》。

⑦ 《诗·大雅·召旻》凡七章，其首章："旻天疾威，天笃降丧。瘨我饥馑，民卒流亡。我居圉卒荒。"全诗丧乱之惨象，触动唐先生悲怀。

性理救世书卷一[①]

目　录

论性理学为正人心化风俗之本

论性理学为政治之本

论性理学为气节之本

论性理学为孝弟慈之本

论性理学首严君子小人之辨

论古人造字多根于性理

论理字本训

论理气之分合

论理欲之辨别

论性情与心之辨别

论《宋史·道学传》

救心大本第一

【释】“救心”，具言为孔子、子思、孟子一系之“圣学体用”，乃先生心学基础观念，正人心，挽国运，拨乱反正之枢纽，故称大

① 原书各卷下均有小字注“原名《性理学发微》”。

本。本卷文十一篇，层层拓殖“圣学体用”之具体意义。

正学不明于世久矣。偶有治性理学者，举茫然不知所谓，遂相与非笑之，訾毁之，而人心乃如江河之日下，哀哉！抑思孔子系《易传》，揭性命之理；子思子述《中庸》，阐天命之性；孟子生战国之世，发明性善宗旨①。古圣贤所以兢兢于此者，无非欲以性理之学，推行之于政治，所谓：“既竭心思焉，继之以不忍人之政，而仁覆天下也。”② 救世之要，先救心术，爰撮“圣学体用大本”，分论如左③。

论性理学为正人心化风俗之本

【释】唐先生言性理学功能之一；盖国民性善之三征，尚俭朴、习勤劳、畏刑罚，因其善性而为治，推行人道教育，化民成俗，民知爱敬；礼义廉耻之行著，崇义黜利之道行，此性理之学，所以为教化之权舆也。

世界民性④，无有如我中国之善者⑤，故圣贤为治，无庸刑名法术也，惟在顺民性而已。所谓顺者，非阿其所好也，因其气质之性顺导之而已。吾尝读《论语·阳货篇》，详言人心风俗之迁流，而先之曰：“性相近，习相远。”继之曰：“君子学道则爱人，小人学道则易使。”

---

① 先生以《论语》《易传》《中庸》《孟子》《大学》，构成儒家政治学与性理学之系统性格，此与后来牟宗三先生之说不约而同，先后一揆，若合符节，是知为儒学之正见也。

② 《孟子·离娄上》文。

③ 原书为竖排，故作“左”。

④ 民性，泛言之。《礼记·王制》云：“司徒修六礼以节民性，明七教以兴民德。”《荀子·大略》云：“不富无以养民情，不教无以理民性。”民性与民德、民情互为见义。节民性，出《尚书·召诰》“节性，惟日其迈，王敬作所，不可不敬德”。

⑤ 唐先生肯定“中国民性”，与孙文同调。孙文在《我的回忆：对纽约〈滨海杂志〉（*The Strand Magazine*, vol. 43, No. 255, New York, March, 1912.）记者叙述革命经历》（*My Reminiscences*）文末强调：“中国是世界上最宜建为共和国的国家，其民性勤奋而驯良。在短期之内，她将与世界上文明和爱好自由的国家，并驾齐驱。”

盖惟民性善，故凡学道者无不向化而从流也。六言六蔽①，性质也。民有三疾②，性质也。居下流而讪上，讦以为直③，皆性质之偏也。恭宽信敏惠，使民明乎礼而复于性也。然则孔子之化民成俗，岂在性理之外哉？因其相近，导其固有之善而已。

孟子道性善，非徒谓人性皆善，实则国皆善。而欲“国性”④之善，在设为庠序学校以教之。人伦明于上，明德也；小民亲于下，亲民也⑤。人道教育⑥，天性中之教育也。“一乡之善士，斯友一乡之善士。一国之善士，斯友一国之善士。天下之善士，斯友天下之善士”⑦，惟一乡之乡性、一国之国性，无不出于善，是以天下多善士，“物耻足以振之，国耻足以兴之”。二语见《礼记·哀公问篇》，物耻谓事物中之耻。要在俾吾民明于性理，相互团结，感仁人之德，奋效死之诚，乃能御外侮而雪国耻，《孟子》曰：“强为善而已矣。”⑧

且夫中国民性所以善者何？尚俭朴也，习勤劳也，畏刑罚也⑨。而人之气质，则有智愚焉，有厚薄焉，有精粗焉，有静与嚣之分焉。圣人

① 《论语·阳货》载孔子曰：“由也，女闻六言六蔽矣乎？”对曰：“未也。”“居，吾语女。好仁不好学，其蔽也愚；好知不好学，其蔽也荡；好信不好学，其蔽也贼；好直不好学，其蔽也绞；好勇不好学，其蔽也乱；好刚不好学，其蔽也狂。”

② 《论语·阳货》载孔子曰：“古者民有三疾，今也或是之亡也。古之狂也肆，今之狂也荡；古之矜也廉，今之矜也忿戾；古之愚也直，今之愚也诈而已矣。”

③ 《论语·阳货》载子贡曰：“君子亦有恶乎？”子曰：“有恶，恶称人之恶者，恶居下流而讪上者，恶勇而无礼者，恶果敢而窒者。”曰：“赐也亦有恶乎？”“恶徼以为知者，恶不孙以为勇者，恶讦以为直者。”

④ “国性”一词，与“人性”并论，始见于梁启超《国性篇》（载《庸言》第一卷一号，一九一二年十二月一日）梁启超谓：“国于天地，必有与立。国之所以与立者何？吾无以名之，名之曰国性。国之有性，如人之有性然。”强调“国性”是立国根本。

⑤ 《孟子·滕文公上》载孟子曰：“设为庠序学校以教之……皆所以明人伦也。人伦明于上，小民亲于下。有王者起，必来取法，是为王者师也。”

⑥ 唐先生提出“人道教育”，乃以性情教育见义。

⑦ 《孟子·万章下》文，言以类相求。

⑧ 《孟子·梁惠王下》载滕文公问曰：“齐人将筑薛，吾甚恐。如之何则可？”孟子对曰：“昔者大王居邠，狄人侵之，去之岐山之下居焉。非择而取之，不得已也。苟为善，后世子孙必有王者矣。君子创业垂统，为可继也，若夫成功，则天也。君如彼何哉？强为善而已矣。”先生呼吁举国同心同德，共御外侮，此存亡之几也。

⑨ 中国国民共性三义。

观于其微，愚者使之智，所谓“先知觉后知，先觉觉后觉”,“以斯道觉斯民也”[①]；薄者使之厚，所谓“笃于亲、兴于仁，而民不偷也”[②]；粗者使之精，所谓“通天下之志”[③]，“文理密察，足以有别也”[④]；嚣者使之静，所谓“居敬行简”[⑤]，“定而后能静，静而后能安也”[⑥]。是故在上者一喜一怒、一嚬一笑一趋向，而人心风俗系之，可不慎哉？

然而更有本焉，则礼义廉耻是已。《管子》曰：“礼义廉耻，国之四维。”四维者，民性本然之善也。恭敬之心，人皆有之；羞恶之心，人皆有之。然而四维不张者，为利所诱，则本心惛塞也。民性戕，国性失，则国虚有其表而灭亡矣。今欲使民返而为善，惟有崇义而黜利，《孟子》曰：“何必曰利？亦有仁义而已矣。”利欲熏心，诈伪百出，外本内末，不夺不餍，尚何有于国性？救之以仁义，生生之心，天地之性也。

试以近代征之。当清康雍之世，民生凋敝，四海困穷，天亦哀于四方民；陆清献、汤文正、张清恪诸贤辈出，讲明道学，人心为之一振，风气为之丕变，闾巷讴歌，沐浴德泽，此无他，性理之学明也。洎乎道咸之际，内忧外患，交讧迭起，此其棘手，恐无逾于今时。然而唐确慎[⑦]讲学于朝，罗忠节、曾文正诸贤，相与发扬而光大之，于是倭文端[⑧]、吴

---

① 《孟子·万章上》文。

② 《论语·泰伯》载孔子语。

③ 《易·系辞上》文。

④ 《中庸》文。

⑤ 《论语·雍也》文。

⑥ 《大学》文。

⑦ 唐鉴（一七七八—一八六一），字镜海，湖南善化人，嘉庆十四年（一八〇九）进士，官至太常寺卿。服膺二程及朱子学，当时学界巨擘，为曾国藩所服膺。著有《国朝学案小识》十五卷。

⑧ 倭仁（一八〇四—一八七一），字艮峰，蒙古正红旗人，道光九年（一八二九）进士，官至文华殿大学士，卒赠太保，入祀贤良祠，谥文端。今存《倭文端公遗书》十一卷，卷首述帝范与臣道，卷一为经筵讲义述帝德，卷二为奏议导君后入德，卷三《为学大旨》六条以励学，卷四至七《日记》叙丙午（一八四六）之后行事及读书实录，卷八诗文杂稿，卷九为《吏治辑要》，续刊卷一为《莎车行记》，续刊卷二为《嘉善录》，续刊卷三为《嘉善录补》。

竹如①、何丹溪②、李忠武昆季③，接踵而兴，风雨晦明，弦诵不辍，遂成中兴之业。故吾尝谓理学盛，则天下安且治；理学废，则国家危且乱④。

孔孟程朱，“见龙在田”，皆不获大用于世，悲夫！《易》曰“硕果不食”，珍之也；《诗》曰“不尚有旧”⑤，痛之也。数千年来，江河日下；试问今日之人心，今日之风俗，较之往昔为何如？而社会之中，一闻“性理学”，则相与非笑而诟骂之。人道沦胥，天理灭绝，杀机乃日出而不可遏，岂不尤可哀哉？吾于是大声疾呼，以告一乡、一国、天下有人心风俗之责者。

论性理学为政治之本

【释】此论性理学功能之二；“政治学”乃唐先生至为究心者，治平之道，义存五经。仁义一念之间，知人方能判善恶，是为“几学”，取诸《易传》。其于人性之节制与变化，是为“性学”，取诸《尚书》。其于性情之陶冶，抵至中和之为德，是为“性情学”，取诸《诗经》。综括而言，《易》学之“几”、《书》《诗》之“性情”，皆先生溯源性理学于经学，而根本于人心、人性、人情，以应用于伦理政治之实践也。

---

① 吴廷栋（一七九三—一八七三），字彦甫，号竹如，安徽霍山人，道光五年（一八二五）拔贡。治理学，有《拙修集》十卷，其中卷一《恭记》，卷二《札记》，卷三、四《读书记疑》，卷五《校定理学宗传辨正按语》，卷六书后，卷七至九书，卷十家书附录杂文。

② 何桂珍（一八一七—一八五五），字丹畦，号丹溪，云南师宗县人，道光十八年（一八三八）进士。领兵围剿太平军，咸丰五年（一八五五）为降兵所杀。著《续理学正宗》四卷、《千字文》一卷。

③ 李续宾（一八一八—一八五八），字迪庵，湖南湘乡人，咸丰八年（一八五八）底率部援救安徽，为太平军围攻战死。其弟李续宜（一八二二—一八六三），字希庵。同治元年（一八六二），命帮办钦差大臣胜保军务。兄弟俱师从罗泽南，为湘军中坚，皆在平定太平天国前去世。

④ 唐先生分清代理学为三期。

⑤ 《诗·大雅·召旻》之第七章“於乎哀哉！维今之人，不尚有旧”句，郑玄《笺》云：“哀其不高尚贤者，尊用有旧德之臣。”

性理之明与不明，国家兴废存亡之际也。天下有不知性、不明理，而可以为治者乎？惟不知性、不明理之人，訑訑然①自命政治家，而国家乃日危且乱。吾尝上下古今，并引经典以证之。

阴阳消息，政治之机也。《周易》六十四卦，推衍运行，无非政治之宏纲，性理之大本。“大哉乾元，万物资始”，“各正性命，保合太和”②；乾元者，善理也③，即性理也。《泰》之象，“君子道长，小人道消”，性理明也。《否》之象，“小人道长，君子道消”，性理晦也。矧治国必宝其国之文化，文者理也，故曰：“观乎人文以化成天下。”《夬》，“扬于王庭，言文者宣教布化”④，“易简而天下之理得”也⑤。

羲、文、周公，皆本性理，“以通神明之德，类万物之情”，故孔子赞之曰：“穷理尽性。”⑥ 君子“安而不忘危，存而不忘亡，治而不忘乱”⑦；身安而国家可保，其道惟何？“成性存存，道义之门也”⑧。是故《易》者，性理、政治合一之书也，惟治《易》而后能治天下。

政治之学，在兢业以理万几⑨。世儒谓“几学”始自孔子，非也。虞廷早已言之⑩，吾尝于他篇中论之⑪。“周公思兼三王，以施四事，其有不合者，仰而思之。”何思乎？思其几而已。几者，性理之发于事理

---

① 訑訑，见《孟子·告子下》孟子谓：“夫苟不好善，则人将曰：‘訑訑，予既已知之矣。’訑訑之声音颜色，距人于千里之外。士止于千里之外，则谗谄面谀之人至矣。与谗谄面谀之人居，国欲治，可得乎？”深层意义是指心肠歹毒之人。

② 《易·乾》彖辞文。

③ 唐先生强调《孟子》性善之旨与《易》道相通，此为性理学的第一义。

④ 许慎《说文解字叙》文。

⑤ 《易·系辞上》文：“易简，而天下之理得矣。天下之理得，而成位乎其中矣。”唐先生檃括其义。

⑥ 《易·说卦传》第一章言“穷理尽性以至于命”。

⑦ 《易·系辞下》文。

⑧ 《易·系辞上》文。孔颖达疏：“性谓禀其始也，存谓保其终也。”

⑨ 《书·皋陶谟》文：“无教逸欲有邦，兢兢业业，一日二日万几。”孔安国《传》：“几，微也。言当戒惧万事之微。”唐先生本《书》说《书》。

⑩ “虞廷”檃括《书·大禹谟》“人心惟危，道心惟微，惟精惟一，允执厥中”十六字心传之道统精神。

⑪ 指《尚书大义》。

者也。

至于性学，亦明著于《尚书》。殷之亡也，见于祖伊之告曰：“不虞天性，不迪率典。”① 盖天性亡而草窃奸宄起矣②。周之兴也，见于召公之训曰：“节性惟日其迈。”③ 盖人性节而孝弟忠信立矣。且修教不易俗，齐政不易宜，五方民皆有性也，必审其刚柔、轻重、迟速之异齐④。《洪范》之“沈潜刚克、高明柔克”，所以因民之性而剂其偏，用能“会其有极，归其有极”⑤；周子《通书》曰：“性者，刚柔善恶中而已矣。”刚有善有恶，柔亦有善有恶。圣人立教，俾人自易其恶，自至其中，此即本于《洪范》“三德”之教⑥，上承《皋谟》“九德”之训⑦；夫如是，民性乃壹归于善。是故《书》者，性理、政治合一之书也。惟治《书》而后能治天下。

吾读《诗》至变风变雅，不禁喟然叹曰：嗟乎！此君性之所由暗塞，而政事之所由怠荒乎？孔子言“为政以德”，即引《鲁颂·駉篇》之诗曰：“思无邪。”所以正君德，即所以淑民性也。《小雅》之赞文王

① 《书·西伯戡黎》文。按：《史记·周本纪》谓：“（文王）明年，伐犬戎。明年，伐密须。明年，败耆国（指黎）。殷之祖伊闻之，惧，以告帝纣。”

② 《书·微子》文：“殷罔不小大，好草窃奸宄。”孔《传》：“草野窃盗，又为奸宄于内外。”

③ 《书·召诰》文。召公训成王谓：“节性，惟日其迈。王敬作所，不可不敬德。”

④ 《礼记·王制》文：“凡居民材，必因天地寒暖燥湿，广谷大川异制。民生其间者异俗，刚柔轻重迟速异齐，五味异和，器械异制，衣服异宜。修其教不易其俗，齐其政不易其宜。中国、戎夷、五方之民皆有性也，不可推移。”唐先生檃括其义。《礼记·王制》本《虞书》，乃《书》教之重旨，故唐先生此节用之。

⑤ 综《书·洪范》“王道”大义。

⑥ 《书·洪范》“九畴”之六，是为“三德”，文谓：“三德：一曰正直，二曰刚克，三曰柔克。平康正直，强弗友刚克，燮友柔克。沈潜刚克，高明柔克。”孔颖达《尚书正义》说：“此三德者，人君之德，张弛有三也。‘一曰正直’言能正人之曲使直，‘二曰刚克’言刚强而能立事，‘三曰柔克’言和柔而能治。既言人主有三德，又说随时而用之。平安之世，用正直治之。强御不顺之世，用刚能治之。和顺之世，用柔能治之。”《洪范》三德为性情之教，故唐先生取之。

⑦ 《书·皋陶谟》载皋陶语：“宽而栗，柔而立，愿而恭，乱而敬，扰而毅，直而温，简而廉，刚而塞，强而义。彰厥有常，吉哉。”郑玄注：“凡人之性有异，有其上者，不必有下。有其下者，不必有上。上下相协，乃成其德。”孔颖达《尚书正义》说：“人性不同，有此九德。……此二者虽是本性，亦可以长短自矫。”《皋陶谟》九德之教，强调性情的自觉与自我调整，乃唐先生取义，以改善民性与国性。

曰："天保定尔，亦孔之固。"① 定者定其性，固者固其性也。故下章言："民之质矣，日用饮食。"民之质，即民之性②，日用饮食之中，皆天理之流行也；又曰："群黎百姓，遍为尔德。"③ 尊德性也。周公之训成王曰："夙夜基命宥密，於缉熙，单厥心，肆其靖之。"④ 此即《文王》"缉熙敬止"之学⑤。"单单为殚之省文。厥心"⑥，即靖厥性也。召公之训成王曰："俾尔弥尔性，似先公酋矣。"⑦ 弥性者，充满其性。酋者聚也，充满蓄聚其德性⑧，然后"土宇版章"⑨，可得而保。宣王中兴，《大雅》之诗曰："天生烝民，有物有则。民之秉彝，好是懿德。"秉彝者，民所秉执之恒性⑩，故继美仲山甫之德曰："柔亦不茹，刚亦不吐。不侮鳏寡，不畏强御。"⑪ 此皆政治中之要旨⑫，"德輶如毛"⑬，

---

① 《诗·小雅·天保》第五章："神之吊矣，诒尔多福。民之质矣，日用饮食。群黎百姓，遍为尔德。"

② 朱熹《诗集传》谓："质，实也。言其质实无伪，日用饮食而已。"

③ 郑玄《毛诗笺》谓："黎，众也。群众百姓，遍为女之德。言则而象之。"孔颖达《毛诗正义》说此章："此承上厚人事神之后，反而本之。言王已致神之来至矣，遗汝王以多福。又使民之事平矣，日用相与饮食为乐。其群众百姓之臣，遍皆为汝之德，言法效之。汝既人定事治，群下乐德，是为天安定王业，使君圣臣贤，上下皆善也。"唐先生取此义以说明君德之重要。

④ 《诗·周颂·昊天有成命》。孔颖达《毛诗正义》说："此诗作在成王之初，非是崩后，不得称成之谥。所言成王，有涉成王之嫌。韦昭云：'谓文、武修己自勤，成其王功，非谓周成王身也。'郑、贾、唐说皆然。是时人有疑是成王身者，故辨之也。"按：朱熹认为是周康王以后之诗。唐先生谓周公训成王，则用汉唐经说。

⑤ 《诗·大雅·文王》句。《大学》引此句言"止于至善"，唐先生取此义。

⑥ 孔颖达《毛诗正义》释厚，朱熹《诗集传》释尽。唐先生推言。

⑦ 《诗·大雅·卷阿》句。《毛传》："召康公戒成王也，言求贤用吉士也。"此唐先生用《毛传》说。

⑧ 孔颖达《毛诗正义》说："贤人在位，即行善政，可以保全性命，无他患祸，故云：'使汝终汝之性命，无困病之忧也。'"

⑨ 《诗·大雅·卷阿》"尔土宇昄章，亦孔之厚矣"句，朱子《诗集传》："昄章，大明也。或曰，昄当作版。版章，犹版图也。"唐先生用后说。

⑩ 《毛传》："彝，常。懿，美也。"郑玄《毛诗笺》："秉，执也。天之生众民，其性有物象，谓五行仁、义、礼、智、信也。其情有所法，谓喜、怒、哀、乐、好、恶也。然而民所执持有常道，莫不好有美德之人。"谓人心所向，必天下归仁，唐先生以此明君德的重要性。

⑪ 《诗·大雅·烝民》句。

⑫ 孔颖达《毛诗正义》说："不侮不畏，即是不茹不吐。既言其喻，又言其实以充之。"唐先生说本此，谓在位者须以仁德为施政之实，而非虚弄私心权诈之术。

⑬ 《诗·大雅·烝民》句。

性学邃矣。"暴其民甚，名曰幽厉"①，凡伯作《板诗》曰："昊天曰明，及尔出王。昊天曰旦，及尔游衍。"② 卫武公作《抑诗》曰："相在尔室，尚不愧于屋漏。"③ 大声疾呼，所以启发良知，范围性命者，俱可作座右铭，政治家当奉为圭臬者也。孔子曰："温柔敦厚，诗教也。"④ 性情学即性理学也。

礼，时为大，顺次之⑤。为政者，必齐民以礼⑥。礼也者，理之不可易者也⑦。《仪礼》十七篇，冠昏丧祭，皆因人心之固有，因情而立文，非强致也。《周官》六德，知仁圣义中和；六行，孝友睦姻任恤，皆性理也，是为和亲康乐之本。七十子之徒，又推明先王之道，以为《礼记》。戴圣辑之为四十九篇，如《曲礼》《内则》《玉藻》《少仪》诸篇，皆少成天性、自贻哲命之书，《冠义》所谓"可以为人而后可以治人"也。子夏传《乐记》，曰："人生而静，天之性也。感于物而动，性之欲也。好恶无节于内，知诱于外，不能反躬，天理灭矣。"斯言也，上绍孔圣之心法，下开宋儒性理学之权舆。盖大礼与天地同和，大乐与天地同节。礼乐偩天地之情，是以耳目聪明，血气和平，移风易俗，天下皆宁⑧。子游传《礼运》，曰："仁者天地之德，阴阳之交，五行之秀气。"皆所谓性也。扩而充之，人情以为田，乃跻于大同之治。

---

① 《孟子·离娄上》载孟子语："暴其民甚，则身弑国亡。不甚，则身危国削。名之曰'幽''厉'，虽孝子慈孙，百世不能改。"唐先生引此以警惕在位者。

② 《诗·大雅·板》，《毛传》："凡伯刺厉王也。"朱熹《诗集传》于末章引张载说："天体物而不遗，犹仁体事而无不在也。'礼仪三百，威仪三千'，无一事而非仁也。'昊天曰明，及尔出王。昊天曰旦，及尔游衍'，无一物之不体也。"此仁覆天下之意，唐先生取此以励在位者行仁政之实。

③ 《诗·大雅·抑》句，见引于《中庸》，"言故君子不动而敬，不言而信"，表明慎独的天德，朱熹《诗集传》谓之"此正心诚意之极功"。唐先生以此结出正意。

④ 《礼记·经解》文。

⑤ 《礼记·礼器》文："礼，时为大，顺次之，体次之，宜次之，称次之。"

⑥ 意本《论语·为政》载孔子语："道之以政，齐之以刑，民免而无耻。道之以德，齐之以礼，有耻且格。"

⑦ 《礼记·乐记》文："乐也者，情之不可变者也。礼也者，理之不可易者也。乐统同，礼辨异。礼乐之说，管乎人情矣。穷本知变，乐之情也。著诚去伪，礼之经也。"

⑧ 综《礼记·乐记》文。

孔子曰："恭俭庄敬，《礼》教也。广博易良，《乐》教也。"皆性理学也。

《论语》《孝经》相为表里。《孝经》曰："天地之性人为贵，人之行莫大于孝。"孝者，性理也。《论语》所谓："孝乎惟孝，友于兄弟，施於有政，是亦为政也。"《孝经》曰："安上治民，莫善于礼。"礼者，敬而已矣。《论语》言居敬行简，可以临民。又言修己以敬、以安人、以安百姓。盖敬者，性之德而心之贞也。《颜渊篇》言仁言政，要归于敬而无失，恭而有礼。政治之大纲，仁、政二字，足以尽之。夫子之言性，岂终不可得闻哉？《论语》《孝经》性理学，皆政治学也。

曾子述孔子之传而作《大学》，子思阐圣祖之训而作《中庸》，再传而又得孟子，三子之言性理政治详矣。《大学》一书，心学也①；"诚意"章言好恶，"齐家""治国"两章言好恶，"平天下"章言好恶，终之曰："好人之所恶，恶人之所好，是谓拂人之性。"盖"无有作好，无有作恶"，即不作福作威②，所以顺民性也。《中庸》一书，性学也③；为政九经，必本于修身，"不明乎善，不诚其身"，自诚明谓之性也。惟能尽其性，乃能尽人性，尽物性，赞天地之化育，优优大哉。尊德性而道问学，王天下之道在是矣④。战国之时，争地争城，杀人盈野，百姓辗转于水深火热之中，孟子痛焉，大声疾呼，曰性善，"乃若其情，则可以为善矣"；指示四端，曰恻隐、羞恶、辞让、是非；又总言之，曰"有不忍人之心，斯有不忍人之政"，"不以仁政，不能平治天下"。《万章》一篇言穷理，《告子》一篇言尽性，《尽心》一篇言立命，而政治之学，莫不会通于其中。然则性理、政治，一以贯之。圣贤明训，昭若日星，为治岂有他道哉⑤？

---

① 《大学》为"心学"。
② 《尚书·洪范》文。
③ 《中庸》为"性学"。
④ 综《礼记·中庸》意。
⑤ 本性理学以建构政治学，乃唐先生之心得。

自是厥后，明君大儒，言政治皆根于性理。即如《近思录》，四子之阶梯也，其论治平之道，虽至平极淡，而为政者举莫能外。循而行之，则兴也浡焉；反而悖之，则亡也忽焉。往者西人朱迩典与吾华博士严幼陵相友善，严尝以中国危亡为虑，朱曰："中国决不至于亡。"严询其故，朱曰："中国经书，皆宝典也，发而读之，深入人心，基隆扃固，岂有灭亡之理？"于是吾国通人，遂有"读经救国"之论。虽然，读经非泛骛见闻也，非考据琐节也，非沈溺训诂也，非标新领异、隐僻好奇也，更非疑经畔道、乱名改作也，当通其大义，修之于人性，达之于事理，朝乾夕惕，以措之于政治①，而国乃可以不亡。

论性理学为气节之本

【释】此论性理学功能之三，乃在树立见义勇为与终始如一之道德意志与情操，历言历代气节典范，纲纪风义，端在于是。

吾儒生天地间，讲明气节而已。孔子曰："吾未见刚者。"又曰："人之生也直。"孟子曰："富贵不能淫，贫贱不能移，威武不能屈，此之谓大丈夫。"又论浩然之气曰："至大至刚，以直养而无害，则塞于天地之间。其为气也，配义与道。无是，馁也。"刚直者，气之发乎理者也。道义者，理也。是故气节而本乎理学，是为真气节；气节而不本乎理学，则为客气，为克伐怨欲，为傲愎乖戾，是为伪气节。天下多伪气节，有乖戾而无和平，有偏激而无中正，生民实受其害，岂不悲哉！俯仰千古，盱衡世变，益叹气节之衰，皆由于理学之废也。

粤稽殷季②，三仁尚已。夫孔子论微、箕、比干，本目之以忠义，而独以仁归之者，何也？盖仁者不忍之情也。三仁之于殷，去也、奴

① 此先生身体力行者，观《唐文治经学论著集》所收诸书可知。
② 粤，语气词，仿《尚书》行文。

也、死也①；不忍不去，不忍不奴，不忍不死也，故曰“杀身以成仁”。其仁也，其情也②。世未有无情之人，而可以成气节者也。诸葛孔明之《出师表》，情深矣！“澹泊明志，宁静致远”③，非真理学之士乎？唐之张巡、许远、颜杲卿，大节炳乎日星，亦道义之士也。宋程朱诸大儒出，发明天理人情合一之说，而气节乃大明于当世，一时风会所趋，争自高尚其品格。于时先有胡澹庵《上高宗封事》，厥后乃有文文山《正气歌》、谢叠山《却聘书》，流传天壤间，可歌可泣。而陆君实亲抱幼主，蹈海而死，所谓天柱以尊，地维以立者，岂非然哉？吾尝谓殷有三仁而殷不亡，汉有孔明而汉不亡，唐有张、许、颜而唐不亡，宋有文、谢、陆而宋不亡，盖气节之维系乎人心，维系乎家国也若是。

迄于有明，方正学为气节之开山，诛夷及于十族。或曰：“先生当时已称程朱复出，后之人反以一死抹先生苦心，谓节义与理学是两事。……于是成仁取义之训，为世大禁，而乱臣贼子，将接踵于天下矣。”④ 见黄梨洲《明儒学案》。或曰：“先生⑤之事，吾惑焉。国破君亡，缩剑自裁，以无辱可也。即不幸为逻者得，闭口绝吭，不食而死可也，何乃呫呫于口舌之间，以致沈先人之宗，而枉及十族哉？”⑥ 见《方望溪集·方正学论》。二说适相反。吾谓先生蹈九死而不顾，可以为全忠矣，何忍訾议之耶⑦？

厥后若于廷益，若杨椒山，相继崛起。魏珰窃权，毒痡四海，而气节之盛，分南北二支。在北则孙夏峰、鹿伯顺二人主之。当左、魏、杨

---

① 《论语·微子》载孔子评价殷末三仁云：“微子去之，箕子为之奴，比干谏而死。孔子曰：‘殷有三仁焉。’”去、奴、死，皆三仁之悲惨下场。

② 谓其仁由衷而为，非虚矫伪饰者也。

③ 其意源出《淮南子·主术训》“是故非澹漠无以明志，非宁静无以致远”，诸葛亮在《诫子书》勉云：“夫君子之行，静以修身，俭以养德，非澹泊无以明志，非宁静无以致远。”

④ 黄宗羲批评后世未能体谅方孝孺“求仁得仁”之苦心。

⑤ “先生”，方苞《方正学论》原作“若方正学”。

⑥ 方苞批评方孝孺修养未熟，牵累亲朋。

⑦ 此批评方苞说。

诸君子被逮，救之者多集于定兴，夏峰则奔走调和其间①。见《方望溪集·孙征君传》。读《夏峰集·乙丙记事文》，时奉圣客氏②弟光先欲周③其事，夏峰以告左遗直④，左曰："可向妇人女子求活耶？"其浩然之气，上薄霄汉，由是而气节之相传，遂及于史道邻矣。见《方望溪集·左忠毅公逸事》。在南则东林诸君子主之。高景逸、顾泾阳而外，若周景文，若黄尊素，若缪昌期诸人，项背相望。颜佩韦等五人，击杀缇骑，逆焰为之稍杀。余昔年刻周忠介《烬余集》，读其遗文，往复流连，不能已已。由是而气节之相传，遂及于黄石斋、刘念台矣。见《刘蕺山年谱》。吾尝谓：有明三百年政治，君昏臣庸，几于无可纪录，所可纪者，气节而已。惟气节特隆，而明亦可为之不亡。

其后南方之杰出者，绵延于顾亭林；北方之杰出者，递嬗于汤潜庵。顾氏名世豪杰，屡谒孝陵，奔走北方，志在恢复明社，故老相传《天下郡国利病书》外，别有著作，结成绳索，于某府某州某县厄塞险要，攻守异宜，莫不毕载。殁后李二曲恐召祸，流涕焚之，惜哉惜哉！潜庵受业夏峰，正风俗，毁淫祠，固河防，兴水利，名播海内，实皆圣祖有以调护而裁成之。古之人无斁，誉髦斯士，菁莪乐育之化，岂不大哉？

道咸以降，外患迭乘，加以洪杨倡乱，生灵涂炭。罗罗山、李迭庵、邵位西、朱伯韩、戴存庄诸人，先后辉映。惟时唐镜海讲明理学，师表人伦；倭艮峰、曾涤生、吴竹如、涂朗轩诸人，大扇宗风，遂成中兴之业。揆厥本原，不外砥砺名节，维持人纲人纪而已。

盖自羲文⑤作《易》，发明扶阳抑阴之閟旨，故乾坤正大之气，虽当至昏极浊之世，不容稍有泯灭。《易》曰"硕果不食"，《论语》曰：

---

① 方苞谓诸义士遗体得孙氏居间用力，始得保存归土埋葬。

② 奉圣客氏明熹宗乳母，以行为不检见载史传。

③ 周，谓罗织罪名。

④ 左光斗也。

⑤ 伏羲与周文王。

"岁寒然后知松柏之后凋。"硕果松柏者，天地之心所寄也；不食而后凋者，天地生生之机，所以不息也。而论者乃谓："提倡气节，士林不免罹无妄之灾，非盛世所宜。"① 此言实大可哂。

夫气节者，气骨也，生人自立之根基也。人无气骨，何以立于天地间？故世之盛世，君子道长，乐则行之，气节寓于无形之中；世之衰也，君子道消，俭德避难，或至赴汤蹈火，罹刀锯鼎镬而不辞，气节乃显于有形之际。要之皆正气所弥纶，非预储此类人才，冀其舍生而取义也。"世衰道微，邪说暴行有作"，士夫义利之不明，出处进退，辞受取予，邪正之不辨，贪冒财贿，廉耻扫地；或矫饰为伪气节，勇而无礼，果敢而窒，孔子曰"色厉而内荏"，譬诸小人，其犹穿窬之盗也与？此则名教之大闲，有识者辨之宜早辨也。

孙夏峰气节尤著者也，其作《理学宗传例言》曰："节义与侠气不同，学问须除侠气，而不能不本之节义。第有所以处死之道，而不外乎天则，非可与徒慕其名，而轻蹈白刃者比。"② 斯言也，辨析精严，凡束发读书之伦，皆当书绅而服膺者也。厥后张孝先编《正谊堂全书》，遂专列"气节"一门，百世而下，闻者莫不兴起。有旨哉！有旨哉！

论性理学为孝弟慈之本③

【释】此述性理学教化功能之四，"保民"之义，乃重旨所在。孝弟慈乃《大学》齐家之道，文云："所谓治国必先齐其家者，其家不可教而能教人者，无之，故君子不出家而成教于国。孝者，所以事君也；悌者，所以事长也；慈者，所以使众也。"先生本《大学》之义立说，阐明爱与敬为人性，仁与义为天理，存天理所以行爱敬，以诱发爱护体谅苍生百姓之怜悯心。

---

① 此举明徐树丕《识小录·前辈格言》大意，原文云："气节非盛世所尚，以气节名世，君子之不幸也。持而盈之，小则祸及一身，大则毒流天下，可不慎哉！"

② 孙奇逢《理学宗传·例言》"是编有素推节义者"条。

③ 文并载无锡国专《学术世界》第一卷第六期，一九三五年，页四。

王阳明先生曰："闻程伊川先生之言，辄若有伤我者。"文治窃谓：伊川大儒，何可轻议？惟读其《遗书》，谓："孝弟非性，性中曷尝有孝弟来？"实有大可疑者。孔子曰："天地之性人为贵，人之行莫大于孝。"① 则孝固自天性中来矣。

性者何？仁、义、礼、智、信，五常之德是也。《孟子》曰："仁之实，事亲是也。义之实，从兄是也。"则事亲从兄明为仁义之性矣；又曰："孩提之童，无不知爱其亲。及其长，无不知敬其兄。"良知良能，皆天性也。亲生之膝下，缠绵悱恻之情，自有固结而不可解者②。若谓性中无孝弟，则是孝弟出于人之作为，其启后学之惑甚矣③。《中庸》首揭天命之性，而归极于舜之大孝、文王之无忧、武王周公之达孝，"思修身，不可以不事亲"④，皆所谓率性之道也。是故孝弟性也，爱敬情也，而达之天下，即为仁义，故曰："人人亲其亲、长其长，而天下太平⑤。"

吾尝疑《孝经》一书，言孝道节目，转不若《曲礼》《内则》之详尽，何也？盖《孝经》重在推诸四海，言其大；《曲礼》《内则》重在行诸家庭，言其细。"身体发肤，受之父母，不敢毁伤。"⑥ "圣人能以天下为一家，中国为一人"。⑦ 其视天下人之体犹吾身体也，天下人之发肤犹吾发肤也，天下之一都一邑、一家一姓、一鳏寡孤独，有受伤者，犹吾身体发肤之受伤也，故曰"民吾同胞"⑧，又曰"时人者，圣

---

① 《孝经·圣治章》文。

② 三笔说明天性自涵仁、义、礼、智、信五德。

③ 此《荀子·性恶》之说也。"作为"释《荀子》"伪"义。

④ 《礼记·中庸》文。

⑤ 《孟子·离娄上》文。

⑥ 《孝经·开宗明义章》文。

⑦ 《礼记·礼运》云："圣人耐以天下为一家，以中国为一人者，非意之也，必知其情，辟于其义，明于其利，达于其患，然后能为之。"

⑧ 张载《西铭》句。

贤之身也"[1]，此岂好为高论哉？皆性分中固有之事也[2]。

且夫人道之所以常存于世者，惟赖有先知先觉之士，经纶而匡救之。"天地之大德曰生"，人体天地之心以为心，则当学道以爱人[3]。内行孝弟，外则推之于慈[4]，《大学》曰："孝者所以事君，弟者所以事长，慈者所以使众。"引《康诰》"如保赤子"，谓："心诚求之，虽不中不远，未有学养子而后嫁者也。"夫《大学》之文，何其繁且赜欤？盖孝弟固出于天性，慈亦出于天性也。保民不啻如严父，更当如慈母也。秦西巴之获麑也，麑母随其车而啼，西巴不忍，舍麑而归[5]。乌之哺其雏也，人欲夺其雏，未有不舍命而奋斗者[6]。呜呼！禽兽犹若此，人生而可戕贼其同类乎哉？百姓皆赤子也，诚能保之如赤子，则民戴之如父母矣。

纵观原野，极目萧条。饥馑洊臻，鸿嗷载道。或者大兵之后，继以凶年[7]，"老弱转乎沟壑，壮者散之四方"[8]，其仅存者，百结鹑衣[9]，奄奄一息。朱子诗云："若知赤子原无罪，合有人间父母心。"文治反复雒诵，辄为之伤心而流涕也。犹忆惜年灾沴流行，四邻孺子，均罹于厄，闻其父母哀号之声，则食不能甘，而夜不能寝。吾闻仁人之爱其民也，如慈母伏其将死之子。今芸芸赤子，将死者夥矣，谁其救之？岂非吾辈性分中之事哉？然而其源皆出于孝弟，未有非孝非圣之徒而能慈爱

---

① 韩愈《争臣论》云："夫天授人以贤圣才能，岂使自有余而已？诚欲以补其不足者也。耳目之于身也，耳司闻而目司见，听其是非，视其险易，然后身得安焉。圣贤者，时人之耳目也；时人者，圣贤之身也。"

② 谓同情心也。

③ 《论语·阳货》子游云："昔者，偃也闻诸夫子曰：君子学道则爱人，小人学道则易使也。"

④ 孝弟为"体"，慈为"用"，一内一外，由衷而出，即天性也。

⑤ 西巴释麑事载《淮南子·人间训》，此以史实立证。

⑥ 此以禽生立证。

⑦ 出《老子》第三十章，文云："以道佐人主者，不以兵强天下。其事好还，师之所至，荆棘生焉；大兵之后，必有凶年。"

⑧ 《孟子·梁惠王下》文。

⑨ 鹑尾稀疏，喻衣不蔽体之惨状。

百姓者也。劫运循环，其症结固安在乎？然则读性理书者，当力行孝弟慈之实事，时时省察吾之本心，毋徒为空言以欺世也。

论性理学首严君子小人之辨

【释】本文原题《论理学首严君子小人之辨》，载《无锡国学专修学校校友会集刊·述学》第一集，一九三一年，页一至六；文章主体内容则收在一九三一年出版之《国鉴·论政治先辨君子小人》。唐先生此文言性理学教化功能之五，具体而言乃君子教育。于当道者应知人善任，必通性理，乃能实践君子道，施政得失，维系于此。故本文详细说明君子小人之具体作为，乃先生独到心得。

为今之人，救今之世，惟有提倡理学而已。然由今之道，无变今之俗[①]，而以提倡理学为事，恐反以诬罔理学、戕害理学[②]，何也？理学兴而天下皆伪道学也。夫理学岂尚空言哉？昔陆清献生当盛时，讲学风行，犹以“书自书、人自人”为病[③]。然则理学必以躬行实践为主，而欲躬行实践，必先严君子、小人之辨矣[④]。

余读《汉书·古今人表》，凡列九等。其上三等曰圣人、仁人、智人，皆君子也。中三等不列名目，以其可为君子可为小人也。下三等统称之曰愚人，则皆小人也。然所谓圣，所谓仁，所谓智，其中又各有不同焉。所谓愚，更万有不齐焉。“君子上达”，上达者无穷期也；“小人

① 《孟子·告子下》云：“今之所谓良臣，古之所谓民贼也。君不乡道，不志于仁，而求为之强战，是辅桀也。由今之道，无变今之俗，虽与之天下，不能一朝居也。”

② 谓以火救火，扬汤止沸也。

③ 陆陇其《示大儿定征》云：“读书做人不是两件事。将所读之书，句句体贴到自己身上来，便是做人的法，如此方叫得能读书人。若不将来身上理会，则读书自读书，做人自做人，只算做不曾读书的人。”又于《寄示赵生鱼裳旂公》云：“人生学问，正当在失意磨炼出来，勿为境累也。不佞年来为此间诸生讲书……然大段意思，是要针砭学者书自书、我自我之病。”

④ 此孔子言“知人”之义。

下达”①，下达者无底止也，在自为之而已矣②。

余不敏，讲求理学，常欲奉君子为依归③，而教诲生徒，亦惟此为兢兢。孟子曰：“义，路也。礼，门也。”惟君子能由是路，出入是门也。《诗》云：“周道如砥，其直如矢。君子所履，小人所视。”盖君子、小人之分途，在心理之一转移耳，可不谨哉？

君子之称，何义乎？解者曰：君，尹也，可以为主而发号施令者也；子者，尊称也，此言乎人品之良贵也。又有解者曰：古子世子及卿大夫元士之適子，与乡校所升凡民之俊秀者，皆入学，终业之时，其成也恭敬而温文，则曰可谓君之子也已。此则重其人以尊其亲，兴孝道也。然则君子之称何昉乎？曰：昉于文王。

文王作《周易》彖辞，曰“君子有攸往”，曰“利君子贞”，曰“君子有终”，盖皆有乾惕自勉之意焉。至周公作爻辞，始以君子小人对言，曰“君子得舆，小人剥庐”，曰“君子豹变，小人革面”，曰“君子维有解，有孚于小人”。至孔子作传，始明言阴阳消长之几，于《泰》则曰“君子道长，小人道消”，于《否》则曰“小人道长，君子道消”，盖心理之消息，政治之枢纽，国家之兴亡，罔不系乎是焉。至子夏等六十四人，述孔子之意以为《论语》，以君子小人对言者尤夥。厥后曾子得其传，子思子述《中庸》，亦多以君子小人对言，盖品诣之高下，学说之邪正，风会之清浊，罔不系乎是焉。由是观之，君子小人之判，固天下治乱之大原，抑亦千古是非之炯戒哉？古书中称君子，多以德言，偶有以位言者，大抵对在上者言。

请言义利之辨。义利者，人心生死之大界限也。子曰：“君子喻于义，小人喻于利。”又曰：“君子怀德，小人怀土。”喻与怀相因，惟怀故喻，惟喻而所怀乃益深。宋陆子静先生在白鹿洞书院讲“喻义喻利”

---

① 《论语·宪问》孔子语。

② 谓小人堕落，只能自救，他人无奈。

③ 先生提倡“君子教育”。

章，诸生有泣下者。然先生仅言科举之弊耳，若痛言谄媚龌龊之情状、穿窬害人之阴险，更能无痛哭流涕乎？明刘蕺山先生有《圣学三关》一书，言学者当打破三关，一曰人己关，二曰义利关，三曰生死关。夫人己关其功深矣，义利、生死二关，孔子所谓“见利思义，见危授命”、《礼记》所谓“临财毋苟得，临难毋苟免”是也。惟透义利关，而后能透生死关，否则所以求生者无不为，所以避患者亦无不为矣。

夫利者生人之大欲也，公之则善，私之则恶。《易传》曰“利者，义之和”,“以美利利天下，不言所利”①，此天下之公利也。若夫鸡鸣而起，孳孳为利，此一己之私利也。故曾子作《大学》曰：“以义为利，不以利为利”,“长国家而务财用者，必自小人矣”。

天下之大乱，皆始于小人之贪利，搜括敛怨，身必殉之。吁，可畏哉！虽然，人固非生而为君子，亦非生而小人者也。《孟子》言舜与跖之分，无他，利与善之间。盖其始不过毫厘之不同，惟一则葆其良知，于是乎辨义徙义、集义精义，知识愈进而愈明，斯为君子矣！一则昧其良知，于是乎好利嗜利、贪利罔利，知识愈溺而愈昏，斯为小人矣！以字义言之，义者，美也，善也；利旁从刀，争民施夺，杀机生焉。因一人之杀机，召天下之杀机，吁，可畏哉！

请言取与之辨。《论语》“子华使齐”一章②，辨析微矣。《孟子》则曰：“可以取，可以无取，取伤廉。可以与，可以无与，与伤惠。”盖天下无两可之理，必如刃之划然斩绝，而后可以入道。伊尹先知先觉，自任天下之重，而究其本原，不过“非道非义，一介不以与人，一介不以取诸人”③。可见圣贤非不取不与也，惟揆④诸道义而已。吾尝

---

① 《易·乾·文言》云：“乾始，能以美利利天下，不言所利，大矣哉！”

② 《论语·雍也》载子华使于齐，冉子为其母请粟。子曰“与之釜”，请益，曰“与之庾”，冉子与之粟五秉。子曰：“赤之适齐也，乘肥马，衣轻裘。吾闻之也，君子周急不继富。”言毋锦上添花。

③ 出《孟子·万章上》载孟子褒扬伊尹云：“其非义也，非其道也，一介不以与人，一介不以取诸人。”

④ 揆，量度也。

论取与之节，当分四等：有严于取而严于与者，细行必谨，君子也。有严于取而宽于与者，虽难乎为继，亦不失为君子也。有滥于取而滥于与者，己则不廉，而复处人于不廉，小人也。有滥于取而吝于与者，贪庸鄙俗小人之尤者也。《孟子》曰："焉有君子而可以货取？"夫自古士未有不谨小慎微，而能成其品行者也。世尚有却暮夜之金，而懔四知之严者乎①？斯为真理学之君子②。

请言求己、求人之辨。夫求者，有分内分外之不同，乃社会风气清浊所由判也。子曰："君子求诸己，小人求诸人。"孟子曰："求则得之，舍则失之。"是求有益于得也，求在我者也。在我者，为仁义礼智，天性之在我，此求己之说也。又曰："求之有道，得之有命。"是求无益于得也，求在外者也。在外者，为富贵利达，凡外物皆是，此求人之说也。三代后，运会日降，士习日偷，专知求人而不知求己，韩子所谓"伺候于公卿之门，奔走于形势之途"③，柳子所谓"王侯之门，狂吠狴犴"，"毛群掉尾，百怒一散"④，其逢迎阿谀之情状，令人有不忍言者。抑且患得患失，排挤害人，下井投石，无所不至，先儒云："逢人即有求，所以百事非。"⑤ 故求之一字，今日世道之大忧也。先大夫尝训文治曰："自食其力，无求于人，方为君子。深望后之言教育者，移其求富贵利达之心，以求道德学问。"斯言也，窃铭心而刻骨矣。

请言出处之辨。"君子居易以俟命，小人行险以侥幸"⑥，孔子释"绵蛮黄鸟"之诗曰："于止，知其所止，可以人而不如鸟乎？"⑦ 曾子曰："鹰隼以山为卑，而层巢其上。鱼鳖鼋鼍以渊为浅，而窟穴其中，

---

① 此东汉杨震却金之事，载《后汉书·杨震传》："王密为昌邑令，谒见，至夜怀金十斤以遗震。震曰：'故人知君，君不知故人，何也？'密曰：'暮夜无知者。'震曰：'天知神知，我知子知。何谓无知？'密愧而出。"此谓四知，言慎独也。

② 不为伪道学也。

③ 韩愈《送李愿归盘谷序》文。

④ 柳宗元《乞巧文》文。

⑤ 宋人吕声之诗句，见引于《朱子语录》。

⑥ 《礼记·中庸》文。

⑦ 《礼记·大学》文。

卒所以得之者，饵也。是故君子苟无以利害义，则辱何由至哉？”又曰：“与君子居，如入芝兰之室，久而不闻，则与之化矣。与小人居，如入鲍鱼之肆，久而不闻，则与之化矣。是故君子慎其所去就。”① 战国之世，处士横议，政客朋兴，出处大节，扫地无余，故孟子答陈代之问，斥枉尺直寻之非；答周霄之问，丑与钻穴隙之类；答公孙丑之问，引曾子言病于夏畦；子路言未同而言，赧赧然，谓君子之所养可知已矣；答万章之问，辨伊尹之要汤、孔子之主痈疽侍人、百里奚之市鬻于秦养牲，崭崭焉，凛凛焉，出处之节，岂不大哉？偶一不慎，终身失足。子云之于新莽，文若之于曹操，可为殷鉴也。故孔子释《易·困》之爻辞曰：“非所困而困焉，名必辱。非所据而据焉，身必危。”《礼》曰：“道合则服从，不可则去。”② 量而后入，不入而后量，惟养吾气以全吾节，此之谓君子。

请言学术之辨。子谓子夏曰：“女为君子儒，无为小人儒。”小人而亦得称儒何也？盖百家九流，偏至者也。子夏闻师说而悟焉，故曰：“虽小道，必有可观者焉，致远恐泥，是以君子不为也。”盖子夏进于君子儒矣。《荀子·劝学篇》曰：“君子之学，入乎耳，著乎心，布乎四体，形乎动静，一可以为法则。小人之学，入乎耳，出乎口，口耳之间，则四寸耳，曷足以美七尺之躯哉？”又曰：“君子之学也，以美其身。小人之学也，以为禽犊。”由是观之，孔门所谓君子儒、小人儒，与荀卿所谓君子、小人之学已不同矣。吾于是俯仰世运之升降，更有感焉。盖君子将以学说救天下者也，而小人则专以学说乱天下者也。子思子作《中庸》曰：“君子之中庸也，君子而时中。小人之中庸也，小人而无忌惮也。”无忌惮者，素隐行怪是也。素隐则偏，行怪则僻，于是淆乱黑白，颠倒是非，簧鼓天下，群趋于邪说，非经侮圣，无所不至。故《礼记·王制篇》曰：“析言破律，乱名改作，执左道以乱政者，

① 《大戴礼记·曾子疾病》文。

② 《礼记·内则》文。

杀。行伪而坚，言伪而辨，学非而博，顺非而泽以疑众，杀。”此讵非小人之中庸哉？天下之士，“不求其端，不讯其末，惟怪之欲闻”①，呜呼！小人为国家则乱人纪，小人倡学说则死人心，可畏哉！可痛哉！

请言心术之辨。孟子曰：“生于其心，害于其政。”心术与政治，相为维系，而世运之隆污，遂因是而变迁焉。孔子曰：“君子周而不比，小人比而不周。”“君子和而不同，小人同而不和。”“君子易事而难说也，小人难事而易说也。”“君子泰而不骄，小人骄而不泰。”凡此皆载于《为政》《问政》篇之内，盖心术之本原，即政治之精理。君子明通公溥，故能网罗天下之英才。小人则比同骄恣之心甚，惟恐人之不媚我，于是谗谄面谀之人至，而天下生民乃实受其祸矣。孔子作《易传》，发明阴阳消息之义，以阳刚为君子，阴柔为小人。夫阴柔岂必为小人哉？惟其能从于君子则为善，害于君子则为大恶耳。此消息之几，所以在于一心，而辨之宜早也。《易》曰：“负且乘，致寇至。”子曰：“负也者，小人之事也。乘也者，君子之器也。小人而乘君子之器，盗斯夺之矣。”是何也？无其德而居其位也。是故内君子而外小人，则天下安。内小人而外君子，则天下乱。

综以上诸端，则知吾人治事应世，必先知人，而知人必先穷理。惟于理有不明，故于君子、小人之辨，颠倒错乱，好恶乖违，此心理之大患，即世道之大忧也。孔子曰：“视其所以观，观其所由，察其所安。”曰视、曰观、曰察，盖必以理烛照之，乃始有其准焉。

大抵君子必敬畏而则古昔②，小人必恣肆而侮老成。孔子所谓“君子畏天命，畏圣人之言。小人不知天命而不畏，侮圣人之言”是也③。

君子必忠厚，与人为善；小人必刻薄，忌人之善。孔子所谓“君子成人之美，不成人之恶，小人反是”是也④。

---

① 韩愈《原道》句。

② 则古昔，谓效法古先正人。

③ 此一辨。

④ 此二辨。

君子必光明正直，小人必偏私倾仄。孔子所谓“君子坦荡荡，小人长戚戚”是也①。

君子办事，必见其大，其所筹画，在数十百年之远，小人则仅见其细，其所筹画，只在目前。孔子所谓“君子可大受，小人不可大受”是也②。

君子必谨言慎行，小人必好为大言，不顾事实。孔子所谓“君子欲讷于言而敏于行，其言之不怍，则为之也难”是也③。

君子必至诚笃实，小人必作伪闭藏。曾子所谓“君子必诚其意，小人闲居为不善，见君子而后厌然”是也④。

君子必韬晦，深自敛抑，小人必表暴，惟恐人之不知。子思子所谓“君子之道暗然而日章，小人之道的然而日亡”是也⑤。

君子交友，必刚正不阿，小人交友，必竭忠尽欢。子思子所谓“君子淡以成，小人甘以坏”是也⑥。

凡此皆观人之法，然非精研理学，则不能知言；不能知言，则不能知人；是以君子大居敬而贵穷理。

论古人造字多根于性理

【释】本文原题《论理学与文字之关系》，载《无锡国学专修学校校友会集刊·述学》第一集，一九三一年，页六至一五；与前文相连次第。本文以《说文解字》训故说义理，沟通汉宋两大门户，洞察出许慎之运用《易》理，则《说文》说义，理通孔孟，此义非比寻常。乃唐先生就读南菁书院初际，研读陈淳《北溪字义》而掌握运用训故以阐述义理之方法。文中阐释十八字，据人、心、言三部之内外

① 此三辨。
② 此四辨。
③ 此五辨。
④ 此六辨。
⑤ 此七辨。
⑥ 此八辨。皆观人之具体角度也。

关系，意义通贯而下，从而显示性理学核心义理之体统，先列《说文》，然后阐发。

“古者黄帝之史仓颉，见鸟兽蹄迒之迹，知分理之可相别异也，初造书契”①，分理者，文理也，是文字学始于文理，而文理即理学之权舆也。扬子云《太玄经》之仿《易》，著于有形；而许叔重《说文》之《易》理，则寓于微意②。然亦有迹象可见者，如“一”字注：“惟初太极，道立于一，造分天地，化成万物。”隐用《系辞》传“太极生两仪”之义；而《说文叙》则曰：“知天下之至赜而不可乱也”，而部首后题辞云：“方以类聚，物以群分，探赜索隐，厥谊可传。”是亦有拟《易》之意矣。故凡讲文字学者，必探原于性理，而后教人之道，得其法而通于心。

考《易》例，二卦相重，内卦为贞，外卦为悔。凡二卦性质相近者为吉，如《比》《谦》之类是也；性质相反者为凶，如《睽》《革》之类是也。六书中形声、会意字，取譬相成，比类合谊③，实有可乐而玩者；而形声字以形为体，以声为用，亦犹内外卦相配之意④。其中如人部、心部、言部，实赅人道之大原，贯性命之奥旨，盖礼乐所自出，引而伸之，触类旁通，固不仅训诂已也⑤。

余往昔尝游英国伦敦⑥，参观图书馆，有法国人费席叶⑦者，通吾

① 许慎《说文解字叙》文。

② 此先生发现《说文解字》自存一套完整义理体系，有拟《易》之意，非徒斤斤于解说文字也。故以下十八字所蕴之性理观念，皆据《说文解字》“心部”推求，盖其源于《易》义。此唐先生实践融摄汉宋之学之治学方式，有本有源之学术气象也。

③ 此专指会意字，《说文解字叙》云：“会意者，比类合谊，以见指撝，武、信是也。”

④ 唐先生认为许慎六书之合体字如会意、形声，皆取义及推衍于《易》内外卦相对与互动之为义。

⑤ 此明《说文解字》为理学研究所当正视。

⑥ 时在一九〇二年五月，时先生为清廷赴英祝贺继任维多利亚女皇之新君爱德华七世之加冕仪式使节团成员。

⑦ 先生又称之为“微席叶”，微席叶（Arnold Vissière 一八五八—一九三〇），一八八二年以法国公使馆翻译学生身份来华，担任巴西与中国换约大臣翻译，一八九二年署理法国驻上海总领事。回法国后任外交部汉文总翻译，任教巴黎现代东方语学校，后在中法实业银行任职。著《北京官话：汉语初阶》。时亦担任使节团之翻译官。

国语言文字，维时偕余游，忽问曰："中国素号文明，先生夙研文学，今来游我欧洲，亦知我欧人识字多乎？抑中国人识字多乎？"言已，颇露骄矜之色。余应之曰："唯唯。欧人固无不识字矣，然吾中国人识字，固有与欧人不同者。吾中国有孝、弟、忠、信四字，必能孝、能弟、能忠、能信，而后为识此四字。又有仁、义、礼、智四字，必能仁、能义、能礼、能智，而后为识此四字。非然者，仍谓之不识字人。贵邦能识此八字者，多乎否乎？"费有惭色。然余非故为大言也，盖古人制字之初，皆有至理存焉①，是性理学者，文字学之根源也。尝欲仿宋陈安卿先生《北溪字义》之例②，为《理学字义》一书，苦无暇晷，未及握椠。偶与诸生讲"心部"十数字，特录存之，以示举隅之例。学者苟能体之于心，而以三隅反，则性理学之本原，亦略可睹矣。

性

许君注："人之阳气，性善者也。从心，生声。"

按：告子曰"生之谓性"，实系古说。盖人之阳气，皆天地生生之机③，是以好生而恶杀。《孟子》曰："天下之生久矣。"又曰："乐则生矣，生则恶可已也。"此生气也，而皆本于生理，故凡有血气心知之属，莫不自爱其生。人为万物之灵，而圣人尤得其最秀者，故尽人物之性，即有以遂人物之生。《礼记》曰"人者天地之心也"，言人皆有天地生生之性也。此性字从心从生之精义也。

情

许君注："人之阴气，有欲者也。从心，青声。"

---

① 此至理，本修身立德之践履，非在虚谈。

② 朱子门人陈淳《北溪字义》乃讲学记录，枢纽上下两部二十六门，上部列述命、性、心、情、才、志、意、仁义礼智信、忠信、忠恕、一贯、诚、敬、恭敬等十四门；下部十二门，道、理、德、太极、皇极、中和、中庸、礼乐、经权、义利、鬼神、佛老。

③《易·系辞上》云："生生之谓易。"《系辞下传》云："天地之大德曰生。"

盖青为东方之色，实生机所由畅。春夏之交，林木向荣，人游其下，见青青之色，悱恻缠绵之意，油然自生，是则青有以感其外，而情因以动于中也①。盖情之取青，犹意之取音，审音可以知意，察色乃能得情②。《孟子》曰："乃若其情，则可以为善矣。"性之善，因情而见也。《中庸》言情惟四，曰喜怒哀乐。《礼运》言情有七，曰喜怒哀惧爱恶欲。其言虽异，其理则一。

何以言之？《中庸》以喜怒哀乐未发为中，发皆中节为和，继之曰"致中和"。"致中和"者，朱注所谓"推而极之"，其本乃在于戒惧。而《礼运》之七情，惧居乎中，明以惧为维系六情之具矣。常人之情，每因喜而致怒，因怒而哀乃随之，哀之极则又转而为喜，是喜、怒、哀相为循环者也。人又每因爱而致恶，爱恶生其中，于是有欲，欲之至，则又转而为爱，是爱、恶、欲又互为循环者也。

夫一浑然至善之心，而一任喜、怒、哀、爱、恶、欲六者，循环其中而无已时，则心之受其戕贼而斫丧者，将何所极？是以不得不归之于惧，此《中庸》所先言"戒慎恐惧"也。故既察青之色而知情之用，尤须通惧之意以得情之节③。

意

许君注："志也，察言而知意也。从心，从音。"

按：音意双声，故意亦从音得声。夫音者，声之调和而精密深细者也。是故诚意之功，须体察至精密深细处，以验心音之调和。心气和平，则发音和平。心气粗暴，则发音粗暴。佛家有观世音之说，观世音者，观世人之心而察其善恶也。学者不必遽察人之善恶，当先察己心之音。彼音之出于金石丝竹匏土革木者，各自成声，闻于耳，则能辨其声

---

① 感物兴情。

② 从声、色两层取义。

③ 克己工夫。

音之所自出。以审音之法，内省其心，则一念动于善、动于恶，其发而为音，善恶自不能掩。意善则出言善，意恶则出言恶。

言者，心之声也。音发于心为意，闻于耳成声则为言。意、言，亦双声字。是故欲谨言者，必先诚意，“如恶恶臭，如好好色”，皆诚意之事也。口之于味，目之于色，皆有好恶之诚意。然则耳之于声，要在审己之音，而于精密深细处求其调和，乃能得好恶之正。故曰“君子必诚其意”。

思

许君注：“睿也。从心，从囟。”

盖会意字，常人谓致思曰用心，西人谓致思乃用脑筋，不知致思必用心以发动脑筋，俾心与脑贯通会合，方能致思。西人之说，乃拘于一隅。此字上从囟，脑也。致思之道，乃心与脑相会通耳。古人造字之时，已知此理。孰谓格物之学，我国不如西人哉？

志

许书无志字，大徐补曰：“意也。从心㞢，㞢亦声。”

盖志者，心之所之也。心之所之，因人之心理识见浅深，各有不同，如《论语》“士志于道”,“志”字最浅，故为外物所诱。志于仁而无恶，则较深矣。孔子十五志学，此乃志之最深远者。《孟子》曰：“夫志，气之帅也。”又曰：“持其志，无暴其气。”惟气统于志，则心之所志，斯能不失其正矣。然持志之先，要当立志。持志立志，相因而致。立志而后志有可持，持志而后志方能立也。王子垫问曰：“士何事？”孟子曰“尚志”。所尚何志？则惟仁义而已矣。故吾人求学，要在志圣贤之所志。

悳

许君注："内得于己，外得于人也。从直心。"通用作"德"。

按韩子云："足乎己无待于外之谓德。"实则当作直心解。《书·皋陶谟》九德曰"直而温"，盖即古者教胄子之法。《洪范》三德，一曰正直。直者，天性也。"斯民也，三代之所以直道而行"，故"举直措诸枉则民服，举枉措诸直则民不服"，此治道之大关键也。孔子曰："人之生也直。"凡直道而行者皆生气，枉曲而行者皆死气。巧言令色，机械变诈，则其心日死。故直心所以修德。

忠

许君注："敬也。从心，中声，尽心曰忠。"

按《论语》曰："夫子之道，忠恕而已矣。"① 朱子谓"尽己之谓忠"，盖必能敬其事，而后能尽己也。中心为忠。中者，喜怒哀乐未发之谓。人受天地之中，以生至善至中之道，发之于心，推之于事，谨慎以出之，尽力以行之，是乃忠之大者。至如乡隅之人，能遇事持实，竭心力而为之，亦可谓之能忠。今人讳言忠，以为专属于臣之事君，不知古书所言忠字，多属于朋友常人。如《论语》"为人谋而不忠""主忠信""行之以忠""忠告而善道之""与人忠""言忠信"，是皆忠于朋友常人，而为言行之常经。譬如一邑之长，能竭力治事，以爱护其民，是谓能忠。《左氏传》所谓："上思利民，忠也。"为一校之师，能殚思讲授，以启发其生徒，是亦谓之能忠。孔子所谓忠，焉能勿诲乎？孟子所谓"教人以善谓之忠"是也。惟讳言忠，而尽心以勤事者寡矣，此世道之忧也。

---

① 《论语·里仁》曾子向门人解释孔子自云"吾道一以贯之"之意。

恕

许君注："仁也。从心，如声。"

按《论语》子贡问："有一言可以终身行之者乎？"子曰："其恕乎！"恕者，如心之谓也。"一人之心，千万人之心"①，心相如也。"己欲立而立人，己欲达而达人"，"刑于寡妻，至于兄弟，以御于家邦"②，推之"老吾老以及人之老，幼吾幼以及人之幼"，此恕以及人也。"己所不欲，勿施于人"，"所恶于上，毋以使下。所恶于下，毋以事上"，此恕以克己也。然人之私③胶固于中，则恕不行，故学者当先行克己之恕，乃可以言及人之恕。至于"民之所好好之，民之所恶恶之"，及"所欲与聚，所恶勿施"，是皆恕之道，而行之当知所先后。惟先能恶民之恶，所恶勿施，而后能好民之好，所欲与聚也。"强恕而行，求仁莫近"，"能近取譬，为仁之方"，己欲得所，必使万物各得其所。反是而己独处于安逸，使人皆处于危苦；己独处于富贵，使人皆处于贫贱。不恕之极，不如人之心④，于是乎不平，则不祥莫大焉。

怒

许君注："恚也。从心，奴声。"

按：《皇矣》诗曰："王赫斯怒。"文王一怒而安天下之民⑤，圣人未尝不怒也。惟常人之怒出于意气，圣人之怒则出于义理⑥。人禀天地之气以生，理为主而气为奴。倘意气用事，怒在心上，如一家之中，以奴作主，事事失当，其家必亡。一心之上，以奴作主，小则成过，大则成恶，此皆意气之奴为之也。且"奴"字有过甚之意。弓弩之弩，言

① 杜牧《阿房宫赋》文。

② 《孟子·梁惠王》载孟子引《诗·大雅·思齐》句以"明推恩足以保四海"。

③ 私欲也。

④ 拆恕字而说。

⑤ 《孟子·梁惠王下》载孟子云："《诗》云：'王赫斯怒，爰整其旅，以遏徂莒，以笃周祜，以对于天下。'此文王之勇也。文王一怒而安天下之民。"盖勉齐宣王也。

⑥ 见义勇为也。

发矢甚速也。努力之努，言过用其力也。故凡人遇事，著意愈甚，则往往发怒。程子曰："怒易发难制。"吾人当怒气盛时，宜用强制之功，纵有忿忿不平之气，若能淡然忘之，则怒气自消。故《易》之《损》，象曰"惩忿"。

忍

许君注："能也。从心，刃声。"

忍字有二义，一曰残忍，一曰忍耐。残忍者，以心为刃，而杀害他人也。今人好利之心盛，利字旁从刀，因利心以引杀机，乃致以心刃人。心既为杀人之刃，失其和善之气，往往利不能得，而反足以自杀，且杀及其子孙，真可痛也。仁人君子则善用其刃，用之以斩绝嗜欲，划除邪念，乃能"动心忍性，增益其所不能"①。夫忍性之性，气质之性也。锋芒太露，忍之而后可以入道。故凡识字，当知兼善恶二义，学者必先去恶，乃能明善。故玩此字，必先去残忍之忍②，斯能归于忍耐之忍。

忌

许君注："憎恶也。从心，己声。"

按：《论语》"克己复礼为仁"，朱子注"己"谓："心之私欲也。"人生大患，莫如有己而无人。己心愈甚，则忌刻愈深。故韩子《原毁》归结于怠与忌，是毁人之忌，亦生于私己之心也。陆桴亭先生谓："忌字从心，巳声。忌、巳，双声。巳，蛇也。蛇盘心上，其害犹甚于心上有刃。"③ 盖忍为阳恶，忌为阴恶。阴恶纠缠于心，施之于事，有如毒

① 《孟子·告子下》载孟子说"天将降大任于是人"义，唐先生《孟子大义》释曰："心必动，性必忍，然后能增益其所不能。若不动不忍，则不能者终于不能而已矣。"

② 胜残去杀也。

③ 陆世仪《思辨录辑要》卷六"诚正类"谓："忌者己心也。己字古文作蛇。蛇有毒害之意，故人心莫毒于忌。"唐先生取其宗旨大意。

蛇螫人，致人欲生不得，欲死不能，故其害最烈。然害人虽不浅，而自害则更深，何也？因蛇在心上，毒发于中，转而自噬其心，久之腐败溃烂，必不可救药矣。此字前后两说可并存①，而后说更觉凛然可畏，盖惟私己之深，其毒乃蟠结而终至于此。

恶

许君注："过也。从心，亚声。"

按：大过为恶，天下之恶皆归焉，斯为极恶矣。恶字去心加土，乃成为垩。垩者，以泥涂壁也。人之有恶，其良心为嗜欲蔽塞，殆如物之为泥所涂圬②。然观亚字，中极其空灵，似无所蔽塞，不知惟其自以为空灵，乃尖刻取巧。尖刻取巧，则聪明日益蔽塞，而致陷于大恶，岂非大愚乎？《易》曰："恶不积，不足以灭身。"小人事事尖刻，日日取巧，以恶小而为之，而极其空灵之能事，乃至恶积而不可解，而竟灭其身，是天下之大愚也。故曾文正曰："巧召杀。"③

感

许君注："动人也。从心，咸声。"

按《易》卦，山泽通气为咸，故彖传曰："咸，感也。天地感而万物化生，圣人感人心而天下和平。观其所感，而天地万物之情可见。"山至高也，泽至深也。而山上有泽，其气相通，则上下无所壅隔矣。《临卦》爻辞曰："咸临，吉，无不利。"咸之属于心部者为感，属于言部者为諴，皆取咸和之义。惟至诚而后感人心，感人心而后保合太和，皆气之相感也。王者以至诚感人心，故仁义之化，不见而章，不动而变。人同此心，心同此气，故感通如此。

---

① 谓韩愈说与陆世仪说。

② 此犹孟子云茅塞其心也。

③ 曾国藩《家书》咸丰八年（一八五八）言三杀三祥云："巧召杀，忮召杀，吝召杀。孝致祥，勤致祥，恕致祥。"

憧

许君注："意不定也。从心，童声。"

按《易·咸》九四爻辞："憧憧往来。"《左氏传·鲁昭公十九年》"犹有童心。"由此童心，遂生种种妄念。盖童心与赤子之心不同，《孟子》曰："大人者，不失其赤子之心者也。"赤子乃是婴儿，其心至诚无伪，但知慕父母而已。及至八岁以上，既为学童，思虑杂出，正"憧憧往来，朋从尔思"之象。此象至几至微至危，感于不正则有害，故必须保其赤子之心，存其赤子之善念，而去其憧憧邪妄之念，则大人①可企而及也，是在用主静工夫。

快

许君注："喜也。从心，夬声。"

按：快本训为喜，而后人引申之，则为疾速之义，何也？按《易传》曰："夬，决也，刚决柔也。"夬之属于心部者为快，属于水部者为决。刚决务在疾速，故曰快。孔子《杂卦传》曰："君子道长，小人道忧。"此见任贤去邪，皆当疾速，否则慢且过矣。然其几，本于一心，行有不慊于心则馁②。慊，快也。以五阳决一阴，天人交战，在俄顷之间，《艮卦》爻辞曰："不拯其随，我心不快。"象曰："未退听也。"言私欲未能退听，以其不决，则不快也，故《豫》卦又曰："迟有悔。"③

---

① 《孟子·告子上》载公都子问曰："钧是人也，或为大人，或为小人，何也？"孟子曰："从其大体为大人，从其小体为小人。"曰："钧是人也，或从其大体，或从其小体，何也？"曰："耳目之官不思而蔽于物，物交物，则引之而已矣。心之官则思，思则得之，不思则不得也，此天之所与我者。先立乎其大者，则其小者不能夺也，此为大人而已矣。"大人者能思而不蔽于耳目。

② 《孟子·公孙丑上》载孟子言浩然之气曰："其为气也，至大至刚，以直养而无害，则塞于天地之间。其为气也，配义与道，无是，馁也，是集义所生者，非义袭而取之也。行有不慊于心，则馁矣。"气之刚健正大，取决于心。

③ 善恶之动念，当机立断，乃在一心。

息

许君注："喘也。从心自。"

按：许注未是。段注谓："自者，鼻也。心气必从鼻出，故从心自，如心思上凝于囟，皆会意也。"其说极是。盖脑与心相应谓之思，鼻与心相应谓之息。《周易》言息字，有休息、息灭、发息三义。象传"君子以向晦入晏息"，言休息也。人当静坐时，思虑不绝，是心未能休息也，必心与鼻相应，以数鼻息，久而忘数，心乃无事而休息矣，故为雷藏泽下之象。至《乾》象传"君子以自强不息"，言不息灭也。若阴阳消息之息，言发息也。君子知消息无常，当求不息灭之道，其惟自强乎？学者未能遽言自强，先当调息以养气，使心气和平，而后能因应万事。盖休养生息，必自本心始。朱子有《调息箴》[①]，言养气之法，甚为精切。

恬

许君注："安也。从心，甜省声。"

按《书·梓材篇》"引养引恬"，实为恬适养心之始。《庄子·缮性篇》："以恬养知，以知养恬。"知与恬，有交相养之道。人以舌抵上腭，即津液生，有甜美之味，自然恬适。以心有寄托，则杂念自消。此道家养生之法，然其义实本于《尚书》。

忾

许君注："太息貌[②]。从心，气声。"引《诗》曰："忾我寤叹。"

窃谓此义太偏仄。忾者，言养心先养气也。《孟子》曰："志，气之帅也。气，体之充也。持其志，无暴其气。"又曰："其为气也，至

---

① 朱子《调息箴》载先生《紫阳学术发微》卷七；箴后附唐先生解说，可互参。

② 《说文》流传本作"太息也"，"也"字段玉裁注批评为误，云作"皃"为是。皃即貌，故唐先生据为正。

大至刚，以直养而无害，则塞于天地之间。”忾者充塞之谓①，故《广雅·释诂》：“忾，满也。”《礼记·哀公问篇》：“忾乎天下。”亦言充塞乎天下也。文文山先生《正气歌》曰：“天地有正气，杂然赋流形。于人曰浩然，沛乎塞苍冥。”盖天地正大气，惟人心有以体之，故张子《西铭》曰：“天地之塞吾其体。”② 至《庄子·人间世篇》谓：“气也者，虚而待物者也。惟道集虚。虚者，心斋也。”此亦言养心养气之法，然与《孟子》之言，一虚一实，迥不同矣。又《左氏传》“诸侯敌王所忾”训作“怒”，怒者，气之过也。气不可使之暴，故《孟子》曰：“是气也，而反动其心。”

右③十八字，俱形声兼会意。凡读“心部”诸字，当知养心之道，如以上所列是也。

读“人部”诸字，当知修身之道。如仁字，为“相人偶”，二人相对，有我即有人，由一人而推诸千万人也。信字，为人言，《穀梁传》所谓：“不若于言者，人绝之也。”有禽兽之心，则不能为人之言也。位字，“人所立也”，惟能立天下之正位，斯为立人之道，否则无以自立于世。

读“言部”诸字，当知谨言之道。如诚字，必真实而无妄，乃成为言也。讱字，不敢尽其所有余④，当以刃斩绝其枝辞也。

又推之于他部，如国字⑤，古为或字，口即国也，以戈守地，《易》所谓“有戎勿恤，触目而警心”矣；其后孳乳之字为国，“邦畿千里，

---

① 此先生心得。

② 唐先生《孟子大义》卷三释“则塞于天地之间”云：“凡人之生，莫不秉天地至正之气，而有存有不存者，养与不养之别，即其人直与不直之别也。《论语》云：‘人之生也直。’唯直而后有生气，有生气然后能自养也。”

③ 原书为竖排，故作“右”。

④ 此句乃朱子解释《论语·学而》孔子所训诲门人“敏于事而慎于言”之君子行云：“敏于事者，勉其所不足。慎于言者，不敢尽其所有余也。”谓不敢枝蔓其辞也。

⑤ 国字在《说文解字》口部。

维民所止”。惟不从民而从或者，即《易》“或跃在渊”义，苟无德以居之，则或者将革而据之也①。

“宀部”家字，应据《六书故》作宊，人所合也，从㐺②。㐺，古族字，民族所聚。从三人者，《易传》所谓：“父父子子，兄兄弟弟，夫夫妇妇，而家道正。正家而天下定也。”③ 后㐺讹作豕，许君谓从豭省声，段氏以牢字为喻，均非。

“又部”叟，“巨也，家长率教者。从又，举杖”。《礼记》所谓“祗敬杖履”之意。观举杖形，则父母之年，不可不知，一则以喜，一则以惧④。孝子之心，恻怛宜如何矣。

“女部”母字，象褱子形，又象哺乳形。“母兮鞠我，出入腹我”，读之令人自动孝思也。

又如“文者，错画也”，一阴一阳之谓道，交错而成文，故《易传》曰：“物相杂，谓之文。”观乎文而可以知阴阳刚柔之性，治之得其宜矣。

“章者，音也”，声成文，谓之音。音至于十则成章，言其章明也。古人作乐以感人心，谓之乐章。后人因文以感人心，谓之文章。故作文者，因声以求气，气盛则声之高下皆宜也。

又如后、司二字，“后者，主也，谓在上者”，“司者，有司也，谓在下者”。后与司合，上下一心，则成同字。故求为大同之治者，必君民同体，好恶与共。卿士从，庶民从，是之谓大同⑤。同声相应，同气相求，如出于一口。傥不能同心，即成反对矣。

若此之类，不过略举一二以为例。后之识字者，固当究极理要。其造字者，尤当根据理要，以为准则，庶不至有无知妄作之弊。

---

① 戒失德也。

② 唐先生据《康熙字典》引录。

③ 《易·家人卦》彖辞。

④ 《论语·里仁》孔子语。

⑤ 见《尚书·洪范》。

论理字本训

【释】本文全面考订理字之涵义，批驳戴震、焦循说之偏颇。

或谓："理字之义沦于空虚，早经戴东原、焦礼堂辈发挥而扫除之矣，子独谆谆然言理，不其悖与？"

余应之曰：此不通训故经义之论也。按：《说文》："理，治玉也。从王①，里声。"盖古形声字多有兼会意者，如性者生也之类，亦其例，别见文字学条。特会意字皆"比类以合谊"，而形声字则兼以意义，"取譬相成"而析言之尔。如理字之从王，取其精细也；里声，譬其广大也。天下之物，文理莫细于玉；而琢磨之工，亦莫精于玉。故《孟子》曰："今有璞玉于此，必使玉人雕琢之。"盖玉人能顺玉文理之细而治之，故训之曰"治玉"也。里字从田从土，《韩诗外传》："广三百步，长三百步，为一里。"周文王制其田里，方里而井，方十里为成。里者，因地而画者也。有制里之法，于是乎经纬纵横，错综高下，莫不秩然而有序。故曰"地理"，言乎其广大也。

理字之义，扩之极其大，则充乎六合；析之极其精，则细入毫芒，夫是之谓理学。大抵古人之言理者，权舆于地，故《易·系辞传》曰："易与天地准，故能弥纶天地之道，仰以观于天文，俯以察于地理。"《坤卦·文言传》曰："君子黄中通理。坤，地道也。"《礼记·月令篇》曰："毋绝地之理。"《中庸篇》曰："文理密察。"又曰："简而文，温而理。"皆以文与理对言。文以属乎天，理以属乎地也。文者非有一物之可见，遇于迹象而后见。理者亦非有一物之可见，遇于事物而后见。故穷理在于格物，夫何空虚之有？

考戴氏之言谓"理者察之而几微，必区以别之名，是故谓之分理"，"得其分则有条不紊，谓之条理。凡经传中言理，谓人情之不爽失

---

① 此用段玉裁《说文解字注》。

者也，非指洁净空阔之一物也”。[①] 其言似矣。惟字义固有实用、虚用之别。如孔子言“和顺于道德而理于义”，《孟子》言“始终条理”，此虚用字也。孔子言“穷理尽性，顺性命之理”，《孟子》言“心之所同然者，谓理也义也”，《礼记·乐记篇》曰“不能反躬，天理灭矣”，此实用字也。若必执其虚用者而欲扫除其实用者，则如《孟子》经正民兴，即可例经解与五经六经之“经”字乎？然则专训理字为条理者，特偏言之端耳。此当辨者一也[②]。

戴氏又谓六经孔孟之书以及传记群籍，言理者少[③]，后儒不当据理以为准则。此无论经传中理字不为少，即如其言，要知先圣之所创作而后儒之所阐明者，在乎心之安与不安，不在乎字之多见与不多见。伏羲、文王未尝言太极也，而孔子言之。周公、孔子未尝言浩然之气、良知良能也，而《孟子》言之，岂得以其不经见而少之乎？若以古今不经见而不敢言，则后世谁复有发明之学乎？此当辨者二也[④]。

戴氏又谓“理至圣人而后无蔽，《孟子》以圣人先得义理为人心所同然，若未至于同然，而存乎其[⑤]人之意见，不可谓理”，“今虽至愚之人，悖戾恣睢，其处断一事，责诘一人，莫不辄曰理者”，“由自矜理具于心，而遂以心之意见当之也”。呜呼！此诬民之论也。《孟子》言“理义之悦我心，犹刍豢之悦我口”，其意盖谓凡民之同于圣人，而戴氏之意，乃适与之相反。“是非之心，人皆有之”，故曰性善。若谓必圣人而理始无蔽，非圣人者，皆意见之私也，则天下安所得如许之圣人，以定是非之理？《易传》曰：“乾以易知，坤以简能。易简而天下之理得矣。”天下之理得者，得乎人心之所同然也，易知而易能也。今处断一事，责诘一人，直言之曰理，而众人皆服者，以其得乎心之所同

① 戴震《孟子字义疏证》卷上。

② 此据词性而辨。

③ 戴震《孟子字义疏证》卷上云：“六经孔孟之言以及传记群籍，理字不多见。”

④ 此据词汇之开拓辨之。

⑤ “其”字脱，据戴氏《孟子字义疏证》补入。

然也。若处断责诘曲言之曰理，而众人皆不服者，以其出于意见，而非心之所同然也。是理者，正所以判公私之界者也。今必破理具于心之说，则是人心无是非，而天下无公理矣，岂吾儒所忍言乎？故曰此诬民之论，而当辨者三也①。

《大学》曰："物有本末，事有终始。"《中庸》曰："致广大而尽精微。"理者，贯彻乎本末终始，所以致广大而尽精微也。惟洁净乃所以为精微，惟广大乃觉其为空阔。戴氏恶宋儒之言理为洁净空阔之一物，而欲扫除之，矫枉过正，则势必扫除其固有之性。既扫除其固有之性，则势必举本心之仁义礼智，而一并扫除之，于是乎人心之横肆，无所底止，而世道益不可问矣！故曰："君子一言以为知，一言以为不知，言不可不慎也。"② 吾惧夫空疏无具言理者之陋也，吾惧夫心粗气浮言理者之妄也，吾更惧夫怀私争胜言理者之偏且戾也③，《易》曰："失之毫厘，差以千里。"贻误后学，非浅鲜也。爰先发明理字训诂，并阐《孟子》真诠，参以《大学》格物之旨，以质诸当世。若夫焦氏之论一贯忠恕④，吾有取焉；其论理⑤，则戴氏之唾余耳，故不复辨。

论理气之分合

【释】理气乃性理学之基本概念，唐先生考察朱子乃主理气合一，反驳戴震批评失实，无知于理学。

"论万物之一原，则理同而气异；观⑥万物之异体，则气犹相似，而理绝不同。"⑦ 此朱子之语，纯粹以精者也。曷谓理同？皆得天地生

---

① 此据同理心辨之。
② 《论语·子张》载子贡批评陈亢之言。
③ 此三者先生所辨。
④ 焦循《一贯忠恕》，载氏著《论语通释》第一篇。
⑤ 焦循《理说》一文，载氏著《雕菰集》卷一〇。
⑥ "观"字，原作"论"，据《朱子语录》为正。
⑦ 《朱子语类》卷四"性理"载朱子语。

生之理也。曷谓气异？灵蠢攸殊，而灵之中尤有灵，蠢之中尤有蠢也。曷谓气犹相似？形质皆有动静也。曷谓理绝不同？仁义礼智之性，非物之所得而有，而物与物之性又各异也。

然朱子又谓："必先有是理，然后有是气。"① 既有是气，即有是理，何也？天地果无初乎？吾不得而知之也。惟夫气之轻清而上浮者为天，必轻清者有上浮之理也；气之重浊而下降者为地，是必重浊者有下降之理也。不然，何不闻重浊上浮、轻清下降也？以人之一心言之，喜而后喜气生，怒而后怒气生，有是理故有是气也。喜而饰怒，怒而饰喜，则气不至，何也？无是理，故无是气也。是故理不离乎气，亦不杂乎气，此千古不磨之论也。而后人不达其说，多疑而攻之者，何也？

余尝昼夜渊思，博稽往籍，而知"理气合一"与夫"理在气先"之说，自古圣贤以迄后代通儒，皆莫之或易。孔子之言曰："一阴一阳之谓道，继之者善也，成之者性也。"② 合阴阳以言道，理气合也；先继善而后成性，理在气先也，命之善先于性之善也。又曰："圣人之作《易》也，将以顺性命之理，是以立天之道曰阴与阳，立地之道曰柔与刚，立人之道曰仁与义。"③ 顺性命之理，理先于气也；合阴阳、刚柔、仁义以言理，理气合也。

《孟子》论浩然之气曰："是集义所生者，非义袭而取之也。行有不慊于心，则馁矣。"心不慊者，理不足也；理不足而气馁，理先于气也。又曰："形色天性，惟圣人然后可以践形。"理气合也。又曰："口之于味，目之于色，耳之于声，鼻之于臭，四肢之于安佚，性也。有命焉，君子不谓性也。仁之于父子，义之于君臣，礼之于宾主，智之于贤者，圣人之于天道，命也。有性焉，君子不谓命也。"是说也，盖即宋

① 《朱子语类》卷一载或人问："必有是理，然后有是气，如何？"朱子曰："此本无先后之可言。然必欲推其所从来，则须说先有是理。然理又非别为一物，即存乎是气之中；无是气，则是理亦无挂搭处。气则为金木水火，理则为仁义礼智。"

② 《易·系辞上》文。

③ 《易·说卦传》文。

儒义理之性、气质之性所由昉。战国之世，人欲横流，必以义理限气质而后可以无弊，是理为气主也。戴氏东原有会于《孟子》之言，矜为创获，谓："目能辨色，耳能辨声，心能辨理义，血气心知皆有自具之能。"是性善即于形气，而非外于形气，遂诋宋儒分理气为二，以为悖于孔孟之旨。呜呼！抑何考之不审也？

周子之言曰"五行之生，各一其性"，"性者，刚柔善恶中而已矣"，未尝离气而言理也。程子之言曰："性即气，气即性。论性不论气不备，论气不论性不明。"未尝离气而言理也。张子之言曰："由太虚有天之名，由气化有道之名，合虚与气有性之名，合性与知觉有心之名。"未尝离气而言理也。又曰："形而后有气质之性，善反之则天地之性存焉。"此即本《孟子》不谓性之说，而理与气合之义益显。朱子之言曰："天以阴阳五行，化生万物，气以成形，而理亦赋焉。"① 又曰："性须是气质，方说得性字。若人生而上，只可说天道。"② 未尝离气而言理也。戴氏于此，抑何考之不审也？

又推而求之于明儒。薛敬轩③、罗整庵④二先生，笃信程朱者也。薛氏之言曰："凡大小有形之物，皆自理气至微至妙中生，以至于成形而著。"⑤ 又曰："形而上者谓之道，形而下者谓之器。圣人论理气最分明，无离而二之之病。"⑥ 又曰："理气虽不可分先后，然气之所以如是者，则理之所为也。"⑦ 未尝离气而言理也。罗氏之言曰："气之聚便是

---

① 朱子《中庸章句》释"天命"之义。

② 《朱子语类》卷九五。

③ 薛瑄（一三八九—一四六四），字德温，号敬轩，山西河津县人，永乐十九年（一四二一）进士，官至礼部右侍郎兼翰林院学士，入阁参预机要事务，著《读书录》二十二卷。

④ 罗钦顺（一四六五—一五四七），字允升，号整庵，江西泰和人，弘治六年（一四九三）进士，授翰林院编修，官至南京吏部尚书。潜心理学，深有得于性命理气之微旨，以二十余年之力作《困知记》四卷，维护朱子。卒赠太子太保。

⑤ 薛瑄《读书录》卷二。

⑥ 薛瑄《读书录》卷三。

⑦ 薛瑄《读书录》卷二。

聚之理，气之散便是散之理。惟其有聚有散，是乃所谓理也。”① 又曰：“通天地，亘古今，无非一气而已。气本一也，而一动一静，一往一来，一阖一辟，一升一降，循环无已，为四时之温凉寒暑，为万物之生长收藏，为斯民之日用彝伦，为人事成败得失，千条万绪，而卒不可乱，是即所谓理也。”② 此盖本朱子《答柯国材书》“一阴一阳，往来不息，即道之全体”③ 之义，未尝离气而言理也。又推而求之于清初诸儒。陆桴亭、陆稼书二先生，笃守程朱者也。桴亭先生《思辨录后集》“天道”“人道”二类，言理气莫不合义理、气质为一；又作《性善图说》谓：“性为万物所同，善惟人性所独，性善之旨，正不必离气质而观。尝取《孟子》前后论性语反复读之，始知《孟子》只就气质中说善；于是又取孟子以前孔子、子思之言按之，无不同条共贯；又取孟子以后周、程、张、朱之言观之，周则无不吻合，程朱则间有一二未合，而合者常八九也。”④ 未尝离气而言理也。稼书先生之言曰：“有是理则必有理所会归之处，有是气则必有气所统摄之处。天下未有无本而能变化无方者，未有无本而能流行不竭者。”又曰：“盈吾身之内者皆气也，而其运于气之内者理也。……理气之万殊者，昭昭矣，而其本则在心。心也者，是气之精英所聚，而万理之原也。”⑤ 是未尝离气而言理也。戴氏于此，抑何考之不审也？

夫自古圣贤通儒，皆不离气以言理，即不离气质以言性。而彼菲薄宋儒者，谓其言性于人物未生以前，遂诋之为虚渺，斥之为禅学，岂不妄哉？君子之于著述，“质诸鬼神而无疑，百世以俟圣人而不惑”⑥，其于所不知，盖阙如也。戴氏精于音韵训诂之学，为当世所推重，惟其于

① 罗钦顺《困知记》卷下。

② 罗钦顺《困知记》卷上第十一章。

③ 《朱子语录》卷三载朱子语亦云：“是以一阴一阳，往来不息，而圣人指是以明道之全体也。”

④ 陆世仪《思辨录辑要》卷五七。

⑤ 陆陇其《三鱼堂文集》卷一《理气论》文。

⑥ 《礼记·中庸》文。

理学，则固茫乎其未有得也。夫既无心得，而乃强不知以为知，且阴窃先儒之绪余，转以攻击先儒，开后世叫嚣侮慢之习，吾故不可以不辨。

论理欲之辨别

【释】唐先生强调因时立教，乃救世之大义；而存天理去人欲，源出《礼记》，圣人立教宗旨，乃向来圣学主张，非朱子一人私言；从朱子至阳明，性理学充分体现其精髓。唐先生考察经籍中言“欲”之三项具体义涵，即善欲、恶欲、可善可恶之欲，善者养之，恶者遏之，因材施教之义存焉。指出戴震之说，义出《荀子》，则其刻意歪曲《孟子》，其来有自，皆逆因时立教之义。

“教也者，民之寒暑也。教不时则伤世”，《礼记·乐记篇》文。斯言也，古教育家至精至微之论，惟圣贤能心知其意者也。圣贤之立教也，莫大乎因时①。故有学说虽出于古且正而弗尚焉者，由其不合乎时。不合乎时，则不能救世也。战国之时，《孟子》创性善之说，无论性之本善也，原其学说，盖将发人不忍人之心，而救嗜杀人之害也；《荀子》创性恶之说，无论性之本不恶也，推其学说，实足开人自暴自弃、贼仁贼义之渐也。此《孟子》之立教知时，而《荀子》之立教不知时也。吾于理欲之辨亦云然，请得而申言之。

《乐记篇》：“人生而静，天之性也。感物而动，性之欲也。物至知知，然后好恶形焉。好恶无节于内，知诱于外，不能反躬，天理灭矣。”又曰：“人化物也者，灭天理而穷人欲者也。”朱子《乐记动静说》曰：“人有是性，则即有是形。有是形，则即有是心，而不能无感于物。感于物而动，则性之欲者出焉，而善恶于是乎分矣。性之欲，即所谓情也。”“物至而知。知之者，心之感也。好之恶之者，情也。形焉

① 谓“因时”立教，进而“知时”立教。

者，其动也。所以好恶而有自然之节者，性也。”“好恶无节于内”一节①，“正天理人欲之机，间不容息处。惟其反躬自省，念念不忘，则天理益明，存养自固，而外诱不能夺矣”②。朱子注解，极为明了。

戴氏东原以：“理即情之不爽失者，在己与人皆谓之情：无过情、无不及情之谓理。”“欲出于性，由一人之欲，推之知天下人之同欲，此谓不能反躬而穷人欲。欲不可穷，非不可有。有而节之，使无过情。无不及情，即合乎天理矣。”③ 此说虽混情理为一，而与朱子实不相违。乃后之申戴氏学者，以宋儒谓天理为正，人欲为邪，举凡寡欲、遏欲、无欲之说，皆属清净寂灭之谈，且并程朱而斥之为禅学。呜呼！此真可谓不读书者。

夫解字有浑言、析言之别，同一“欲”也，有千万人之心，即有千万人之欲，纷纭蕃变，岂得概而同之？兹特约举经传诸子析言之。

《论语》子曰：“己欲立而立人，己欲达而达人。”《孟子》曰：“所欲有甚于生者，故不为苟得。”又曰：“可欲之谓善。”《礼记·闲居篇》曰：“清明在躬，志气如神。耆欲将至，有开必先。”凡此所谓欲，皆根于良知，出于天性之欲，有善而无恶者也④。

《易·颐卦》爻辞曰：“虎视眈眈，其欲逐逐。”《论语》子曰：“枨也欲。”后人加“心”字，误。“苟子之不欲。”原思曰：“克伐怨欲，不行焉。”《礼记·坊记篇》曰：“命以坊欲。”许叔重《说文解字》“欲”字下注曰“贪也”,“贪”字下注曰“欲也”，此转注字，段注甚明。凡此所谓欲，皆贪欲之欲，有恶而无善者也⑤。

《礼记·礼运篇》曰：“何谓人情？喜怒哀惧爱恶欲，七者不学而

---

① 此唐先生节原文，指《乐记》“好恶无节于内，知诱于外，不能反躬，天理灭矣”一节。

② 朱子《乐记动静说》，载《朱文公文集》卷六七。

③ 唐先生批评戴震说，原材料皆取自黄式三《申戴》（气、理、性）三说，此篇取《申戴氏理说》，载《儆居集·经说》。

④ 善欲，善意盼求。

⑤ 恶欲，贪欲。

能。”又曰：“饮食男女，人之大欲存焉。死亡贫苦，人之大恶存焉①。夫欲恶者，心之大端也。人藏其心，不可测度也。”董子曰：“命者，天之令也。性者，生之质也。情者，人之欲也。”又曰：“人欲之谓情，情非制度不节。”② 许氏《说文》“情”字下注曰：“人之侌气有欲者。”梅赜《古文尚书》曰：“惟天生民有欲，无主乃乱。”凡此所谓欲，皆凡民平常之欲，可善可恶者也③。

君子于是有养欲之方④，遏欲之功⑤，寡欲无欲之道焉。孔子曰“欲仁而得仁”，又焉贪⑥？此盖以仁道充己之欲者也。子贡曰：“我不欲之加诸我也，吾亦欲无加诸人。”此盖以恕道推己之欲者也，是养欲之说也。盖言先养己天性之欲，而后推及于不欲勿施、所欲与聚，养欲之说，方为完备。

《易传》曰：“君子以惩忿窒欲。”《论语》子曰：“富与贵，是人之所欲也。不以其道得之，不处也。”后人仅节取上句，以为富贵为人之大欲，乃导人以贪欲，可谓大谬。《孟子》曰：“生亦我所欲，所欲有甚于生者，故不为苟得。”是遏欲之说也。

《孟子》曰：“养心莫善于寡欲。其为人也寡欲，虽有不存焉者寡矣。其为人也多欲，虽有存焉者寡矣。”⑦ 此寡欲字，指贪欲而言。存者何？存天理也。是寡欲之说也。进乎此者，则为无欲。《礼记·表记篇》子曰：“无欲而好仁者，天下一人而已矣。”此无欲字，亦指贪欲而言。故《礼运篇》曰：“用人之仁，去其贪。”盖因己之无欲，推之以戒人之贪欲也。

---

① “死亡贫苦，人之大恶存焉”句脱，据《礼运》原文补入。盖下句言“欲恶”，指此大欲与大恶，若脱，则文意不接，故须补入也。

② 董仲舒语皆载《汉书》本传。

③ 中性之欲，情欲。

④ 养善欲。

⑤ 遏贪欲。

⑥ 此言善欲。

⑦ 《孟子·尽心下》文。

周子《太极图说》曰："圣人定之以中正仁义而主静，立人极焉。"自注云："无欲故静。"又《通书》曰："一者无欲也，无欲则静虚动直。静虚则明，明则通。动直则公，公则溥。"此无欲字，皆指贪欲而言。曰"定之以中正仁义"，曰明曰公①，则决非空虚矣。是寡欲之说，推其极而至于无欲者也。

若夫主虚无淡泊者，如《老子》所谓"常使民无知无欲"，谓"不欲以静，天下将自定"，此欲字亦指贪欲而言。然道家功夫，究与儒家有异。盖儒家之无欲，以仁义充其欲而无欲也②；道家之无欲，以清虚扫其欲而无欲也③。后儒乃比而同之，且斥寡欲、无欲之说为禅学，然则孔孟亦禅学乎？

吾考戴氏之说，盖有所本矣。《荀子·礼论篇》曰："礼起于何也？曰：人生而有欲，欲而不得，则不能无求。求而无度量分界，则不能不争。争则乱，乱则穷。先王恶其乱也，故制礼义以分之，以养人之欲，给人之求，使欲不穷乎物，物必不屈于欲。"《正名篇》曰："凡语治而待去欲者，无以道欲而困于有欲者也。凡语治而待寡欲者，无以节欲而困于多欲者也。"又曰："性者天之就也，情者性之质也，欲者情之应也。以欲为可得而求之，情之所必不免也。"凡此皆戴氏据以为说者也。

夫《荀子》既言性恶矣，乃又谓："性者天之就，情者性之质，欲者情之应。"④而欲养人之欲，岂非长民之恶乎？此其为说，固已自相矛盾。且又谓语治不可去欲，又不可寡欲，则更导为治者以徇民之情，纵民之欲，而济之以恶矣。

且夫欲者，虽人之所同，而其辨别在公与不公，恕与不恕而已。故《左氏传》之论欲，载臧文仲之言曰："以欲从人则可，以人从欲鲜济。"《僖二十年传》。此其判欲字公私之界，彰彰明矣。又载子产之言

---

① 前引周敦颐《通书·圣学》，乃指出"明通公溥"要旨，唐先生以明公二字概括言之。

② 充养其善欲，而去其贪婪之恶欲，遏恶扬善，乃工夫也。

③ 善者无存也。

④ 《荀子·正名》原文三句末有也字。

曰："众怒难犯，专欲难成。"《襄十年传》。又载鲁襄公作楚宫，穆叔曰："《大誓》曰：'民之所欲，天必从之。'君欲楚也……必死是宫也。"《襄三十一年传》。此见专欲之干众怒，而必死于欲，又彰彰明矣。是以孟子之戒诸侯曰："今之欲王者，犹七年之病，求三年之艾。"而遏齐宣王之大欲，则曰："以若所为，求若所欲，尽心力而为之，后必有灾。"后儒谓孟子不责齐王之欲，而实齐王之为不知所为，实根于所欲。《史记·汲黯传》载武帝曰吾欲云云，黯对曰："陛下内多欲而外施仁义，奈何欲效唐虞之治乎？"此见为治者当遏欲寡欲，又彰彰明矣①。

夫君人者，兢兢业业，以理制欲，犹恐其或纵。乃因养人之欲，给人之求，而谓在我不可无欲而寡欲，在人亦不可去欲而寡欲，此诚所谓性恶而逢人之恶者也。戴氏隐用其说，既破除理字，又于欲字公私之界，牵混不清，而乃以难宋儒，多见其不知量也。

要而论之，天性之欲②决不可无，而专恣之欲则决不可有③；大公之欲④决不可无，而私己之欲决不可有，此其大界限也。惟圣人有慎独之功，于理欲之界，析之精且密，故其立教能因乎时。大凡治世之民，其欲多出于正者也；乱世之民，其欲多出于邪者也。夫其欲已多出于邪，而犹津津然导而媚之曰："吾将以养欲而给求也。"则夫紾兄之臂，逾东家墙者，势将接迹于天下，而人且无异于禽兽。呜呼！岂不谬哉？

夫以孔子生知之圣，至七十而始"从心所欲"，又以"不逾矩"为节。矩者，理之则也。今以知识幼稚之青年，亦曰从心所欲，而不知以理范围之，又岂不危哉？是故以"理"提倡天下，乃可以救世；以"欲"提倡天下，必至于伤世。吾惜夫戴氏之论欲，其立论非不善，而其为教，则如阴阳寒暑之皆不得其时也⑤。夫庸医执古方以治病，药不

① 道义勉为政者也。
② 谓人情本能之中性之欲。
③ 谓贪婪之恶欲。
④ 谓上达之善欲。
⑤ 谓戴震立教非其时也，以其道还治其人，批评其"立教杀人"也。

对证，以至于杀人者多矣。吾悲夫“立教杀人”者之多也，故特发明宋儒之学，曰“存天理，遏人欲”，又曰“以理制欲”。即如利字，美利也，故《易》曰：“利物和义。”然至春秋时，孔子言小人喻利。至战国时，孟子更痛恶利字，以其为一己之私利也。故曰：言岂一端，各有所当。

论性情与心之辨别

【释】此论理学之性、情、心三者之本质。

宋横渠张子曰：“由太虚有天之名，由气化有道之名，合虚与气有性之名，合性与知觉有心之名。”① 斯言也，骤读之，或未易辨。朱子注《中庸》首章第二节云：“道者性之德而具于心。”注第四节云：“喜怒哀乐，情也，其未发则性也。”故性情与心之辨，实为言性学者初基。盖性者，仁义礼智信五常之德，皆寓于心。性无迹而心有形，气以成形，则其质或不免有所偏，且易为物欲所蔽，故必修道而后能复其性。陆稼书先生《学术辨》曰：“气之精英，聚而为心。是心也，神明不测，变化无方，要之亦气也。其中所具之理则性也。故程子曰‘性即理也’，邵子曰‘心者性之郛郭’。……是心也者，性之所寓而非即性也。性也者，寓于心而非即心也。”② 此辨心性界限极为分明。

然文治谓张子“心统性情”一语③，浑括尤极简当。按：性情二字俱从心，“天地之大德曰生”，性者生理也，故先儒又曰“性，生也”。人秉纯粹至善之性，发而为蔼然恻怛之情。情字从青，青，东方之色，发露于外者也。人当春夏之交，见万物萌芽，弥望青葱，欣欣向荣，不觉缠绵悱恻之情，油然自生，是何也？以人之情应乎天地之情是也④。是故性本善而情亦善，性为未发，情为已发，而皆统摄于心，以为体

① 张载《正蒙·太和》。
② 陆陇其《学术辨·辨中》文。
③ 张载“心统性情”乃心识统持之工夫。
④ 谓通感也。

用。《孟子·告子上篇》前六章论性，后七章论心，中以“公都子问性”章作枢纽，曰：“恻隐之心，仁也；羞恶之心，义也；恭敬之心，礼也；是非之心，智也。”盖仁义礼非由外铄我也，性也，其发为恻隐、羞恶、恭敬、是非，则情也，而皆扩摄①于一心，所谓心统性情也。明乎此，则心、性、情之辨，不至混淆，而读先儒性理诸书，可以迎刃而解矣。

凡解经穷理，不知浑言、即合而言之。析言即分而言之。之别②，则不免执滞而鲜通。《易·系辞传》以性与心析言之，固自有别。《大学》言心而罕言性，主于发用也。《中庸》言性而不言心，主于本体也。然朱子注《大学》首章云：“明德者，人之所得乎天，而虚灵不昧，以具众理而应万事者也。”是明德即心也。《孟子》“尽心”章注略同。下文云：“其本体之明，则有未尝息者，故学者当因其所发而遂明之，以复其初。”复初即复性也。好恶皆发于心，而《大学》末章云：“好人之所恶，恶人之所好，是谓拂人之性。”是《大学》言心，未尝不含性也。《中庸》言天命之性，“自诚明，谓之性”，“尽人性，尽物性”，似专言性矣③。然朱子注尊德性节云：“尊德性，所以存心，而极乎道体之大也。”是《中庸》言性，未尝不兼心也。《孟子》曰：“仁，人心也。”以仁为心，浑言之也；又曰：“君子以仁存心。”又曰：“君子所性，仁义礼智根于心。”则析言之矣。

明道先生作《定性书》，黄勉斋先生注云：“此定性字，当作定心看，盖以心无内外也。”此浑言之例也。王阳明先生谓“心即理也”，张武承先生驳之谓：“理义之悦我心，犹刍豢之悦我口。理义非即心，刍豢非即口，何得认心为理？”不知阳明所言，乃浑言之例耳，何必专以程子为是，阳明为非乎？

---

① “扩摄”，扩充统摄，一外一内之心识工夫。

② 指词汇之泛指与专指之分别。

③ 尽己性，尽人性，尽物性。

至于初学下手功夫，曰“尽心知性”，曰“存心养性”，性与心，自当有别。然知性即所以尽心，存心即所以养性，固未尝不一贯矣。讲学修身，讵可以执滞而自是哉？

论《宋史·道学传》

【释】本篇肯定《宋史·道学传》，本方东树以批评毛奇龄之歪，本宋翔凤以申朱子之直与《宋史》之用心，唐先生申明道学乃宋明以来时代之精神支柱。

《宋史》于《儒林传》外，别立《道学传》，论者谓与史例不合，或诋为浅识，或斥为迂疏，通人达士，唱而和之，同然一辞。呜呼！此真不通之论也。夫前史无此例而特创一格，亦何不可？若以为迂疏浅识，则必使后之人不作一文字，不立一名词而后可，泥古不化，可以谓之通人达士乎哉？爰发明《道学传》本旨，并附前人之说，断以己意，以质后世。

《宋史·道学传叙》曰：“道学之名，古无是也。三代盛时，天子以是道为政教，大臣百官有司以是道为职业，党庠术序师弟子以是道为讲习，四方百姓日用是道而不知，是故盈覆载之间①，无一民一物不被是道之泽，以遂其性。于斯时也，道学之名，何自而立哉？文王、周公既没，孔子有德无位，既不能使是道之用渐被斯世，退而与其徒定礼乐、明宪章、删《诗》、修《春秋》、赞《易》象，讨论坟典，期使三五圣人之道，昭明于无穷，故曰：‘夫子贤于尧舜远矣。’孔子没，曾子独得其传②，传之子思以及孟子，孟子没而无传。两汉而下，儒者之论大道，察焉而弗精，语焉而弗详，异端邪说，起而乘之，几至大坏。千有余载，至宋中叶，周敦颐出于舂陵，乃得圣贤不传之学，作《太

① 谓充盈天地之间。
② 唐先生极重视曾子，曾辑录《曾子大义》二十卷。

极图说》《通书》，推明阴阳五行之理，命于天而性于人者，了若指掌。张载作《西铭》，又极言‘理一分殊’之情，然后道之大原出于天者①，灼然而无疑焉。仁宗明道初年，程颢及弟颐实生，及长，受业周氏，已乃扩大其所闻，表章《大学》《中庸》二篇，与《论》《孟》并行，于是上自帝王传心之奥，下至初学入德之门，融会贯通，无复余蕴。迄宋南渡，新安朱熹得程氏正传，其学加亲切焉。大抵以格物致知为先，明善诚身为要，凡《诗》《书》六艺之文，与孔孟之遗言，颠错于秦火，支离于汉儒，幽沈于魏晋六朝者，至是皆焕然而大明，秩然而各得其所。此宋儒之学所以度越诸子，而上接孟氏者欤？其于世代之污隆，气化之荣悴，有所关系也甚大。道学盛于宋，宋弗究于用，甚至有厉禁焉。后之时君世主，欲复天德王道之治，必来此取法矣。”②

毛氏奇龄③之言曰：“圣学不明久矣。圣以道为学，而学进于道，然不名‘道学’。凡‘道学’两字，《六经》皆分见之，即或并见，亦只称学道而不称道学。……惟道家者流，自《鬻子》《老子》而下，凡书七十八部，合五百二十五卷，虽传布在世，而官不立学，事④只以其学私相授，以阴行其教，谓之‘道学’。……是以道书有《道学传》，专载道学人，分居道观，名为道士。士者学人之称，而《琅书经》曰：‘士者何？理也。自心顺理，惟道之从，是名道学，又谓之理学。’宋儒言理始于此。⑤ 逮至北宋，而⑥陈抟以华山道士自号希夷⑦，与种放、李

① 《汉书·董仲舒传》载董氏《举贤良对策》三云：“道之大原出于天，天不变，道亦不变，是以禹继舜，舜继尧，三圣相受而守一道。”

② 唐先生先举《宋史》以明其立传本意，以见“道学”一词于《宋史》为褒扬其上承孔孟，乃天德王道再复之几，意义高出“儒学”一词。

③ 毛奇龄（一六二三—一七一三），字大可，号西河，浙江萧山人。唐先生引毛氏《辨圣学非道学文》原文，原载《西河集》卷一二二。但此所征引，乃转录方东树的《汉学兑商》卷上所载者，非《西河集》原文，盖其删节处全同。为避免转相征引而失真，其中删节处或文字异同，皆标明或补出。

④ “事”字脱，据毛氏原文补入。

⑤ 毛奇龄自注脱，据原文补入。

⑥ “而”字脱，据毛氏原文补入。

⑦ “自号希夷”脱，据毛氏原文补入。

溉辈张大其学，竟搜道书《无极尊经》及《张角九宫》，倡太极、河洛诸教，作《道学纲宗》。而周敦颐、邵雍、程颢兄弟师之，遂纂道教于儒书之间。……至南宋，朱熹直丐史官洪迈为陈抟作一名臣大传，而周程诸子，则又倡道学总传于《宋史》中，使道学变为儒学。凡南宋诸儒①，皆以得附希夷道学为幸。……是道学本道家学，两汉始之，历代因之，至华山而张大之，而宋人则又死心塌地以依归之。其为非圣学，断断如也。”②

方氏植之③辟之曰：“学道乃士人之职业，道学乃后人所加之名号，随文各当，不可执著。古者治出于一，道在君、师、学校，而畎亩所乐者亦是。晚周以来，道治歧分，如老子所称之道亦是，惟稍过而偏，遂失中耳。再变而为庄、列、杨、墨，其途益差，于是始有攻乎异端者，则所谓道其所道，非吾所谓道也。再变而为炉火、符箓、斋醮、章咒，诬《老子》，于是不但道与儒分，而道与道亦分矣。……盖自汉儒分道为一家，而道之正名实体大用皆不见。惟独董子、韩子及宋程朱，始本六经孔孟之言而发明之，而圣学乃著。董子曰：‘道之大原出于天。’韩子《原道》首揭仁义，道犹路也，言天下古今所共由之路也，故曰：‘夫道若大路然，其原出于天而率于性，而行之必以中正。’故程子谓：‘中者天下之正道。’而孟子亦谓之正路也。……周公《立政》曰‘师以道得民’，又曰‘论道经邦’。孔子曰‘志于道’，子夏曰‘君子学以致其道’，凡尧舜之道、文武之道、《大学》之道，何莫非圣学也？至于理者，许慎说为治玉之名，吾以此诂犹后起之义。要之条理、义理、文理，皆本天道之自然，故曰天理。凡见于六经载籍者，古今无异论。……夫以尧、舜、周、孔之圣学，号而读之曰道，循而求之曰理，此古今之通义。不图以此乃犯不韪，至其以后世分居道观之羽流黄冠，

① 毛氏原文作“南宋儒人”。

② 录毛奇龄说以为反面，其《辨圣学非道学文》主意在合“道”与“学”为一体之义。

③ 方东树（一七七二—一八五一），字植之，安徽桐城人。唐先生所引，见方氏《汉学兑商》卷上按语。

而谓周、程、张、朱与之同类，非但诬而失是非之心，又将使来学视周、程、张、朱为异端，而断其非圣学，此其为害，岂在洪水猛兽下也。……当日林栗劾朱子，称朱为道学，叶适上疏争之曰：'小人残害忠良。'率有指目。近创为道学之名，郑丙倡之，陈贾和之云云，则道学之名，非雒闽诸贤所自号亦明矣。至于元修《宋史》，非周程诸子所及逆知，毛氏谓'周程诸子倡道学总传于《宋史》'，非事实也。"①

宋氏于庭②之言曰："朱子《戊申封事》云：'一有刚毅正直、守道循理之士出乎其间，则群议众排，指为"道学"之人，而加以矫激之罪，上惑圣聪，下鼓流俗。盖自朝廷之上以及闾里之间，十数年来，以此二字禁锢天下之贤人君子，复如崇宣之间所谓元祐学术者，排摈诋辱，使无所容措其身而后已。'又《宋史·林栗传》：'栗出兵部侍郎，朱熹以江西提刑召为本部郎官。熹既入国门，未就职，栗与熹相见，论《易》与《西铭》不合。至是栗遣吏部趣之，熹以脚疾请告，栗遂论熹："本无学术，徒窃张载、程颐之绪余，为浮诞宗主，谓之道学，妄自推尊，所至辄携门生十数人，习为春秋战国之态，妄希孔孟历聘之风，绳以治世之法，则乱人之首也。今采其虚名，俾之入奏，将置朝列以次收用；而熹闻命之初，迁延道途，逆索高价，门生迭为游说，政府许以凤阙，然后入门。既经陛对，得旨除郎，而辄怀不平，傲睨累日，不肯供职，是岂张载、程颐之学教之然也？缘熹既除兵部，在臣合有统摄，若不举劾，厥罪惟均。望将熹既罢，姑令循省，以为事君无礼者之弁。"上谓其言过当，而大臣畏栗之强，莫敢深论。太常博士叶适独上封事辨之曰③："考栗之辞，始末参验，无一实者。至于④其中谓之

① 录方东树《汉学兑商》卷上辨诬之文。

② 宋翔凤（一七七九—一八六〇），字虞庭、于庭，江苏长洲人，嘉庆五年（一八〇〇）举人。

③ 以下《宋史》引述，多有节略，今谨据叶氏《水心集》校正。

④ "至于"二字脱，据《水心集》卷二《辩兵部郎官朱元晦状》文补入。

‘道学’一语，则①无实最甚②。……盖自昔小人残害良善，率有指名，或以为好名，或以为立异，或以为植党。近忽创为道学之目，郑丙唱之，陈贾和之，居要津③者密相付授，见士大夫有稍务洁修，粗能操守，辄以道学之名归之……殆如④吃菜事魔、影迹犯败之类。往日王淮表里台谏，阴废正人，盖用此术。……栗为侍从……无以达陛下之德意志虑，示信于下⑤，而更袭郑丙、陈贾密相付⑥授之说，以道学为大罪，文致言语，逐去一熹，固未甚害。第自此游辞无实，谗言横生，善良受祸⑦，无所不有。……愿陛下正纪纲之所在，绝欺罔于既形……摧抑暴横，以扶善类，奋发刚断，以慰公言。”于是侍御史胡晋臣劾栗，罢之，出知泉州。’按：此则道学之名，为君子所不居，乃当时小人立此名以排摈君子。凡在排摈之列者，皆得入之道学。《宋史》传道学，犹《后汉书》之传党锢也。《元史》效之，失其旨矣。”⑧

文治断之曰：呜呼！“道学”之不明于世久矣。卫公孙朝问于子贡曰：“仲尼焉学？”子贡答之曰：“文、武之道。”子思子曰：“苟不至德，至道不凝焉。故君子尊德性而道问学。”道之不可不学也，亦既明矣。孔子论天下论邦，皆分有道无道。《孟子》曰：“上无道揆，下无法守，国之所存者幸也。”盖惟有道而后有揆，有道揆而后有法守也。又曰：“上无礼，下无学，贼民兴，丧无日矣。”礼也者，理之不可易者也⑨。惟上不知有礼，是以下不知有学也。《孟子》又曰：“守先王之道，以待后之学者。”《宋史》立《道学传》，其诸守先待后之旨欤？

---

① “则”字脱。

② “甚”原作“深”，据《水心集》为正。

③ “津”原作“路”，据《水心集》为正。

④ “殆如”原误作“始知”，据《水心集》为正。

⑤ “示信于下”脱。

⑥ “付”原作“传”，据《水心集》为正。

⑦ “祸”原作“害”，据《水心集》为正。

⑧ 录宋凤翔《过庭录》卷一二之说，以明“道学”一词于宋人乃小人打击君子之贬词，《宋史》误用。

⑨ 《礼记·乐记》句。

然而“道学”之名，多为世所诟病，何也？人心之乖戾，风俗之浇漓，以道学之不便于己也，乃相与訾謷之，排斥之，必使之不容于世，而己之身亦从而陷灭焉。呜呼！伊古以来，国家之所以维持于不敝者，赖有道耳学耳。今率天下之士，皆为无道、无理、无学之人，国岂有幸存者哉？

毛氏痛诋朱子，逐影吠声，其谓“周程诸子倡《道学传》于《宋史》中”，可笑孰甚？而其谓“朱子丐史官为陈抟作《名臣传》”，考《宋史》陈抟列“隐逸”，更不知其何所凭证？且陈抟既无功业，朱子岂有丐为名臣传之理？毛氏平生品行，见于全氏祖望《鲒埼亭集·外编》第十二卷所为别传，如铸鼎象物，怪状毕露。吾得断言之曰：毛氏实傲很明德，《王制》所谓“学非而博，顺非而泽”之人。方氏辨析精微，源流毕贯，吾得断言之曰“卫道之干城”。宋氏虽囿于汉学家之说，吾得断言之曰“无门户之见，而能求实事”。

夫《宋史》固有疏漏之处，如程门中不为吕大临立传，吕东莱、蔡季通不列《道学传》，是其小失也。若夫斥道学之名而欲扫除之，则子所言“志于道”“志于学”者，岂皆妄论乎？后世之士，有读《道学传》而景仰流连者，吾得断言之曰君子人也。然苟有借道学之名，以文其奸而售其诈者，吾亦得断言之曰名教之罪人也。

性理救世书卷二

目　录

周子《太极图》论
周子《通书》论
大程子《论性》论
读二程子《颜子所好何学论》
张子《西铭》论
杨龟山、罗豫章、李延平先生学派论
朱子学为今时救世之本论
朱子、陆子学派异同论
张南轩先生学派论
吕东莱、薛艮斋、陈止斋、叶水心先生学派论
赵仁甫、许鲁斋、吴草庐先生学派论
阳明学为今时救国之本论
　附录：阳明学与陆学异同论
　附录：阳明学与朱学异同论
王龙溪、钱绪山先生学派论
王心斋先生格物论
高景逸、顾泾阳先生学派论

孙夏峰、汤潜庵先生学派论

刘蕺山、张杨园、黄梨洲先生学派论

陆桴亭、陈确庵、江药园、盛寒溪先生学派论

李二曲先生学派论

颜习斋、李恕谷先生学派论

陆稼书先生学派论

李厚庵先生学派论

张孝先先生学派论

朱止泉、王白田先生学派论

唐镜海、罗罗山、倭艮峰、曾涤生、吴竹如先生学派论

右[①]目凡二十五篇，有当说明者，周、二程、张不名学派，仅论偏端，以四贤学派已详拙著《性理大义》[②] 也。朱子学别详《紫阳学术发微》，阳明学别详《阳明学术发微》，故论其救世救国之大。此外汇为一篇者，大抵以师弟子授受为衡，若杨、罗、李、孙、汤诸先生是也。有非师弟而学派一脉相传者，若吕、薛、叶诸先生是也。有为朋侣而学派同出一原者，若陆、陈、江、盛诸先生是也。至诸先儒行诣，宜参考史传及学案，方可为专门之学云。文治识。

学派大同第二

汉儒重师承，宋儒重道统，皆拘泥之论[③]。士生天地间，当以孔孟为法，其合于孔孟者，皆正学也，不必列师承道统之目也。其不合于孔孟者，则异学也，无所谓师承道统也。

---

① 原书为竖排，故作“右”。

② 指《性理学大义》。

③ 唐先生宣示超越汉宋门户樊篱而归宗孔孟，是为有本之学。

且昔人又有所谓“不传之秘”者①，吾斯之未敢信。夫既云不传矣，后人何从而学之？又何从而传之？“夫子之言性与天道，不可得闻”，言其不躐等尔；至一贯之说，夫子明以告曾子、子贡矣。一贯者，圣人以天下为一家，中国为一人，约六艺而贯通之，以修己而治人。圣门无不传之秘，而后儒乃欲以心相传，误哉！

然而朱、吕②之不同也，朱、陆之不同也，薛、陈、罗、王之不同也，陆、张、颜、李之不同也，即在一派之中，各分异派，而实则同出于孔孟。文治特为兹编，以见宗派归于一原，勿迷所向可矣③。

精研学派者，必当反求诸己，而推之以救世。明周海门④辑《圣学宗传》，先以古圣。文治仿《理学宗传》《儒宗理要》例⑤，断自周程。以孔孟之道，载在六经，当研究经学也。“学派论”中，间述事略者，文治幼时读先儒行状，至其所可感，辄为歌舞不已，借以洗濯吾心，激励吾行⑥。世有读是编而感动奋发者乎？是即陶淑国性，挽回世运之机也。

---

① 朱子向陆象山称赞周敦颐《太极图说》之创造“无极”，云：“若论无极二字，乃是周子灼见道体，迥出常情，不顾旁人是非，不计自己得失，勇往直前，说出人不敢说底道理，令后之学者晓然见得太极之妙，不属有无，不落方体，若于此看得破，方见得此老真得千圣以来不传之秘。”见《晦庵先生朱文公文集·书·辩答·答陆子静》卷三六。王守仁门人面称“致知之训，千圣不传之秘也”。《王阳明集》卷八《书王一为卷》。而李颙褒扬王守仁创“致良知”乃“泄千载不传之秘”，见李颙《二曲集·体用全学》卷七。是唐先生所批评者，乃宋明理学两大系统之通病。

② 谓朱子与吕祖谦。

③ 本孔孟，乃宋明诸儒之大原。

④ 周汝登（一五四七——一六二九），字继元，号海门，浙江嵊县人；其《圣学宗传》十八卷，成书于万历三十三年（一六〇五），以王学谱系殿后，遥接三皇五帝治统。

⑤ 孙奇逢（一五八五——一六七五），明亡，清廷屡召不仕，其《理学宗传》十六卷，为儒门人物传记学案。张能鳞（顺治四年，一六四七，进士）《儒宗理要》二十九卷，选录周、张、程、朱五子作品与语录，以作品为主。唐先生编撰本书，融摄二者之优长。

⑥ 尚友古人，同歌同哭之谓。

周子《太极图》论

陆桴亭先生谓此图乃生天生地、生人生物之旨①，陆稼书先生谓："论太极者，不在乎论天地之太极，而在乎论人身之太极。"② 一则极广大，一则极切近。余特本原经义，更分析论之。

盖此图即"易有太极，是生两仪"一节③，与《礼运》"礼本于太一，分而为天地"一节之义④。《中庸》所谓"大德敦化"者，全体之太极也；"小德川流"者，万物各具一太极也。先儒有月照万川之说，比喻极妙，然究嫌空虚。上一圈者，理先于气，不杂阴阳之太极也。阴阳中一圈者，理寓于气，不离阴阳之太极也。

而人物必分为二圈者，则更有说。盖天地生生之德，虽无间于人物，而人为万物之灵，其所得之性，固与物判然不同，人之所以异于禽兽者，正在于此。王船山先生谓《易传》仅言两仪四象，五行为九畴中之一，不当以阴阳五行并言。后世诋毁理学者，遂以此图为空谈心性之祖。不知《礼运》谓："人者天地之德，阴阳之交，五行之秀气。"⑤是孔子早以阴阳五行并言矣。至以太极为空谈心性，此尤不知治心之学者也。

余请以实事求是之言，示存心养性之法。盖心理由一本而推及万殊，事理由万殊而归于一本⑥。是图自上而下，由一本而散为万殊，《通书》所谓"一实万分"也；自下而上，由万殊而归于一本，《通书》所谓"是万为一"也。万一各正，小大有定（均见《理性命章》），定之以中正仁义也。《易》曰："憧憧往来，朋从尔思。"子曰："天下何思

---

① 陆世仪（一六一一—一六七二）谓："道生天地，天地生人。人配天地，故能尽道。只此四句，可该《太极图》一篇之义。"见《思辨录辑要》卷二三"天道类"。

② 陆稼书（一六三〇—一六九二），名陇其。其《太极论》谓："论太极者，不在乎明天地之太极，在乎明人身之太极。明人身之太极，则天地之太极在是矣。"载《三鱼堂文集》卷一。

③ 《易·系辞上》云："易有太极，是生两仪。两仪生四象，四象生八卦。八卦定吉凶，吉凶生大业。"此文人所共知。

④ 谓周敦颐《太极图》本乎《易传》《礼记》，其来有自，洞然明白，原非"千载不传之秘"。

⑤ 《礼记·礼运》原文云："故人者，天地之德，阴阳之交，鬼神之会，五行之秀气也。"

⑥ "心理"与"事理"，顺逆两路。

何虑，天下同归而殊涂，一致而百虑。”此自一而万也①。《易》又曰：“吉凶悔吝者，生乎动者也。天下之动，贞夫一者也。天地细缊，万物化醇，言致一也。”此自万而一也②。盖心之为物，神妙不测，出入无时，由未发而达已发，万途竞萌，要于中节，操而存之，存而养之，则仁义礼智信之五德，灿然毕具于中，无思无为，感而遂通天下之故。观是图之自上而下，心理亨通，乾道之元亨也；自下而上，心理收敛，乾道之利贞也，贞下所以起元也。凡此皆治心之道，故曰“善恶分，万事出”，一本于《易》理③，何尝有空谈心性之弊哉？

至以《图说》论之，则有四大纲领。

一、天地气化之流行。自“太极动而生阳”起，至“形既生矣”止，有多数“生”字，即《易》所谓“生生之谓《易》”“天地之大德曰生”，《中庸》谓“生物不测”，皆元气之流行而不息也。自开辟以来，天下之生久矣，世有递嬗，而生气生机，终未尝绝，所以保生理而弭劫运者，非立人极不为功也。

二、理气之说，当合不当分，盖性即理也，而心则气之精英也。《图说》曰：“五行之生也，各一其性。”又曰：“五性感动。”可见性即寓于气质之中，故程子曰：“论性不论气，不备；论气不论性，不明。”朱子《中庸》注：“天以阴阳五行化生万物，气以成形，而理亦赋焉。”更可见周、程、朱子皆合气质以言性，未尝分理气而为二也。彼离心而空言性者误矣。

三、人配天地之大旨。《易》大义在辅相天地之宜，《中庸》大义在赞天地之化育，周子特溯其源。《礼记·礼运篇》既言人者天地之德云云，又曰：“人者，天地之心也。”周子又本此义，故《图说》“惟人也”一节：“人皆与天地相似，惟有定静之学，然后能立人极而配天

① 此谓心理。

② 此言事理。

③ 此谓事理存在于心理，说心理则事理在，故非空谈也。

地。”故《大学》止善以定静为宗旨，彼自弃其本性而背乎人极者，深可惜矣。

四、《图说》悉衷大《易》易简之理，实绍孔子之传。“立人之道，曰仁与义。”立人道即立人极也，《易》卦爻之义，莫贵于中正，故曰“定之以中正仁义”，而定性之功在是矣。至结二句曰：“大哉易也！斯其至矣！”当与《易传》“大哉乾元！至哉坤元！”参看。元即太极，乾坤即阴阳，故曰大、曰至也。

循是四者，前贤作图之精蕴，当可玩索而得之矣。若夫无极之辩，朱陆争持不决，几近万言。然观朱子注《图说》首句，引“上天之载，无声无臭”① 为证，精确不易。可见子静先生以“无极”二字，谓出于老子学者，不免略有偏见也。

黄梨洲先生《濂溪学案》下卷，并当参考。卷末黄氏百家评论周子学术，虽未及精微，而援黄山谷先生之论，高远纯洁，能挈要领，足破异说云。

周子《通书》论

《通书》精要之旨，曰诚曰几，已见《性理大义》序文②，兹特详晰论之。盖《中庸》继《易》而作者也，而《通书》则又继《易》与《中庸》而作者也③。孔子作《乾·文言传》释二爻曰：“龙德而正中者也，庸言之信，庸行之谨。”是为“中庸”二字之本；又曰“闲邪存其诚”④，故《中庸》下篇畅发“诚”字之义⑤。《通书》首章曰“诚者，圣人之本”，所谓“诚者，天之道”也。二章曰“圣，诚而已矣”，所谓“诚之者，人之道”也。而首章之末曰“性命之源”，盖诚者所以

① 《诗·大雅·文王》句，见引于《礼记·中庸》。
② 指唐先生《性理学大义·周子大义》卷首《周子大义自叙》。
③ 经为根本，故非虚造“不传之秘”也。
④ 《易·乾·文言》释九二“见龙在田，利见大人。君德也”之义。
⑤ 君德之标准。唐先生列出《通书》之通《中庸》九例。

养其性，保其命，而即以安天下之性命。反是而为伪，浮滑欺罔，则将窒其性，绝其命，而即以戕天下之性命。故余尝谓诚伪之辨，人心生死之界也。“作德，心逸日休；作伪，心劳日拙”①，周子曰“诚则无事”，无事，非清净之谓，言天下本无事，庸人作伪，自扰之尔。变诈诪张，而民无宁日，岂不哀哉？

三章“诚无为”者，《中庸》“至诚无息章”所谓“无为而成”也。“几，善恶者”、“莫见乎隐”节，朱注所谓“迹虽未形而几则已动”，乃治心至要之关键也。“德，爱曰仁”节，三达德之所推，亦即“聪明睿知章”之大用也。“性焉安焉之谓圣”，“不勉而中，不思而得”，“安而行之”者也。“复焉执焉之谓贤”，“择善而固执之”者也。“发微不可见”者，析之尽精微，道之隐也。“充周不可穷”者，扩之致广大，道之费也。程子谓“中庸之德，放之则弥六合，卷之则退藏于密”，皆神之妙用也。

孟子以“思诚”释中庸，而《通书》九章言：“几动于彼，诚动于此，无思而无不通，为圣人。”故思者，圣功之本。此由诚而通于几，功在思通，乃圣学相传之精蕴也。

几者，合内外之道。心几，内也；事几，外也②。“几学”发明于虞廷，舜曰：“敕天之命，惟时惟几。”此心几也。禹曰：“安汝止，惟几惟康。”此心几也。皋陶曰：“兢兢业业，一日二日万几。”此事几也。周公作《屯卦》爻辞曰：“君子几，不如舍。”此事几也③。孔子作《系辞传》曰：“易，圣人所以极深而研几。惟几也，故能成天下之务。知几其神乎！”此以心几达事几也；又曰：“几者动之微，吉之先见。”此心几也。

周子曰：“动而未形有无之间者，几也。”《圣第四章》。动而未形，

① 《尚书·周官》文。

② 此言“心理”与“事理”相应。

③ 两言“心几”，两言“事几”，相对为义。

其几甚微，所谓独也。《大学》《中庸》俱言慎独，慎其几也。朱子《学》《庸》章句，皆以几字释之。独者，意之始也。当意念初萌，善者扩充之，恶者消除之，圣人谓“吉之先见”，周子谓“几微故幽”，圣学相传之精蕴也①。而后之诟讥周子者，以为是老非老，是释非释②，呜呼误矣！

夫儒家之学，所以异于老释者，老释二家不通政治学，而儒家之实学，则皆能措之于政治。政治之原理安在？周子之言曰：“圣人之道，至公而已矣。”《公第三十七章》。“天地，至公而已”,“未有不公于己，而能公于人也”。《公明第二十一章》。此即《礼运篇》“大道之行，天下为公”之义。余尝谓公私之界，人禽之判也。先人而后己，先义而后利，先公而后私，则天下治。有己而无人，有利而无义，有私而无公，则天下乱。人之所以不能克己者，惟在自护其过，周子又切戒之曰：“今人有过，不喜人规，如护疾而忌医，宁灭其身而无悟也。”《过第二十六章》。呜呼！文过饰非，心术日益坏，政治日益棼，岂不哀哉？周子又以《治篇》《礼乐篇》救之，曰：“仁义礼智四者，动静言貌视听无违之谓纯。心纯则贤才辅，贤才辅则天下治。”③《治第十二章》。“礼，理也。乐，和也。君君臣臣，父父子子，兄兄弟弟，夫夫妇妇，万物各得其理，然后和，故礼先而乐后。”《礼乐第十三章》。凡此名言，皆公正之宏规，政治之大本，岂老释之徒所能冀其万一哉？孔子曰“恶似而非者”④，不可以不辨也。

且夫吾人生于世界之内，以“正人心、拯民命”为急务，圣功其体也，王道其用也。《志学章》“志伊尹之所志”，王道之极则也；“学

① 言周敦颐之“几学”，从“心”与“事”两面言，皆本《尚书》《易传》《中庸》《大学》，有迹可寻，经为根本，故非虚造“不传之秘”也。

② 黄宗羲弟宗炎谓周敦颐《太极图说》“儒非儒、老非老、释非释”，见《宋元学案·濂溪学案下》。

③ 皆就天子之位而言。

④ 《孟子·尽心下》载孔子论“乡愿”之语。

颜子之所学”，圣功之首基也。循是二者，体用备矣。三代而下，臻斯诣者，能有几人哉[①]？《师章》：“性者，刚柔善恶中。”实本于《洪范》三德：正直、刚克、柔克之旨，为政治学宏纲精蕴。

至于《动静》《理性命章》，宣太极之奥指，尤为学圣者上达之功。世之有志理学者，其可不熟读此书而体之于居心、推之于行政哉[②]？其尚勉之哉！

大程子《论性》论

【释】本文并载《国学论衡·儒术》第六期，一九三五年，页一五至一九。

“性学”之不明，实由宋学末流分性为二，以为有义理之性，有气质之性。义理属先天，气质属后天，遂至虚渺支离，不可究诘。及闻程子“性即气，气即性”之说，相与疑愕，以为未精。此其迷谬不省，不必为之曲讳。而后人因之掊击程朱，其为斯道障碍，非浅鲜也，亟论正之如左[③]。

一、自古圣贤论性，未有离气质者也。

周公、召公言性曰：“节性，惟日其迈。”《王制》“司徒修六礼以节民性”，即本其说。夫性而曰节，限制其气质之偏也。

孔子言“一阴一阳之谓道，继之者善，成之者性”[④]，继善为元亨，成性为利贞，而实本于一阴一阳，非气质而何？故《论语》曰“性相近”，言气质也。

子思子作《中庸》，言“天命之谓性”，朱注：“天以阴阳五行，化

---

① 《通书》所言为帝王学，故以实践王道之圣王之道量之，故云。

② 言《通书》为政治学，体用兼具，乃儒家书。

③ 原书为竖排，故作“左”。

④ 《易·系辞上》文。

生万物，气以成形，而理亦赋焉。”明言理不离乎气，未尝分理气为二也。“惟天下至诚，为能尽其性”，推及于“尽人性”“尽物性”，以人物并言，非气质而何？

孟子道性善，论者以为先天之性，实则大误。孟子言“形色天性”，并以情与才皆可为善，又以“口之于味”五者属性，盖性善即于气质中见其善也。“平旦之气，好恶与人相近”，气即性也；“夜气不足以存，则其违禽兽不远”，气即性也。天命之性，即在平旦之气与夜气之中，天人合一之道也。若谓孟子离气质而言性，在人物未生以前言善，则是告子“无善无不善”之说①，其诬孟子甚矣。

董子为西汉儒之最纯粹者，其言曰：“性者，生之质。”非气质乎？郑、许二君，为东汉儒之最纯粹者。郑君注《中庸》“天命之性”，以木、金、水、火、土神生五德，又引《孝经》说性者之质，与董子同。许君《说文》：“性。人之阳气，性善者也。”非气质乎？

博考秦汉以来诸子言性，无有离气质者。程子之论，盖师师相传之古义也②。

二、周、程、张诸子论性，亦未有离气质者也。

周子《太极图说》曰：“五行之生，各一其性。”性本于阴阳五行，气质也。又曰：“形既生矣，神发知矣，五性感动而善恶分，万事出。”五性者，五常之性，在形生之后，气质也。《通书》曰：“性者，刚柔、善恶，中而已矣。”刚柔、善恶，气质也。

张子《正蒙》曰：“合虚与气，有性之名。”太虚皆气也，无所谓先天也；又曰：“形而后有气质之性，善反之，则天地之性存焉。”天地之性即寓于气质之中，善反之者，复见天地之心，无所谓先天也。

明道先生受周子学，故曰：“论性不论气，不备；论气不论性，不

---

① 《孟子·告子上》公都子转述告子之言。

② 唐先生证以七例，皆举书证。

明。二之则不是。”然则分义理、气质之性，不明不备，其显背于程子，明矣！

至于此篇论性，尤为精详。

第一节“生之谓性”至“生之谓也”，盖性者，生理也，生气也，皆寓于人心者也，与告子之说，语虽同而理则异。

第二节“人生气禀”至“恶亦不可不谓之性”，或疑其与性善之说相歧，要知性恶由失胎教使然，然亦出于气质，故曰“亦不可不谓之性”。且孟子道性善，原未尝言无恶，不得疑其相背也。

第三节“盖生之谓性”至“犹水流而就下也”，曰“才说性时，便已不是性”，语近玄妙，实非玄也。以其离气质而言性，在人生而静以上，不得谓之性也。

第四节“皆水也”至“各自出来”，盖本孟子“水无有不下”与“智者如禹之行水”之说而小变之，以理气言，即不离不杂之意，能澄治则不杂矣。

第五节“此理天命也”至末，乃发明《中庸》首章性、道、教之义，所以变化人之气质也；极之“舜有天下而不与”，性分中之模范也。

自此论出，而荀、杨、韩三家之说，由是沟通。盖治世国性善，乱世国性恶。孟子言性善，盖道其常；荀子愤世嫉邪，以人性为恶，盖言其变，可见人不可不加澄治之功。杨子言善恶混，统天下之性言，原非谓善恶相对而生。韩子言性有三品，即此篇第四节“水流至海”之意。总之皆言气质，故所论归于一贯。而其救人心之道，则一也①。

三、朱子论性，亦未尝离气质也。

《中庸》注、《太极图说》《通书》注皆可征，此外《文集》《语

① 总持人性论之要义。

录》中，论性与气合者，十之八九，其不合者，一二而已。惟《告子篇》“生之谓性”章注：“性者，人所得于天之理也；生者，人所得于天之气也。性，形而上者也；气，形而下者也。”而此篇注亦谓：“性命，形而上者也，气则形而下者也。”过于分析，似非程子本意。至谓程子此篇发明告子“生之谓性”之说，亦似差误。盖告子以为人、物同是一性，故孟子以犬之性犹牛之性，牛之性犹人之性驳之。若程子意，则专主人而言，并非发明告子之说。考朱子辑《二程遗书》，成于三十九岁，在己丑未经悟道以前，犹之论人心无未发时，同为未定之论，学者恶可因此而驳之哉[①]？

近代论性之最精者，莫如吾乡陆桴亭先生，其言曰：“论性不得离气质，离气质即离天地。盖天地亦气质也，离天地，则于阴阳外别寻太极矣。”又曰：“离气质而论性，必至入禅。何则？父母既生以后，落气质矣。则须推及父母未生前，又推及天地未生前，又推及无始前，去孔、孟、周、程、张、朱之说，千万里矣。”又作《性善图说》一书，发明人性之善，正在气质。颜习斋先生见之，以为心同理同，遂欲受业门下。见《颜氏遗书》。后人以为矫空谈心性之弊者，首推桴亭先生，而不知其概本于程朱。其说散见《思辨录辑要》。戴东原、焦礼堂辈，于理学初无门径，妄诋程朱论性，目为空虚。怐愗之士，万口附和，曰“宋学空谈心性，禅学也”。呜呼！其为斯道之障碍，非浅鲜也。

四、后来讲求性学者，务宜化其气质之偏也。

周子《通书》论性曰：“圣人立教，俾人自易其恶，自至其中。”盖阴阳刚柔，其本二端，造物者付与，既糅而杂，而气乃有多寡精粗、清浊厚薄之不同，于是品次亿万，至于不可胜穷。故《孟子》曰：“或相倍蓰而无算者，不能尽其才者也。”不能尽其才，即不能尽其性也。

---

① 回护朱子。

是故就其善者而言之，或好仁矣，而智或缺焉；或好礼矣，而信或缺也。就其恶者而言之，或因不仁之极，遂至于不智；或因无礼之极，遂至于无义无信。五常之明昧，形形色色而不齐。孔子言好仁、好智、好信、好直、好勇、好刚，皆性之美者也，而其弊也，为愚、为荡、为贼、为絞[①]、为乱、为狂，可见非学不足以化其气质也[②]。

《孟子》言："水搏而跃之，可使过颡；激而行之，可使在山。……人之可使为不善，其性亦犹是。"可见性之激烈者，搏而激之使然也。是故一家之中，父子兄弟之性，有不同者；一身之内，少年、中年、晚年之性，有不同者，皆气质之变也。此方之民性，与彼方之民性，愚明强弱，各有殊者。《礼记·王制篇》曰："中国蛮夷戎狄五方之民，皆有性也，不可推移。"皆气质之异也。然则何以矫之，使之归于正且中而已？《易传》曰："乾道变化，各正性命。"则性当贞于正矣。《中庸》言修道之教，推极于中为天下之大本，则性当致于中矣。《洪范》言强弗友、燮友、沈潜、高明[③]，皆气质之性也，必以正直矫之。而用功之始，则在端其本心之好恶。《乐记》言："人生而静，天之性，感于物而动，性之欲，好恶无节于内，知诱于外[④]，不能反躬，则天理灭。"《大学》言："好人之所恶，恶人之所好，是谓拂人之心。"末世风俗浇漓，皆由好恶颠倒，是非淆乱，以致迷惑其本性。人性亡而国性亦亡，岂不大可哀哉？吾是以推而论之，以告天下万世之研性学者。

读二程子《颜子所好何学论》

【释】唐先生在《交通大学演讲录》之《二程子学派论·宋二程

---

① "絞"字原误作"纹"。

② 化之以学。

③ 《尚书·洪范》谓："三德：一曰正直，二曰刚克，三曰柔克。平康正直，强弗友刚克，燮友柔克；沈潜刚克，高明柔克。"此指人君之德，故孔颖达疏云："此三德者，人君之德，张弛有三也。一曰正直，言能正人之曲使直；二曰刚克，言刚强而能立事；三曰柔克，言和柔而能治。"孔疏之言三能，唐先生所取义也。

④ "知诱于外"四字脱，据《礼记·乐记》原文补入。

子学述录》著录程颐《颜子所好何学论》，后附《读二程子〈颜子所好何学论〉》，题下注明："文治自撰，刻入《性理救世书》第二卷。"见先生甚自重此文，盖本文彰显颜回之外王之才，此程颐与向来儒者所未及注意者。

宋欧阳子称圣门颜子，在陋巷，曲肱饥卧而已；其群居，默然终日如愚人，然自当时群弟子，皆推尊之，以为不敢望而及，而后世更千百岁，亦未有能及之者。夫颜子之所以不可及者，果学何道哉？文治尝考《论语》所载颜子之学，举精深不易窥寻；及读《颜子所好何学论》，反覆循诵，乃知希贤入手之方，皆在于是矣。

此论上篇本《太极图说》，中段本《通书·志学章》，皆阐明师法也。然《志学章》未尝道其实际，此篇曰："学之道，必先明诸心，知所往，然后力行以求至，所谓'自明而诚'也。"① 善哉！"明诸心"者，《大学》明明德之始事，惟心虚而后能明，《通书·诚下章》曰："至正而明达。"未有不明而达者也，故吾人必先自明其心。今之学者，浮嚣变诈，日窒其心，邪暗塞也，哀哉！

"知所往"者，知止而后有定。"力行以求至"，行之弗笃弗措也。自古"自诚明"者，必始于"自明诚"，循序渐进，乃能上达天德。又曰："诚之之道，在乎信道笃。"善哉！孔子曰："笃信好学。"惟笃信而后能好学。子张②曰："信道不笃，焉能为有亡。"惟信道而后能学道。今之学者，未读经而先疑经，未尊孔而先疑孔，隐僻迷谬以终身，哀哉！

"信道笃则行之果"，有毅力则虽柔必强；"行之果则守之固"，《诗》曰："天保定尔，亦孔之固。"孔子以学不固为戒，凡人之守其心

---

① 文载《近思录》卷二。

② 原作"子夏"。按：此《论语·子张》载子张曰："执德不弘，信道不笃，焉能为有？焉能为亡？"故应作"子张"。

与守其学，皆当如守严城，壁立万仞，而后风气之恶薄，嗜欲之纷乘，举不得而侵之犯之，所谓固也。今之学者，知德既鲜，畏人讥笑，转瞬失足，哀哉！

“仁义忠信不离心，造次颠沛必于是”，“久而勿失，则居之安”，此则仁者安仁，三月不违矣。夫颜子之学，大舜之学也。大舜隐恶扬善，用中于民；颜子得一善，则拳拳服膺而勿失。“圣人不思而得，不勉而中”，“颜子必思而后得，必勉而后中”，善不积不足以成名，恶不积不足以灭身。今之学者，得一恶则拳服膺而勿失，至灭身而不悟，哀哉！

程子又复总结之曰：“此其好之笃，学之之道也。”其开示后世学者，几于大声疾呼矣。

抑又考颜子内圣外王之才也，孔子谓之曰：“用之则行，惟我与尔有是。”① 及问为邦，则告以四代之礼乐，而其几，实在于“为善”。盖颜子王道之学，亦大舜之学也，其自言曰：“舜何人也？予何人也？有为者亦若是。”② 有为者，兼体用而言。孔子告以克己复礼为仁：“一日克己复礼，天下归仁焉。”《孟子》谓：“大舜有大焉，善与人同③，舍己从人，乐取于人以为善。”惟克己而后能舍己，惟取人为善而后能复于礼；四海之内④，轻千里而来告之以善，所谓天下归仁也。千古政治之学，其要端实本于此。禹、稷、颜子，所以易地则皆然⑤。孳孳为善者，舜之徒⑥。欲求强国者，惟有以取人为善、与人为善，作为程课，虚心以事天下之善士，而后“物耻足以振之，国耻足以兴之”，兴者，兴其国以雪耻。见《礼记·哀公问篇》。故曰强为善而已矣⑦。今之学者，尊

① 《论语·述而》载孔子谓颜渊曰：“用之则行，舍之则藏。唯我与尔有是夫。”

② 《孟子·滕文公上》孟子引述颜渊之语。

③ “善与人同”四字脱，据《孟子·公孙丑上》原文补入。

④ “内”字原作“人”，据《孟子》文为正。

⑤ 《孟子·离娄下》言禹、稷、颜子同道。

⑥ 《孟子·尽心上》云：“鸡鸣而起，孳孳为善者，舜之徒也。”

⑦ 《孟子·梁惠王下》载孟子勉滕文公：“苟为善，后世子孙必有王者矣。君子创业垂统，为可继也；若夫成功，则天也。君如彼何哉？强为善而已矣。”

己卑人，“訑訑之声音颜色，距人于千里之外”①，而国日以危，哀哉！程子之意，未及乎此②，爰著论以申之，其可为迷途之南针乎？

张子《西铭》论

张子《西铭》一篇，刘蕺山先生《后记》③注重“践形”二字，谓：“其践之也，践之心即穷神，践之事即知化，而工夫则在不愧屋漏始。”陆桴亭先生《讲义》④谓：“‘乾称父’两节，乃爱之木原；‘民吾同胞’两节，乃博爱之差等，而揭其要于仁义，归其功于居敬穷理。”⑤二先生之言，可谓撷其精蕴矣！而文治更有进焉。

窃以此篇乃仁孝之大原也。孝者，为仁之本也。全篇当分两段读，自篇首至“惟肖者也”为上半篇，是言仁之本体；自“知化则善述其事”以后为下半篇，是言仁之功夫。“崇伯子”以下，皆仁人孝子之标准，盖必如是而后为天之肖子，不能如是即为不肖子。而其大义，则在发明天命之性，尽人性，尽物性，参赞天地之化育，其“尽人合天”之旨⑥，实与《太极图说》相同。《易传》言“裁成天地之道，辅相天地之宜”，《尚书》言“天工，人其代之”，人以藐然中处之身，而能与天地参，可不自勉乎？

抑又考之，《西铭》与诸经之义，无不息息相通。《孝经》曰：“事

---

① 《孟子·告子下》载孟子赞扬乐正子好善云：“好善优于天下，而况鲁国乎？夫苟好善，则四海之内，皆将轻千里而来告之以善。夫苟不好善，则人将曰：‘訑訑，予既已知之矣。’訑訑之声音颜色，距人于千里之外。士止于千里之外，则谗谄面谀之人至矣。与谗谄面谀之人居，国欲治，可得乎？”

② 为政者以“为善”为心也。

③ 此后记，收入本编《性理学大义·张子大义·西铭》之“诸儒西铭论说”中之首。

④ 陆陇其《西铭讲义》，收入本编《性理学大义·张子大义·西铭》之“诸儒西铭论说”。

⑤ 此非陆氏原文，乃陆氏讲义要旨之概括。

⑥ 明人瞿景淳（一五〇七—一五六九）于嘉靖二十三年（一五四四）进士试卷言：“道原于天而具于人，则尽人以合天者，人之责也。”载《钦定正嘉四书文》卷四。盖此卷乃科举范文，明清士子所共知，后孙其逢《四书近指序》言以至诚为学圣之方，谓：“时习之学，殆所谓尽人以合天。”至熊十力先生以之为学术之终极目标。

父孝故事天明，事母孝故事地察，天地明察，神明彰矣。”盖必明察乎天地，而后仁周乎民物，身体发肤不敢毁伤。天下人之身体有毁伤者，犹毁伤吾之身体也；天下人之发肤有毁伤者，犹毁伤吾之发肤也。故曰“天地之性人为贵”①，“人者与天地万物为一体”②，是通于《孝经》学也③。

《礼记·礼运篇》曰：“人者，天地之心也。”故圣人能以天下为一家，中国为一人；使老有所终，幼有所长，矜寡孤独废疾者，皆有所养④；实皆《西铭篇》所本。《哀公问篇》曰：“仁人之事亲也如事天，事天如事亲，是故孝子成身。”《西铭篇》以事亲之道事天，成身者“践形惟肖”也。《中庸篇》亦曰：“思事亲，不可以不知人。思知人，不可以不知天。”《西铭》知天知人之学也。由是措之于政治，使万物各得其所，夫然后为仁人，夫然后为大孝。《祭义篇》载曾子曰：“树木以时伐焉，禽兽以时杀焉。夫子曰：‘断一木，杀一兽，不以其时，非孝也。’”圣人不忍人之政，于是出焉。故物无不怀仁，乃跻于大同而大顺，是通于《礼记》学也⑤。

《论语·颜渊篇》载子夏曰“死生有命”，而《西铭》则曰：“存吾顺事，殁吾宁也。”曰“富贵在天”，而《西铭》则曰：“富贵福泽，将厚吾之生也。”曰“君子敬而无失，与人恭而有礼”，而《西铭》则曰：“子之翼也。”翼即敬也。“四海之内皆兄弟也”，而《西铭》则曰：“民吾同胞也，物吾与也。”盖子夏对司马牛之言，次于问仁诸章之后，实言仁之体，《西铭》即本之以立说，是通于《论语》学也⑥。

《孟子》曰：“以大事小者，乐天者也。以小事大者，畏天者也。”

---

① 《孝经·圣治章》文。
② 程颢《仁说》语。
③ 通《孝经》，此本也，体也。
④ 皆出《礼记·礼运》。
⑤ 通《礼记》，致功也，用也。
⑥ 通《论语》。

引《诗》“于时保之”，又曰：“存其心，养其性，所以事天也。”事天而后乐天，乐天知命故不忧，《西铭》以为“纯乎孝”；存养以求放心为先，《西铭》以为“匪懈”。若夫“老吾老以及人之老，幼吾幼以及人之幼”，“亲亲仁民爱物”，义相吻合，尤为显著，是通于《孟子》学也①。

至此篇功夫所在，蕺山先生主于“不愧屋漏”，即《大学》慎独诚意之功。诚意之效，推及于贤其贤，亲其亲，是大君宗子之盛德也；乐其乐而利其利，是民物之康阜也，则又通于《大学》矣②。然则张子此篇，盖掇取诸经之菁华③，而浅识者以为宋儒之倡论，岂不陋哉？

末世机变日甚，人欲横流，如一身痿痹不仁，而侈言“民胞物与”，口是心非，百姓胥受其毒，哀哉！救之之道，去人己之见而已。惟有己无人，天下之己，纷纭纠缠，故同胞互相残，悖德害仁，同恶相济，其祸至于不忍言！屋漏之中，良心尚在，有不悚然汗下，潸然涕泣者乎？是故克己而后能爱人，能克己爱人，而后不愧于天地之间，此张子作《西铭》之苦心也。

杨龟山、罗豫章、李延平先生学派论

《孟子》有言：“守先王之道，以待后之学者。”又论由尧舜至于汤，由汤至于文王，由文王至于孔子，或见而知之，或闻而知之。向使道统无传，则人道几乎息矣。杨、罗、李三先生，盖任“守先待后”之责，继洛学而开闽学者也。紫阳渊源，其来有自，余于《性理大义》中，已详著之④。兹谨掇三先生事略，并论其授受之大指，学术之精蕴，以谂后学。倘有闻风兴起者，吾道之幸也。

---

① 通《孟子》。

② 通《大学》。

③ 言张载有提炼经义精华之功，其来有自，有本之学，归原孔孟，非自辟蹊径，向壁虚造。

④ 参本编《性理学大义·洛学传授大义自叙》。

龟山先生[①]资秉颖异，受学于明道先生，明道称之，其归也，目送之曰："吾道南矣。"于是先生莅吾锡讲学，锡邑人为建"道南祠"，至今祭祀弗替焉。年四十，事伊川，一日伊川瞑坐，与游酢侍立不去，伊川觉曰："贤辈尚在此乎？归休矣。"及退出，则门外雪深三尺，事师之礼，笃谨如此。程门多高贤，先生裒然称首。厥后朱子、张南轩先生之学，得程氏之正，其源皆出于先生。然人第知先生为理学之传，而不知其经济足以匡世也[②]。

初历任州县凡四十七年，及老，居谏垣九十日[③]，其所论列，皆切于世道。为秘书郎时，徽宗召对，首言："熙丰、元祐分为二党，缙绅之祸，至今未艾，请置弗论。"[④] 及金人入寇，上言[⑤]："今日事势如积薪然，当奋励以竦观听，若示以怯懦，则事去矣。"钦宗受禅，擢谏议大夫，金人胁和，邀割三镇，先生复言："河朔为国家重地，三镇为河朔要藩，一旦弃之，是敌以二十州之地，贯吾腹中，非经远之谋也。"[⑥]李纲之罢，太学生伏阙上书，军民集者数万，钦宗召问，先生言："诸生忠于朝廷，非有他意。"于是奉命兼祭酒，安抚之，事遂定。旋又雪王珪被诬之冤，以直宣仁皇后之谤，推蔡京蠹国之祸，以摘王安石学术之非。有旨改修宣仁谤史，而黜安石从祀，天下快之。由是德望日隆，远及异域，虽高丽国王，亦从使者问先生安在。《中庸》曰："声名洋溢乎中国，施及蛮貊。"凡有血气，莫不尊亲。后世闻先生之风者，可不勉哉[⑦]？

---

① 杨时（一〇五三—一一三五），字中立，世居福建将乐县龟山下，故号龟山先生。

② 盖有体有用之学，经世乃要义也。

③ 未能大用也。

④ 请除党禁。

⑤ 谓上疏陈情。

⑥ 请光复燕云十六州。

⑦ 述杨时之经谟。

豫章先生①严毅清苦，刻志求道，龟山先生令萧山时，徒步往从之。初见三日，惊汗浃背曰："不至是，几枉此生。"龟山亦喜，谓可与言道。尝讲《易》至某爻曰"伊川说甚善"，先生即鬻田走洛，见伊川师之。复归事龟山，龟山告之曰："读书之法，以身体之，以心验之，从容默会于幽闲静一之中，超然自得于书言象意之表。"又曰："学而不闻道，犹不学也。"先生受命益自力。尝采祖宗故事为《遵尧录》，其论治曰："祖宗法度不可废，德泽不可恃。废法度则变乱之事起，恃德泽则骄佚之心生。"又曰："君子在朝则治，小人在朝则乱。盖君子常有乱世之言，使人主多忧，忧则善心生，故治。小人常有治世之言，使人主多乐，乐则怠心生，故乱。"其论士行曰："周孔之心，使人明道。道苟明，则周孔之心深自得之。三代人材，得周孔之心而明道，故生死去就，如寒暑昼夜之移，而行忠义也易。汉唐以后，失周孔之心，不能明道，故死生去就，如万钧九鼎之重，而行忠义也难。"皆可谓探本之论矣。

其后筑室山中，常终日危坐，体天地万物之旨，李延平、朱韦斋二先生俱从之游。朱子称自龟山倡道东南，游其门者至众，潜思力行，任重诣极，先生一人而已②。

延平先生③生有异禀，孝友谨笃，弱冠，游乡校，有声称，后闻郡人罗豫章先生得河洛之学于龟山先生之门，遂往学焉。讲诵之余，危坐终日，体验乎喜怒哀乐未发之前气象如何，而求所谓中者。如是者久之，而知天下之大本，真有在乎是也。盖天下之理，无不由是而出，既得其本，则凡出于此者，虽品节万殊，曲折万变，莫不该摄洞贯，以次融释，由是操存益固，涵养益熟，精明纯一，发必中节矣。盖先生平生

---

① 罗从彦（一〇七二—一一三五），字仲素，福建罗源人，祖居南昌，郡望豫章，故世称豫章先生。

② 参本编《性理学大义·罗仲素先生传》文。

③ 李侗（一〇八八—一一五八），字愿中，生于福建剑浦，古称延平，故世号延平先生；罗从彦门人，朱子父朱松学侣，朱子师从之。

得力于此，故其论《中庸》，谓“喜怒哀乐未发之中”一语，实为一篇之指要云。其接后学，要以反身自得，俾入于圣贤之域，其言曰：“学问之道，不在多言，但默坐澄心，体认天理，虽一毫私欲之发，亦退听矣。”又曰：“孔门诸子，群居终日，交相切磨，又得夫子为之依归，日用之间，观感而化者多矣。”① 恐于融释脱落处，非言说所及也，尝以黄太史称“濂溪周夫子，胸中洒落，如光风霁月”② 云者，为善形容有道者气象，尝顾谓学者曰：“存此于胸中，庶几遇事廓然，而义理少进矣。”朱韦斋先生与邓天启论及先生，邓曰：“愿中延平先生字。如冰壶秋月，莹彻无瑕。”韦斋深叹，以为知言。朱子初见先生时，议论喜大而恶小，好同而恶异，先生曰：“此只是笼统道理，理不患其不一，所难者分殊耳。”朱子大有悟，于穷理之学，益加精审。其训《大学》“格物穷理”，盖本师说也。后之学者，熟读《延平答问》③，可以知之矣④。

综论三先生授受精微，其题目有二：曰观喜怒哀乐未发气象，曰主静与主敬之别。夫既曰观，则属于已发矣，而谓未发气象，何也？盖未发已发之旨，阐自二程子，其与吕与叔先生辨论数四，要不外涵养、省察两端。涵养于未发之前，《易传》所谓“无思无为，何思何虑”是也；省察于将发之际，《中庸》所谓“莫见乎隐，莫显乎微”，朱子注“遏人欲于将萌”，而不使其潜滋暗长是也。观之云者，兼涵养、省察之功，非著力之观也。孙夏峰先生论求放心云：“若观未发，心即不放，孔子言‘操则存’，‘我欲仁，斯仁至矣’。”其斯之谓欤？近儒陈兰甫先生谓：“经言喜怒哀乐之未发，未尝言思虑未发，观者以思虑省察性情也，时时收摄，即时时体验。周子言动而未形，有无之间者，几也，几微故幽。”其斯之谓欤？

---

① 朱子《延平先生李公行状》文。

② 黄庭坚《豫章集·濂溪诗序》云：“舂陵周茂叔，人品甚高，胸中洒落，如光风霁月。”

③《延平问答》录在《性理学大义·洛学传授大义》。

④ 以上叙洛学杨时、罗从彦、李侗一脉三代人物之事略。

至于三先生皆言主静，而朱子补之以敬，后人遂讳言静字。文治窃谓：静与敬，一以贯之。孔子系《易》，《坤卦·文言传》以静与敬并言，《大学》言“知止而后有定，定而后能静”，静后文，即引《诗》“缉熙敬止”以释之。《管子》曰：“守道莫若敬，主敬莫若静。”盖静而著意，即敬也；敬而不著意，即静也。《孟子》曰“必有事焉”，敬也；“心勿忘”，静也。折衷于圣贤之言，自不必标主敬以求胜主静之说。若夫静中验天地万物一体之怀，是即复见天地之心，安静以养微阳，是又与观未发气象，息息相通，而实未尝非敬也。

陆清献《三鱼堂集》力辨朱子静坐之说，夫静坐而限以半日，仍拘束矣。傥如蕺山先生所言，“行住坐卧皆作坐观，食息起居皆存静想。”非即《通书》之所谓“动而无动，静而无静”乎？高忠宪、李二曲诸儒，实皆得洛学之心传者也。文治体验功浅，于三先生授受之精微，未知有当万一否也。

朱子学为今时救世之本论

【释】文又载《交通大学演讲录》第二集上卷“经学心学类”第七期，题为《论朱子学为今时救国之本》，题下注明主旨云：“救国先救民，正人心在善国性。”

“尽人合天”之谓圣贤①，朱子大贤而希圣者也②。

《易传》曰：“天地之大德曰生”③，“裁成天地之道，辅相天地之

---

① “尽人合天”，开宗明义，见朱子继圣，其功至伟，意义重大，唐先生以此概括朱子一生学术精神。参前文《张子〈西铭〉论》。

② 唐先生用周敦颐《通书·志学》所言“圣希天，贤希圣”之意，总提朱子尽人合天之上达奋进之德。

③ 《易·系辞下》云：“天地之大德曰生，圣人之大宝曰位。何以守位曰仁，何以聚人曰财。理财正辞，禁民为非曰义。”乃圣王继天成治，保民教众之道。故下直接引《泰》卦象辞，顺承重旨。

宜，以左右民”[1]。裁成也，辅相也，皆人所以佐天地之德也。朱子学，其《周易》之精义乎[2]？

《尚书》曰：“天工人其代之，天叙有典，天秩有礼。天聪明，自我民聪明；天明畏，自我民明威。”典也，礼也，聪明也，明威也，皆人所以代天工也。朱子学，其《尚书》之精义乎[3]？

《中庸》曰：“天地之大也，人犹有所憾”，“尽人性，尽物性，可以赞天地之化育”。化也，育也，皆人所以弥天地之憾也。朱子学，其《中庸》之精义乎？[4] 夫惟尽人以合天，其学乃可以救世[5]。

文治昔年尝编《朱子大义》，继编《紫阳学术发微》，粗得梗概。学者欲知朱子为学次第，当求之《年谱》[6]；欲知“己丑悟道”之要，当求之《与张钦夫》三书、《与湖[7]南诸公书》《已发未发说》[8]；欲知仁敬之方，当求之《仁说》《主敬箴》《玉山讲义》[9]；欲知经学之大纲，当求之《易本义》《诗集传》《四书章句集注》[10]；欲知金溪学之异同，当求之论无极太极诸书、鹅湖大会诗、白鹿洞讲义[11]。欲知东学之是非，当求之与吕伯恭、吕子约、薛艮斋、陈同甫诸书[12]，亦可以悉其详矣[13]。

兹复撮其大要论之。朱子之学所以“尽人合天”者，惟在体验仁、

---

① 《易·泰卦》象辞。原句指“后”德，谓人君之所当为者。
② 首示朱子本《易》立德。
③ 此明朱子本《书》立义。
④ 此明朱子本《礼》成德。
⑤ 言朱子发扬《易》《书》《礼》之教，成就“尽人合天”之道，乃实学也。
⑥ 在《朱子大义》中，此治朱子学第一道工夫。
⑦ “湖”字误作“河”。
⑧ 治朱子学第二道工夫。
⑨ 治朱子学第三道工夫。
⑩ 治朱子学第四道工夫。
⑪ 治朱子学第五道工夫。
⑫ 治朱子学第六道工夫。
⑬ 先列举研究朱子之途径历程，皆本朱子论著，实事求是。上六项要目之文献，具载《性理学大义·朱子大义》八卷与《紫阳学术发微》十二卷中。

义、礼、智浑然之性，恻隐、羞恶、辞让、是非灿然之情而已。夫天地生人，不外太极阴阳健顺五常之德，朱子灼知此德之精微，即天命我之性，性体无为，浑全在我，发处呈几，尽力体验，积累扩充，虽周流于万物，而皆统会于一心。

论其全体，只此浑然灿然者[①]，充满分量，无少欠缺。论其大用，只此浑然灿然者，脉络分明，无稍纷杂。论其即体以达用，则浑然灿然者，贯彻于身心内外，赅五事五伦，完性体而无不足。论其即用以见体，则浑然灿然者，流形于日用民彝，驭八政六官，亦完性体而非有余。以是为始，以是为终，实则有伦有要，虚则无思无为。节录朱氏止泉说。此朱子尽人合天之学，本于天命之性，率性之道，统于未发之中、已发之和，苟不固聪明圣知达天德者，其孰能知之哉？

且夫乾坤开辟以来，人类之所以不绝者，惟赖有“不忍人之心”而已。《孟子》曰：“人皆有不忍人之心，先王有不忍人之心，斯有不忍人之政。”朱子注曰：“天地以生物为心，而所生之物，因各得夫天地生物之心以为心，所以谓人皆有不忍人之心也。”夫不忍人之心，何以不泯？其始在“涵养”，其继在“察识”，其终在“扩充”，此其精义与其方法[②]，朱子于《中庸》《孟子》注暨《文集》中畅发之。至晚年教人专读《孟子》“道性善”“求放心”两章，盖所以淑人心而善国性者，肫肫之意，恳恳之诚，一息尚存，此志不容稍懈，信夫可以救世也。故其知南康军及提举两浙常平茶盐时，值岁大饥，卒赖其力，救活灾民数百万人。至其所修荒政，及所颁社仓法，千古奉为率典。《康诰》曰：“如保赤子。”《孟子》曰：“赤子匍匐将入井，非赤子之罪。”百姓皆吾赤子也。朱子放赈诗曰：“阡陌纵横不可寻，死丧狼藉正悲吟。若知赤子原无罪，合有人间父母心。”有心人读之，无不恻然流涕。呜呼！此非“为天地立心，为生民立命”者乎？

---

① 浑然者其性，灿然者其情。

② 道术终始在涵养、察识、扩充三面工夫。

若夫孩提之良知良能，在家庭则为爱敬，及其长也，达之天下，即为仁义，故曰："尧舜之道，孝弟而已矣。"朱子《四书注》，首重孝弟，其《甲寅上封事》云："臣所读者，不过《孝经》《语》《孟》之书。"知南康时《示俗文》云"《孝经》云：'用天之道，分地之利，谨身节用，以养父母，此庶人之孝也。'以上《孝经·庶人章》正文五句，系先圣文宣王所言，劝民间逐日持诵。依此经解说，早夕思维"云云。朱子上告君，下教民，皆以《孝经》为大本，诚以孝弟之至，通于神明，和气洋溢，则民用和睦，灾害不生。杀机消弭，信夫可以救世也。

然则朱子学者，讵可张皇幽渺哉？居敬穷理，下学上达，尽人以合天而已①。"仲尼祖述尧舜，宪章文武"②，朱子则祖述孔孟，师法周程，一脉相承，为人心民命之所依赖。欲救今日之世界，当自尊孔读经始，而尊孔读经，当自学朱子之学始。

朱子、陆子学派异同论

黄梨洲先生《象山学案》论曰：

"象山先生之学，以尊德性为宗，谓：'先立乎其大，而后天之所以与我者，不为小者所夺。夫苟本体不明，而徒致功于外索，是无源之水也。'同时紫阳之学，则以道问学为主，谓：'格物穷理，乃吾人入圣之阶梯。夫苟信心自是，而惟从事于覃思，是师心之用也。'两家之意见既不同，逮后论《太极图说》，先生之兄梭山谓：'不当加"无极"二字于"太极"之前，此明背孔子，且并非周子之言。'紫阳谓：'孔子不言无极，而周子言之，盖实有见太极之真体，不言者不为少，言之者不为多。'先生为梭山反覆致辩，而朱陆之异遂显。

"继先生与兄复斋会紫阳于鹅湖，复斋倡诗有'留情传注翻榛塞，

① 明朱子尽人道之极，孝敬衷出，乃本良知良能，尽人合天，非虚谈也。

② 《礼记·中庸》文。

著意精微转陆沈’之句，先生和诗亦云：‘易简工夫终久大，支离事业竟浮沈。’紫阳以为讥己，不怿，而朱陆之异益甚。按：鹅湖之会在淳熙二年（一一七五），鹿洞之讲在八年（一一八一），已在其后。太极之辩在十年（一一八三），又在其后。梨洲说未免倒置。[①] 于是宗朱者诋陆为狂禅，宗陆者以朱为俗学，两家之学，各成门户，几如冰炭矣。

“嗟乎！圣道之难明。濂洛之后，正赖两先生继起，共扶持其废堕，胡乃自相龃龉，以致蔓延，今日犹然借此辨同辨异，以为口实，宁非吾道之不幸哉？虽然，二先生之不苟同，正将以求夫至当之归，以明其道于天下后世，非有嫌隙于其间也。

“道本大公，各求其是，不敢轻易唯诺以随人，此尹氏所谓‘有疑于心，辨之弗明弗措’，岂若后世口耳之学，不复求之心得，而苟焉以自欺，泛然以应人者乎？况考二先生之生平自治，先生之尊德性，何尝不加功于学古笃行？紫阳之道问学，何尝不致力于反身修德？特以示学者之入门，各有先后，此其所以异耳。

“然至晚年，二先生亦俱自悔其偏重。稽先生之《祭东莱文》有曰：‘比年以来，观省加细，追维曩昔，粗心浮气，徒致参辰，岂足酬高义？’盖自述其过于鹅湖之会也。《与诸弟子书》尝云：‘道外无事，事外无道。’而紫阳之亲与先生书，则自云：‘迩来日用工夫，颇觉有力，无复向来支离之病。’其别《与吕子约书》云：‘孟子言道问学之道，惟在求其放心，而程子亦言“心要在腔子里”，今一向耽著文字，令此心全体都奔在册子上，更不知有己，便是个无知觉、不识痛痒之人，虽读得书，亦何益[②]于我事邪？’《与何叔京书》云：‘但因其良心发见之微，猛省提撕，使此心不昧，则是做工夫底本领。本领既立，自然下学而上达矣。若不见于良心发见处，渺渺茫茫，恐无下手处也。’

---

① 原《宋元学案》王梓材（一七九二—一八五一）按语。据活动时序，说明朱陆异同论非事实。

② “益”字，原作“盗”，据黄氏《宋元学案》原文为正。

又谓：‘多识前言往行，固君子所急，近因反求未得个安稳处，却始知此未免支离。’《与吴伯丰书》自谓‘欠却涵养本原工夫’，《与周叔谨书》：‘某近日亦觉向来说话有太支离处，反身以求，正坐自己用功亦未切耳。因此减去文字工夫，觉得闲中气象甚适。每劝学者，亦且看孟子道性善、求放心两章，著实体察，收拾此心为要。’又《答吕子约》云‘觉得此心存亡，只在反掌之间，向来诚是太涉支离。若无本以自立，则事事皆病耳，岂可一向汩溺于故纸堆中，使精神昏蔽，而可谓之学’，又书‘年来觉得日前为学不得要领，自身做主不起，反为文字夺却精神，不为小病。每一念之，惕然自惧，且为朋友忧之。若只如此支离，漫无统纪，展转迷惑，无出头处’。观此可见二先生之虚怀从善，始虽有意见之参差，终归于一致而无间，更何烦有余论之纷纷乎？

“且夫讲学者，所以明道也。道在撙节退让，大公无我，用不得好勇斗狠于其间，以先自居于悖戾。二先生同植纲常，同扶名教，同宗孔孟，即使意见终于不合，亦不过仁者见仁，知者见知，所谓‘学焉而得其性之所近’，原无有背于圣人，矧夫晚年又志同道合乎？

“奈何独不睹二先生之全书，从未究二先生之本末，糠秕眯目，强附高门，浅不自量，妄相诋毁！彼则曰‘我以助陆子也’，此则曰‘我以助朱子也’，在二先生岂屑有此等庸妄无谓之助己乎？”①

黄儆居太夫子《读陆氏象山集》② 曰：

“象山之学，王阳明宗之，借以树敌于朱子，后儒遂称之曰陆王。然而陆氏与王氏有同有③异，与朱子有异亦复有同。陆氏以为‘仁义者④，人之本心。愚不肖则蔽于物欲而失本心，贤智者则蔽于意见而失

---

① 黄宗羲《宋元学案》卷五八《象山学案》。唐先生引其论，所以明本同末异，事理自然，返本之学，合志同归，大同之意也。

② 黄式三《读陆氏象山集》文，载《儆居遗书》之六《儆居集》中《读子集》卷二光绪戊子春（一八八八）黄氏家塾刊本。下引《儆居集·读子集》同此版。

③ “有”字原作“而”，据《儆居集·读子集》为正。

④ “者”字脱，据《儆居集·读子集》补入。

本心；人必先立其志，躬行实践，日充其本心之大。’此一生论学之旨也。而其《与赵咏道书》则云：‘《大学》致知格物，《中庸》博学、审问、谨思、明辨，《孟子》始条理者智之事，固先乎①讲明矣。未尝学问思辨，而曰吾惟笃行之而已，是冥行者也。是②犹射者不习于教法之巧，而③徒恃其有力，能至于百步之外，而不计其未尝中也。讲明有所未至，虽伊尹、伯夷之圣，而孟子顾有所不愿学。拘儒瞽生，安可以硁硁之必为而傲知学之士？’其与刘淳叟、包显道、彭子寿书，皆言先知后行，是大纲本同于朱子矣。

“惟朱子承伊川之学，致知格物，必尽穷天下之物理。陆氏以为：‘人情物理之变，不可胜穷，是以尧舜之智不遍物；学者耻一物之不知，耻非所耻，终身习支离之学，而义利未分，端绪未正，本心汩没，反将置之不耻。’意盖深悯乎此而有异于朱子耳。……抑尝读朱子《与吕子约书》云：‘孟子言学问之道，惟在求其放心。今一著文字，不知有己，是无知觉不识痛痒之人，虽读书何益？’《与何叔京书》云：‘因良心发见之微，猛省提撕，使此心不昧，则本领既立，自然下学而上达。’此其言④，与《大学》《孟子》注同，岂不与陆氏若合符节乎⑤？而后之为朱子学者，必谓与吕、何书在年四十以前，犹非定论，抑又拘矣。

“读先儒书，不必泥于时之先后，而只论其说之是非。说果未尽是邪，则当知其非；未尽非邪，则当知其是。朱子平日教学者详言‘自明诚’，未尝不言‘自诚明’；陆氏平日教学者详言‘自诚明’，未尝不言‘自明诚’。读朱子书，正当以所与吕、何诸书征成其是；读陆氏书，亦当以所与赵、刘、包、彭诸书弥缝其阙。朱子谓‘学问所以求

① “乎”字脱，据《儆居集·读子集》补入。
② “是”字脱，据《儆居集·读子集》补入。
③ “而”字脱，据《儆居集·读子集》补入。
④ 原作“此其言学”,“学”字衍，据《儆居集·读子集》为正。
⑤ 谓朱陆大纲与本意皆相通。

放心’，正欲读书者之辗转归己也；陆氏以‘宇宙事皆分内事’，安得以考订经传为儒者分外事也？”

文治谨按：朱陆异同，自元明以来，纷纭聚讼，以文治所见，无有如二先生之广大精微者，盖深合《中庸》“道并行而不相悖”之旨，可谓会归有极矣①。然更有进者，陆子尊德性，朱子道问学，实出于朱子之自言，盖一时之谦辞尔。实则陆子未尝废问学，而朱子之问学，正所以养其德性，故自己丑悟道，晚年涵养邃密，统德性、问学而归于一贯，特陆子之尊德性偏于虚灵，朱子之尊德性本于主敬耳。朱门弟子因先生自谦之辞，据以为两家殊途之证，至元吴草庐先生更扬其波②，遂成分道扬镳之铁案，抑亦考察之未审，体验之未精矣。

若夫陆子讲学宗旨，曰本心，曰先立乎其大者，而其尤要者，在辨析义利，其原皆出《孟子》。《象山语录》詹阜民问：“先生之学有所受乎？”曰：“因读《孟子》而自得之。”则为学大要可知矣。白鹿洞讲演，诸生感动，皆为泣下。夫人心滔滔，沈溺于利欲之中，不知自拔，于是百姓日益困苦，世道日益沦胥，得陆子提醒本心，大声疾呼以挽救之，岂非热病中清凉散乎？故朱子手记其讲义后，钦服倍至，良以利心不除，则世界终无安靖之日。后儒当知卫道救世之功，两贤正复相合，乌可分门户于其间哉③？故吾尝谓从事陆学者，当自读《白鹿洞讲义》始；从事王学者，当自读《拔本塞源论》始。文治幼年颇辟陆王，中年后学问稍进，心甚悔之，爰谨加论正，见讲学之不可自隘其途，而立言之不可轻易也。

---

① 《书·洪范》云：“无党无偏，王道平平。无反无侧，王道正直；会其有极，归其有极。”谓黄宗羲与黄式三皆持平通达也。

② 吴澄谓：“朱子于道问学之功居多，而陆子以尊德性为主。问学不本于德性，则其蔽必偏于语言训释之末，故学必以德性为本，庶几得之。”详参本卷《赵仁甫、许鲁斋、吴草庐先生学派论》。

③ 谓朱陆意存淑世。

张南轩先生学派论

南轩先生纯粹精密，盛德日新，与朱子相颉颃，惜年四十九卒。向使克登大耋，则其不亚于朱子，或更胜于朱子，未可量也。先儒论之较详，兹采录黄、夏二家之说，再陈己意。

黄梨洲先生曰："南轩之学，得之五峰，论其所造，大要比五峰更纯粹，盖由其见处高，践履又实也。朱子生平相与切磋得力者，东莱、象山、南轩数人而已。东莱则言其杂，象山则言其禅，惟于南轩为所佩服，一则曰：'敬夫见识卓然不可及，从游之久，反复开益为多。'一则曰：'敬夫学问愈高，所见卓然，议论出人表。近读其语，不觉胸中洒然，诚可叹服。'然南轩非与朱子反复辩难，亦焉取斯哉？第南轩早知持养是本，省察所以成其持养，故力省而功倍。朱子缺却平日一段涵养工夫，至晚年而后悟也。"①

夏弢夫②先生曰："宣公③受学于胡五峰，五峰为伊川三传弟子，《知言》一书，五峰所讲授，宣公所奉为准绳者也。朱子于'性无善恶，心无已发'、'仁以用言，心以用尽'、'不事涵养，先务知识'诸论，力辨其非，而宣公一一翻然从之。吕成公称其事师，未尝如世俗学一先生之言，暖暖姝姝④，不复更求其进学之力者，可谓真知宣公者矣。观朱子与宣公诸书，一义之合违，一言之同异，必反覆辨证，不遗余力，卒乃同归而一致。然则宣公之为学，其用心也虚，其亲贤也笃，其集益也广，其从善也勇。乾淳诸老之中，学足以肩随建安，而传之后世无弊者，当于宣公首屈一指也。"⑤

文治曰：黄、夏二家之说允矣，请进而论先生之经济。考孝宗之

---

① 黄宗羲《宋元学案》卷五〇《南轩学案》按语。

② 即夏弢甫。

③ 张栻（一一三三——一一八〇），字敬甫，号南轩，谥曰宣，故后世尊称宣公或张宣公。

④ 句出《庄子·徐无鬼》："所谓暖姝者，学一先生之言，则暖暖姝姝而私自说也，自以为足矣。"

⑤ 夏炘《陆文安公、张宣公论》文，唐先生录在本编《紫阳学术发微》卷八。

世，宋室尚可自强，倘使朱、张、吕诸贤均能大用，止斋、水心诸老继之，声应气求，安内攘外，何患不转弱为强。乃半明半昧，积弱以至于亡，惜哉！惜哉！观先生进言孝宗曰："陛下上念祖宗之仇耻，下闵中原之涂炭，惕然于中而思有以振之，臣谓此心之发，即天理之所存也。愿陛下勿怠此心，而亲贤稽古以扩充之，则不惟今日之功可以必成，而千古因循之弊，亦庶乎其可革矣。"

又疏言："我与金义不同天日者，虽尝诏以缟素出师，而玉帛之使，未尝不蹑其后，是以和战之念，杂于胸中，而至诚恻怛之心，无以感格乎天人之际。继今以往，誓不言和，专务自强，虽折不挠，迟以岁月，何功之不济哉！"

时有言敌势衰弱可图者，先生奏言："比年诸道水旱民贫，而国家兵弱财匮，大小之臣又皆诞谩，不足倚仗，正使彼中可图。臣惧我之未足以图彼也，为今之计，当下哀痛之诏，明复仇之义，显绝金人，不与通使。然后修德立政，用贤养民，选将帅，练甲兵，通内修外攘、进战退守为一事，又且必治其实而不为虚文，使必胜之形，隐在目前，则虽三尺童子，亦且奋跃而争先矣。"善哉斯言！盖天地正气之所维系也。《大学》言"见贤而不能举，见不善而不能退"，自来一小人进，则众小人皆进；一君子退，则众君子皆退。奈何先生之言不用，而韩侂胄辈，乃得大张其焰乎！此后世所当引以为鉴者也①。

请再论先生之学术。盖先生之所学于五峰，及与朱子相切磋者，仁而已矣。所以求仁之方，敬而已矣。其序胡子《知言》谓："不得其意，徒诵其言，不知求仁，坐谈性命，几何不流于异端之归乎？"

又作《洙泗言仁》，自序曰："仁者天地之心，天地之心而存乎人，所谓仁也。人惟蔽于有己，而不能以推夫其所以为人之道，故学必贵于求仁也。《论语》一书，家藏人诵，而真知其指归者，何人哉？某读程

① 此言张栻之经济，即政治大纲。

子之书，其间教门人圣贤言仁处，类聚以观而体认之，因裒《鲁论》所载，疏程子之说于下，而推以己见，题曰'洙泗言仁'。嗟乎！虽难言，然圣人教人求仁，具有本末，譬如饮食，乃能知味。故先其难而后其获，所以为仁而难，莫难于克己也。"

及《与朱子论仁书》曰："人与天地万物一体，是以其爱无所不至，犹人之身无尺寸之肤而不贯通，则无尺寸之肤不爱也。故以惟公近之之语形容仁体，最为亲切。故探其本，则未发之前，爱之理存乎性，是乃仁之体也。察其动，则已发之际，爱之施被乎物，是乃仁之用也。体用一源，内外一致，此仁之所以为妙也。"朱子与之反覆讨论，具详《文集》中。

又先生作《主一箴序》谓："主一之谓敬，无适之谓一，求仁之方，孰要乎此？"其箴词与朱子《居敬箴》欣合无间。然则朱子之论已发未发，谓"人有是心而或不仁，则无以著此心之妙，人虽欲仁而或不敬，则无以致求仁之功"数语，亦与先生欣合无间者也。

文治窃不自揆，尝论孔门求仁功夫，当分三层：曰"苟志于仁矣，无恶也"，"我欲仁，斯仁至矣"，是求放心，第一层也。曰"敬而无失，恭而有礼"，"居处恭，执事敬，与人忠"，是内外交修，第二层也。曰"其心三月不违仁，无终食之间违仁"，是心与理一，第三层也。

至于先儒论主敬用功，共分四层，曰：提撕警觉，是敬之入手处。惺惺不昧，是敬之进步处。主一无适，是敬之会聚处。缉熙光明，是敬之大成处。

窃尝奉此以为准绳，庶几得躬行实践之要①，不至贻空谈心性之讥。先贤有灵，其许我乎？若夫义利之辨，乃修德立品之基，先生于此，尤兢兢焉，已于《读〈南轩集〉》② 中详论之。吾人欲知舜与跖

① 唐先生所言求仁三层、主敬用功四层，为道德意志之生发、培养、维持与实现，乃伦理学之核心问题。

② 谓《读〈张南轩先生文集〉记》，载本书卷三。

之分，当懔然知所惕厉矣。

吕东莱、薛艮斋、陈止斋、叶水心先生学派论

【释】又载无锡国专《学术世界》第一卷第六期，一九三五年，页一至三。

吕、薛、陈、叶四先生，世所称永嘉学派者也。后儒谓洛闽研性理，永嘉尚经济。于是喜事功者，右永嘉而薄程朱，且谓朱子与永嘉诸君子意见不合。呜呼！此皆耳食之谈，不知事实者也。

按：永嘉学派传自袁道洁[①]，其渊源出自程子，曷尝不本于性理？特以经济为用尔。东莱先生为朱子执友，与张南轩先生同为当代大儒，且与朱子同辑《近思录》，题其首卷云："阴阳性命，特使之知所向。讲学具有科级，若躐等陵节，流于空虚，岂所谓近思？"可见先生学术之正矣。朱子与艮斋先生书，语意谦恭，推重颇至；与止斋、水心二先生交谊亦挚，《文集》中载《辛亥岁与陈君举论学书》，附《答叶正则书》，至为详审。林栗弹劾朱子，水心先生大为不平，尽力辨白，林栗罢斥，正气稍伸，何尝与朱子不合哉[②]？夫因论学而生意见，因意见而分党派，古来君子之祸，后学当引为殷鉴者也。兹先论四先生学术大略，后论性理经济，一以贯之，决不宜妄分门户也。

东莱先生少从林拙斋、汪玉山、胡籍溪三先生游，与朱子、张南轩先生友，性稍褊急，一日读《论语》"躬自厚而薄责于人"，忽觉平时忿懥，涣然冰释。善变气质，朱子深佩之。其文学术业，本于天资，习于家庭，稽诸中原文献之所传，博诸四方师友之所讲，融洽无所偏滞；晚虽卧疾，任重道远之意不衰。为太学博士时，常勉孝宗以圣学谓：

---

① 袁溉，字道洁，汝阴人，二程门人，行宜具载其门人薛季宣（一一三四—一一七三）所撰《袁先生传》（《浪语集》卷三二）。

② 叶适抗疏维护朱子事，详参卷一《论〈宋史·道学传〉》。唐先生此节则阐明程朱与永嘉诸贤同调。

"宜虚心以求天下之士，执要以总万事之机，勿以图任或误而谓人多可疑①，勿以聪明独高而谓智足遍察②，勿详于小而忘大之计，勿忽于近而忘壅蔽之萌。"又谓："今日治体③视前代未备者，固当激厉而振起；远过前代者，尤当爱护而扶持。"④ 可谓通达治体者矣。至其规朱子之诋斥苏氏，谓："苏文非杨墨比，不可因激增怒。"朱子之辩驳胡氏《知言》，谓："宜存尊让前辈之意。"古人直谅忠告如此，交友者当奉为圭臬也。夏弢夫《述朱质疑》有《张宣公、吕成公皆朱子之直友说》，极详备。

艮斋先生未冠时，从袁公溉学，后乃青出于蓝；以经济为主，读书自六经外，历代史、天官、地理、兵刑、农末，靡不采考；复留心于古封建、井田、司马法。其自婺州召对也，王公炎访政于先生，对言"格心正始，斯建中兴之业。忽略根本，而奔走军旅，舛先后之序。方今兵疲民困，未免萧墙之悔，惟以仁义纪纲为本"云云。公炎荐之召对，进三事，一言治体有本末，躬细务，亲骑射，本末倒置，愿遴三公之选，责以进人材，张纪纲，延端直之士，与之讲学，问求治道；二言冗官冗兵宜裁汰；三言虚税宜革除，皆切中时弊之言。又孝宗患士好名，先生对曰："好名特为臣子学问之累。人主为社稷计，惟恐士不好名，诚人人好名畏义，何向不立。"其识见过人远矣。全氏谢山谓："先生之学，主礼乐制度，以求见之事功。然观其以参前倚衡言持敬，则大本未尝不整然也。"⑤ 止斋先生先学于艮斋，询以所治何业，先生以己之所已得者对。艮斋曰："吾惧子之累于得也⑥。"于是往依而卒学焉。厥后《祭艮斋文》自言初见梅潭，教之专读《易》《鲁论》。迨适

---

① 谓因误用一人而全失信任。

② 自以为是。

③ 朱子和吕祖谦合编之《近思录》卷八专言"治体"，故吕氏之言，非泛泛而论。

④ 吕祖谦说论两则，皆据《宋元学案》卷五一《东莱学案序录》文。

⑤ 全祖望按语，载《艮斋学案序录》，《宋元学案》卷五二。

⑥ 生功利心也。

毗陵①，授以百氏书，博我约我，有源有涉，譬彼草木，自根徂叶。然则先生之学，得益于艮斋深矣。盖艮斋于礼乐兵农，务求该通委曲，可以施诸实用，先生嗣之，厥绪益张，是以奏札详明，一时莫比。其文集中如《民论》《孙子发微序》，多系有用之文。与朱子二书，其一商量出处，语重心长；其二谓“每怀企慕，三十年间，不在人后。间欲以书扣之，念长者前有长乐之争，后有临川之辨，往还动数千言。学者转务夸毗，浸失本指。盖刻画太精，颇伤易简；矜持已甚，反涉吝骄，以此益觉书不能宣，要须请见，究此衷曲，尺楮匆匆，但有悁结”云云，殆指朱子争无极太极书②而言，其气质之纯良，交谊之恳挚，令人敬慕不置矣。

水心先生较止斋晚出，天资高旷迈伦。全氏谢山谓：“永嘉功利之说，至先生始一洗之。然言砭古人，多过情之处，其自曾子、子思而下皆不免，不仅如象山之诋伊川也。要亦有卓然不经人道者，未可以方隅之见弃之。”③ 余谓先生豪杰之士也，当师其经世之略，不必衷其讲学之辞。最可心折者，在条陈理财与乡兵二端。其论理财谓：“宣和之后，方腊甫平，理伤残之地，则七邑始立；燕云乍复，急新边之用，而免夫④又兴。自是以来，羽檄交警，增取东南之赋，遂至八千万缗。多财本以富国，既多而国愈贫；加赋本以就事，赋既加而事愈散。然则英主身济非常之业，岂以财之多少为拘乎？”又谓：“国家之体，当先论其所入。所入或悖，足以殃民，则所出非经，蠹国审矣。宜诏国用司详议，何名之赋，害民最甚；何等横费，裁节宜先。减所入，定所出，和气融浃，小民自活。”呜呼！此可谓千古名言。历代以来，视东南民赋，如金山铜穴，用之不竭，洎乎民怨沸腾，菑害并至，则危亡无

---

① 薛季宣于高宗绍兴二十六年（一一五六）居毗陵，陈傅良于是时求教。

② 指朱子与陆子静争论周敦颐《太极图》“无极”一词之往还书信。

③ 全祖望按语，载《水心学案序录》，《宋元学案》卷五四。

④ 免夫指沿运河百姓捐纳钱谷以代夫役。

日矣。

其论乡兵谓："宜先择濒淮沿汉数十州郡，牢作家计，州以万家为率，立庐舍，具牛种，置器仗，耕织之外，课习战射。计一州有二万人胜兵，三数年间，家计完实，事艺精熟，二十万人声势联合，心力齐同，敌虽百万，不敢轻挠。"又谓："春秋战国之时，画国而守，大为城邑，小为壁垒，百里之国皆有边，而南北六朝人在战地者，各有堡坞，得自为家，未有如本朝之混然一区，无有捍蔽者。今事已无及，长淮之险，与敌共之。惟有因民之欲，令其依山阻水，自相保聚，用其豪杰，借其声势，縻以小职，济其急难。行之有成，何畏乎敌?"盖先生之意，在修边而不急于开边，整兵而不急于用兵，而其要尤在节用减赋，以宽民力，真救国之良谟也。虽然，用人亲贤为尤急矣，安得永嘉之人才乎?

圣门四科，德行之后，继以言语政事。若以性理、经济分言之，研性理而不晓经济者，迂腐无用之儒也；讲经济而不明性理者，杂霸法术之徒也。间尝上下古今，伏羲作八卦，通神明，类万物，为性理学之始。神农日中为市，致民聚货，为经济学之始。黄帝、尧、舜，通变宜民，禹、汤、文、武，累代作述，皆以性理与经济交修互用。周公出，作《周礼》，体国经野，既竭心思，规模大备。孔子系《易传》，言性理，而《泰》《否》《损》《益》四卦彖象传文，无非经济学。孟子告梁惠、齐宣，经济备矣，而《告子》一篇，发明性理特精。周子《太极图说》，阐五性之微；而《通书》礼乐各篇，详言治道。大程子为邑令，周知民情。二程子撰《易传》，通达治体。朱子学仕兼优，毕生出处，全体大用，罔不明备。彼判性理、经济为两途者，岂非庸且妄哉?

惟自东莱先生殁后，龙川①嗣兴，号称永康学派②，心术既鄙，品谊亦卑；朱子尽力开导之，而龙川奏对时，极诋朱子，其人其学，俱不

① 陈亮（一一四三—一一九四），字同甫，号龙川先生，婺州永康人。

② 《宋元学案》卷五六立《龙川学案》，陈亮为开宗。

足论矣。

赵仁甫、许鲁斋、吴草庐先生学派论

呜呼！正学至于元代，衰微极矣！非有大儒讲学以维持之，几何不坠地而无余哉？今所传者，曰赵仁甫①、曰许鲁斋②、曰刘静修③、曰许白云④、曰吴草庐⑤，数先生而已。陆桴亭先生推重静修先生甚至，然余读《静修集》，似乏精采，盖人品高尚，不以文字传者也。白云先生则亚于鲁斋矣。兹略述赵、许、吴三大儒学派。

赵先生气节，百世师也。元师伐宋，姚枢⑥得先生，与之言，奇之，而先生不欲生，月夜将赴水自沈，枢觉而追之，方行积尸间，见有解发脱屦，呼天而泣者，则先生也。亟挽之出，至燕讲学。当是时，程朱之书，不及于北，自先生而发之，作《传道图》，以教诸生。世祖尝召见曰："我欲取宋，卿可导之乎？"对曰："宋，父母国也。未有引他人之兵以屠父母者。"世祖义之，不强也。呜呼！方诸殷之箕子，又何愧乎？

鲁斋得赵先生之教，还语其徒曰："今始闻进学之序，当率弃前日所学，从事《小学》之洒扫应对，以为进德之基。"乃相与讲诵，诸生

---

① 赵复，字仁甫，湖北安陆人，治程朱之学。宋理宗端平二年（一二三五）为元军所俘，在元不仕，唯以讲学终生，示不忘根本，自号江汉，学者称江汉先生。黄宗羲《宋元学案》卷九〇《鲁斋学案》专载其人其事，标识为"程朱续传"。唐先生于叙述宋儒后，以赵氏冠元儒，乃特表气节，程朱一脉承传，国魂尚在，亦自表心迹也。

② 许衡（一二〇九—一二八一），字仲平，号鲁斋，谥文正，封魏国公，河南河内人，治程朱之学，元儒臣代表人物。

③ 刘因（一二四九—一二九三），字梦吉，号静修，河北保定人。《宋元学案》卷九一《静修学案》专载其人其学。

④ 许谦（一二七〇—一三三七），字益之，金华人，自号白云山人，治程朱之学，学者称白云先生，与北方许衡并称二许，讲学未仕。其人其学见《宋元学案》卷八二《北山四先生学案》；四先生指宋元之际浙江金华之何基、王柏、金履祥、许谦，故称金华学派，皆讲朱子学。

⑤ 吴澄（一二四九—一三三三），字幼清，号草庐，江西崇仁人，元泰定初年任经筵讲官，官至国子监祭酒、翰林学士，卒谥文正。

⑥ 姚枢（一二〇一—一二七八），字公茂，号雪斋、敬斋，洛阳人；忽必烈攻大理、鄂州，屡谏屠戮；以藩预议朝政，参定制度，官至翰林学士承旨；卒谥文献。

出入惟谨。先生自言对于朱子《小学》，终身敬之如神明，集中发明宗旨，可作《小学》疏义。读其语录，超然万物之上，有凤凰翔千仞，凡鸟不能识之概，可谓笃行君子矣。

草庐先生邃于经学，所作《易纂言》，精微独造，足继程氏《易传》、项氏《周易玩辞》而起。《礼记纂言》亦广大通博，绍述微言，虽颠倒本经目次，实仿《仪礼经传通解》之例。惟其言“朱子于道问学之功居多，而陆子以尊德性为主，问学不本于德性，则其蔽必偏于语言训释之末，故学必以德性为本，庶几得之”。① 斯言也，文治以为未免膜隔。盖朱子自居道问学，本系自谦之语，实则朱子未尝不尊德性，而非陆子所谓德性；陆子未尝不道问学，而非朱子所谓问学也。虽然，朱子门人深通经术者甚鲜，先生《五经纂言》有功经术，足以接武建阳，盖胜于北溪诸人矣。

呜呼！士君子不幸而生鼎革之世，必当负“守先待后”之责。鲁斋先生曰：“纲常不可亡于天下，苟在上者无以任之，则在下之任也。”② 然则世道一线之传，非诸先生之功乎？若夫清遐放旷，诗酒名高；或闭户逃禅，厌薄尘世，虽无惭于逸民，然而浅矣。《诗》有之：“风雨如晦，鸡鸣不已。”思见君子，所以挽颓风也。孔子曰：“岁寒然后知松柏之后凋。”说者曰：“士穷见节义，世乱识忠臣。”③学者必周于德，德者何？气节学问是也。岁既寒矣，坚冰至矣，万物之摧残，端赖一阳之来复④。欲正人心而救世运，非如三先生者⑤，吾谁与归？

---

① 吴澄分判朱陆之语，载《元史》本传及《宋元学案》卷九二《草庐学案》，故为学者熟识，遂口耳相传。唐先生力辟其说，参前《朱子、陆子学派异同论》。

② 吴氏语载《元史》本传及《宋元学案》卷九二《草庐学案》。

③ 朱子《论语集注》引谢良佐（一〇五〇—一一〇三）之语。

④ 持守不失。

⑤ 赵复、许衡、吴澄，守先待后之枢纽也。

阳明学为今时救国之本论

【释】先生此文在战时沪上流传甚广。先载无锡国专《学术世界》第一卷第三期，一九三五年，页一至三；《国专月刊》第二卷第五期，一九三六年一月，页五九至六一；《大夏半月刊》第二卷第一期，一九三九年，页七〇至七一；上海《辰光》第一卷第三期，一九三九年，页三九至四〇；《交通大学演讲录》第二集上卷“经学心学类”第八期（一九四〇年），题为《论阳明学为今时救国之本》，题下注明主旨云：“去国民贪鄙心、昏昧心、间隔心与怠惰性、因循迟缓性，必讲求致良知与知行合一之学。”

余未弱冠时治性理学，先读陆清献《三鱼堂集》，继读陈清澜《学蔀通辨》、张武承《王学质疑》、陈定斋《明辨录》、罗忠节《王学辨》、吴竹如《拙修集》诸书，于凡论心论性，专以辟王学为务。后读《曾惠敏日记》谓：“程朱之徒处事过于拘谨，陆王之徒颇能通敏于事。”余时阅世未深，未之省也①。

迨中年两游东瀛，究其立国之本，则自崇奉王学始。游其书肆，览其书目，为王学者不下数百家，其数远过于吾国，为之惊叹不置。夫觇国者，非徒审国势、采国风、问学制也，必研究其国性。考王学之入日本，传自朱氏舜水，朱虽籍隶姚江，实未尝专习王学。而东邻得阳明之学说，推衍张皇，以激厉其国性，遂成霸业焉。扬子有言：“彼我易处，未知何如。”余于是反观默察，以彼邦之国性，与吾国之国性相较，乃知盛衰兴废之由，固大有在；而致良知之学，决然可以救国；知行合一之说，断然可以强国也。曩编《阳明学术发微》，既详其绪，兹复论其大纲，冀我国人猛省焉②。

---

① 第一阶段，先入为主，未了解王学，独尊朱子，乃得之于读书者也。

② 第二阶段，阅历日深，高瞻远瞩，比较中日国民气性，遂知王学。故一九〇一年随团赴日，是先生学术思想转折处，此乃得之于阅历者也。

曷谓致良知之学可以救国也？

吾国民所以泯灭其良知者有三端：一曰贪鄙心，二曰昏昧心，三曰间隔心。因贪鄙而昏昧，因昏昧而间隔，有己无人，而国性乃日益戾。阳明之教，首以拔本塞源祛人之贪鄙。其言天曰："天理之在人心，终不可泯，而良知之明，万古一日。闻吾拔本塞源之论，必有恻然而悲，戚然而痛，愤然而起，沛然若决江河而有所不可御者。"见《传习录·答顾东桥书》。更复激厉气节，唤醒人心，其言曰："君子以忠信为利，礼义为福，苟忠信礼义之不存，虽禄之万钟，爵以侯王之贵，君子犹谓之祸与害。如其忠信礼义之所在，虽剖心碎首，君子利而行之，自以为福也。"见《文成全书外集》卷三。如是人欲已渐净尽，不为风气所挠，乃致吾心之良知于事事物物，由浅入深，如镜之明，如渊之渟而岳之峙，昏昧日消，间隔乃日去，于是人己一贯而天下定。

且夫良知者，放之则弥六合，卷之则退藏于密。自其"内心"而言之，则有事物已往之良知，有临事警觉之良知，有事物未来之良知。见其过而内自讼，有不善未尝不知，则已往之良知；不远复而无祇悔矣，不逆诈，不亿不信，抑亦先觉，则静虚动直，临事之知觉灵明矣；事前定则不困，道前定则不穷，先明乎善，则事物未来之良知，烛照而无遗矣。而贯彻之者，尤在好恶之大公，《乐记》曰："物至知知，然后好恶形焉。"此即《大学》致知之功，故曰："好而知其恶，恶而知其美。"又曰："好人之所恶，恶人之所好，是谓拂人之性。"人性即良知也。良知顺人性，则无作好作恶之私，扩然而大公，物来而顺应矣。此良知之属于内心者也。

其属于"外心"者，良知发于家庭，则为爱敬；达之天下，即为仁义。《孟子》曰："人皆有所不忍，达之于其所忍。"又曰："凡有四端于我知，知皆扩而充之矣。"阳明所谓"致"，《孟子》所谓"达"，所谓"充"也。《孝经》曰："孝弟之至，通于神明，光于四海，无所不通。"阳明所谓"致"，即《孝经》所谓"通"也。"喜怒哀乐之未发谓之中，发而皆中节谓之和。”阳明所谓“致良知”，即《中庸》所谓“致中和”也。“先知觉后知，先觉觉后觉。”知觉周浃宇宙，和气充盈，安有所谓贪鄙昏昧而间隔哉？如是乃可以善我国，乃可以善我国性，是谓大同。

曷谓知行合一之说可以强国也？

吾国民习性又有二端：一曰怠惰性，二曰因循迟缓性。每办一事，今日调查，明日调查；今日预备，明日预备。凡事濡滞不决，隳坏于无形之中，沾沾自是曰：“吾以审慎也。”不知事机一失，早已审之无可审，慎之无可慎矣。阳明之教曰：“知之真切笃实处即是行，行之明觉精察处即是知。知行工夫，本不可离，真知即所以为行，不行不足谓之知。”又曰：“人有欲行之心，然后知路。欲行之心即意，意即行之路，路歧之险易，必待身亲履历而后知，岂有不待亲历，而已先知路歧之险易耶？”并见《答顾东桥书》。

按：孔子言知智、仁、勇三者，则知所以修身，则知所以治人，则知所以治天下国家。阳明之教实本圣门合“自诚明”“自明诚”而一以贯之，坐而言者，立而起行，办事如疾风之扫箨，如雷出地奋而无不动，举国民之怠惰性、因循迟缓性，一扫而空之矣！

抑更有进者，知行合一，则言行无不合一。《礼记》曰：“天下有道，则行有枝叶；天下无道，则辞有枝叶。”① 邵子《皇极经世书》曰：“天下将治，则尚行也；天下将乱，则尚言也。”② 吾国议论之人多，力行之士绝少；言不顾行，行不顾言。文告之繁，累寸盈尺，无一语能见诸实行。又如为孝弟之言，其言俨然孝弟也，而所行适与孝弟相反；讲廉耻之言，其言俨然廉耻也，而所行适与廉耻相违。色厉内荏，口是心非，遂至相尚以斯；相率以诈，上下蒙蔽，百姓怨咨，岂不痛哉！

或曰：“谨慎小心，古人所贵，如阳明所言，行之太速，不几卤莽

① 原作“天下无道，则言有枝叶；天下有道，则行有枝叶”，据《礼记·表记》原文为正。
② 《皇极经世·观物篇》原文云：“天下将治，则人必尚行也；天下将乱，则人必尚言也。”

而偾事乎?”

曰:不然。夫所谓谨慎小心者,谓行之之时也,非谓迂缓而不行也。以余平日之经历验之,凡勇者任事,其能成者十之六七,其偾事者十之三四,然尚可补救也。若游移不定,则无一事能办。《周易》所戒“盱豫,悔,迟有悔”是也。孔子曰:“先行其言,而后从之。”“子路有闻,未之能行,惟恐有闻”①,即知行合一之道也。凡人之心畏缩不前,皆当闻斯行之,此圣门之家法。吾特大声疾呼,正告国民曰:知而不行,即非真知;言而不行,不必空言。物耻何以振?国耻何以当?当学阳明之知行合一。

或曰:“如上所言,则陆清献诸先儒之说皆非欤?”

曰:是又不然。陈氏清澜②之书,或谓其揣摩政府,有为而作,可置不论。至于清献诸儒之辨,皆出于不得已也。明隆万后,无善无恶、三教合一之说,猖狂无忌,私心自用,束经不读,不有以辟之,流弊伊于何底?此末流之过,非王氏之教本然也。说别见《论王钱学派》。

夫“教也者,民之寒暑也,教不时则伤世;事也者,民之风雨也,事不节则无功”③。君子立教,譬诸寒暑风雨,各以其时;又譬诸医家用药,审其寒燠虚实而调济之。偶一不慎,施教失其时,行政惟影响,误哉惧哉!吾国比年来醉心欧化,科学滂兴,学术壹归于实矣。夫实者宜济以虚④,而用必端其体。“致良知”与“知行合一”之学说,所以运实于虚,而明体达用之大本也。狂热疾,不服清凉散不瘳。惟无妄之药,贵以诚,不以伪尔。嗟我国民,时哉不可失矣!

昔孔子晚年好《易》,提其要于《系辞传》曰:“乾以易知,坤以

---

① 《论语·公冶长》载。

② 陈建(一四九七—一五六七),字廷肇,号清澜,广东东莞人,著有《学蔀通辨》十二卷,其《皇明资治通纪》列为禁书。

③ 《礼记·乐记》文。

④ 虚指精神或意识。

简能。”易知者，良知也；简[①]能者，良能也；简而天下之理得，知行合一之道也。孟子告滕文公曰：“君如彼何哉？强为善而已矣！”欲陶淑吾民之国性，急救吾国之亡，惟有取阳明之学说，上溯群经，心体而躬行之，毋诈毋虞，犹可以为善国。

附录：阳明学与陆学异同论

【释】本文及下文载《交通大学演讲录》第五集下卷“理学”第十及十一讲。此论王守仁与陆九渊同异，实事求是，乃先生自得之说，因类而归附于此，同参前文《朱子、陆子学派异同论》。

《荀子》曰：“学不可以已。青，出于蓝而胜于蓝[②]；冰，水为之而寒于水。”斯言也，其洛学与王学之谓乎？阳明之学，本于宋陆子静先生(讳九渊，谥文安)，有过之而无不及，所谓胜于蓝、寒于水者也。考阳明在南昌时，始揭良知之教。牌行金溪县，录陆象山子孙，以象山得孔孟正传，其学久抑未彰，文庙尚缺配享，子孙未沾褒典，乃仿各处圣贤子孙事例，一体优崇。其尊礼之如此。可见学术之渊源，本于陆子矣。惟虽本于陆子，而亦有同有异，且有同中之异，有异中之同，试详论之如左[③]。

《孟子》言“本心”，言“先立乎其大”[④]，此陆子之所本也。又言“不虑而知”者谓之良知[⑤]，此阳明之所本也。陆子谓：“仁义者，人之本心……愚不肖……则蔽于物欲而失本心，贤智者则蔽于意见而失本心。”[⑥]人必先立其志，躬行实践，日充其本心之大，此一生论学之旨也；而其《与赵咏道书》则云：“《大学》致知格物，《中庸》博学、审问、慎思、

① “简”字原误作“易”。
② “出于蓝而胜于蓝”，《荀子·劝学》原作“取之于蓝而青于蓝”。
③ 原书为竖排，故作“左”。
④ 《孟子·告子上》文。
⑤ 《孟子·尽心上》文。
⑥ 陆九渊《陆九渊集·与赵监》卷一文。

明辨，《孟子》始条理者，智之事，此讲明也①。”又曰：“未尝学问思辨②，而曰吾惟笃行之而已，是冥行者也。”③其与刘淳叟、包显道、彭子嘉书，皆言先知后行，是大纲同于朱子也④。而阳明言知行合一，言行先于知，以格物为正物，以致知为致良知，以学问思辨为力行之功，以无善无恶为心之体，此皆与陆子异者也。故其《答席元山书》既称象山之学简易，而又嫌“其学问思辨、致知格物之说，未免沿袭之累”云云⑤，似更与陆子异矣。盖先儒学问得力之处，各视其性质为主，学者惟考其同异之故，而后可得入手之方也。

宋张子曰：“合性与知觉有心之名。”⑥邵子曰：“心者，性之郛郭。”⑦盖性也者，寓于心而非即心也；心也者，蕴性之德而非即性也。明心性之辨，始可究陆王两家学术之同异。按：陆子揭本心，阳明揭良知，此所谓同中之异也。盖本心者，指仁义礼智而言，而良知则运用乎本心之妙，故阳明揭良知必兼致知言，陆子揭本心必兼先立乎其大言，否则无用功处矣。直揭本心者，可破世俗贪利争夺之习；直揭良知者，可以发孩提爱亲敬长之诚。至于开物成务，冒天下之道，具救世之苦心，则陆王殊途而同归，此所谓异中之同也。此外陆子言立心立命，而阳明以为即尽心知性知天之功；陆子言一超顿悟，而阳明则于动心忍性、困心衡虑中得之，是皆同中之异也。

嗟乎！义利之界，人心生死之关也。喻于义则心清明广大以生，喻于利则心贪鄙沈溺以死。孔子以喻义为君子，喻利为小人。《孟子》七篇，

---

① “此讲明也”原作“固先乎讲明矣”，据陆九渊《与赵咏道》文为正。

② “未尝学问思辨”原作“未尝言学问思辨”，衍“言”字，据《与赵咏道》文为正。

③ 《陆九渊集·与赵咏道》卷一二文。

④ 黄式三《儆居集四·读子集·读陆氏〈象山集〉》文。

⑤ 王守仁《王阳明全集·文录三·与席元山（辛巳）》卷五曰：“象山之学简易直截，孟子之后一人。其学问思辨、致知格物之说，虽亦未免沿袭之累，然其大本大原断非余子所及也。”

⑥ 张载《正蒙·太和》文。

⑦ 邵雍《伊川击壤集·伊川击壤集序》曰：“性者，道之形体也，性伤则道亦从之矣。心者，性之郛郭也，心伤则性亦从之矣。身者，心之区宇也，身伤则心亦从之矣。物者，身之舟车也，物伤则身亦从之矣。是知以道观性，以性观心，以心观身，以身观物，治则治矣，然犹未离乎害者也。”

首辨义利，复于鸡鸣、宋牼两章畅发厥旨。陆子契孔孟之传，在白鹿洞书院应朱子之请，演讲《喻义喻利章》，谓“所喻由其所习，而所习由其所志”，志乎君子，即为君子；志乎小人，即为小人。学者必须大纲思省，平时虽号为士人，其实何尝笃志于圣贤事业，徒汩没于利禄而已。辞旨警辟，听者为之感泣。阳明先生本之，故于《答顾东桥书》遂有拔本塞源之论，此与陆子同焉者也。惟阳明又云：“天理之在人心，终有所不可泯，而良知之明，万古一日，闻吾拔本塞源之论，必有……沛然若决江河而不可御者。”① 此其气象清明广大，更胜于陆子矣。此同中之异也。呜呼！晚近以来，人欲横流，争民施夺，相争相杀，将不知成何世界？草剃禽狝之祸，靡所底止。吾故曰义利之界，人心生死之关也。安得如阳明先生者起而救之？

《中庸》云：“天地之大也，人犹有所憾。”《左氏传》言三不朽，曰立德、立功、立言②。惟具三不朽之才者，而后能弥人间之缺憾。吾人讲学，岂在口耳间哉？将以所讲者措诸实行，救民于水火也。陆子遭遇未隆，不克大展其用。阳明则平山寇，擒宸濠，功业烂然，门徒至数千，著作传百世。古人所谓三不朽，庶几兼全，吾尝谓五百年必有名世，惟阳明先生与近代曾涤生先生足以当之。两先生皆救民于水火之中者也，天德、王道、圣功，此为矜式，《诗》：“高山仰止，景行行止。”③ 往者余序曾先生手书日记，窃附于私淑弟子之列；今论阳明先生学术，不禁跃然兴私淑之思矣！

附录：阳明学与朱学异同论

【释】本文载《交通大学演讲录》第五集下卷“理学”第十一讲。唐先生强调朱子、阳明殊途同归，不必轩轾。

---

① 王守仁《传习录中·答顾东桥书》文。

② 《左传·襄公二十四年》文。

③ 《诗·小雅·车舝》文。

吾尝综览古今学术，以为有自然、力行两派。自然派天资高旷者以之，力行派学问迈进者以之，然亦相济为用。孔子之道，兼容并包，无行不与。颜子，自然派也，博文约礼，本于格致而终日不违，箪瓢陋巷，不改其乐，故后来自然派皆托于颜子，如《庄子》所载心斋坐忘之说皆是也。曾子，力行派也，然由忠恕而进于一贯，则亦归于自然矣。宋周子默契道妙，发吟风弄月之趣，而《通书》论人性之刚柔善恶，俾人自易其恶、自至其中，于自然之中寓力行之实。厥后传诸大程子，作《定性书》，自然派也；传诸二程子，作《颜子所好何学论》，力行派也，而作《易传》，未尝不超然象外。朱子居敬穷理，力行派也。阳明先生高明勇智，自然派也，而极注重于力行，《全书》中所载精察克治，皆力行之实也。往者余尝论陆王两家之学，有同中之异，有异中之同。兹论朱王两家之学，亦有异中之同、同中之异。

阳明所讲习者，本体也。然朱子何尝不言本体？《四书注》，晚年之所作也，《大学》首章注云："其本体之明，有未尝息者。"非言本体乎？《中庸》首章注云："君子之心，常存敬畏，所以存天命之本然，而不使离于须臾之顷。"下篇"在下位"节注云："不明乎善，谓未能察于人心天命之本然，而真知善之所在。"夫"人心天命之本然"，非即本体乎？是朱子与阳明同者也。

特朱子之言本体，宗《大学》"明明德"之义，发用处较多；阳明之言本体，宗《孟子》"求放心"之法，收摄处较多，此同中之异也。

阳明言去人欲存天理，论者讥为空虚。然朱子注《孟子》"滕文公为国"章云："天理人欲，不容并立。"注《论语》"克己复礼"章云："心之全德，莫非天理，而亦不能不坏于人欲。故为仁者，必有以胜私欲而复于礼，则事皆天理，而①本心之德复全于我矣。"此言天理人欲，阳明与之同也。特阳明以去欲存理合为一事，而朱子则必先去私而后存理，此同中之异也。盖理欲者，义利所由分，为人心生死之界。朱子注《论语》"喻

① "事皆天理，而"五字脱，据朱子《论语集注·颜渊》文补入。

义”章云：“义者，天理之所宜；利者，人情之所欲。”其平生痛恶功利；而阳明亦有“拔本塞源”之论，此则其异中之同，千古儒者皆当奉为圭臬者也。

且夫天道一阴而一阳，人道一动而一静。《周易》大义，与时消息，通乎昼夜之道，而知通乎昼者存平旦之气，通乎夜者存夜气，其中有知觉焉，善念存露，即所谓良知也，是阳明学之所本也。孔子之言曰：“屈伸相感而利生。”① 大而一进一退，小而一呼一吸，皆所谓利。利者，自然也。至于“精义入神以致用”②，则力行之大效也。《孟子》之言曰：“故者以利为本。”③ 利者，自然也，行所无事也。至论养气之功，曰“集义所生”“行有不慊于心则馁”④，此力行之功也。然又曰：“必有事焉而勿正，心勿忘，勿助长。”⑤ 君子以“深造之以道，欲其自得之”，非归于自然乎？阳明之学出于孔孟所言自然之利，而精言之，则造于穷神知化之域矣。

抑后儒之诋阳明者，谓其三教合一，故《全书》中有“本来面目”“正法眼藏”“无所住而生其心”诸语，一不纯乎儒也⑥。然吾有说焉。朱子作《调息箴》曰：“鼻端有白，吾其观之。”⑦ 非即《庄子·人间世篇》所谓“虚室生白，吉祥止止”乎？又曰“守一处和，千二百岁”⑧，非即《庄子·在宥篇》所谓：“守身千二百年，吾形未尝衰”乎？王龙溪得阳明之传，作《调息法》，引《老子》“绵绵若存”，亦此意。至于作《参同契解》，以十二辟卦值月日时，每卦值二日有半，阳爻主发舒，阴爻主收敛⑨。朱子引道家言，与阳明引释家言奚以异？然则朱子以力行胜，阳明以自然

① 《周易·系辞下传》文。按：《周易·系辞下传》“伸”作“信”字。
② 《周易·系辞下传》文。
③ 《孟子·离娄下》文。
④ 《孟子·公孙丑上》文。
⑤ 《孟子·公孙丑上》文。
⑥ 胡泉《阳明先生书疏证序》文。
⑦ 《晦庵先生朱文公文集·箴·调息箴》卷八五文。
⑧ 《调息箴》卷八五文。
⑨ 《晦庵先生朱文公文集·杂著·参同契说》卷六七文。

胜，及其成功，一也。

考朱子在二十四岁以前，尝出入于老释；阳明①弱冠后，为学与之相同。朱子自见延平先生后，讲学仍在发端处用力，迨己丑四十岁，悟未发之旨，有会于心统性情复艮之妙。其用功得力，具详《答张钦夫》三书、《与湖②南诸公书》中。自兹以后，力以涵养本体为主，即以涵养本体，指示及门；阳明在龙场驿悟道，年三十六岁，与朱子悟未发之旨年岁亦复相近。惟朱子以从容涵养而得，阳明以操心虑患而得；朱子以力行而渐进，阳明以自然而顿悟；功力迥不相同尔。阳明作《朱子晚年定论》，谓朱子深悔往日之非③，此于朱子集中确有明证，乃宗朱子者绝不阐发体用一原、显微无间之真，且深讳朱子之所悔者必不以为悔，致使朱子涵养未发、深潜纯粹之功，不显明于世，岂不误哉？

近高邮胡氏白水著《阳明书疏证》，于朱陆两家之学，尽力沟通，其《自序》谓："以阳明之学拟诸象山，尚属影响。以阳明之学准诸朱子，确有依凭。……惟朱子精微之语，自阳明体察之，以成其良知之学；惟朱子广博之语，自阳明会通之，以归于致良知之效。"是说也，虽不无穿凿附会之处，然要知两家之言本体，确系相同，而于体察用功则两家互异。《中庸篇》曰："道并行而不相悖。"《礼运篇》曰"连而不相及也④，动而不相害也"，是谓大顺。吾特发明朱王学之相同与其所以异，以开后学之知识。夫知识通而是非定，即阳明"致良知"之学也。

王龙溪、钱绪山先生学派论

【释】文又载无锡国专《学术世界》第一卷第四期，一九三五年，页三至四；及《交通大学演讲录》第二集上卷"经学心学类"第九期，题《明王龙溪、钱绪山学派论》，题下注主旨谓："精神教育

---

① "阳明"二字原误作"阴阳"。
② "湖"字误作"河"。
③ 王守仁《王阳明全集·朱子晚年定论·序》文。
④ 两句末"也"字脱，据《礼记》原文补入。

本于知觉调息之法，敬以养神。”

明代学派，肇自正学①。薛氏瑄敬轩、曹氏端月川、胡氏居仁敬斋、罗氏钦顺整庵诸先生继之，笃守程朱，虽未必开物成务，要皆不失为纯儒②。正德时，阳明先生崛起，以良知之说提倡天下，学者靡然从风。迨隆万之季，三教合一之论，放言无忌，猖狂恣肆，靡所底止。陆稼书先生谓：“自来有立教之敝，有末流之敝。”阳明之致良知，乃“立教之敝”③。吾谓阳明先生以良知立教，乃欲人扫除利欲之私，拔本塞源，实其学问得力之处；至于猖狂入禅，末流诸君子不得辞其责也。

考《明儒学案》，王门弟子由浙中以达粤闽，其最著名者，多至六十七人，而王龙溪④、钱绪山⑤两先生为巨擘⑥。绪山举阳明先生教言谓：“无善无恶心之体，有善有恶意之动，知善知恶是良知，为善去恶是格物。”龙溪谓：“心体既无善无恶，则意知物亦无善无恶。”在天泉桥各举请正。阳明先生谓：“龙溪所见，是接利根人之法；绪山所见，是为其次立法。”绪山又问“先生谓本体只是太虚，太虚无一物之障，用功须如此，方合本体”⑦ 云云。然则龙溪之学固归结于无，绪山之学亦归结于太虚而已，厥后“四无教”盛行，良有由也。爰综二家之学，

---

① 正学指方孝孺。方孝孺（一三五七—一四〇二），字希直、希古，浙江宁海县人。斋名逊志斋，蜀献王朱椿改之为正学，故世称正学先生。南明弘光帝追谥文正。黄宗羲《明儒学案》卷首“师说”首列方孝孺，次以曹端、薛瑄。

② 此明代朱子学一脉。

③ 陆陇其《学术辨序》文。

④ 王畿（一四九八—一五八三），字汝中，号龙溪，浙江绍兴人，王守仁门人。嘉靖十一年（一五三二）进士，官至南京兵部职方郎中。其学顺“四句教”提出“四无”说，云：“心是无善无恶之心，意即是无善无恶之意，知即是无善无恶之知，物即是无善无恶之物。”同门钱德洪提出异议，谓“四句教”师门教人之定本，而王氏“四无”则破坏师法，遂求正王守仁，《天泉证道记》载其事。唐先生就此立说。

⑤ 钱德洪（一四九六—一五七四），字洪甫，号绪山，以字行，浙江余姚人，嘉靖十一年（一五三二）进士。王门高弟，尝读《易》于余姚灵绪山，故人称绪山先生。钱氏与王畿是王守仁早期门人；其辞官后，以十六年时间撰写《阳明先生年谱》，弘扬师说。

⑥ 此学术谱系乃据黄宗羲《明儒学案》。

⑦ 黄宗羲《明儒学案》卷一二《浙中王门学案二》之“郎中王龙溪先生畿”引《天泉证道记》。

平心论之。

黄梨洲先生曰："绪山之彻悟不如龙溪，龙溪之修持不如绪山，乃龙溪入于禅，而绪山不失儒者之矩矱，何也？龙溪悬崖撒手，非师门宗旨所可系缚；绪山则把缆放船，虽无大得，亦无大失"① 云。

余按：绪山《与湛甘泉书》曰："良知天理，原非二义，以心之灵虚昭察而言谓之知，以心之文理条析而言谓之理。""然曰灵虚昭察，则所谓昭察者，即文理条析之谓也。灵虚昭察之中，而条理不著，固非所以为良知；而灵虚昭察之中，复求所谓条理，则亦非所谓天理矣。"②此与程朱言"冲漠无朕之中，万象森然毕具"③，意极相合，要在施之于实用耳。

又《答王龙溪书》曰："日来论本体处说得十分清脱，及征之行事，疏略处甚多，此即是学问落空处。"④

余按：此即气质之偏，任心冥行，故不能无疏脱。绪山固于应事接物时，实下体察工夫矣。在《狱中寄龙溪书》，推勘"动忍增益"⑤ 四字，扫除生死念虑⑥，可谓卓然豪杰之士。然又尝谓"吾惟无动，则在吾者常一"，则近慈湖"不起意"之旨⑦，而亦堕于空虚，惜哉！

黄梨洲先生曰："龙溪论学节目，以正心为先天之学，诚意为后天之学。从心上立根，无善无恶之心，即是无善无恶之意，是先天统后天。从意上立根，不免有善恶两端之抉择，而心亦不能不杂，是后天复先天。此其宗旨也。"⑧ 又曰"良知既为知觉之流行，不落方所，不可

---

① 黄宗羲《明儒学案》卷一一《浙中王门学案一》之"员外钱绪山先生德洪"文。
② 此文在前揭《明儒学案》。
③ 《集思录》卷一引程颐云。
④ 载前揭《明儒学案》。
⑤ "动忍增益"句，概括《孟子·告子下》孟子云天降大任之"所以动心忍性，曾益其所不能"之意。
⑥ 载前揭《明儒学案》。
⑦ 《明儒学案》卷一一《浙中王门学案一》之"员外钱绪山先生德洪"按语云："先生之无动，即慈湖之不起意也。"
⑧ 《明儒学案》卷一二《浙中王门学案二》之"郎中王龙溪先生畿"。

典要，一著功夫，则未免有碍虚无之体，是不得不近于禅。流行即是主宰，悬崖撒手，茫无把柄，以心息相依为权法，是不得不近于老。……然先生亲承阳明末命，其微言往往而在，象山之后，不能无慈湖；文成之后，不能无龙溪"[①] 云云。

余窃谓：龙溪之学究异于文成，盖文成固极端尊经，又研究朱子之学，若龙溪以心意分先天后天，附会武断，不独悖于羲经[②]，抑且诬及《大学》。夫心属气质，岂得谓之先天？若谓心体本体太虚，则岂人之心同于未有生以前，可以指为先天乎？此与圣门经学渺不相涉，至于朱学更无所得。故论王学统系，若罗念庵，若王心斋，若周海门，若陶石篑，虽其为说不同，而其隐袭佛老则一，谓为洁身自好可也，若以为得圣门之传，则误矣。然如龙溪之言"调息"，吾有取焉[③]。盖其言虽于圣贤存心养性之学，似同而异，然实道家之奥窔，与《老子》致虚守静、《庄子·养生主》《人间世》《在宥》诸篇相出入，用以养生，深有裨益，特附录于后，以备学者研究。且道并行而不悖，不必持门户之见也。

龙溪《调息法》

> 息有四种相：一风，二喘，三气，四息。前三为不调相，后一为调相。坐时鼻息出入，觉有声，是风相也。息虽无声，而出入结滞不通，是喘相也。息虽无声，亦无结滞，而出入不细，是气相也。坐时无声，不结不粗，出入绵绵，若存若亡，神资冲融，情抱悦豫，是息相也。守风则散，守喘则戾，守气则劳，守息则密。前为假息，后为真息。欲习静坐，以调息为入门，使心有所寄，神气相守，亦权法也。调息与数息不同，数为有意，调为无意。委心虚无，不沈不乱，息调则心定，心定则息愈调。真

---

① 同前揭《明儒学案》卷一二。

② 伏羲始作八卦，羲经指《易》。

③ 唐先生重视静坐，此王畿《调息法》乃静坐要方。

息往来，呼吸之机，自能夺天地之造化。心息相依，是谓息息归根，命之蒂也。一念微明，常惺常寂，范围三教之宗，吾儒谓之燕息，佛氏谓之反息，老氏谓之踵息，造化阖辟之元机①也。以此征学，亦以此卫生，了此便是彻上彻下之道。②

王心斋先生格物论

【释】此文又载无锡国专《学术世界》第一卷第三期，一九三五年，页一三至一四。又题《心斋格物论》，载《国学论衡·儒术》第五下期，一九三六年，页二〇至二三；又《交通大学演讲录》第二集上卷“经学心学类”第九期《明王龙溪、钱绪山学派论》之附录，题《明王心斋格物论》，题下注明主旨谓：“通达万变，均归实用。”按：本篇为收录在《唐文治文集》中之《大学格物定论》讲义稿之底本，然本篇论述周至，以《易》《礼》及践履三者折中历来诸家之说，不独论说淮南格物说而已，究可视为唐先生《大学》定论。

心斋初见阳明先生③，据上坐，辩难久之，下拜称弟子。既而悔之，明日，复上坐辩难，始大服，遂为弟子如初。至京师时，阳明之学，谤议方盛，而心斋冠服言动，不与人同，都人以怪魁目之，阳明亦移书相责，是其为人狂而流于妄，可置勿论，惟其谓“格物即物有本末之物，身与天下国家一物也”，当时谓之“淮南格物”，学者宗之。然吾谓心斋之说固属一语破的，但其论亦有勉强附会者，兹特采取古今

---

① “机”字《明儒学案》引作“枢”。

② 王畿《调息法》载《明儒学案》卷一二《浙中王门学案二》之“郎中王龙溪先生畿”。

③ 王艮之学，先生据黄宗羲《明儒学案》卷三二《泰州学案一》之“处士王心斋先生艮”。王艮（一四八三—一五四一），字汝止，号心斋，江苏泰州人，营商致富，言行一遵古礼。正德十五年（一五二〇）王守仁巡抚江西，遂往拜会，辩论心折，而尊王氏为师，唐先生此下叙述其事。嘉靖七年（一五二八）阳明先生逝世，亲赴浙江桐庐迎丧。自后授徒讲学，主讲《大学》，以“日用良知”“淮南格物”之心得授人，“泰州学派”之名以立。

儒者格物之训①，为之折衷其是非焉。

郑君解“致知格物”曰：“知，谓知善恶吉凶之所终始也。格，来也。物，犹事也。其知于善深，则来善物；其知于恶深，则来恶物。言事缘人所好来也。”② 难者曰：“若此则知至而后格物矣。”不知吾儒之学，合内外之道，知在内，物在外，事缘人所好而来，经历之则知益至，何待复言乎？

朱子注：“致，推极也。知，犹识也③。推极吾之知识，欲其所知无不尽也。格，至也。物，犹事也④。穷至事物之理，欲其极处无不到也。”⑤ 此本《易传》穷理之说，包括身心家国天下之事理，最为精至，与郑君说意亦相贯。

王阳明先生则谓：“致知者，盖致吾心之良知于事事物物尔。格者，正也，正其不正以归于正也。正其不正者，去恶之谓也；归于正者，为善之谓也，夫是之谓格。”⑥ 此与郑君说，意颇相近。要知先儒说经，各有体验之功，得力之处，未可泥文义求之也⑦。

近人解格物者，以阮氏芸台最为明通而切实，其言曰：“物者，事也。格者，至也。事者，家国天下之事，即止于五伦之至善，明德新民，皆事也。格有至义，即有止意，履而至止于其地，圣贤实践之道也。故曰：格物者，至止于事物之谓也。凡家国天下五伦之事，无不当以身亲至其处而履之，以止于至善也。”⑧ 此解“格”字为践而履之，经历家国天下之事，权衡众理，泛应世变，深合大学“知类通达”

---

① 唐先生此下论述，另题《大学格物定论》（一九三八），乃更定此文以作讲义者，载《茹经堂文集》四编卷四，今收录《唐文治文集》“经说类”。

② 郑玄注见《礼记正义 · 大学》“致知在格物”句下。

③ “知，犹识也”脱，据朱注补入，下同。

④ “物，犹事也”脱。

⑤ 朱子《大学章句》注文。

⑥ 此约王守仁《大学问》之说。

⑦ 此言郑玄、朱子、王守仁皆“体验之功”，乃生命实践，非在虚说语言，此其所同也。

⑧ 阮元《大学格物说》，载《揅经室一集》卷二。

之旨①，与朱子意合，千古莫能易其说矣②。

心斋之言曰："格物即'物有本末'之物，身与天下国家，一物也。格知身之为本，而家国天下之为末。'行有不得者，皆反求诸己'，反己是格物工夫，故欲齐治平，在于安身，《易》曰：'身安而国家可保也。'身未安，本不立也。"③ 又曰："物有本末，故物格而后知本也；知本，知之至也；知至，知止也。物格，知本也；知本，知之至也。"又曰"格如格式之格，即絜矩之谓。吾身是矩，天下国家是方，絜矩则知方之不正由矩之不正也"④ 云云。

余按：此即阳明训"格"为正之义，盖引申师说尔。惟阳明谓"正物之不正以归于正"，而心斋则谓"正身之不正以归于正"，则迥异矣。刘蕺山先生谓："后儒格物之说，当以淮南为正，第少一注脚：'格知诚意之为本，而正修治平之为末。'则备矣。"⑤ 此语极精。余谓《孟子》言："行有不得，反求诸己，其身正而天下归之。"下章即言："天下之本在国，国之本在家，家之本在身。"⑥ 用以说《大学》原无不可，但以正身为格物，混格物于修身目中，实非经旨。然则心斋之说，究属一偏，犹不如笃守师说之为愈也。

间尝泛览⑦经籍，体诸身心，窃以为格物之解，与其用力之方，莫详于《易》《礼》二经，而阅历尤其显焉者也。

《易》之为书，类万物之情，故物理无所不该。《大象传》言厚德载物、类族辨物、称物平施、育万物、言有物，皆格物学也。《说卦

---

① 《礼记·学记》言为学次第云："一年视离经辨志，三年视敬业乐群，五年视博习亲师，七年视论学取友，谓之小成。九年知类通达，强立而不反，谓之大成。夫然后足以化民易俗，近者说服，而远者怀之，此大学之道也。"唐先生所言大学指此大成之学。

② 以阮元"实践"为定。

③ 文载《明儒学案》卷三二《泰州学案一》之"处士王心斋先生艮"。

④ 两条载前揭《明儒学案》之"心斋语录"。

⑤ 刘宗周说见引于《明儒学案·泰州学案》。

⑥ 《孟子·离娄上》文。

⑦ "览"字原作"滥"。

传》“帝出乎震”章说《震》《巽》七卦皆言“万物”,《序卦传》言物稚物畜、物不可以终通终否、终尽终过之类，皆格物学也。《系辞传》言:“无有远近幽深，遂知来物，有不善未尝不知。”是即郑君所谓“知于善深，则来善物”也。又言“乾知大始，坤作成物”,“易简而天下之理得”,“杂物撰德，辨是与非”，即是朱子所谓“穷至事物之理”也。而握其枢机，则曰:“复小而辨于物。”又曰:“开物成务，冒天下之道。”由辨物以至开物，层累曲折，用力之久，愈研愈精；极其功，至于先知先觉，经世宰物，即阮氏所谓“周历家国天下之事”也。格物之学，岂不广大而精微哉？

《礼记》如《大学》明言格物外，其义更散见于《乐记》《哀公问》《中庸》诸篇。《乐记》曰:“人生而静，天之性也。感于物而动，性之欲也。物至知知，然后好恶形焉。”郑注:“至，来也。知知，每物来则又有知也。”盖即《大学》注“事缘人所好而来”之意。《哀公问》曰:“敢问何谓成身?”孔子对曰:“不过乎物。”又曰:“仁人不过乎物，孝子不过乎物。”此物字与言有物之物同，即指理而言；盖仁人孝子明察天地，故不过乎事物之理也。《中庸》曰:“诚者物之终始，不诚无物。”郑注:“物，万物也，亦事也。大人不诚，万物不生。”又曰:“诚者，非自成己而已也，所成物也。成己仁也，成物知也。”郑注:“以至诚成物，则知弥博。”窃谓“物之终始”即《大学》“事有终始”,“成物而知弥博”，即《大学》“物格而后知至”也，皆格物学也。《周礼》大司徒以土均之法辨五物九等，此“察地之宜”也；以乡三物教万民而宾兴之，六德六行六艺，包括人事而无遗。旁逮《仪礼》乡射礼“物长如笴”、《大戴礼·虞戴德》“规鹄，竖物，履物以射”，具止于事物之义，亦皆格物学也。验之义理，参之训诂，精粗巨细，随处皆物，随时宜格，则知郑君、朱子与阮氏之说，精当不磨，而吾儒于八条目入手之方，确有依据矣。

抑又考“格物”之训，多至数十家，阮文达之说至矣。又有训格为“量度”者①，其义亦精。见《文选·芜城赋》注、《运命论》注引《仓颉篇》，又见《玉篇》《广韵》。物者兼综内外，其散见于经籍，如以上所言者，若心物、事物、人物、耳目之官等皆是也。《易传》“有天地然后有万物”、《中庸》“万物并育而不相害”，指人物言。“天地之道，为物不贰”，为物指理言。“生物不测”，则指天地山川所生之物言。是言物固无所不包也。《书·大诰篇》曰：“矧曰其有能格知天命。”乃知《大学》“格物致知”之文，实本于周公之训。

孔子“四十而不惑，五十而知天命”，皆格物之学，此在内者也。《孟子》曰：“权然后知轻重，度然后知长短。物皆然，心为甚。”此言心物也，在内者也。以量度训格，即权度也。《孟子》曰：“舜明于庶物，察于人伦。”此事物也；又曰“仁民而爱物”，此人物也，在外者也。又曰“万物皆备于我矣”，此“物”字指理而言，在内者也。又曰：“耳目之官，不思而蔽于物。物交物，则引之而已矣。”上二“物”字，指耳目之官而言，下“物”字指外物之引诱而言，犹《乐记》所谓“物至而人化物”也。经籍中所言物字，千变万化，吾人对于天下之物，所以量度而阅历之者，亦千条而万绪。圣人有以见天下之赜，而象其物宜。物相杂谓之文，故曰“文者物象之本”，博文即穷理也。善格物者，内则衡量乎身心意志之本，外则阅历乎家国天下之变，是故身心意志、家国天下皆物也。本末终始，见内外之道也。

郑君谓：“知于善深，则来善物；知于恶深，则来恶物。”谓之善念恶念亦可，谓之善事恶事亦可，兼内外者也。朱子谓：“穷至事物之

---

① 穆孔晖《大学千虑》之说，见载王士禛《池北偶谈》卷八“穆文简论格物”条，原文云：“《仓颉篇》云：‘格，量度之也。’见《文选·运命论》注，此朱程以前书，乃训诂之最古者，以其书久废，故见之者鲜。考之内典，隋智顗《法华经文句解·分别功德品》云‘格量功德’，又云‘格量多少’，其一篇内，‘格量’字甚多，此又在唐以前者。《大庄严经论》云：‘况复如来德，何可格量？’格量之义，古皆用之，而程子未之见，意虽暗合，而解释弗畅，故使圣经难明。然其为说，合于圣门无疑，岂前人所及哉？问：‘格之训至，可终废乎？’曰不可。当云‘格量物理，以求其至’，其义始备。”穆孔晖（一四七九—一五三八），字伯潜，号玄庵，山东堂邑人；弘治十八年（一五〇五）进士，官至国子监司业、翰林院侍讲学士、太常寺卿；卒谥文简。

理，众物之表里精粗无不到，吾心之全体大用无不明。”亦兼内外而言者也。阳明谓：“致吾心之良知于事事物物。”亦兼内外而言者也。三家之说①，皆由粗而精，层累曲折，非一言可尽，决非一日可几。后儒以一隅论之，陋矣。

乃近世科学家有以西人之物质文明为“格致学”者，不知格致之学，道也，非艺也。以物曲之技，艺术之士，而谓可以修齐治平，其贻误家国天下，可胜叹哉！

高景逸、顾泾阳先生学派论

【释】本文又题《东林学派论》，见载于《国学论衡·儒术》第四上期，一九三四年，页一五至二〇。

东林学术，倡自高、顾二先生②。然有谓“高、顾之学未脱阳明之藩篱”者，陆稼书先生也；有谓“辟阳明之学，实自高、顾始”者，陆桴亭先生也。今先列二家之说而折衷之。

稼书先生之言曰：“泾阳、景逸深惩阳明之弊，知夫知觉之非性，而无善无恶不可以言性。其所以排击阳明者，亦可谓得其本。然其学也③，专以静坐为主，则其所重，仍在知觉。虽云事物之理，乃吾性所固有，而亦当穷究，然既偏重于静，则穷之未必能尽其精微，而不免于过不及。是故以理为外，而欲以心笼罩之者，阳明之学也；以理为内，

① 郑玄、朱子、王守仁三家。

② 顾宪成、高攀龙见《明儒学案》卷五八《东林学案一》。顾宪成（一五五〇—一六一二），字叔时，号泾阳，直隶无锡人，万历八年（一五八〇）进士，官至吏部文选司郎中。万历三十二年（一六〇四）修复无锡东林书院，同年与顾允成、高攀龙、安希范、刘元珍、钱一本、薛敷教、叶茂才等东林八君子聚会东林，制定《东林会约》，规定会期，交流学术，商量时政，高张实学，称盛一时。高攀龙（一五六二—一六二六），字存之，号景逸，无锡人，万历十七年（一五八九）进士；万历三十二年（一六〇四），与顾宪成等讲学东林书院，时称“高顾”。明熹宗即位后，官至左都御史。天启六年（一六二六），受魏忠贤诬告，自沉而死；崇祯初年平反，赠太子少保、兵部尚书，谥忠宪。

③ “也”字脱，据陆氏原文补入。

而欲以心笼罩之者，高、顾之学也。阳明之病，在认心为性；高、顾之病，在恶动求静。我观高子之论学也，言一贯则以为是入门之学，言尽心则以为尽心然后知性，言格物则曰知本之谓物格，与程朱之论，往往龃龉而不合者，无他，盖欲以静坐为主，则凡先儒致知穷理、存心养性之法，不得不为之变易。夫静坐之说，虽程朱亦有之，不过欲使学者动静交养，无顷刻之离耳，非如高子《困学记》中所言'必欲澄神默坐，使呈露面目，然后有下手之地'也。由是观之，则高、顾之学虽箴砭阳明，多切中其病，至于本原①之地，仍不能出其范围，岂非阳明之说，浸淫于人心，虽有大贤，不免犹蹈其弊乎？"②

桴亭先生③之言曰："有明学派，衍于国初，著于宣统④；烂熳于正嘉，瞀乱于隆万。何以言之？国初之学，宋景濂、方正学，皆与闻其略而衍其绪者也。宣统则有曹月川、薛文清诸公，是时诸公专尚躬行，不为口耳；进而居官，务修职业；退而林下，略有讲贯，无聚徒讲学之风也。至正嘉时，湛甘泉、王阳明诸先生出，而书院生徒，乃遍天下，盖讲学于斯为烂漫矣，而阳明良知之学为尤盛。龙溪、心斋诸公继之，渐流渐失，迄于隆万，此时天下几无日不讲学，无人不讲学。三教合一之说，昌言无忌，而学派之瞀乱，于斯为极，不惟诎紫阳，几祧孔孟。吁！亦可畏哉！自高、顾两先生起，始挽其衰而救其弊。间尝读两先生书，而识其用心之旨焉。端文先生《小心斋札记》开卷第一行，即曰：'惟知性然后可以言学，惟知学然后可以言性。'《忠宪先生遗书》开卷第一行即曰：'学必由格物而入。'此两言者，皆前圣前贤所已言，又庸人众人所能言，而两先生以此为开卷第一义，何也？只因当时正嘉、隆万以来，专以'无善无恶'为性，'不学不虑'为学。以无善无恶为

① "原"字，陆陇其《学术辨下》作"源"。
② 陆陇其《学术辨下》，载《三鱼堂文集》卷二。
③ 陆世仪（一六一一—一六七二），字道威，号刚斋，江苏太仓人。乡居凿池筑亭，号曰桴亭，故称桴亭先生。
④ 明之宣统，指明宣宗宣德与英宗正统年间。

性，不知性矣，故曰：‘惟知性然后可以言学。’以不学不虑为学，不知学矣，故曰：‘惟知学然后可以言性。’又当时纯讲良知，则《大学》之学，至致知而止矣，是学不由格物而入，非圣经之本来也，故曰：‘学必由格物而入。’玩‘必’字意，可见矣。”①

以上两说，似乎相反，然余意实可沟通。盖高、顾之学，其入手处，固有与阳明同者，如景逸先生：“冬至静坐②，自觅本体，忽思闭邪存诚句，觉得当下无邪，浑然是诚，更不须觅诚，一时快然，如脱缠缚。”“又读③明道先生言④……当时猛省……如电光一闪，透体通明，遂与大化融合无际，更无天人内外之隔，至此见六合皆心，腔子是其区宇，方寸亦其本位。”又尝谓“自呈露面目以来，才一提策，便是原物”⑤ 云云。凡此皆静中有觉，豁然顿悟之法，与阳明同者也。

然其究竟处，则与阳明异。如泾阳先生本传谓：“先生深虑近世学者，乐趋便易，冒认自然，故于不思不勉，当下即是，皆令察其本源，果于性命中⑥透得否？……而于阳明无善无恶一语，辩难不遗余力，以为坏天下心法，自斯言始。”又曰“阳明谓：‘求诸心而得，虽其言之非出于孔子者，亦不敢以为非也；求诸心而不得，虽其言之出于孔子者，亦不敢以为是也。’此两言者，某窃疑之。夫人之一心，浑然天理，其是，天下之真是也；其非，天下之真非也。然而能全之者几何？惟圣人而已矣⑦。……若⑧徒以两言横于胸中，得则是，不得则非，其

① 陆世仪《高顾两公语录大旨》，载《桴亭先生文集》卷一。
② 陆氏原文谓：“冬至朝天宫习仪，僧房静坐。”
③ “又读”，陆氏原文作“偶见”。
④ 所言指“百官万务，兵革百万之众，饮水曲肱，乐在其中。万变俱在人，其实无一事”。
⑤ 高攀龙《困学记》自序为学之次第，见《高子遗书》卷三，及黄宗羲《明儒学案》卷五八《东林学案一》“忠宪高景逸先生攀龙”文中。
⑥ “中”字，《明儒学案》作“上”。
⑦ “矣”字脱，据《明儒学案》文补入。
⑧ “若”字，《明儒学案》作“而”。

势必至自专自用、凭恃聪明，轻侮先圣，注脚六经，无复忌惮，不亦误乎”① 云云，是泾阳先生与王学迥异。

至景逸先生《遗书》中，《阳明说辨》四条均极明审②，而于阳明合心、理、知、行为一，谓：“本离而合之之谓合，本合则不容言合。……若心理本一，知行亦未尝不合一。……而圣人不必以合一言也。”③ 其论格物，则曰：“有物必有则，则者至善也，穷至事物之理，穷至于至善处也。”是其说亦与阳明迥异。惟程朱之格物，以心主乎一身，理散在万物，存心穷理，相须并进；而景逸先生则谓“才知反求诸身，是真能格物”④ 者，与程朱亦异。要而论之，圣道无所不该，读《论语·子张》一篇，圣门弟子言论，已有不同，而况后世学者得力所在，见浅见深，知微知显，其立言固各有当乎？故谓辟阳明自高、顾始，固无不可。

若夫泾阳先生之《小心斋札记》与《识人篇》，景逸先生之《语录》与《论学》各书，皆鞭辟近里，读之开心明目，岂非圣贤之徒哉？而后儒病其过偏于静。余谓偏静亦何害？《易传》言“坤至静而得方”，又曰“乾其静也专，坤其静也翕”，《乐记》言“人生而静，天之性”，《大学》言“知止而后定，定而后能静，静而后能安”，盖人之一身一心，未有不定不静而能安者，即一家一国，亦未有不定不静而能安者。故周子作《太极图说》，探其本曰主静。张南轩先生言“动以见静之所存，静以涵动之所本”，朱子深佩之，常以此二言出入观省。然则静岂非为学之大本哉？

至于“静坐”之旨，始自程门，传之杨龟山，又传之罗仲素，又传之李延平，所谓养未发之中也。厥后传之王阳明，又传之高、顾，又传

---

① 顾宪成《与李见罗书》，见《明儒学案》卷五八《东林学案一》“端文顾泾阳先生宪成”。

② 顾宪成《阳明说辨》四条，载《高子遗书》卷三。

③ 顾宪成《阳明说辨三》文。

④ 顾宪成论《大学》格物之旨，见《大学首章广义》，载《高子遗书》卷三。

之刘蕺山，又传之李二曲。景逸先生《静坐说》谓：“初学者……必收敛身心，以主于一，一即平常之体也。……但从衣冠瞻视间，整齐严肃，则心自一，渐久渐熟，渐平常矣。故主一者，学之成始成终者也。”① 其说最为精要。而刘蕺山先生②《静坐说》又补之曰：“行住坐卧，都作坐观；食息起居，都作静会。”则更为完备。

而或者曰：“静坐，禅学也。稼书先生读朱子告郭友仁语，谓‘朱子教人半日读书，半日静坐’，实系误记。观朱子答刘淳叟、潘子善书，可见未尝教人静坐，况限定半日哉？”余谓稼书先生之说，亦当分别论之。若名山讲学，岁月优游，如古君子萧然物外，不出户庭，即半日静坐，未始非休复之吉。倘或簿书鞅掌，处事勤劳，如古圣人日昃不遑，吐哺握发，岂能一切屏弃、专务静坐？程朱诸先儒之所言，盖因人而施，即因时而施，岂可拘于一隅乎？《管子》曰：“守道莫若敬，主敬莫若静。”《孟子》曰：“平旦之气，好恶与人相近。”平旦者，静时也；又曰“养心莫善于寡欲”，养心者，静功也。凡人之生，五性交感，七情相攻，以一人之心，而天下无穷之欲，环至迭乘，盘错交互，终日憧憧，无宁息之候。惟于清夜之时，静以洗心，悚然内省，则良心油然而自生。操而存之，而私欲之萌芽者，庶几为之少息。然则静坐者，人心不死之几也。余于《高子别集序》中③，尝发其义。

夫稼书先生谓恶动求静，固不可也。若恶静求动，岂可乎？“正位

---

① 此顾宪成《书静坐说后》文，非《静坐说》本文，载《高子遗书》卷三。

② 刘宗周（一五七八—一六四五），字起东，号念台，在浙江绍兴蕺山书院讲学，故称蕺山先生。

③ 唐先生《高子外集序》撰写于戊戌年间（一八九八），先生《自订年谱》丁酉（一八九七）三十三岁条载：“冬，沈子培师假余《无锡高忠攀龙未刻稿》八册，云得自河南书肆中，盖当时陈稽亭先生辑《高子遗书》所未录者也，其中论学精粹处极多。余喜甚，手自钞录二册，为序其首，并属朱、孙二生各分钞数册。”又《自订年谱》丙寅（一九二六）六十二岁条三月载：“刻《高忠宪公别集》成，是书系沈子培师所赠，余为作序，已三十年矣。至此志愿始遂。”此序载《茹经堂文集》一编卷四，今收录《唐文治文集》“书序类”中。

凝命”，《易》有明训①。高、顾两先生之主静，实周子、程子所传，为救世之良方，而论者动诋之曰禅学，误哉误哉！

党祸之兴，或归咎于东林领袖诸公，此尤为妄论。天地正气，所以绵延而弗绝者，必赖有正人君子维持其间，而后委琐龌龊之气，莫由干犯之，而乾坤乃赖以不息。孔子曰“杀身成仁”，又曰“匹夫不可夺志”，《孟子》曰“舍生取义”，又曰“其为气也，至大至刚”，所以立天下后世气节之标准也。明代气节高峻，岂非高、顾诸君子之功哉？

孙夏峰先生曰：“阴晦之时，孤阳一线，则东林实系绝续之关。乙丙死魏逆诸臣，甲申殉国难诸臣，属之东林乎？属之攻东林乎？诸君子之所以为忠臣，而撑柱天地，名揭日月者，在五十年之后，而其鼓荡摩厉者，在五十年之前，则顾、高②之气魄精神，度越诸子远矣。”③

黄梨洲先生曰：“君子之道，譬则坊与？清议者，天下之坊也。夫子议臧氏之窃位④，议季氏之旅泰山⑤，独非清议乎？小人之恶清议，犹黄河之碍砥柱也。熹宗之时，九鼎将移，其以血肉撑拒，没虞渊而取坠日者，东林也。毅宗之变⑥，攀龙髯而蓐蝼蚁者⑦，东林也。数十年来，勇者燔妻子，弱者埋土室，忠义之盛，度越前代，犹是东林之流风余韵也。”⑧

---

① 《周易·鼎卦·象传》云：“鼎，君子以正位凝命。”王弼注云：“凝者，严整之貌也。……正位者，明尊卑之序也；凝命者，以成教命之严也。”孔颖达疏云：“君子以正位凝命者，凝者，严整之貌也。鼎既成新，即须制法；制法之美，莫若上下有序，正尊卑之位，轻而难犯，布严凝之命，故君子象此，以正位凝命也。”朱子《易本义》取此说。《程氏易传》则云：“鼎者法象之器，其形端正，其体安重，取其端正之象，则以正其位，谓正其所居之位：君子所处必正，其小至于席，不正不坐，毋跛毋倚。”此则静坐说之张本，然朱子未取程子说。

② “顾高”，孙奇逢《理学宗传》作“泾阳”。

③ 孙奇逢《理学宗传》卷一一《顾端文公》文。

④ 《论语·卫灵公》载孔子曰：“臧文仲其窃位者与！知柳下惠之贤而不与立也。”

⑤ 《论语·八佾》载季氏旅于泰山，子谓冉有曰：“女弗能救与？”对曰：“不能。”子曰：“呜呼！曾谓泰山不如林放乎？”讥季氏僭越。

⑥ 崇祯十七年（一六四四），李自成破北京，明思宗煤山上吊自杀，史称甲申之变。

⑦ 《史记·封禅书》载黄帝铸鼎荆山之下，鼎成而有龙垂胡髯，下迎黄帝升天，小臣不得上者，悉持龙髯号哭；“蓐蝼蚁”谓自杀以死，甘以身代崇祯为蝼蚁所食；二者皆言轻生殉义也。

⑧ 黄宗羲《明儒学案》卷五八《东林学案一》前言。

呜呼！二先生之说，伟矣哉！吾娄复社崛起，志复东林。厥后若黄忠端、瞿忠宣、陈忠愍殉节诸公，多出其中。理学之与气节，相为维系，有功于世道若此。一堂师友，冷风热血，洗涤乾坤。无知之徒，窃窃然訾謷之，小人好议论，不乐成人之美，所谓自比于逆乱，设淫辞而助之攻者也，吾故特表而出之。

至于东林学侣讲友，著者有钱启新、顾泾凡、黄真长诸先生，皆抱清刚之德，洁白之行，具详于《明儒学案》及《东林志》，兹不复述。

孙夏峰、汤潜庵先生学派论

【释】文又载无锡国专《学术世界》第一卷第七期，一九三五年，页三至四。

本理学而为气节，不涉于意气之激烈，其必以孙夏峰先生为法乎？孔子曰“匹夫不可夺志”，孟子曰“舍生取义”，宋文信国绍其绪，明东林诸先生继之。当左忠毅、魏忠节、周忠介诸公之遇难也，先生为之顿舍其子弟，与定兴鹿忠节之父，举幡击鼓，敛义士之钱以救之，不足，则使其弟启美，匹马走塞外，求援于孙高阳。当是时，先生年四十余矣。逆奄之焰，如火燎原，先生焦头烂额，赴之不顾也。呜呼！此岂有为而然哉？

天地至大至刚之气，秉于吾心，故患有所不避也，于是志节闻于天下矣。迨顺治改元后，避地山中，隐然负王佐之望，征书屡贲，坚辞不应。晚年携家苏门，抱道躬耕，龙德而隐。自公卿大夫士，下至佣夫走卒妇孺之流，或片语相接，或终岁相从，皆煦之以春风，昭之以白日，浅深高下，如量而予，人人有以获其本心，一归之于为善。呜呼！何其盛也！

钱氏仪吉论之曰：“际贞元绝续之时，明大道于方来，佐圣治于在下，有若天心启牖之一人，以维持一线之绪者，故柏乡在同时直拟之以箕子，是殆非先生所欲居，乃若隋唐之间称河汾，宋元之间称江汉，虽门多将相，而王霸杂用，或独抱遗书，传之其徒，以视先生之道孚上下而泽及生民者，其遭逢气象，为何如哉！”① 以上钱氏说。余窃谓：先生之德业事功，较之江汉，诚有过之；方诸河汾，差见伯仲。士君子值世界玄黄，运会否塞，俭德辟难，毅然负“守先待后”之责，不当奉先生为指归哉？

至其学术得力之处，要以“慎独”为宗，以体认天理为本，以日用伦常为实际。尝谓：“生平所见，有时而迁，而独知之地，不敢自欺，识得‘天理’二字，是千圣真脉，非语言文字可以承当。故言心即在事上见，言己即在人上见，言高远在卑迩上见，言上达在下学上见；战兢惕厉，不敢将就冒认②，惟是慎独而已。”③ 盖先生天性独厚，居亲丧，结庐墓侧，于忧戚孺慕中，悟心性原本，故晚年成就之大如此。

若其慎独入手之方，则有之矣。《岁寒集》载先生常取文清“静坐观心，闲中一乐”八字作功，谓客曰：“心何用观？”曰：“为其不在也。”曰：“不在而何以观？”曰：“一观之而即在矣。时时观则时时在，至不待观而无不在，则无不乐。非诚意君子，未可语此。”由是观之，士岂有不慎独而能诚意，不诚意而能入道者哉？《孟子》养浩然之气，先之以不动心，盖惟心体光明，无丝毫人欲之障，然后天理流行，正大之气生，配义与道，沛然其塞乎苍冥也。论气节者，可以知所本矣。

先生殁后，正气留贻，下逮及门弟子，其最著者，为汤潜庵先生。

汤潜庵先生④致仕养亲时，闻容城⑤讲学之风，赁蹇驴，往师事之，

---

① 钱仪吉《重刻夏峰先生集序》文。

② “不敢将就冒认”句脱，据汤斌《征君孙钟元先生墓志铭》文补入。

③ 汤斌《征君孙钟元先生墓志铭》文。

④ 汤斌（一六二七—一六八七），字孔伯，号荆岘，晚号潜庵，河南睢州人，顺治九年（一六五二）进士。康熙五年（一六六六），拜孙奇逢为师。十八年（一六七九）应博学鸿词科拔头筹，官至礼部、工部尚书。一生清正廉明，身后其友徐乾学“赙以二十金，乃能成殡”，乾隆元年（一七三六）追谥文正。

⑤ 孙奇逢，容城人，故云。

质疑问难，遂成大儒。顾与容城略有不同者，容城专以气节显，而先生则本气节而发为事功。方其官检讨修《明史》时，请表彰明代殉节之臣，已邀仁庙[①]特达之知。及其巡抚吾吴也，吴俗故习豪侈，妇女嬉游以为常，无籍子率用斗殴，恐吓民财，先生严禁不少贷。又素多淫祠，事楞伽山五通神者，严寒剧暑，鼓吹牲帛，赛祷不绝，奸巫淫尼，竞相煽惑。先生上疏谓："方今圣教，如日中天，岂容此淫昏之鬼，肆行于光天化日之下。"乃躬至五通祠，悉取土偶投诸湖中，众始骇，久而大悦服。重修泰伯祠，朔望必往躬谒；又谒范文正公及周忠介公，以为众劝；数亲诣学宫，命诸生讲《孝经》，吾吴风俗，自是大变。迨其去也，吴民空一城，痛哭守辕门，叩留不得，则塞城阛阻其行，又不得，则遮道焚以送，逾千里不绝。呜呼！此岂沽名钓誉所能致哉？惟积诚之至，感动于无形也。

入朝后，侃侃正言，不挠不屈，忌者益恨，必欲挤之死而后快。或劝先生委曲居间，冀自得解，哂曰："吾义命自安，六十老翁，尚何求哉？"或又劝先生发忌者阴事以纾其祸，先生又曰："吾有老母在，未敢以此试也。"呜呼！先生遭际盛明，忧谗畏谤，内秉忠厚之诚，外树凛然不可犯之节，学养兼邃，虽古之大贤，何以过兹？后之私淑先生者，或不免委蛇从俗，如惠连之降志辱身，宁不悲夫[②]！

至其学术大纲，汪尧峰先生[③]论之谓："其于性命之渊微，造化之粹奥，无所不探，而一以诚正为本。于古今之治忽，事会之得失，无所不综，而一以忠孝为先。"可谓知言。唐镜海先生论之谓："其上孙征君书及答褚怀葛、张仲诚、顾亭林书，皆以阳明与朱子并论，而《志学会约》有致良知为圣学真脉之语。盖先生师事苏门，初不欲显违其

---

① 清圣祖康熙庙号为仁。

② 以上言汤氏之从政。

③ 汪琬（一六二四—一六九一），字苕文，号钝翁，江南长洲人。以结庐于太湖尧峰，故称尧峰先生。顺治十二年（一六五五）进士，康熙十八年（一六七九）试博学鸿词科，与汤斌修《明史》。

师若友，而及其久而悔，学而成也，则纯乎程朱矣。观其《答陆清献书》谓：‘程朱为儒之正宗，欲求孔孟之道而不由程朱，犹航断港绝潢而望至于海也，必不可得矣。’是先生不主阳明而专主程朱无疑。”①

余按：镜海先生笃守紫阳，故为此论。实则兼采阳明，亦复何害？窃谓潜庵先生得力之处，亦由“慎独”而来，在抑不愧、俯不怍而已。其语录有云：“先儒尝言顿悟之非，不知悟未有不顿者。但必学问真积力久，方有一旦豁然大悟处，是顿因于渐也。若剽窃圣贤言语糟粕，纵步趋无失，究竟成一乡原。至对天质人处，心中多少愧怍。”又曰：“心中有趣才得乐，此趣从不愧不怍而生。不愧不怍，从戒慎恐惧而出，学者先有用力处，后有得力处。”又《苏州府儒学碑记》曰“学者必先明义利之界，谨诚伪之关，则贫富贵贱之非道不处不去，必划然也。造次颠沛、死生祸福之间，石可移易者，必确然也②。毋为枉尺直寻之事，毋作捷径苟得之谋，宁拙毋巧，宁朴毋华，宁方毋圆。戒惧慎独之功，无时可间；子臣弟友之职，不敢不勉；不愧于大廷，亦不愧于屋漏”云云。然则先生不愧不怍之功，固明示人以涂径矣。

孔子曰“人之生也直”，《易传》曰“直其正也”③，人生当世，惟有正直。小人为不善，事皆不可对人言，见君子而后掩之，消沮闭藏，巧伪文饰，人心于是漓，国性于是丧，世界于是坏。欲明正学以振兴之，先生真百世之师范矣。至于故老传闻先生治苏遗迹甚夥，兹论其荦荦大者，故不著。

刘蕺山、张杨园、黄梨洲先生学派论

有明末造，理学有南北二派：北派为孙夏峰先生，传汤潜庵、耿逸

---

① 载唐鉴《国朝学案小识》卷一五。

② 化用《论语·里仁》孔子云：“富与贵，是人之所欲也，不以其道得之，不处也；贫与贱，是人之所恶也，不以其道得之，不去也。君子去仁，恶乎成名？君子无终食之间违仁，造次必于是，颠沛必于是。”

③ 《易·坤·文言传》云：“直其正也，方其义也。君子敬以直内，义以方外，敬义立而德不孤。直方大，不习无不利，则不疑其所行也。”

庵[1]两先生，而孙、汤同从祀孔庭。南派为刘蕺山先生，传张杨园[2]、黄梨洲两先生，而刘、张、黄亦同从祀孔庭。呜呼！何其盛也。文治读其书，于道统之渊源，心法之传嬗，辄不禁神游其间。前已论孙、汤学派，兹复论蕺山师弟子学派如左[3]。

浙学自宋吕东莱先生开其绪，艮斋、水心、止斋诸先生和之，盛于一时。迨明王文成出，其道大光，理学气节一以贯之。蕺山先生实绍文成之传，尤以气节显。当崇祯时官御史台，与怀宗[4]面折廷诤，怀宗大怒，削职归。南渡起原官，居丹阳僧舍，四镇高杰、刘泽清遣刺客数辈迹之，先生危坐终日无惰容，刺客心折而去。及浙省降，先生恸哭曰："此余正命时也。"门人劝之，则曰："世无逃死之宰相，亦岂有逃死之御史大夫乎？君臣之义本以情决，舍情而言义，非义也。"不食二十日而卒。伟哉！其志节之隆，求仁得仁，继首阳高躅矣，虽与日月争光可也。

梨洲论之曰"先师之学在慎独，从来以慎独为宗旨者多矣，或识认本体而堕于恍惚，或依傍独知而力于动念；惟先师体当喜怒哀乐一气之通复，不假品节限制，而中和之德，自然流行于日用动静之间。先儒曰：'意者心之所发。'[5] 师以为心之所存，'人心径寸间，空中四达，有太虚之象。虚故生灵，灵生觉，觉有主，是曰意。'"云云。

余按：梨洲所云，实本先生集中《原心篇》之言，然尚有缺漏者。《原心篇》最精之言曰："心，其统也[6]，生生之主也；其常惺惺而不昧者，思也，心之官也。……思而有见焉，识也；注识而流，想也；因感

① 耿介（一六二二—一六九三），字介石，号逸庵，河南登封人，顺治九年（一六五二）进士，康熙十三年（一六七四）建嵩阳书院，二十五年（一六八六）汤斌荐入上书房，学宗程朱。

② 张履祥（一六一一—一六七四），字考夫，号杨园，浙江桐乡杨园村人，故称杨园先生，明亡不仕。

③ 原书为竖排，故作"左"。

④ 即明崇祯皇帝，其庙号为"怀宗"。

⑤ 朱子《大学章句》"致知在格物"注文。

⑥ "其统也"三字脱，据刘宗周《原心》文补入。

而动，念也；动之微而有主者，意也。……自心学不明，学者往往以想为思，因以念为意。及其变也，以欲拒理，以情偶性，以性偶心，以气质之性分义理之性①，而方寸为之四裂矣。”盖先生以求放心为求仁，心依于仁，即得其官，学者始得着实致力之方，岂漫无体验者所能测哉？

其《静坐说》谓：“人生终日扰扰，一著归根复命处，乃在向晦时，即天地不外此理，于此可悟学问宗旨，只是主静而已。……行住坐卧，都作坐观；食息起居，都作静会。昔人所谓勿忘勿助，未尝致纤毫之力，此其真消息也。”盖先生主静，与高忠宪、李二曲略有不同。高、李之主静，限于坐；而先生则不限于坐，专以此心为主宰，周子所谓“动而无动，静而无静”，斯其所以为神乎②？

至于《圣学宗要》《圣学三关》，皆希贤希圣之阶梯，学者读之，不可忽略，以致虚过此生也。

《中庸》言“至诚无息”之功，实始于暗然日章，内省不疚。能实践之者，其杨园先生乎？先生为学，自家庭孝行始。幼年秉母夫人之教，言动壹衷乎礼；晚年自谓尤得力于《小雅》“哀哀父母，生我劬劳”二句。夫人至中年时，赤子之心，已将汩没，而况于晚年乎！《孟子》论舜五十而慕，赞之曰：“大孝终身慕父母。”舜人也，我亦人也，良知尽人所同，学者如舜而已矣。当先生初见蕺山先生时，蕺山问：“子有亲乎？”对曰：“皆殁矣。”蕺山怃然，若深有痛者，盖师弟天性相感若此。

至其无息之功，尝自谓：“吾人一日之间，能随时随事提撕警觉，方不至于汩没。当睡觉之初，则念鸡鸣而起为善为利之义，平旦则念平旦之气好恶与人相近否，日间则念旦昼之所为不至梏亡否，以至当衣则思不下带而道存之义，临食则念终食不违之义，及暮则思向晦宴息，以

① “以气质之性分义理之性”句脱，据刘宗周《原心》文补入。

② 周敦颐《通书·动静》云：“动而无静，静而无动，物也。动而无动，静而无静，神也。”

及夜以继日记过无憾之义。"① 此盖本《易·乾卦》"君子终日乾乾，夕惕若"之意。天行不息，悠久高明，如是而已。盖先生遭际时艰，立身高洁，以主敬为行己之本，以反经为兴民之原，荜门蓬户，具有天下万世世道人心之忧。《礼记·儒行篇》所谓"今人与居，古人与稽，犹将不忘百姓之病"也，推为朱子后一人，不亦信哉？

顾论者谓先生师事山阴②，尝受《人谱》，以其染阳明之习，不敢显言其非。唐确慎辑《学案小识》，列先生于"传道"，专载其辟阳明之说。噫！其亦过矣。"万物并育而不相害，道并行而不相悖"③，蕺山采用阳明，蕺山之大也。且先生存养心性，表里洞澈，实得蕺山先生心学之传，读其《经正》《备忘》二录，与夫《训子》《训门人语》，修己治人，酬酢万变，何尝专以辟阳明为务哉？

梨洲先生继忠端公之志，服膺蕺山先生而小变之，气节屹然山立，不愧古人。读其《南雷文定》《文约》，大致以考据为宗，论金石文字，深得体要。《宋元》《明儒学案》亦以考据之法，寓于理学之中，盖上绍永嘉之传，而下开谢山、石斋二家之派者也。余尝谓学者传授师法，有变而离其宗者，有变而益加精密者，有变而别立一帜者。杨园、梨洲之于蕺山，皆少变而别立一帜者也。俎豆千秋，闻者莫不兴起，而况于亲炙之者乎？

陆桴亭、陈确庵、江药园、盛寒溪先生学派论

【释】文又载《国专月刊》第三卷第一号，一九三六年二月，页一至六。本文乃王慧言初稿，唐先生删定，文末唐先生后序交代本末。其中有关陆世仪部分，又独立抽出而题为《陆桴亭先生学派论》以作讲义，并在题下注云："尚志居敬立其本，致知力行会其通，天

① 张履祥语载《学案小识》。
② 刘宗周山阴人，今属浙江绍兴市，故云。
③ 《礼记·中庸》文。

德王道扩其功，尽性至命要其极。”原本乃删节王慧言代撰《四先贤学派论》而成。

《周礼》称“儒以道得民”，扬子云谓“通天地人曰儒”，儒之为义，大矣哉！而其要，不外穷理尽性，以立身行己，通经致用，济世泽民，非独善其身之谓也。

吾娄自琅琊昆弟①以博雅名海内，文采彬彬称盛。迄乎崇祯之世，二张先生②主盟复社，以继东林。四方知名之士，驰骛奔走于坛坫③之下，惟恐不及。同时陆、陈、江、盛四先生④，独避之若浼⑤，相与讲习于荒江寂寞之滨。观其所学所言，皆本诸心得，而能见诸行事，虽遁世无闷，而此心未尝一日忘天下也。昔人谓：“程朱得大用于世，隆古之治可得而复。”⑥ 吾谓陆、陈诸子见用于时，其建立亦必有大过人者。不幸身遭国变，未究所施，以逸民终。顾其昌明正学，足以继往开来，匹夫而化及当时，兴起后世，讵非有功于世道人心之大者？陆、陈之学，博大精深，吾人无可轩轾；江、盛二先生，亦皆纯粹悫至，笃于践履，而韬晦弥甚，人鲜知者。相传陆、陈为圣门之狂，江、盛为圣门之狷，岂其然乎？

桴亭所著《思辨录》⑦，得平湖、仪封⑧诸公之表彰，至同治朝而

---

① 指太仓王世贞、王世懋兄弟。
② 娄东二张指张溥、张采。
③ 坛坫，谓会盟坛台。
④ 陆世仪、陈瑚、江士韶、盛敬等“太仓四君子”。
⑤ 浼，玷污也。谓四先生不图虚誉也。
⑥ 蔡世远（一六八二——一七三三）《历代名儒传序》，载《二希堂文集》卷一。
⑦ 陆世仪（一六一一——一六七二），字道威，号桴亭，太仓人。刘宗周门人，与陆陇其并称二陆，明亡不仕。其《思辨录》原未分目，其友人江士韶、盛敬标列内容十四类：小学、大学、立志、居敬、格致、诚正、修齐、治平、天道、人道、诸儒、异学、经子、史籍，称《思辨录辑要》。《志学录》八卷，论学答问之记录。
⑧ 平湖指陆陇其，仪封指张伯行，皆以本籍尊称。

先生从祀文庙①，推为昭代纯儒之首。确庵遗著②则存佚参半，流传绝少，而议两庑俎豆③者，因未之及。唐确慎④撰《学案小识》，列桴亭于“传道”，而以确庵入之“守道”，江、盛则在“待访录”。其他诸家传记，于江、盛亦皆阙如。呜呼！四先生生同里门，同为明体达用之学，同屏绝声华标榜之习；其孝友艰贞，不降不辱之节，又无不相同。说者谓娄东之学，特为笃实，由四先生之不袭明季讲学家窠臼，是皆豪杰之士也。而没世之名，显晦各异，安得谓之非命也耶？今掇拾诸书，略具事实，俾后之学者知所矜式云⑤。

陆先生讳世仪，字道威，号刚斋，又号桴亭，明季诸生，少即笃志圣贤，于学无所不窥。尝习养生家言有所得，既而幡然曰：“是其于思虑动作皆有禁，甚者涕唾言笑皆有禁，凡以秘惜其⑥精神耳，如此则一废人耳⑦，纵长年亦何益⑧？”乃亟弃之，作《格致编》以自考，而以敬天为入德之门，曰：“敬天者，敬吾之心也。敬吾之心如敬天，则天人可合一矣。”崇祯九年（一六三六），始与同里陈先生瑚、江先生士韶、盛先生敬，相约为体用之学；虑惊世骇俗，深自韬秘；或横经论难，或即事穷理，反覆以求一是。甚有商榷未定，彻夜忘寝，质明而后断；或未断而复辩者，人闻其言辄怪之；既而渐有从之学者，乃设规约，立讲会，以九日诵读，一日讲贯。其学自身心性命之奥，天文、地理、河渠、兵法之事，太极、阴阳、鬼神之秘，儒释之辨，经史百家之赜，无

---

① 文庙，礼祀孔子为主。

② 陈瑚（一六一三——一六七五），字言夏，号确庵，太仓人，崇祯十五年（一六四二）举人。康熙八年（一六六九）诏举隐逸，力辞不就，卒后门人私谥安道先生。巡抚汤斌于其故居立安道书院，其孙搜汇《安道遗书》五十八卷。

③ 两庑俎豆，乃文庙大成殿东西两侧之堂庑，先贤从祀之处。

④ 唐鉴（一七七八——一八六一），字镜海，湖南善化人，嘉庆十四年（一八〇九）进士，官至太常寺卿，学宗程朱，曾国藩之师。

⑤ 谓完善学术史。

⑥ “其”字原作“吾”，据《小腆纪传》卷五三“儒林”文为正。

⑦ “耳”字脱。

⑧ 本句“纵”字原脱。

不根究本末，要于中正。退则仿先儒读书记法，各有所录，旬日不记，即互相纠虔①，以为学问进退之别。时天下已多故矣，先生谓："今日之所当学，正不止于六艺，凡切用世者，皆不可不讲。"故如横槊舞剑、弯弓弄刀，战斗之具，无不习也；而尤好言阵法，以为阵法者，节制之师，兵家之礼乐也，作《八阵发明》以纵论其得失。又辑《守城全书》，作《桑梓五防》及《治乡三约》。尝谓："平贼在良将，亦在良有司，宜大破成格，不拘资地。但有文武干略者，辄与便宜以治兵积粟守城事，有功即以为其地之牧令，如此则将兵者所至皆有呼应。今拘吏部法，重以贿赂，随在充数，是卖封疆也。"②

国变后，上书南都，不能用。又尝出佐军事，既归，凿地十亩，筑亭其中，闭关谢客，因自号桴亭。自是体验益精，著述益富。尝言："士人当变革时，处有三等，各视其人力所能而为之。隐居抱道，守贞不仕，讨论著述，以惠后学，以淑万世，上也；度其才可以为于时，度其时必能用我，进以礼，退以义，上则致君，下则泽民，功及于一时，德被于天下，次也；不事王侯，高尚其事，躬耕田野，以礼自守，又其次也。三者之外，进而少有补救，退而诗酒名高，亦云小矣。况阳慕高隐之名，而倡优博奕，败坏风俗，谬托有为之迹，而无耻干进，嗜利不休，岂足以语士乎？"③ 先生之自处盖如此。

顺治四年（一六四七），就确庵于蔚村讲学④，复为考德课业之会，声应气求者麇至。先后讲学于锡山东林书院，说《易》于毗陵大儒祠，设教于云阳黄塘，闻风亲炙者，皆感动奋发。复归讲里中，当事者累欲荐之，以亲老固辞不出。尝著《性善图说》，发明理气合一之旨；又著

① "纠虔"，谓敬正坚固也。互相督责，以固皆求道之善愿初衷也。
② 陆世仪语载徐鼒《小腆纪传·列传》卷五三"儒林"。
③ 陆世仪答或问语，载《思辨录辑要》卷九"修齐类"。
④ 陈瑚在明亡后，绝意仕进，奉父居于昆山之蔚村。

《月道疏①》《分野说②》《云汉升沈》《山河两戒图说》，以启后学仰观俯察之扃。慨世俗礼废，为斟酌古今，分五宗以祭，作《宗祭礼》，以立敬宗收族之本。提学张能鳞具礼聘辑《儒宗理要》③，先生率门弟子撷五子之精，而加以序论发凡。复为《正学篇》④，以示学者。大抵先生之学，笃守程朱，而归之于经世；虽伏处草莽，而情殷匡济，因时制宜，确然可见诸行事。顾亭林赞之，谓其具内圣外王之学，非虚誉也。

先生至性过人，痛母氏因产己而亡，补行心丧三年及忌日悲哀礼。父病瘫痪，口为铺食，厕牏必亲，侍卧起者五载。居丧一遵古礼，不入内寝，不与宴会，人皆叹为难能。康熙十一年（一六七二）卒，年六十二，门人私谥尊道先生，亦曰文潜先生。同治十三年（一八七四），州人士吁大吏请于朝，得旨从祀文庙。

陈先生讳瑚，字言夏，号确庵，崇祯十六年（一六四三）举人。父庄介先生讳朝典，以经行重乡里。先生少禀家学，与桴亭、药园、寒溪诸子结文会，嗣见天下多故，乃讲求天文地理、兵农礼乐之书，旁及奇门六壬之术，时复弯弓横槊，弄刀舞剑，将以为用世具也。年二十五，始与同志约为圣贤之学，读书有得，即为日记。桴亭作《格致编》，首提“敬天”二字，先生亦由此用力，遂得要领。每日课程，以敬怠善过自考。其论致中和，以为工夫全在存养省察，只是持敬而已。尝曰：“吾走四方，访当世知名之士，往往穷老尽气，汩没文字中。其好古者，则或作为诗歌古文以炫耀；又其杰者，亦能究心经术，有志世务，然不过至管、商、晁、贾而止，即求韩、范不可得，况其为圣贤体用一

---

① “疏”字脱。

② “说”字脱。

③ 张能麟，字玉甲、西山，顺天大兴人，顺治四年（一六四七）进士。顺治十一年（一六五四）任江南下江提学道，十四年（一六五七）底，邀请陆世仪率门人编《儒宗理要》，取宋五子著述，分类编录，周子二卷，张子六卷，程子六卷，朱子十五卷；各有小序与本传，一年成书。

④ 《正学篇》疑为《志学录》之误。

贯之学者哉！故欲治平天下，未有舍我三四人者。"

崇祯辛巳（一六四一），以条议上当事，议食者五，议兵者八，议信者六。又上《救荒定议》，大率本"社仓常平法"① 而变通之，谓"社仓之弊，在出易入难。常平之弊，在籴多米少。"议甚切实，而不果行。

甲申，闻京师陷，痛哭焚衣冠，寻奉父移居昆山之蔚村。有田数亩，躬自荷锸，父亦安之。村田沮洳②，先生导乡人筑岸御水，用兵家束伍法③，不日而成，岁获丰稔。时局稍定，复与诸子讲学，仿《吕氏乡约》④、朱子《白鹿洞规》、温公真率会⑤遗意，著《莲社约法》，教以人伦，相戒不妄言，不讦私，不谋利，不作无益。又以端心术，广气类，崇俭素，均劳逸，为《蔚村讲规》。以孝弟、力田、行善为《蔚村三约》，众皆悦从。

尝于元夕集数邑之士，讲《乾》《坤》二卦，阐明圣学。远近向风，游其门者，多俊伟英略之士。所著《圣学入门书》，以格致诚意正心、修身齐家治平为"大学日程"，以入孝出弟、谨行信言、亲爱学文为"小学日程"。小学先行后知，大学先知后行；小学之终，即大学之始；而每日记敬怠、分数、善过于其下。盖由下学而渐臻上达，犁然有当于人心，桴亭所谓"随时随事精察"，其道不外乎此。

又著《治纲》二卷，仿《周礼》文体而自为疏义，起于建都邑、封诸侯、设郡县，极于限田制禄、巡狩祭祀、学校兵刑，观天下之全局而为此书，骎骎乎王佐之才焉。其论学有曰："国家之盛衰，视人才之消长。人才之消长，视教化之兴废。教化兴废之关，人心生死之会也。

---

① 朱子在乾道四年（一一六八）初夏提出乡里救灾赈粜之法，时气候变常，闽北建阳、崇安、浦城荒馑，饥民骚动。朱子吁请地方豪富发私粟，优惠灾民；并上书建宁知府，请发放常平官仓以应急，遂稍纾困。因效果良好，孝宗淳熙九年（一一八二）诏颁朱子《社仓法》于全国。

② 沮洳，谓泽卤低洼，出《诗·魏风·汾沮洳》，孔疏言："沮洳，润泽之处。"

③ 编列百姓，以五人为一组协同攻坚。

④ 北宋神宗熙宁九年（一〇七六）蓝田四吕：大忠、大钧、大临、大防，所制订首种成文乡约。

⑤ 邵伯温《闻见前录》、吴曾《能改斋漫录》载司马光罢政居洛阳，与故老游集，相约饮酒不过五行，食不过五味，号"真率会"。

人心不死，则天命流行而乾坤立，人心死则天命不行，而乾坤亦几乎毁矣。治乱之故，岂非人心为之哉？”①

生平操履端介，晚益困窭，虽至绝食，终不肯干人。冬月尝衣单袷，客有重裘者，欲解以赠，竟席不敢言，退而语人曰：“吾乃知当世有陈无已②也。”康熙八年（一六六九），诏征隐逸，州守白公登明以先生名上，力辞乃已。父病，刺血吁天，愿以身代。父殁，遗产悉让之弟；葬父后，虽迁徙客游，而岁时常庐于墓。十四年（一六七五）卒，年六十三，门人私谥安道先生。巡抚汤公斌，即其故居为安道书院。先生著述之富，埒于桴亭。雍正时，其孙溥搜辑已刊未刊各稿，汇编为《遗书》五十八卷，已多散佚云。

江先生讳士韶，字虞九，号愚庵，又号药园。天性孝友，持身谨厚，弱冠为诸生，以《春秋》教授乡里，与陆、陈诸子讲程朱之学。家本素封，中落，周游郡县幕，借脩脯以养。律己四戒：不徇情面、不通竿牍③、不识苞苴、不知内外舞文。所至敬信，然往往与怀私者忤，即别归，坐是贫益甚。父年高，先生愉色婉容，勉供甘旨，即仅陈菽水④，父未尝不乐也。父丧，哀毁骨立；母丧，自湖南奔归，号恸四十余日无辍声。族叔某贷百金于友，漫以先生证，后不能偿，先生以己田偿之。其笃行类如此。

桴亭所著《思辨录》皆逐年随笔，未有伦次，先生与寒溪为之纂辑精要，发凡分类，以便读者，其序有云：“自禅玄之学盛，而二氏标榜，于是异学与正学争。自心宗之学盛，而三教合一，于是儒者与儒者争。浸淫至于末季，所推儒门巨擘，大约为异端立赤帜耳。开辟以迄于

① 陈瑚文载《皇朝经世文》四编卷五“学术”。

② 宋人陈师道，苏门六君子之一，淡薄名利，闭门苦吟，有“闭门觅句陈无已”之称。言此句盖称陈瑚安贫乐道“无已”，与陈师道无关。

③ 竿牍，书简之谓。

④ 《荀子·天论》言：“君子啜菽饮水，非愚也，是节然也。”《礼记·檀弓下》云：“啜菽饮水尽其欢，斯之谓孝。”菽者豆羹。言孝道俭德兼全。

今，此两怪文字者①，或树敌门外，或操戈室中，其旨似异，其害实同，故曰文字盛而圣贤之道晦也②。夫言之而足以明吾道，则病乎其不言也；言之而反足以晦吾道，又病乎其言之也。立言之得失，系斯道之存亡，呜呼③！岂不重哉？”

先生为学之纯粹，概可见矣。又以为：“三代圣贤之旨，尽于昔儒之论说，后人惟在躬行而已。”④ 晚年取生平所作，聚而焚之，故不传于后，只王氏《娄水文征》中存文数首云。

盛先生讳敬，字圣传，号寒溪，诸生。长桴亭先生一岁，年十五，遇桴亭，一见即甚相得，与同学三年，厌薄声华，不耽举业。后罹家厄，流离播迁，箪瓢屡空，益读书砥行，矢志存诚居敬之学。尝制一葛衣，以慎独之语书诸绅。读周子太极至静之旨，检身加密，因悟静坐之要谓：“于危坐时识得未发气象，身心尽入规矩。”是时桴亭讲学于毗陵书院，确庵隐居蔚村，愚庵读莳药山房，先生名其所处曰寒溪书屋，相约考德课业，为明体达用之学。无泛交，无剿说，信古竭才以默成其德。桴亭尝曰：“圣传于余四人中独称醇谨，每朋友生徒为讲学之会，圣传虽日共事，不为异，而常恐标榜，为世所指目，惟日以庸言庸行自勉。”确庵称：“其深思静气，学力日进，虽论事或有未当，而严儒释之分，敬怠之辨，至为精密。”

事亲孝谨，能色养，居丧哀毁，不沾荤酒，不入内，三年如一日。有弟不类，遇兄无礼，先生始终怡怡焉。鼎革后，无意当世事，黍离麦秀之感，往往寄之诗歌。教授里中，一以成就后学为事，惟恐姓氏落于人间。然四方同志来访者趾相错，一时端人谊士，多出其门。先生自壮岁殚心九经疏解，晚与门人数讲《春秋》，尤邃于《易》，时怀年过知

---

① “开辟以迄于今，此两怪文字者”句脱，据《国朝学案小识》卷一一“太仓江先生”文补入。

② “故曰文字盛而圣贤之道晦也”句脱，据前揭《国朝学案小识》文补入。

③ “呜呼”两字脱，据江氏原文补入。

④ 江士韶此语，见载《清史列传·儒林上》卷六六“陆世仪”条附“江士韶”。

非之惕，渐觉身心无妄，湛然纯一，有天理流行之乐，不知老之将至也。康熙二十四年（一六八五）卒，年七十六，门人私谥贞介先生。著有《读史汇编》《形胜纪略》《续高士传》《成仁谱》《皇明道学渊源录》《寒溪文集》。

夫道一而已矣，宗孔孟者必归程朱，宗程朱所以祖孔孟也。自考亭以还，斯道大明。学者但当谨守正传①，述而不作，使天下知吾儒之有真，则丕显丕承②，政教于是乎休明矣。彼猖狂之徒，讥程朱曰空谈心性，曰气息奄奄，吾观明道之令晋城治河决，伊川之经筵奏对，凛然勿欺而犯。朱子之上孝宗封事奏札，及备荒浙东、安抚荆襄，皆所谓足乎内而形乎外，恶得谓空谈心性耶？吾乡风尚醇厚，士皆笃守程朱，务为明体达用之学，其渊源实始自四先生始。自四先生没后，去今二百数十年，学术之递变，风会之转移，恒与国运为消长。大抵同光以来，降而愈下，至今日紊乱极矣。夫本实先拨③，枝叶何有？旷安宅而弗居，舍正路而弗由，哀哉④！多见其生心害政，徒苦吾民。虽然，天理民彝，不可泯灭，吾儒之道，自在人心。晦盲否塞之甚，必有一线光明，以救人类之将亡，吾又安知夫乡曲闾巷中，无四先生其人者，闭户潜修，精思力行，通达古今，他日出而任天下之重者乎？爰述四先生事略，揭明正学之大原，借以自励，并为吾乡后进勖云。

吾乡陆、陈、江、盛四先贤，惟桴亭先生有闻于世，确庵先生已鲜知之⑤，而药园、寒溪二先生，则竟无知之者矣。同

---

① 指孔、孟、程、朱一脉相传。

② 《书·君牙》云："丕显哉！文王谟。丕承哉！武王烈。启佑我后人，咸以正罔缺。尔惟敬明乃训，用奉若于先王，对扬文、武之光命，追配于前人。"显扬周文王、武王之德。

③ 《诗·大雅·荡》云："颠沛之揭，枝叶未有害，本实先拨。"郑玄笺云："拨，犹绝也。"

④ 出《孟子·离娄上》"自暴者，不可与有言也。自弃者，不可与有为也。言非礼义，谓之自暴也；吾身不能居仁由义，谓之自弃也。仁，人之安宅也；义，人之正路也。旷安宅而弗居，舍正路而不由，哀哉！"谓自甘堕落也。

⑤ 唐先生有《陈子遗书序》（一九二七），原载《茹经堂文集》三编卷五，收录《唐文治文集》"序跋类"。

治时，桴亭先生从祀两庑，其遗书六十余卷，先大夫汇辑刊行①。确庵先生著作，本不亚于桴亭，无如零星散失。文治官京师时，屡与先师陆文慎公会商，奏请从祀，因无觥觥巨著如《思辨录》一书，恐格于部议，因循未果，至今歉然。回籍后，乡人士议刻《陈子遗书》，文治谨为作序，并助刊《周易传义合阐》，将原板送存太仓图书馆，然全书告成，未知何日？药园先生自焚其书，而《寒溪先生文集》《成仁谱》《形胜要略》等书，访求数十年不可得，深可慨矣！乙亥（一九三五）夏，纂《性理救世书》，以世弟王君慧言稔梓乡文献，爰请其代撰《四先贤学派论》，并告以四贤韬晦弗彰，宜详事实。慧言弟许诺，旬日，即携稿来，忻喜逾望，略为删节，著之于篇，并志数语，不敢攘人之善也。文治谨记。

李二曲先生学派论

【释】本文又载《国专月刊》第二卷第一期，一九三五年九月，页一至二。

人生千古不磨之行，其惟大孝乎！天道福孝而祸逆，人心好孝而恶逆，虽至愚极不肖辈，苟诏以良知良能，未有不憬然悔悟，瞿然省察者，天命之性然也。古来理学名儒，皆本于纯孝。吾于人伦中得一师表，可为万世法式者，曰李二曲先生。

先生父信吾公，从汪乔年击流寇，于崇祯壬午年（一六四二），与五千人同殉难襄城，先生哀慕不已，泪尽继之以血。阅三十年，抵襄招

① 唐先生大父唐受祺辑刊《陆桴亭先生遗书》，唐先生在《交通大学演讲录》第二集十一期《读〈陆桴亭先生遗书〉法》自叙其事云：“顾其遗书散亡零落，先大夫竭二十年之心力，加意搜罗，共得二十二种，都凡七十三卷。迨后文治由世弟王君慧言处，假得《集外文》一卷，补刊之，先大夫已不及见矣。”

魂，撰文祷于隍神之庙，约牒五千游魂，随信吾公归。襄令张某，于其归也，为之勒碑构祠。将归前一夕，日暝，闻鬼声号泣，凄怆悲凉，沁人肌骨，诸工役毛发尽竖，有壮者祷告数语，声始止。异哉！夫怪神圣人所不语，鬼神智者所敬远，诚不敢谓事之所有，然诚不可掩，体物不遗，亦不敢谓理之所必无也，盖其至诚上通于天矣！

迨先生母殁，终身居垩室虔祀，作《垩室录感》，以寄蓼莪之痛。其《示子》云："生为抱憾之人，死为抱憾之鬼。"语极沈痛。文治读其《录感》一书，详载辛复元、曹真予、吕泾野、王心斋、吕新吾诸先生孝行，往复流连，为之陨涕。呜呼！人非空桑所生，试扪心自问，父母往矣，虽欲孝，谁为孝乎？能无痛心之至乎？然则为人子者，可不及时以尽孝乎？且夫人惟有终身永慕之孝德，而后成千载不怍之完人。先生孝行若此，故为学反己刻责，鞭辟近里，无有能过之者。其《悔过自新说》谓："自天子以至于庶人，皆当以悔过自新为本。君子小人、人类禽兽之分，只在一转念间。苟向来所为是禽兽，从今一旦改图，即为人矣。向来所为是小人，从今一旦改图，即为君子矣。故人无日无时，无不在悔过自新之中。"

其《学髓》载《人生本原》及《虚明寂定》二图①，实指心体性体而言，谓："通天地万物上下古今，皆此灵原实际，非此灵原无以见天地万物、上下古今，是以语大语小，莫载莫破。"② 其来锡山讲《易》，谓："求《易》于《易》，不若求《易》于己。人当未与物接，一念不起，即此便是'无极而太极'；及事至念起惺惺处，即此便是'太极之动而阳'。一念知敛处，即此便是'太极之静而阴'。无时无刻，不以去欲存理为务，即此便是'天行健，君子以自强不息'。人欲净尽而天理流行，即此便是'乾之刚健中正，纯粹精'。希颜之愚，效曾之鲁，敛华就实，一味韬晦，即此便是'归藏于坤'。亲师取友，丽

① 李颙《学髓》，载《二曲集》卷二。

② 李颙《学髓·人生本原》图下文。

泽求益，见善则迁，如风之疾，有过则改，若雷之勇。时止则止，时行则行，见可而进，知难而退。动静不失其时，继明以照四方，则兑、巽、震、艮、坎、离，一一在己，而不在《易》矣。”①

至其《四书反身录》，语语归诸真修实践，足补朱注所未及。而论者谓：“其自责过甚，恐流于作伪。”不知后世人心陷溺，正当以先生之说矫之，或有悔悟之几。若虑其作伪，则彼乱名改作，言伪而辩者，随处皆可假托，不独先生之说也。论者又谓：“先生虽兼采朱陆，而实宗阳明，于朱学半明半昧，不啻障雾。”先太夫子黄薇香先生谓：“阮芸台修国史，摈先生于儒林外，归入隐逸，公论乃著。”

文治按：孔子论政治，尽于《为政》一篇，其根本在“孟懿子问孝”四章②，与引《书》“孝乎惟孝”“友于兄弟”“施于有政”数语。先生孝行，至于感天地，泣鬼神，实足为后代政治家作之模范。且儒林首重儒行，列先生于“儒林传”，固无不可；即入于“孝行传”，亦无不可，何必断断于其间哉？吾辈师其门内之行足矣。

颜习斋、李恕谷先生学派论

圣门文学，言、卜二子③，言子之道南行，是为南派之祖；卜子设教西河，是为北派之祖。南派鸿博渊雅，其弊也华而浮；北派诚朴笃实，其弊也僿而野。二千余年，世变屡更，俗尚未改；惟圣贤之士，能不囿于方隅，其余鲜不限于风气。闻道百，以为莫己若，得一长，沾沾焉自谓已足，读《庄子·秋水篇》，河伯之言，岂足语天下之大经，知

---

① 李颙语载《锡山语要》，载《二曲集》卷五。

② 其一，孟懿子问孝，子曰无违。樊迟御，子告之曰：“孟孙问孝于我，我对曰无违。”樊迟曰：“何谓也？”子曰：“生事之以礼，死葬之以礼，祭之以礼。”其二，孟武伯问孝，子曰：“父母唯其疾之忧。”其三，子游问孝，子曰：“今之孝者，是谓能养。至于犬马，皆能有养；不敬，何以别乎？”其四，子夏问孝，子曰：“色难。有事弟子服其劳，有酒食先生馔，曾是以为孝乎？”谨按：此四章皆言孝。

③ 言偃，字子游，故称言游，吴人。卜商，字子夏，在魏国西河（今陕西渭南）行教。子游、子夏一南一北，在《论语》皆列“文学”，同宗传孔子之学，故唐先生以破地域偏见之自囿。

天地之化育乎？若夫居今世而论学术，中外且当兼采，况南北哉？君子必广其远识矣。

博野颜习斋、蠡吾李恕谷二先生①，纯乎北方之学者，比年以来，其学盛行，以余论之，彼所谓豪杰之士矣，然未能出于崖涘、观于大海也②。习斋所著颇夥，其精者，《存学》《存性》《存治》《存人》四编，盖孙夏峰先生之流裔，专以质实胜，发明《周礼》乡三物之教而实践之，岂非躬行君子欤？然其《性理评》③各条，于程朱诸大儒，无所不诟讥，论极峭刻，一言以蔽之曰“重事而绌理”。夫习斋好古者也，自伏羲、文王、周公以来，皆事与理并重，故孔子传《易》，以为穷理尽性之书；子夏传《礼》，《乐记》以为“礼也者，理之不可易者也”；必尚事而轻理，且谓“孔门身通六艺七十有二人，即乡三物之六艺”，识大识小之不分，则不免僿野矣。

恕谷撰《颜先生年谱》，精实不懈；《小学稽业》《大学辨业》，各有等级；《圣经学规》与《学礼》《学射》《学乐》诸篇，亦皆切实。尚武精神，尤有足多者。惟其辑年谱发凡谓：“汉唐之士，抱残守缺；宋明之士，伪袭僭篡，而圣道几委于地。”④厥后方望溪先生辩之曰：“后儒毋视程朱为气息奄奄人，观朱子《上孝宗书》，虽晚明杨、左之直节无以过也。其备荒浙东，安抚荆湖，西汉赵、张之吏治无以为过也。而世不以此称者，以道德崇闳，称此转渺乎其小耳。”⑤恕谷一闻此言，立起自责，取不满程朱语载经说中已镌板者，削之过半。见《望溪集·李塨墓志铭》。从善之勇，足资矜式，惜乎习斋不得闻望溪之言耳！且习斋独未见周子之论乐、程子之论礼，与朱子《文集》《语录》中论

---

① 颜元（一六三五—一七〇四），字易直，号习斋，直隶博野人。李塨（一六五九—一七三三），字刚主，别号恕谷，直隶蠡吾人。

② 自限也。

③ 颜元《性理评》，载《颜元集·存性编》卷一。

④ 李塨《颜习斋先生年谱》凡例第二条文。

⑤ 方苞《李刚主墓志铭》，载《望溪先生文集》卷一〇。句末“耳”字刻作“矣”，据方氏文为正。

礼乐之言乎？桴亭、夏峰两大贤，习斋所心折者也，《存学编》中有《上陆孙二先生书》。两贤皆信程朱，胡习斋独驳斥程朱乎？若谓宋代积弱，由于宋儒之讲学。然则周室之积弱可以咎孔子，战国之扰攘可以咎孟子乎？宋之弱，正由于禁止道学，废弃贤人，以天时人事之不臧，龈龈焉责之君子，正大之气不伸，其立言之流弊何如耶？

记曰："教也者，民之寒暑也，教不时则伤世。事也者，民之风雨也，事不节则无功。"① 圣人立教制事，一体一用，一本一末，一虚一实，皆法乎天行消息之存，各有时节，不失其轻重缓急之方。其为道也，如中衢而设尊，过者斟酌，各得其宜。一有偏焉，即相争相害，而不知所止。夫苦心志，劳筋骨，足以强国民之体魄，吾人固当尽力为之。然而五方之民，刚柔迟速，各有性质，不可推移。若以工人之事，使讲道论德者强行之，劳心劳力，一身二任，则是率天下而路，究其极，必将均天下人之心思，均天下人之才智，而心思必日就于蠢愚，才智必尽趋于功利。此犹戴东原之论理欲，必求以欲胜理；焦礼堂之论义利，必求以利胜义；学说虽新，转大有害于世道。况理与事相为体用，岂有不明夫理而不偾事者哉？故钱氏《碑传集》、唐氏《学案小识》，皆不列颜、李二家于理会；曾文正且谓其"胼手胝足，等于许行之并耕"，盖是非之界，有识者固不容不辨也。

咸同间浙人戴子高名望者②，好毁宋儒，见颜氏书大喜，辑《颜氏学记》，以张其声势。朱氏《无邪堂答问》谓："颜、李之学，虽③多偏驳，……戴氏更以己意为去取④。"其说甚正。忆昔时先师黄元同先生尝论戴子高为人，以"忍"字作主，文治谨问："为忍耐乎？为残忍乎？"先生笑曰："戴氏妻孥将饿死，而戴不之恤。'是可忍，孰不可忍'之忍，子谓作何解乎？"然则子高之为人，殆毛西河之流亚。乃三

① 《礼记·乐记》文。

② 戴望（一八三七—一八七三），字子高，以字行，浙江德清人。

③ "虽"字作"已"，据朱一新《无邪堂答问》文为正。

④ "更以己意为去取"句，朱氏原文作"所订恐未免以己意为去取"。

四十年以前，戴氏《论语》，洋洋盈耳，究其心得，皆茫然不知所谓。甚矣！人之好怪也。苏子有言：“其父杀人报仇，其子必且行劫。”① 呜呼！此人心之大忧，所以酿末世之劫运也。悲夫！

陆稼书先生学派论

【释】本文又载《国专月刊》第二卷第四期，一九三五年十二月，页一至三。

近数百年来，能笃守朱子之学，而登峰造极者，其惟稼书先生乎？主敬以立其本，穷理以致其知，返躬以践其实；修身齐家，动必以礼；居官立朝，德必及民，纯乎紫阳家法。惟朱陆同时讲学，略有异同，先生当阳明之后，力辟其学，几有被发缨冠而往救之之意。论者或疑其过激，不知讲道者不独当知其人，并当论其世，先生之辟阳明，不得已也。其议论本末，备详《三鱼堂集》中；而与汤潜庵先生往复之书，剖析理窔，极尽精微，尤足征大贤气象。兹先节录两先生书，断以鄙意，庶后之景仰高山者，可以拾级而登焉。

陆先生《上汤先生书》曰：“窃以为孔孟之道，至朱子而大明，其行事载于年谱行状，其言语载于文集语类，其示学者切要之方，则见于《四书集注》《或问》《小学》《近思录》。其他经传，凡经考定者，悉如化工造物，至矣尽矣，不可以有加矣②。学者舍是而欲求孔孟之道，犹舍规矩准绳而欲成室也，亦理所必无矣。”“自阳明王氏目为影响支离，倡立新说，尽变其成法，知其不可，则又为晚年定论之书，援儒入墨，以伪乱真，天下靡然响应，皆放弃规矩，而师心自用。”“故尝窃谓今之学者，必尊朱子而黜阳明，然后是非明而学术一。”“若以诋毁先儒为嫌，则阳明固尝比朱子于杨墨洪水猛兽矣。是以古之诋毁先儒者，莫

① 苏轼《荀卿论》文。

② “不可以有加矣”句脱，据陆氏《三鱼堂文集》卷五原文补入。

若阳明也。”“学术之害，其端甚微，而祸最烈。故自古圣贤，未尝不谦退贵忠厚，而于学之同异，必兢兢辨之，其所虑远矣。不然，当今之世，有能真实为阳明之学者，其贤于庸恶陋劣之徒，相去不万万耶？何为其议之也？”“昔孟子于伯夷、柳下惠，推为圣人百世之师，至于论知言养气，则曰‘乃所愿，则学孔子也’，夷与惠皆不得与焉。盖天下有兴起之师，有成德之师。兴起之师，廉顽立懦，能拔人心于陷溺之中；成德之师，切琢磨礎，能造人才于粹精之地。使以兴起之师，而遂奉为成德之师，则偏僻固滞，其弊有不可胜言者矣。”①

汤先生答书②曰：“先生正学清德，为人伦师表，某私心向慕久矣。”“独谓某不欲学者诋毁先儒，是诚有之，然有说焉。某少无师承，长而荒废，茫无所知，窃尝泛滥诸家，妄有论说。其后学稍进，心稍细，甚悔之。反覆审择，知程朱为吾儒之正宗，欲求孔孟之道而不由程朱，犹航断港绝潢而望至于海也，必不可得矣。故所学虽未能望程朱之门墙，而不敢有他途之归。若夫姚江之学，嘉隆以来，几遍天下矣③。近来④有一二巨公，昌言排之，不遗余力⑤，姚江之学遂衰，可谓有功于圣道矣⑥。然海内学术之漓日甚，其故何欤？盖天下相尚以伪久矣。今天下深明理学者固众，随声附和者实多。更有沈溺利欲之场，毁弃坊隅，节行亏丧者，亦皆著书镂板，肆口讥弹，曰‘吾以趋时尚也’。亦有心未究程朱之理，目不见姚江之书，连篇累牍，无一字发明学术，但⑦抉摘其居乡居家⑧隐微之私……其用心亦欠光明矣。”“台谕曰‘阳明尝比朱子于洪水猛兽，是诋毁先儒，莫阳明若也……’窃谓阳明之

① 陆陇其《上汤潜庵先生书》，载《三鱼堂文集》卷五。

② 汤斌答书附录在陆陇其《上汤潜庵先生书》后。

③ “矣”字脱，据汤斌答书补入。

④ “来”字脱，据汤斌答书补入。

⑤ “不遗余力”句脱，据汤斌答书补入。

⑥ “可谓有功于圣道矣”句脱，据汤斌答书补入。

⑦ “无一字发明学术，但”脱，据汤斌答书补入。

⑧ “居乡居家”句脱，据汤斌答书补入。

诋朱子也，阳明之大罪过也，于朱子何损？今人功业文章未能望阳明之万一，而止效法其罪过，如两口角骂，何益之有？”“故某以为欲明程朱之道者，当心程朱之心，学程朱之学，穷理必极其精，居敬必极其至。喜怒哀乐，必求中节；视听言动，必求合礼；子臣弟友，必求尽分。久之人心咸孚，声应自众。即笃信阳明者，亦晓然知圣学之有真也，而翻然从之矣。”“今天下真为程朱之学者，舍先生其谁归？故某将奉大教为指南焉。”①

文治曰：观二先生之言，非《易传》所谓“君子以同而异”者乎？稼书先生语人曰：“汤先生书是《孟子》‘反经’章意，某书是《孟子》‘好辩’章意。”然则先生之辟王学，果出于不得已也。盖阳明之学，一传而为王龙溪，再传而为周海门，名汝登。三传而为陶石篑，名望龄。屡传而屡失其本真，无善无恶之说盈天下，束圣经贤传而不读，惟以播弄精神，谈口头禅为事，任心蔑性，谓满街是圣人。潜庵先生曰：“象山传杨慈湖，失其为象山。阳明传王龙溪，失其为阳明。”盖自隆万以后，所谓致良知者，非爱亲敬长之谓，更非先知先觉之谓矣。非稼书先生力辟之，圣道不沦胥者几希！且夫学圣人者，熟读圣经，反之于身，体之于心而已。

圣经之言“静”曰：“至静而德方”，“乾其静也专，坤其静也翕”，“定而后能静，静而后能安”，如是而主静，何有于空虚乎？

圣经之言“敬”曰：“君子敬以直内”“敬事而信”“修己以敬”“居敬而行简”，如是而主敬，何有于空虚乎？

圣经之言“理”曰：“易简而天下之理得”，“穷理尽性以至于命”，“不能反躬，天理灭矣”，如是而穷理，何有于空虚乎？

故程朱之学，道在尊经；阳明之弊，患在荒经。然而为程朱学者，处事不免拘虚，为阳明学者，处事较能灵敏，要在善师其所长耳。稼书

① 汤斌答书，附录在陆陇其《上汤潜庵先生书》后，载《三鱼堂文集》卷五。

先生曰："当今之世，有能真实为阳明之学者，其贤于庸恶陋劣之徒，相去不万万耶？何为其议之？"至哉言乎！即如雍乾以后，鲜有治阳明之学者，而士林中方鳃鳃然辟之，屏同志而隘门墙，是亦不可以已乎！孔巽轩之诋宋学曰："略窥语录，便诩知天；解斥阳明，即称希圣；信洛学之尽善，疑孟氏之醇，其说空空，其见小小。"其箴规之也至矣。先师镇洋王文贞公，笃守程朱者也，尝诏文治曰："程朱亦有流弊。"近时学人，每自谓从陆王入手，后乃恍然大悟，归于程朱。实则并无其事，不过趋时髦而已。此则稼书先生之罪人也。

更有进者，世人每诋理学为不合于时，不适于用。不知天下之大功业，必本于性理。试观稼书先生之功业何如哉？

先生治嘉定，一以锄豪强、抑胥吏、禁奢汰、变风俗为主，二年邑大治。及去职，里民刻木为位，旌幢鼓吹，迎归以祠者，日数十辈，凡两月乃已。其治灵寿，逢朔望必诣圣庙，为诸生讲四书，遂成《松阳讲义》。且言于上官，非大恤民力不可，复条陈巡抚六事：一，缓征宜请；二，垦荒宜劝；三，水利当兴；四，积谷宜广；五，存留宜酌复；六，审丁不宜求益额。及遇荒赈济，躬为部署，驱驰山谷，夜以继日。迨其去也，邑民攀留，如去嘉定时。

居御史台时，言亲睹小民疾苦，不敢不上闻，复力争保举蠲纳，论者以为迟误军需。先生因俸满遂归，闭门苦读，卒之日，四方学者闻之，莫不衋伤。嘉定之民，相率来哭者踵相接。呜呼！亦可见三代之人心矣。其《治嘉》《遗迹》①，为邑宰者，不可不熟读也。

《四库提要》谓"先生一生，非徒以讲明心性为一室之坐谈，其两为县尹，一为谏官，政绩卓卓可纪，盖体用兼优之学，而其门人侯铨等，乃以奏议公牍确然见诸行事者，别为外集。夫圣贤之道，本末同源，心法治法，理归一贯。《周礼》皆述职官，《尚书》皆陈政事，周

① 陆陇其《治嘉格言》与《莅嘉遗迹》。

公、孔子初不以是为粗迹；即黄榦编朱子诗文，亦未尝薄视论政之文，挥而外之”① 云云，斯言颇得体要，惜当时编集者，未见及此。

嗟乎！余观潜庵先生之治吾苏，视民如伤，感情极挚。先生治嘉定、灵寿，政绩与之相埒，惟其学道，是以爱人若此②。论陆汤二先生学派，不禁心乡神驰，恨不能执经受业于其旁也。

李厚庵先生学派论

治国以求才为本，故救国必以教育人才为先，《易传》谓：“崇高莫大乎富贵。”非世俗之富贵也；惟能养人，乃谓之真富；能教人，乃谓之真贵，良贵是也。然必在己先有至正至大之学问，而后可以育才。若自尸于高明之地，不能陶铸人才；或学非顺非，艰僻自是，转以戕贼人才，则为世之大蠹矣。

昔盛周时，《棫朴》《菁莪》，仁人有德③，曾文正序《先正事略》谓：“济济多士，皆出于文王之教。康熙、雍、乾后，人文蔚起，则皆出于圣祖之教。”④ 谅哉言乎！然吾溯殷之兴以伊、傅⑤，周之兴以周、召⑥，唐之兴以魏、陆⑦，宋之兴以韩、范、富、欧⑧，自来圣哲之君，必赖贤相以辅之，然后承流宣化，教泽至一二百年之久。若李厚

---

① 《四库全书总目提要》卷一七三集部《三鱼堂文集提要》文。

② 《论语·阳货》载言偃述孔子教诲之言曰：“君子学道则爱人。”

③ “棫朴”皆高大茂盛之木，见《大雅·文王之什》，《毛诗序》云“《棫朴》，文王能官人也”，言周文王知人善任。菁莪则是水草之名，乃《小雅·菁菁者莪》一诗，《毛诗序》云：“菁菁者莪，乐育材也，君子能长育人材，则天下喜乐之矣。”句谓因材之大少而教养造就之，乃仁人之实有德光者也。

④ 曾国藩《国朝先正事略序》原文云：“惟周之文王暨我圣祖仁皇帝，乃阅数百载而风流未沫。周自后稷十五世，集大成于文王，而成康以洎东周，多士济济，皆若秉文王之德。我朝六祖一宗，集大成于康熙，而雍乾以后，英贤辈出，皆若沐圣祖之教。”（《曾文正公文集》卷一）唐先生檃括曾氏大意。

⑤ 伊尹、傅说。

⑥ 周公、召公。

⑦ 魏徵、陆贽，皆犯颜直谏之大臣。

⑧ 韩琦、范仲淹、富弼、欧阳修，宋嘉祐、治平年间贤臣。

庵先生①，其伊、傅、周、召之亚乎？其魏、陆之俦乎？其韩、范、富、欧之等伦乎？盖其学之正且大，不独为一朝之硕辅，实为一代之儒宗也。

考先生之学，无所不精，而壹以性理为主。初承修《朱子全书》，继承纂《周易折中》，后承纂《性理精义》，嗣又自撰《周易通论》《观象》二书，盖先生最邃于《易》学，萃义理之指归，穷象数之阃奥②，天德王道，一以贯之③。凡区区摭拾零文碎义者，举不足道也④。

其论《大学》，“当复古本，不必补传。盖八条目以修身为本，修身以诚意为本”；“自曾子所受于夫子而传之子思、孟子者，一诚而已。《大学》自均平齐治，本之诚意，犹《中庸》《孟子》自治民、获上、顺亲、信友，本之诚身也。诚则有以成己，有以成物，而明德、新民、止至善之道在我，所谓明善格物，盖所以启思诚之端，而非思诚以外事也”⑤。其说与郑君合，与王阳明先生亦合，而唐氏《学案小识》驳之，偏矣。此外所著《学庸语孟解》《毛诗疏》，《尚书·洪范》诸篇之说，及所纂周、程、邵、张、朱子等篇，无非根极性命，开关启钥之书。所论数律算术，皆洞彻原本，贯穿古今，一一可施于实用，利赖无穷焉。

其出而巡抚畿辅也，不立赫赫之名，一惟节俭简易，正己率物，因时之宜，循事之序，故法立而人易遵。察寮吏，饬戎伍，俾洁清者劝，娴练者升。水利、农田、食货诸政，靡不绸缪未然，规厥经久，古称学道爱人之君子，何以过兹？其君臣相得也，契合无间，如石投水，故礼遇弥重。圣祖尝诏廷臣曰：“知光地者莫若朕，知朕者亦莫若光地矣。”

① 李光地（一六四二—一七一八），字晋卿，号厚庵，别号榕村，泉州安溪人，故称安溪先生，康熙九年（一六七〇）进士，官至文渊阁大学士，卒谥文贞。唐先生尊之为社稷之臣与儒学之宗，才学兼备也。然归功于明君之有在，方得尽才。

② 阃奥言核心境域。

③ 天德其体，王道其用，明体达用也。

④ 此综述其学之大体，下依次分述。

⑤ 李光地《初夏录·大学篇》语，载《榕村全集》卷六。

及以疾乞休，则报曰："览卿奏折[1]，朕心惨然，想[2]当时旧臣，近来全无[3]，如卿等者，不过一二人。今朕亦老矣，实不忍言也。"[4] 呜呼！明良之盛，遭际之隆，岂不懿欤？

若夫造就之宏，诸弟子若杨名时、陈鹏年、冉觐祖、蔡世远，并以德望重于时。它如张昺、张瑗、惠士奇、秦道然、王兰生、何焯、庄亨阳，类有清节，通经能文章。而惠士奇《易》学传于惠栋，实出于先生。故论诸明公[5]中善育才者，必以先生为首。昔《孟子》言"君子之泽，五世而斩"，盖古君子宣教明化，规为国是，高明悠远，殚竭精思，其最久者，可垂之数百年，少犹数十年。至于见小欲速之徒，沾沾自喜，无远虑而有近忧，其效不过旦夕之间，而其流弊已立见。是先生学术，至正至大，不涉畸径，不尚歧趋；道德仁义，涵养扩充，根之于心术，形之于道术，施之于治术，壹皆纯且粹焉。故其流风善政，迄于二百数十年，终不可谖也[6]。

而后人犹有訾议之者，一则疑其夺情[7]也，一则疑其进蜡丸书，陈破贼策[8]，近媚君也。夫夺情一事，杨名时之墓碣，彭绍升之事状，皆言上悬缺以待，可知其诬。至媚君之说，更有大谬不然者。夫伦纪之中，父子兄弟以天合，君臣朋友以人合，无论君臣之分与朋友殊，即以交谊论，若感情厚者，遇大事不以忠告，何贵有此负心之友哉？《礼

---

① "览卿奏折"原作"览奏"，据《榕村集》所载为正。

② "想"字原误作"相"，据《榕村集》为正。

③ "近来全无"四字脱，据《榕村集》补入。

④ 文载《榕村集》卷三〇。

⑤ 东汉称名位俱尊者曰明公，相对于明主而言。

⑥ 《诗·卫风·淇奥》云："瑟兮僩兮，赫兮咺兮；有匪君子，终不可谖兮！"《礼记·大学》引此诗曰："有斐君子，终不可喧兮者，道盛德至善，民之不能忘也。"

⑦ 父母丧，守制尚未满期而应上召赴职，曰夺情。

⑧ 杨名时（一六六一—一七三七）《李公光地墓碣》载："庚戌（一六七〇）登第后，由庶吉士授编修。癸丑（一六七三）充会试同考；乞假归省，逾数月，耿孽将为乱。伪以朝命召至福州，及接语，颇见惮，竟不敢明言他志也。先生察其有异，……爰遣人自间道上蜡丸书，陈破贼策；上动容嘉叹，超迁侍读学士。"载《碑传集》卷六"国初功臣·李光地"。

运·大同》之旨，源于七情十义，情必先于义，忠于君，正所以忠于国也。而近人乃讳言“忠”，此国事之所以沦胥也。

张孝先先生学派论

【释】又载《国专月刊》第二卷第二期，一九三五年十月，页一至二。文中记先生亡友张海民之说，与前贤暗合。

国初传孟子学者，顾亭林、张孝先①二先生而已。或曰：“亭林先生卓然清节，浩然正气，固似孟子矣。孝先先生传洛学者也，何言乎学孟子？”曰：当于其平生言行考之，非可以形迹求也。

先生之言曰：“天地大矣，立三才之中，必能与天地同体，而后不愧于天地。圣贤往矣，生百世之下，必能与圣贤同心，而后不负乎圣贤。学者立志，可不远且大哉？”② 是其志气，固以充然塞乎天地之间。王子垫问曰：“士何事？”曰：“尚志”，“居恶在？仁是也。路恶在？义是也”③。读其言而不知奋兴者，无志之士，即无耻之徒也。

至其讲“待文王而后兴者”一章，则谓：“只一‘待’字，断送了④古来多少人，故因循最是害事。有待而兴，便是凡民；凡民自甘为凡民，非天有以限之。无待而兴，即是豪杰；豪杰自命为豪杰，非人有以助之。”信哉此言！亡友镇洋张君海民⑤尝谓：“天地生人，本无二致，在人好自为之。为豪杰即豪杰，为凡民即凡民。”其意与先生暗合。

且《孟子·告子》一篇，先辨性，后论心，而继以“天爵人爵”

---

① 张伯行（一六五一——一七二五），字孝先，号恕斋，河南仪封。康熙二十四年（一六八五）进士，官至礼部尚书，居官清廉而闻。

② 张伯行《困学录集粹》卷一文。

③ 《孟子·尽心上》文；王子垫，赵岐《孟子章句》注云：“齐王子名垫也。”

④ “了”字脱。

⑤ 张海民乃唐先生学侣，长先生两岁，年二十一病逝，详唐先生所撰《张海民遗集序》，载《唐文治文集》“书序类”。

与“良贵”二章，何哉？凡人功名富贵之念闭锢于中，则心性为之迷惑，而日丧其本真，《庄子》曰：“丧己于物，失性于俗者，谓之倒置之民。”彼其用心既倒置矣，文绣被于体，膏粱厌于口，堂高数仞，榱题数尺，适于身，诡诡之声音颜色，距人于千里之外，久之，渐不知人间有廉耻事矣。《孟子》七篇所以首辨义利，而于“鸡鸣”章、“宋钘”章，更不惮反复言之。先生之言曰：“天下事多坏于伪君子。……而其最不能假者，每在利害之间。盖见利必趋，见害必避，乃小人之真情也。……观人者，亦观其喻义者为君子，喻利者为小人而已。”① 而又解《孟子》“未免为乡人”句，谓：“不特庸庸碌碌与世浮沉者为乡人，即志趋远大，德业闻望无所表见者亦乡人也。不特一介匹夫，侧身寒微者为乡人；即公卿大夫，不能建立功勋、法今传后者亦乡人也。”② 先将乡人二字辨得明白，而君子之所忧可知矣。

又曰“今之学者，只求做官，不求做人。求做官自不暇求做人，求做人自不暇求做官，此两事也。而做人好，做官自好；做官好，必由于做人好，此又相因者也。若不求做人，只求做官，决不能为好官；不求做官，但求做人，断未有不为好人者也。学者须是急求做人，莫要急求做官”③ 云云。后世做官、做人截然分为二事，俗谚相传“官者非人所作”，于是天下生民之祸，不忍言矣。吾尝谓义利之界，人心生死之关也。私利之心胜，公利之事败，一身未有不危，一家未有不灭，一国未有不亡者。《孟子》一则曰“放其良心”，再则曰“失其本心”，痛乎！哀莫大于心死也，皆利之为害。呜呼！富贵不能淫，贫贱不能移，威武不能屈，大丈夫尽其在我者而已矣。

夷考先生服官，为济宁道时，值岁饥，携家资数万，赈活数千万人；所属仓谷，不待申请，辄行赈粜，几以此得罪而不顾。自为中书，

---

① 张伯行《困学录集粹》卷一文。
② 载唐鉴《国朝学案小识》卷首。
③ 张伯行《困学录集粹》卷一文。

洊历①内外，终大宗伯，常俸之外，未尝受一钱，寸丝粒粟，皆取之家中。恶古节度之进羡余以自浼者，凡有公余，悉为恤民养士之费。当是时，中外大吏虽多清白廉洁之士，然未有能及先生者，是以圣祖每称为“天下第一清官”。《孟子》曰：“非其道也，非其义也，一介不以与人，一介不以取诸人。”方之元圣，何多让焉？

文治幼年闻父师之训，皆谓人生溺于私利，即无上达之日，而先师王文贞公课读《孟了》尤勤。今观先生之学，不啻针芥之合。爰表而出之，以为上继《孟子》。至先生继往开来之功，搜辑先儒遗书至富②，为自来所未有，后人类能道之③，故不著。

朱止泉、王白田先生学派论

【释】本文表出其二氏朱子学乃出以“实事求是”之治学原则。文又载《国专月刊》第二卷第五期，一九三六年一月，页一至四。

朱先生讳泽沄④，字湘淘，别字止泉，江苏宝应人。少不好弄，初入小学，即蹈规循矩若成人。十八岁，读《性理大全》。二十四岁，立课程，依《程氏读书分年日程》行之，数年乃卒业。三十岁，作《周易本义程传异同辨》。三十一岁，始留心经世之学。三十二岁，得张子《理窟》、《二程遗书》，反身体察，三复之，于性命之理，益有会心，由是尽屏杂书，专肆力于《论孟精义》《或问》《中庸辑略》，参以《语类》，玩味久之，乃有会心于孔孟之心传。三十六岁，旁涉诸史，兼究心天历，谒泰州谕德陈厚耀，归自制《浑天图》《中星说》《岁差论》《答予中王氏论七月流火书论》《唐历中星》诸篇，皆是时作也。

① 洊历谓历任之意。

② 有《性理正宗》四十卷、《伊洛渊源续录》二十卷、《二程语录》十八卷、《朱子语类辑略》八卷、《濂洛关闽书》十九卷、《养正类编》十三卷、《学规类编》二十七卷等。

③ 参唐鉴《学案小识》卷一“传道学案”之“陆桴亭先生、张孝先先生学案小识”。

④ 朱泽沄（一六六六—一七三二），乃唐先生心折之学人。

三十八岁，复从事舆地之学，作《禹豫冀河辨》《兖河辨》《宋史黄河论》。三十九岁以后，由博返约，壹意于洛闽之学。四十五岁，绎《文集》《语类》① 数月，涵养未发之中，虚静专一。

四十六岁，读《玉山讲义》诸篇，乃恍然于朱子穷理集义功夫，真积力久，向发端处著力体验扩充。既而透得寂然不动，体常涵用之本，举平日所体验者，会于未发之中，融豁贯通，一理浑然，如明镜止水，而端倪即自此发生。于是从体验端倪，穷究本原，集义主敬；积之数年，觉义理亲切，日用之间，思虑方萌，凡恻隐羞恶之发，历历分明。即事物未至，思虑未萌，而吾心温厚公平之本体，常存不失，与前此空薄虚寂之体段不同。逾二年，益恍然于朱子之学：未发之时，万理毕具，此心之全体呈露；已发之际，因物付物，此心之妙用显行。体立而用自此出，用行而体自不摇，敬义夹持，动静互根。上以印孔门博文约礼、《大学》格致诚正、《中庸》明善诚身、《孟子》尽心养性之旨，而因溯诸尧舜，明精一之蕴，盖遥相契合，无毫发之间。乃知道问学莫如朱子，尊德性亦莫如朱子。六十岁，充养益纯，穷格益精，日用动静，浩然自得，尝谓："天地阴阳、日月风雷，以至山川草木、鸟兽禽鱼、一切飞翔动植之属，莫非天理流行，充塞蟠际，无所间缺。玩而乐之，活泼洋溢，更何有内外大小之分？"六十七岁卒。

先生交游，皆以道义。尝讲道东林，通书关内。至显贵，则介然自守，不轻一见。雍正六年（一七二八），奉诏内外大臣各举所知一人，直隶副总督刘师恕拟疏荐先生，先生坚卧不起。然有虚心求教者，未尝不叩端以竭焉。枝江知县乔汧问吏治之法，先生书《牧民二十四则》与之，曰洁己、曰仁心、曰敬和、曰俭朴、曰勤劳、曰精详、曰关防、曰劝农、曰催科、曰积贮、曰田亩高下肥瘠、曰户口贫富、曰访问利病、曰不轻签差、曰正风俗、曰礼贤、曰重祭典、曰表先哲、曰褒扬孝弟节

① 指《朱子文集》及《朱子语类》。

烈、曰兴学校教士教民、曰清盗、曰敬老、曰清讼、曰惩奸。所著有《合意编》《止泉文集》《朱子圣学考略》《宗朱要法》《朱子诲人篇》等书。崇祀无锡道南祠。

王先生讳懋竑[①]，字予中，别字白田，江苏宝应人。世为儒家，叔父式丹以诗文名，康熙四十二年（一七〇三）赐进士第一人，世所称楼村先生者也。先生少从叔父学，即自刻厉，又与方先生望溪交，笃志经史，耻为标榜之习。康熙戊子（一七〇八）举乡试，又十年，成进士，年已五十一矣。诸巨公多物色之，先生皆坚谢，尝云："黄陶庵有言：'人止羡三年中之一人，不知更有数十年数百年之人。'此语殊足念也。"时太仓王相国[②]、常熟蒋相国[③]补荐三人皆馆选，先生皆未一往。适蒋公五十生辰，或约往祝，亦谢之。有笑其拙者，先生曰："正欲为天地间留此一脉耳。"逾年，改就安庆府教授，重建培元书院，以学行造士，语学者曰："人一号为名士，无足取矣。"雍正元年（一七二三），世宗手谕调用，先生应召，授编修，上书房行走。时同直者皆负一时重望，而先生尤邃于经术，元元本本，有叩即应。明年，丁母忧，世宗将夺情起用，先生乞病不出，时年未六十也。

性耿介恬淡，少尝谓友人曰："老屋三间，破书万卷，平生志愿，足于斯矣。"归田后，杜门著书。当路要人，虽素亲厚，未尝以竿牍及之。晚年校定《朱文公年谱》，于《文集》《语类》考订尤详。谓《易本义》前九图、《筮仪》及《家礼》，皆后人依托，非文公所作，其略曰："朱子于《易》有《本义》、有《启蒙》，与门人讲论甚详，而九图曾无一语及之。九图之不合于《本义》《启蒙》者多矣，门人何以绝不致疑也？《本义》之叙画卦云：'自下而上，再倍而三，以成八卦。

① 王懋竑（一六六八—一七四一）。

② 王掞（一六四五—一七二八），字藻儒，太仓人，康熙九年（一六七〇）进士，官至文渊阁大学士。

③ 蒋廷锡（一六六九—一七三二），字酉君，号南沙，常熟人，康熙五十六年（一七一七）擢内阁学士。

八卦之上，更加八卦，以成六十四卦。’初不敢参以邵子之说，至《启蒙》则一本邵子。而邵子所传，止有《先天图》，其《伏羲八卦图》《文王八卦图》，则以《经世演易图》推而得之。同州王氏《汉上朱氏易》皆有此二图，而《启蒙》因之。至朱子所自作横图六则，注大传及邵子语于下，而不敢题云《伏羲六十四卦图》，其慎重如此。今乃直云《伏羲八卦次序图》《伏羲八卦方位图》《伏羲六十四卦次序图》《伏羲六十四卦方位图》，是孰受而孰传之耶？《变卦图》，《启蒙》详之，盖一卦可变为六十四卦；彖传变卦，偶举十九卦以为说尔。今图卦变皆自十二辟卦而来，以《本义》考之，惟《讼》《晋》二卦为合，余十七卦皆不合，其非朱子之书明矣。《筮仪》之文亦不类朱子，《文集》《语录》，自《家礼序》外，无一语及。《家礼》者，惟《与蔡季通书》有‘《家礼》四卷’之语，此《仪礼传通解》中《家礼》六卷之四，非今所传之《家礼》也。勉斋作行状，在朱子殁后二十余年，其时《家礼》已盛行，故不欲公言其非，但其词略而不尽，其书《家礼》后，谓‘《经传通解》未成，为百世之遗恨’，则其微意亦可见矣①。”

同邑朱止泉先生潜心朱学，据《答南轩书》云“敬贯动静，而以静为本”，谓必从主敬以透主静消息，先生辩之曰：“人之有动静也，犹其有呼吸也。静则必动，动则必静，论其循环，则有互根之妙；论其时节，则有各致之功。朱子《已发未发说》作于己丑②（一一六九），有‘以静为本’之语，甲午（一一七四）、乙未（一一七五）以后，不复主此说矣。”③

先生于诸史皆有考证，切实赅博，不为抑扬过激之论。其他著作极多，撰述已刻者，《白田草堂》二十四卷、《朱子年谱》及《读史记疑》若干卷。晚年贫甚，布衣蔬食，恬然安之。疾革时，作诗训子曰：“人

① 此否定《家礼》为朱子之作品，以证伪唯一记载《筮仪》之成文证据。

② 指《已发未发第三书》，内容同《与湖南诸公论中和第一书》。

③ 朱泽沄《答南轩书》文，见引于钱大昕《潜研堂文集》。

之立身，惟孝与忠。恕以接物，慎以持躬。读书考古，其益无穷。守此不失，先世遗风。垂殁之言，汝其敬从。”① 其践履笃实如此。

文治按：汉班固述河间献王传经之法曰“实事求是”，后人据此以为汉儒师法。窃谓岂独汉儒为然？治宋学者，亦当本此四字。朱子《论读书法》：“前一章未通，不得读后一章；上一节未通，不得读下一节。至于推及句法，非当合上下文融会贯通之者，上一句未通，不必研究下一句。”② 朱、王二先生③即以朱子读书之法读朱子之文，尝读其评点《朱子文集》，订年月，辨异同，务使归于至当，还朱子之真于千百年之后。而白田先生尤为精详，一字之定，万义纷陈，且旁及史事各家，栉文梳义，往往以单辞引证，解后人聚讼之纷，其有功朱子，盖不下于勉斋、北溪诸贤④矣。

又尝综览二先生文集，知其于朱子之学，不第精审而已，复加之以贯串；不第贯串而已，复加之以心体力行。止泉先生辑《圣学考略》，历十年始成，而其集中《朱子未发涵养》二篇⑤，又《读朱子与陈超宗、程允夫、何叔京三书》《答黄直卿书、太极说、仁说诸篇》《答程允夫书》⑥，白田先生《玉山讲义考》《朱子答江元适书、薛士龙书考》，辨析理奥，精细入毫芒。至于辨主静主敬之说，朱先生似偏重于静矣，而其作《晚年定论评》，则于阳明学不少假借。王先生似偏重于敬矣，而其辑《朱子年谱》附录，则颇专主于涵养。然则二先生

---

① 以上王懋竑出处言论，出王箴听《先考王公府君行状》，载《白田草堂存稿》卷八末附录。

② 朱子《朱子语类·读书法下》云：“凡读书，须有次序。且如一章三句，先理会上一句，待通透；次理会第二句，第三句，待分晓；然后将全章反覆紬绎玩味。如未通透，却看前辈讲解，更第二番读过。须见得身分上有长进处，方为有益。”又《朱子语类·语孟纲领》曰：“大凡看经书，看《论语》，如无《孟子》；看上章，如无下章；看‘学而时习之’未得，不须看‘有朋自远方来’。且专精此一句，得之而后已。又如方理会此一句未得，不须杂以别说相似者。次第乱了，和此一句亦晓不得。”唐先生概括大意。

③ 指朱泽沄、王懋竑二氏。

④ 指黄榦与陈淳。

⑤ 朱泽沄此篇集中题《朱子未发涵养辨》二篇，载《止泉先生文集》卷七“杂文”。

⑥ 以上二篇，唐先生省题目中“读朱子”三字，以首篇蒙下文也。

各有心得，务在“实事求是”，无丝毫成见于其间，岂容畸轻而畸重哉？且二先生于全体大用，更无不贯彻者也。朱先生天文地理学靡不研究，《告牧令二十四事》尤掌民者所当确守。王先生以经术通治术，惜未尽其用耳。

或曰：“圣人以邦有道贫且贱为耻。二先生际盛明之世，皆肥遁自甘，空室蓬户不厌，无乃陋欤？”应之曰：圣人言君子谋道不谋食，忧道不忧贫；又言邦有道谷，耻也。二先生盖狷者也，今人与居，古人与稽，素位而行，乐天知命，以视乎趋承炎热者，相去岂不霄壤哉？《易》曰：“履道坦坦，幽人贞吉。”又曰：“不事王侯，高尚其事。”二先生之风，倜乎远矣！

唐镜海、罗罗山、倭艮峰、曾涤生、吴竹如先生学派论

【释】本文通观晚清学术与国运，并征引裘毓麟之说以商略，此与时代对话而非闭门自语者也。

先师沈子培先生尝诏文治：“子勿轻视道咸间人才。”文治谨对曰：“岂特不轻视而已，尔时学术之纯，素所私淑者也。”师大为契合。夫咸丰之时，海宇鼎沸，内忧外患，岌岌不可终日。虽以雄才大略处此，尚虑其无从措手，而卒能转否为泰，化险为夷者，唐镜海①诸先生讲学之功也。余尝有言：“理学盛则国家安以治，理学衰则国家危且乱。”岂不信哉？兹略论其学派如左②。

镜海先生笃守程朱，毅然以斯道为己任，陋室危坐，精思力践，斯

① 唐鉴（一七七八—一八六一），字栗生，号镜海，长沙府善化人；嘉庆十四年（一八〇九）进士，官至太常寺卿；学宗程朱，著《国朝学案小识》以明道统之传，在于正士。《国朝学案小识》乃唐先生常称引者。

② 原书为竖排，故作“左”。

须必合于礼，一时耆硕高位，若倭文端①，若曾文正②，若何文贞③，若吴竹如④，若窦兰泉⑤诸先生，皆相从考德问业，于是后进咸知敬师尊长之礼。当文宗⑥即位后，值东南糜烂于寇，起用先生，文宗询以谁能平此大难，对曰："臣当详思之。"越日复询，对曰："有一人，恐朝廷不能用。"文宗询何人，对曰："曾国藩耳！"文宗默然。越两载，曾遂大用。然则成中兴之业者，固赖有曾文正，实由于镜海先生也。其扶掖贤俊，提倡正学，不愧一代之柱石矣。呜呼！昔伊尹乐尧舜之道，自任以天下之重，先生盖有其胸襟度量。后之忧国者，颦首蹙頞，求贤才而不可得，庸讵知云龙风虎，同气相求，倘得如先生者，矜式群伦，足资师表，则四海之人，皆将轻千里而来，告之以善。"君子道长，小人道消"，天下岂有不太平者哉？

罗山先生⑦乐道安贫，每应试，辄徒步数百里，箪瓢屡空，晏如也，而其平居立志，常超然万物之表。迨视师讨贼，及门弟子若李忠武⑧，若王壮武⑨，若李希庵⑩诸先生，皆相与参究性理之学者，或同

---

① 倭仁（一八〇四—一八七一），字艮峰，蒙古正红旗人，道光九年（一八二九）进士，官至文华殿大学士，卒谥文端。

② 曾国藩（一八一一—一八七二），字伯涵，号涤生，曾子七十世孙，长沙府湘乡人。道光十八年（一八三八）进士，组建湘军，平太平军有功，封一等毅勇侯。官至两江总督、直隶总督、武英殿大学士。卒谥文正。

③ 何桂珍（一八一七—一八五五），字丹畦，号丹溪，云南师宗人，道光十八年（一八三八）进士，官至安徽太广道，后曾国藩上疏追论何氏军功，追谥文贞。

④ 吴廷栋（一七九三—一八七三），字彦甫，号竹如，安徽霍山人，道光六年（一八二六）举人，官至刑部右侍郎。

⑤ 窦垿（一八〇四—一八六五），字子玷、子州，号兰泉，云南曲靖人，道光九年（一八二九）进士，官至江西道御史。

⑥ 年号咸丰。

⑦ 罗泽南（一八〇七—一八五六），字仲岳，号罗山，湘乡人，咸丰元年（一八五一）举孝廉方正，官至浙江宁绍台道，加布政使衔。门人李续宾、李续宜、曾国荃、曾国华、蒋益澧、王鑫皆湘军将领，乃湘军之关键人物。

⑧ 李续宾（一八一八—一八五八），字如九，号迪庵，湘乡人，贡生，咸丰二年（一八五二）在籍协助其师罗泽南办团练，卒谥忠武。

⑨ 王鑫（一八二五—一八五七），字璞山，湘乡人，道光二十八年（一八四八）师从罗泽南，协办湘勇。

⑩ 李续宜（一八二二—一八六三），字克让，号希庵，李续宾之弟，同为罗泽南门人。

殉国难，或克享大名，节义彪炳，凡有血气，莫不闻风兴起。呜呼，盛矣哉！盖先生之学最得力于《西铭》，博求夫仁之体，而得其理一分殊之用，研之精而辨之晰；而其为道，又在严理欲之防，明义利之辨，其于富贵贫贱、祸福死生，泊然无足动其心。盖自其少时艰难困苦，独处荒山之中，而世变之繁赜，民生之疾苦，无一不返之于身，以求其变通屈伸之理。其言语动静，又皆本之以敬，而达之以诚。盖其养之也，充然而自得，故其发之也，沛然而有余，指挥若定，岂偶然哉？《礼》曰："以死勤事，以劳定国。"人第震其功业之隆，而不知其皆本于学问也。《论语》谓："任重道远，仁以为己任，死而后已。"① 微先生，吾谁与归？

曾涤生先生具英雄之略，备圣贤之姿，明物察伦，靡所不究，自小学、理学、经学而外，又精于文学，所选《经史百家杂钞》《古文四象》，牢笼万有，几几乎驾桐城派而上之。而吾亦列之于理学者，以其毕生功业，实以理学为宗，而其日记中涵养一门，与家书中所载切实之行，举足为后世法也。盖本理学发为事功，王文成之后，一人而已。尝以其手书日记就正于艮峰先生，故石印日记中，上方有艮峰评语，一笔不苟，亦可见先辈之勤且慎矣。

艮峰先生虽规模稍隘，而其《致文正书》，劝其优容沈幼丹②，谓："国家多故，正诸贤同心共济之时，即意见少有差池，责己返躬，自能使猜嫌悉化。"可谓忠告之言。其遗书中《辅弼嘉谟》一卷，卓然具古大臣风度，股肱缉熙，所以能和声而鸣盛也。

① 此概括《论语·泰伯》载曾子云："士不可以不弘毅，任重而道远。仁以为己任，不亦重乎？死而后已，不亦远乎？"

② 沈葆桢（一八二〇—一八七九），字幼丹，福建侯官人，道光二十七年（一八四七）进士，官至两江总督兼南洋通商大臣，卒谥文肃。

吴竹如先生研究心性，辨晰精详，表章刘虞卿《理学宗传辨正》①，不遗余力；与方鲁生书力辟禅学，至二十次之多；其《拙修集自序》谓："通籍后得《朱子文集大全》，读而好之，日久渐有味乎其言，虽涉历中外，疲精案牍，其书固未尝不日陈于座右，而其言亦未尝不日悬于心目之间。"余谓先生诚不逮朱子，然于平湖家法②，盖具体而微矣。同时尚有邵位西、何丹溪、窦兰泉、涂朗轩诸先生。邵氏仅传《礼经通论》及《遗集零篇》，何氏仅有《续理学正宗》二卷，窦氏、涂氏著作未见，故从略。

友人慈溪裘君匡庐③之言曰："自清中叶以来，百数十年中，殆无人可称理学家者。清季好学之士，亦有心厌汉学之繁琐无当，反求诸宋学，以修己教人者，唐镜海、倭艮峰二公，治之尤勤。顾唐、倭之学，以平湖、杨园为正宗，外此皆目为异说，唐撰《学案小识》，专标此旨。然陆、张之学，醇正有余，言及精微，已嫌不逮。唐、倭复专宗之，而悉摈其余，则规模更形狭隘，意趣更觉肤浅。是以唐、倭虽有昌明理学之心，而其学卒不能大行于世者，此也。曾文正以名世之英，生平治学，艰苦绝人，其所得亦于近人为最。其治理学，则师确慎而友文端，故其得亦仅至此，不能与有宋诸贤媲美，此尤近代学术中可惜之事也。"斯言也，可谓溯源流、中肯綮矣！

然余谓古人性质不同，学问得力亦异。学程朱者，以居敬穷理为归，其弊也，则为迂滞，为因循；学陆王者，以明心见性为主，其弊

---

① 刘廷诏，字虞卿，河南永城人，道光元年（一八二〇）科试入学，廪贡报捐教职，历任考城、孟津两县学官。孙奇逢《理学宗传》正宗列十一子，计周敦颐、程颢、程颐、张载、邵雍、朱子、陆九渊、薛瑄、王守仁、罗洪先、顾宪成；列陆、王于周、程、张、朱之后。刘氏认为道统承传谱系务必严格，著《理学宗传辨正》十六卷，移陆、王及其门人于附录，以示正统。

② 指平湖陆陇其。

③ 裘毓麟（一八九〇年生），字匡庐，慈溪人。光绪甲辰（一九〇四）应省试舆地科考，毕业于旧译学馆，升入京师分科大学，一九〇三年赴加州大学攻读政治经济，五年归，与钱基博善。其《广思辨录》，乙亥年（一九三五）唐先生为作序，载《唐文治文集》"书序类"。

也，则为空虚，为放旷。正赖后进之士，弥缝其阙，不当借端以攻讦之①。是故善为政者，必集古今人之长，而补其偏；善为学者，必集古今儒之长，而祛其弊。况穷变通久，《易》有明训。《礼》言："广谷大川异制，民生其间者异俗。"②"教也者，民之寒暑也，教不时则伤世。"③圣贤设教，体天立极，必审察乎刚柔缓急、轻重虚实之宜，乃不至于伤世。吾国乾嘉时学术可谓实矣，故咸同诸先生济之以虚；今世治科学者亦可谓实矣，故修身治心者亦必救之以虚。立天下之大本，明万世之正学，斟酌损益，庶几合时措之宜，无有意气门户之争④。植纲常而扶名教，吾国果有盛治之一日乎？其必有真儒者出矣！

① 此有所期望于裘毓麟辈。

② 《礼记·王制》。

③ 《礼记·乐记》。

④ 唐先生《广思辨录序》更尽此衷怀云："且乾嘉后，未有治王学者也。末世利欲薰心，倘有真能治王学者，拔其本而塞其源，方引为同志之不暇，而何为辟之哉？《记》曰：'教不时则伤世。'君子慎之矣。学问、政治，理一分殊，宜论是非，不论新旧。新者果是乎？未必其尽是也；旧者果非乎？未必其尽非也。近世新旧之争，纷呶不已，意气愈嚣，国势愈弱，岂不悲夫？古圣贤之论新者曰：'日新之谓盛德。'又曰：'作新民。'论旧者曰：'人惟求旧。'又曰：'不愆不忘，率由旧章。''通其变，使民不倦。''神而化之，使民宜之。'岂有新旧之见哉？惟求其是而已矣。求是而犹不免千虑之一失，况胶执适莫之私，有不偾天下之事者乎？吾读是《录》，痛旧德之沦丧、新文化之似是而非，不禁掩卷太息也。"此先生宣示学术大同之苦心也。

性理救世书卷三

目　录

读《伊洛渊源录》记
读《考亭渊源录》记
读《理学宗传》记
读《理学宗传辨正》记
读《儒宗理要》记
读《正谊堂全书》记
读《宋元学案》《明儒学案》记
读《宋元学案》再记
读《明儒学案》再记
读《学统》记
读《学案小识》记
读《朱子小学》记
读《近思录》记
读《御纂性理精义》记
读《周子全书》记
读《二程全书》记
读《张子全书》记

读《杨龟山先生集》记
读《罗豫章先生集》记
读《延平答问》记
读《朱文公全集》记
读《御纂朱子全书》记
读《朱程问答》记
读《紫阳大指》记
读《朱子圣学考略》记
读《朱子年谱》记
读《述朱质疑》记
读《张南轩先生文集》记
读《象山先生集》记
读《东莱文集》记
读《叶水心文集》记
读《习学记言》记
读《北溪字义》记
读《文山先生集》记
读《许鲁斋遗书》记
读《程氏读书分年日程》记
读《读书录》记
读《困知记》记
读《王文成全书》记
附录：魏守谟《阳明学流入日本考略》
读《罗念庵先生文要》记
读《龙溪先生集》记
读《学蔀通辨》《王学质疑》《明辨录》记
读《圣学宗传》记
读《高子遗书》记

读《孙夏峰全书》记

读《刘子全书》记

读《陆桴亭先生遗书》记

读《陈确庵先生遗书》记

读《二曲集》记

读《颜李丛书》记

读《陆稼书先生全书》记

读《张杨园先生全集》记

读《汤子遗书》记

读《榕村全书》记

读《正谊堂文集》记

读《理学逢源》记

读《朱止泉先生文集》记

读《白田草堂存稿》记

读《唐确慎公集》记

读《罗山遗集》记

读《倭文端公遗书》记

读《拙修集》记

读书大路第三

文治十五岁时，先大夫授以《御纂性理精义》[①]，命先读《朱子读书法》[②]，与《总论为学之方》[③]，其时已微有会悟。逮年十七，受业于

---

① 《御纂性理精义》十二卷，康熙五十四年（一七一五）指示李光地等二十六位大臣精选《性理大全》成编，其中并收录了康熙研读性理之学之体会，在康熙五十六年（一七一七）成书。

② 《朱子读书法》，原录在《朱子语录》卷一〇及一一，辑录不止一家。马一浮先生复性书院所引蓝印本四卷，分列六项：循序渐进、熟读精思、虚心涵泳、切己体察、著紧用力、居敬持志。钱宾四先生《朱子学提纲》谓："在理学家中，正式明白主张教人读书，却只有朱子一人。"

③ 《总论为学之方》，见载《朱子语类》卷八，强调以圣贤明道为己任。今《朱子语类》以"学"为关键词的类目便占六种之多，依次是《小学》《总论为学之方》《论知行》《读书法》《持守》《力行》等，精神义理贯通。

先师王文贞公之门，命专治性理学。明年，赴省试，拟购理学诸书，苦于无资，先妻郁夫人亟出奁资助之，现藏之《四书精义》《或问》《二程全书》《朱子大全集》等，皆典质而得之者也①。厥后官京师，益广购理学诸书，友人中亦间有以性理书相赠者。讫今数十年，自《正谊》② 及诸先儒全书外，专集计共百余种③，虽自维弇陋，而沉浸其中，有终身知之行之不能尽者焉。

昔端木子之赞圣曰："夫子之墙数仞，不得其门而入，不见宗庙之美，百官之富。"④ 后人读性理书，得其门者寡矣。间有通训诂，讲词章，精科学，聪明而特达者，诏以性理书，或茫然不得其解，是岂性理之高深哉？父师之教不明故也。

抑更有难者，比如《四库提要》一书，皆当时鸿博所修，吾人所心折不遑者，惟其于性理各书，只能考板本源流，此外别无心得，甚至谓明之党祸，由东林诸子造成之；至论朱陆异同，则谓"讲学之士，各随风气，以投时好"。⑤ 绝不能辨别其是非，此气节之所以不伸，而人心之所由迷谬也⑥。

窃不自揆，作《读理学书记》⑦，择其较明著者，以示后学门径。

---

① 事详载先生《自订年谱》。

② 《正谊堂全书》乃理学总集，收书凡六十八种五百二十五卷，先后以正续版刊出。初本乃张伯行（一六五一——一七二五）于闽鳌峰书院纂辑，以书院之正谊堂名书。其辑录程朱以下之作，分编立德、立功、立言、气节、名儒粹语、名儒文集六类，宋以来理学专著大体与源流具备。初刻仅成五十五种，同治五年（一八六六）左宗棠访闽得四十四种，遂踵张氏之意，于正谊堂书局重刊并增益为六十八种，此续刊本三年而成。

③ 谓《正谊堂全书》所未及收罗者，以见研治理学，非徒因袭口说，乃实有得于博习亲师之心得，远过封疆大吏之肤庸浅识也。

④ 《论语·子张》载子贡语。

⑤ 《四库全书总目提要》子部存目之《〈朱子圣学考略〉提要》云："朱陆二派，在宋已分。洎乎明代弘治以前，则朱胜陆。久而患朱学之拘，正德以后则朱陆争诟，隆庆以后则陆竟胜朱。又久而厌陆学之放，则仍申朱而绌陆。讲学之士亦各随风气，以投时好。"此唐先生所言无是无非之虚说。

⑥ 言官修《四库全书总目提要》非但不通理学，且其谬论邪说，足以败坏风俗人心而有余，与圣道大背。此唐先生读书有得，非苟循成见者也。

⑦ 《读理学书记》乃本卷原拟题目。

孟子曰："夫道若大路然，岂难知哉？""舍其路而不由，放其心而不知求，哀哉！"① 兹编，人之正路也，因此以求放心可矣。而或者必欲造作新奇，日颠踣于崎岖荆棘之中，终身不能自拔，屈子《离骚经》曰"路幽昧以险隘""惟捷径以窘步"②，自伐其性不足，遂相与戕伐国性，呜呼！能无为孟子所哀乎？

读《伊洛渊源录》记

是书宋朱子所辑，书成于乾道癸巳（一一七三），记周子以下及程子交游门弟子言行，凡四十八人。初刻于鄂、吴二庠，鄂板在至正癸未（一三四三），吴板在至正己丑（一三四九），后板俱无传。明成化间，孝感张瓒据吴刻本序而重刻之，近丰城杨廉又采取朱子《文集》《语录》中议论，有及于伊洛者，增入各条之下，则更为完备矣。余所藏者，为成都志古堂庚申（一八六〇）刊本③。

据张序云："伊洛之书，当时师友渊源之懿在焉，孔孟精微之绪在焉。矧经考亭先生手自编摩，皆其精神心术之所寓者，譬之龙泉太阿，虽埋伏丰城，而其祥光异气，上干斗牛，自有不可掩者。"《四库提要》谓"《宋史·道学》《儒林》诸传，多据此为之。盖宋人谈道学宗派，自此书始，而宋人分道学门户，亦自此书始。厥后声气攀援，转相依附。……非朱子著书之意也"云云。

余按：《易传》言："君子多识前言往行，以畜其德。"《诗》言："高山仰止，景行行止。"凡先哲之前言往行，苟能常悬心目之间，则涵濡于道德者深，所以蔚成人格者，自然和顺积中，英华发外，绝类离伦而优入圣域矣，较之读《道学传》不更优乎④？至若慕道统之真传，

① 《孟子·告子上》载孟子语。

② 屈原《离骚》原文云："彼尧舜之耿介兮，既遵道而得路。何桀纣之昌披兮，夫唯捷径以窘步。惟党人之偷乐兮，路幽昧以险隘。岂余身之惮殃兮，恐皇舆之败绩。"

③ 成都志古堂刻本凡十四卷。

④ 唐先生指点实行工夫，而非空议门户派性。

奋发自任，更有望于后之学者。

读《考亭渊源录》记

《考亭渊源录》①，余访求数十年不能得。甲戌岁（一九三四），门人钱生萼孙②告余上海书坊有此书，余因以重价购得之③，则日本享保九年（一七二四）刊本，卷首徐阶序及薛氏自序，皆系手书翻刻者。礼失而求诸邻邦，可耻可悲也。

是书为明薛方山先生讳应旂④所编，共二十四卷。卷一，李延平、胡籍溪、刘屏山、刘白水四先生。卷二，考亭先生。卷三至卷五，考亭学友张南轩先生等七人。卷六至卷二十二，考亭门人，共二百九十五人。卷二十三，考亭门人无记述文字者八十八人。卷二十四，考亭叛徒赵师雍、傅伯寿、胡纮三人。

薛先生自序谓是编系宋端仪原本，而己为之删订增补者；其自书《目录后》曰："余三十年前，从事举业，出入训诂，章分句析，漫无归著。一旦闻阳明王公之论，尽取象山之说读之，直闯本原，而功夫易简……遂以为道在是矣。如是者又三十年。……年逾五十，犹未能不惑⑤。及罢官归，则既老矣……日以孔孟之书，反覆潜玩，赖天之灵，恍然而悟。始知朱子之言，孔子教人之法也；陆子之言，孟子教人之法也。今观《论语》一书，言心者二，言性者一；克己复礼，惟以告颜

① 《考亭渊源录》，宋端仪（一四四七—一五〇一）撰，薛应旂（一五〇〇—一五七五）重修。

② 钱仲联（一九〇八—二〇〇三），原名萼孙，号梦苕，常熟虞山人，唐先生门人。

③ 此事载先生《自订年谱》甲戌七十岁十二月条，云："自朱子纂《伊洛渊源录》后，明薛方山应旂作《考亭渊源录》，陆清献《三鱼堂集》尝征引之。余访求数十年不能得。今冬，忽得之于上海富晋书肆，共二十四卷，编辑精详，宗旨纯粹，乃东人翻刻明板。其卷端徐阶、薛应旂序，亦系手迹翻刻，洵可宝贵。因叹外人尊崇理学如此，国安得不兴盛哉！"

④ 薛应旂（一五〇〇—一五七五），字仲常，号方山，江苏武进人，嘉靖十四年（一五三五）进士，官至浙江提学使，著有《宋元通鉴》《考亭渊源录》《甲子会记》《四书人物考》《高士传》《薛子庸语》《薛方山纪述》《宪章录》《方山文录》《浙江通志》等。

⑤ 孔子言"四十而不惑，五十而知天命"，五十尚未至不惑，则薛氏自嘲，而言下之意乃为阳明学所误也。

子，而一贯之传，自参、赐①之外无闻焉；其所雅言者，不过《诗》《书》执礼，文行忠信之类……无非欲学者随事随物，无时无处，而不用其力也。……迨至孟子之时，仪、衍②横行，杨、墨塞路，吾道晦蚀，几于尽矣，若不尽出其底里以语之，夫谁与我？此孟子所以一见梁惠，遂言仁义；齐宣易牛，指其是心足王；而性善尧舜之语，直以告之曹交、滕世子，而不少隐焉。其诸尽心知性、养气集义之微，人皆得而闻之，不必及门之士也。……此孔孟一道，而教人之法不同也。然自今观之，孔门之所造就者，不特颜、曾、闵、冉，卓然为殊绝人物，而宰、仲、言、卜之徒，皆彬彬君子也。若孟氏之门，乐克、告子，号称高弟，已不当与孔门下士并论，而公孙丑、万章之徒，直众人耳，此其故可知矣。盖孔门之闻道也难，故多务为近里着己、精思实践之功，而随其分量，各有所得；孟门之闻道也易，而身心性命之教，率皆视为常谈，而入耳出口，漫不经意，以故鲜有所得，此其理与势，盖有必至者耳。象山之门，东南之士，群然趋之，而其所成就，自杨敬仲、袁和叔、沈叔晦、舒元质之外，罕有闻焉。考亭之门，则自黄直卿、蔡季通以下，率多名儒硕士。凡修己治人之道，化民成俗之功，行之当时，而传之后世。凡列兹录者，具在史册，历历可考见也。”③

余按：此说虽未必果确，而言之有故，持之成理，足征先生之学，非尽出于阳明，故《明儒学案》谓：“先生尝及南野之门，而一时诸儒，不许其名王氏学也。”④ 余家藏日本版理学书凡三种，是编外，尚有《罗豫章先生集》及《学蔀通辨》，而《豫章集》跋文谓日本家挟程朱之书，呜呼！彼其国所以强盛也乎？

① 孔子门人曾参与端木赐。

② 张仪与公孙衍。

③ 薛应旂《考亭渊源录》目录后文，先生删略部分内容。

④ 黄宗羲《明儒学案》卷二五《南中王门学案·薛应旂传》文。

读《理学宗传》记

容城孙夏峰先生，世知为豪侠气节之士，实则理学真儒也。所辑《理学宗传》二十六卷，列周子、二程子、张子、邵子、朱子、陆文安、薛文清、王文成、罗文恭、顾端文十二子为正宗；后列《汉隋唐儒考》《宋元儒考》《明儒考》，端绪稍异者为“补遗”①。

先生自序谓：“学之有宗，犹国之有统，家之有系也。系之宗有大有小，国之统有正有闰，而学之宗有天有心。今欲稽国之运数，当必分正统焉；溯家之本原，当先定大宗焉。论学之宗传而不本诸天者，非善学也。”又谓“近古之统，元其周子，亨其程张，利其朱子。……姚江非紫阳之贞乎？昔周元公接孔子生知之统，而孟子自负为见知。静言思之，接周子之统者，非姚江其谁与归？”② 云云。盖先生之学，主重心宗，故其立论不无稍偏。而其门人汤文正公斌，序是书大义谓：“其明天人之归，严儒释之辨，盖五经、四书之后，吾儒传心之要典也。”③其推尊师法为特至矣。

读《理学宗传辨正》记

【释】唐先生在本书刊出后，于一九三九年又因重抄此书而撰《理学宗传辨正钞本跋》，可与此读书记互参，原文载《茹经堂文集》四编卷六，今收录《唐文治文集》“序跋类”。

自夏峰先生辑《理学宗传》，阅二百年而《辨正》之书作，盖咸丰时刘廷诏虞卿先生④所辑也。是书列周、程、张、朱五子为正传，汉唐诸儒为列传，退陆、王诸先生于附录。

---

① 据孙奇逢《理学宗传自序》文。

② 孙奇逢《理学宗传自序》文。

③ 汤斌《理学宗传序》文，载孙奇逢《理学宗传》卷首。

④ 刘廷诏，字虞卿，河南永城人，道光元年（一八二一）科试入学，嗣由廪贡报捐教职，历任考城、孟津两县学官，后以忧归。

先生自序谓“孙先生于理学详哉言之，顾理无二致，学只一途。理学之所宗所传，而不取于一正，恐其以异学乱正学，而宗失其宗，传失其传，裂道术而二之也，是安可以勿辨”云云。原书未列作者姓名，后为吴竹如侍郎①访得之，遂付诸梓，并附罗罗山先生《王学辨》于后，可谓明辨以晰矣。

顾论者或病其有门户之见，实则当时孙先生倘列周、程、张、朱五子为正宗，其余均为列传，则此书亦可不作。吾辈信道宜笃，执德宜宏，但求得斯道之精微，不必断断于门户间也。

读《儒宗理要》记

是书署名国初江苏督学使者张能麟②撰。先生自序谓“理者先天地，生万物，而儒者赞化育，参三才者也。故天地间一日非理，则不可以为天地；而一日非儒，则不可以为人。夫人心不明，理学之不彰也。理学不彰，儒术之不著也。窃谓古今先后之儒皆儒也，而儒必有其宗；天地万物之理皆理也，而理必有其要。若周、程、张、朱五子者，上以续往圣不传之绪，下以开来学入德之门，自孔孟后，以儒而言，则固儒之宗也。举五子，则凡为理学而称儒者，皆可即此该之矣”云云。

余考陆桴亭先生所著书目，有《儒宗理要》六十卷，则此书实出桴亭先生之手，篇中绪言，大抵皆本于《思辨录》。而朱子书分类，列“格致”“诚正”“修齐”“治平”“天道”“人道”诸目，亦与《思辨录》相合。盖张先生督学江苏时，聘桴亭先生入幕，编辑理学书；桴亭先生以原书授之，删节过半，为二十九卷③。现坊间传本绝鲜，惟

---

① 吴廷栋（一七九三—一八七三），字彦甫，号竹如，安徽霍山人，道光五年（一八二五）拔贡，同治二年（一八六三）入为大理寺卿，寻擢刑部侍郎，故称侍郎。

② 张能麟，字玉甲、西山，顺天大兴人，顺治四年（一六四七）进士。“麟”一作“鳞”。

③ 详参本书卷二《陆桴亭先生学派论》。

余与王君丹揆①家有藏本，皆在北京时所得也。学者读之，有以窥理学之门径，撷五子之精华。盖于《近思录》外扩充之，极其精博，较诸《理学宗传》，有纯而无疵矣②。

读《正谊堂全书》记

仪封张孝先先生正学明德，体用兼赅，笃嗜性理之学，先后刊儒先书及己所著书，不下八九十种。《全书》义例，约分五门，一曰“立德部”，二曰“立功部”，三曰“立言部”，四曰“气节部”，五曰“名儒粹语”。据公自序，“立德部”以周、程、张、朱五子为宗，龟山、和静、上蔡、豫章、延平、张南轩、黄勉斋、陈克斋、许鲁斋、薛敬轩、胡敬斋与焉。“立功部”所收书，为诸葛武侯、陆宣公及宋、韩、范、司马五君子。“立言部”所收书，为韩、柳、欧、曾、王、苏八大家。“气节部”所收书，为文山、叠山、正学、椒山、大洪五忠臣。“名儒粹语”所收书，为《二程粹言》《薛氏读书录》《胡氏居业录》等。此其大略也。

惟先生所刻书既多，卷目遂不可考。据福州《鳌峰书院志》述所刻书有五十五种。至左文襄公宗棠督闽时，重刻《正谊堂全书》，共六

① 王清穆（一八六〇—一九四一），字希林，号丹揆、农隐老人，崇明人。光绪三十年（一九〇四）南洋公学改隶商部，商部委派王氏接收。次年春王氏代表商部到校宣布杨士琦为监督，改校名为商部高等实业学堂。同年秋杨士琦调京，监督一职由王清穆代理。唐先生撰有《崇明王丹揆先生传》。

② 唐先生有取于是书，见本书序。

十八种①。究竟孰为原刻所有，孰为原刻所无，亦莫能详。总之，是书集先儒之大成，穷理学之阃奥，极宇宙之伟观，未有若斯之盛者也。闻辛亥之变，左文襄所刻书板，半毁于火，可痛孰甚！后有君子，能重刻之，维持斯道，则功不在禹下矣。

读《宋元学案》《明儒学案》记

《宋元学案》一百卷，余姚黄梨洲先生未及成书，鄞县全谢山先生补修之②；《明儒学案》六十二卷，则梨洲先生原本也。梨洲先生为忠端③贤嗣，刘蕺山先生高弟，是二书采择宏博，卷帙浩繁，汤文正公谓

① 张伯行辑、杨浚重辑《正谊堂全书》福州正谊书院刊本收书六十二种，同治光绪间续刊收书五种，凡六十七种，共一六〇册，书目如次：《周濂溪先生全集》十三卷；《二程文集》十二卷；《张横渠先生文集》十二卷；《朱子文集》十八卷；《杨龟山先生集》六卷；《尹和靖先生集》一卷；《罗豫章先生文集》十卷；《李延平先生文集》四卷；《张南轩先生文集》七卷；《黄勉斋先生文集》八卷；《陈克斋先生集》五卷；《许鲁斋先生集》六卷；《薛敬轩先生文集》十卷；《胡敬斋先生文集》三卷；《诸葛武侯文集》四卷；《唐陆宣公文集》四卷；《韩魏公集》二十卷；《司马温公文集》十四卷；《文山先生文集》二卷；《谢叠山先生文集》二卷；《方正学先生文集》七卷；《杨椒山先生文集》二卷；杨时、张栻编《二程粹言》二卷；《伊洛渊源录》十四卷；《上蔡先生语录》三卷；《程氏家塾读书分年日程》三卷、纲领一卷；丘濬《朱子学的》二卷；陈建《学蔀通辨》十二卷；薛瑄《读书录》八卷；胡居仁《居业录》八卷；朱衡《道南源委》六卷；罗钦顺《困知记》四卷；陆世仪《思辨录辑要》二十二卷；张烈《王学质疑》五卷，附录一卷；陆陇其《读礼志疑》六卷，《读朱随笔》四卷，《问学录》四卷，《松阳钞存》一卷；《石守道先生集》二卷；《高东溪先生遗集》二卷；《真西山先生集》八卷；《熊勿轩先生文集》六卷；吴海《闻过斋集》四卷；《魏庄渠先生集》二卷；《罗整庵先生存稿》二卷；《陈剩夫先生集》四卷；《张阳和文选》三卷；《汤潜庵先生集》二卷；《陆稼书先生文集》二卷；张伯行《道统录》二卷，附录一卷；张伯行辑《二程语录》十七卷，附录一卷；张伯行辑《朱子语类辑略》八卷；张伯行辑注《濂洛关闽书》十九卷；张伯行集解《近思录》十四卷；张伯行辑《广近思录》十四卷，《困学录集粹》八卷，《小学集解》六卷，《濂洛风雅》九卷，《学规类编》二十七卷，《养正类编》十三卷，《居济一得》八卷；《正谊堂文集》十二卷，续集八卷。《正谊堂全书续刻》书目如次：张伯行辑《唐宋八大家文钞》十九卷；《范文正公文集》九卷；《杨大洪先生文集》二卷；《海刚峰先生文集》二卷；张伯行辑注《续近思录》十四卷。

② 全祖望（一七〇五—一七五五），字绍衣，号谢山，浙江鄞县人，学者称谢山先生。乾隆元年（一七三六）进士，专事讲学著述，续修黄宗羲《宋元学案》。

③ 黄道周（一五八五—一六四六），字幼玄，号石斋，漳州人。天启二年（一六二二）进士，官至吏部尚书兼兵部尚书、武英殿大学士。抗清殉义，谥忠烈，乾隆改谥忠端，故称忠端。

其宗旨杂越[①]，可谓知言。

先太夫子黄薇香《儆居集》尝著辨[②]云："尧、舜、禹、汤、文、武、周公之道，孔子集其成，孟子愿学孔子，言闻知见知之统，不敢以一二言尽之。今《易》《书》《诗》《礼》《春秋》《论语》《孟子》诸书具在，其道详且著，更仆数之不能尽，约而求于道之切而实者，官之以视听言动，达之以君臣、父子、昆弟、夫妇、朋友，节之以喜怒哀乐之中和，秉之以仁礼义[③]信智之懿德，初无简捷之路也。而先儒辩明所学，必标宗旨者，学各得性之所近，其自溯从入之途，获益之专功，有不能自已者邪？读《学案》者，思先儒之砥节砺行，从入者若何？获益者若何？可以已矣。苟喜其简捷之路，而谓此外皆旁门蹊径，此明季儒者未博先约之弊，只以见其惑也。

"盖尝举先儒宗旨言之，曰静，曰敬，曰致知格物，曰先立乎心之大，此皆圣贤所言，合圣贤所言而融贯之则道全，分圣贤所言而拘执之则道偏，是以圣贤皆言定静[④]矣。定之以[⑤]中正仁义，而有不静乎？外定而主静，学者流寂灭，昔张南轩已辨之，今陆稼书、王予中极论之焉。圣贤皆重笃敬矣。敬统参前倚衡，而行犹疏乎？而意在主一无适，学者之心有所系，而反有所疏脱，昔罗整庵已辨之，今陆桴亭、段懋堂极论之焉。圣贤言致知格物，物者明新[⑥]之事，物内而格岂在外乎？而学者以为先尽穷天下之物，则有支离之弊。圣贤立乎大而正其心，岂得大而遗其小乎？而学之者以此空言本心，则有思而不学之弊，有寂默坐

① 《易系辞》"其称名也，杂而不越"，孔疏云："辞理杂碎，各有伦序，而不相乖越。"则杂越者，乃辞理杂碎而乖越伦序，言不成体统也。

② 黄式三《儆居集》之《经说》卷三存此《宋元明儒学案辨》文，载光绪戊子（一八八八）春黄氏家塾刊本《儆居遗书》之六，下文同此版。

③ "礼义"原作"义礼"，据黄氏《宋元明儒学案辨》为正。

④ "静"字脱，据黄氏文补入。

⑤ "以"字脱，据黄氏文补入。

⑥ 檃括明德与新民。

灰之弊[①]。此无他，因圣贤所言而拘执之则偏耳。且宋先[②]儒谈宗旨者，以为修己治人之要辖，先圣所同也；而后儒则各鸣其异，以《礼》《乐》《诗》《书》为糟粕，以孝弟忠信为土苴，以射御书数为桎梏，凡先圣之所言，皆后儒所不[③]言；以冥寂独坐有所悟者为智，以冲淡无欲有所觉者为仁，以不计成败、果敢行之者为义学，以不起意为公心，以[④]本然之精[⑤]神为圣，无善无恶为性体[⑥]，无善至善为心体。凡托于先圣之言，实非先圣之言[⑦]，而犹谓所立《学案》能补先圣所未发乎？先圣之道，灿然于经而不待补，补之而矜为秘旨，以同己为是而标榜之，以异己为非而拒绝之，是犹杨朱专义，墨翟专仁[⑧]，其始毫厘之差，其终千里之谬。此异端所以兴，朋党所以起也。朋党起而祸不忍言矣。"

呜呼！薇香太夫子忧世之心，可谓深切，而所论尤精且严矣。虽然，学者欲考传统之源流、派别之同异，是二书纪载精详，决不可不读也，但当明辨其是非耳。即如梨洲先生《明儒学案自序》云："心无本体，工夫所至，即其本体。故穷理者，穷此心之万殊，非穷万物之万殊也。"此固背《大学》致知格物之义矣[⑨]；然又谓："修德而后可讲学，今讲学而不修德，又何怪其举一而废百乎？"此则千古名言，讵可不分别观之哉？

若夫"宗旨"之说，如《论语》一贯及博文约礼、《大学》八条目皆是。后儒各有经验心得，譬诸射者，皆有正鹄，以反求诸其身，但不

---

① "有寂默坐灰之弊"句脱，据黄氏文补入。
② "先"字原作"元"，据黄氏文为正。
③ "不"字脱，据黄氏文补入。
④ "公""心"原误倒，据黄氏文为正。
⑤ "精"字脱，据黄氏文补入。
⑥ "性体"黄氏原文作"心体"。按：唐先生径改可从。
⑦ "实非先圣之言"句脱，据黄氏文补入。
⑧ 两句"专"字，黄氏作"媾"。按：两字通用。
⑨ 此其宗旨杂越也。

可专务空谈耳！吾得两言以断之曰：《学案》者，乃理学中参考之书，非理学中专门之书也。梨洲先生尚有《续宋元学案》稿本一百卷①，寥寥天壤，未知存焉否也。

读《宋元学案》再记

《礼记·学记篇》言“知类通达”，惟能知类，然后能通达，故读书以分类为先②，读《学案》亦然。分类即派别也，如庐陵、涑水为一派，周、程、张、朱为一派，洛学弟子为一派，梭山、象山、慈湖为一派，永嘉为一派，紫阳弟子为一派，深宁、东发为一派，鲁斋为一派，草庐为一派。凡诸先儒之嘉言懿行，分类精札，考其授受源流，各就性之所近而学之，庶乎学行兼修，渐臻通达矣。总集固当分类，即专集亦宜分类，如朱子、王文成诸先生集，亦宜分类，庶纲举目张，易得门径。

读《明儒学案》再记

孔子曰：“多闻阙疑。多见阙殆。”③ 又曰：“择其善者而从之，其不善者而改之。”④ 读《宋元学案》既得分类之法，当推之以读《明儒学案》。

惟宋元诸儒，如横浦⑤、永康⑥外，大抵皆可信从；至明儒则多思而不学之弊，当择善而从；其不善者，阙而改之可矣。今约举之，如康

---

① 《续宋元学案》稿本一百卷，乃黄宗羲子黄百家续作，全祖望续成，王梓材、冯云濠校补，于道光十八年（一八三八）刊刻。百年后，一九三七年张寿镛刊入《四明丛书》之中。一九六二年台北世界书局独立影印刊行，二〇〇九年再版。二〇〇二年，北京图书馆（后改名国家图书馆）出版社影印天津南开大学图书馆所藏四十二卷之《宋元学案补遗》之手稿本，文字一丝不苟。迨至二〇一一年北京中华书局排印出版《宋元学案》及《补遗》之百卷本，沈芝盈、梁运华标点整理，收录在该局“学案系列”之中，学者称便焉，先生可欣然矣。

② 分类乃先生治学之基本方法也。

③ 《论语·为政》载孔子语：“多闻阙疑，慎言其余，则寡尤。多见阙殆，慎行其余，则寡悔。言寡尤，行寡悔，禄在其中矣。”

④ 《论语·述而》载孔子语：“三人行，必有我师焉。择其善者而从之，其不善者而改之。”

⑤ 张九成（一〇九二——一五九），字子韶，号无垢、横浦居士，河南开封人，杨时门人。

⑥ 因陈亮籍贯为名。陈亮（一一四三——一九四），字同甫，号龙川先生，浙东路婺州永康人。

斋、敬斋为一派，月川为一派，敬轩为一派，整庵为一派，以上大都切实而可师者也。阳明为一派，龙溪、绪山各为一派，心斋、近溪、海门、石篑各为一派，以上自阳明外，门弟子昌言无善无恶、三教合一，皆当疑而阙之者也。厥后漳浦为一派，容城为一派，东林为一派，蕺山为一派，皆正大而纯粹者；而容城、蕺山二派之传授，又当参考《学案小识》。凡此仅举大概，兼综旁通，在后世有志之士矣。

读《学统》记

《学统》五十三卷，熊青岳先生讳赐履[①]撰。光绪辛卯（一八九一）《湖北丛书》用孝感熊氏家藏本重刻。卷一至卷九，自孔子至朱子九人为“正统”；卷十至卷三十二，自闵子至罗整庵先生凡二十三人为“翼统”；卷三十三至四十二，自冉耕至高攀龙，一百七十八人，为“附统”；卷四十三、四十四，荀子、扬子二人为“杂学”；卷四十五至五十三，自老子至释氏为“异学”。

按：《四库提要》所载共五十六卷，而是刻少三卷。又《提要》中评论有苏轼、陆九渊、陈献章、王守仁数人，或称子，或称字，自乱其例，而是刻并未列此数人，岂重刻时删去欤？《提要》又讥其“锱铢然较其品第而甲乙之，未免与班固《古今人表》同一悠谬”，窃谓是编不过为未识门径者供参考已耳[②]。

圣门立四科，赅全体大用，而兹编于闵子、冉子等，列入“翼统”；于仲子、宰我、冉求等，则直书其名，而列入“附统”，岂政治言语之才不本于德行欤？未免蔑视先贤，其失一也。

汉儒只董仲舒列入“翼统”，而如伏生、郑君，传经大儒，均列入“附统”，岂抱残守缺、发明微言大义之功，不如胡敬斋、罗整庵诸先生欤？其失二也。

---

① 熊赐履（一六三五—一七〇九），字敬修、青岳，号素九，别号愚斋，湖北孝感人。

② 谓四库馆臣过苛不公。

诸子各自名家，文章瑰玮，往往震发于其间，原可不列入学统，乃以荀、扬列之“杂学”，老庄等列之“异学”，义例庞杂，其失三也[①]。

惟先生理学名儒，与李厚庵先生[②]同承纂《朱子全书》，彭氏绍升[③]称：“先生平生论学以默识为真修，以笃行为至教，其居也恭，其动也毅，其事上也诚，其与人也恕，以是由程朱之涂而上溯孔孟。其言曰圣贤之道不外乎庸，庸乃所以为神也。”节录先生事状，其立朝大节，亦多有可称者。学者当师法其为人，不宜过于苛求矣。

读《学案小识》记

善化唐镜海先生[④]，致知力行，笃守程朱家法，曾文正公推重特至。是书首列“传道学案”：陆稼书、张杨园、陆桴亭、张孝先四人；次列“翼道学案”：汤潜庵、顾亭林等十九人；又其次列“守道学案”：于北溟[⑤]、魏贞庵[⑥]等四十四人；又其次列“经学学案”：黄梨洲、朱愚庵[⑦]等一百四人；又其次列“心宗学案”：张仲诚、潘用征、赵宽夫等三人。虽其别经学于理学之外，所见不免稍隘。然宗旨精纯，粹然一出于正，实为江河不废之书。盖咸同之间，先生与倭文端、曾文正、吴竹如诸先生，讲明道德，崇尚躬行，一时风气，渐趋淳朴，遂成中兴之业。理学之效，盖可观矣！后之撰国朝学案者，必以是书为先路之导。

---

① 先生评《学统》三失，乃实事求是，非如四库馆臣之苛求也。

② 李光地（一六四二—一七一八），字晋卿，号厚庵，又号榕村，泉州安溪人。

③ 彭绍升（一七四〇—一七九六），字允初，号尺木、二林居士，江苏长洲人。法名际清，佛门居士。

④ 唐鉴（一七七八—一八六一），字镜海，湖南善化人。

⑤ 于成龙（一六一七—一六八四），字北溟，号于山，山西永宁人，崇祯十二年（一六三九）国子监副榜贡生，顺治十八年（一六六一）任罗城县知县，官至江南江西总督。廉洁刻苦著称，故卒谥清端。其《于清端政书》收入《四库全书》别集类中。

⑥ 魏裔介（一六一六—一六八六），字石生，号贞庵，直隶柏乡人，顺治三年（一六四六）进士，官至吏部尚书、保和殿大学士、太子太傅，入祀贤良祠，追谥文毅，著《圣学知统录》《知统翼录》《希贤录》诸书，汇编于《兼济堂文集》。

⑦ 朱鹤龄（一六〇六—一六八三），字长孺，号愚庵，江苏吴江人，明末诸生，明亡不仕，著《毛诗通义》。

惟其笃信平湖①，亦步亦趋，必以辟王学为快。其于圣门之绝然不同，朱子之虚灵不昧，几讳言之，而不敢有所称述，实不免太过耳。至江郑堂先生②所撰《宋学渊源记》，于性理未得门径，且多蹈瑕抵隙之意，以视此书，奚啻霄壤！有识者自能辨之。

读《朱子小学》记

《四库提要》载《朱子小学》③ 共有六种，一，《小学集注》六卷，明陈选注；二，《小学集解》六卷，清张伯行撰；三，《小学集解》六卷，清黄澄撰；四，《小学分节》二卷，清高熊征撰；五，《小学集解》六卷，清蒋永修撰；六，《小学纂注》六卷，清高愈④撰。愈字紫超，无锡人，因陈选旧注，略删订之，后附总论及朱子年谱，段懋堂称其"条理秩然，得朱子编辑本意"⑤，今通行皆高本也。

元许鲁斋先生⑥曰："古者民生八岁，上自王公，下至庶人之子弟，皆令入小学，教之以洒扫、应对、进退之节，礼、乐、射、御、书、数之文。及其十有五岁，自天子之元子、众子，公卿、大夫、元士之適子，与凡民之俊秀者，皆入大学，教之以穷理正心、修己治人之道，此小学、大学所以分也。当其幼时，若不先习之于小学，则无以收其放心，养其德性；及其年长，若不进之于大学，则无以察夫义理，措诸事业。三代盛时，贤才辈出，风俗醇厚，盖由尽此道也。""新安朱文公，

---

① "平湖"指陆陇其（一六三〇—一六九二），字稼书，浙江平湖人，从祀孔庙。

② 江藩（一七六一—一八三一），字子屏，号郑堂，江苏扬州人。

③ 《朱子小学》原题《小学》，朱熹与其门人刘清之合编。刘清之（一一三四—一一九〇），字子澄，世称静春先生，江西临江人。书于成淳熙十四年（一一八七），全书六卷，分内外篇。内篇四卷，分立教、明伦、敬身、稽古四卷；外编嘉言、善行二卷。

④ 高愈，字紫超，高攀龙家族之后，撰《朱子小学注》《读易偶存》《春秋经传日钞》《春秋类》《春秋疑义》《周礼疏义》《仪礼丧服或问》。

⑤ 段玉裁《博陵尹师所赐〈朱子小学〉恭跋》，载《经韵楼集》卷八；又载《皇朝经世文编》卷二学术二之儒行，题《朱子小学跋》。

⑥ 许衡（一二〇九—一二八一），字仲平，学者称鲁斋先生，怀州河内人，卒谥文正，从祀孔庙。

以孔门圣贤为教为学之遗意，参以《曲礼》《少仪》《弟子职》诸篇，辑为小学之书四卷，其纲目则有三，曰立教、明伦、敬身。立教者，明三代圣王所以教人之法也。”“明伦者，明理也。……敬身者，孔子所言君子无不敬，敬身为大是也。……其外篇载汉以来贤者之嘉言善行，大纲亦不外立教、明伦、敬身三者。”① 而救世之方，尤以明伦为要。“盖人而不能明人之伦理，则尊卑、上下、轻重、厚薄，淆乱而不可统理，其甚者至于父不父，子不子，君不君，臣不臣，夫妇长幼朋友，皆不能安其夫妇长幼朋友之分，岂止淆乱而不可统理，将见祸乱相寻，沦于禽兽而后已。此所以古之教者必以明伦为教，而学者必以明伦为学也。”② 以上皆许氏说。

顾或者谓：“周礼八岁入小学，保氏教国子先以六书，朱子之编于古不合。”是大不然。昔段懋堂先生最精于汉学者也，其跋《朱子小学》曰：“自乡无善俗，世乏良材，利欲纷挐，异言喧豗。而朱子集旧闻，觉来裔，本之以立教，实之以明伦敬身，广之以嘉言善行③。二千年贤圣之可法者，胥于是乎在。或以为所言有非童蒙所得与者，夫立教、明伦、敬身之大义，不自蒙养时导之，及其长也，则以圣贤之学为分外事，我所与知与能，时义辞章科第而已矣。呜呼！此天下所以无人材也。或又谓汉人之言小学，谓六书耳，非朱子所云也。此言尤悖。夫言各有当，汉人之小学，一艺也。朱子之小学，蒙养之全功也。子曰：‘弟子入则孝，出则弟；谨而信，泛爱众，而亲仁；行有余力，则以学文’，此非教弟子之法乎？岂专学文是务乎？朱子之教童蒙，本末兼赅，未尝异孔子教弟子之法也。”④ 以上皆段氏说。

余按：《孟子》言庠序学校，皆所以明人伦。读许氏之说，可以知

① 许衡《小学大义》，载《鲁斋遗书》卷三。

② 唐先生移《小学大义》中叙述明伦之文于此，以突出人伦意义，原非《小学大义》结笔。

③ “本之以立教，实之以明伦敬身，广之以嘉言善行”脱，此语乃概括《朱子小学》内外编之意，观前后文理，应非删节求简，故据段玉裁原文补入。

④ 段玉裁《博陵尹师所赐〈朱子小学〉恭跋》，见载《经韵楼集》卷八。时段玉裁年七十五。

明伦之大要。自来国家之乱，皆自废人伦始。至古者八岁入小学，十五入大学，决非于八年之中，专习文字可知。曰“先以六书”，则六书外之科目，《内则》《曲礼》所载，皆当娴习。夫《尔雅》训诂类也，而《汉书·艺文志》属于《孝经》类，可见《孝经》《尔雅》，皆古小学中所读。观段氏之说，更可知小学之根本。后世主持教育者，能以此书作小学课本，则功不在禹下矣。

读《近思录》记

案《朱子年谱》，是书成于淳熙二年（一一七五），朱子年四十六矣。书前有朱子题词曰：“淳熙乙未之①夏，东莱吕伯恭来自东阳，过余寒泉精舍，留止旬日，相与读周子、程子、张子之书，叹其广大宏博，若无津涯，而惧夫初学者不知所入也，因共掇其关于大体而切于日用者，以为此编。”②

原书闽浙俱有刻本，张敬夫③复刻于广西，最后又有临漳刻本④。均见《述朱质疑》第七卷。其后诸家为注解者，叶采⑤集解为最先，复有茅星来、李文照、江永⑥注本，惟江氏书独行于世。江氏多采取朱子《文集》《或问》《语类》中之言，以发明周、程、张四子之义。或朱子说有未备，始取叶采及他家说以补之，故其精严胜于前人。《四库提要》谓江氏以“余力为之”⑦，盖浅之乎测江氏，亦浅之乎测此书。

按：夏氏炘《跋近思录》云：“朱子始欲去篇端《太极图说》及明

---

① “之”字脱，据朱子原文补入。

② 朱子《近思录后叙》文。

③ 张栻（一一三三—一一八〇），字敬夫，号南轩，汉州绵竹人，中兴名相张浚之子。

④ 《述朱质疑》十六卷，夏炘撰。夏炘（一七八九—一八七一），字心伯，道光五年（一八二五）举人，曾任武英殿校录。于婺源教谕任内，以《近思录》启导学子。唐先生所指是夏炘《跋近思录》，载《述朱质疑》卷七。

⑤ 叶采，闽人，理宗淳祐元年（一二四一）进士。

⑥ 江永（一六八一—一七六二），字慎修，婺源人。

⑦ 《四库全书总目提要》卷九二儒家类本书提要云：“盖（江）永邃于经学，究心古义，穿穴于典籍者深，虽以余力为此书，亦具有体例，与空谈尊朱子者异也。”

道《论性》之类数段，而以《颜子所好何学论》为首章。继复以为未安，仍还其旧，而以《颜子好学论》归入第二卷中，又以《事亲居事》在第九卷为太缓，别作二卷，在第七卷出处之前。又疑篇首阴阳性命之说，非始学者之事，然不可不使其略知梗概，属伯恭书数语于目录之后。"[①] 见《大全集》三十三卷《答吕伯恭书》。然则朱子之编此书，可谓其难其慎矣。

夏氏又谓"陈安卿[②]录云：'四子，六经之阶梯。《近思录》，四子之阶梯。'后世以数语为名言，其实非也。王氏懋竑[③]曰：'按《勉斋集·复李公晦》[④] 云"先《近思》而后四子"，却不见朱先生有此语。陈安卿所谓："《近思》，四子之阶梯。"亦不知何所据而云。据此，则《近思》四子之阶梯，或非朱子之语，与叶录不合。程子云："若不得某之心，所记者徒彼之意耳。"此又读《语录》者所当知也。'按：王氏说甚精。朱子平日教人读书，先《大学》，次《论》《孟》，而后《中庸》。《近思录》开首所说太极性命，皆《中庸》之奥旨，余亦《大学》《论》《孟》之精义，何得以此先于四书"[⑤] 云云。

余谓夏氏所引，至为精密。《近思录》为读四书参考之书，其要者在阴阳性命之奥，存养省察、出处进退、辞受之义，而吾人尤当服膺者，在"治平之道"一卷。先师沈子培先生[⑥]谓："读时务书，当先读《近思录》'治道类'。"余反覆原书，深有味乎其言。盖辞虽平淡，而义极精深也。

又按：方植之[⑦]《汉学商兑》曰："考《四库提要·近思录》下曰：

---

① 夏炘《跋近思录》，《述朱质疑》卷七。

② 陈栎（一二五二——一三三四），字寿翁、徽之，休宁人。崇朱子之学，宋亡，隐居著书，晚号东阜老人，人称定宇先生。

③ 王懋竑（一六六八——一七四一），字予中，号白田，江苏宝应人，康熙五十七年（一七一八）进士，治朱子学。

④ 《勉斋集》乃朱子女婿黄榦文集。

⑤ 夏炘《跋近思录》引，载《读朱质疑》卷七。

⑥ 沈曾植（一八五〇——一九二二），字子培，号巽斋，别号乙盦，晚号寐叟，浙江嘉兴人。

⑦ 方东树（一七七二——一八五一），字植之，晚号仪卫老人，安徽桐城人。

‘朱子之学，大旨主于格物穷理，由博反约，根柢六经而参观百氏，原未媛媛姝姝，守一先生之言，故其题辞曰：“穷乡晚进。有志于学者，诚得此而玩心焉，亦足以得其门而入矣。”然后求诸四君子之全书，以致其博而反约焉，庶乎有以尽得之。若惮烦劳，安简便，以为取足于此而止，则非纂集此书之意。然则四君子之言，且不以此十四卷为限，亦岂教人株守是篇，而一切圣经贤传束之高阁哉？’据此，则凡汉学家所诬程朱之语……举未考程朱之教之大全也。”① 方氏此言，可谓平实精至，足破世俗迷谬之说矣。

读《御纂性理精义》记

此书康熙时李光地等奉敕纂，疑与《御纂朱子全书》同时告成。按明永乐中胡广德等杂钞宋儒之语，名曰《性理大全》，此书盖撷取《大全》之菁华也。从前列于学官，坊间有通行本。

原书凡例谓：“性理之学，至宋而明。自周程授受，粹然孔门渊源。同时如张如邵，又相与倡和而发明之；从游如吕如杨如谢如尹，又相与赓续而表彰之。朱子生于其后，绍述周程，参取张邵，斟酌于其及门诸子之同异是非，然后孔孟之指，粲然明白，道术一归于正焉。宋元诸儒，皆所流衍之支派；宋之真，元之许，则其最醇者也。明初编为《性理大全》，其所采辑，亦几备矣。然择焉不精，未免泛杂冗长之弊，其所区分门目，亦颇繁碎而失纲要，是以三百年来，精熟此书者鲜，是反以多为病也。今特拨去华叶，寻取本根，必其微言大义，真与六经、四书相羽翼者，然后慎收而约载之。但耳义之备，不贵乎言之长也。”

又谓“周子《太极图说》《通书》，张子《西铭》，乃有宋理学之宗祖，诚为《学》《庸》《论》《孟》以后仅见之书，并悉载全文。若张子《正蒙》、邵子《观物》，亦皆穷极天地万物之理，上赞圣经，有

① 方东树《汉学兑商》卷一文。

禅学者。朱子《近思录》不及《观物》，所采《正蒙》，亦止三十余条，今兼采二书，不下二百余条，较之《近思录》则已多，而以视全书则甚约，要其言之粗且至者，不外乎此。又朱子《易学启蒙》，已全载入《周易折中》内，因其讨论《易》理，与《太极图》《经世》《观物》有相发明者，故就全文四篇内各摘其要语若干条，俾学者知读《易》之门户。若《家礼》《吕律》，乃朱子言礼乐之书也，其文颇繁，学者惮于讲究，亦摘其宏纲大节，可以括全书之体要者，约文申义，以发其端”云云。

文治十五岁时，先大夫授以性理学，命先从《读书法》入门，进而求之性命类、理气类，愈觉津津有味；至十七岁时，始读《太极图说》《西铭》诸书，不独朱注精奥不易，其按语及旁采诸家说，均宏博精微，至于今服膺不能释。盖此书虽至简，实理学之要钥也。

读《周子全书》记

濂溪先生究极性天，光风霁月，或以为近于颜子，或以为直接孟子，而朱子注《太极图说》与《通书》，竭毕生之精力，几与《四书集注》相亚。

窃谓《太极图说》以人极配天地，实即《易·说卦传》参天两地、《中庸》赞天地化育之旨，其意盖继《易·系辞传》而作。《通书》本名《易通》，首数章专发明至诚之道，以下总括王道礼乐、修己治人之全功，其意盖继《中庸》而作也[①]。此外，文录诸作，一出于自然，要在乐天知命，不惑不忧。后儒乃谓其学宗陈希夷[②]，实则道家之学，究归无用。而先生导理学先河，其书洁净精微，概归有用[③]，岂非唐宋以来儒宗第一人哉？

---

① 先生强调周敦颐《图说》《通书》乃圣传之传，力破闭门造车之毁，所以护持道统也。

② 陈抟（八七二—九八九），字图南，五代至宋初道教代表人物，周世宗赐号白云先生，宋太宗赐号希夷先生，《唐才子传》《宋史》有传。

③ 有用无用指经世济民而言，非从个体利益立说。

《四库提要》载《周元公集》九卷，谓先生当时未有文集，“陈振孙《书录解题》载有文集七卷者，后人之①所编辑，非其旧也。故②振孙称是集遗文才③数篇为一卷，余皆附录。……至九卷之书④不知何人所编。……明嘉靖间，漳浦王会曾为刊行。清⑤康熙初，其裔孙沈珂又校正重镌”。今不可得矣。

文治所见董氏榕辑本⑥，系乾隆年间所辑。榕号⑦恒岩，刊于江西，计《太极图说》一卷、《太极发明》四卷、《通书》四卷、《太极通书发明》六卷、遗文并诗一卷、遗事一卷、交游赠述一卷、年谱一卷、褒崇一卷、文录一卷，流传本亦绝鲜矣。

读《二程全书》记

《二程全书》本为其门人李籲⑧、吕大临、谢良佐、游酢等所辑，而朱子复次录之者也。计遗书二十五卷、附录一卷、外书十二卷、文集十二卷、遗文一卷、附录一卷、《周易传》四卷、经说八卷、粹言二卷。

文集所载如明道先生《定性说》《仁说》、伊川先生《颜子所好何学论》《易上下篇义》，皆天地间不可磨灭之文。《易传》一书，尤为千古卓绝之作，可与朱子《四书章句集注》并传不朽。

至于语录所载，朱子尝谓：“明道之言，发明极致，善开发人；伊

① “之”字脱。

② “非其旧也。故”五字脱。

③ “才”字原作“终”，据《四库提要》为正。

④ “至九卷之书”，《四库提要》作“此本亦”。

⑤ “清”字原作“国朝”。

⑥ 董榕（一七一一—一七六〇），字念青，号恒岩，别署繁露楼居士，河北丰润人，雍正十三年（一七三五）拔贡。乾隆二十一年（一七五六），任分巡吉安赣道，扩建周子、二程子、苏阳二公祠，颁布“严禁赣俗溺女锢婢令”。学宗周程，编辑《周子全书》《洛学编》《圣学入门》。

⑦ “号”字原作“字”。

⑧ 李籲，字端伯，河南偃师人，登进士，哲宗元祐中任秘书省校书郎，二程门人，著《师说》记录二程语，先二程子卒。朱子谓其所造深粹，甚重其书。《宋史》有传。

川之言，即事明理，尤耐咀嚼。然其记录，非出一人之手，颇多乱散失次。考尹焞以朱光庭所钞伊川语，质诸伊川，伊川曰："若不得某之心，所记者，徒彼意耳。"则程子在时，所传已颇失真。"朱子厘定之功，岂浅鲜哉？

惟《二程粹言》出于杨龟山先生所记，龟山师事二程，亲承指受，故其所录，秩然粹然，足以撷程学之菁华也①。原书善本极难得，近通行者，以六安涂氏求我斋所刻为精，余家所藏，即是本也。

读《张子全书》记

《四库提要》载《张子全书》"不知何人所编，计②《西铭》一卷、《正蒙》二卷、《经学理窟》五卷、《易说》三卷、《语录钞》一卷、《文集钞》一卷，又《拾遗》一卷，又采宋元诸儒所论及行状等作为附录一卷，共十五卷。自《易说》《西铭》外，与《宋史・艺文志》③ 所载卷数皆不相符"云云。

文治家藏有二本，一为康熙五十八年（一七一九）朱文端公轼刻本；光绪年间翻刻。一为道光二十二年（一八四二）武子仙澄刻本，卷次相同，惟武本附录内增入张氏能鳞《读明公绪言》《性论》《太极歌》等，并武氏所编年谱，较为完备。

横渠先生之学，主于强探力索，刻苦躬行。朱文端④谓："《西铭》言仁，大而非夸，盖太极明此性之全体，《西铭》状此性之大用，体虚而微，用宏而实也。《正蒙》论天地太和细缊，风雨霜雪，万品之流行，山川之融和，即器即道，皆前人所未发，朱子所谓亲切严密是也。而其言道，只可称隐显，不可言有无，尤得消息真蕴。史称横渠以

① 唐先生谓读《二程全书》应并参杨时《二程粹语》。

② "计"字，《四库提要》原作"题曰全书，而止有"。

③ "《宋史・艺文志》"，《四库提要》原作"史志"。

④ 朱轼（一六六五—一七三六），字若瞻，号可亭，江西高安人，康熙三十三年（一六九四）进士，官至太子太傅，文华殿大学士，兼吏兵二部尚书，卒谥文端。

《易》为宗，以《中庸》为体，以孔孟为法，与诸生言学，每告以知礼成性、变化气质之道，学必为圣人而后已。又曰：‘为天地立心，为生民立命，为往圣继绝学，为万世开太平。’卓哉张子！其诸光辉而近于化欤？若其所从入，则循循下学，《正蒙》所谓‘言有教，动有法，息有养，瞬有存’，数语尽之矣。”①

至《正蒙》十七篇，精深艰涩，王船山、李榕村先生先后为之注，皆可宝贵。

读《杨龟山先生集》记

《龟山先生集》四十二卷，余购于上海，为康熙间杨氏祠堂版，计卷一《上书》，卷二《奏状》，卷三、四《札子》，卷五《经筵讲义》，卷六、七《辨》，卷八、九《经解》《史论》，卷十至十三《语录》，卷十四、五《答问》《策问》，卷十六至二十二《书》，卷二十三至三十八《记》《序》等杂文，卷三十九至四十二《诗》。

据原书揭翰绩②序云“先生集始刻于明弘治壬戌（一五〇二），仅十六卷，盖从馆阁宋本钞录得之者也。万历壬子（一六一二）邑令海阳林熙春复访求全集，得常州沈中丞晖钞本，分汇增补，共成四十二卷，而先生刻集，始有全书。鼎革后，先生裔孙孑立为同邑宗者篡祀，旋窃先生集板于家，私藏垂三十年。邑宰余逋谒先生祠，以先生集无传为憾，绩于是慨然曰：‘是集载先生立朝行己、德业事功，是豫章、延平、考亭诸先生所祖述，而濂、关、伊、洛大极，《西铭》、六经传注之所统贯也。’于是量力赞成，以全集复归之嫡裔以行世”云云。然则斯集之传，揭翰绩之功为大。

张清恪序谓：“当蔡京贵盛之时，先生以一县令抗之，卒之浚湖潴水之事格不行，则其气固已盖天下也。当王安石邪说横行之日，新经字

① 朱轼《张子全书序》。

② 揭翰绩，福建将乐县人，康熙时举人。

说，流毒天下数十年，先生抗疏，黜其王爵，罢其配享。王氏之学息，而圣人之道明，其功固振古为昭也。然则先生之经济、气节、文章，有何不备哉！”①

文治窃谓：先生语录，冲淡精奥，足继《二程粹言》而起；论学书亦多怡然理顺，考伊洛渊源者，不可不熟读也。按：原本卷首有“抱经楼藏善本”图记，盖卢召弓先生藏本，可宝奚如！惟异日吾之学生暨子孙，能否传洛闽之学？是书能否常为识者所珍藏？则未可知已。

读《罗豫章先生集》记

余所藏《豫章先生集》共有三帙，一为乾隆元年（一七三六）先生裔孙雍可、体勤镌本，一为光绪八年（一八八二）盱江谢甘棠刻本，均十二卷；一为东洋本，系日本宽政八年（一七九六）林衡字述斋。刊本，板心中刻“听雨精舍藏版”，共十七卷，然以乾隆刻本较之，仅列阙目，非有所增加也。

据谢甘棠重刻本序谓“先生没，遗编散佚，宋理宗时，郡守刘允济始获《遵尧录》上之。后元进士曹伯大乃搜得全集，刊行于世。国初，张清恪抚闽时刊之，沈心斋宫詹又刊之。乾隆初，先生裔孙壆等取沈本重付诸梓。咸丰兵燹后，张、沈二刻板既散亡，壆等所锓者，复为其裔孙分涣。光绪辛巳（一八八一），甘棠道出沙县，经先生故里夏茂乡，因其裔孙求得是集，为选工督梓”云云。

据林衡刻本跋则谓“先生遗文散佚，无得而考。元至正间沙县曹氏乃有所拾纂，亦仅仅数册。方今国家庠黉之政，专宗关闽之学。乡闾之士，皆挟程朱之书，独先生书不显。余尝访求积年，得谢鸾刻本后，又得冯孜、熊尚文、张伯行校本，于是一据谢本，参以冯、熊、张三

① 张伯行（一六五一——一七二五）《杨龟山先生全集序》文。此文前部首句至“当王安石邪说横行之日”句，见蔡世远《杨龟山先生集序》。蔡世远（一六八二——一七三三），字闻之，号梁村，福建漳浦人，康熙四十八年（一七〇九）进士，官至内阁学士兼礼部侍郎，卒谥文勤。

家，校勘初备，遂镌于家塾”云云。

二本叙述源流，均极详晰。林跋谓彼邦崇尚关闽之学，乃吾独土苴之，可胜慨叹！

张清恪叙是书谓：“先生之学，传之者延平。……延平答朱子问学，必举罗先生绪言相谆勉，其敬师传以成后学如是。……盖先生居三传之中，一脉渊源，的然有自。……所著《遵尧录》《二程语录》及杂著、议论、粹语，学者合而观之，可以知先生之学，即可以知周、程、朱子相承之学矣。”① 而文治所敬仰者，尤在《遵尧录》一书②，即夫子“宪章文武”之意，后学则而效之，于掌故之学，何患有志未逮乎？

读《延平答问》记

《延平答问》二卷，朱子所编，据原书各序跋，初刻于明弘治间，继刻于正德间，再刻于国初康熙间，续刻于乾隆间。而余所藏本，则为光绪己卯年（一八七九）知延平府事古燕张国正刻本。先儒咸谓是书为杨、罗、李三先生心传所在，文治读之，大抵朱子与李先生研求《论语》诸经说为多，其要者间以采入《集注》。

李先生之教，惟以洒然有得为主。其最精者，如论“夜气”谓：“凡人理义之心何尝无，惟持守之即在尔。若于旦昼间不至梏亡，则夜气存矣。夜气存，则平旦之气未与物接之时③，湛然虚明，气象自可见。此孟子发此夜气之说，于学者极有力。若欲涵养，须于此持守可尔。”又谓：“夜气之说所以④于学者最有力者，须是兼旦昼存养之功，不至梏亡，即夜气清。若旦昼间不能存养，即夜气何有？疑此便是日月至焉气象。”

---

① 张伯行《罗豫章先生序》，载《南平县志·艺文志》。

② 罗从彦《遵尧录序》自述云：“采祖宗故事，四圣所行，可以楷今传后者，以事相比，类纂录之，历三季而书成，名曰《圣宋遵尧录》。……分七卷，添别录一卷，合四万余言。”

③ “未与物接之时”句脱，据《闽中理学渊源考》卷五所载“答问上”引文补入。

④ “之说所以”句脱。

其论“静坐”谓：“曩时从罗先生学问①，终日相对静坐，某退入室中……亦只静坐而已。先生令静中观喜怒哀乐未发之谓中，未发时作何气象？此意不惟于进学有力，兼是养心之要。”

其论“太极”谓：“太极动而生阳，至理之源，只是动静阖辟，至于终万物始万物，亦只是此理一贯也。到得二气交感化生万物时，又就人物上推，亦只是此理。《中庸》以喜怒哀乐未发已发言之，又就人身上推寻，至于见得大本达道处，又统同只是此理。”

文治按：太极，性也；动静，心也。陆清献曰：“论太极者，不在乎论天地之太极，而在乎论人身之太极。”② 可见读《太极图说》，宜就自己身心体验，不当徒骛空谈。至其论“韬晦之德”谓：“若有一毫表暴之意，即不得谓之韬晦。”此即《易传》“遁世无闷”、《中庸》“暗然日章”之义。故士君子龙德而隐，必贵乎潜。修身处世之道，胥括于是矣！

读《朱文公全集》记

世传《朱文公集》百卷暨续集别集，《书录解题》不载何人编辑，或云先生季子在所编，而朱玉《朱子文集大全类编》，称在所编实八十八卷，合续集别集乃成百卷，是正集百卷又非出在手矣。《四库提要》称别集之编，出余师鲁手，惟续集不得主名。文治所藏者，一系道光三十年（一八五〇）仿明嘉靖壬辰（一五三二）刻本，一系同治十二年（一八七三）六安涂氏求我斋仿嘉靖壬辰刻本。涂刻较精，惟二本续集均十一卷，别集均十卷，与《四库提要》所载续集五卷、别集七卷，卷数不同，莫知其故。又“大全集”之名不知始于何时，当在明永乐以后也。

---

① “问”字脱。

② 陆陇其《太极论》文，载《三鱼堂文集》卷一。

按：编集之例，不外两端，曰编年，曰分类。《朱子集》既无编年，朱子偶有自注年岁，亦不过数篇。而又仅以书疏等分类，不以事隶属；矧所著过多，为古来所未有，故学者颇病其繁杂。然朱子毕生精力与进学次序，都萃于是，较诸《语类》为门人所记或失其真者，固不可同日而语。

后学研究之法，先读问答诸书，次封事，次杂著；而尤宜参考者，如王白田《朱子年谱》、朱止泉《朱子圣学考略》、夏弢甫《述朱质疑》。文治所编《紫阳学术发微》，博考周稽，庶可得门而入。而评骘是书者，陆清献《读随笔》最为精，吴竹如亦有评本。无锡国学专修学校王蘧常等《朱文公集校释》亦详审。至其文章之美备，文治所作《朱子大义序》已详论之矣。

读《御纂朱子全书》记

《御纂朱子全书》六十六卷，康熙五十二年（一七一三）李光地等奉敕纂，渊鉴斋原刻本，余居京时所购。首总论为学之方，继以四书、五经，又继以性理、理气、鬼神、道统，又继以诸子、历代治道，终之以诗文，搜辑赅备，广大精微，叹观止矣。

《四库提要》谓“南宋诸儒，好作语录，卷帙之富，尤无过于朱子。咸淳中，黎靖德删除重复，编为一集，尚得一百四十卷。又南宋文集之富，无过周必大、杨万里、陆游，而晦庵《大全集》卷帙亦与相埒。其记载杂出众手，编次亦不在一时，故或以私意润色，不免失真；或以臆说托名，全然无据。……考《朱子语录》称孔门弟子留下《家语》，至今作病痛，憾其择之不精也。然则读朱子之书者，不问其真赝是非，随声附和，又岂朱子之意乎哉？……此书汰其榛芜，存其精粹，以类排比，分为十有九门。金受炼而质纯，玉经琢而瑕去，读朱子之书者，奉此一编指南，庶几可不惑于多歧矣”云云。

文治谨按：程氏门人辑《伊川先生语录》，伊川见之，谓：“不得当时立言之旨，所记者徒彼意耳!”语录之是非，盖难言之矣。是书分类虽精，然文集、语录同列一编，雅俗杂糅，窃所不取。当时若屏语录不采，岂不尤尽善乎?

抑又考《圣祖自序》:“康熙三十五年（一六九六）天山告警……凯旋之后有所悟①。……始知朱子集诸儒之大成②，而绪千百年绝传之学，开愚蒙而立亿万世一定之规。……至于忠君爱国之诚，动静语默之敬，文章言谈之中，全是天地之正气，宇宙之大道。读其书③，察其理，非此不能知天人相与之奥，非此不能治万邦于衽席，非此不能仁心仁政施于天下，非此不能外内为一家。读书五十载，只得朱子一生所作何事。……况天下至大，兆民至众，舆图甚远，开地太广，诸国外藩，风俗不同，好尚各异，防此失彼之患，不可不思。若以智谋而得人心，如挟泰山而超北海也；以中正仁义，老成宽信，庶乎近之。”④ 可见圣祖以此为治天下之书，固非为寻章摘句之用，亦不仅为存心养性之方也。朱子之学，志在救世。后世读朱子书者，当措之于立人达人，博施济众，以为救世之用，庶不负朱子之志也已。

至《朱子语类》刊本甚多，文治家藏者，为《朱子语类大全》，共一百四十卷，明刻本，附记于此。

读《朱程问答》记

此孤本宝书也。乙亥（一九三五）秋，吴生其昌⑤自武昌寄余，审

---

① “凯旋之后有所悟”句，乃檃括康熙序文“未十旬而凯旋，可谓胜矣，后有所悟”之意。

② “始知朱子集诸儒之大成”句，原康熙序文作“至于朱夫子集大成”。

③ 原序句首有“朕”字。

④ 康熙《御制朱子全书序》文，载《御纂朱子全书》卷首。

⑤ 吴其昌（一九〇四—一九四四），字子馨，海宁人，眇一目。十六岁考入无锡国学专修馆，好性理学，与王蘧常、唐兰合称国专三杰。一九二五年考入清华大学国学研究院，从王国维治甲骨文、金文、古史，从梁启超治文化学术史及宋史，深受器重。一九三二年任武汉大学历史系教授。抗战军兴，随校迁至四川乐山，患肺病，临终前一月著《梁启超传》，完成上卷而卒。著有《朱子著述考》《殷墟书契解诂》《宋元明清学术史》《金文世族谱》《三统历简谱》《北宋以前中国田制史》。

知为嘉庆年间[①]刻本，而卷面有“宣统庚戌（一九一〇）重校”六字，后并有程慊一跋，恐慊伪托重刻也，爰钞录一通。

其昌之跋曰：“右《朱程问答》一卷、附录一卷，乃朱子与其表弟程允夫洵[②]往来论学书札。程氏裔孙什袭而藏之韩溪家祠，自宋迄明，至嘉靖庚戌（一五五〇），始由其裔孙程资[③]扑尘启封，录副以流传者也。始其昌读《朱子年谱》，见朱子《与允夫论作诗当法陶韦帖》，实为文集所无，当时固已骇之，因录入《朱子外集》。继读当涂夏弢甫先生炘《述朱质疑》，见其亦引朱子此帖，而其文视年谱尤详，益自疑异。徐按之，乃知夏氏得之于《朱程问答》，始知世乃有此书，而寻求十年余未得。既来武昌，于日报中见婺源重修朱子祠宇，因知先贤后裔，尚克世守车服。自慰之余，因试驰书婺源朱氏，聊一询其此书是否尚传，固未尝希其能得之也。无何而此书竟至！故五经博士朱文彬先生[④]且传书谓：‘是本朱氏亦已久绝，转乞诸韩溪程氏，廑乃得之，而亦垂尽矣。’亟取以与《朱文公集》及别集仇校，则为朱集及别集所遗者，计凡十有六书；其重见于文集者，凡十有三书；重见于别集者，凡九书。然著在文集、别集者，每篇或被删削自数字至数百字不等，惟赖此书，可以阅七百年后重复补足，异文勘正，犹其余事已。又程允夫所撰《尊德性斋小集》三卷，今亦传世。《知不足斋丛书》第三十集本。但程氏与朱子七书见于此本者，取校彼集，未登只字，则此书不特可以补朱集之阙文，且又可以补程集之阙文矣。

“嗟乎！朱子文集遭逢时禁，季子在[⑤]之所集沧洲精舍原本，不复可睹。今传世百卷之本，不知出于何人纂辑。裔孙玉遂取世所流传朱子手迹补之，又得续集十有一卷。宋元之际，有所掇集，动成巨帙，然以

---

① 嘉庆十五年（一八一〇）。

② 程洵（一一三五——一一九六），字允夫，号克庵，徽州婺源人，朱子内弟。

③ 程资，字仲朴，徽州婺源人，正德十二年（一五一七）进士。

④ 清室赐封朱子嫡裔为五经博士，以示尊荣。

⑤ 朱在（一一六九——一二三九），字敬之，号立纪；朱子第三子。

其昌所知，朱子遗文有目可寻而其文不传者，如《与马侍郎书》，多至十有一帖，见于黄溍《金华黄先生集》；《与徐德夫书》，多至五帖，见于真德秀《西山集》；《与包氏兄弟书》，多至数十巨轴，见于包恢《敝帚稿略》；文澜阁本卷五。《与潘德鄜书》，前后三帖，见于柳贯《柳待制集》；《与陆务观书》，前后二帖，见于吴宽《匏翁家藏稿》。卷五十五。又有《与程允夫》二帖，见于阮元《石渠随笔》；又《与曹子晋方伯谟》二帖，见于王恽《秋涧集》；卷七十二。《与杰然直方》[1] 二帖，见于刘因《静修集》卷十二[2]；其他《与程正思》三帖，都数千字，为元人操希元所藏，见于胡炳文《云峰集》；文澜阁本卷四。《与或人》二帖，为宋人林逢吉所藏，见于杜范《清献集》；文澜阁本卷十七。《与李泰发》二帖，藏于槜李项氏元汴，见于都穆《寓意编》。凡若此类，今皆澌灭不传，其零星一帖，目存而文佚者，尤多至不能例举，安得尽如此书之重传于人间？”云云，余乃益嘉其昌治朱学之勤也。

按：嘉庆时程绩序文谓：“此书采《朱子文集》《性理大全》《经济文衡》《新安文献志》，并先世遗墨所载，共得四十有一篇。”其旁搜可谓博矣。惟余覆按《考亭渊源录》载允夫先生事迹，后附朱子书云“每与吾弟讲论，觉得吾弟明敏，看文字不费力”云云，共百余字，此书亦脱漏未采，不知薛方山先生[3]从何处得来？古书汗漫无津涯若此。《问答》中，朱子戒允夫先生勿沈溺苏文处居多，《渊源录》备遗数条，意亦相同。盖朱子病苏文发露太尽，无含蓄之味故尔。

先太夫子黄薇香先生尝辑《朱吕问答》。余谓不独朱吕、朱程，紫阳高弟如黄勉斋、陈北溪诸先生，俱深入堂奥，后人倘能仿《延平答问》例，分别辑为问答，附于学案之后，则凡学道之径涂，均可探索而得之矣。但必当体诸身而验诸心，若为言论之资，则徒费笔墨矣。

---

① “杰然”二字原缺，据刘因《静修集·跋朱文公杰然直方二帖真迹后》一文补。

② “卷”后原衍“三”字。

③ 薛应旂（一五〇〇—一五七四），字仲常，号方山。

读《紫阳大指》记

秦定叟先生[1]《紫阳大指》八卷，康熙间刻本，门人吴生其昌得之于京师，寄以赠余。盖现今罕见之书，余甚爱之，然以君子不夺人之所好，未敢据为己有。无锡高君涵叔[2]为钞录一通贻余，乃将原本仍归之吴生。高、吴二人之意，均可感矣。

按：是书卷一朱子初学，先生自注云："朱子初年，原自有未定之论。由此而读余集，可次第识也。"

卷二论未发已发，注云："此是千圣真脉，朱子一生学力大关，特详录。"

卷三论涵养本原，注云："乾道五年（一一六九），朱子年四十岁，此皆乾道五年以后语也，折肱至言，其旨远矣。"

卷四论居敬穷理，注云："朱子祖述程氏，止此二言。"

卷五论致知格物，注云："深究此卷之义，格物聚讼，或可少解。"

卷六论性，注云："无善无恶之说，言性之诐辞也。朱子早已致辩，特标之以疗世之受痼而不知者。"

卷七论心，注云："知未发已发，操心之学，炳如日星矣。仁心德之最大者，世亦有好而不知其蔽者，不可不明辨也。"

卷八论太极，注云"朱子生平得力，止在中和之旨，录此亦见先觉一贯大概"云。

按：陆稼书先生《三鱼堂集》中有答先生书谓："于《紫阳大指》中，尚不能无纤毫之疑。……盖阳明之病莫大于'无善无恶心之体'一语，而昧于未发已发之界。其末也，既以无善无恶为心之体，则所谓未发，只是无善无恶者之未发；所谓已发，只是无善无恶者之已发。即使悉如朱子静存动察，亦不过存其无善无恶者而已，不待混动静而一

---

① 秦云海，字开地，号定叟，钱塘人，知理学，读阳明书而有疑朱子晚年定论之说，辑《紫阳大旨》八卷。

② 高文海（一八九二—一九七一），字涵叔，号子愚，高攀龙后裔，曾任无锡国专训育员，唐先生之左右手。

之，然后为异于朱子也。朱子中和旧说，虽属已悔之见，然所谓‘心为已发，性为未发’，亦指至善无恶者言，与阳明之无善无恶相楹莛[①]。即使朱子守旧说而不变，仍与阳明不同，所以阳明虽指此为‘朱子晚年定论’，而仍有影响尚疑朱仲诲之言，职是故耳。此仆所以谓考亭、姚江，如黑白之不同。先生《紫阳大指》书中乃云‘无善无恶’一句，是名言之失，而非大义之谬，是仆所深疑而未解也。”[②] 以上节录。云云。

惟按先生自序谓：“读阳明书，谬谓略识其要领，惟于《晚年定论》一书，时为心疚，以为道者天下公是公非之所在，非一家之私说也。故君子之道，必考诸往古而无疑，质诸后世而不惑。今阳明以朱子为君子之道乎？则当率天下而共是之矣；若果非也，当率天下而共非之，似不当始终有影响之疑，而又为此委曲调停之举也。始欲求朱子之书而读之，考其一身力学，其立论所自来，其指趣所归宿，揭其大指，昭然与天下共见之。怀此有年，以未见全书，不敢举笔。今年夏，获假文集而三复焉，始知朱子之立论归宿，毫无可疑。余之积疑怀忤，适以自病。而阳明先生之于朱子，又不独‘晚年定论’为可商矣。”可见先生研究理学，原从阳明入手，故其立论不无回护之处。况阳明明言“致良知于事事物物”，又言“知善知恶是良知”，其言“性体无善无恶”，乃指念虑未起而言。若谓阳明之已发，乃无善无恶之已发，岂其然乎？稼书先生之说，可以辟王龙溪辈，以之斥阳明，则少过矣。然则此书固可与夏氏《述朱质疑》并传于世无疑也。

又按：乾隆间，闽连城有童先生能灵字龙俦[③]，著《朱子为学次第考》，条理亦极精纯。门人唐兰于北京图书馆中钞得二册寄余，惟缺去

① “楹莛”出《庄子·齐物论》“故为是举莛与楹，厉与西施，恢恑憰怪，道通为一”，“莛”乃小木条若发簪之类，“楹”乃梁柱；言大小之相远，不为同类也。

② 陆陇其《答秦定叟书》，载《三鱼堂文集》卷五。

③ 童能灵（一六八三—一七四七），字龙俦，晚号寒泉，福建连江人，雍正中贡生，乾隆时，主漳州芝山书院，著有《朱子为学考》《理学疑问》《周易剩义》《冠豸山堂文集》等。

第一卷，深为可惜，不知闽中尚有藏此书者否？特表之，以谂同志。

读《朱子圣学考略》记

《朱子圣学考略》十卷，宝应朱止泉先生编，乾隆壬申（一七五二）刻本，卷首有先生自序，又有张师载、高斌、刘师恕三序。粤匪兵燹之后，书板无存。余近得于金坛冯梦华①同年处，借读一过，梦华寄语曰："宝邑只此一部矣。"余因倡重刻之议，梦华及宝应刘生启瑞竭力赞成，先生后裔茀臣、忆劬两君出资刊成。后海宁吴生其昌觅得《宗朱要法》一卷，刘生复为校勘之②。自丙申年（一八九六）始，乙亥（一九三五）始讫工，居今世而刊此书，可谓盛举矣。

是书之精华，见于先生自作提要，谓："朱子之学，全从《大学》《中庸》《孟子》与《易》《诗》《礼》《春秋》得力。""又于周、程、张子书极深研究，而《太极》《西铭》尤精详焉。于《太极图说》溯《西铭》之来历，即体会自己身心之来历，于《西铭》识《太极图说》之实际，即体会自己身心实际也。"又谓："朱子四十前，常存此心以格物致知，但在端倪上著力，故认心是已发，性是未发。及四十时，知心统性情，未发之中，性体具焉。此后穷理愈精，惟恐所知不精，害于涵养，故尊德性、道问学是相通功夫。"③ 其于朱子用功次第，阐发无遗。

余尝谓勉斋诸先生编《朱子文集》，未有分年次第，为第一大缺憾。王白田先生作《朱子年谱》，考证较详。及得《圣学考略》，不啻"朱子编年文集"，能使学者共晓然于敬静合一、知行并进之实验。若

---

① 冯煦（一八四二—一九二七），字梦华，号蒿庵，江苏金坛人，光绪十二年（一八八六）进士，官至安徽巡抚。辛亥寓居上海，创立义赈协会，承办江淮赈务。

② 唐先生《自订年谱》甲子（一九二四）六十岁六月条载："刘生启瑞又来书云：'朱君忆劬拟刻《朱子圣学考略》，请为作序。'并属王生蘧常代为校字，大为快慰，谨拟序寄去。旋吴生其昌在天津图书馆钞得朱止泉先生《宗朱要法》一卷，即寄刘生，属其附刻于《圣学考略》后。"

③ 朱泽沄《朱子圣学考略提要》，载《朱子圣学考略》卷首目录后。

夫封章启事，有关于治术、经济者，亦俱载列，岂非紫阳之大功臣欤？

《宗朱要法》为朱学之阶梯，娄县姚春木先生①为之序，极可宝贵。先生复有《朱子晚年定论评》，辨析精核，他年汇而刻之，是所望于后贤。

读《朱子年谱》记

按《朱子年谱》，宋洪友成刻者为洪本，闽省别刻者为闽本，袁仲晦刻者为袁本，明李默刻者为李本，清初康熙有婺源洪去芜续本，又有建宁朱氏新本，及武进邹氏正讹本，均不经见。宝应王白田先生于朱子学极深研几，取李本、洪本互相参考，根据《语录》《文集》，订补舛漏，勒为四卷。又仿朱子校正《韩集》之例，为考异四卷，并采掇论学要语，为附录二卷，缀于末。

按：朱子平生学凡三转。二十五岁以前，出入释老，追师事延平先生，后乃专志圣学，此一转也。三十岁以后，交南轩先生，闻衡山胡五峰先生之学，从事于“先察识、后涵养”，此二转也。四十岁己丑（一一六九），豁然悟已发未发之旨，遂壹意于涵养致知，交修并进，敬义夹持，上达天德，此三转也。王氏此书，颇注意于此；而于辨金溪学，辟永康学，亦极详审，学者均宜研究。惟《四库提要》谓：“其于学问特详，于政事颇略。”其说实不然。朱子出处，凛然不苟，在朝仅四十日，孝宗屡辟屡辞。此书所载甚详，后人读之，顽者廉而懦者立，有确乎不拔之志矣，故文治常教人以此为入德之门。

至附录二卷，选择尤精，于朱子晚年论学得力之语，掇拾靡遗。学者服膺此二卷，其于学道之方，自能操之得其要矣。

① 姚椿（一七七七—一八五三），字春木，号子寿，江苏娄县人。姚鼐门人，治朱子学，论文必本桐城，辑《国朝文录》八十二卷。

读《述朱质疑》记

《述朱质疑》为《景紫堂全书》第二种，咸丰壬子（一八五二）刻本，夏弢甫先生著，余以重价购于上海。书凡十六卷，一卷至五卷，述朱子学术早晚之异同；六卷、七卷，述朱子平生著作成书之岁月、各本之异同；八卷、九卷，述朱子同时江西、湖南、金华、永康、永嘉诸老学术梗概，与朱子有同有异；十卷，述朱子以后颖异之士，挟好胜之心，每多异说，加以辨证；十一、二卷，述朱子立朝大节，以正学术、格君心为本；十三、四卷，述朱子外任九年，自主簿以至安抚使政绩；卷十五、六卷，述朱子杂事。

先生自序谓“朱子之学，自明中叶以后，异论纷纭。高明之士，既震于其言，而匍匐归之。其守章句以习举业者，叩以朱子平生学术之早晚、著述之异同、师友之渊源、出处之节目，茫然如坐云雾之中。……书自书，我自我，则朱子之学，几何而不晦也？数载以来，讲习讨论，关涉朱子之学术著作、师友出处者，随笔疏记，积久成帙，共若干篇。……善乎！朱子之道，又岂徒讲说而已哉！多士幸生紫阳之阙里，须识得鲁邹濂洛[①]而后，惟朱子为吾道正宗，舍朱子而外，更无他途捷径，可以至于圣人之域”[②] 云云。时先生为婺源学官。

余尝谓治一家之学者，必于其人之平生行诣，一一考之，审知之确，夫然后言之沛然而无疑，师法之而不失其矩矱。紫阳而后八九百年以来，为朱学者，朱止泉、王白田两先生外，未有如弢甫先生者也。而先生于朱王两家之说，亦有所贡献而折衷，信乎前贤畏后生矣。而余所服膺者，尤在第十三、四卷。盖朱子体用兼备，平时惓惓以爱民为心，读其社仓之法、救荒之政，凡所以惠闾阎者，举可为万世法。而兴国复仇之策，忠心义胆，散见于封事奏札中。往者朱竹垞先生尝辑《朱文公文钞》，专述其经济事功，惜乎其书已佚。今先生兹二卷，与竹垞先

---

① 谓孔子、孟子、周敦颐、二程子。

② 夏炘《述朱质疑》卷首目录后。

生之意，不谋而合，彼以朱子学为迂者，岂不谬之又谬哉！

先生讳炘，当涂人，其兄燮①，著有《中西纪事》，鉴于道光后之外祸频仍，发斯义愤，亦贤者也。

读《张南轩先生文集》记

《南轩先生集》四十四卷，朱子所编，咸丰甲寅（一八五四）重刻，绵邑南轩祠藏板。计词赋诗七卷、表启一卷、记五卷、序二卷、史论二卷、说一卷、书十卷、答问四卷、题跋三卷、铭箴赞一卷、墓志铭五卷、祝文一卷、祭文二卷。

朱子序其集曰："敬夫自幼已得夫忠孝之传，既又讲于五峰之门，以会其归，则其所以默契于心者，人有所不得而知也。独其见于论说，则义利之间，毫发之辨，盖有出于前哲之所欲言而未及究者，措诸事业，则凡宏纲大用，巨细显微，莫不洞然于胸次，而无一毫功利之杂，是以论道于家，而四方学者争乡往之也。"

文治按：南轩先生讲学，莫严于义利之辨。《孟子讲义自序》曰："学者潜心孔孟，必得其门而入，愚以为莫先于义利之辨，盖圣学无所为而然也。无所为而然者，命之所以不已，性之所以不偏，而教之所以无穷也。凡有所为而然者，皆人欲之私，而非天理之所存，此义利之分也。……嗟乎！义利之辨大矣，岂特学者治己之所当先，施之天下国家一也。王者所以建立邦本，垂裕无疆，以义故也。而伯者所以陷溺人心，贻毒后世，以利故也。"② 以上节原序文。斯言可为万世之鉴。为士者，未有不破义利之关，而能成人格者也；为政者，未有不破义利之关，而能成善治者也。此谊不明，于是人心陷溺，百姓憔悴，而世运日衰矣，岂不悲夫！

---

① 夏燮（一八〇〇—一八七五），字谦甫，安徽当涂人，道光元年（一八二一）举人。仿司马光《资治通鉴》体例编《明通鉴》一百卷，道光三十年（一八五〇）成《中西纪事》。

② 张栻《孟子讲义序》，载《南轩文集》卷一四。

集中与朱子论学书七十三通、答问二十五条，论涵养、省察、扩充之方，精密无间；而朱子于其"类聚孔孟言仁处，以求夫仁"之说，且规其"专一如此用功，恐不免长欲速好矜之心，滋入耳出口之弊"云云①，切实忠告，务归于躬行心得。近代如阮文达之《论语论仁论》《孟子论仁论》，专以考据为是，正所谓口耳之学尔！曾子曰"以友辅仁"，若朱、张二先生，真辅仁之君子矣！

昔人有辑《朱程问答》者②，先太夫子黄薇香先生辑《朱吕问答》，惜其书无传。文治不揣梼昧，拟补辑《朱吕问答》，并辑《朱张问答》，年老目盲，深望后人代偿此愿也。

读《象山先生集》记

《陆象山先生集》二十八卷，附录八卷，共三十六卷，购自北京琉璃厂肆翰文斋③，系明正德辛巳（一五二一）抚州守李茂元刻本，首载王阳明先生序，极可宝之书也。前十七卷为书，十八卷为表奏，十九卷为记，二十卷为序赠，二十一卷至二十四卷为杂著，二十五卷为诗，二十六卷为祭文，二十七八卷为墓志、墓碣、墓表，外集四卷，皆程试之文，末为谥议行状。又语录四卷，本于集外别行，李氏重刻是集，乃并附集末，以成陆氏全书。《四库提要》叙此书源流颇详。

"朱陆异同"已著于学派论④。大抵朱子教人，专宗孔门下学上达之训；而陆子教人，曰本心，曰先立乎其大，则采《孟子》立教之法，虽较孟子不无蹈空之弊，而薛方山先生谓："战国时人心陷溺，仁义充塞，不得不以此救之。"然则吾人生今日，所以陶淑国性，振作国气者，固当遵朱子之循序渐进，亦宜法陆子之直指本心，断断然也。夏弢甫先生《述朱质疑》有《陆文安践履笃实论》，又《陆文安推服朱子政

---

① 朱子《答张敬夫》，唐先生录于《朱子大义》卷三，并《紫阳学术发微》卷四。
② 参本卷《读〈朱程问答〉记》。
③ "翰文斋"乃北京琉璃厂老书肆。
④ 即本书第二卷之《朱子、陆子学派异同论》。

绩说》谓“其于朱子浙东之救荒，极其称许，见癸卯（一一八三）《与尤延之书》《与陈倅书》。又于朱子社仓之立制，极其法效，见戊申（一一八八）《与赵汝谦书》。又于朱子南康之人言，极其剖别，见《与尤延之书》。又于朱子江西江东之提刑，极其欣冀，见两次与朱子书。然则象山与朱子不同者，特其学术而已”云云，余谓君子和而不同，固当如此。即以先生与朱子辨无极书论之，其上文云：“闻已赴阙奏事，何日对扬。……外间传闻留中讲读，未知信否[①]？诚得如此，岂胜庆幸！”又云：“昔年两得侍教，康庐之集，加款于鹅湖，然犹莽卤浅陋。……比日少进，甚思一侍函丈，当有启助，以卒余教。”其虚心谦敬如是。而朱子请先生在白鹿洞讲《论语》“义利”章，诸生为之感泣，朱子手跋其尾，谓其：“发明敷畅，又恳到明白，皆切中学者隐微深痼之病。”语意更殷勤郑重，何其交谊之敦笃也！

后人学术品行，未逮古人万一，遇有异己者，辄尽力相攻，甚至成为仇隙；于是以己之私心，测度古人之心，而朱陆异同之辩，乃哓哓以至于今，此皆不通事实者也。《易》曰“谦谦君子”，又曰“谦尊而光”，吾辈讲学，当则效昔贤之谦恭，乃可以救心而救世。若庞然自大，意气纷呶，失其模范，徒害人而已矣。

读《东莱文集》记

《东莱先生集》，门人北流冯振购自上海，归以赠余，为同治年间退补斋刻本。卷一，表、札子；卷二，策、问、启；卷三、四、五，书；卷六，记、序、铭、赞、辞、题跋；卷七、八，墓志铭；卷九，家传、祭文；卷十，官箴、宗法条目、学规；卷十一，诗；卷十二、十三、十四，《易》说；卷十五，《诗》说；卷十六，《礼记》说、《周礼》说；卷十七、十八，《论语》说、《孟子》说；卷十九，《史记》

① “未知信否”四字脱。

说；卷二十，杂说。据《四库提要》载，先生集四十卷，盖系先生弟祖俭及从子乔年旧本①。以今刻校之，散失多矣。世变屡迁，古书零落，深可慨叹！然现今觅同治间刻本，已不易矣。

先生之学，广大闳博，其所著《古易音训》②，得汉《易》之传，足补李鼎祚《集解》之阙；读《书》《诗》两记③，皆独出心裁，朱子亦深佩之；《东莱博议》为少年著作，后人剿袭，以为科举之用，遂致减色。其所纂《宋文鉴》，约一代治体，归之于道，不以虚文为主，叶水心先生谓“自古类书，未有善于此”者。至《文集》载王崇炳序称：“其学近里切己，贵涵养实践，不贵争辨，于洙泗为近。其为人闳廓平粹，志在经世而耻苟合；其为文波流云涌，珠辉玉洁，为一时著作之冠。”④ 洵知言也。

夏弢夫论：“吕成公无所不通，独心折于朱、张二先生之学。教授严州，适植宣公为守，后又与宣公同朝，隔墙而居，所以讲求之者甚切。乙未（一一七五）夏，访朱子于建安。丙申（一一七六），复会朱子于三衢，殷殷就正，不辞道远。观其与朱、张二公诸书，无非虚心求益，切己克治之言，故其进德之猛如此。朱子赞之谓：‘有蓍策之智，而处之若愚；有河汉之辨，而守之若讷；胸中有云梦之富，而不以自多；辞章有黼黻之华，而不易其出。’⑤ 然则如先生者，汉唐以下，仅见之才也。其开永嘉学派之先，洵有由矣。”

---

① 《四库全书总目提要·东莱集》云：“其生平诗文，皆祖谦殁后，其弟祖俭及从子乔年先后刊补遗稿，厘为文集十五卷。又以家范尺牍之类，为别集十六卷。程文之类，为外集五卷。年谱遗事，则为附录三卷。又附录拾遗一卷，即今所传之本也。（中略）祖俭等编集之时，失于别择，未免收入赝作。然无从辨别，今亦不得而删汰之矣。”

② 吕祖谦《古易音训》原十四卷，今本二卷。

③ 吕祖谦《书说》三十五卷、《吕氏家塾读诗记》三十二卷。

④ 王崇炳《重刻吕东莱先生文集叙》，载同治退补斋本《东莱集》卷首。王崇炳（一六五三—一七三九），字虎文，号鹤潭，浙江东阳人，讲学丽正书院。

⑤ 朱子《祭吕伯恭著作文》文。

读《叶水心文集》记

《水心先生文集》二十九卷，商务印书馆影印明黎谅刊黑口本，颇饶古色。计奏札一卷，状表一卷，奏议三卷，诗三卷，记三卷，序一卷，墓铭十三卷，行状、谥议、铭、青词、疏文一卷，祭文一卷，书启一卷，杂著一卷。首载赵汝谠、王直二序，并黎谅字公允[①]附识。盖是集之行，黎氏首辑之功不浅。

王序谓："先生之学，浩乎沛然，无所不窥，而才气之卓越，又足以发之。……观其议论谋猷，本于民彝物则之常，欲以正人心，明天理。至于求贤、审官、训兵、理财，一切施诸政事之间，可以隆国体，济时艰，然未至于大用，而道不盛行。今之所见，惟其文而已，惜哉！而后人所敬仰者，尤在《劾林栗》一书。栗与朱子论学不合，颇惭愤，乃借道学之名，以倾陷朱子[②]。善人君子，皆为惴惧。先生独上书天子，论栗奸邪，请予斥逐[③]，以扶善类。"[④] 栗因之去职。当是时直声震天下，而拘儒犹谓其立言不甚得体，庸讵知栗之邪焰，当时无人能折其角，而先生独敢昌言排之，维持乾坤之正气，如是而尚訾议之，岂非不乐成人之美乎？吾谓先生经济、文章、气节，俱可不朽于后世矣。

读《习学记言》记

叶水心先生《习学记言》五十卷，先师黄漱兰先生督学江苏时，刻于江阴。光绪乙酉（一八八五）冬，先师北上，持以授文治曰："子宜勉为有用之学。"后文治于经济时务，虽稍有论略，毫无匡济，愧对先

---

① 黎谅，字公允，号东园。景泰三年（一四五二），诏以平贼功进奉议大夫正五品俸，辑《叶水心文集》四十卷、《苏平仲文集》二十九卷，并行于世。其序《叶水心文集》在明英宗正统十三年（一四四八）。

② "而后人所敬仰者，尤在《劾林栗》一书。栗与朱子论学不合，颇惭愤，乃借道学之名，以倾陷朱子"六句，王氏原文作"其《论林栗》一书，有功于斯道甚大。时栗唱道学之说，欲窜逐文公"。

③ "请予斥逐"句，王氏原文作"请加摧折"。

④ 王直《重刊叶水心先生文集序》，落款题"景泰二年（一四五一）三月朔日，荣禄大夫太子太保兼吏部尚书"。

师也。是书辑录经史百氏，各为论述，条列成编，凡经十四卷、诸子七卷、史二十五卷、文鉴四卷。陈振孙《书录解题》谓："其文刻峭精工，而义理未得为纯明正大。"《四库提要》则谓："当宋末世，方恪守洛闽之言，而适独不免于同异，故振孙不满之耳。"文治窃谓：先生才气迈当世，所论皆匡时要策，未可以绳墨拘之也。

黄先生序是书曰："先生之书，其[①]说经不同于汉人。……其为一时愤激之言，而不可以转相师述者，如论'太极生两仪'等语，浅陋之属。……乡先辈黄薇香明经为《叶氏经学辨》，于其驳曾子、子思、孟子，皆颇议其诬，而推见其所以言之故，具在《儆居集》中。……窃以为水心之才之识，最长于论史事。以其论史之才之识而论诸子，而又论经，岂能无偏？然较之空言无实者，相去盖不啻万万焉。若夫后人之议水心者曰：'水心诚为贤而有干济，而奚宜附奸臣用兵也。'夫《宋史》固言每疏求审，力辞草诏，适不附奸臣矣！而又惜其不能极力谏止，彼韩侂胄为可谏者耶？适之初见帝，所谓'大事者，无过于复仇'，而其一生之材力，即未尝不营营于斯。孔子之为东周也，不忍于佛肸，方斯而论，孔子何心，而古之天下，乃有一成一旅中兴者？君子于此，则惜宋于此时不以全力付适耳。苟以全力付适，则行其所谓实政实惠，反其所谓四难五不可，而庶几乎改弱为强。既不能强，而策其至险至危，以求朝廷一日之缓，斯亦可悲矣！天下之论，莫惨乎其苶然以愿终，吾不知开禧之兵，胡为万口一声，以为乱谋，而不复念天下之有才如适者也。"以上原序文。

呜呼！当光绪中叶，外侮频乘，维时黄先生正色立朝，謇謇忠直，故于此通切言之。盖水心先生论唐史诸条，欲以唐室为宋之殷鉴，而黄先生所言，则欲以水心之议，为光绪时之殷鉴也。借使黄先生生于今世，悲愤填膺，更不知奚若。反复兹编，不禁衋然流涕矣。

---

① "其"字脱，据黄体芳原序补入。

又按：黄梨洲《水心学案》谓未见《习学记言》全书，则此编之宝贵，尤可知矣。

读《北溪字义》记

文治初谒先师黄元同先生，请益性理学，师假以陈北溪先生《字义》二卷。文治即钞录一册，尚能一字无讹，师甚喜，于卷首题云"余弱冠时，于从兄假施刻《北溪字义》，读之数四，间加评语，暨《经义通故》书成，遂以《字义》归从兄。庚午（一八七〇）乡试，又于书肆得戴刻本，前所评语，未之过入，时以为怀。太仓唐蔚芝，余主讲南菁，夙许为高材生者也；乙酉（一八八五），蔚芝来书院，叩之，于周、程、张、朱诸先生书已毕读，而《北溪字义》犹未之见也，遂以戴刻本授之。蔚芝随读随钞，不数月录成。余喜其敏也，因书其耑"云云。先师手迹，廑存于此，每一展卷，辄为怃然。

北溪先生学术，渊源朱子，其说理之精确，薇香太夫子《儆居集》中已略言之。而文治所心折者，尤在《字义》下卷论鬼神本义、祠典、淫祠、妖怪[①]各条，谓："形既生矣，神发知矣。人之知觉属魂，形体属魄。阳为魂，阴为魄。魂者阳之灵而气之英，魄者阴之灵而体之精。口鼻呼吸是气，灵活处属魂；耳目视听是体，聪明处属魄。"[②] 此与《易传》"精气为物"一节，及《礼记·祭义篇》宰我问鬼神之说[③]相合。盖仁人孝子，"齐明盛服，以承祭祀"，"如在其上，如在其左右"，不过以本心之魂魄，感召祖考之神明，非迷信也。"事死如事生，事亡如事存"[④]，所以补侍奉之所不及，而有余痛者也。

---

① "妖怪"原误倒作"怪妖"，据《北溪字义》卷下为正。

② 陈淳《北溪字义》卷下"鬼神本意"条文。

③ 《礼记·祭义》载宰我曰："吾闻鬼神之名，而不知其所谓。"子曰："气也者神之盛也，魄也者鬼之盛也，合鬼与神，教之至也。众生必死，死必归土，此之谓鬼。骨肉毙于下，阴为野土；其气发扬于上，为昭明，焄蒿凄怆，此百物之精也，神之著也。"

④ 《礼记·中庸》文。

先生又谓："鬼神之怪，皆由人心兴之。人以为灵则灵，人以为不灵则不灵，鬼神之所以能动人，皆由人之精神自不足故耳！"① 可见鬼神之作祟，皆由人之本心有所亏缺，因亏缺而生疑虑，即感召游魂滞魄，附会而来，实则皆心理作用也。若夫积善之君子，仰不愧，俯不怍，正气弥纶，焉得有妖妄之事哉？乃近人废弃祠典，以为破除迷信，则本心将失魂落魄，而灾害乘之，此岂鬼神之所为哉？

读《文山先生集》记

《文山先生集》，余得自京师。按：《四库提要》载先生集二十一卷，又《集杜诗》四卷，记源流甚详。余此本为同治七年（一八六八）醴陵景莱书室所刊，仅二十卷，且合《集杜诗》在内，殆后人所归并也。

考《宋史》先生传论曰："自古志士欲信大义于天下者，不以成败利钝动其心，君子命之曰仁，以其合天理之正，即人心之安尔。……宋至德祐，亡矣。文天祥②往来兵间，初欲以口舌存之，事既无成，奉两孱王，崎岖岭海，以图兴复。兵败身执，世祖……既壮其节，又惜其才，留之数年，如虎兕在柙，百计驯之，终不可得。观其从容伏锧，就死如归，是其所欲有甚于生者，可不谓之仁哉？宋三百余年，取士之科，莫盛于进士，进士莫甚于抡魁。自天祥死，世世之好为高论者，谓科目不足以得伟人，岂其然乎？"③

元刘岳申④又论之曰："方先生之⑤脱京口，走真扬；脱真扬，走三山，出万死，与潮阳仰药不死，南安绝粒不死，燕狱不死，何异⑥若将

① 陈淳《北溪字义》卷下"妖怪"条文。

② "文"字脱，据《宋史》本传补入。

③ 《宋史·文天祥传》。

④ 刘岳申，字高仲，江西吉水人，曾任泰和州判。其所撰《文丞相传》，比《宋史·文天祥传》尤详。

⑤ "方先生之"四字，刘氏原文作"至其"。

⑥ "何异"两字脱，据刘氏《文丞相传》补入。

有以为者？及得死所，卒以光明俊伟，暴之天下后世，殆天以丞相报宋三百年养士之厚，且以昌世教也。而或者咎其疏阔，议其无成，谬矣！夫非诸葛公所谓鞠躬尽瘁，死而后已者乎？死之日，宋亡七年，崖山亡又五年矣。"① 厥后诸名儒吊先生诗文，不可胜数。

文治年十五，随先大夫读书上海，居停粤东郑氏，有《潮阳县志》，得读先生《谒张睢阳祠词》并《集杜诗》数首，心向往之。及长，读先生《宝祐四年对策》《指南录》《狱中自述》《纪年录》《过零丁洋诗》《正气歌》《衣带铭》，为之往复流涕，不能自已。后读是编，知先生之教，以立诚为主，如训瑞州诸生："忠信进德，天地间只一诚字是也。"②

先生之学，以程朱为宗，如言"圣人浸远，道学无传，赖伊洛诸君子出，抉圣经千载之秘，而后学遂得袭其遗，以求进于道"是也。先生之忠孝，发于天性，如廷对后，父疾笃椎心祷呼，冀殒灭以代父。勤王时，抚几涕泣言："乐人之乐者，忧人之忧；食人之食者，死人之事。"其面折伯颜曰："宋存与存，宋亡与亡，刀锯鼎镬，非所惧也。"其成仁取义，本于平日之学养，岂一朝愤激者所能冀其万一哉！

呜呼！一国之兴替，惟视人心之存亡。宋有先生，宋可谓不亡。天下未有无民之国，亦未有无国之民，故人心莫不爱其国，而决不至于亡。然孰使之亡哉？侮慢圣贤，荒道败德，气节因之扫地也。使学校中尽读先生之书，人心可以不亡矣！

读《许鲁斋遗书》记

《四库提要》载《鲁斋遗书》，为先生七世孙婿郝亚卿所辑，未竟，

① 刘岳申《文丞相传》赞语，载《申斋集》卷一三。

② 刘岳申《文丞相传》，载《申斋集》卷一三。

河内教谕宰廷俊继成之，何瑭①为之序。嘉靖乙酉②（一五二五），山阴萧鸣凤③校刊于汴，自为之序。而文治所藏，共有二本，一为万历时刻本，并无萧序；一为乾隆时刻本，较精，悉载何、萧诸序。原书首语录，次《小学大义》《大学中庸直解》及《读易私言》等，至遗文则甚寥寥也。

按：元儒之卓然可传者，先生与吴草庐先生为最。揭傒斯④作《草庐先生神道碑》称："皇元受命，天降真儒。北有许衡，南有吴澄。"盖当时二人为南北学者之宗。许先生之学，主于笃实以化人；吴先生之学，主于著作以立教。文治访《吴文正遗集》不可得，仅得《鲁斋遗书》，读其语录，操存怀惕之意，油然自生。其文集中奏议如论蚕桑学校、为君难说等，亦均正大切实。

《宋元学案》载先生学术，原于江汉赵复仁甫先生⑤，尝曰："纲常不可一日亡于天下，苟在上者无以任之，则在下者之任也。"故虽在乱离之中，毅然以为己责。其志气弥可敬矣。至《小学大义》一篇⑥，于立教、明伦、敬身三者，谆谆垂训，所谓"终身敬之如神明"⑦，其开有元一代之治，非偶然也。

---

① 何瑭（一四七四—一五四三），字粹夫，号柏斋，河南人，弘治十五年（一五〇二）进士，官至南京右都御史，卒谥文定。

② "乙酉"二字脱，据《四库提要》文补入。

③ 萧鸣凤（一四八〇—一五三四），字子雍，绍兴山阴人，王守仁门人，正德九年（一五一四）进士，官至广东提学副使。

④ 揭傒斯（一二七四—一三四四），字曼硕，江西富州人。延祐元年（一三一四）任翰林国史院编修，官至翰林侍讲学士，与修《经世大典》及辽、金、宋三史。

⑤ 赵复，字仁甫，学者称江汉先生，德安安陆人，作《传道图》以明道统之传。

⑥ 许衡《鲁斋遗书》卷一三附载《考岁略》载："先生著述曰《小学大义》，乃甲寅岁（一二五四）在京兆教学者《小学》口授之语。"其书解读朱子《小学》，结集为四卷，以立教、明伦、敬身等三纲目总持大义。

⑦ 陆陇其《寄示席生汉翼汉廷》云："《小学》不止是教童子之书，人生自少至老，不可须臾离，故许鲁斋终身敬之如神明。"载陈宏谋《五种遗规·陆清献公示子弟帖》。

读《程氏读书分年日程》记

《程氏读书分年日程》，同治八年（一八六九）江苏书局刻本，元程氏端礼撰。端礼字敬叔，庆元人①。是书共分三卷，第一卷，自八岁至十五岁，读四书、五经之法；第二卷，十五岁以后，读《通鉴》《韩文》《楚辞》等书法，并批点诸经方法；第三卷，正音读，附朱子《学校贡举私议》及《调息箴》等。

据《元史·儒学传》载“庆元自宋季，皆尊尚陆九渊氏之学，而朱子之学②不行。端礼独从史蒙卿游，以传朱子明体达③用之指。学者及门甚众，所著有《读书工程》，国子监以颁示郡邑校官，为学者式”④云云。

《读书工程》，即《分年日程》也。明初诸儒读书，大抵奉为准绳，故一时人才，虽未承汉宋之隆，而经明行修，彬彬称盛。厥后陆稼书先生竭力表章，《三鱼堂集》中屡劝人读此书，近则知此者鲜，并原板存否，亦不可考矣！兹节录稼书先生说于后，附以鄙意。后之学者，以昔儒读书之法，与今儒读书之法，互相参较，庶得所谓“明体达⑤用”者，无泥古之弊，亦无信今之失矣。

陆氏《读书分年日程跋》曰：“此书盖程先生依《朱子读书法》修之，以示学者。朱子言其纲而程氏详其目，本末具而体用备，诚由其法而用力焉。内圣外王之学，在其中矣！

“或曰：‘学者天资不同，敏钝各异，岂必皆如程氏所谓“看读百遍，倍诸百遍”乎？’曰：中人以下，固不待言。若生知学知之人，而用困知之功，不更善乎？况生知学知者有几人邪？

“或曰：‘朱子《纲目》一书，治乱得失，昭然矣！程氏又必取温

---

① 程端礼（一二七一——一三四五），字敬叔，号畏斋，庆元府（今浙江鄞县）人。

② “朱子之学”，《元史》作“朱熹氏学”。

③ “达”字，原作“适”，以《元史》为正。

④ 《元史·列传》第七十七“儒学二”文。

⑤ 此引《元史》语，故原作“适”者，皆以《元史》“达”字为正。

公《通鉴》及司马迁、班固、范祖禹、欧阳修之史而参之，不亦烦乎？’曰：《纲目》犹《春秋》也，温公《通鉴》及迁、固诸家之史，犹鲁史旧文也。鲁史旧文不存，学者不能尽见圣人笔削之意，故言《春秋》者，至于聚讼。今《通鉴》及迁、固诸家之书具在，参而观之，而紫阳笔削之妙愈见，是乌可以不考乎？

“或曰：‘明初纂《四书》《五经》《性理大全》，采诸儒之说备矣。今程氏《读经日程》，又必取古注疏而钞之，而读之，而玩之，不可省乎？’曰：古注疏固汉唐千余年间，学者之所讲求，程朱之学，亦从此出而益精焉耳。虽曰得不传之学于遗经，然非郑康成、孔颖达之流，阐发于前，程朱亦岂能凿空创造耶？故程朱之于古注疏，犹孔子之于老彭也①。幸而其书尚存，不至如夏殷之无征②，是亦不可以不考也。

“是编之法，非程氏之法，而朱子之法也；非朱子之法，而孔孟以来教人读书之法也。舍孔孟之道，有是理哉？”③ 余读程先生书及稼书先生跋，俯仰古今学术之异宜，于人心风俗升降之原，不禁累叹而颓息也。

昔者士居四民之首，皆尊称之曰“读书人”。余谓此三字宜分析究之，曰“读”，当问其读之是否合法；曰“书”，当问其书是否正当；曰“人”，当问其是否无愧为人；此之谓知本。此曾文正在上海设立广方言馆，用半日中文、半日西文学科为课程；文文忠在北京设立同文馆，亦如之。尝考东西洋各国课程，大抵本国文化居十之六七，而德国学校规则，在中学中已分专门性质，不以普通学科虚耗其精神。吾国果有自强之日，当沿用曾文正、文文忠所定学科，采用《读书分年日程》，以植国学之根柢；并采取德国制，以壹学者心思。至入学年限，宜永远规定初等小学三年，高等小学三年，中学四年，专科三年，俾光

① 《论语·述而》载孔子曰：“述而不作，信而好古，窃比于我老彭。”

② 《论语·八佾》载孔子曰：“夏礼吾能言之，杞不足征也。殷礼吾能言之，宋不足征也。文献不足故也，足则吾能征之矣。”

③ 陆陇其《读书分年日程跋》，载《三鱼堂文集》卷四“杂著类”。

阴不至虚掷于无用之地，而学者得收专心致志之效。

卫武公之诗曰："於虖小子，告尔旧止。听用我谋，庶无大悔。天方艰难，曰丧厥国。"① 何其之痛心也！人人家置此编，父诏其子，兄勉其弟，皆知国学门径。吾国民由定而静，由静而安，国家自然可保矣。

读《读书录》记

薛敬轩先生《读书录》八卷，第一、二卷论五经、四书，三卷论《太极》《西铭》诸书，四卷论子史与天人理气，五、六卷论道体、心性及体验、克治，七卷论纲常、居家、交友，八卷论事君、从政、出处、气节等。

《四库提要》称"其书皆躬行心得之言，两录之首皆有自记，言其因张子'心有所开，不思则塞'之语②，是以自录随时所得，以备屡省。……瑄尝言乐有雅郑，书亦有之。小学、四书、六经、濂洛关闽诸圣贤之书，雅也，嗜者常少，以其味之淡也；百家小说、淫词绮语、怪诞不经之书，郑也，莫不喜谈而乐道之，盖不待教督而好之矣，以其味之甘也。淡则人心平而天理存，甘则人心迷而人欲肆。观瑄是录，可谓不愧斯言"③ 云云。

余按：此书邃于义理，朴实切近，辉光日新，诚能继《近思录》而作。"理气不分先后"，说本朱子，而先生畅之，尤有功于后学；陆桴亭先生论性不分义理气质，实亦本此。窃尝谓《四库提要》评理学诸书，多未中肯綮，至评《读书录》，即引先生之言，警醒学者之心，有功名教不浅。

雍乾间，婺源汪双池先生著《读〈读书录〉》，谓："是书所见，

① 《诗·大雅·抑》第十二章。

② 此乃《近思录》卷三格物引张载《答范巽之书》云："义理有疑，则濯去旧见，以来新意。心中有所开，即便札记。不思则还塞之矣。"《四库提要》误以为"程子"，唐先生径改之。

③ 《四库全书总目提要》卷九三子部儒家。

实探乎性命之源，所言皆切己之学。初阅之，似平平无奇；细按之，已高深不能外矣！所见少有异同，援笔记之，且发明其说之或有未尽者。”盖足为河津之功臣矣！

惟后之论先生者，谓先生由太监王振所引，为御史，不早辞；于忠肃遇害，谏不从，不急去。按：此语非实。先太夫子黄薇香先生《儆居集》已详辨之，兹特录于下，借以表章先生之德行气节，可为后世法。

《儆居集》曰：“公于宣宗丁未（一四二七）为监察御史，非王振擅权之时也。英宗即位，公出外用，其召为大理寺卿，杨公士奇荐之，即王振与有内援，公不诣谢，礼也，何必遽以此辞职？此后王振又使人馈金，固[①]辞，亦礼也，公何尝受污于王振？王山诬告指挥妻罪，公平反其狱，王振怒，嗾言官王文劾之，公所谓‘辨冤[②]获咎，死而无愧’耳！斯事在英宗八年（一四四三），以爨夫泣之，大臣申救之，得释，公自是不立朝矣。英宗北去，王振族灭，景泰帝召用公为南京大理寺卿，太监金英过境，皆饯之，公独不往，英以是称贤，遂召入阁。均是太监，一以不谢为恨，一以不饯为贤，以此知行止皆天，而公可谓始终不渝其节。既而英宗复位，石亨用事，于忠肃公于正月二十二日遇害，公主会试，事毕，于五月以礼部侍郎致仕，可谓见几而作。然则罗整庵称‘公之学识纯正，践履笃实，出处进退，惟义之安’。斯为定论，何不考事实而轻訾之耶？”[③]

读《困知记》记

罗整庵先生《困知记》，陆稼书先生亟称其书，屡见于《三鱼堂集》中。按：是书《前记》成于嘉靖戊子（一五二八），凡一百五十六章，《续记》成于嘉靖辛卯（一五三一），凡一百一十三章，附录一卷，

---

① “固”字原误作“因”，据黄氏《读薛文清书并传》文为正。

② “冤”字原作“怨”，据黄氏《读薛文清书并传》文为正。

③ 黄式三《读薛文清书并传》文，载《儆居集》中《读子集》卷三，《儆居遗书》之六。

皆与人论学之书，凡六首。惟余所见者，为正谊堂刻本，仅有正续编四卷，其附录与友人书则未之见，深为缺憾。

《四库提要》谓："钦顺之学①，初从禅入，久而尽知其利弊，故于疑似之界，剖析尤精，非泛相诃斥、不中窾要者比。高攀龙尝称：'自来排斥佛氏，未有若是之明且悉者。'可谓知言。"

余按：《困知记·卷首》云："释氏之明心见性，与吾儒之尽心知性，相似而实不同。盖虚灵知觉，心之妙也；精微纯一，性之真也。释氏之学，大抵有见于心，无见于性，故其为教，始则欲人尽离诸相，而求所谓空，空即虚也；既则欲其即相即空，而契其所谓觉，觉②即知觉也。觉性既得，则空相洞彻，神用无方，神即灵也。凡释氏之言性，穷其本末，要不出此三者，然此三者皆心之妙，而岂性之谓哉？"此说盖稼书先生《学术辨》所本。而其与阳明先生辨论，又散见于《王学正义》中，其卫道之心，可谓严矣。

先太夫子黄薇香先生曰："罗氏尊崇程朱之学者也，而《困知记》十三章，有'程朱未定于一'之论。《答林次崖书》则云：'吾二人皆宗朱子，执事守其说甚固，必是无疑。仆偶有所疑，务求归于至一。'《答陈国祥书》则曰：'义理真是无穷，吾辈之尊信朱子者，固当审求其是，补其微罅，救其小偏，一其未一，乃为尊信之实。且朱子之于两程子，何如其尊信也？观其注释各经，与程说时有小异，惟是之从。'然则罗氏岂欲驾程朱二子之上乎？不如是，则无以绝陆王之似，塞学陆王者之口也。"呜呼！讲学固贵大公无我，而是非之界，尤不可不慎哉！

读《王文成全书》记

《王文成公全书》三十八卷，余昔时所读，为浙江书局刻本。甲戌

---

① 此句《四库提要》作"其学"。

② 《明儒学案》所引脱"觉"字。

岁（一九三四），友人常熟张君鸿字隐南①，赠余明万历时西蜀黄氏刻本，极可宝贵。首编《传习录》三卷，附《朱子晚年定论》，乃其门人徐爱所辑，而钱德洪删订之者。此外文录、别录、外集及续编，皆德洪所编。又《年谱世德记》，则德洪与王畿等所纂集。爱字曰仁，德洪字绪山，畿字龙溪，皆先生座下大弟子也。

按：钱德洪《刻先生文录序说》谓："先生之学凡三变，其为教也亦三变。少之时，驰骋于辞章，已而出入二氏，继乃居夷处困，豁然有得于圣贤之旨，是三变而至道也。居贵阳时，首与学者为'知行合一'之说。自滁阳后，多教学者'静坐'。江右以来，始单提'致良知'三字，直指本体，令学者言下有悟，是教亦三变也。"② 云云。

天泉桥论道，德洪与王畿辨"无善无恶"，学者诧为"漏泄天机"③，于是"四句教"盛行于世。谓"无善无恶心之体，有善有恶意之动，知善知恶是良知，为善去恶是格物。"而王畿则主"四无教"，盖以心意知物胥归于无。

嘉隆以后④，讲学者流弊滋甚。同时罗整庵《困知记》，厥后陈清澜《学蔀通辨》、张武承《王学质疑》、陆清献《三鱼堂集》、陈定斋《明辨录》，近代罗罗山《王学辨》、吴竹如《拙修集》，攻之尤力，几成党同伐异之风。实则先生之学，本参禅学⑤，不必为之讳；盖禅学寂灭，归于无用，而先生则文章勋业，震耀一时；要其存养之方，略参禅学，亦无所害也⑥。

---

① 张鸿（一八六七—一九四一），字隐南，号菊隐，江苏常熟人。光绪三十年（一九〇四）进士，后任职驻日韩领事。民国后从事文教事业，撰写小说、翻译外国作品。

② 钱德洪《刻〈文录〉叙说》，载《王阳明全集》卷三三。

③ 《天泉桥证道记》载王守仁云："此是传心秘藏，颜子明道所不敢言者，今既已说破，亦是'天机'该发泄时，岂容复秘？然此中不可执著。"

④ 指明嘉靖、隆庆后之万历时期。

⑤ "本参禅学"句，《演讲录》本作："远绍孟子，近宗陆子（宋陆子静先生，又称象山先生，讳九渊，与朱子为执友），即略参禅学。"

⑥ 此唐先生通达也。此句《演讲录》作"亦不足为贤者病也"。

明四明施氏邦曜①，别辑《阳明集要》，分理学、经济、文章为三集②，学者读之，易得门径。余编辑《阳明学术发微》，亦颇精要，深望读者能发明良知以救人心也③。

附录：魏守谟《阳明学流入日本考略》④

予尝研考王学入日本之始，与日本所以勃兴之由，以为彼邦崇奉朱舜水先生甚至，舜水为余姚人，必传阳明学于东邻者也。厥后读《舜水集》，未尝述及王学，心窃疑之。会门人安徽魏生守谟留学东瀛，爰以书询之。生答书云：

"舜水东传阳明学派，当广征载籍，恭译邮呈。按：东邦王学开山，系释氏桂悟⑤。永正三年，明武宗正德元年。⑥ 将军足利义澄，使桂悟入朝。翌年夏，阳明先生被谪赴龙场⑦，途至钱塘，遇桂悟，教以格物致知、知行合一之学，桂悟服膺其说。归国后，盛传其学，日本阳明学以起。

"至德川氏之世，幕府将军约当明万历时。⑧ 有名学者中江藤树氏⑨，笃奉阳明学。藤树初讲朱子学，著《原人》及《持敬图说》，既而得《王龙溪语录》读之，嫌其多用禅语，后见《阳明全书》，释然悟曰：'圣人一贯

---

① 施邦曜（一五八五—一六四四），字尔韬，浙江余姚人，万历四十七年（一六一九）进士，官至工部员外郎、左副都御史，崇祯自缢后自杀，谥忠介。好王守仁之学，归其学为理学、经济、文章三类。

② 《演讲录》此句下有"深得提纲挈领之法"一句。

③ 《演讲录》此句作："学者宜读《全书》，辅以《集要》《发微》二种，以求致良知之实功，置吾心于清明广大之域，由是定静安虑，锲而不舍，庶能救人心以救国矣。"

④ 魏建猷（一九一九—一九八八），本名守谟，安徽巢湖人。无锡国学专修学校毕业，一九三三至一九三六年间留学日本中央大学，回国后在沪从事近代史教研。按：魏氏有《儒学与日本武士道之关系》，载长沙《国光杂志》第十三期，一九三六年。

⑤ 了庵桂悟（一四二八—一五一四）。正德八年（一五一三），了庵桂悟第二次赴明，王守仁及门人徐爱等与之相见于宁波四明，赠《送日本正使了庵和尚归国序》。

⑥ 时公元一五〇六年。

⑦ 王守仁谪贵州龙场事，在武宗正德元年。

⑧ 与武宗时，相去近百年。

⑨ 中江藤树（一六〇八—一六四八），滋贺县高岛郡人。德川幕府时期儒者，初习朱子学，后读王畿书，因感动而转治阳明学。

之学，以太虚为体，异端外道，皆在吾范围。当今学禅之徒甚众，若使彼等读圣人书，则亦当知圣人之道，至大无外矣。’藤树传其学于熊泽蕃山①。蕃山执贽于藤树之门，日夕讲论阳明学，心心相印，相见恨晚，于是潜心王学，炼心法，修养精神。藤树读阳明书，深得良知之旨。蕃山从学于藤树，大得心法之力。蕃山之学，得朱子、王子之神髓而融合之；于辨惑之事，则取朱子穷理之说；于慎独之功，则取王子良知之说。

“其后将及百年，阳明之学，又自三轮执斋②传至大盐中斋③。约当清乾隆时。执斋入佐藤直方④之门受朱学，后得读阳明书，大悟良知之旨，潜心一志，祖述之，屡说于其师，师怒，逐去之。至近江之小川村，追念中江藤树，集士民，热心讲述。但当时有物徂徕⑤、室鸠巢⑥等鸿儒辈出，执斋之宣教，不免阻碍，故其学未能大行。其徒大盐中斋，初事训诂，当时之学风，非朱子派即考证派，非考证派即折衷派。中斋之境遇与气质，最适于阳明学，故一旦读《古本大学》，触动其灵机，立弃旧学而奉王学。其教育宗旨，学兼文武，使学问与事业并进，实从知行合一学说得来。与中斋同时之学者，有佐藤一斋⑦，其学阳朱而阴王，盖因朱子学为当时官学，阳明学为私学，惧幕府异学之禁令也。

“王政维新⑧，又有西乡南洲⑨其人者，少好阳明学，劝友人及子弟研究之，谓‘阳明学说是实学，有涵养心术之效。’故平生爱读王学书。又

① 熊泽蕃山（一六一九——一六九一），名伯继，京都人。中江藤树门人，反对佛教、耶稣教，提倡儒学，主张仁政。

② 三轮执斋（一六六九——一七四四），名希贤，通称善藏，别号躬耕庐，京都人。先治朱子学，再转入阳明学。

③ 大盐中斋（一七九三——一八三七），大阪人。

④ 佐藤直方（一六五〇——一七一九），广岛福山藩人。

⑤ 荻生徂徕（一六六六——一七二八），名双松，字茂卿，江户（东京都）人，以先祖原姓物部氏，乃自称物徂徕。

⑥ 室鸠巢（一六五八——一七三四），讳直清，字师礼，号鸠巢，武藏国谷中（东京都台东区谷中）人。

⑦ 佐藤一斋（一七七二——一八五九），名担，字大道，号一斋。

⑧ 明治天皇一八六八年一月三日颁布“王政复古大号令”，故称。

⑨ 西乡隆盛（一八二七——一八七七），通称吉之助，号南洲，萨摩藩士，称维新三杰之一。

慕春日潜庵①之为人，咨以时事，采取其说。潜庵乃以阳明学鸣之学者，绝意仕进，屏居讲斯道，门人日盛。平日谆谆以‘死生一贯’② 教人，其说曰：“死生者，昼夜之象。生我者，杀我者也。知此理，则祸福一，顺逆一，生死亦一，无往而不湛然。”是如何海阔天空气慨！

“幕末明治维新前，德川幕府末期之称。之佐久间象山③、锅岛闲叟④、吉田松荫⑤、高杉东行⑥、云井龙雄⑦、横井小楠⑧等士，道理贯心肝，忠义填骨髓，死生之际，能谈笑自若，成维新之伟业者，皆阳明之学有以练其心胆，壮其气骨故也。识者谓明治维新之原动力，即注意精神教育之阳明学说者。今日本‘军国民教育’基础，所谓‘武士道精神’，实皆脱胎于阳明先生之学，故其中有力武人，多出于此，其效盖可睹已。”云云。

余维孔门立教，智勇相济，文武相资。惟文人兼武，故能统摄武人，而无迂缓柔懦之患；惟武人兼文，故能信从文人，而无叫嚣攘夺之风。传曰：“有文事者，必有武备。”⑨ 合之两是，离之两非。朱子当南渡后，慷慨发愤，每上封事，辄以复仇雪耻为言。盖朱子以圣贤而兼英雄之姿，阳明则以英雄而进圣贤之域，其实无二致也。方今孔孟圣教遗经，远讫东西洋，古本宝书，捆载以去，而吾国人转土苴视之，国势弱而人心亡，可哀也已！因读《阳明集》，特附记之。

---

① 春日潜庵（一八一一—一八七八），名仲襄，号潜庵，京都人。

② “死生一贯”，实出《庄子·德充符》老聃之言曰：‘直使彼以死生为一条，以可不可为一贯者，解其桎梏，其可乎？’

③ 佐久间象山（一八一一—一八六四），名启之助，字子明，号象山，以号行。习儒学而兼修“兰学”，主张公武合体与开国论。

④ 锅岛闲叟（一八一四—一八七一），名直正，第十代佐贺藩主。

⑤ 吉田松阴（一八三〇—一八五九），名矩方，字义卿，号松阴，山口县人。长州藩武士，名列明治维新之精神领袖。

⑥ 高杉晋作（一八三九—一八六七），名春风，字畅夫，号东行。长州藩武士，力倡尊王攘夷。

⑦ 云井龙雄（一八四四—一八七〇），本名小岛守善，米泽藩士。

⑧ 横井小楠（一八〇九—一八六九），熊本县人。学宗程朱，主学以致用。因读魏源《海国图志》，从锁国攘夷转向开国论。

⑨ 《春秋穀梁传·定公十二年》云：“虽有文事，必有武备。孔子于夹谷之会见之矣。”

读《罗念庵先生文要》记

《罗念庵先生文要》八卷，余购自上海，书贾索价十四金，余许以十二金，书贾报曰："此系理学书，可从权相与，他书不为例也。"异哉！理学书见轻于国中若此。闻日本人购《念庵集》二册，出四十金，而余以十二金得之，岂非幸遇？先生讳洪先，谥文恭。是书卷一、卷二，书；卷三，记；卷四，序、论、说、辨、跋；卷五，杂著；卷六，诗；其精要语皆在论学书中，与龙溪、荆川往来书较夥。

《明儒学案》载："黄陂山人方与时自负得'息心诀'①。……先生与龙溪偕往习②，龙溪先返，先生独留。"是其学与龙溪同。惟《学案》又言："先生于阳明之学，始而慕之，已见其门下承领本体太易，亦遂疑之。及至功夫纯熟，而阳明进学次第，洞然无间，天下学者，亦遂因先生之言，而后得阳明之真。"③ 盖先生确守"知善知恶是良知"一语，而不言"无善无恶"，于王学中较为切实，故孙夏峰《理学宗传》特列先生于正宗，殆以此也。

至其学精微之处，则邹元标④之序尽之，其言曰："乾坤以六子为用。六子受成于艮，不艮则雷动风散、雨润日晅、兑说，有时穷矣。故曰成言乎艮，惟圣人能以此洗心；退藏于密，则其端无倪，而非有声臭可即。嗟乎微矣！余见从游先生者，剽窃最紧要语曰'世无现成良知'、曰'收摄保聚'。夫孩提知爱，非不虑而知乎？曰'收摄'，收于何处？曰'保聚'，聚者何物？窃不能无疑。后十余年，见稍窥端倪者，多荡逾绳检，乃知先生前言，有所激而云然。盖先生之学本于《易》，成于艮，故传之无弊也。"

余按：王门弟子谈《易》，多以先后天八卦，穿穴旁通。邹氏所言，

---

① 《明儒学案》记录其语云："圣学者亦须静中恍见端倪始得。"

② "往习"，《明儒学案》原文作"至黄陂习静"。

③ 黄宗羲《明儒学案·江右王门学案三》。

④ 邹元标（一五五一—一六二四），字尔瞻，号南皋，江西吉水人。万历五年（一五七七）进士，官至吏部左侍郎，与赵南星、顾宪成号称三君子。

殆指后天八卦而言，是道释两家隐合《归藏易》之旨。念庵先生苦心有得于此，其阳明先生之真传乎？

读《龙溪先生集》记

《龙溪先生集》，友人裘君匡庐①自沪寄赠。先生与绪山均王门大弟子，先生主四无教，绪山主四句教，而先生年登大耋，阳明殁后，讲学数十年，故四无教盛行；而王门授受，渐失其宗矣。是集共二十二卷，卷一至卷八，语录；卷九至卷十二，书；卷十三、十四，序；卷十五，记；卷十六、十七，杂著；卷十八，诗；卷十九，祭文；卷二十，志、状、表、传；卷二十一，大象义述；卷二十二，附录。其学髓精要处，大抵详于语录及其论学书中。

《易传》言："先天而天弗违，后天而奉天时。"此言圣人握消息之机，能造命亦能顺命也；而邵子以先天后天作《八卦图》，实非经旨。文治于百源学术②，多所不解，未敢轻议，惟《说卦传》天地定位节有"八卦相错"句③，"帝出乎震"章定八卦方位极明，则依之作图，可资乐玩。

先生《先天后天解义》颇为明白易晓，曰："伏羲八卦④，乾南坤北，离东坎西，谓之四正；震、兑、巽、艮，则居于四隅；此存体之位，先天之学也。文王八卦，离南坎北，震东兑西，谓之四正；乾、坤、艮、巽，则居于四隅；此入用之位，后天之学也。先后一揆，体用一原。先天所以涵后天之用，后天所以阐先天之体。""吾人处于天地之间，上为乾，下为坤。离为日，生于东；坎为月，生于西；艮为山，奠

---

① 裘毓麟（一八九〇年生），字匡庐，慈溪人。光绪甲辰（一九〇四）应省试舆地科考，毕业于旧译学馆，升入京师分科大学，一九一三年赴加州大学攻读政治经济，民国五年（一九一六）归，与钱基博善。其《广思辨录》，乙亥年（一九三五）唐先生为作序，收录《唐文治文集》"书序类"。

② "百源学术"指邵雍之学，盖其居母忧于苏门山百源，故人称雍为"百源先生"。

③ 《说卦传》云："天地定位，山泽通气，雷风相薄，水火不相射，八卦相错。"

④ 王畿原文句首有"夫"字。

于西北；兑为泽，汇于东南；震为雷，奋于东北；巽为风，起于西南。八卦成列，此寂然不动之体，即所谓先天也。上下无常，刚柔相易，山泽以气通，雷风以形薄，八卦摩荡，此感而遂通之用，即所谓后天也。坎者阴中之阳，命宗也；离者阳中之阴，性宗也；而其机不外于一念之微，寂感相仍，互为体用，性命合一之宗也。"①

据此可见王门讲《易》，不外性命兼修，以养生为主，非合外内之道。所谓格物者，亦指身物心物，非人物事物，于家国天下无关。而所谓身物心物，亦皆归之太虚，非涵养善念，固与《大学》殊涂，而与郑君、朱子说亦绝异，作一家言，以备体验可耳。《王心斋先生格物学》，已详学派论中②。

遗集五卷，为东台陈君保之③所赠，惟语录一卷、诗文杂著一卷，为先生自著，其要者均已采入《明儒学案》。至其孝行卓然可传，后人当奉为法，特附记于此。

读《学蔀通辨》《王学质疑》《明辨录》记

《学蔀通辨》，陈清澜先生讳建④著，日本宽文三年（一六六三）刻本，文治十七岁时购于太仓书肆，极爱宝之。《王学质疑》，张武承先生讳烈⑤著；《明辨录》，陈定斋先生讳法⑥著，是二书，先大夫假自先师王文贞公，手钞之，先人遗墨无多，每一展卷，辄为怆然。

《通辨》前后续终四编各三卷。清澜先生自序谓："前编明朱陆早同晚异之实，后编明象山阳儒阴释之实，续编明佛学近似惑人之实，而

---

① 王畿《先天后天解义》，载《龙溪王先生全集》卷八。

② 收入《性理救世书》卷二"学派大同论"，唐先生于此文总辨历来"格物"歧义。

③ 陈邦怀（一八九七—一九八六），字保之，江苏东台人。曾任张謇秘书，任教于东台达德学校、南通女子师范学校、无锡国学专修学校，后移居天津，专研古文字学。

④ 陈建（一四九七—一五六七），字廷肇，号清澜，广东东莞人，嘉靖七年（一五二八）举人。历官河南信阳县令，以母老辞归，从事著述。

⑤ 张烈，字武承，顺天大兴人，康熙九年（一六七〇）进士，官至左春坊左赞善。

⑥ 陈法（一六九二—一七六六），字世垂，晚号定斋，贵州安平人，康熙五十二年（一七一三）进士，官至山东运河道，江南庐凤道、淮扬道，精研治河方略。

以圣贤正学不可妄议之实终焉。”

《质疑》一卷，附录一卷，陆稼书先生所刊。《明辨录》一卷，共文十篇，皆辟陆王之学者也。《通辨》《质疑》二书，稼书先生尽力提倡。而李二曲先生则谓：“阳明与政府有隙，政府目之为禅，南宫策士，每以尊陆背朱为口实，清澜遂为书以逢迎政府。”何可据为定论？其然乎？其不然乎？

忆文治二十一岁时，方治平湖之学①，先师黄元同先生以“读《王学质疑》”命题，文治遂引二陈先生之说，并采武承先生之旨；师意颇为不然曰：“子读书，勿存门户之见。”迨后学少进，始知讲学宜求真是，故编《阳明学术发微》，于武承先生辨“心即理”与“知行合一”两则，略为辨正，非袒阳明也。

曾文正曰：“君子之言，平则致和，急则召争。词气之轻重，积久则移易世风，党仇讼争，而不知所底。”② 稼书先生之辟王学，不得已也。三先生之意，犹稼书先生之意也。迄于今日，时移世殊，学术屡变，乃欲张其焰而扬其波，不可也。且自标宗旨，而窃附于圣贤之门，则尤不可也。《中庸》曰：“大哉圣人之道。”盖恢恢乎无所不容焉③。

读《圣学宗传》记

周海门先生《圣学宗传》十八卷。先生讳汝登，浙江嵊县人④。是书久佚，近人刘氏承幹⑤觅得明刻原本，集资印行。自伏羲、神农、黄帝始，迄于明王栋、罗汝芳止，其所采，极杂而越。

据《明史·儒林传》称：“王守仁传王艮，艮传徐樾，樾传颜钧，

---

① 平湖之学，指平湖陆陇其之实学。

② 曾国藩《孙芝房侍讲刍论序》文。

③ 《中说·周公篇》云：“帝者之制，恢恢乎其无所不容。”

④ 周汝登（一五四七——一六二九），字继元，号海门，人称“海门先生”，浙江嵊县人，万历五年（一五七七）进士，官至南京尚宝司卿。

⑤ 刘承幹（一八八一——一九六三），字贞一，号翰怡，晚年自号嘉业老人，浙江吴兴人。倾巨资藏书、刻书，聚书六十万卷，建嘉业堂藏书楼度藏。

钧传罗汝芳，汝芳传杨起元及汝登①。……起元清修姱节，然其学不讳禅；汝登更欲合儒释而会通之，辑《学圣宗传》，尽采先儒语类禅者以入。盖万历以后士大夫讲学者多类此。”② 云云。

《明儒学案》载：“许敬庵言无善无恶不可为宗……先生作《九解》以伸其说，以为‘善且无，恶更从何容？无病不须疑病。恶既无，善不必再立。’”梨洲先生评之曰：“阳明言‘无善无恶心之体’，原与性无善无不善之意不同。性以理言，理无不善，安得云无善？心以气言，气之动有善有不善，而当其藏体于寂之时，独知湛然而已，亦安得谓之有善有恶乎？且阳明之必为是言者，因后世格物穷理之学，先有乎善者而立也。乃先生建立宗旨，竟以性为‘无善无恶’，失却阳明之意矣。”③

余按：先生之学出于罗近溪，先生固禅也，无所用其讳言。近今“三教合一”之说盛矣，出世之士，乃欲以禅学救国。夫所恶于禅者，为其无用也。若阳明大儒，功业烂然，略参禅学，原属无害。乃承流之徒，束经籍不读，屏程朱不讲，惟以无善无恶，高谈寂灭，窃为阳明痛焉！若谓禅学可以救国，余尝游锡兰岛等处，相传文殊菩萨降生之乡，其民贫窭，沿途乞食，即印度亦久为英国属地，佛教空虚，守柔积弱，罹劫若此。舍儒教不由，而谓禅学可以救国，非所敢知也。

读《高子遗书》记

高景逸先生初自辑其语录文章为《就正录》，后其门人嘉善陈几亭先生④编为此集，汇为十二卷，无锡东林书院刻本；外有别集若干卷，

---

① 《明史·儒林传》原文作：“艮传林春、徐樾；樾传颜钧，钧传罗汝芳、梁汝元；汝芳传杨起元、周汝登、蔡悉。”

② 《明史·列传》第一七一“儒林二”。

③ 黄宗羲《明儒学案》卷三六“泰州学案五”。

④ 陈龙正（一五八五—一六四五），字惕龙，号几亭，浙江嘉善人。师事高攀龙，崇祯七年（一六三四）进士，慷慨论政，均蒙优答，力倡救荒，提倡同善会，学者称几亭先生，门人私谥“文法”。子陈揆汇编其论著《几亭全集》六十卷行世。

盖几亭先生所删者，文治为刊行之，板藏无锡国学专修学校。

几亭谓先生之学“不率心而率性，不宗知而宗善。……其微妙逾于薛文清，而纯实无弊，胜于王文成。……盖①道脉自朱陆以来，终莫能合，薛非不悟而修居多，王非不力而巧偏重，一修悟、一巧力、一朱陆，惟先生其人。”② 而陆稼书先生则谓：“以理为外③，而欲以心笼罩之者，阳明之学也。以理为内④，而欲以心笼罩之者，高、顾之学也。阳明之弊⑤，在认心为性；高、顾之弊，在恶动求静。”⑥

文治平心论之，先生盖邃于《易》学，著《周易孔义》，深得乾坤易简之理。读其语录，清明纯粹，怡然涣然，心地为之洒落。文集中如《论未发书》《阳明学说辨》，皆阐发精密。《静坐说》尤为存养之要，惟限定七日，不免太拘，所以为清献讥耳。至其临终遗疏，忠君爱国，气节凛然，胡可轻议！读其书，宜师其人。文治居先生之乡，闻五里湖讲学⑦之风，辄景仰流连而不能已云。

读《孙夏峰全书》记

是书得自北京，计文集十六卷、年谱二卷、《孝友堂家规》一卷，又《读易大旨》《四书近指》《理学宗传》《畿辅人物考》《中州人物考》《答问》《游谱》等。南方欲访求此书，不可得矣。

方望溪先生作《孙征君传》，专表扬其气节；汤文正作先生墓志铭，则兼详其学术。盖先生之气节，本原理学而出，《孟子》所谓“浩然之气，配义与道”者也。

---

① “盖”，陈龙正《高子遗书序》作“然”。

② 陈龙正《高子遗书序》，落款崇祯辛未（一六三一）。

③ “外”，原作“内”，据陆陇其《学术辨上》文为正。

④ “内”，原作“外”，据《学术辨上》文为正。

⑤ “阳明之弊”与下句“高顾之弊”两句中之“弊”，陆氏作“病”。

⑥ 陆陇其《学术辨上》。

⑦ 无锡五里湖畔有湖山草堂、高子水居，乃其讲学休憩之所。

其文集曰《岁寒集》；语录内勘诸心，莫不精实；集中《乙丙纪事》①，详载左忠毅、周忠介诸君子遇难时事，读之懔懔有生气；而先生与鹿太公父子奔走营救，击鼓鸣冤，亦且如闻其声，如见其事，为朋友者不当如是耶？然非意气激烈者可比也。

《孝友堂家规》分安贫、寡营等十八则，以立齐治之本，“施于有政，是亦为政”②，其效大矣。

《读易大旨》论乾坤为大世界，三百八十四爻为各一小世界，深得重卦相配性质，以求补救之方，可谓能见其大。

《四书近指》于朱注外，时阐新义，有裨大道。

《理学宗传》远胜周海门《圣学宗传》，前已详论之，惟其正宗十一人，取罗文恭、顾端文而不取高忠宪，殊不可解。然古人论学，各有心得之处，师法相承，未可轻于置议也。

读《刘子全书》记

余居北京时，购书恒在琉璃厂肆翰文斋，其经理人韩姓，颇稔目录学，辄以理学示余，索值极昂，余诘责之，韩曰：“此等好书，现在无人能识，惟君知音尔！我不索君值，更向谁索？君不出贵值，何以对此好书？”余为之莞尔，且深慨乎其言。

《刘子全书》与《夏峰全书》同时购得，计语类十三卷、文编十四卷、经术十一卷、附录二卷，共四十卷，门人黄宗羲为之序。按：先生遗书在康熙乙丑（一六八五）、丙寅（一六八六）间，吾娄王藻儒③相国始刊于山阴，时梨洲先生尚在，与同门姜、董二子校而行之，凡四十卷。

---

① “纪事”二字原刻作“己巳”。按：此读书录乃鼎革前所撰，故清初之事，行文避讳。

② 《论语·为政》载或谓孔子曰：“子奚不为政？”子曰：“《书》云‘孝乎惟孝，友于兄弟，施于有政’，是亦为政，奚其为为政？”

③ 王掞（一六四五—一七二八），字藻儒，太仓人，明首辅王锡爵曾孙，康熙九年（一六七〇）进士，官至文渊阁大学士，兼礼部尚书。

迨乾隆壬申岁（一七五二），雷翠庭先生[1]视学浙中，重梓先生遗书，只二十四卷。厥后开《四库全书》馆，复删雷梓本《人谱》《学言》诸书之专行者，存奏疏以下，入别集类，为十七卷，今《四库提要》所载是也。余所得乃会稽吴氏杰据无休董氏重订本，虽同系四十卷，而视梨洲所校，尤加详慎，真可宝也。

先生之学，以慎独为宗，以心体为主宰。然主宰亦非有一处停顿，即在流行之中，故曰："逝者如斯夫，不舍昼夜。"然则先生平生学问，虽本于良知，而其真实活泼，迥非龙溪、海门、石蒉可比。其所作《原心》《原性》《原道》《原学》诸篇，均极纯正，而《原心篇》辨析思想识意，尤极精至。

语类中以《圣学宗要》《圣学三关》《人谱》为人生必读之书。《圣学宗要》视《理学宗传》为简，远胜周海门《圣学宗传》。先太夫子黄薇香先生论之谓："刘氏曾驳王氏良知之说，及无善无恶之误，而《圣学宗要》详采陆元静[2]《良知问答》，何耶？盖刘氏学从静坐入，而元静闻常惺惺之教，善疑善问，虽以王氏之善辨，亦不能遽屈服。迄今读其问答，正有陆氏所疑问为是，而王氏之所答为非，然陆氏终屈服于王氏，孰是孰非，后人必有以论定之。"文治窃谓：吾儒信道宜笃，执德贵弘。刘氏采《良知问答》，正可为学者洗心之法。若以是非论，则吕与叔先生与程子未发问答，穷究反覆，其得失亦正难辨别，学者体之于心而已。

《圣学三关》，一曰人己关，明乎为己为人之辨，而后可以入德。广而言之，訑訑之声音颜色，有己而无人，天下之大乱所由起也。二曰敬肆关，谨乎外以养其内。三曰迷悟关，则专勘之于内，若迷而不悟，

---

① 雷鋐（一六九七—一七六〇），字贯一，号翠庭，福建宁化人，雍正十一年（一七三三）进士。乾隆癸酉（一七五三）督学浙江，访刘宗周后人而为刊行遗集；刊《陆清献年谱》以教士。拜祭张履祥墓，序其遗集与为作传，一意表章正学。

② 王守仁门人。

安得先知先觉？人心何由而灵警？国性何由而善良乎？文治尝欲再补三关，一曰孝逆关，敦门内之行，而顺天逆天之义推焉。二曰义利关，君子小人之辨严焉。三曰生死关，正直邪佞之途判焉。

《人谱》一卷，首列《人极图说》，次《记过格》，次《改过说》。《人谱类记》二卷，仿朱子《小学外篇》之例，集古人嘉言善行，分类录之，以为楷模。盖先生主讲蕺山书院时，为诸生讲授者。文治不揣愚陋，尝欲以所著《人格》[①] 附于《人谱》之后，或于世道人心，不无裨益。

《经术语类》《论语学案》四卷，于朱注外阐明新义，多激厉志节之语，读之感动奋发。《大戴礼记》内《曾子十篇》，自卢植注后，鲜有发明之者，先生创作《曾子章句》一卷，推广孝德，崇尚实践，开孔氏广森、汪氏照之先，可与黄忠端《孝经集传》并垂不朽。此外《大学古文参疑》等四种，皆推衍《大学》古义，而体勘诚意好恶之旨，尤极精微。先生湛深经术如此，或乃疑为禅机，讵不误哉？

读《陆桴亭先生遗书》记

【释】陆世仪之学乃唐先生家学，陆氏遗书亦其父子家刻，故本文论其学术及指示研读门径，特为精辟。文又题《读〈陆桴亭先生遗书〉法》，刊于无锡国专《学术世界》第一卷第一期，一九三五年，页三至五；并收录在一九四〇年刊出之《交通大学演讲录》第二集第十一期。

桴亭先生之学，与昆山顾亭林先生相颉颃，惟得力各有不同。盖二先生虽皆重实学，皆主经世，然亭林先生长于经术，为汉学家所宗，其史学之闳博精实，归宿于《天下郡国利病书》[②]。而桴亭先生则宗朱子

① 唐先生《人格》，收录《唐文治文集》“论说类”中。

② 具论于卷二之《顾亭林先生学派论》。

家法，兼取东莱、永嘉之长，言经济处甚多，不为迂远难行之论。

先大夫序文谓："先生之学，自天文、地理、礼乐、农桑、井田、学校、封建、郡县，以至河渠、贡赋、战阵、刑法、乡饮、宾射、祭祀、丧纪，无不源流毕贯。凡其所言，皆参酌今古，务在因时制宜，有可见诸行事。"又谓："先生为学大旨，在尚志居敬以立其本，致知力行以勉其功，天德王道以会其全，尽性至命以要其极。"则其学之淹贯纯粹，兼体用，赅本末，可知矣。顾其遗书散亡零落，先大夫竭二十年之心力，加意搜罗，共得二十二种，都凡七十三卷。迨后文治由世弟王君慧言处，假得集外文一卷补刊之，先大夫已不及见矣，思之泫然。

研究全书，当先读《志学录》。盖先生尝自言："自丁丑（一六三七）纪《考德录》，即日书敬不敬于册，以验进退。卯辰间（一六三九—一六四〇），以所考犹疏，乃更为一法，大约一日之间，以十分为率，敬一则怠九，敬九则怠一，时刻检点，颇少渗漏。"①《志学录》乃崇祯十四年辛巳（一六四一）所记者②，较前数年所记尤详尽。其自省敬胜怠胜，学者最当师法。又以《大学》八条目，每旬日作一总结，即《论语》所谓"日知其所亡，月无忘其所能"是也。求道之要，莫逾于此。盖当时先生与陈确庵、江芍园、盛寒溪诸先生，每旬日必聚会讲学，即各以日记为考德问业之资。每日每月功课，皆以此为归宿，乃学圣贤者入门之法。先生是书系居忧时所记，亦当注意。

进而上之，当读《思辨录》，则广大而精微矣。据吴叶廷琯调生③《吹网录》载："此书清初已曾分类刊板，其时即名《辑要》，每卷前题同学友人江士韶虞九、陈瑚言夏同辑，卷首有张能鳞序文，作于顺治戊戌（一六五八）督学江南时。言原书四十余卷，选辑仅十之三四，其目分小学、大学、立志、居敬、格致、诚正、修齐、治平八类为前集，天

① 陆世仪《思辨录辑要》卷二"居敬类"文。

② 陆世仪《志学录》一卷，陆氏自记崇祯十四年三月初一至十二月三十日事。

③ 叶廷琯（一七九二—一八六九），号调生，自号龙威邃隐，江苏吴县人，廪贡生，同治初年举孝廉方正，辞不就。

道、人道、诸儒异学、经、子、史籍六类为后集。目录前有发凡，每类目前复有小序，后又附书文、诗歌、杂说三类，为毛师柱增辑。此旧刻大较也。至张清恪公重刻此书，颇有节删处，各条标目俱省，原增书文等三类亦裁去，且不分前后集，合并为一。乾隆中，四库馆征书，仅得张清恪刻本，其旧刻本尔时已难得。”云云。

文治按：叶所叙源流甚详。先大夫所刻，用前江苏书局刻本，盖据嘉兴沈鼎甫太夫子①刊本，乃吾乡王研云先生所藏旧本，最为完善。是书囊括万汇，网络群流，穷究天人，开物成务，无所不备。顾亭林先生读此书，赞之曰：“当吾世而有真儒，《孟子》所谓穷则独善其身，达则兼善天下，具内圣外王之学者也。”② 其推崇如此。

至其中论天文数理，兼采西学，谓：“欧罗巴人尽心于天算，终岁测验，故精于中国。”③ 见《思辨录前集》卷十四“治平类”。三百年以前，所见远大，烛照靡遗。近今学校，颇知讲《日知录》《东塾读书记》等书，傥能以《思辨录》作为课本，既可矫张皇幽渺之诬，更可救驰骋新说之弊，有功世道人心，非浅鲜也。

自《孟子》创“性也有命，命也有性”之说，宋儒遂分气质之性、义理之性，后人借此以为掊击之资，不知程子言“论性不论气不备，论气不论性不明”，朱子言“天以阴阳五行化生万物，气以成形，而理亦赋焉”，明合理气为一矣。

凡研心性之学者，当读《性善图说》暨《思辨录后集》“天道”“人道”二类。盖先生言性，不离气质，谓《易》《书》《诗》中之言“性”，与孔子言“性相近”、孟子言“性善形色天性”，皆属气质之性。宋周、程、张子论性，亦皆合理气而言。朱子言性与气合者十之八，分

① 沈维鐈（一七七八—一八三九），字子彝，号鼎甫，浙江嘉兴人，嘉庆七年（一八〇二）进士，官至工部侍郎。治程朱之学，校刊宋儒诸书以教士。卒祀乡贤祠。

② 顾炎武《与陆桴亭札》，载《顾亭林诗文集》卷六补遗。

③ 陆世仪《思辨录辑要》卷一四“治平类”原文云：“讴罗巴人君臣尽心于天，终岁测验，故其精如此。”

者仅十之二，其注《告子篇》分性与气言者，因告子混生与性为一，故特分析言之耳。

凡离气质言性，而推极于人物未生以前者，虚渺之谈也。当时颜氏习斋读《性善图说》，谓“人性之善，正在气质，气质之外无性”之语①，以为“不惟得孔孟学宗，兼悟孔孟性旨，上书宗仰，恨不得亲炙门下”。其心折如此。原书载《习斋记余》中。窃谓先生论性得程朱真传，倘戴东原、焦理②堂、戴子高辈得读此书，可以息其喙矣。

其他如《太极图说讲义》《西铭讲义》《一贯答问》，皆深入理窟，非迂陋之士所能袭取而托迹也。

研究兵法，当读《八阵发明》。武侯八阵，鲜有能通其意者，先生为之发明阐微，尝谓：“六朝而后，如高欢、宇文泰之恶战，死者至数百万人，皆由用兵者不知化整为散。盖阵法贵如常山蛇势，此策彼应，奇正相生。”此书所载，变化无方。先大夫书后谓：“西人制阵，必先用散队，即是书所谓偏军也。次用整队，即是书所谓正军也。两军交绥，用两翼包抄法，即是书所谓却月外向也。至于依山伏阻，因地制宜，亦不外乎是书变阵之法，是近人所谓体段用兵法。节节皆活，未尝不暗合八阵之旨。虽然曾文正有言：‘用兵之道，随地形贼势而变，断无可泥之法、不敝之制。’然则，彼鄙夷古人之法为不可复行者，即其不善学西法者也。呜呼！可谓深切著明矣。至《思辨录》所载，谓‘兵阵仁人之事，不仁之人为民害，不得已而杀人以生人，此非大仁人不可’云云，见《前集》卷十七“治平类”。以慈祥恺恻之言，明胜残去杀之旨，治兵者更当日三复也。先生精于武艺，梅花枪法为天下第一，略见《思辨录》及文集《石敬岩传》，惜其法久已失传耳。”

研究地方自治，当读《治乡三约》。夫自治者，非驰骋空议，更非缘饰外观，要在得化民成俗之本。先生所订“治乡之法”：每乡设“约

① 指陆世仪语。

② “理”字原作“礼”。

正”一人，掌教约、恤约、保约，以一乡之籍，周知一乡之事，教民读法饮射，考其德而劝之，纠其过恶而诫之；分设“教长”一人，掌一乡之教事，使之相爱相和亲，有罪奇邪则相及，以教法颁四境之社师，俾教其童蒙；设“恤长”一人，掌一乡之恤事，主常平义仓粟米出入之籍，凡有鳏寡孤独，则闻于官府而养之，岁荒则设粥厂赈济；设“保长”一人，掌一乡之保事，令民五人为伍，伍有夫，五伍为队，队有士；农功之隙，以时兴修水利，暇则颁以射法，教之击刺，习之守御，国有大故，则率其属而授兵登陴，凡盗贼水火之患皆司之。

以上诸约，纲举目张，实《周礼》之遗，师其意而用之，一乡治而一国治矣。后世文教善举，陵夷殆尽，盗贼横行，闾阎不得安枕，惟行保甲团练之制，庶几可望太平。孔子曰：“吾观于乡，而知王道之易易。”大同之世，外户不闭。文治游历欧美各国，叹其风气纯朴，康乐和亲，与吾国古制隐相合符。然则居今之世，先生治乡之法，急不容缓矣。同时陈确庵先生有《治纲》一书，亦宜研究。

吾国以农立国，农田水利为最大学问。近世水患频仍，科学家不谙中国水性土性，遂致凿枘。欲研究水利，当读先生《淘河议》《娄江条议》《论漕河》《开刘河》各书，暨《思辨录·水利》各条。盖先生治水，专务疏浚，不徒恃堤防，且行之于平日，是以费省而功多。同时陈确庵先生有《筑围说》《筑圩说》，亦宜研究。

此外《常平权法》，论官民之间，不可为市，倡之以义，使其自为，则或有成功；督之以法，强其从吾，则奸弊百出。盖仿朱子《社仓法》而变通之，故能实惠及民。《苏松浮粮考》谓：“明时[①]，岁漕江南四百万石，而姑苏居其半，于是苏州财赋之名甲天下，国家倚为外府，而习见习闻者，遂真以苏州土田为不竭之仓，而莫知赋税相沿之所自。”实则皆由洪武攻张士诚，苏城坚守不下，久而始克，洪武迁怒，

① “时”字，陆氏《苏松浮粮考》作“世”。

特加重赋，苛政害民，莫此为甚。大声疾呼，言之痛切。然而后世尚以江苏为外府，以给天下之求，吾民其何以堪？于此征先生之书，俱足为万世殷鉴。

夫学道者，宜探道本；为治者，宜明治本。回忆三十年前，与先师嘉兴沈子培先生论曾文正公杂著，沈先生曰："子亦知曾文正之学，本于桴亭先生乎？"盖曾、胡、左三家，所以蓄积道艺，翕受敷施，皆由桴亭先生实事求是之学，开其先机，故能权衡万变，因应而不穷也。本此意读先生之书，庶能得其要领矣。抑又闻先大夫言："先生辑《儒宗理要》六十卷，其后张公能麟①署名刊刻，仅得二十余卷，尚有《书鉴》《诗鉴》《宗祭礼》，及苏州吴氏钞《刚斋②日记》③ 等书，今不知尚存否也？"斯道寥落，文献无征，俯仰身世，追维庭训，痛洒蔚蒿之泪矣④！

读《陈确庵先生遗书》记

先生所著《圣学入门书》⑤ 及诗文集等，刊于汲古阁毛氏。康熙间，张清恪公抚吴，曾刊其《讲学全规》《社学事宜》《淮云问答》及文集数卷，张刻绝少流传，汲古阁本亦不数数觏。先生孙名溥字乾如者，就汲古阁本补缀，合已刻未刻诸稿，汇为五十八卷，附列已亡书目十有八种，盖当时已多散佚矣。

文治曩从先大夫校刊《桴亭先生遗书》，并搜访确庵先生著述，每展转商借，随时钞录，最后得《周易传义合阐》，为刊行之。同时昆山赵君学南⑥校刊《顽潭诗话》及《离忧从游》二集，顾其遗书全帙，

① 张能麟，字玉甲、西山，顺天大兴人，顺治四年（一六四七）进士。

② "斋"原误作"齐"。

③ 《刚斋日记》，即《三鱼堂日记》十卷，已收入浙江平湖市史志办整理出版之《陆子全书》之中。

④ "斯道寥落，文献无征，俯仰身世，追维庭训，痛洒蔚蒿之泪矣"五句，《演讲录》删除。

⑤ 陈瑚（一六一三—一六七五）《圣学入门书》凡三卷。

⑥ 赵诒琛，号学南，昆山人，与太仓王保懚善，在昆山设赵氏义庄，建"寄云楼"藏书。

向未之见。岁乙丑（一九二五），世弟王君慧言主任吾邑图书馆，始从虞山李氏假得乾如原本，完好无恙，亟录藏诸馆中，而属余序其简端①。慧言拟将各种次第付梓，仅刊《治纲》《日记》及《年谱》，而慧言去职矣。

当明季龙战之会，正复社鼎盛之时，坛坫名流，争相角逐，而先生与陆、江、盛诸君子，肥遁荒野，姓氏惟恐人知。天如既殁，或劝之出，先生默不应，盖其视尘世功名，翛然无与于己，忧则违之，确乎不拔。《儒行》"忧思"章，先生实践之矣。

其遗书中之精要者，曰《圣学入门书》，分"小学日程"，以孝弟、谨信、亲爱、学文为大目；"大学日程"，以格致、诚正、修齐、治平为大目；"内训日程"，以德、言、容、功为大目。各分注善过细目于其下，又填敬怠分数于其上，逐日分记，半月总结，与桴亭先生《志学录》意同，由下学而渐臻于上达，后儒亟宜仿行之者也。

曰《讲学全规》，规分八则，会分四事，约分十章，实具内圣外王之规模。而条理精密，皆先儒所未及者。

曰《治纲》，仿《周礼》文体，而自为疏义。起于建都邑、封诸侯、设郡县，极于限田、制禄、巡狩、祭礼、学校、兵刑，盖策天下大局，以为王者之法，虽古今时势不同，未必能一一实行，然经国大纲，实不外是。后世苟能师其意而善用之，自无枘凿②之患。

曰《典礼会通》，鉴于近代文胜之弊，以《周礼》与《明会典》参酌成书，裁繁就简，损文用质，以为聚而不可遗者谓之"会"，行而无所碍者谓之"通"，合典礼而求其可行，故谓之"会通"。夫道有升降，政由俗革，议礼者固因时制宜，而必有所宪章祖述，世之卤莽灭裂者，可以警矣。

他如《历年日记》，足窥先生学识之大略，与夫德业之与年俱进。

---

① 唐先生《颍潭诗话序》，收录《唐文治文集》"书序类"。

② 枘凿，谓不相容。

《条议》及《开江》《筑堤》《周急》诸书，关系国计民生，皆能坐言起行，惜乎不见用于时，仅仅以农田水利，小试于一村一邑，而论者辄以吾儒为迂，岂不谬哉！

至于诗文诸作，则醇乎有德者之言。为学之勤，诲人之切，具于是见。人心学术之辨，名教世道之忧，或发端于论说，或托讽于咏歌，虽寻常酬应之作，率皆词严义正，气度雍容。怀才不遇，而绝无牢骚侘傺之词；惟禾黍之悲，陆沈之痛，则时见于毫端也。昔年先大夫曾假汲古阁刻本钞录一通，手迹犹新，思之潸然。

窃惟吾乡陆、陈二先生，同时讲学，同为醇儒，而抱经纶匡济之才，其著述皆足以抉先儒之精蕴而后世所取法，岂徒褒衣博带、聚徒讲贯、托诸空言而已！陆子遗书刊行已三十余年，而陈子之书，尚隐晦于传钞之余，海内不乏同志，苟得有力者为之表彰行世，吾当馨香祝之。

读《二曲集》记

《李二曲先生集》四十六卷，光绪三年（一八七七）陕西石泉彭氏懋谦刊本，余于丁酉岁（一八九七）购自北京琉璃厂肆。计《悔过自新说》一卷、《学髓》一卷、《两庠汇语》一卷、《靖江语要》一卷、《锡山语要》一卷、《传心录》一卷、《体用全学》一卷、《读书次第》一卷、《东行述》一卷、《南行述》一卷、《东林书院会语》一卷、《匡时要务》一卷、《关中书院会约》一卷、《盩厔答问》一卷、《富平答问》一卷；书三卷、题跋杂著一卷、传一卷、墓志行略等一卷；《观感录》一卷、《襄城记异》一卷、《义林记》一卷、《李氏家传》一卷、《贤母祠记》一卷、《垩室录感》一卷、《司牧宝鉴》一卷、《四书反身录》十六卷、《历年纪略》一卷、《潜确录》一卷。以上各种，或系先生自著，或系门人辑录，或系旁人纪述，编次极为疣赘。其最精者，如《学髓》《传心录》《四书反身录》《垩室录感》，足以鞭策身心，有功世道不浅。

要而论之，先生之性情行诣，本狷介者流，其讲学自谓："希颜之愚，效曾之鲁。"[①] 实则克伐怨欲不行，先生足以当之。《史记》称季次、原宪"怀独行君子之德，义不苟合当世，故终身空室蓬户，褐衣蔬食不厌，死而已，四百余年，而弟子志不倦"[②]。先生刻苦真修，其孝行为千秋模范，较圣门两贤，殆无愧色。

先太夫子黄薇香先生《读二曲集》[③]，以先生之学与陆清献相衡，末谓："陆氏与秦定叟、范彪西书，极言阳明之非，而称陈清澜《学蔀通辨》之是；且嫌范彪西《理学备考》一书，薛、胡、王、陈并列，无所甲乙。李氏亦与秦、范相友善，而谓'范书于阳明误同彼哉[④]之例'，且谓：'阳明与政府有隙，政府目之为禅，南宫策士，每以尊陆背朱为口实，清澜遂为书以逢迎政府，有识者正当怜悯，何可据为定论？'盖陆李之不同如此。夫陆李皆大儒，今已往矣，李氏有《二曲集》，其[⑤]《四书反身录》，亦有读之而慕其学者[⑥]。大抵其书[⑦]遵陆象山[⑧]……于《大学》斥朱门之以博物为格物，于《中庸》言愚夫妇之良知良能与圣人同，于《论语》'学而'章与[⑨]'颜渊喟叹'[⑩]、'不知而作诸章'[⑪] 皆自申明心见性之学而佼佼自异者。其学归重于陆

---

① 《二曲集》卷五《锡山语要》。

② 《史记·游侠列传序》文。

③ 光绪戊子（一八八八）春黄氏家塾刊本《儆居遗书》之六《儆居集》中《读子集》卷四《读二曲集》文。

④ "哉"字脱，据黄氏《读二曲集》文补入。

⑤ "夫陆李皆大儒，今已往矣，李氏有《二曲集》，其"句脱，据黄氏文补入。

⑥ "亦有读之而慕其学者"句脱，据黄氏文补入。

⑦ "其书"二字脱，据黄氏文补入。

⑧ 此原文"斥时文之害人，意固切，辞固厉，而遂以喧骂，失著书之体"句为先生所删，盖唐先生回护时文者也。

⑨ 黄氏《读二曲集》"于《论语》'学而'章与"作"于《论语》'学而'章云：'人若自始至终，事事效先觉之所为，是义袭于外。'于"。

⑩ 黄氏《读二曲集》"颜渊喟叹"后有"章云：'颜子非学夫子之道。'于'默识'章叹云：'认识本体。'引陆象山言：'识得朱济道，便是文王。'极口赞叹。于"句。

⑪ 黄氏文"不知而作诸章"后有"极言见闻择识之非真知，真知人所自具"句。

王……①于朱子之学半明半昧……②幸此时③陆氏之书盛行，如日在天中，障雾不得而蔽之④。”云云。

文治谨按：先生《学髓》一书，确系阳明宗传。而《传心录》引李延平云：“为学不在多言，默坐澄心，体认天理二语，实为用工之要；务期庄敬静默，从容镇定，静以培动之基，动以验静之存……则身安命立，天赋之本然复矣。”⑤ 此即朱子己丑（一一六九）悟道之说；盖先贤学问各有得力之处，不必抑此而扬彼也。读先生之书，苟能采其所长，悔过自新，常自刻责，庶几进于克己之功，人格决不至堕落矣。至《垩室录感》，文治向所服膺⑥，为人子者，尤宜熟读也。

读《颜李丛书》记

余于己丑岁（一八八九）旅馆津沽，略闻颜、李先生之学，未遑研究也。壬申岁（一九三二），寄购二先生丛书⑦于北京，裒然三十二册，盖新刻于北京者。颜氏书曰《习斋先生年谱》《四书正误》《言行录》《辟异录》《四存编》《朱子语类评》《礼文手钞》《习斋记录》。李氏书曰《恕谷年谱》《周易》《诗经》《春秋》《论语》《大学》《中庸传注及问答》《中庸讲语》《小学稽业》《大学辨业》《圣经学规纂》《论学》《学礼》《学射》《学乐录》《平书订》《阅史郄视》《拟太平策》《评乙古文》《瘳忘编》《四考辨》《恕谷集》《天道偶测》《讼过则例》《诗集》，前有赵氏衡序，后有齐氏振林跋。《颜氏年谱》极为详实，即恕谷先生所辑。《四存编》颇有上下古今之概，其《存人编》唤醒人心，

---

① 黄氏文“其学归重于陆王”后有“夫中孚遵守陆王，力标宗旨”句。
② 黄氏文“于朱子之学半明半昧”后有“正如公超之雾，足障数里”句。
③ “此时”二字原作“而”，据黄氏文补入。
④ “障雾不得而蔽之”句，黄氏文作“而瘴雾不得蔽之也”。
⑤ 《传心录》载《二曲集》卷六；大意复见《靖江语要》，《二曲集》卷四。
⑥ 李中孚《垩室录感》，唐先生《孝经大义》多所称引。
⑦ 徐世昌主编《颜李丛书》，于北京四存学会一九二三年刊。

共有五唤，与吾锡顾端文《识人篇》相近。李氏笃守师承，所著《圣经学规》等，亦多独到处。

《四库提要》论塨《大学辨业》各书谓其解格物为："《周礼》三物[①]，云'孔子之时，古大学教法，所谓六德六行六艺者，规矩常存，故格物之学，人人所习，不必再言，惟以明德亲民标其宗要，以诚意指其入手工夫而已。格物一传，可不必补'。其说较他家为巧。"又论《小学稽业》一书谓："其诵诗一条[②]自造诗谱，舞勺一条[③]自造舞谱，此又[④]杜撰古乐，惟《学书》一篇，辨篆楷之分，极为精核，然亦非童子所急。"[⑤] 云云。大抵二先生为学，自辟径涂，坚苦卓绝，实足挽虚憍[⑥]之习。惟其排斥程朱，多尚意气，余于学派论中[⑦]，已详辨之。

迩来北方设立"四存学会"[⑧]，传嬗二先生学说，且从祀两庑，尊崇之不遗余力，必以余说为不然。惟余窃有疑者，据方望溪先生所作《李塨墓志铭》谓："刚主（恕谷别号）一闻余言[⑨]，立将经说中不满程朱语，削之过半。又举习斋《存治》《存学》二编未惬余心者告之，随更定曰：'吾师始教，即以改过为大。子之言然[⑩]，吾敢留之为口实哉！'"[⑪] 今按颜氏书中，非薄程朱语，仍复不少，据齐跋称自道传祠不戒于火，书板尽毁，展转钞传而得之，岂今本所刊者，非李氏更定之原本与？

---

① "其解格物为《周礼》三物"句，《四库提要》原文作"其所争在以格物为《周礼》三物"。

② "一条"脱，据《四库提要》原文补入。

③ "一条"脱，据《四库提要》原文补入。

④ "此又"二字脱，据《四库提要》原文补入。

⑤ 《四库全书总目提要》卷九八子部儒家类存目四。

⑥ 虚憍，出《庄子·达生》："纪渻子为王养斗鸡，十日而问'鸡已乎？'曰：'未也。方虚憍而恃气。'"谓徒有意气而已。

⑦ 谓《颜习斋、李恕谷先生学派论》。

⑧ "四存学会"一九一九年十月在北京成立，位于前清太仆寺旧址，取颜元《存性》《存人》《存学》《存治》四书之名。总统徐世昌支持，昌明周孔之学，并将颜、李入祀文庙。

⑨ 此句唐先生略述方苞原文大意。

⑩ "子之言然"四字脱，据方苞《李刚主墓志铭》原文补入。

⑪ 方苞《李刚主墓志铭》，载《方苞集》卷一〇。

《礼》有之，“天下有道，则行有枝叶，天下无道，则辞[①]有枝叶”[②]。吾国所患，空论多而实行少，得二先生以剂其虚[③]，讵不甚善？惟因士习嚣然，喜攻异己，且齐物平等之说滂兴，且以掊击程朱者掊击孔孟，吾为此惧，不得不进以忠告。孔子曰：“择其善者而从之，其不善者而改之。”[④] 惟愿学者师二先生之坚苦笃行，勿效其诋排宋儒，自以为是。若一得沾沾，安于曲隅，极其弊则为村学究矣。学问之道，贵乎网络群流[⑤]，囊括万汇。二先生所就，仅止于此，吾深敬之，又深惜之也。

读《陆稼书先生全书》记

光绪辛巳（一八八一），余年十七，受业于先师镇洋王文贞公。初见时，先师即授以《三鱼堂文集》曰：“修身穷理之学，粗具于斯，子详读之。”文治三复熟读，醰醰有味[⑥]，沈浸于其中者十年。旋于书肆中购得浙江局刻《陆子全书》十六册，纸甚劣，南北迁徙，失去一册。厥后属沈生炳焘[⑦]补钞一册，即今之圈点本也。逮无锡国学专修学校成立，嘉兴沈生传曾将其师葛君之命，赠余《陆子全书》三十六册，先生著作，于是大备。葛君名嗣浵[⑧]，字稚威，为平湖邑绅，创设尊古讲舍，近闻已归道山，深可惜也。

谨检全书目录：

一、《三鱼堂集》十二卷，门人侯铨等所编，《四库提要》谓“其

① “辞”字原作“言”，据《礼记·表记》文为正。

② 《礼记·表记》文。

③ 虚，即前所言虚憍。

④ 《论语·述而》载孔子曰：“三人行，必有我师焉。择其善者而从之，其不善者而改之。”

⑤ “网络群流”句，出郭璞《江赋》“网络群流，商榷涓浍”，谓统集大成也。

⑥ “醰醰有味”，出王褒《洞箫赋》“哀悁悁之可怀兮，良醰醰而有味”，醰醰，醇浓之意。

⑦ 沈炳焘，字健生，长沙人，光绪三十二年（一九〇六）出版《地理学教科书》，曾任南洋大学学监。

⑧ 葛嗣浵（一八六七—一九三五），字稚威，平湖竹林人，家富藏书。光绪二十八年（一九〇二），在平湖葛家宗祠设立尊古讲舍与稚川学堂，提倡新学，后改为小学与初中学堂。

中有少时之作，先生意所不欲存者”，此说良是。研究之法，约分四类：甲、论说之属，如《原壤论》《卫辄论》《公子荆论》等，可为初学作文之法。乙、训札之属，如《与儿子书》《与婿书》《与席生汉翼汉廷书》，读书立品之要具焉；《应别录》一册，以备观省。丙、论学书之属，如与汤潜庵、秦定叟、范彪西、李子乔各书，宜熟读。丁、性命理气之属，如《太极论》《读正蒙》各条，而《学术辨》三篇，尤为论学论世之本。

二、《外集》六卷。《四库提要》谓“其多经世之文，应仿《朱文公集》例，列入正集”，学者虽不必更易，当心知此意。

三、《日记》十卷。酬酢应世，当奉为准绳。

四、《剩言》十二卷。

五、《四书讲义》二十卷，门人赵凤翔编。其凡例云：“壬申（一六九二）冬，我师欲辑《四书困勉录》，每章分学、问、思、辨、行五条，书之日记，不意遂成绝章。”是此书尚系中年所作。按：汪武曹《四书大全》采录《困勉录》甚多，此盖吴氏光酉所称旧本讲义，系人强名之为《困勉录》者，年谱中辨之綦详。忆余在二十岁以前，尚见坊间有《困勉录》一书，价昂未购，今《陆氏大全》亦无知之者矣。

六、《松阳讲义》十二卷。先生自叙谓：“在灵寿时，簿书之暇，辄至学宫，为诸生讲书，有所触发，间疏其意示诸生。或述先儒注解，或自抒所见，欲其即圣贤之言，引而归之身心，不徒视为干禄之具，使书自书，我自我。”又谓：“今之为世道计者，必自羞乞墦，贱垄断，辟佛老，黜阳儒阴释之学始。”呜呼！其用心可谓至矣。唐氏《学案小识》谓是书：“当下指点，语语亲切，读者警醒感愤，生向善之心。是宜家置一函，朝夕玩味，未有不获其益者。”文治尝以是书讲论于家塾二遍，又择其最精者，录入《四书》大义中，知《学案》所言，诚有关于人心世道也。

七、《松阳钞存》二卷。

八、《学术辨》一卷。

九、《古文尚书考》一卷。

十、《呻吟语质疑》一卷。

十一、《读礼志疑》六卷。先大夫笃好此书，谓“其简易平正，为学《礼》者入门之书。”至今思之，不禁怆然。后之子孙，当志此语。

十二、《读朱随笔》四卷。析理至精，曾刻入《正谊堂全书》中。

十三、《问学录》四卷。目录后有许仁杰记，谓“足本《问学录》向未梓行，其编入《正谊堂全书》者，删节本也。是本钱塘丁君丙借录”云云，极可宝贵。余按：前人尝以《松阳钞存》名《问学录》，或又谓系先生与吕晚村问答之书，一时往复，皆有关于学术，是否今不可考矣。

十四、《战国策去毒》二卷。读《国策》者，赏其文可也，因之以坏心术，断不可也。

十五、《礼经会元疏释》四卷。

十六、《莅政摘要》二卷。

十七、《治嘉格言》一卷。余初读时，疑“治嘉”当改为“治家”，及读沈宝禾序，谓：“是书自教孝教弟诸大端，苟有益于我民，而为人生日用所必资者，若父诏兄勉，一一代为之筹，乃知公之心，固往来于千万户身家中，视四境如一家。”云云，大哉圣人视中国犹一家，视吾民犹一身矣！谓之治国格言亦可也！

十八、《治嘉遗迹》三卷。吾娄相传：先生之治嘉定时，有兄弟构讼，先生劝导之不听，乃令其兄弟各缚一手足，使之薙草，越三日，两人知左右手足相助，一时不可或缺也，相与涕泣，请罢说，先生乃谕慰而释之。今检查无此条，恐记载者尚有遗漏也。

此外尚有《年谱》二卷，壬申岁（一九三二），松江吴生德明持以赠余，为《全书》所未刻，以之较浙江局刻《陆子年谱》，增什之七。按：浙局刻为李氏枚吉所编，先生甥倪喆林谓其舛误多而事迹略，而后来刻本，则为吴氏光酉重辑。盖据《陆子随记》一书，间附遗文杂录之最切要者，极可宝贵也。

呜呼！先生著作流传至今，而其德行，世人相与歌颂之不衰。文治尝谓先生平生学问得力，曰廉曰诚。惟至廉，乃能兴生民之大利；惟至诚，乃能格天下之人心。《大学》引《诗》“有斐君子，终不可喧”，释之曰：“道盛德至善，民之不能忘也。”《中庸》言“君子言而世为天下法，行而世为天下则”，引《诗》曰：“庶几夙夜，以永终誉。”先生道德，山高水长。吾辈读其书者，当步趋其为人，每过疁城[①]，罣然高望矣。

读《张杨园先生全集》记

余少读贺藕庚先生《经世文编》[②]，见其“学术类”中多引张杨园先生语，至为精粹。迨服官京师，得交崇明王君丹揆[③]，案头有《杨园先生集》，假而读之，乃大叹服，以为与陆清献相伯仲也。后乃于苏州书局寄购一帙，计年谱一卷、诗一卷、书十三卷、上书疏序杂文等十卷、补遗一卷、《问目》一卷、《愿学记》三卷、《读易笔记》等二卷、《见闻录》四卷、《经正录》一卷、《初学备忘》二卷、《近鉴》一卷、《备忘录》四卷、《近古录》四卷、《训子语》二卷、《补农书》二卷、《丧葬杂录》一卷、《训门人语》三卷，共五十六卷。

先生之学，穷理居敬，宗法考亭，知行并进，内外夹持，无一念非学问，无一事非学问，盖所谓“言有教，动有则，昼有为，宵有得，

---

① 疁城，谓嘉定。陆陇其曾任嘉定知县。

② 贺长龄（一七八五—一八四八），字耦庚，号耐庵，湖南善化人，嘉庆十三年（一八〇八）进士，官至云贵总督兼署云南巡抚。道光五年（一八二五），与魏源合编《皇朝经世文编》一百二十卷，次年完成，分学术、治体、六部事务三类，收录清初至道光三年（一八二三）经世文章二千余篇。

③ 王清穆（一八六〇—一九四一），字希林，号丹揆，崇明人，光绪十六年（一八九〇）进士，官至商部右丞。唐先生撰《王文恪公行状》（一九四一）。

瞬有存，息有养”[①] 者是也，其暗然自修之功至矣。唐确慎《学案小识》谓：“先生值仁山之厄，不仅洁其身，砥白云之节；不徒衍其传，纯粹如敬轩；而穷研洞悉，谨饬如敬斋，而规模宏远。”其比拟可谓确切。尤可敬者，萧然畎亩之中，具万物一体之量，绝不出而干时，莘野气象[②]，无以过之。厥后陆清献、李文贞先后大用，而先生独不遇，岂非其命欤？然孔子有言：“乐则行之，忧则违之。”确乎其不可拔。《孟子》有言：“得志与民由之，不得志独行其道。”圣门操守，固当如是，岂屑与斗筲之徒为伍哉？先生与梨洲，真不愧蕺山之高弟矣！

其论学书最为纯粹，《备忘》《见闻》二录，得《小学》《近思录》之意。《见闻录》与嘉定黄陶庵先生[③]《吾师录》《自监录》相仿，然先生书人尚知之而不能读，陶庵集则知之者鲜矣。《训子语》《训门人语》，言近指远，守约施博，而《训子语》尤为可师可法，其中论“知人之明不可不学”一条，辨别贤不肖，精核无伦，先大夫以之采入《处世须知》中，至今读之，不禁泫然。《补农书》多系老农经验，实参新法。《丧葬杂录》施济善举，人道中必不可废之事，其践履笃实，胞与大同如此！而论者乃谓先生师事念台，转辟阳明，所见抑何隘矣！

读《汤子遗书》记

余先购《汤子遗书》于北京，后以赠绍君越千[④]，旋在上海别购一帙，不逮北京本，然大致完备，计年谱一卷，语录、会约、奏疏、序记、书、杂文等十卷，《明史稿》二十卷，《乾坤两卦解》一卷，《洛学

---

① 张载《正蒙·有德》语，载《张子全书》卷三。

② 《孟子·万章上》云：“伊尹耕于有莘之野，而乐尧舜之道焉。”先生谓其人具圣贤气象也。

③ 黄淳耀（一六〇五——一六四五），字蕴生，号陶庵，嘉定人，崇祯十六年（一六四三）进士。弘光元年（一六四五）南京城破，嘉定失守，与其弟渊耀自缢殉国。黄氏乃先生推崇之气节士。

④ 绍英（一八六一——一九二五），马佳氏，字越千，满洲人。曾任商部右丞，光绪三十一年（一九〇五）为出洋考察大臣，辛亥后留宫中任内务府总管。唐先生《满洲二友传》（一九二六）称其为气节之士。

编》五卷，《遗书续编》二卷。

《四库提要》载："先生与陆清献俱号醇儒，清献笃守程朱，攻击陆王，不遗余力。先生之学，源出容城孙氏[①]，其根柢在姚江，而能持新安、金溪之平，大旨主于刻励实行，以讲求日用，无王学杳冥放荡之弊，故二人异趣而同归。"[②] 云云。先太夫子黄薇香先生谓："程朱、陆王之辨，纷纷[③]迭出，二家得失，已显著于诸儒互诘中。汤公置其所异，悟其所同，设诚于内而致行之，汲汲于为己之学而已。且明末诸君子以讲学鸣，自信太过，自行其教亦太急，由是各立门户，互相标榜，一时随声附和之士[④]，肆口讥弹，诸君子之自启其衅以此[⑤]，小人乘间而攻以此，明代元气之丧即以此[⑥]。汤公忧之，惴惴焉以立身制行为务，而不敢立学术之辨，岂非防其弊耶？汤公心折之友曰田篑山，陆氏读篑山书，而云'觉向来汲汲于朱王之辨，未免气浮而躁'，则汤公之答书，亦陆氏所钦服矣。"[⑦]

文治因而叹曰：汤先生所见远且大，而黄太夫子之论公且正也。盖汤先生学问得力，惟在慎独，以"仰不愧天，俯不怍人"为宗旨；故其平生，毁淫祠，惩恶少，崇圣学，斥邪佞，侃侃不挠，养天地浩然之正气。学者当先读其语录，次读会约，次读论学书《洛学编》，再参读奏疏公牍，以究其实用，俾心体正大光明，庶不愧读先生之书矣。

又《四库提要》载彭氏定求有《潜庵文集节要》八卷，彭为先生门人，选录必精，惜其书不经见。

---

① 指孙奇逢。

② 《四库全书总目提要·汤子遗书》卷一七三集部。《四库提要》原文人物以姓名表之，先生易以字号。

③ "纷纷"二字原作"纷纭"，以黄氏《读汤公潜庵〈遗书〉》文为正。

④ "互相标榜，一时随声附和之士"句脱，据黄氏文补入。

⑤ "诸君子之自启其衅以此"句脱，据黄氏文补入。

⑥ "明代元气之丧即以此"句脱，据黄氏文补入。

⑦ 黄式三《读汤公潜庵〈遗书〉》文，载《儆居集》中《读子集》卷三，《儆居遗书》之六。

读《榕村全书》记

《榕村全书》，购于上海，共九十余册，并无总目。种数既多，检查匪易。据《学案小识》载先生所著，有《榕村语录》《榕村讲授》《榕村全集》《周易观象大指》《尚书解义》《洪范说》《诗所》《孝经全注》《古乐经》《大学古本说》《中庸章段》《中庸余论》《论语孟子札记》《离骚经注》《参同契注》《握奇经注》《阴符经注》《历象本要》，《太极图》《通书》《二程遗书》《正蒙》等注，《朱子礼纂》《朱子语类四纂》《韩子粹言》《古文精藻》等数十种，余择其最精者论之。

一曰《周易通论》，实先生毕生精力所在。其论乾之潜龙，坤之牝马，即道家龙马之说所本。后儒仅知龙马之为取象，而不知龙马之为精神。盖黄帝传《归藏易》，《归藏》首坤，故文王特著牝马之象，是孔子所谓“吾观殷道，吾得坤乾”者也。文治尝推先生之意，以为文王《艮》卦彖辞亦取《连山易》之义，谓周公《艮》卦六爻之辞，与孔子所谓“艮其止，止其所也”，其微意可见矣。先生又谓反对卦取象往往相通，如《夬》之四爻即《姤》之三爻，故皆言“臀无肤”；《损》之五爻即《益》之二爻，故皆言“或益之十朋之龟”；《既济》之三爻即《未济》之四爻，故皆言“伐鬼方”；此谊未经人道，昭然若发蒙。其他说《易》理，抉经之心，执圣之权，义理皆互贯旁通。后惠定宇作《易例》，泥于汉儒之说，不逮先生矣。即《周易观象》一书，虽宗《程传》《本义》，而其所得，多有出于传、义之外者，非空谈图象比也。

一曰《大学古本说》，已见学派论中①。

一曰《中庸章段》《中庸余论》《中庸四记》。《余论》中论喜怒哀乐谓：“人心者，爱也恶也，欲也惧也。爱之发为喜，恶之发为怒，欲之发为乐，惧之发为忧，人心动而吉凶判焉。是故喜者吉之根也，怒者

---

① 其说在《性理救世书》卷二《李厚庵先生学派论》。

凶之根也，乐者吝之根也，忧者悔之根也。……吉凶悔吝之介，兴衰治乱之几也。是故喜者治之象也，怒者乱之象也，乐者盛之象也，哀者衰之象也。”“喜乐阳也，怒哀阴也。喜极则生乐，怒过则生哀，以类相生者也。哀生喜，乐生怒，反类相生者也。……哀生喜，乱而向治者也。喜生乐，乐生怒，治而入乱者也。善检身者，不于乐生怒之时，而于喜生乐之际。”“故爱欲恶惧相生之界，则当节之以思也；喜乐怒哀相生之界，则当节之以和也。……节之以思，则理明而气定；节之以和，则气定而理明。”又曰：“惧者，平恶而节爱欲者也；哀者，杀怒而生喜乐者也。忧惧亦情也，而君子以制其情焉。”又曰：“惧者，众情之慑也，生人之命也。小人为畏威，学者为畏义，君子为畏天。”① 盖天生之意，以喜怒哀与爱恶欲，循环为用，必以戒惧为主，以复天命之性，是即《论语》畏天命之义。学者未有不畏天命，而能成其德者也。旨哉斯言！为存养之本，即为治乱之基矣。

至解《论语》，虽不若《中庸》之精。然谓“温良恭俭让五德”及“子温而厉”章“皆圣人上法天行元亨利贞之德”，与解“岁寒”章谓：“松柏非不凋也，特后凋耳。新者已长，旧者始谢，人自不觉。”②《天保诗》曰“如松柏之茂，无不尔或承。”盖道统相承之意，与《礼器》“松柏有心”相合。余尝谓《子罕篇》皆言教育之法，先生说胜于旧解多矣。

此外如《正蒙注》《参同契注》《朱子礼纂》等，亦皆平实易晓。盖自朱子以来，著作之夥，未有如先生者，惟近代曾文正足与相埒。然以功业而论，文正固胜于先生；而穷理之精奥，则文正不及先生也。

---

① 李光地《中庸余论》文至此为止，唐先生特揭取“惧”义，所以立“敬天命”之大义。

② 李光地《榕村语录》卷三“上论二”原文云：“松柏非不凋也，新叶已生，旧叶徐落，特‘后凋’而人不觉耳。”

读《正谊堂文集》记

张孝先先生①《正谊堂文集》，刻入《正谊堂全书》中，前集十二卷，为李雨苍选定，高斌为之序；续集八卷，门人张朱霖所编，大抵前集所未录者，张为跋于后。先生所刻濂洛关闽之书，不下六七十种；其所自著者，则有《困学录》《续困学录》《正谊堂文集续集》《居济一得》等，见于沈近思所为行状②，惟行状谓《文集》四十卷，续集十卷，今本前后集仅二十卷，所缺甚多。盖行状所载，当系原本，而未经择选者也。

先生之学，以程朱为准的，不参异说，不立宗旨，恪守主敬、穷理、反躬三大端；以圣人之道为必可学，以圣人之功为必不可一蹴而致；循序渐进，若无一非困而知、勉而行者，历艰险崎岖，千磨百练，以成其确乎不可拔，凛乎不可干之气象。是集皆本躬行心得之余，而足以为修己诲人，致君泽民之要道。其尤可师法者，在振灾荒、兴水利二事。

考集中所载，如《台属叠被灾伤③题请分年带征疏》《请酌拨库银买米平粜疏》《请续赈淮扬徐三属灾民疏》《再奏设立社仓并附条例折》，又《遵谕条奏黄河折》《条陈黄淮河务十条》《西北水利议》等，惓惓爱民之意，溢于言表。夫民为邦本，天下未有不爱民而能行政者也。先生事上治民，几于不动而敬，不言而信，是以圣祖每称曰“天下清官第一”，世宗赐之匾曰“理学名臣”。然则是集也，固可考见当时明良之盛，至于恤民之政，治水之方，皆可开卷而得益者也。《孟子》曰：“闻伯夷之风者，顽夫廉，懦夫有立志。”吾于先生书亦云。

---

① 张伯行（一六五一——一七二五），字孝先，号恕斋，河南仪封人，康熙二十四年（一六八五）进士，官至礼部尚书。提倡理学，不遗余力。

② 沈近思《诰授光禄大夫礼部尚书加二级赠太子太保谥清恪仪封张先生墓表》，载《碑传集》十七卷。沈近思（一六七一——一七二七），字位山，号暗斋，运河镇五杭人，康熙三十九年（一七〇〇）进士，官至都察院左都御史，卒谥端恪。

③ “伤”字原误作“荒”。

读《理学逢源》记

《理学逢源》十二卷，汪双池先生[1]著。光绪庚子（一九〇〇），谱兄世伯先讳鏞，持以相赠，时拳匪之乱初定也。汪先生讳绂，字双池，婺源人，与江慎修先生同里；江先生名闻天下，而汪先生则知之者绝少。是书前六卷为内篇，后六卷为外篇。卷一至卷三“圣学类”，卷四至卷六“物则类”，卷七至卷十“王道类”，卷十一、十二“道统类”。

自序谓：“自天人性命之微，以及夫日用伦常之著；自方寸隐微之细[2]，以达之经纶一世之猷，亦庶几井井有条，通贯融彻。所以反求身心，以探夫天性之本原者，亦可不待外求而得终身焉。”先太夫子沈鼎甫先生讳维鐈[3]序曰：“朱子谓四子书，六经之阶梯；《近思录》，四子之阶梯。今先生是编，又将与《西山读书记》同为《近思录》之阶梯。”云云，则其有实益于身心可知。

或疑卷首列《阴阳五行化生万物图》《鬼神情状图》《天德王道图》等，毋乃支离而虚渺与？

按：《鬼神情状图》以元亨利贞分配：“元，于人为始生而幼弱之初。……亨，于人为方壮而有为之日。……利，于人为练达而老成之日。……贞，于人为衰老全归之成。……由阳而至阴，由人而至鬼。……先王因人心之感，而制为祭祀之礼，故裸鬯以求之；阴而报魄，燔膋以求之；阳而报气，则萃人心之鬼神，以感通乎天地之鬼神。然亦必祖孙本属一气，及精神足以相摄者，乃能有以通之。”语极精核。《天德王道图》标天命为根源，而推及于率性之道、修道之教、位育之效，亦皆切实。惟《阴阳五行图》未免支离耳。

唐氏《学案小识》推许此书，然较诸薛氏《读书录》、陆氏《思辨

---

① 汪绂（一六九二——一七五九），字灿人，安徽婺源人，乾隆初年诸生，博通著称。

② “细”字原作“地”，据汪氏序文为正。

③ 沈维鐈（一七七八——一八三九），字子彝，号鼎甫，浙江嘉兴人，嘉庆七年（一八〇二）进士，官至工部侍郎。治程朱之学，校刊宋儒诸书以教士。卒祀乡贤祠。

录》，则固瞠乎后矣。先生文集①，余未之见，仅得年谱四卷，同治间四川刻本。夏弢甫先生鉴定并为之序，亦甚可宝贵也。

读《朱止泉先生文集》记

《朱止泉先生文集》八卷②，初刻于乾隆四年（一七三九），厥后书版散失。光绪辛丑（一九〇一），其六世侄孙朱寿镛③为之重刊。先生自幼专务赅博，未得要归；顾独念朱子之学，实继周程，而绍颜孟，以上孔子。因取《朱子文集》《语类》《全编》读之，潜思力究，至忘寝食，遂于紫阳之学，升堂入室。同时顾畇滋④、王尔缉⑤、是玉雯⑥、戴西洮⑦、王予中诸先生，咸推重之，唐氏《学案小识》列入"守道学案"。集中如《朱子未发涵养辨》《格物说辨》《读中和旧说序》《读朱子语类》《读朱子答陈超宗、程允夫、何叔京书》《读朱子答黄直卿书太极说仁说》《读朱子答程允夫书》，以及《坤复乾艮四卦说》《主静说》《性情说》等篇，皆根极理奥，于朱子书殆能背诵无遗。

其《未发涵养辨》曰："朱子涵养未发，后人或讳而不言。……不知其⑧原与陆王两家不同，不必讳也⑨。盖朱子之涵养，虽受之延平，而其默契乎心统性情，贯动静之奥，传之久远无弊者，实发龟山、豫

---

① 汪绂《双池文集》十卷，道光十四年（一八三四）婺源洪氏刊。

② 朱泽沄（一六六六—一七三二），字湘陶，号止泉，江苏宝应人。笃信朱熹居敬穷理之学，与王懋竑论学，认为："道问学莫如朱子，尊德性亦莫如朱子。观朱子中和之说，其于《中庸》之旨深矣！故知居敬穷理只是一事，穷即穷其所存之心，存即存其所穷之理，初非有二也。"（江藩《国朝宋学渊源记》）著有《止泉文集》《止泉外集》《朱子圣学考略》《朱子诲人编》《先儒辟佛考》《王学辨》。

③ 朱寿镛，曾任河南布政使，光绪三十四年（一九〇八）于原籍家塾创设敦睦小学堂，捐银二万五千余两，推行新学。

④ 顾培，字畇滋，无锡人。与张伯行往复讨论静坐之说。

⑤ 王心敬（一六五六—一七三八），字尔缉，号沣川，陕西鄠县人，李颙门人。

⑥ 《朱止泉先生文集》中有《寄是玉雯书》。

⑦ 戴晟（一六五九—一七三五），字晦夫，号西洮，山阳人，康熙朝诸生。万斯选门人，从黄宗羲问学，传王守仁、刘宗周之学。

⑧ "不知其"三字，朱泽沄《朱子未发涵养辨一》无。

⑨ 概述大意如此，非原文。

章、延平所未及言，而直上合乎伊川。当其见延平时，方用力于格物致知之学，延平虽授以未发之旨，而朱子不以为然。十余年而延平没，未达其旨，故与叔京辈叙说以为辜负此翁。及与张南轩往还，以未发之旨再三质证，所以有人自有生，四书皆是窃究此旨而未达之时所谆谆问辨者也。……而程子未发之旨，亦未尝一日去于心也。……故于季通辨论之余，疑而悔，悔而悟，反覆于程子诸说，而自觉其缺涵养一段工夫也。朱子悟涵养之旨，自己丑（一一六九）始；悟涵养之旨，无诸贤之流弊，亦自己丑始。其要旨在心兼体用，敬而无失，乃所以涵养此中，必实致其知，日就光明而学乃进也。悟心兼体用，而有涵养于未发，贯通乎已发之功，则向来躁迫浮露之病可去，而有宽裕雍容之象矣。悟敬以涵养，又必致知，则绝圣去智，坐禅入定，归于无善无恶之弊有所防，而阳儒阴释之辈，无所假借矣。自此以往，涵养之功日深，所见愈精，本领愈亲。如'涵养于未发之前，则中节者多，湖南诸友无前一截功夫'，则有答林择之之书。'平日有涵养之功，临事方能识得'，则有答胡广仲之书。……朱子涵养之序如此，原与后世阳儒阴释，假未发之旨，实行其'不思善不思恶'① 之术者，较若黑白，何为有所避忌而不言哉？"②

其《格物说辨》曰："阳明诋朱子为析心理二，为义外③。……不知朱子讲习讨论之功，酌古参今之学，无非明此性体。'久之而众物之表里精粗无不到，即物之统于吾性者无不至，吾心之全体大用无不明，即吾性之涵夫物者无不彻。'终朱子之身，总是格物，总是知性，而未发之中，昭明形著。斯学问之极功，内外一致之实验也。……学者循朱子之序，由发处用功，体验到未发之中，即仁义礼智之浑然者，原自天地万物一处来。……夫乃恍然知朱子格物之学，直是心理合一而非二

① 《坛经》语。

② 《朱子未发涵养辨一》，载《朱止泉先生文集》卷七。

③ "阳明诋朱子为析心理二，为义外"，朱氏《格物说辨一》原文云："自阳明以朱子格物为析心理二，为义外。"

也。”又谓“学者于已发未发说，均未及细读。不知此一篇者，实《大学中庸章句》《或问》之根原，格物知性之实地。以熟体之，而后深信朱子格物之学，实有向里安顿处。初不令人误用于所不当用也”[①] 云云。以上皆节录。

此二辨合涵养、致知为一事，深得《易传》“敬以直内，义以方外”之旨。所谓“方外”者，实在内而非外也，其立说有与阳明相近处，而其功夫确与阳明异。得先生之言，后世德性问学之争喙，可以息矣。复有外集五卷，则皆粗迹，《圣学考略》别有记。

读《白田草堂存稿》记

文治初于《学海堂经解》中，得读《白田草堂存稿》，皆选录释经之作，非完书也。后在京师琉璃厂，始购得是书，共八卷，除首卷释经外，余皆杂著。

按：黄薇香太夫子《儆居集》[②] 以为是书多可商之处，其言曰：“王集[③]首辨《易本义九图》非朱子之作，遂谓《本义》中未尝参邵子之说，惟《启蒙》则本邵子。窃[④]按：《系辞上传》‘两仪生四象，四象生八卦’，《本义》有‘一画分阴阳，二画分大[⑤]少’，详见序例，《启蒙》之说；《系辞下传》‘八卦成列，因而重之’，《本义》有‘乾一兑二、离三震四、巽五坎六、艮七坤八’之说；《说卦传》‘天地定位’节，《本义》云：‘此邵子所谓伏羲八卦之位，先天之学也。’然则王氏谓《本义》无邵子之说，其可信乎？……王集卷二辨《家礼》非朱子所作，因详论《家礼》之悖谬，朱子必不为此。窃[⑥]按：朱子丁母祝令

---

① 《格物说辨一》，载《朱止泉先生文集》卷七。

② 黄式三《读〈白田草堂集〉》文，载《儆居遗书》之六《儆居集》中《读子集》卷三。

③ “王集”，谓王懋竑《白田草堂存稿》。王氏（一六六八—一七四一）字予中，号白田，江苏宝应人，康熙五十七年（一七一八）进士，治朱子学。

④ “窃”，黄氏文作“式三”。

⑤ “大”字原作“太”，据黄氏文为正。

⑥ “窃”，黄氏文作“式三”，下同。

人忧，于苫块之中，钞集《家礼》，本未成之书。既而书亡，不能增损订正，则是书之有悮谬，不足为朱子病。《家礼》之序，与朱子平日之文，无不吻合。邱琼山谓此序非朱子不能作，可谓知言①，然则王氏之说②可信乎？……王集十一、十二卷《答朱湘淘书》，辨朱子晚年言主敬不言③主静，其说详明。……而卷七据朱子《答吕士瞻书》，以程伊川不可于未发求中为甲辰（一一八四）定论。窃考朱子前信伊川说，于是有主静之学，后知静寂无益，信李氏求中未发之旨，本非求于无心。虽朱子后悟敬贬动静，较李说为备，而与伊川思即已发之旨迥异，则《与吕士瞻书》必非甲辰定论。王氏言朱子自庚寅（一一七〇）年四十一，知敬赅动静，学问大旨已定，而复以伊川不可于未发求中为甲辰定论，岂年五十有五，仍狃守主静之学乎？则王说之自矛盾也。王集卷十三《与朱宗洛、乔星渚书》，详辨《孟子》求放心之说，谓……④求放心不必言求已放之仁心，而以⑤黄勉斋、饶双峰之说为非。……然《孟子》言学问之道无他，务求已放之仁心，即《论语》所谓'依于仁'也。勉斋答双峰云：'三心字以仁言'，是矣。然则王氏以学者未可遽识仁，遂谓求放心之非求仁，不尤失乎？"以上节录。

文治谨按：先生谓《易本义九图》非朱子所作，窃尝以近时仿宋影宋本校之，卷首皆列《九图》，实一疑案。今古文《尚书》最为支离轇葛，先生《古文尚书考》，源流清晰，为经学家所必读；《朱子家礼辨》，已于学派论中详著之，学者正不妨并存其说，以待参考。他若"主静"及"求放心"两条，当体之于身，验之于心，以其有实得之印证，不必空言争胜也。《论语》曰"君子和而不同"，薇香先生固尝谓"近儒为朱子学者，陆氏稼书、王氏予中，可谓尽心"。惟二家之书，

---

① "可谓知言"句脱，据黄氏文补入。
② "王氏之说"句，黄氏原文作"王氏引邱琼山之言而驳之"。
③ "言"字脱，据黄氏文补入。
④ 此删"学问以求放心为本、学问所以求放心，二说皆本朱子，以前说为是"等句。
⑤ "而以"二字，黄氏《读〈白田草堂集〉》无。

所以申明朱子者，亦复不能画一耳。然则此书虽不能与《三鱼堂集》并峙，而较乾嘉以来，博而寡要，约而隘陋诸儒，相去不万万哉？

读《唐确慎公集》记

《唐确慎公集》，余于甲午岁（一八九四）馆北京翁宅时[①]，翁生之润介公孙某来见，持此书相赠，迄今四十余年，公之孙久无音问，并忘其名矣。集凡十二卷，曰奏疏，曰序说、论议，曰记碑、题跋、书，曰传、墓志铭、墓碑、墓碣、哀辞，曰禀移示谕，曰诗，曰歌，曰语。

曾文正作先生墓志铭谓："先生在翰林时，著有《朱子年谱考异》《省身日课》《畿辅水利》等书。在广西著《读易反身录》。居丧著《读礼小事记》。……入为九卿，又著《易牖学案小识》等书。……晚岁著《读易识》，编次《朱子全集》，别为义例，以发紫阳之蕴。"[②] 今所传者，惟《学案小识》一书，余皆未得见，深可惜也！

《文集》卷一载《朱子学案目录序》，列统纪、性道、敬明、新止、至善、格致、诚正、修齐、治平、时事、传述、论撰；此外，诗则分兴、观、群、怨，又有附识。其义例尚可考见，当与《御纂朱子全书》相类。论说中以《格物说》为最精。按：阮文达论格物[③]，实为汉学家之宗，而先生说格物，则可窥宋学家之蕴。余亦粹然壹出于正，后之学者，能奉先生为正鹄，可以冀世道之浸昌矣。

读《罗山遗集》记

《罗山遗集》，余于戊子岁（一八八八）购于江宁；计诗文集八卷、《周易附说》一卷、《读孟子札记》二卷、《西铭讲义》一卷、《人极衍义》一卷、《姚江学辨》二卷、《小学韵语》一卷、《年谱》二卷。

---

① 时先生为翁同龢之塾师。

② 曾国藩《唐确慎公墓志铭》，载《曾文正公文集》卷四。

③ 指阮元《大学格物说》，载《揅经室一集》卷二；以实践之道为说，非唐先生所取者也。

先生品诣坚苦卓绝，功业震耀一时，使其大成，可与胡文忠、曾文正两公并峙，乃攻武昌未克，中伤遽殒，年仅五十。临终时自书云："愿天多生好人，补偏救弊，何必苦此蚩氓？"又书曰："乱极时立得定，才是有用之学。"① 呜呼！可谓圣贤豪杰之士矣！其所著文集，俱凛然有正气。

《西铭讲义》，先生于己酉岁（一八四九）为诸生讲解而作，其论"理一分殊"之旨曰："理一不难知也，分殊难知。分殊不难知也，分殊之中各有其处之之道难知。然而岂知之而遂已哉？人禀二五之精以生，理即从而赋之；天地万物，皆吾一体，虽其中亲疏殊情，贵贱异等，而其天理之流行，实未尝有一毫之稍间。……是以古之君子，亲亲而仁民，仁民而爱物，必皆有以尽其当然之则。向使于分殊之处，一毫有所未善，则此一理之浑然者，遂有所亏而莫周。义之不尽，又何以为仁之至哉！"② 自有先生此书，而民胞物与之说，不为空言矣！

《人极衍义》原本《太极图说》，上溯《易传》三才之道，与《中庸》参赞化育之旨。

《读孟子札记》，上下古今，通达事变，不为迂儒之论。

《小学韵语》，为童蒙必读之书，诲以诚，养以正，将来人格自不至于堕落。先妣胡太夫人恒言："教儿婴孩，训妇初来，《书·召诰》言'若生子，罔不在厥初生，自贻哲命'。此家庭第一要事，立教第一要事，即人生第一要事也。"

《年谱》朴实详尽，惜不知何人所辑。《诗》有之："高山仰止，景行行止。"读其书，论其世，虽不能至，心向往之矣。

---

① 罗泽南于咸丰六年（一八五六）三月二日在武昌大东门受伤，血流覆面，至八日不治，遗言如此。

② 罗泽南《西铭讲义叙》，载《罗忠节公遗集》。

读《倭文端公遗书》记

《倭艮峰先生遗书》，余于壬戌岁（一九二二）购自上海，系六安涂氏求我斋刻本。计《帝王盛轨》一卷、《辅弼嘉谟》一卷、讲义一卷、奏疏一卷、《为学大指》一卷、日记四卷、杂稿一卷、《吏治辑要》一卷、续刊三卷。先生为学，笃守程朱，与曾文正诸公，同请益于唐镜海先生之门。

《遗书》卷首《辅弼嘉谟》所引，自成周始，以迄现代，嘉言谠论，人君读之，不放纵其心，不专制于事，治天下不难矣！

《为学大指》，仿胡敬斋先生《续白鹿洞规》意，辑为六条：一曰立志为学，二曰居敬存心，三曰穷理致知，四曰察几慎动，五曰克己力行，六曰推己及人。盖先生毕生学术，所以宗法宋儒者，由此可见大略。

"日记"自道光丙午年（一八四六）始，至丙寅年（一八六六）止，多砭己自责之语。

"杂稿"中论学书，亦皆笃实正大，虽气象未免狭隘，远逊唐宋名臣，然八旗旧习，大都志骄气浮，正人君子不能多觏。同光而后，倘得如先生者，作之楷模，整理上书房及八旗官学，扫除粉饰太平、专任亲贵之弊，何致有沦胥之祸①哉？

读《拙修集》记

余于壬午（一八八二）秋赴省试，先师王文贞公开示应购理学书目，内有吴竹如先生《拙修集》②，遂于金陵书局中购之以归。盖同治十年（一八七一）涂氏求我斋刊本，计《恭纪》一卷、札记一卷、《读书记疑》二卷、《校正理学宗传辨正按语》一卷、书后一卷、书三卷、家书

① 谓不教之弊，致沦丧宗社之祸。

② 吴廷栋（一七九三—一八七三），字彦甫，号竹如，安徽霍山人，道光六年（一八二六）拔贡生，官至刑部右侍郎，存《拙修集》凡十卷。

一卷，共十卷；本方存之①所辑，后杨德亨②重为编次。

先生复有《手评朱子大全集》，余于王文贞公处曾借临一通。先生自壮至老，服膺朱子，一念一动，守其言不逾尺寸。是书于心性之微，理气之辨，与夫家国天下之故，无不有以直揭其要。

论学书中，与方鲁生辩论至二十次之多，儒释之界，断断焉不稍假借，可谓能闲先圣之道矣。惟分析过细，遂生门户之见。如《读薛文清〈读书录〉》《陆桴亭先生〈思辨录〉》，凡关于操存涵养，与兼采陆王之说，莫不加以异议。《礼运》之论道曰："连而不相及，顺而不相害。"《中庸》之论道曰："万物并育而不相害，道并行而不相悖。"小德川流，当以大德敦化镕之。先生剖察毫厘，其果有不得已者欤？抑谚所谓"四路把截"者欤？夫讲道而至于四路把截，此理学之所以孤立而无助也③。

---

① 方宗诚（一八一八—一八八八），字存之，号柏堂，安徽桐城人。继承桐城文派，见知于曾国藩。

② 杨德亨（一八〇五—一八七六），字仲乾，安徽贵池人，受知于曾国藩。

③ 以批判偏守者终篇，深意存焉。